和吉拉尔德·埃尔默教授在英国牛津大学圣彼得学院（1984年）

在南京组织召开各国议会制度研究国际学术会议（2002年）

和国际代议和议会制度史委员会同仁在罗马（2010年）

在奥地利国民议会第三议长（时任国际代议和议会制度史委员会主席）威廉·布劳内德尔的办公室（1997年）

和佩里·安德森教授在伦敦东区小酒馆前

资本主义国家制度的兴起

沈 汉 著

图书在版编目(CIP)数据

资本主义国家制度的兴起 / 沈汉著. — 北京：商务印书馆，2023
（沈汉集）
ISBN 978-7-100-23140-4

Ⅰ. ①资… Ⅱ. ①沈… Ⅲ. ①资本主义国家－国家制度 Ⅳ. ①D033.3

中国国家版本馆CIP数据核字（2023）第194256号

权利保留，侵权必究。

本书由教育部创建"双一流"大学基金
和南京大学人文基金赞助出版

（沈汉集）
资本主义国家制度的兴起
沈汉 著

商 务 印 书 馆 出 版
（北京王府井大街36号 邮政编码 100710）
商 务 印 书 馆 发 行
三河市尚艺印装有限公司印刷
ISBN 978－7－100－23140－4

2023年12月第1版 开本 850×1168 1/32
2023年12月第1次印刷 印张 20 1/2

定价：128.00元

序 一

〔美〕格奥尔格·伊格尔斯
（国际历史科学委员会史学史和史学理论委员会前主席）

  我以极大的兴趣读了收入这本文集的沈汉教授的论文的英文摘要，但是要对他关于英国历史发展，特别是农业领域发展的论文做出评述，我感到踌躇，因为我对关于这个题目的大量论辩的著述只有有限的知识。但是，指导他对英国经济和社会从封建主义向资本主义转变做出分析的理论假定，给我留下了极为深刻的印象。他的研究从马克思主义关于历史过程和经济作用的概念出发，但是随后把它们置于细致的考察和修正之中。诚然，存在着一种朝着近代社会的发展，但是这种发展极为复杂。强调社会和经济的复杂性，是沈汉进行历史洞察的核心。沈汉告诫我们，无法把封建主义视为清晰界定的类型，资本主义也同样如此。二者本质上都是等级制的。封建社会的等级制使得经济身份在构成社会结构时只具有较小的意义，他写道："在封建等级制社会中，社会集团并不是按照经济来划分的。"他指出，相反，"在近代社会的社会分层中，经济起了决定性的作用"，但并不是起着排斥其他一切的作用。其他的事实如文化也起了重要的作用。而且，在封建中世纪和近代资本主义社会二者之间存在着相当的重叠。资本主义从中起源的封建社会的经济结构是多维度的，资本主义社会的经济结构同样也是多维度的。中世纪的经济不完全是封建经济，同样，19世纪英国经济也不完全是资本主义经济。封建主义和资本主义甚至被马克思当作一种类型，当然，在《资本论》中，马克思比许多晚期马克思主义者更了解，还存在着不符合这种类型的其他方面。这样，在工业社会中存在着无产阶级和资产阶级两个阶级的概念就不能不只是相对的了。这样，就假定在19世纪资本主义的英国，在农村从家庭农场主到资本主义农场主之间存在一个谱系；在工业部门，从小作坊主到大工业家之间也存在一个谱系。这样，在历史发展阶段或社会诸阶级之间，并没有一个清晰的界限。如沈汉所说，总是"存在着一个复杂的过渡带"。他的社会和历史的概念接近于 E. P. 汤普森对英国社会的探讨，后者不是把大工人阶级主要看作经济力量所形成的，尽管这起着重要的作用。但是，他们在进入近代工业社会时，深深地植根于过去的意识参与了构造这个世界，而不完全由这个世界来构造。此外，和汤普森一样，沈汉在描绘世界发展时，并不像马克思对社会历史发展阶段的公式化表述，而是在写一部特性化的英国史，而且甚至把这部历史看作是极为复杂的和多维度的。他这样强调，他所说的历史主体"处于特别的时间和地点环境的影响下"。这样，我们必须谨慎地用形态学的手段探讨历史。因此，他在论及历史形态的单个形式时，认为它是以"个性化"的形式表现出来的。 沈汉这样就把必要的对社会和经济史的类型学描述与对历史复杂性的了解结合起来，同时注意到了类型学的局限性。我感到遗憾的是，我无法阅读由中文撰写的这些论文。它们也应当为英语读者公众所知。它们提供了如何探讨历史的重要思想。

2012 年

纽约州立大学布法罗分校

序 二

陈崇武

（华东师范大学教授）

商务印书馆决定出版沈汉教授的多卷本史学文集，我认为这不仅对他本人，而且对世界史学界也是一件好事，值得庆贺。

读了沈汉教授的著作，有几点特别值得一谈。

首先，著作等身，成果斐然。

三十余年来，沈汉教授已写出的著作有十七部。其中包括《资本主义史》《世界史的结构和形式》《西方社会结构的演变——从中古到20世纪》《欧洲从封建社会向资本主义社会过渡研究——形态学的考察》《英国土地制度史》《英国宪章运动史》《非资本主义、半资本主义和资本主义农业——资本主义时代农业经济组织的系谱》《资本主义国家制度的兴起》《中西近代思想形成的比较研究——结构发生学的考察》等。此外，他还有译著五部，如《资本主义社会的国家》《宗教和资本主义的兴起》《共有的习惯》《近代国家的形成——社会学导论》等。著译作已有好几百万字。

我是搞世界史教学和研究的过来人，深知在世界史领域能写出一部有学术价值的专著谈何容易。有的学者一辈子能写一两本就算不错了，而像沈汉教授这样著作等身的确实不多，使我十分感叹。

沈汉教授的每本著作都下了很大的功夫。例如为写《英国土地制度史》一书，他曾多次到英国访问研究，尤其在雷丁大学乡村史中心和东盎格利亚大学历史学院做了半年研究，是在搜集和参考了18世纪英国各郡农业调查报告、英国农业渔业部出版的《1866至1966年大不列颠一个世纪的农业统计》等原始资料和数百种研究专著论文的基础上写成。比如写《资本主义史》及《非资本主义、半资本主义和资本主义农业——资本主义时代农业经济组织的系谱》，都引用了数百种外文资料。他的著作资料翔实，内容丰富，质量上乘，给人面目一新的感觉。

其次，善于吸收，锐意进取。

与某些见洋不食、故步自封、孤陋寡闻的史学家不一样，沈汉教授善于引进并吸收外国史学研究的最新成果和方法，融会贯通，成为自己学术研究的新鲜血液。如他对 E. P. 汤普森、布罗代尔、勒高夫、拉布鲁斯、波朗查斯、密里本德等情有独钟。对国外诸多流派，如形态学、结构学、计量学、社会学等的研究成果和方法，加以有舍取的吸收，使其为己所用。他在吸收外来各学派及代表人物的研究成果和方法时，绝不囫囵吞枣、全盘照搬，而是经过自己消化，去伪存真，扬弃其糟粕，吸收其精华。他对某些权威学者的学术观点并非亦步亦趋，而是大胆挑战和质疑。如对诺贝尔经济学奖得主诺斯和托马斯"17世纪英国已经确立了土地绝对产权制度"的观点、勒高夫关于中世纪知识分子的分类方法、马克斯·韦伯对资本主义的定性，甚至马克思主义者关于资本主义起源于农业的论点等都提出了质疑。这是一种很值得赞扬的研究精神和态度。正因为如此，他所写的著作给人以与时俱进、不断创新的印象。

第三，把理论、史料、现实三者融为一体。

在我看来，史学研究中只有把理论、史料、现实三者密切结合，才能写出较好的著作，攀登史学研究的制高点。史学研究如果没有史料就等于是无米之炊；但如果没有理论也等于一个人只有躯壳而没有灵魂；如果没有现实感，史学研究也会失去价值和活力。从沈汉教授的著作来看，他能把三者巧妙地结合起来，犹如一位有经验的交响乐团的指挥，驾驭自如，游刃有余。例如在《资本主义国家制度的兴起》一书中，他在史料研究的基础上，能对马克思主义政治学必须包含的理论范畴做出阐述，这为未来我国政治体制的改革有理论启示，从而把史学研究推向一个有活力的更高阶段。

"宁静致远""淡泊明志"。从沈汉教授著述的内容和学术历程来看，他所走的是一条甘愿坐冷板凳、孜孜于埋头做学问的学术道路。沈汉教授之所以能写出如此多有分量的作品，固然是他的天赋使然，但更重要的是他的勤奋所致。

商务印书馆决定给沈汉教授出版文集，这不仅是对他本人的史学成果的充分肯定，也是对我们世界史学界同仁的莫大鼓舞和鞭策！

2018 年 2 月 25 日

致　谢

回首一顾，治史已四十载。教学之余，游走于英、法、德、奥、意、比、美诸国，结交友人，搜集历史资料，借火铸剑。时至今日，涉猎之英国宪章运动、英国议会政治史、西方国家制度史、西方社会结构史、欧洲从封建主义向资本主义过渡研究、英国土地制度史、20世纪60年代西方学生运动史、资本主义史、英国近代知识分子形成、资本主义时代农业经济组织研究、中西近代思想形成比较研究诸题均已完成，此外有译著几种出版，可聊以自慰。

新世纪某一年我在意大利都灵逗留时，东比埃蒙特大学埃多阿多·托塔鲁鲁教授（Professor Edoardo Tortaloro）某一日突然问起我为何不著一自传？友人之语醍醐灌顶，自己方才醒悟，埋头笔耕，不觉岁月已经流逝，已到了对自己以往的文字和思想做一整理的时候。遂有了汇编出版著述之替代计划。

《沈汉集》出版得到商务印书馆总编辑陈小文先生的鼎力支持。著名国际史学理论家、国际历史科学委员会史学史和史学理论委员会前主席格奥尔格·伊格尔斯教授（Professor Georg Iggers）为我忘年之交，知我甚深，在90岁高龄时允诺为我的著作集作序，我遂将各书提要寄去，不想他突染沉疴，骤然仙逝。现在只好将格奥尔格之前为我的自选论文集《世界史的结构和形式》题序转印于此，作一替代。华东师范大学历史系前系主任、世界史著名学者陈崇武教授在86岁耄耋之年欣然应邀为《沈汉集》作序。《沈汉集》的出版得到教育部创建"双一流"大学基金和南京大学人文基金的资助。

《沈汉集》出版,实为一介书生之幸事。上下求索间得到众多基金会资助和友人支持,在此一并致谢。

沈 汉

2021年7月

目 录

导 言 1

第一编 新型国家的萌芽

第一章 中世纪国家的特征 25
第二章 文艺复兴时期意大利城市国家 48
第三章 西欧绝对主义国家 83
第四章 中欧、东欧绝对主义国家 167
第五章 等级制和等级会议 210

第二编 资本主义国家结构的形成

第六章 近代国家的结构 227

第七章　议会制国家：英国 250
第八章　官僚资产阶级国家：法国 296
第九章　军事封建国家：德国 327
第十章　专制主义国家：俄国 387
第十一章　行政国家：美国 434

第三编　资本主义国家制度的运行

第十二章　资本主义国家统治的合法化手段 481
第十三章　政治权力与社会阶级 488
第十四章　选举权、公民权和资本主义民主制 496
第十五章　资本主义国家的福利政策 530
第十六章　资本主义国家的经济职能 546
第十七章　战后挑战资本主义制度的力量 563
第十八章　国家权力的膨胀和全球化时代的国家 585

参考书目 612
作者著译作目录 636

导　言

第一节　国家的维度及其形成

国内学者在对国家下定义和进行研究时，在方法论上的主要弱点表现为两方面，一是忽视了辩证唯物主义的历史过程论方法，没有把国家理解为一种发展过程，而是把某一种社会形态下的国家视为从一开始便已固定下来了的和成熟的国家，没有注意到一种性质的国家在一个漫长的历史时期中其形式往往经历了部分的演变和改进，以及一种性质的国家在这个国家里往往经过一个长过程方才最后形成。二是在研究国家时，较强调国家阶级属性方面的特征，而忽视国家其他属性和特征的研究，有简单化的倾向。从哲学上说，国家的本质和内涵蕴藏在其全部发展过程中，同时又表现于国家与整个外部世界联系交往的历史中。国家的类型具有时代性或历史性。国家是历史发展的产物，并非人类社会从一开始便有的。在人类社会形态发展的诸阶段，国家在其要素的构成、活动的特质等方面都有很大的差别。国家的概念作为一种社会文化的词汇也具有历史或时代的特征。雷蒙德·威廉斯指出，在对于词汇这种在社会文化讨论中极其重要的范畴的研究中，由于它们是在真实的环境中形成和再形成的，反映了历史中深刻的差异，所以我们在使用这些词汇时要注意其变动性。[①] 在对国家的历史研究中，我们需要对国家这个词语在不同时期内涵的变化加以分析，因为它是国家形态变化的一种反映。从本质上说，国家的活动和国家机构设置诸方面的发展受到经济生活变动的影响，同时也受到社会关系变动的影响，国家的特征在很大程度上具有历史性。西方一位学者指出，对国家的理论研究"要求把特殊国家和一般国家的定义综合起来，把特殊的国家形式和关于财产、人性以及人与外部世界的联系综合起来"[②]，同时注意到国家存在的共性及不同时期国家的个性，这是给国家下一个科学定义的基本方法。

迄今为止，国外学者在对国家下定义时，就其方法而论可以分作两大派，他们的方法殊异甚大，争论也颇多。一派是从结构上来描述和定义国家，一派则从功能上来定义国家。西方学界的盎格鲁-撒克逊传统居支配地位的国家理论认为，国家的基本任务是经济和内政方面的任务，国家通过司法和镇压的手段来管理国家疆界范围内个人和阶级之间的经济关系。西方学者把霍布斯、洛克、马克思、伊斯顿和波朗查斯都划作这一类。但是，日耳曼传统居主导地位的国家理论则完全不同于前者。这一派认为国家的基本任务是军事和地理政治学方面的：国家是调节它们之间关系的权力，在正常情况下，通常是通过军事力量来达到这种目的。在冈普罗维奇、奥本海默、欣茨和马克斯·韦伯那里，均可在不同程度上看到这种观点。[③] 这两种研究方法的对立同样尖锐地表现在当代西方马克思主义政治学两个流派——

[①] Raymond Williams, *The Key Words in Culture and Society*, Oxford U. P., 1976, pp. 21-22.

[②] Kenneth H. F. Dyson, *The State Tradition in Western Europe: A Study of an Idea and Institution*, Oxford, Martin Robertson, 1983, p. 16.

[③] Michael Mann, *Sources of Social Power*, Cambridge U. P., 1988, Vol.I, p. 417.

结构主义学派与工具主义学派的争论之中。但是，研究方法的差异并没有影响两个当代西方马克思主义流派的学者在研究资本主义国家时结论的一致性。

从结构上来理解国家或者从功能上来理解国家都是需要的，但仅仅论及国家一方面的特征却存在缺陷。因为国家的本质有多种表现或存在形式，结构和功能都属于国家本质的存在形式。因此，任何对国家的全面定义都必须把其结构和功能两方面的因素包括进去。只不过需要补充一点，大量对国家活动史的研究表明，构成国家的要素不仅包括结构和功能两方面，还包括其他的因素，如一些非结构非功能的因素。任何对国家的完整定义必须包含国家的外观和内涵不断发展的内容。为了调和对于国家的结构的解释和功能的解释这两种冲突的学派，我们应当在研究国家的本质和国家的发展时建立国家的维度（dimensions）的理论考察方法[①]，国家的结构和职能都属于国家的维度，但国家还包括非结构和非职能的维度，例如国家权力便是非结构非职能的国家要素。需要指出的是，国家的维度经过了历史发展和变化过程，随着生产力的发展和外部交往的发展，不断发生着变化。国家史的研究需要注意这种变化的特征和趋势问题。

还有一个大问题是必须把对国家的宪法史的研究与软政治的研究结合起来。从宪法学的角度来研究国家史应该说是必要的，但这种视野又有一定的局限性。宪法和法律是反映国家性质和活动的一个重要方面，它们描述了这些国家的政治、社会关系和制度，但是，连资产阶级学者也了解，西方任何一国的宪法性文件对于国家的残酷镇压

---

① 佩里·安德逊在《绝对主义国家的系谱》一书中便尝试把维度的研究引入对绝对主义国家的理解中，他说："出现在绝对主义（国家）之中的维度的历史转变绝不应被忽视。"Perry Anderson, *Lineages of the Absolutist State*, London, 1986, p.19.

和压迫的政治统治职能总是有一种粉饰的作用，它常常用公正的词语对不公正的制度进行掩饰，把国家描绘成一种完全合法、合乎伦理并可以为绝大多数民众接受的形象。这类国家的宪法更反映不出国家在软政治和社会关系方面的诸特征。正如德国研究国家制度史的学者米提斯所指出的：制度和立法的管理并没有在封建社会早期的日耳曼国家里起决定性的作用。真正的问题在于它们在实际生活中是如何实施的，同样的立法原则会在变化了的历史环境下产生完全不同的结果。社会发展过程为宪法和立法因素，以及政治、经济和社会之间的相互作用所共同影响着。[①] 因此，从法的角度来研究国家不应当是国家史研究的全部内容，必须辅之以对国家实际统治的研究。

过去国内学者在对国家进行研究时常常把人的活动排除在国家研究之外，这是一种缺陷。任何一种国家从来不是机械地反映一种生产关系，而是一种充满人的思维的历史活动，因此国家史研究要深入研究各历史时期统治集团为维护其政治权力采用的种种治术。对国家运行起影响的不仅是"上层"的因素，同时，社会下层群众的反抗斗争和压力也在一定程度上作用于统治集团。从古代到现代，国家史发展的一个重要线索就是民众政治的不断发展。尤其在工人阶级走上历史舞台后，他们对于资本主义国家的压力更是不可忽视的。任何统治阶级要维持较长久的统治，就不可能随心所欲。它不可能单纯采取镇压措施，而必须辅之以社会控制手段。文明化的发展迫使统治者实行一定的自我抑制，使其统治易为被统治者暂时容忍和接受。统治者还需要用种种策略以缓和来自政府以外的被压迫群众的反抗，使之不至于

[①] Heinrich Mitteis, *The State in the Middle Ages: A Comparative Constitutional History of Feudal Europe*, Amsterdam, English Edition, 1975, p.6.

发展到临界点而酿成摧毁统治阶级的革命爆发。把下层群众和革命运动对于国家的作用与统治集团心理活动的研究相结合，这就构成对国家史中软政治的研究，它可以弥补对国家简单的宪法史研究的不足。

过去我们研究国家史时比较注意对国家制度和国家职能的研究，而对于国家权力这样一个非机构非职能性的维度注意得很不够。这种研究倾向的弱点正如波朗查斯所说的，关于国家纯粹制度性的概念使得国家权力退化为国家设置，这样在研究国家时便无法触及问题的核心："今天难道有谁能回避国家和权力这个问题吗？"[①] 各派政治学者都试图对权力做出自己的定义。拉斯韦尔把权力当作"参与决策"。这种权力观的弱点在于它具有被资产阶级的政治民主程序蒙蔽的倾向，忽视了其背后对决策过程的控制作用。帕森斯认为权力是"坚持某种职责造福于整个社会制度的能力"。帕森斯的定义过分强调权力的一般社会属性即温情主义的一面，回避了权力的镇压性质和阶级控制性质。马克思主义学者对于权力的定义则比资产阶级学者的定义要全面得多。波朗查斯定义说："权力标志着一个社会阶级实现其特殊的客观利益的能力。"他特别指出："各种社会机构，尤其是国家机构，严格说来并没有任何权力，从权力的观点来看，这些机构只能与掌握权力的社会阶级联系在一起。在执行权力时，社会阶级的这种权力被组织在特殊机构中，这些机构就是权力中心。在这个意义上，国家就是执行社会权力的中心。"[②] 关于国家权力的内构问题，迈克尔·曼认为，国家权力应当包括意识形态权力、经济权力、军事权

[①] Nicos Poulantzas, *Class, Power and Socialism*, London, 1980, pp. 11, 12.
[②] 〔希腊〕尼科斯·波朗查斯著，叶林等译：《政治权力与社会阶级》，中国社会科学出版社1982年版，第109、120页。

力和政治权力四个方面。[①] 意大利学者波比奥的看法与迈克尔·曼稍有差别,他认为社会权力有三种,即经济权力、意识形态权力和政治权力。[②] 国家权力是国家史研究中不可忽视的重要对象。

随着国家的历史性发展,特别是当代资本主义国家的活动告诉我们,分析一种类型的国家必须分析它是如何反映某种生产关系的,即分析国家和社会经济形态的具体关系。

涉及国家的另一个重要问题是政治权力与社会阶级的关系。尽管我们常常笼统地说封建主义国家是封建贵族阶级的国家,资本主义国家是资产阶级的国家,但是在具体的历史政治实体中,国家的性质和它的掌权集团并不处处表现出严整的一致性,政治权力与社会阶级关系常常表现出波朗查斯所说的那种"错位"。而且,一般说来,国家统治集团的社会构成在一定范围内不断发生着某种渐变,如在近代国家中始终由资产阶级直接掌权的情况并不多见。国家是怎样以特定的方式通过其他集团的执政来保持其阶级属性并为它所代表的阶级服务的,是国家史研究中需要关注的问题。

在不同的历史时期,国家的地域、民族的内涵以及其作为一种抽象的主体的政治形象有着较大差别。因此,在不同历史时期的政治文化中,存在着不同的当时代人指谓国家的国家概念,它们反映了国家一般的政治维系作用的特质,它属于国家非结构非职能方面的属性,是国家形态的一个组成部分,也是国家史研究的对象。

以上是对国家的个案研究而言。国家史研究还应当是对各个不同历史时期各种国家形态的比较研究和综合研究。通过这种研究,我

[①] Michael Mann, *Sources of Social Power*, Cambridge U. P., 1988, Vol.I, pp. 22-27.

[②] Gianfranco Poggi, *The State: Its Nature, Development and Prospects*, California, 1990, p.4.

们还可以探讨国家历史发展过程中的连续性和非连续性问题。国家总是某个社会的统治阶级的国家,这种阶级属性具有非连续性。但是,国家的职能分类的发展和国家行政与司法等机构的形成却经过了数代、数世纪经验积累过程。国家必须具备的基本职能和基本机构设置不会因时代变更而发生突变,在历史长时段中表现出某种历史连续性和承继性。国家作为一种政治上层建筑随历史发展而愈益机构繁多,臃肿庞大。国家形态史发展的整体观应当是非连续性和连续性的统一。[①]

国家的形态学分析或国家维度的研究,是阐释国家演变发展以及比较国家制度研究的有效视角。我们要反对简单的和单一的思维方式。

国家的维度的存在形式有三个最显著的特点。

第一,国家的维度在国家长时期的分阶段的历史发展中,表现出连续性和非连续性两种现象。一些国家的维度,如国家的阶级属性、国家占主导地位的生产关系是随着历史时期的更迭而更迭的。例如资产阶级革命的发生终结了封建国家,封建国家不再延续下去,封建国家的性质中断了,另一种由资产阶级统治的国家取代了旧的封建国家。马克思主义政治学特别强调国家制度的非连续性即革命性的变革。

但是国家的其他多种维度却不是完全随着革命突变的。比如,国家的经济职能要继续下去,国家的机构和职能分工的特点要继续下去,一些政府职能要继续下去,法庭和司法职能也要继续下去,尽管这种或那种职能机构在下一个时代可以更改名称;中央政府和地方政府的关系可能不发生变化,但也可能发生变化;分权和权力监督是几

[①] 沈汉:《西方国家形态史》,甘肃人民出版社1993年版,第20—26页。

乎各近代国家都会采取的制度形式，诸如此类的连续性会呈现出来。

第二，国家尽管是如此严肃而且代表的利益不容含糊，但不能简单断言一个国家所有的维度都是同质的。国家诸维度有些是同质的，但也会有异质的维度。例如，资产阶级革命以前的国家可以简单地划入封建社会的国家范畴，欧洲的绝对主义国家便是其中一种。这类国家按其性质来说是封建君主掌控的国家，它的法律是封建的，封建特权和封建等级制受到保护，这样的国家理应有封建的生产关系，并且应当阻碍资本主义关系的发展，但是在这样的国家里，已经发展起了大量的资本主义生产关系，绝对主义君主制政府推行的往往是有利于资本主义发展的权宜政策。所以，国家维度的不一致性（异质性）会出现在某些国家中。当然，在典型化的国家中，国家的维度性质保持了一致性，这是具有同质维度的国家。国家维度的异质性现象表明，一种国家可以从另一种制度中借用维度，这并不影响这个国家本质的性质。

第三，国家的维度在长期历史发展过程中，兼有共时性和历时性的存在形式。民主制这种政治制度形式，在人类历史上不止在一个国家制度中存在过，还先后出现过古代氏族民主制、城邦民主制、贵族民主制和近代民主制。可以说，民主作为一种制度形式，是具有共时性的制度。直接民主和间接民主选举形式，也是具有共时性的制度形式。

在社会人文科学中，没有哪一个学科比国家制度理论更引人注目和具有冲突性。如果说经济是一切社会关系的潜在的基础，那么国家制度便是一切社会关系的集中体现和一切社会活动不得不在其中展开的结构。马克思在《路易·波拿巴的雾月十八日》中把第二帝国描绘为俨如密网一般缠住社会全身并阻塞其一切毛孔的可怕的寄生肌体，是法国社会肌体上的肿瘤①，这在今天仍然发人深省。只要国家存在，它就是阶级的国家，它只能是阶级进行社会压迫的工具和社会不公正的代表，它本质上是社会的肿瘤。因此，在国家中，理想的全体人的民主和理想的社会政治公正总是难以实现。

佩里·安德森曾指出："在我们对过去的理解中产生了重大成果之时，十分有必要重提历史唯物主义的一个基本原理：阶级之间的长期斗争最终是在社会的政治层面——而不是在经济和文化层面——得到解决。换言之，只要阶级存在，国家的形成和瓦解就是生产关系重大变迁的标志。"②国家、阶级和政治，从来就是马克思主义的历史唯物主义的中心问题。而这一点又在很长时间里没有被学者所认识。

国家及其活动是无法掩藏的，它也从不掩饰它与现实世界的政治和利益的关系。它公开的清晰的政治线索使我们能对它做出判断，同时我们也要研究为什么人们没有对它给予足够的注意。③

因此，必须确定一种新的更具有包容性和概括性的国家研究方法论或定义的方法论。

第二节 政治的国家学和管理的国家学

在人类历史上，无论是奴隶制国家、封建制国家还是资本主义国家，都是其统治者精心设计的最复杂和最精巧的组织。它表现了人类

---

① 马克思：《路易·波拿巴的雾月十八日》，载《马克思恩格斯选集》第一卷，人民出版社1972年版，第691页。
② 〔英〕佩里·安德森著，刘北成、龚晓庄译：《绝对主义国家的系谱》，上海人民出版社2001年版，第5页。
③ 参见〔美〕爱德华·W.萨义德著，李琨译：《文化与帝国主义》，生活·读书·新知三联书店2003年版，第16页。萨义德在这里讲的是帝国主义。

社会的阶级冲突和协调社会冲突的功能，也表现了组织和协调社会经济生活的努力。关于国家的政治学是在人类社会分化、整合和发展的漫长的历史过程中形成和体系化的，无疑有其阶级性。不同的阶级对这一问题的见解差异之大，超过了其他任何社会和人文学科。但是，任何一种经历了长时间历史发展的学科都形成了它的理论范畴，它有严格的范畴规定性，它的研究和阐述有严格的体系性。因此，任何一种政治学流派的理论倘若缺少了这门学科中重要的范畴，它就称不上有严格的体系。

马克思主义国家学与资产阶级国家学在一些基本观点上是对立的。然而，不同的政治学所面对的即需要研究的对象都有无法回避的范畴——他们都不得不对重大的社会政治问题做出自己的解答并陈述自己的观点。回避了必需的重大范畴的科学不是一种严肃的和成熟的科学。马克思在青年时代说过，"批判的武器当然不能代替武器的批判。物质力量只能用物质力量来摧毁"；"理论只要彻底，就能说服人。所谓彻底，就是抓住事物的根本"。[①]

当今的马克思主义政治学者看到，建立一种体系化的马克思主义政治学的任务在马克思、恩格斯和列宁的时代并没有完成。在20世纪初，葛兰西在《狱中札记》中严肃地提出："必须提出和解决的一个问题，就是关于政治是一门独立科学的问题，也就是关于政治学在系统化了的（完整的和一贯的）世界观中，在实践哲学中所占有的或应该占有的位置的问题。"[②] "政治是一种具有自己的原则和规律

[①] 马克思：《〈黑格尔法哲学批判〉导言》，载《马克思恩格斯选集》第一卷，人民出版社1972年版，第9页。

[②] 〔意〕安东尼奥·葛兰西著，葆煦译：《狱中札记》，人民出版社1983年版，第109页。

的独立的活动部门"[1]。拉尔夫·密里本德也提出,需要讨论"必须涵盖在一本说是对马克思主义和政治学做了透彻研究的书中的许多东西"[2]。密里本德指出,"能够称得上是正统马克思主义的有关政治学的理论考察,多半是没有系统、凌乱不堪,常常还是其他方面著作中附属的一部分"[3]。"由马克思、恩格斯和他们最主要的继承者所表现出来的这种系统性政治理论的缺乏,实际上意味着,必须从形成马克思主义整体的大量纷杂和零散的材料中来建构或重建马克思主义的政治学"[4]。根据葛兰西和密里本德关于马克思主义政治学的理论建构论,需要考虑和讨论马克思主义政治学必须包含的范畴和结构的问题。

除了国家的镇压职能,国家的机构、功能,国家的权力关系,国家反映的阶级关系,国家和社会经济的关系等都是需要研究的重要方面。国家的研究需要有开阔的研究视野。[5] 马克思主义政治学的研究对象,既要包括资本主义国家,也要包括社会主义国家。对国家权力关系和国家管理职能的研究也属于国家理论的范畴。马克思主义政治学必须涵盖的一般性问题包括:国家起源的理论;国家权力来源的理论;国家权力的归属理论;国家的强力职能;对国家权力进行监督和

---

[1] 〔意〕安东尼奥·葛兰西著,葆煦译:《狱中札记》,人民出版社1983年版,第107页。
[2] 〔英〕拉尔夫·密里本德著,赵相明译:《马克思主义与政治学》,台北远流出版公司1995年版,第3页。
[3] 〔英〕拉尔夫·密里本德著,赵相明译:《马克思主义与政治学》,台北远流出版公司1995年版,第6页。
[4] 〔英〕拉尔夫·密里本德著,赵相明译:《马克思主义与政治学》,台北远流出版公司1995年版,第7页。
[5] 沈汉:"译者序",载〔美〕贾恩弗兰科·波奇著,沈汉译:《近代国家的发展:社会学导论》,商务印书馆1998年版,第2页。

制约的理论；国家的社会管理职能；国家权力是否应当保护公民的人身安全和基本的人权；分权和权力监督的原则是否应当成为社会主义国家可以接受的原则；社会主义国家在执政中是淡化阶级斗争还是强化阶级斗争的问题；国家履行意识形态职能的度的问题；国家活动是否需要政治伦理；等等。

社会在发展，政治也在发展。马克思主义政治理论需要随着时代的发展而发展。新的政治学理论观念的提出，基本的或主要的路径应当是对政治历史和当代政治经验和教训的总结，同时借鉴和引入其他学科有价值的研究方法。对马克思主义经典作家著作的文本研究对于全面理解把握他们的思想无疑是重要的。但是，与总结实践经验和教训相比，理论文本的演绎即阐释学的途径能达到的成果无疑是有限的。这正是20世纪后期"西方马克思主义"政治学界遇到的理论窘境和无法有生气地发展的原因之所在。

在17世纪和18世纪初，在国家理性的概念提出的同时，管制国家即治理国家的任务也被提出来。[①] 国家学的管理学的内容，也应当成为马克思主义国家理论的重要范畴。

马克思曾偶尔注意到对国家机器职能和政府设置的研究。马克思在《路易·波拿巴的雾月十八日》和《法兰西内战》中，注意到法国中央集权的国家机器形成的历史过程，即它从绝对主义时期开始，经过法国大革命，直到路易·波拿巴的第二帝国才完成了这个国家机器的建设。他在《〈法兰西内战〉初稿》中写道："这次革命不得不继续发展君主专制制度已经开始的工作，即使国家政权更集中更有组

---

① 〔法〕米歇尔·福柯著，莫伟民、赵伟译：《生命政治的诞生》，上海人民出版社2018年版，第11页。

织,并扩大这一政权的辖制范围和职能,增加它的机构、它的独立性和它控制现实社会的超自然威势。"他随后没有转到对这种机构发展的历史作用的评论,而是转到关于国家和政府机构是肿瘤即寄生物的观点。他写道:"市民社会身上的这个冒充为其完美反映的寄生赘瘤,在第一个波拿巴的统治下得到了充分的发展"①。"这个政府机器集中力量建立庞大的常备军,制造大批的国家寄生虫和巨额的国债"②。"但是,事实上,这只是那个阶级统治的最后的、堕落的、唯一可能的形式,它既给统治阶级本身带来耻辱,也给受它束缚的工人阶级带来耻辱"③。马克思对资本主义国家机器的作用评价很低。他写道:"国家机器与议会制只是统治阶级进行统治的有组织的总机构,只是旧秩序的政治保障、形式和表现,而不是统治阶级的真正生命。"④他用另一句话来对国家和政府的活动做出概括,它是"国家寄生虫的非生产活动和为非作歹的活动"⑤。

在马克思和恩格斯活动的时代,管理国家的任务还没被提到日程上来。马克思和恩格斯还没有考虑到是否可以借鉴资本主义国家在监督管理领域的经验和教训,用于社会主义国家的建设。马克思政治学这方面空白的原因,是马克思开展其理论活动和革命的实践活动时,

---

① 马克思:《〈法兰西内战〉初稿》,载马克思:《法兰西内战》,人民出版社1961年版,第136页。
② 马克思:《〈法兰西内战〉初稿》,载马克思:《法兰西内战》,人民出版社1961年版,第136页。
③ 马克思:《〈法兰西内战〉初稿》,载马克思:《法兰西内战》,人民出版社1961年版,第138页。
④ 马克思:《〈法兰西内战〉初稿》,载马克思:《法兰西内战》,人民出版社1961年版,第142页。
⑤ 马克思:《〈法兰西内战〉初稿》,载马克思:《法兰西内战》,人民出版社1961年版,第143页。

面对的是危机和内在矛盾未充分暴露和无产阶级处境悲惨的工业革命完成时期和完成后的初期的资本主义国家制度，他们的任务是作为资本主义国家的捣毁者和革命者去阐述国家理论。在马克思活动的时代，社会主义国家建设和治理的实践问题，除了巴黎公社，尚未提到无产阶级活动的日程上来。因此，马克思和恩格斯不可能以社会主义制度权力执掌者和建设者的身份和思维方式去展开理论活动。任何一个思想家都不可能在时代还没有向他提出某种任务时就去认真地思考和解决这些任务。

然而，到了20世纪80年代末90年代初，许多社会主义国家的政治体制出现了集权和权力滥用以及官员严重腐败的问题，最终导致苏东社会主义国家解体。今天，对于苏东社会主义国家解体的主要原因究竟是西方资本主义渗透和和平演变，还是社会主义体制本身的缺点，在政治家和学者那里仍然存在很大的争议。笔者更倾向认为，苏东社会主义体制的缺陷是造成苏东社会主义体制崩溃的内部原因，而西方资本主义国家的和平演变的影响只起第二位的作用。

社会主义制度是从资本主义制度的缝隙中艰难成长起来的一种新制度，它在诞生时没有任何历史经验可以借鉴。它是在革命实践中匆匆建立的。社会主义制度在建立时尚没有现成的理论设计和深思熟虑。因此，它在以后的实践中暴露出了一系列缺点和问题。第二次世界大战以后，在资本主义的影响下，同时也由于社会主义制度运作中自身的问题，苏联和东欧社会主义国家的社会主义体制在20世纪90年代初骤然解体，成为一大历史悲剧，使马克思主义者警醒。进入21世纪，许多资本主义社会的弊病更突出地暴露了出来。同时，社会主义国家体制还需与时俱进。现实政治生活提出的问题已是如此紧迫，我们找不到任何怯懦的理由在学术上和理论上继续回避对社会主义制度的研究。在这种背景下，认真地来研究社会主义国家制度的历史，批判地借鉴外国和西方的国家制度的历史经验和教训[①]，为建设中国特色社会主义民主政治制度提供参考，是有积极意义的。

从学术史来看，到了 20 世纪后期，当西方学界把制度学、文化学和心理学方法引入政治史研究后，对国家制度和权力的研究发生了重大的变化，对国家制度史和国家权力的研究开阔多了。福柯把对国家史的研究从狭窄的机构制度史的研究发展到对统治方式和对人的控制形式的研究。他开始从国家表象深入到人类政治社会隐秘的深层。

西方古典学者、中世纪学者，特别是资产阶级政治学者，在国家形成时期和反封建斗争时期对于政治学和国家制度研究做出过一定的贡献。他们的研究成果同古典哲学、古典政治经济学和空想共产主义一样，是人类的文化财富。诚然，资产阶级学者对于资本主义制度的阐述包含了为这个制度辩护的内容，我们在研究他们的思想和理论时，需要批判性地审视这些理论成果，吸收其有价值的成果，扬弃其中包含阶级偏见的糟粕。

从资本主义国家建立以来，特别是从工业革命完成以来，尤其是第二次世界大战以后，资本主义国家内部的阶级冲突已经不再成为对资本主义国家的主要威胁，相反，来自处于世界上发达的资本主义国

[①] 资本主义国家制度也给我们留下了一些可供借鉴的方面。弗朗西斯·福山指出："有些发达国家进入到 21 世纪时拥有相对有效廉洁的政府，而其他国家却受困于依附主义、腐败、低效、对政府乃至整个社会的不信任。这种解释可能会给我们带来启发，让当代发展中国家制定适当的对策，以应对当今的腐败和依附主义。"〔美〕弗朗西斯·福山著，毛俊杰译：《政治秩序与政治衰败：从工业革命到民主全球化》，广西师范大学出版社 2015 年版，第 180 页。

家侵略和掠夺下的不发达国家的反抗和打击，构成了对资本主义国家的挑战。这种斗争在第二次世界大战以后近30年间冲击着资本主义政治世界及其国家制度。但是在反对殖民主义的民族解放运动基本完成后，在以美国为首的帝国主义国家对第三世界国家的武装干涉告一段落后，后一种挑战也逐渐平息。进入全球化阶段，资本主义国家制度内部比较稳定，资本主义国家的外部矛盾不再以公开的武装冲突的形式表现出来。世界进入了一个相对和平发展的新时期。一个老练的剥削阶级领导着一种经济上不平等但却相对稳定的国家制度。而在政治本质上代表工人阶级和其他劳动群众的社会主义国家体制在低水平的经济发展过程中，在政治制度上也遇到了矛盾和困难，在与资本主义国家制度的"和平竞争"中遇到了危机，最终在20世纪80年代末到90年代初出现了大解体和溃败，只剩下了少数几个社会主义国家。20世纪的历史迫使我们认真地去展开对资本主义和社会主义国家的政治和经济制度史的比较研究。为社会主义政治制度的发展寻找经验和教训。所以，国家制度史的研究既是一个学术问题，同时也是一个迫切的现实问题。

马克思和恩格斯在确立历史唯物主义理论时，肯定了资产阶级在历史上起的进步作用和他们建立了一整套制度的功绩。他们在《共产党宣言》中写道："资产阶级在历史上曾经起过非常革命的作用。"[①]"资产阶级的这种发展的每一个阶段，都伴随着相应的政治上的成就。它在封建领主统治下是被压迫的等级，在公社是武装的和自治的团体，在一些地方组成了独立的城市共和国，在另一些地方组成

[①] 马克思、恩格斯：《共产党宣言》，载《马克思恩格斯选集》第一卷，人民出版社1972年版，第253页。

君主国中的纳税的第三等级；后来，在工场手工业时期，它是等级制君主国或专制君主国中同贵族相抗衡的势力，甚至是大君主国的主要基础；最后，从大工业和世界市场建立的时候起，它在现代的代议制国家里夺得了独占的政治统治。""资产阶级日甚一日地消灭生产资料、财产和人口的分散状态。""各自独立的、几乎只有同盟关系的、各有不同利益、不同法律、不同政府、不同关税的各个地区，现在已经结合为一个拥有统一的政府、统一的法律、统一的民族阶级利益和统一的关税的国家了。"① 他们认为，资产阶级建立的这些制度是和先进的生产力相伴随的历史上一个阶段的先进制度。

今天，当我们研究西方政治制度史的时候，必须客观地肯定资本主义政治制度对于巩固那个社会所起的作用，必须客观地肯定资产阶级启蒙思想家和资产阶级政治家在构建资本主义国家时所确定的一些政治原则的科学性和有效性。

由于资产阶级具有受良好教育的背景和作为财富精英从事社会经济管理的经验，他们早期在城市政权中有举足轻重的地位，而后他们的代表当选为议员进入议会下院。在绝对主义国家里，资产者的代表在一些国家跻身穿袍贵族的行列，并且在国家的核心部门和贵族中分享职位，把持了财政、司法要职。这些活动经历使得资产阶级在夺取政权之前已经有较丰富的从政经验。他们对腐败的贵族旧制度的洞察使这个阶级的理论家在制定未来社会的政治蓝图时，加入了分权和权力监督制约的内容。政治管理是一门科学，它有一定的技术，它在资

---

① 马克思、恩格斯：《共产党宣言》，载《马克思恩格斯选集》第一卷，人民出版社1972年版，第255—256页。

产阶级时代有很大的发展。[①] 资产阶级治国理政的活动，毫无疑问有利于资本主义生产关系和资产阶级的阶级利益。由于资产阶级是一个拥有知识和文化的阶级，这个阶级创造和拥有了科学的管理科学和政治机构的运作规则。资产阶级建立的国家制度包括宪政主义和三权分立的政治原则是反封建的政治成果，也是维持国家稳定运行的不无效果的机制和工具。

从16世纪资本主义国家建立以来的历史来看，西方资本主义国家制度是较为稳定的制度。由于有了分权和权力监督制约制度，有了文官制度，资产阶级革命后几百年间，尽管劳资冲突不断，各阶级民众反抗资本主义国家的斗争不断，在资本主义经济领域不断出现周期性的经济危机和萧条，资本主义国家却没有出现大量的贪污腐败。这个制度比较廉简，在这个制度内部不常出现阴谋家政变颠覆的活动，政治秩序比较稳定。资产阶级选择和确立的一套政治制度，对于保护资产阶级的利益，巩固资本主义国家的统治权力，是有效的。分权学

[①] 西方资产阶级在国家管理方面的理论认识远远早于他们在经济领域的认识。资本主义经济管理的理论在19世纪末20世纪初才出现。弗里德里希·温斯劳·泰罗（1856—1915年）是工人出身的工程师。他提出了一整套工业管理的工作方法。他的科学管理思想形成于19世纪末20世纪初，其根本内容是如何提高企业生产效率。泰罗认为，企业效率低的主要原因是管理部门没有合理的工作定额，工人缺乏科学指导，因此必须把科学知识和科学研究系统运用于管理实践，并制定出严格的规章制度和合理的日工作量。到了20世纪上半叶，亨利·法约（1841—1925年）提出，管理过程普遍适用于一切组织（即不仅适用于私人企业，而且适用于所有其他组织），企业指挥权应当协调统一，职责要分明，要建立行使职责的机构（古奥尔吉奥·佩利西利：《1920—1970年的企业管理》，载〔意〕卡洛·M.齐波拉主编，胡琪林、朱泱译：《欧洲经济史》第五卷上册，商务印书馆1988年版，第164—168页）。不管怎样，一种管理制度的建立，无论在国家政治领域还是在经济领域都是必不可少的，这是常识层面的问题。而西方资产阶级在管理、制约、控制等方面表现得极为成熟和老道，也是不争的事实。

说是资产阶级政治学重要的遗产,而作为组织管理手段的国家的运作则是资产阶级政治实践方面一项有价值的成果。这是西方资产阶级留下的重要历史政治经验。

当代西方政治学受到系统理论的很大影响。[①] 避免简单性的分析是我们在国家制度和国家史研究中需要注意的。国家是一个复杂的研究对象。作为马克思主义学者,我们在研究国家时当然首先关注国家的本质即它的阶级内涵,关注一种国家到底代表了哪个阶级的利益。但我们在对国家进行全面研究时,也要同时关注国家的运行和国家职能的多个方面。国家包含了多重维度,国家的比较也需要从维度的角度去作进一步的思考。

第三节 近代以前的国家类型

国家是人类社会发展和阶级统治的产物。国家在历史上有不同的形态或种类。国家的形态大体上是历时性的。资本主义以前的国家形式主要有城邦、帝国、封建国家(其中又有中央集权化的封建国家和封建化的国家之分)等几种类型。城邦国家和帝国以后在早期近代和近代时期又出现过。

城邦是指以一个独立、自主、单独的城镇为中心的国家,通常拥有主权。欧洲历史上有两个集中出现城邦的时期——古希腊和文艺复兴时的意大利,但城邦的存在不限于这两个时期。城邦国家在历史上出现在希腊和希腊化时期,以后有墨西哥的米斯特克城邦国家、印

[①] 〔美〕R. H. 奇尔科特著,高铦、潘世强译:《比较政治学理论——新范式的探索》,社会科学文献出版社1998年版,第127页。

度尼西亚的马来城邦国家、维京人在爱尔兰的城邦国家、斯瓦希里人在肯尼亚和坦桑尼亚的城邦国家等。[①] 然而,城邦通常只存在很短时间,因为它们的土地和实力都不足以抵抗周围的外敌。此外,这些小区域组织在松散的地理和文化中互存,成为大国建立稳固势力的障碍。因此,它们难以避免融入更大政治体系的命运。

在古希腊城邦中,公共生活空间又是通过公共建筑的格局而形成的。城邦最主要的公共建筑可以分成三类:一是宗教性公共建筑,如神庙、圣殿、祭坛和公共墓地;二是城邦的市政建筑,如市政广场、议事大厅、公民大会会场、法庭、公共食堂等;三是城邦社会与文化活动的场所,如体育馆、运动场、摔跤场、露天剧场等。

古希腊存在宗教崇拜。在宗教节日里,人们举行盛大的游行以迎送神,然后在圣地的祭坛上举行献祭仪式。通过共同的宗教崇拜和活动,人们获得了一种自我意识、一种集体的认同感,这是城邦存在的基础。

帝国产生于大部分重要的人类文明的某些发展阶段。它们出现在中近东,出现在埃及,出现在美洲文明中,出现在希腊、罗马和拜占庭世界,出现在波斯,出现在伊斯兰世界,出现于近代欧洲的绝对主义时期。[②] 建立这类政权的动力来自诸如皇帝、国王,或某些身居权贵的执政精英成员。在大多数情况下,这些统治者来自地位显赫且历

[①] Mogens Herman Hansen, ed., *A Comparative Study of Thirty City-State Cultures: An Investigation*, Conducted by Copenhagen Polis Centre, Copenhagen, 2000, Preface, p.9. 综合研究早期国家和城邦国家的文集还有 Henri J. M. Claessen and Skalmik, ed., *The Early State*, Hague, 1978。

[②] 〔以色列〕S. N. 艾森斯塔得著,阎步克译:《帝国的政治体系》,贵州人民出版社1992年版,第3—4页。

史悠久的显贵的、世袭的、部落的或封建的家族，或者下等家族的僭权者。他们企图建立一个新王朝或政治性的疆域，有时候它们是征服者，试图征服某个地区并在那里建立统治。①

帝国是建立在对外征服基础上的国家。它有三个特征：第一，帝国依靠军队维持其统治。各种帝国实行的是变相的军事独裁。第二，帝国是一个多民族的国家，其中某个民族统治其他的民族。一个民族凭借其军事威力占领毗邻的国家，共同组成一个由它控制的广阔整体。上述两个特征，形成了帝国通常具有的第三个特征，即由于它具有异质民族成分，又是靠强力建立起来的，帝国的内部缺乏凝聚力，帝国存在的时间一般不长。②

在中世纪欧洲，还出现过封建化的国家。封建化是在一个地理范围内国家制度尚不成熟的背景下，国家的中央统合作用尚未完全成熟的条件下，伴随着封土制发生的地方封建诸侯的权力相对独立于中央王权的国家政治制度形态。12世纪以前的德意志、法兰西和英国，国家权力集中化事实上没有实现，国家疆域以及君主权力都很有限，国内从中央到地方的网络状的行政组织正处于形成时期，它们实行的封建制助长了反集权化的分立势力的发展。欧洲国家的君主武力控制整个帝国时，便派出它的臣仆和朋友去治理所属的各个地区，代表君主本人进行统治和管理，但君主不付给他们薪俸。这样，这些封臣便以土地所有者的身份去索取收益。久而久之，封臣的这种谋利方式导致封臣与君主的关系紧张。这些领土的控制权便从国王控制下落到封

---

① 〔以色列〕S. N. 艾森斯塔得著，阎步克译：《帝国的政治体系》，贵州人民出版社1992年版，第15页。
② 〔法〕莫里斯·迪韦尔热著，杨祖功、王大东译：《政治社会学——政治学要素》，华夏出版社1987年版，第271—272页。

臣手中，一种反对君权的势力便发展起来。① 封建化国家是西欧一些中世纪国家的发展阶段。欧洲发生封建化的最典型的国家是法兰西王国。西欧各地存在的封建诸侯势力在一些国家酿成了割据，贵族分权势力制约着以王权为代表的集权化力量。"封建主义的成长在西欧大多数地区导致了对领域统治者世袭的地产猛烈的侵蚀"，"暴露出很尖锐的协调问题、秩序的危机、周期性地发作并且很明显是无政府主义的暴力行为"，"作为一种统治制度的封建主义"，"它无法抵挡它内部的衰落"。②

---

① Norbert Elias, *The Civilizing Process: Sociogenetic and Psychogenetic Investigation*, Oxford: Basil Blackwell, 1982, Vol.II, State Formatio and Civilization, p.16.
② 〔美〕贾恩弗兰科·波奇著，沈汉译：《近代国家的发展：社会学导论》，商务印书馆 1997 年版，第 35、36 页。

第一编　新型国家的萌芽

第一章　中世纪国家的特征

第一节　中世纪的国家概念

在近代世俗国家理论和国家主权理论诞生以前，存在着把王权神圣化的活动。而这种论证王权合法性的言说，尽管不那么纯粹，夹杂着神学的污泥浊水，但它仍然属于国家意识形态。在16世纪最后几年世俗国家权力理论和国家主权理论出现后，王权政治神学的各种表述形式仍然继续与世俗国家观念共存过一段时间。

马克·布洛赫注意到：在中世纪"英法君主权力得到的肯定"与他们"神奇能力的获得"相辅相成。"神奇权力是王朝运用的一种工具。"[1] 马克·布洛赫在书中开列了在国王的仪式中起重要作用的神圣物，它们中有"国王胎记、圣托马斯·贝克特的油瓶、兰斯的圣油瓶、斯昆士石、狮子与国王、百合花及军旗、圣餐两圣体、圣长矛、宝剑、加冕程式、权杖、冠、戒指（以及痉挛戒指）"[2]。瓦莱里奥·瓦莱里认为，在对神圣国王的研究中，"关于王权起源的理论主

---

[1] 〔法〕马克·布洛赫著，张绪山译：《国王神迹：英法王权所谓超自然性研究》，商务印书馆2018年版，雅克·勒高夫的"序言"，第xxx页。
[2] 〔法〕马克·布洛赫著，张绪山译：《国王神迹：英法王权所谓超自然性研究》，商务印书馆2018年版，雅克·勒高夫的"序言"，第xxxiii页。

要有两大类型：魔法起源论与历史起源论，历史起源论又分为两个主要论点，即暴力起源论与契约论"①。在中世纪，对王权所具有的意象与我们现在迥然有别。在那个时代，各国的国王都被视为神圣，而且，至少在一些国家，它们被认为具有超凡的治病能力。②在法国，1575年克洛德·达尔邦在《论君权》中写道："诸王备受尊崇的原因主要是，人们只是从他们身上，而不是在其他人身上，看到了神性和神力。"③

国王触摸瘰疬者以治愈他们，是中世纪早期和中期流行的仪式。英国15世纪的约翰·福蒂斯丘认为英王亨利六世有这种能力，"经他至纯之手的触摸……你可以看到，即使是今日罹患国王之魔疾病的人，包括医生们束手无策的那些患者，都由于神的介入而恢复了渴望已久的健康"。在亨利七世和亨利八世的账目中，用于国王触摸的开支的记载再次出现了，不过这些账目出现的次数已经不多。④1825年查理十世曾短暂且不合时宜地复活过圣化礼。勒高夫写道："一种历史现象，尤其是一种心理行为，是很难被扼杀的。它的消亡，或多或少地是随着心态的变化节奏，以及导致这种心态产生的环境的变化节奏而缓慢实现的。"⑤英国教士威廉·奥卡姆在《教皇的权能与尊严八

---

① 〔法〕马克·布洛赫著，张绪山译：《国王神迹：英法王权所谓超自然性研究》，商务印书馆2018年版，雅克·勒高夫的"序言"，第xlviii页。
② 〔法〕马克·布洛赫著，张绪山译：《国王神迹：英法王权所谓超自然性研究》，商务印书馆2018年版，导言，第3页。
③ 〔法〕马克·布洛赫著，张绪山译：《国王神迹：英法王权所谓超自然性研究》，商务印书馆2018年版，第4—5页。
④ 〔法〕马克·布洛赫著，张绪山译：《国王神迹：英法王权所谓超自然性研究》，商务印书馆2018年版，第91—92页。
⑤ 〔法〕马克·布洛赫著，张绪山译：《国王神迹：英法王权所谓超自然性研究》，商务印书馆2018年版，雅克·勒高夫的"序言"，第xxxvii页。

问》中试图证明,国王们通过涂油礼接受了"精神能力的恩典";他提到法国国王和英国国王对瘰疬病的治疗。他的影响几乎不逊色于格利高里。①

法国国王神圣化的另一个仪式,是用来自天堂的神圣之油进行涂敷,即涂油礼(或称圣化礼),获得神奇的能力,成为中世纪晚期至为虔诚的王。② 在1493年高等法院一桩重要的诉讼案件审理中,律师说道:"国王不是纯粹的世俗之人,因为他不仅像其他国王一样接受加冕和涂油,而且已被圣化。"③

使民众对君主和国家产生崇拜是任何一代统治者必做之事,它的历史比国家理论的存在要悠久得多。这是国家的意识形态职能的一个组成部分。1500年前后即16世纪一些年间,在拉芒什海峡两岸,关于国王奇迹的传说得到了广泛扩散。④

中世纪是欧洲国家制度的奠基时期,欧洲关于国家的政治概念也在这个时期形成和发展。这个时期欧洲国家概念的基本结构特点是围绕着国王的权力、封君和封臣的权力、王权与教权的关系诸问题展开阐述。由于此期间国家权力还没有发展成熟,所以关于国家的理论表现出混沌、纷杂和多元,在其中除了与世俗王权对抗的教权、自然法、封建民主观念,也呈现出初步的理性观念。

---

① 〔法〕马克·布洛赫著,张绪山译:《国王神迹:英法王权所谓超自然性研究》,商务印书馆2018年版,第119页。
② 〔法〕马克·布洛赫著,张绪山译:《国王神迹:英法王权所谓超自然性研究》,商务印书馆2018年版,雅克·勒高夫的"序言",第xxix页。
③ 〔法〕马克·布洛赫著,张绪山译:《国王神迹:英法王权所谓超自然性研究》,商务印书馆2018年版,第118—119页。
④ 〔法〕马克·布洛赫著,张绪山译:《国王神迹:英法王权所谓超自然性研究》,商务印书馆2018年版,第275页。

从思想结构来看,在中世纪的大部分时间,政治学说没有独立且清晰地成形并陈述出来。厄尔曼教授写道:"在中世纪的大部分情况下,我们一般叫作'政治'的东西都是以法律的方式来表达的。"法律是由政府颁布的,旨在将社会的目标变为现实。在中世纪大部分时间里,法律是我们赖以认识政治观念的唯一途径。因为当时的政治学说是在法律之中得到应用的。[1]

东罗马帝国皇帝优士丁尼在公元527年登基。他组织律师开展了恢复古典时代的罗马法和编纂法典的工作。法典编纂工作中最重要的是《学说汇纂》的编纂。这是39位古典法学家著作摘要的汇集,其中三分之一选自乌尔比安的著作,六分之一选自保罗的著作。《学说汇纂》的第三部分是后来在16世纪被称为"民法大全"的《法典》。《法典》分为12卷,第1卷论及信仰和教会的地位、法律的源泉和官员的责任问题,第2—8卷论及私法,第9卷处理刑法,第10—12卷论及拜占庭行政法。《学说汇纂》在开篇"论正义和法"中,认为一般意义上的民法与国家法相对,后者是对所有法律体系共同适用的规则的总和。当时的法学家认为,合法统治根源于社会生活,无须进一步论证。"依据理性"就是自然要求必须如此。但在另一篇文献中,乌尔比安认为,皇帝的决定具有法律的效力。他引用每个皇帝登基之初通过的《帝国法律》,称该法律授予他权力,他可以做任何有利于国家的事情。但当时从古典时代和后古典时代发现的材料倾向于认为皇帝的立法权受到限制。他得尊重传统的法律,只有在合法需要的情

---

[1] 〔英〕沃尔特·厄尔曼著,夏洞奇译:《中世纪政治思想史》,译林出版社2011年版,第10—11页。

况下才能背离传统法律。①教皇杰拉西乌斯一世在494年给阿纳斯塔休斯的一封信中,提出了世界有两个不同的统治权威,教皇统治精神事务,皇帝统治世俗事务。当时在国家法领域,对世俗皇权和教权权限的看法常常是矛盾的。

《帝国之道》是拜占庭政治思想的资料。它由拜占庭早期皇帝波尔菲罗·格尼图斯汇编而成。这是一本关于统治术而非王权理论的手册。波尔菲罗·格尼图斯主张与法兰西联姻。

西奥多·梅托彻斯特在讨论民主制和君主制的文章中认为,国王或皇帝的统治可能是现存的最好的政体。"而且,在各体制下,我们的基督神学法律也是维护人人各司其职,发挥有效效力的最好法律……神学法律包含了神的事务与人间事务最完美的智慧。"②

1415—1418年间,普勒松分别给皇帝努埃尔二世和他的儿子狄奥多尔写了两份备忘录。普勒松拒绝了拜占庭的"全宇宙帝国"的概念,他给皇帝提出的建议是划分出更多的小公国。普勒松建议采用一种新的政体形式,它必须有一个高度集权的君主政体。他建议,君主或米斯特拉的领主,可以拥有由少数有教养的、富有的人构成的社会上层,以及由公民构成的中等阶级。军队必须进行改革,它必须是一支职业化的常备军,它不仅仅由雇佣军组成,还应该包括希腊本国人。它是一个特权阶层,它的天职就是防御和战争。它需要社会其他阶层即纳税人供养,这些纳税人可以免除兵役。政府应当特别鼓励对荒地的开垦,但不允许土地私有。每个农夫应当缴纳他的收获物的三

---

① 〔英〕J. H. 伯恩斯主编,程志敏等译:《剑桥中世纪政治思想史:350—1450年》(上),生活·读书·新知三联书店2009年版,第56、58、60、62页。
② 〔英〕J. H. 伯恩斯主编,程志敏等译:《剑桥中世纪政治思想史:350—1450年》(上),生活·读书·新知三联书店2009年版,第103页。

分之一作为公共基金。为保护和刺激国内市场，要谨慎地管控贸易，限制货币流通，必须进口的物资可以通过交换当地产品如丝绸而获得。国内生产的货物就没有必要进口了。社会惩罚罪犯的最好办法是让他们戴上镣铐去修筑防御设施。普勒松的社会政治理论受到柏拉图的《王制》一书的影响。①

米兰的圣安布罗斯写过《论仆人之书》。他把皇帝视为"教会之子"。他认为罗马帝国未来应当是一个完全基督教化的社会，其中教会应当肩负塑造民众生活和风俗习惯的任务。他认为私有制不是自然而然地出现的制度，而是"非法侵占"的结果。因此，私有制必须用以资助他人。圣安布罗斯勾勒出一个有良好秩序、与自然和谐一致的社会。他将建立于完全平等基础上的"共和政体"与"君主专制政体"作对比，他认为前者在某些方面优于后者。君主政体的政府，是"自由城邦"，是完全自然的社会组织形式，其中统治者与被统治者由自然择出，各就其位，各任其职，为了共同的，其实也是各自的利益而一起努力。他关于政府的观念存在着很多模糊之处。②

在欧洲中世纪政治术语中，是先有"政府"概念，再有"国家"概念。在13世纪以前的中世纪，国家还不是一个为人熟悉的概念。王国和帝国被当作大的单位即基督徒团体的一部分，而不是被视为单独的、自足的、自主的、有主权的团体。在古希腊哲学家亚里士多德的影响下，直到13世纪，国家概念才产生。国家被理解为一个独立、自足、自主的公民团体，它按照自己的律法而存在。这时，"政治"

---

① 〔英〕J. H. 伯恩斯主编，程志敏等译：《剑桥中世纪政治思想史：350—1450年》（上），生活·读书·新知三联书店2009年版，第105—107页。
② 〔英〕J. H. 伯恩斯主编，程志敏等译：《剑桥中世纪政治思想史：350—1450年》（上），生活·读书·新知三联书店2009年版，第130—134页。

这个词才进入政府和学者使用的词汇中。此先，无论是国家概念还是政治概念都不存在。当时所用的词既不是"国家"也不是"政治"，而是"政府"。① 指谓国家的专门术语的缺失，和独立的国家形态尚不成熟有直接联系。

圣奥古斯丁年轻时坚信存在一种世界的理性秩序，坚信完全可能在人类生活、个人生活和社会生活中获得这一理性秩序。社会秩序在宇宙秩序中自有其位置。世俗社会的秩序是一种更高的可理解的秩序的反映，是诸多将秩序带进人类事务的方式之一。统治者是将宇宙理性秩序中的社会机构联系起来的基本纽带。他认为，政府的行为不是提高生活质量、提升美德、促进完美，它的基本任务是消除罪的影响。它的功能是解决社会矛盾。②

圣奥古斯丁提出，在没有真正正义的情况下，不可能存在共和国。在共和国的社会中，真正的正义会得到完全的伸张，而其他社会不过是"抢劫者的秘密藏身之处"。一个群体的成员所信奉的社会价值观对是否构成一个以政治方式构建的共和国这样的问题无关紧要。只要有政治形态，就可能成为一个共和国。③

到了9世纪，出现了一些政治思想著作。它们中有斯卡拉格杜斯的《皇家之路》（813年）、奥尔良的若纳斯的《俗世机构和皇家机构》（818—831年或834年）、兰斯的安马克尔的《国王其人》和

---

① 〔英〕沃尔特·厄尔曼著，夏洞奇译：《中世纪政治思想史》，译林出版社2011年版，第12—13页。
② 〔英〕J. H. 伯恩斯主编，程志敏等译：《剑桥中世纪政治思想史：350—1450年》（上），生活·读书·新知三联书店2009年版，第146—147页。
③ 〔英〕J. H. 伯恩斯主编，程志敏等译：《剑桥中世纪政治思想史：350—1450年》（上），生活·读书·新知三联书店2009年版，第143—144页。

《皇家等级》(882年)、塞杜里乌斯·斯各特的《基督教统治者》。这些著作主要的内容是对国王提出要公正和尽职尽责的告诫。它们也对许多实际政治问题表示了强烈的兴趣，如权威与法律的来源和性质问题，王权与法律的关系问题，教皇、主教和世俗国王的关系问题。这些作品没有形成首尾一致的系统的政治思想，但它们都涉及了当时重要的与国家相关的政治理念。[①] 佛勒里的雨果写了《论王权与神职人员尊严》(1102年)，将它献给英格兰国王亨利一世。

索尔斯伯里的约翰曾出入于阿尔卑斯山两侧许多国家的宫廷，他积累了许多政治、外交和行政经验。约翰和当时许多官员和朝臣一样，是学者型的牧师，在履行自己的职责的同时，还撰写说教性的论文、手册和书信。约翰在1159年完成了有重大影响的著作《政府原理》，该书被称为第一部将罗马法为政治学服务奠定基石的论辩专著。这部著作在很大程度上依赖于罗马法。他的书中有一千多处引用了古罗马作家的观点，甚至超过了对《圣经》的引用。约翰清楚地认识到，只有在罗马法律的帮助下，君主专制的统治形式才会有说服力并被接受。约翰提出了无所不包的"基督教共和国"的概念，他将这个概念与"拉丁世界"等同起来，他认为，后者就是全体基督徒有形的可见的联合体。他主张，君主在制定法律时应听取神职人员的意见，因为唯有神职人员才有能力判断法律的本质。在约翰看来，法律就是一种以基督教信仰为基础的行为规范，除了神职人员，没有人能够判断对法律存世的建议是否符合信仰。他认为，法律是政府的载体，是对一个有组织团体的权威的引导和指导；他的共和国是基督教

[①] 〔英〕J. H. 伯恩斯主编，程志敏等译：《剑桥中世纪政治思想史：350—1450年》(上)，生活·读书·新知三联书店2009年版，第229页。

共和国。约翰没有把政治与宗教分开。基督教社会有机体有一个统一的领袖,约翰认为他就是教宗。他居于各民族、各国家之上,任何事务都处于他的裁判之下。教宗的法律要求他人无条件服从。君主是神设立的,君主的主要任务是惩恶,可以比作刽子手。约翰说,国王的意志在神权政府的形式中是法律的本质,它依赖于上帝的律法,因为法律是作为"上帝的赐予"和"神意之形象"而成为法律的。对约翰来说,法律必须体现正义的观念,而正义完全是一个基督教的概念。约翰认为,暴君是对基督教国王的颠倒,因为他的统治方式完全与基督教君主所应有的方式相反。由于他是基督教人民的祸害,臣民就可以杀掉他。但是在著作中另一些地方,又主张为暴君的改悔而祈祷。该书反映出约翰的政治理论的矛盾性,只要国王是法律的来源,只要法律的强制性来源于"君主的意志",就没有任何限制性的有效手段能够用来除掉暴君。[1] 约翰的政府论是教权政府论。

约翰的理论的另一方面阐释了对中世纪很有影响的社会器官论。约翰认为,社会有机体的灵魂是国王。作为君主的咨议机构的元老院就是有机体的心脏,法国和行省总督是有机体的眼、耳、舌,农民是社会的足,国库是胃——因为国库喂养着官吏。但是,在约翰的体系中,没有任何地方论及臣民有反对君主的权利。约翰坚持,君主的责任就是看顾他的臣民。虽然臣民也应当向君主表达他们的愿望和建议,但这离臣民拥有自主的权利还差得很远。在他的观念上,臣民被排除了具有政治学上的权利的可能。在这部书中,约翰对朝臣个人行为和道德的关注超过了对政府和政府机构的客观特征和运作状况的关

---

[1] 〔英〕沃尔特·厄尔曼著,夏洞奇译:《中世纪政治思想史》,译林出版社2011年版,第116页。

注。他认为,《圣经》和古代经典可以为君主提供一面自省的镜子,可以通过哲学教育纠正道德缺陷。[1] 在约翰的著作和书信中,暴政问题是重大的话题。约翰划分了领主统治与暴政的区别,认为诛杀暴君是合理的。[2]

教权政府论同样在罗马的吉尔斯的著作中得到阐述。吉尔斯在教宗和法王激烈斗争的时期写作了小册子《教会权力》。他阐述教宗对整个世界,对任何人、任何事都具有主权,因此君主也是教宗的子民。所有的祭司权力和王权都属于教宗。除非服从他,否则就无法合法地行使任何权力。他认为,治理权或领有权只有通过上帝的恩典才能得到。教宗并不直接处理俗世事务,但是以地上权力为中介。主权依然属于教宗。[3]

英格兰国王亨利二世时期的《财政署对话集》提出了支持王权的理论。它写到,没有任何人可以抵挡国王为和平之善而发出的法令。究竟什么是"和平之善",只有国王最为了解,因为只有国王才要负责保持和促进和平。[4]

中世纪国家运作和关于政治运作的规则都反映了它在这个形成时期的不成熟性。中世纪社会主要依赖政治集团内部享有特权的个人之间松散的协议网络维持运转。为了保证这些协议的有效性,把誓言作

---

[1] 〔英〕J. H. 伯恩斯主编,程志敏等译:《剑桥中世纪政治思想史:350—1450 年》(上),生活·读书·新知三联书店 2009 年版,第 455 页。
[2] 〔英〕J. H. 伯恩斯主编,程志敏等译:《剑桥中世纪政治思想史:350—1450 年》(上),生活·读书·新知三联书店 2009 年版,第 485 页。
[3] 〔英〕沃尔特·厄尔曼著,夏洞奇译:《中世纪政治思想史》,译林出版社 2011 年版,第 118—119 页。
[4] 〔英〕沃尔特·厄尔曼著,夏洞奇译:《中世纪政治思想史》,译林出版社 2011 年版,第 126—127 页。

为对双方的约束。在中世纪，誓言成为各种交往与合同的基础。订立盟约、合同、条约，建立行会，法庭审判都要宣誓。和平联盟也通过集体宣誓缔结。国王的统治需要得到臣民的认可，如果国王的资质没有得到承认，或者未能获得政治精英集团成员的选举通过，或国王没有做出遵守法律和习俗的承诺，那么即使国王暂时篡夺了统治权，也可能无法继承王权。政治协议在中世纪政治生活中成了众所接受的规则。这一事实表明，国王当时在政治观念上和事实上都没有确立至上权威。[1]

由于教权和世俗国王的权力同时存在，在政治观念形态中产生了两种权利的理论。这种理论的经典表述见于教皇杰拉斯一世在494年致罗马皇帝的信中：

"世界主要由两种权力统治，一种是主教神圣的权力，另一种是君主的权力。在这两者中，教士的责任更为重大，因为在神进行审判时，他们本身将就人类国王的状况而向上帝有所交代。因为你这位极仁慈的子民知道，尽管你高贵地统治着人类，你仍然要对那些掌管宗教事务的人虔敬恭顺，从他们那里寻求拯救灵魂的方法；你也了解，宗教法令是要求接受和正确实施天国的圣事。据此而言，你必须做的事是服从而不是命令。"[2] 在杰拉斯的阐述中，他认为王权应当服从上帝的权力。

杰拉斯的两种权力理论，在教会权威的法典汇编 *Quesnelliana* 和 *Hadriana* 中流传下来，在加洛林时代向人们传递了一个基督教社会

---

[1] 〔英〕J. H. 伯恩斯主编，程志敏等译：《剑桥中世纪政治思想史：350—1450年》（上），生活·读书·新知三联书店2009年版，第217、219页。
[2] 〔英〕J. H. 伯恩斯主编，程志敏等译：《剑桥中世纪政治思想史：350—1450年》（上），生活·读书·新知三联书店2009年版，第401页。

有两种作用不同的权力统治的观念。阿尔昆就这一原则阐述说:"世俗和精神的权力是不同的,前者的手里挥舞着死亡的宝剑,而后者的唇舌中却传播着生命的钥匙。"10世纪的神职人员继承了杰拉斯的论点,强调国家和神职人员体系的合作。

这种教皇和国王具有两种权力的理论,正是查理曼796年被立为国王时写给教皇利奥三世的信件的主题。他写到,国王的职责就是"在外部,保卫神圣的教会免受异教徒的攻击,免遭异端军队的灾难,在内部通过对天主教信仰的认可,对教会加以巩固"。而教皇的职责就是"像摩西那样向上帝伸手求助……让基督教的人民在任何地方都能赢得胜利"。① 查理曼认为,国王的职责包括扩张和防御,传播信仰和保卫信仰。帝王扩张基督教国家疆域的任务是圣奥古斯丁和圣格列高利规定的,发动战争是"为了共和国的扩张,让我们可以看到上帝在其中受到膜拜……这样,通过宣讲基督教的信仰,基督的名字将在臣服的各个民族中流传"②。

此外,帝王还有保卫教会的责任。查理曼的法典中将查理曼称为教会的卫士:"法兰克人王国的君主,神圣教会的虔敬卫士及其一切事务的帮手。"从《加洛林王朝法典》保存下来的书信中,可以看到教皇们力劝阿努尔家族的军阀担负起罗马教会卫士的职责。③

杰拉斯在写给阿纳斯塔休斯的信中陈述了牧师的影响力比世俗君

---

① 〔英〕J. H. 伯恩斯主编,程志敏等译:《剑桥中世纪政治思想史:350—1450年》(上),生活·读书·新知三联书店2009年版,第406页。
② 〔英〕J. H. 伯恩斯主编,程志敏等译:《剑桥中世纪政治思想史:350—1450年》(上),生活·读书·新知三联书店2009年版,第407页。
③ 〔英〕J. H. 伯恩斯主编,程志敏等译:《剑桥中世纪政治思想史:350—1450年》(上),生活·读书·新知三联书店2009年版,第408页。

主的首领更为伟大:

"教皇的尊贵更甚于国王,因为国王是由教皇祝圣才登上王权的巅峰,而国王却不能够为教皇祝圣使其就任;与牧师相比,国王对世人俗务承担了更重的责任,因为众王之王赋予了他们颁布律法以及为神圣教会的荣誉、安全、宁和而战的职责。"[1]

到了欧洲中世纪的第二个阶段,国家政治理论的中心不只是君权与教权的关系,而是转到讨论等级制问题。因为这个时期国家的权力是以各等级的支持为基础的。

在撒克逊时代的英格兰,有一份手稿这样写道:"每个公平的王座在三只脚上,这样,它才能立得完全对。一只脚是僧侣,一只脚是劳动者,第三只脚是贵族。僧侣是祷告的人,他们奉祀上帝并日日夜夜为全民族代求神佑。劳动者是做工的人。"[2] 公元10世纪,英格兰恩舍姆修道院长、散文家艾尔弗雷德根据王权的三个支柱,对社会结构做了三重划分:

"劳作者系为我等提供衣食之人,唯犁耕播种者专事于此。说教者系为我等求助上帝,并在基督的臣民中间弘扬福音之僧侣,唯有专事圣职者方使我等蒙恩受惠。作战者系以武器防范即将临近之敌,为我等护卫城市及家园之人。"[3]

在11世纪的加洛林王朝,也存在着这种传教者、士兵和劳动者

---

[1] 〔英〕J. H. 伯恩斯主编,程志敏等译:《剑桥中世纪政治思想史:350—1450年》(上),生活·读书·新知三联书店2009年版,第414页。
[2] 〔美〕汤普逊著,耿淡如译:《中世纪经济社会史》(下册),商务印书馆1963年版,第333—334页。
[3] 〔英〕阿萨·勃里格斯著,陈叔平等译:《英国社会史》,中国人民大学出版社1991年版,第58页。

的三分法，说明王权的三个支柱。

在加洛林时期，把王国作为君主及其继承者个人财产的划分方式具有世袭权力的特征。加洛林王朝对国王和其他人的"侍奉"概念，沾染着家庭气息。当时把君主权力定义为对个人的效力。由于职位和任职者之间没有明确区别，国王只能被看作个体，或者是父亲，或者是主人。加洛林王朝政治思想的一个主要局限性，是把法律这一概念当作属于个人的主观所有。这样旧时的国家概念无法超越私人的利益。当论及"所有人必须参与保卫祖国，不得有任何推脱之词"时，这种义务的产生，不是因为享有俸禄，也不是因为个人对王室主人的承诺，而是因为身居王国之中。①

在国王和法律的关系上，德意志帝国的亨利三世曾对波西米亚人说过这样的话："法律的鼻子是蜡做的，而国王的手是用铁做的，能伸得很远，而且他想怎么伸就怎么伸。"② 这表明在中世纪，君主并不是真正实行法治。就二者的关系而论，君主的地位在法律之上而不是在法律之下。

总之，在 13 世纪以前，欧洲的政治理论极为贫乏和混乱，没有严格意义上的国家观念。13 世纪是中世纪政治思想史重要的转折点，开始有了国家观念。

中世纪有两个权力源，"教会权力在其自身范围内独立于世俗权力，而世俗权力在其自身范围内无疑也是独立的和至高的"，"每一个

---

① 〔英〕J. H. 伯恩斯主编，程志敏等译：《剑桥中世纪政治思想史：350—1450 年》（上），生活·读书·新知三联书店 2009 年版，第 307 页。
② 〔英〕J. H. 伯恩斯主编，程志敏等译：《剑桥中世纪政治思想史：350—1450 年》（上），生活·读书·新知三联书店 2009 年版，第 345 页。

都是至高的，每一个都是服从性的，此乃教父们交给中世纪的原则"。[1]

中世纪中期思想的主要革新是世俗国家观念的发展。这种观念通过亚里士多德的《政治学》和《伦理学》的重新发现而被提出来。亚里士多德提供了一套关于政治和国家的理论，这种国家存在于纯粹自然的范围内。这是一种关于人类活动和关系的独特范畴的政治概念。它在布鲁内托·拉蒂尼的《宝鉴》（完成于 13 世纪 60 年代）以及阿拉伯特、托马斯·阿奎那和奥维涅的彼特等人对莫尔伯克的威廉的《政治学》译本的早期评注中表现出来。[2] 国家观念的另一个来源是《民法大全》。民法的结构分为"公法"和"私法"。它为公共和政治领域的活动提供了一套清楚的语言。罗马法中关于政府的大量内容实质上是世俗性的。《学说汇纂》中的"万民法"是对有秩序社会基础的描述。中世纪民法学的一个特点是它的世俗方法。当时的法学家巴尔托卢斯和巴尔杜斯将罗马法的观念同亚里士多德关于自然的政治的人的观念结合起来，推进了作为一个抽象实体的国家观念的发展。[3] 民治理论是巴尔托卢斯的主权城市共和国理论的一部分。

阿奎那和巴黎的约翰都认识到，教会在本质上是精神性的，它不同于国家的政治性质。

捍卫共和自由的人文主义精神在 13 世纪晚期布鲁内托·拉蒂尼等人的著作中表达出来。

---

[1] Carlyle, R. W., and A. J., *A History of Medieval Political Theory in the West*, Vol. 5, pp. 254, 255.
[2] 〔英〕J. H. 伯恩斯主编，程志敏等译：《剑桥中世纪政治思想史：350—1450 年》（上），生活·读书·新知三联书店 2009 年版，第 500—501 页。
[3] 〔英〕J. H. 伯恩斯主编，程志敏等译：《剑桥中世纪政治思想史：350—1450 年》（上），生活·读书·新知三联书店 2009 年版，第 501—502 页。

在英国教会权力和国王权力的角逐中,所有关于土地的拥有和所有权的问题,包括教会受俸牧师的推荐权、捐赠给教会的土地,都归国王的司法权管辖。这是"克拉伦敦条例"确认的英国司法习惯的重要原则。①

意大利的但丁在《宴会》《帝制论》和《书信》中论及了帝国和罗马教廷问题。他在《帝制论》中阐述了三个命题:第一,对于基督教世界而言,唯有和平和正义的保护者会把共同体的建立置于一个单一的统治者之下;第二,在上帝预知的情况下,这种统治权已经授予了罗马的统治者;第三,这唯一的世界性的统治权被上帝直接授予了罗马的每一位皇帝,不需要教廷作为中介,不受教会领袖所控制的任何司法权所制约。但丁在这里表现出帝国二元论原则。他的《帝制论》认为君主作为其他世俗统治者的领袖,不会贪婪,定是一位公正的统治者。但是,但丁仍然相信教会的神圣领导权。

马西利是激进地运用亚里士多德政治观念的人士。② 马西利的国家观本质上是世俗的,但他没有完全摆脱中世纪思想的范畴,还带有局限性。因为他所说的"公民共同体"事实上就是"信仰共同体"。马西利和但丁不同,他抨击来源于罗马教廷的职权。他认为它的权威"不是由上帝直接给予的,而是由人的决定和意愿所给予的,就如社会中的其他那些职权一样"。马西利的《和平的保卫者》考察了公民的和平是如何建立起来的,以及如何被打破的,他揭露说,它的民众已经被带入"暴君的严厉的枷锁下面"。马西利认为他唯一的任务就

---

① 〔英〕J. H. 伯恩斯主编,程志敏等译:《剑桥中世纪政治思想史:350—1450 年》(上),生活·读书·新知三联书店 2009 年版,第 539—540 页。
② 〔英〕J. H. 伯恩斯主编,程志敏等译:《剑桥中世纪政治思想史:350—1450 年》(上),生活·读书·新知三联书店 2009 年版,第 503 页。

是揭露和摧毁它。马西利的《和平保卫者》的中心命题是，最高的权力属于全体公民，唯有通过他们的权威，一个合理的政府才能建立或被废除。他依据的是亚里士多德的哲学、要求皇帝的权力来自于人民的罗马法中的《王权法》理论，以及神圣罗马帝国的选举团和意大利城市体制的实践。①

在中世纪中期，君主权的理论发展起来。在阿奎那以前，早已有人给出了有关君主统治的定义。这就是，君主的责任在于为了共同利益而统治。托马斯·阿奎那强调了君主统治的必要性和自然性。他在《论君主政体》中将人描写成一种"社会政治动物"。这种动物的本性要求他必须生活在"许多人组成的社会"中。如果人不聚集在一起生活，不由某个人统治及保护大众共同的利益而非私人的利益，那么社会将陷入混乱。"国王这一观念表明，并不存在什么权力最大之人，国王只是牧者，他在为大众寻求共同利益，而不是为了他自己。"② 除了基督教传统，亚里士多德等人的作品也都影响着阿奎那。

13世纪晚期及14世纪的法学家发展了有关领主国自治权的理论。最早是在讨论西西里的君主时，法学家提出了领主国自治权理论。马里努斯引述历史说："早在帝国和古罗马人出现之前，王国就已经得到认可，被建立起来，其来源是与人类自身共同产生的万民法。"③ 伊

---

① 〔英〕J. H. 伯恩斯主编，程志敏等译：《剑桥中世纪政治思想史：350—1450年》（下），生活·读书·新知三联书店2009年版，第573—574页。
② 〔英〕J. H. 伯恩斯主编，程志敏等译：《剑桥中世纪政治思想史：350—1450年》（下），生活·读书·新知三联书店2009年版，第603—604页。
③ 〔英〕J. H. 伯恩斯主编，程志敏等译：《剑桥中世纪政治思想史：350—1450年》（下），生活·读书·新知三联书店2009年版，第631页。

塞恩尼亚·安德里亚将皇帝在其帝国之内拥有的权力同等地赋予王国之内的国王。他说："只要符合理性，国王可以在他的王国之内享有与皇帝在其帝国之内同等的权力。"[1]

巴尔托卢斯揭示了政治生活的真相，即事实上的权威已不再是缺乏合法性的力量。他写的小册子《论城邦的体制》涉及君主和王权问题。巴尔杜斯发现，有一些国王并不服从皇帝，因此他论述说，尽管存在着法律上的普遍的统治权，但事实上这一普遍统治权已无法再覆盖全体，领地内的君主自治权因而得以实现。[2] 巴尔托卢斯稍迟一些时候提出了关于城市共和国的统治权理论，为中世纪后期流行的统治权理论做出了贡献。[3] 巴尔托卢斯先是证明民众的认可是民众习俗及法令的构成部分，然后，他继续发展他的思想，认为民众的赞同在实践的运用可以推导出这样的结论：上级统治权被否决了，这是自治主权的基本特征。他论述说："不承认最高统治者的城市，就好像是一个'自由的人'一样。城市自己就是国王。"[4]

巴尔托卢斯将城市共和国的统治结构视为社团。他论述说：人民组成集会、选出议会，而议会作为城市里的统治主体，反过来选举城市官员。他写道："议会代表了人民的意见。"巴尔托卢斯和巴尔杜斯认为，抽象的城市公民应当支持执行部门，并且通过执行部门来行

---

[1]〔英〕J. H. 伯恩斯主编，程志敏等译：《剑桥中世纪政治思想史：350—1450年》（下），生活·读书·新知三联书店2009年版，第633页。

[2]〔英〕J. H. 伯恩斯主编，程志敏等译：《剑桥中世纪政治思想史：350—1450年》（下），生活·读书·新知三联书店2009年版，第635页。

[3]〔英〕J. H. 伯恩斯主编，程志敏等译：《剑桥中世纪政治思想史：350—1450年》（下），生活·读书·新知三联书店2009年版，第637页。

[4]〔英〕J. H. 伯恩斯主编，程志敏等译：《剑桥中世纪政治思想史：350—1450年》（下），生活·读书·新知三联书店2009年版，第638页。

动。这个执行部门由两个部门组成,一个是它的人类成员组成的议会,一个是选举出来的具有代表性的官员。把领主国视为社团的观念,使得关于领主国的法学理论完整起来。①

罗马的吉尔兹在《论君主政体》(约1277—1279年)一书中提出,君主制与一般君主政体有根本的差别。前者是统治者的个人意志居于主导地位,而后者的统治却要受人类法规和惯例的限制。真正的君主制同专制独裁又有显著的差别。独裁者依个人兴趣进行统治,国王的统治则是为了臣民的利益。正是由于这一点,君主统治才具有了合法性。②

在这个时期,国王具有最高统治权的理论和国王受法律约束的观念都形成了。阿奎那在《论统治》中通过假设指出,如果暴君不是一国中最高统治者,那么他将被他的长官所罢免。布雷克顿强调了国王和法律之间的关系,"因为正是由于法产生了国王,所以他应当将法所授予他的名为统治者的东西再施之以法。因为没有任何国王是凭借意志而不是法律来实施统治的"。

第二节　欧洲中世纪国家类型

中世纪国家纵然类型众多,但是它们有一些共同的特点。第一,欧洲中世纪国家基本是君主制国家,政治权力掌握在君主手中而不是一个阶级或等级,一个团体或政治机构手中。第二,这个时期的生产

---

① 〔英〕J. H. 伯恩斯主编,程志敏等译:《剑桥中世纪政治思想史:350—1450年》(下),生活·读书·新知三联书店2009年版,第643—644页。
② 〔英〕J. H. 伯恩斯主编,程志敏等译:《剑桥中世纪政治思想史:350—1450年》(下),生活·读书·新知三联书店2009年版,第656页。

关系中尽管已经存在独立的小生产和手工业、商业，但农业仍然是主要的生产部门，在农业生产中存在以人身依附或部分人身依附为基础的超经济强制，封土制和国家土地所有制是这种剥削关系的基础。第三，这个时期罗马教会的势力扩展到整个欧洲，教会和各国君主分占世俗政权，具有政治优势的教会居于君主之上，权力结构具有二元性。第四，这个时期法律制度不健全，各国虽然有了封建法，但法律维护贵族的特权、身份等级制度和人身依附关系，没有建立人的身份平等和经济活动自由的社会制度。第五，这个时期国家机构没有完善地建立，尚未建立分工有序的专门化的政府机构，有的国家尚未形成从中央到地方基层的完善的网络状的地方行政组织。第六，这个时期至上的王权尚未确立并得到贵族社会承认，因此国家权力有限。君主在一定程度上要靠封建契约关系来维持统治。在少数地区开始了民族国家的形成过程，但在多数地区民族国家尚未形成。

公元最初几个世纪，欧洲大部分地区尚处于从氏族公社向封建社会过渡阶段，稍后建立的中世纪国家对于罗马国家没有直接的历史连续性。10—11世纪建立的盎格鲁-撒克逊人的国家、日耳曼人的国家和法兰克人的国家，尚处于国家的雏形时期，有前封建国家之称，它们还带有遗留下来的古代氏族民主制的残余成分。以后的11—12世纪是欧洲封建政治发展的一个短暂的鼎盛时期。巴勒克拉夫把12世纪称为"欧洲历史上最伟大的富于建设性的时期"[①]，但这个时期很短暂。

在此前后，欧洲经历了封建化过程。争取分封割据的封建势力与王权的斗争导致的中央权力的削弱，使中世纪国家迅速衰落。与此同时，一些欧洲地区出现了新型的城市国家。从15世纪开始的绝对主

---

① 巴勒克拉夫：《变动世界的历史》，牛津大学出版社1951年版，第28页。

义国家以往习惯被划为中世纪后期的国家，实质上从类型学上来说，它们属于封建国家的蜕变形态，已萌生了一些日后的近代国家的因素。欧洲绝对主义国家属于从封建主义向资本主义过渡的国家。①

在东欧和西欧，封建国家的形态有很大差别。西欧国家多经历了封建化过程，而俄罗斯封建国家则采取了中央集权的国家形式。欧洲中古国家的差异与欧洲封建社会生产关系和社会关系的差异直接相联系。

9—13世纪，在欧洲占主导地位的国家概念是"世界帝国"概念。这种国家概念在查理曼接受帝国皇帝称号时便出现了。查理曼建立了囊括西欧大部分地区的庞大帝国，它的帝国不同于以往的拜占庭帝国，而是一个"西部的帝国"。查理曼被称为基督教世界的帝王或王公，他为自己加上"罗马人皇帝"的称号。在这个时期，"西方"一词同"帝国""欧洲""基督教世界"是同义语。这时的"帝国"概念除了表示众多的国家共同臣从于皇帝，没有其他的含义。这个时期的欧洲属于纯粹的地理概念，其疆界直到博斯普鲁斯海峡和顿河。而教皇认为，"基督教世界"包括了整个世界，它远不止查理曼帝国的疆域。这使得帝国概念把所有的国家都包括在其中。当时还没有民族的概念，也没有完整的民族国家的概念。这种帝国概念既是宗教概念又是世俗概念，它表示德意志神圣罗马帝国对西方基督教世界具有支配权。罗马教会的教阶组织则把所有国家的教会纳入它的管辖。② 从

---

① 参见沈汉、王建娥：《欧洲从封建社会向资本主义社会过渡研究：形态学的考察》，南京大学出版社1993年版。

② Heinrich Mitteis, *The State in the Middle Ages: A Comparative Constitutional History of Feudal Europe*, Amsterdam, 1975, p. 3. B. Guenee, *States and Rulers in Later Medieval Europe*, Oxford U. P., 1985, p. 1.

10世纪开始的200年间,这种"世界帝国"的概念很少为人们使用,直到11世纪30到50年代,"罗马帝国"和"基督教帝国"的概念才广泛使用。从第一次十字军远征直到18世纪,"基督教帝国""基督教共和国""基督教人民"和"基督教土地"之类的概念重新在欧洲被使用。基督教的"帝国"概念在这个时期的政治文化中出现不是偶然的,因为基督教或是这个时期相互作用的各种政治结构的中心。基督教从公元500年前后开始广泛传播。到11世纪后半叶,它通过以教皇为中心的教阶制度和修道院团体有影响的活动,确定了它在欧洲各国意识形态中的支配地位。它使用统一的语言拉丁语,它的势力在13世纪达到几乎独占的地位。在13世纪以后200年,西方各地居民逐渐分离,这样,新的国家概念最终取代旧的"帝国"概念,成为欧洲政治生活中起重要作用的词汇。

1300年以后,一些意大利法学家开始把帝国所要求的普遍权力和司法权以及政治独立的现实联系起来。他们把单个国家视为普遍的权力的组成部分,而把民族君主的统治权视为帝国权威的基础。但是在当时,他们的理论观念和意大利的政治制度的实际还是脱节的。从10—11世纪,领地国家的概念在西欧出现了,它的现实的制度基础是在英吉利、法兰西和德意志出现的一些王宫领地。[1] 可以说,领地国家是未来民族国家形成的基础或前身。

在13—16世纪,政治统一体本身变得很有问题。古老的军事采邑已经失去效力,封臣赢得了广泛的独立性。无论在什么地方,只要建立了等级(高级贵族、低级贵族、僧侣、城市市民)的联合组织,

---

[1] Heinrich Mitteis, *The State in the Middle Ages: A Comparative Constitutional History of Feudal Europe,* Amsterdam, 1975, p.4.

这些等级就要立足于全体成员经立誓达成的协议,彼此之间订立协议、与自己的君主订立协议或与外国君主订立协议。这些等级与君主订立的协议涉及特权的授予、对君权的限制,甚至经常还涉及武装反抗的权利。等级制国家在这个时期出现了。①

---

① 〔德〕卡尔·施密特著,刘锋译:《宪法学说》,上海人民出版社 2016 年版,第 78 页。

第二章 文艺复兴时期意大利城市国家

第一节 意大利城市国家出现的背景

从 2 世纪开始,随着罗马军团经过巴尔干半岛向亚洲进军,随后君士坦丁大帝于 326 年将帝国首都东迁,意大利逐渐失去在西罗马帝国中的核心地位。亚平宁半岛处于政治分裂状态,人口减少,东哥特人、伦巴底人等外国人持续不断入侵。[1]中世纪后期的罗马教皇制度和帝国制度在意大利产生了阻碍正常的领地君主制发展的影响。在意大利,教皇制的存在阻挠了一切在亚平宁半岛实现领主统一的企图,使得意大利王权在很长的时间里极度薄弱。意大利缺少一种占据优势的世俗政治力量,因而教皇在政治上能对这个地区起控制作用。[2] 9 世纪以后意大利中央集权统治势力的衰落,为城市国家的创立提供了空间。如圭恰迪尼所说,意大利城邦在中世纪的繁荣,部分由于神圣罗马帝国及其他势力都没能征服它们,这使得地方政治和经济能量能够自由地释放。

---

[1] 〔英〕克里斯托弗·达根著,邵嘉陵等译,王军审核:《剑桥意大利史》,新星出版社 2017 年版,第 32、36、37 页。
[2] Perry Anderson, *Lineages of the Absolutist State*, London, Verso, 1986, p.143.

从 11 世纪到 13 世纪,争取公社自治的行动在西欧许多地区发生,有几十个城邦在正常运作。1080 年以后,意大利城市取得独立。11—13 世纪,教皇控制着意大利北部和中部,他在与德意志神圣罗马帝国的斗争中支持这些地区的城市公社自治,城市共和国在此发展最为成功。1080 年到 1130 年,在热那亚、米兰、曼图亚、克雷莫纳、皮亚琴察、帕多瓦、佛罗伦萨、比萨等城都建立了城市共和国制度。1152 年腓德烈·巴巴罗萨被选为神圣罗马帝国的皇帝,他进行了翻越阿尔卑斯山的远征,1162 年攻陷了米兰。1182 年他被意大利北部的"伦巴底联盟"击败,在《康斯坦茨和约》中腓德烈·巴巴罗萨正式承认了城市共和国的自治权。12 世纪后期起,意大利北部和中部的城市共和国抵制日耳曼皇帝的统治,捍卫自己的自由和权力。①

11 世纪以后,在意大利北部城市发展起了早熟的较发达的商人资本,这种封建社会中异质的经济成分阻碍了在意大利全国范围内重新组织一个拥有强大权力的封建国家,为在这些地区建立城市国家提供了基础。拥有财力的伦巴底和托斯坎尼公社的积极活动战胜了试图建立统一的封建君主国的努力。而罗马以南的意大利地区情况则相反,教皇的职位成为罗马公国各大贵族争夺的对象。②

1059 年,尼古拉二世为了巩固自己的地位,与劫掠拜占庭帝国南部的诺曼人建立了联盟。诺曼人每年发动入侵,而教皇则承认诺曼人在普利亚、卡拉布里亚和加普亚的统治。1061 年,诺曼人控制

---

① 〔英〕克里斯托弗·达根著,邵嘉陵等译,王军审核:《剑桥意大利史》,新星出版社 2017 年版,第 39—44 页。
② 〔英〕克里斯托弗·达根著,邵嘉陵等译,王军审核:《剑桥意大利史》,新星出版社 2017 年版,第 39—40 页。

了西西里岛。在诺曼君主的统治下，意大利南部贸易进一步衰落。

腓德烈二世在1225—1250年试图征服这些城市共和国。他在意大利创建皇家法院来协调意大利国内的罗马-拜占庭法、伦巴第法、法兰克法和诺曼法等各种法律传统。他的野心导致了和城邦国家的矛盾，并且发生了与教皇的冲突。1198年，英诺森三世担任了教皇，把教皇权力发展到顶峰。英诺森三世寻求在神圣罗马帝国的特权，以及对西西里岛、阿拉贡、匈牙利王国的统治权。他还试图在意大利中部建立一个强有力的国家，以谋求教皇的永久独立。腓德烈二世和教皇的斗争导致了近30年的战争，双方都寻求北部城市的支持。最终霍亨斯陶芬家族势力在意大利失败。1250年，腓德烈二世去世时，他在北意大利的盟友已所剩无几。之后，教皇向法兰西国王的兄弟安茹的查理寻求帮助。查理向意大利进军，1266年杀死了腓德烈二世的私生子曼弗烈德。1282年，西西里被阿拉贡人夺走。安茹王朝在以后一个半世纪中统治着那不勒斯。[①]

在政治经济制度方面，伦巴第、威尼托、艾米利亚以及马尔凯在13世纪中期出现了终身制领主。一些领主夺取了城市权力，常常也和已有的城市委员会共同执政，但领主制只存在于意大利的某些地区。意大利北部出现了阿奎莱亚主教国和特伦托主教国，而西部被拉萨伏依和皮埃蒙特两个封建公国统治着。它们之间还有一个蒙费拉托公国。在意大利南部，安茹统治下的庞大的封建王国一直维持到1442年。许多男爵自定法律，只在符合自己利益时才会服从国王。

统治威尼斯城市共和国的是从13世纪起就很少更迭的世袭贵族。

[①] 〔英〕克里斯托弗·达根著，邵嘉陵等译，王军审核：《剑桥意大利史》，新星出版社2017年版，第45页。

市民阶级享有商业特权，并有权取得一些公职。他们垄断了最大的 5 家行会的要职，并控制着大约 500 家行会。[1]

关于城市国家是如何形成的，学者们有不同的解释。查尔斯·蒂利认为城市国家发源于欧洲商业和经济发展比较繁荣的地区。出色的商业和经济发展使得这些地区走上了一条资本密集型国家的发展道路。[2] 罗坎则认为，城市国家的出现有赖于更早的经济发展，他强调欧洲城市早期的发展得益于在地理位置上接近从北部意大利到低地国家的内河贸易路线。[3] 其他作者也强调水运在城市国家形成中所发挥的作用。还有学者认为，抵制德意志神圣罗马帝国皇帝的统治，是意大利北部和中部城市共和国发展的政治原因。[4]

13 世纪到 15 世纪，意大利城市国家的兴起有着人口地理学的背景。在地中海地区，从古典时代起，居民中很大一部分人便居住在城镇中而不是散居在农业区的村庄中。都市在那个时期已有所发展。中世纪早期中央权力的衰弱和制度发展的某种连续性使得城市中主教掌握了权力。但随着市民阶级的兴起，城市市民共同体在组织防卫、分配维持城镇必需的开支和维修城墙的费用方面，以及公用事业方面逐渐显现出重要性，所以一些宗教事务如选择主教时也邀请市民来讨

---

[1] 〔英〕克里斯托弗·达根著，邵嘉陵等译，王军审核：《剑桥意大利史》，新星出版社 2017 年版，第 50 页。

[2] 〔美〕查尔斯·蒂利著，魏洪钟译：《强制、资本和欧洲国家（公元 990—1992 年）》，上海人民出版社 2012 年版。

[3] Stein Rokkan, "Dimensions of State Formation and Nation Building: A Possible Paradigm for Research on Variations within Europe," in Charles Tilly, ed., *The Formation of National States in Western Europe*, Princeton U. P., 1975.

[4] 〔英〕克里斯托弗·达根著，邵嘉陵等译，王军审核：《剑桥意大利史》，新星出版社 2017 年版，第 40、45 页。

论。有证据表明，当时曾召开一些定期的会议来处理这些事务。这样，市民便逐渐参与城市市政管理的工作，并掌握了一定的权力。中世纪意大利城市人口的社会结构是很复杂的。学者通常把意大利城镇称为由贵族、以放债收取利息为生者、店主、技工、公证人和农民组成的混合型社会。但是，还有大批居民并不属于上述社会阶层的任何一个，但他们参加了不止一种经济活动。[1]

在文艺复兴时期，城市经济的发展吸引了贫瘠的乡村农民移居城市。在12世纪早期到13世纪后期，意大利城市包括郊区的人口增长得非常快。拿波里、佩鲁贾、皮亚琴察、帕多瓦、维罗纳、帕维亚的人口均超过了20000人，帕勒摩、波洛尼亚、锡耶纳的人口均超过50000人，少数大都市正在形成，佛罗伦萨、热那亚、米兰、威尼斯的人口达到90000—100000人。[2]

城市共和国社会结构的一个特点是家族纽带和家族关系非常强大。富人的家族联系是他们政治和经济活动的基础。大家族的成员经常居住在同一街区，像热那亚的多利亚家族、佛罗伦萨的佩鲁齐家族，整个家族环绕着一个广场而居。在紧张时期，家族会确定一个聚会地点，聚在一起讨论和决定集体性的政策，他们依靠通婚来加强联系和团结。[3] 城市共和国争夺政治控制权的斗争往往在两大主要的家族集团之间展开。这样的家族集团在佛罗伦萨是乌贝蒂家族和多纳蒂家族；在布雷西亚是里沃拉家族和科利奥尼家族；在克雷莫纳是巴巴

---

[1] Daniel Waley, *The Italian City-Republics*, London, 1988, p.11.
[2] Philip Jones, *The Italian City-State*, Clarendon Press, 1997, p.153.
[3] 〔英〕克里斯托弗·达根著，邵嘉陵等译，王军审核：《剑桥意大利史》，新星出版社2017年版，第42页。

拉斯家族和卡佩勒蒂家族。①

在意大利北部城市，政治组织的建立先是城镇中的重要家族建立联盟，即"公社"，任命执政官，由执政官统治民众，行使从主教、边疆伯爵或伯爵那里夺取的地方权力。这个阶段称执政官时期，时间从 1083 年到 1183 年。随后经历了一个混乱时期，统治集团内部不同的派发生内讧，市民以外的富裕阶层也来争取权力。城镇常常引入一个"局外人"来担任行政长官。大约从 1220 年到 1270 年是城市公社最强盛的时期。②

这个政治制度形成的过程中有三个因素在起作用。一是那些为市民承担行政工作的人形成了执法集团。二是公社通过取消主教和其他权威的权力，使得城市获得了极其重要的司法权。其间有一个由主教、公爵和执法官共同掌握司法审判权的中间过程，这种司法审判权之后得到了西罗马帝国皇帝的认可。例如，博洛尼亚在 1116 年获得了对违抗帝国命令者罚款的权力；热那亚在 1162 年获得了选择统治者的权力，以及宣战、媾和和免除帝国赋税的权力；帕维亚在 1164 年也获得了司法权，它还通过 1183 年的《康斯坦茨和约》获得了对城市执政官和与财政诉讼案有关的司法权，并削弱了伦巴底主教的地位。城市共和国形成的第三个因素是城市获得了它的外部权力，建立了与其他公社的联系。在这一发展过程中，它建立了新的制度和行政、军事、外交职能，并且产生了居于一切冲突之上的爱国主义情绪。到此时，公社就不再是原来意义上的市民的"共同委员会"，而

---

① 〔英〕克里斯托弗·达根著，邵嘉陵等译，王军审核：《剑桥意大利史》，新星出版社 2017 年版，第 43 页。
② 〔英〕塞缪尔·E. 芬纳著，王震译：《统治史》（卷二），华东师范大学出版社 2014 年版，第 376 页。

发展成为有自己权力的市民的议会，城市国家开始形成。[①]

第二节　国家机构和议会制度

意大利的威尼斯、佛罗伦萨和米兰等城邦，是在两个庞大的但是已经衰落的跨国家的帝国势力统治的缝隙中诞生的，这两个庞大的势力便是德意志神圣罗马帝国和罗马教皇政权。意大利城市国家在政治上与神圣罗马中央政权和罗马教皇政权对峙。

意大利城市国家的机构设置主要有执政官、公民大会或委员会、市长和财政官员等。

在 12 世纪中期以前，意大利的一些大城市便设有执政官。这些城市包括皮亚琴察、曼图亚、摩德纳、维罗纳、卢卡、佛罗伦萨和帕尔马。执政官的数目在各个城市以及一个城市的不同时期都有差别。以维罗纳为例，执政官的数目在 1135 年为 4 人、1140 年为 7—8 人、12 世纪后半叶为 8—12 人。但是，对于如何挑选执政官，人们迄今知之甚少。弗莱辛的奥托说："执政官是从当时的三个等级中分别选出的。"这个时期执政官的司法工作增加了，因此任命了司法执政官，它的职责有别于一般执政官。这种专管司法的官员在 1145 年的帕尔马、1153 年的米兰都出现过。比萨的执政官是通过民众大会的喝彩而获得其权威的。

初期公社中设有委员会，它又被称为所有市民的会议即议会。一项动议首先要投票表决，取得过半数的赞成票，然后还要喝彩通过。这种做法的前身是当局的每项要求和决定都需要在比萨全体人民的民

[①] Daniel Waley, *The Italian City-Republics,* London, 1988, p.34.

众大会上以大声喊叫"同意"来认可。当时为了其他的目的也举行这种全体市民会议。例如在克雷莫纳，当1118年和1122年授予一些骑士地产时，便在民众大会上举行宣誓。而在小城市，长期以来有所有市民参加会议的习惯。在13世纪中期以后，在瓜尔多塔迪诺、巴萨诺和科马基奥，尽管继续召开公民大会，但这种机构已不再对城市起统治作用。①

许多城市不仅有大委员会，还有小的"秘密委员会"。维罗纳在1285年有1185人参加大委员会；摩德纳在1306年有1600人参加大委员会；而巴萨诺的委员会则由100人或40人组成。各种城市委员会成员的选举方式多种多样，例如佛罗伦萨在1294年召开了一次行会会议来选举官员。

据记载，选举共和国的长官有24种不同的方式。常用的选举方式有下列三种：一是间接选举，先选出选民团，再由选民团来选举共和国长官；二是由卸任的委员会委员和官员在任期结束时提名；三是通过抽签来决定。有时也把不同的选举方式结合起来用于选举。例如，卢卡在每个城区召开一次会议，在会上进行选举，每550人选出1名该区的代表，委员会的委员也用这种方式选出。委员会只有在到会委员达到法定人数时才能做出有效的决定，通常需要三分之二的委员到场。一些城市对缺席的委员处以罚款。委员会对一般事务做出决定只需要简单的多数通过，而决定重大的问题则需要三分之二的多数通过。在处理某些重大问题时，甚至有要求有四分之三、五分之四，甚至十一分之十、十七分之十六出席会议的人员通过的例子。例如在帕尔马，便有四种不同范畴的事务需要不同的多数比例通过的规定，

---

① Daniel Waley, *The Italian City-Republics*, London, 1988, pp. 36-37.

同时会议要有详细的发言记录。

意大利各城市国家中设有市长职。弗里德里希·巴巴罗萨在1160年以后在伦巴底和艾米利亚开始任命这种官员。米兰在1162年时找德意志人或伦巴底人来担任市长，有时候由城市公社与德意志神圣罗马帝国皇帝研究后决定市长的人选，如1177年和1183年威尼斯与康斯坦茨签订的条约便有这样的内容。早期出任市长职的大多是封臣，他们在城市周围拥有地产，如1169年任维罗纳和曼图亚市长的圣博尼法索便是这种人。由于城市中各种经济利益已有一定的发展，林立的派别相互之间争夺城市的统治位置，仇杀不断发生，所以当时通常是选择一个众人可以接受的人来出任市长。热那亚编年史记载，该城在1190年做出过决定，把该城市的行政权交给一个来自该城以外其他地方的人士，便于他在城市内部的派别斗争中保持中立，当时选择了一位伦巴底人出任热那亚市长。到14世纪初期，市长一职已有很大发展。当时摩德纳市长手下有一批辅佐他执政的官员和仆役，其中有4名法官和24名骑兵、巡官和马夫。规定这些人必须年龄在30岁以上，在摩德纳不得有亲戚，并且在任职前3年未在当地担任过官职，以确保他公正地履行公职。在其任职期间未经委员会同意不得离开该城。市长就职时，要根据法律宣誓，在任职期满后必须至少留居当地5天，以保证归还他在任职期间所得的非法收入，其目的在于禁止非法侵占公社财产和防止腐败。在一些城市，甚至城市长官本人也需履行这种制度。[①]

在意大利城市共和国的政治制度中，市长是城市的执行官，他代行法律的统治，而不是城市的全权统治者。市长在危机时期可以做出

---

① Daniel Waley, *The Italian City-Republics*, London, 1988, p.40.

动议，流放搞阴谋活动的派别领袖。1225年在摩德纳、1227年在维罗纳都采取过这种行动。市长也可以敦促城市公社参战，1227年在热那亚便有这样的例子。在13世纪，市长实际上成为一个由能人出任的固定职业，通常由受过法律训练的人出任市长，其中有一些人从一个城市到另一个城市担任市长工作。例如米兰人古格里摩·普斯特拉至少17次担任市长。某些家族具有推举市长的传统，例如米兰的曼德利家族、帕尔马的罗西家族、皮亚琴察的维松提家族便是这样的家族。①

市长通常拥有军事指挥权，时常动员人们去参战。有时市长本人也参加战斗。但无论市长是否真正参战，在当时浓烈的家族间仇杀气氛中，市长这个职务是不安全的。例如1240年，波洛尼亚的一个贵族在去就任米兰市长的途中被勒佑的公社囚禁。当时在波洛尼亚有一种使用暴力的传统，往往一个人就职后，危机就接踵而至了。例如1195年，皮斯托亚的古多提诺遭到被他罚款的一批贵族的惩罚，他逃离了该城。当市长人选选择不当时，城市共和国就会发生骚乱，迫使其免去这个市长的职务。例如1284年，摩德纳的托比亚斯·德·兰哥尼被选为勒佑市长后，因缺乏经验，卷入该城的派别纠纷而被免职便是一例。②

城市公社还设有其他官员。到12世纪末，每个城市公社至少设立一名支薪的财政官员，通常称为"财政总管"，有时也称为"施政官"。少数情况是两个人共同担任城市公社的财政管理工作，但通常情况下由一人担任，其主要职责是管理财政开支，任期为6个月。在

---

① Daniel Waley, *The Italian City-Republics*, London, 1988, p.43.
② Daniel Waley, *The Italian City-Republics*, London, 1988, pp.44-45.

摩德纳，财政总管6个月的工资为2000锂。此外，公社还设有支薪的书记官。城市公社中其他的官员则是部分时间工作，这些官员中有估价官，他负责财产估价工作；另有执行官负责修缮道路和供水。摩德纳还设有两名公证人，作为城市案卷的保管人，他们负责保管所有的账目、司法记录、立法文件，供查询和复制。[①]

12世纪有不少公社制定了法典、法令和法规，它们涉及城市生活的方方面面。城市共和国的财政工作也发展起来。当时城市共和国的财政开支主要有两项，一是支付官员的薪金，二是支付战争的开支。1228年，维罗纳每年支出9435锂以支付工资；1230年至1231年，锡耶纳与佛罗伦萨开战时，每年要支出军费50000锂至65000锂，这在当时是一个不小的数字。城市共和国收入的主要来源是赋税、直接税和债款。13世纪中期，许多公社都征收关税。最早建立国债制度的是热那亚，它在1154年曾向市民借债15000锂。威尼斯从1207年开始征收义务公债。

城市共和国的公民有军事义务。城市公社要求公民们保持适合服兵役的马匹。1162年，比萨的300名民兵被迫宣誓提供战马。通常情况下，男子必须服兵役，如患病可以找人代替。就军队构成而论，当时骑兵人数不少。13世纪，意大利大城市常拥有千余名骑兵，1298年，波洛尼亚有1600名骑兵。

随着城市事务的日益增多和复杂化，法官人数也增加了。1201年，维罗纳有16名司法委员，其中6名是有资格证明的律师。[②]

城市共和国中承担行政职能的委员会构成混杂。在初期的公社

[①] Daniel Waley, *The Italian City-Republics*, London, 1988, p.46.

[②] Daniel Waley, *The Italian City-Republics*, London, 1988, pp.53-54.

中,骑士即贵族是有土地的阶级,1180 年,皮亚琴察的委员会有 130 名贵族参加。1190 年,曼图亚的委员会大约有 100 名委员,其中有 80 名左右是包括骑士在内的贵族后代,此外有 2 名屠夫和 1 名银钱兑换商。比萨的执政官在 12 世纪末有 30 人是贵族家族的后代,但是在另一些城市的委员会中贵族的比例则非常小,例如在圣吉米亚诺只有 2 名是乡村贵族的后代,还有 1 名是来自佛罗伦萨的贵族。在 12 世纪初期的维罗纳,拥有城堡和土地的富有者直接参与了贸易,他们与阿迪杰和特兰提诺进行贸易,甚至与德意志展开贸易。12 世纪后期,商人组织的主要官员中有许多人本身就是贵族,如摩德纳的阿托、佛罗伦萨的吉奥万尼·迪·卡瓦尔坎提便属于这一类。城市执政集团的另一个重要成分是律师,他们经过了严格的法律教育,其中有不少人出身于贵族。律师是典型的资产阶级职业。在帕多瓦,1183 年,17 名执政官中有 5 名是法官。1164 年,曼图亚的委员会由 40 人组成,其中有 4 人是律师。1295 年,贝加莫的委员会由 104 人组成,其中有 7 人是律师。[1] 意大利一些城市共和国中贵族占据了领导地位,而另一些城市共和国则由商人掌握政权。

在城市共和国中,各个阶级为了争夺政权不断展开争夺。由于城市共和国以城市经济即手工业行会和手工工场为主要经济基础,所以手工业行会是城市共和国中一支重要的政治力量。

这个时期的意大利分崩离析,各种政治势力相互角逐。在这种复杂的环境中,意大利城市共和国的统治者对于国家治术深思熟虑,他们的对内对外政策都极其精巧,由此发展起来的政治治术具有一种新的政治精神,体现了现实主义的谋略。它全无理性内容,不加掩饰地

---

[1] Daniel Waley, *The Italian City-Republics*, London, 1988, p.14.

把资产者不顾一切的贪婪和卑劣性格表现出来。马基雅维利的《君主论》正体现了这种政治精神。

意大利的各城市国家在内外关系和职能上有一系列独特的特点。意大利城市共和国是自主的，它不受任何王公、主教、贵族的控制，也不受其他城市的控制。它有自己的法律，发行自己的铸币，它的自主经营意识很强。城市共和国在经济上不是自给自足的，它依靠所控制的城外乡村，从这里购买货物，也向这里的居民征税。同一个城市和别的城市处于激烈的竞争和冲突中，为此它需要保持一支军队。构成这支军队的有民兵，也有职业的雇佣军。为了在财政上支持这支雇佣军，城市国家实施了赋税和国债制度。它根据每个家庭的财产价值征税，富人缴纳间接税，其他人缴纳财产税。城市国家还向富有的市民借债。城市共和国履行社会保障职能，它负责向城市平民提供廉价的面包。在城市发生内部冲突时，城市政权在城市不稳定的状态中努力保持中立和均势，以减轻这种冲突造成的损失。①

意大利城市国家没有严正的司法，也没有警察维持社会治安和保障人身安全。②

在意大利城市国家中，反对贵族统治的动乱和示威不断发生，而且非常广泛，到14世纪晚期尤其如此。据一项不完全的统计，从1300年到1550年间，在105个城镇中发生了210次以上的起义。③

意大利各地的政治制度具有多样性和复杂性，代议制只是在少数

---

① Peter Burke, "City States," in J. A. Hall, ed., *State in History*, Oxford U. P., 1987, pp.140-142.
② 〔法〕丹纳：《艺术哲学》，傅雷译，安徽人民出版社1985年版，第162、163、165、169、170页。
③ 〔英〕塞缪尔·芬纳著，王震译：《统治史》（卷二），华东师范大学出版社2014年版，第368页。

国家存在。12—13 世纪，意大利北部建立的城市独立于帝国，代议制会议一度短期出现在较大的国家，如那不勒斯、西西里和撒丁。议会没有持久性，也不是很重要。在教皇国，安卡拉的议会较为重要。但是在这里，议会存在是因为对教皇政府有用。蒙费拉的议会在 14 世纪发展起来，但是到了 15 世纪，统治者实行了集权化的政策，议会的权力限于协商补助金。据记载，这里的议会最后活动是在 1502 年。当时它拒绝批准给法国军人营舍。在皮埃蒙特，14 世纪议会已经发展得非常充分，它拥有通过征税、动议立法和影响政府政策的权力。当 1536 年法国蚕食皮埃蒙特后，等级会议协助政府的工作。当伊曼纽尔·菲利伯特公爵在 1559 年重新获得权力后，他认为议会已经没有用处，在 1560 年以后没有再召开议会。在弗列留，14 世纪一个有权力的议会发展起来。寡头在军事、财政和行政中广泛地使用议会委员会这种机构。但到 1420 年，弗列留的寡头被威尼斯征服，议会权力被断然削弱。[1]

在那不勒斯，国王安吉文在 13 世纪以后不再召集大会议，但是政治会议的构成和活动非常不规则。到了 1443 年，阿拉贡的阿方索征服那不勒斯王国后，一个真正的议会才建立起来。同年，在贝内文托召开了一次"总议会"，它的参加者限于贵族。在西班牙的斐迪南征服王国以前，这里的议会是间歇召开的，在 16 世纪召开了 40 次，并且坚持它的批准征税权。

西西里的议会是意大利的议会中运作时间最持久的，它是由阿拉贡的弗里德里希二世建立起来的。在 14 世纪，西西里经常发生动乱，议会定期召集，但无事可做。1395 年以后，阿拉贡国王马丁一世征

---

[1] A. R. Myers, *Parliaments and Estates in Europe to 1789*, London, 1975, p.93.

服西西里后，重组了政府。西西里的议会开始采取阿拉贡和加泰罗尼亚议会的功能和结构。在 15 世纪，西西里议会迫使阿方索五世同意，只有当议会确认其特权的请愿被批准，它的抱怨得到满足后，才会批准国王纳税的要求。西西里议会在斐迪南统治时期非常强势。[1]

撒丁王国的议会可以上溯到 1355 年，这个会议当时被称为"总会议"。1355 年 2 月到 3 月，这个会议在卡利亚里召开，它的代表由城镇和乡村民众会议选举产生。在这个"总会议"召开时，国王要求的补助金、财政赐金、赋税和关税必须通过议会投票通过。[2]1421 年撒丁议会召开时，它的任务主要是结束内战。它和先前的反叛者和解后，取得了对征收财政补助金的同意。这届议会召开是 18 世纪以前撒丁历史上最重要的事件，它颁布了长期有效的法律，并开创了统治者与等级会议商讨的先例。1481—1485 年，撒丁议会开创了一种做法，即议会在批准补助金的同时，王室要接受议会的要求。撒丁召开的议会可分两类，一类具有一般性议会的特点；另一类属于特别会议。无论是国王个人召集的还是根据总督的命令召集的议会，议员根据官方确定的原则代表了整个王国。[3]

第三节　佛罗伦萨

1053 年，玛蒂尔达继承了托斯卡纳侯爵领地，当时佛罗伦萨为

---

[1] A. R. Myers, *Parliaments and Estates in Europe to 1789*, London, 1975, p. 95.
[2] Antonio Marongiu, *Medieval Parliaments: A Comparative Study*, London, Eyre & Spottiswoode, 1968, pp. 131, 132, 133.
[3] Antonio Marongiu, *Medieval Parliaments: A Comparative Study*, London, Eyre & Spottiswoode, 1968, pp. 135, 136, 137, 138, 140, 141.

玛蒂尔达控制。1115年，玛蒂尔达逝世。1138年，佛罗伦萨建立了第一个公社，它有12个执行官、100个立法委员和全体市民议会。它被权贵控制，其中多数为贵族。

佛罗伦萨是意大利中部最强大的城市，在1349年爆发黑死病之前人口就超过了10万。纺织业和银行业遍布市区，十分富有。它把整个托斯卡纳地区置于自己的控制之下，还是意大利最有影响的文化中心。黑死病之后，佛罗伦萨的人口大约只有5万。①

佛罗伦萨的政治制度经过一个长期发展的过程，最初是原始的公社机构，然后是城市公社，再以后是平民公社。

在佛罗伦萨城市共和国，自查理一世时期开始，全城手工业分成若干行会，最初为12个，稍后增至21个。行会首领负责解决其从业人员之间的民事纠纷，此后，这些行会逐渐取得很大的权力。几年以后，城市的行政机构就都掌握到行会手中。行会又分作"大行会"和"小行会"，大行会有7个，小行会有14个。佛罗伦萨执政团的职位分两部分：一部分分配给高级行会选派的人士，另一部分分配给低级行会选派的人士。城市共和国的正义旗手一职则由双方轮流担任。在佛罗伦萨城市共和国中存在着无权的平民下层和享有特权的行会上层人士之间激烈的阶级斗争。平民下层担心失去自己的行会以及通过行会得来的权力，常常拿起武器来与平民上层和行会做斗争。平民的斗争迫使执政团做出让步，召开平民大会。但是，从1378年起，平民便不再控制政府，他们失去了政权。此后，1381年成立的政府规定，平民行会今后只能在政府中占有四分之一的高级官职，还规定可以由

---

① 〔英〕塞缪尔·芬纳著，王震译：《统治史》（卷二），华东师范大学出版社2014年版，第378、399页。

两名执政授权正义旗手和另外 4 人推荐优秀公民,把他们的名字投入选举袋,每届执政团可以从中抽选 2 人。①

佛罗伦萨的主要行政机构是首长会议,它由 8 位首长和 1 名正义旗手或"掌旗官"组成。首长由各行政区选举产生,每区有两个名额,这些官员的任期只有两个月,不能立即重选连任。首长会议由另外两个团体提供辅助和建议。其中一个团体由 4 名正义旗手组成,每 1 名正义旗手都来自不同的旗区,行政区分为 4 个旗区。这些正义旗手负责指挥当地民兵,承担对内职责。第二个顾问团体是 12 人贤人团,它的前身是古代百人大会。16 名正义旗手的任职期限为 3 个月,12 人贤人团中的顾问任职期限为 4 个月。首长会议和这两个团体掌管着许多执行委员会,这些执行机构由公证员充当职员。公证员队伍当时很庞大。在这些委员会中,有两个委员会负责谷物供给,另外两个委员会掌管雇佣军事务,还有一个负责监狱管理,此外还有一批专门负责财政等事务的委员会。首长会议可以就任何问题立法,它负责外交政策、和平与战争事务,同时保证所提出的法令能够被立法委员会通过;对于诉讼,它有权干涉法庭的决定。它参与绝大多数职务的选任,相当于最高行政管理部门。

此外,当时存在着公社委员会和人民委员会,它们的规模时时变化。当时公社委员会有 200 人,人民委员会有 300 人,每年任期 6 个月;1366 年以后,任期改为 4 个月。它们没有立法动议权,主要工作是进行讨论,投票表决,以三分之二多数通过首长会议提出的提案。它接收市民机构以请愿书的形式递交的法律草案,根据自己的考

---

① 〔意〕尼科洛·马基雅维里著,李活译:《佛罗伦萨史:从最早时期到豪华者洛伦佐逝世》,商务印书馆 1982 年版,第 167—168 页。

虑提出立法动议。① 这些委员会的成员在 1343 年以前一直是通过选举产生的，后来通过抓阄产生。

佛罗伦萨的司法、安全和秩序并未掌握在市民手中，而是由首长会议和为其负责的外国官员来实施。他们还负责维持城市治安和执行纪律，被任命为武装机构的负责人。佛罗伦萨政权机构有数量可观的职员，行政官多达上百人。

佛罗伦萨政治体制的一个特点是公共权力对于选民组织的控制不断加强。

在佛罗伦萨，到 1382 年教会人员已无法坐享神职人员的好处。教会法庭被排挤出经营高利贷的行列，不得不定期向国库缴纳款项。

13 世纪，佛罗伦萨在对外关系上徘徊于效忠于教皇还是效忠于德意志帝国皇帝。这种斗争一直持续到黑党成功地流放了白党。

从 1343 年到 1378 年，佛罗伦萨参加了四场重要的战争。其中两场是与米兰展开，一场是与比萨展开，另一场是与教皇展开。战争中使用了雇佣军团，这加重了政府的财政开支，使佛罗伦萨直到 1320 年才实现收支平衡。到 1404 年，佛罗伦萨的公债高达 25 万佛罗林，为此建立了许多筹集资金的新机构，管理它的官员人数也激增。资金主要通过盐税和商品销售中的直接税征集。为筹得款项，佛罗伦萨设立了有券公债和国债。财政部门为了寻求额外的资金来源，发明了特别强制贷款，或与典当商签约以执行新的职能，如规范盐税、给典当商发执照、为雇佣兵开设信贷银行、对农村进行地籍调查、评估农村的税收数额、征集大乡村领主未缴纳的税款。税收和财政事务的增加

---

① 〔英〕塞缪尔·芬纳著，王震译：《统治史》（卷二），华东师范大学出版社 2014 年版，第 381—382 页。

导致了佛罗伦萨官员人数的增加。在1343—1393年间，参政官员增加了5倍。佛罗伦萨和当时其他大多数意大利城市一样，设立了规模庞大的公共官僚机构。

佛罗伦萨出现过一个"圭尔夫党"。13世纪60年代它继承了从吉伯特派那里征用来的财产，获得了特殊的政治地位，赢得了进入统治机构的权利。一个世纪以后，在没有政治对手的情况下，它控制了佛罗伦萨。圭尔夫党出现的背景是城市中存在的大量像行会和宗教兄弟会一类的半自治性协会。圭尔夫党根据一个正式的章程创建，拥有自己的领袖和区域性组织。它还有政治意识形态和发展规划。这种组织形态与19世纪早期和中期拉丁美洲共和国一些政党比较类似。它是高度个人化的政党，有一定的意识形态和组织架构。圭尔夫党受自己制定的法规制约，其中一项条款写道："政党、人民和公社应当只有一个，而且是同一个。"法令还规定，执政当局不能反对政党的利益，要积极促进政党的事业。政党被授予了称为"圭尔夫地位"的重要特权，即"圭尔夫地位"是获得公共职务的先决条件。圭尔夫党拥有自己的顾问团，还拥有4名"队长"，后增至6名和8名，任期两个月。圭尔夫党还建立了自己的立法委员会。圭尔夫党的成员人数很多，它在1364年提名17000人作为公职候选人。在数十年中，佛罗伦萨没有人反对圭尔夫党。[①] 1378年，公社对圭尔夫党展开了斗争。首长会议和圭尔夫党发生了直接冲突。平民发动了暴动，战胜了圭尔夫党和寡头们。

1382年以后，马索·戴戈里·奥比奇家族和他们选择的继任者吉诺·卡波尼控制了佛罗伦萨，城市权力从议会向私人会议转移。共

---

① 〔英〕塞缪尔·芬纳著，王震译：《统治史》（卷二），华东师范大学出版社2014年版，第390、396页。

和政体转为隐形的首长会议。1434年以后，美第奇家族使这种制度更为完善。①

在佛罗伦萨共和国担任官员的人中有相当数量的市民。从14世纪初到15世纪后期，它的官员中市民数量在持续地增长。但是，这是在佛罗伦萨的人口急剧下降的背景下发生的。

参加市民机构的约有3000人，占总人口的6%，这个数字是14岁以上男性人数的四分之一。在佛罗伦萨的3000多名市民中，不超过750名市民具有担任公职的资格，且小工匠往往比权贵家族更容易派出代表。在城市政治中，贵族常常要与屠夫、军械士和小店主们并肩而坐，进行协商，并遵从他们的否决。②

从1328年11月起，佛罗伦萨在选择政府官员时几乎都是通过抽彩或拈阄的方法，获票领先出任官职者的任期为两个月。③担任官职者有年龄要求，许多高级职位要求出任者年龄在30岁以上。④是否承担纳税义务是能否承担官职的条件，有一些市民因为负债而被排斥出任官职。⑤1282年到1328年，有1217名公民被选出担任2295个

---

① 〔英〕塞缪尔·芬纳著，王震译：《统治史》（卷二），华东师范大学出版社2014年版，第393—394页。

② 〔英〕塞缪尔·芬纳著，王震译：《统治史》（卷二），华东师范大学出版社2014年版，第378、399页。

③ David Herlihy, "The Rulers of Florence, 1282-1530", Anthony Molho, Kurt Raaflaub, Julia Emlen, eds., *City States in Classical Antiquity and Medieval Italy*, University of Michigan Press, 1991, p.198.

④ David Herlihy, "The Rulers of Florence, 1282-1530", Anthony Molho, Kurt Raaflaub, Julia Emlen, eds., *City States in Classical Antiquity and Medieval Italy*, University of Michigan Press, 1991. p.210.

⑤ David Herlihy, "The Rulers of Florence, 1282-1530", Anthony Molho, Kurt Raaflaub, Julia Emlen, eds., *City States in Classical Antiquity and Medieval Italy*, University of Michigan Press, 1991, p.205.

职位，这些当选人中平均一个人担任官职略少于两次。[1] 在 1328 年 11 月以后，佛罗伦萨用抽签的方式选择几乎所有政府官员。1381 年以后，几乎固定每 5 年选举一次官员。[2] 佛罗伦萨民众政府的执政只是出现在 13 世纪中叶到 14 世纪末 4 个短暂的时期。[3]

佛罗伦萨拥有脱离了教会的大规模的公共教育体系。1338 年有 8000—10000 名男孩和女孩在小学里受教育，有 1000—1200 名男孩在商业学校学习算术和使用算盘，有 550—600 名男孩到语法学校学习传统的语法和逻辑。[4]

在佛罗伦萨的政治架构中，市民的政治平等性非常强大。佛罗伦萨政府的临时性和党派性很强。在美第奇家族统治结束后不久，马基雅维利在罗马教皇军队的帮助下回到佛罗伦萨，他评论说："如果某人想在一个有许多绅士的国家建立一个共和国，除非他把所有的绅士都消灭掉，他才会成功；不管谁渴望在自由和平盛行的地方建立一个王国或共和国，他同样会失败，除非他从全面的平等中除去许多最大胆的最雄心勃勃的精神，并且不仅在名义上而且在实际上，通过给予绅士城堡、财产以及金钱和臣民，用改造后的精神来塑造绅士。""在

---

[1] David Herlihy, "The Rulers of Florence, 1282-1530", Anthony Molho, Kurt Raaflaub, Julia Emlen, eds., *City States in Classical Antiquity and Medieval Italy*, University of Michigan Press, 1991, p.213.

[2] David Herlihy, "The Rulers of Florence, 1282-1530", Anthony Molho, Kurt Raaflaub, Julia Emlen, eds., *City States in Classical Antiquity and Medieval Italy*, University of Michigan Press, 1991, p.198.

[3] John M. Najemy, "Te Dialogueof Power in Florentine Politics", in Anthony Molho, Kurt Raaflaub, Julia Emlen, eds., *City States in Classical Antiquity and Medieval Italy*, University of Michigan Press, 1991, p.274.

[4] 〔英〕塞缪尔·芬纳著，王震译：《统治史》（卷二），华东师范大学出版社 2014 年版，第 388 页。

这种条件下,他们才能够保持他们的权力,通过他们的支持,他们才能够实现他们的雄心壮志。"

佛罗伦萨的政治体制算不上民主制,但也不是寡头政体。佛罗伦萨的公会由大家族领导,这些大家族得到了依附农的支持。佛罗伦萨的共和制一方面面临来自权贵的威胁,另一方面又面临被剥夺公民权的饥饿的民众和被放逐的党派和雇佣军团的威胁。佛罗伦萨还受到帝国和教皇入侵的威胁,它和邻邦处于长期的交战之中。[1] 这些政治因素使得佛罗伦萨政治体制处于不稳定状态中。这种体制存在着内在的缺陷。

在城市共和国的制度中我们可以看到朴素的民主共和制因素。这种民主共和制的存在,是由于当时城市中资本主义生产关系尚未成熟,行会及其传统纽带在工商业者和手工劳动者之间维系着温情脉脉的关系。它掩盖了当时已经萌芽的阶级斗争。在14世纪,佛罗伦萨的公民权和公民获取公职的机会超过了其他任何半封建的欧洲君主制和大公国。但是,在佛罗伦萨城市共和国中,上层阶级对于平民干涉政府事务极为不满,并对自己承担过重的赋税极其恼火。正如马基雅维里所评述,这种共和政体的极不健全,常常交换其统治者和体制结构。不仅如此,它也时常改变其中行会贵族和平民的关系。城市共和国的体制也在民主贤能政治与家族统治之间动荡交替,没有形成一种较为稳定的政治结构。在佛罗伦萨的政治制度运行中,当时没有近代政党制度作为基础,但旧贵族家族和新贵族家族之间存在着激烈冲突,在王公、工匠和小店主之间也存在着冲突。大约从1360年开始,这种社会对立具有意识形态和政治色彩。在1370年前后,对立发展

---

[1] 〔英〕塞缪尔·芬纳著,王震译:《统治史》(卷二),华东师范大学出版社2014年版,第399页。

到内战。在佛罗伦萨，这种斗争往往围绕着敌对的家族领导的集团展开。达尔·肯特认为，佛罗伦萨"几乎所有有效的政治活动都处于贵族这一个阶级的控制之下"[1]。

佛罗伦萨共和国之所以能够持续，是因为它的经济发达。到14世纪早期，佛罗伦萨已经成为欧洲最富裕的城市。14世纪，佛罗伦萨有近300家纺织公司，生产和贸易的利润被投入银行业，商人和工人因此觉得有希望。在15世纪，佛罗伦萨和意大利其他北部和中部的城市一样，保持了高度的繁荣。但是此时它的经济增长速度比12—13世纪减缓了许多。1348年的黑死病爆发，使人口急剧减少，14世纪早期，佛罗伦萨大约有10万人；到了1427年，它只有3.7万人，这对经济造成无法估量的消极影响。[2]

佛罗伦萨城市共和国持续到1530年。此后，教皇和查理五世占领了它周边的农村，迫使佛罗伦萨城投降。[3]

第四节　威尼斯

威尼斯的居民来源于连续不断的难民潮。10世纪以前，威尼斯处于拜占庭帝国的统治下；它的城市共同体作为拜占庭帝国的一部分而存在；它的代表大会选出终身任职的总督，以及两名为他提供咨询

---

[1] John M. Najemy, "Te Dialogueof Power in Florentine Politics", in Anthony Molho, Kurt Raaflaub, Julia Emlen, eds., *City States in Classical Antiquity and Medieval Italy*, University of Michigan Press, 1991, p.270.
[2] 〔英〕克里斯托弗·达根著，邵嘉陵等译，王军审核：《剑桥意大利史》，新星出版社2017年版，第51—52页。
[3] 〔美〕查尔斯·蒂利著，魏洪钟译：《强制、资本和欧洲国家（公元990—1992年）》，上海人民出版社2012年版，第78页。

和辅助工作的顾问。总督拥有绝对的行政权,但他做出的重要决定要得到代表大会的批准。[①]

在11世纪,威尼斯的船队进入地中海,击退了控制亚得里亚海的竞争对手达尔马提亚人、匈牙利人、萨拉森人、诺曼人。威尼斯在990年吞并了达尔马提亚后,又输给了匈牙利人。12世纪,威尼斯商人逐渐掌控了整个东地中海。1167年,伦巴第联盟成立时,威尼斯加入了联盟。但是1171年在君士坦丁堡发生贸易争端后,拜占庭皇帝逮捕了全部威尼斯商人,并没收了他们的财产。1203年和1204年,威尼斯利用十字军对拜占庭帝国的打击,控制了过去帝国的大部分地区。通过运输十字军士兵和把朝圣者运到圣地牟利,威尼斯的商业取得很大的发展。当时由商人和银行家组成的管理委员会管理着威尼斯城市。[②] 威尼斯国家并不庞大,它有一个精简的政府。

在1184年,威尼斯建立了对基奥贾泻湖的盐的生产和销售的垄断,这给它带来了可观的收入而无须付出大量的人力。威尼斯国家可以从自己的商人那里借钱并对商品流通征税,这样它集聚了大量的财富,有很好的财政基础。

商业贸易使威尼斯的人口迅速增长,它成为欧洲人口最多的城市,1200年为8万人或更多,1300年为12万人左右。尽管从卡法传播来的黑死病在1347年、1348年和1349年削减了该城一半以上的人口,但之后威尼斯居民人口又增至12万左右。13世纪以后,制造业和商业取代航海业成为威尼斯主要的经济部门。威尼斯在海上政

[①] 〔英〕塞缪尔·芬纳著,王震译:《统治史》(卷二),华东师范大学出版社2014年版,第403页。

[②] 〔美〕查尔斯·蒂利著,魏洪钟译:《强制、资本和欧洲国家(公元990—1992年)》,上海人民出版社2012年版,第173—174页。

治中是一个强国，它的帝国延伸到塞浦路斯（直到1573年）和克里特岛（直到1669年）。1423年，总督托马索·摩契尼哥说："我们大约有3000艘商船从事贸易"，"它们由43艘大战舰和300艘小战舰保护，进行作业的水手共有19000人"。威尼斯比其他国家要富有，1423年，威尼斯一年的城市收入为750000至800000杜卡特，这只是威尼斯一个城市的收入，如果把来自陆地的464000杜卡特和沿海地区的376000杜卡特计算在内，威尼斯的总收入达到1615000杜卡特。当时英格兰的收入也只比威尼斯多一点。威尼斯及其帝国的总人口只有法国人口的十分之一，但它的总收入要比法国高出50%。它可能是当时欧洲财政收入最多的国家。①

威尼斯的总督王朝常常因为民众骚乱而发生动荡。从804年到1032年，不少于6位总督被驱逐或被暗杀。1032年，新总督弗拉比尼亚克召集了公社会议，批评了过去300年总督制的历史，废除了家族世袭。除了两名顾问辅助总督，总督在重大的和紧急的事务中邀请一些市民来参加政务会。这就是总督议会和"皮格迪"的起源，后者逐渐发展起"元老院"。总督人选仍由公社会议提名和批准。②

1172年，威尼斯的宪政体系发生变化。大参议会过于庞大，对政府的司法、财政和货币事务不够熟练而且信息不畅。据记载，到1179年已经出现"四十人委员会"，其成员主要来自总督顾问和法官，它作为大参议会中的专门委员会负责处理上述事务。"四十人委员会"的任期只有一年，但原先的成员很快可以重新参选，其主要

---

① 〔英〕塞缪尔·芬纳著，王震译：《统治史》（卷二），华东师范大学出版社2014年版，第407—408页。
② 〔英〕塞缪尔·芬纳著，王震译：《统治史》（卷二），华东师范大学出版社2014年版，第403页。

的职责是作为法庭进行司法审判，后来发展成为专门的司法部门。"四十人委员会"选举自己的主席，它的三位头领会同总督和总督的六名顾问组成十人首长会议。首长会议负责主持"四十人委员会"的会议。

1229年，总督雅克波·提埃坡罗被迫签署了"统领誓词"。誓词的内容非常详尽，他承诺放弃除薪金外的公共财政收入，严守国家机密，承诺自己不单独与外国联系。提埃坡罗总督还建立一个由五位纠察员组成的委员会，来起草新的"统领誓词"。他建立三人组成的检察官小组，专门考核前任总督的历史。他通过这些机构来强制执行誓词中的内容。此后，誓词的限制性越来越强，最后总督几乎成为"名义领袖"。

威尼斯的政治结构以社会等级制为基础。威尼斯的公民是一种身份制度，或者说是一种世袭等级。公民的数量不多，在总人口中所占的比例不大。黑死病发生以前，威尼斯全市100000人中，贵族人口为1200—2500人，占有选举资格的男性居民的5%—6%。

威尼斯社会上层是二三十个大家族，其名望、政治权力和财富在几个世纪中一直很显赫。在他们之下，有100个家族属于贵族之列，他们有资格参加大参议会。这个贵族阶层总共大约有1200名成年男性。

资本主义经济的发展使得威尼斯的社会等级身份与财富占有不再一一对应。威尼斯社会不再是典型的中世纪封建社会，不是所有的贵族都很富裕，也不是所有的非贵族家庭都很贫穷。1379年的数据表明，当年共有117位公民的财产价值在10000—15000杜卡特之间，其中91人是贵族，26人是平民。财产在300杜卡特以上的群体共有2128人，占全部家庭的八分之一，其中1211人为贵族，917人为平民。

1297年，威尼斯在有权参加大参议会的阶层和其他民众之间划了一道界线，只有那些正担任大参议会议员的人，或是在过去4年中曾担任过议员的人和他们的后裔，今后才有资格继续获得议员身份。大参议会的选举已经不再存在，大参议会的成员是终身制，其男性继承者也是终身制的。一个特别委员会被允许临时给大参议会增列一些额外成员。对这些新增列的人来说，他们的候选资格要经过大家族的商讨和投票选举才能确定。1380年，在抗击热那亚人封锁的战斗中表现突出的30名市民曾获此殊荣。

此后，大参议会就被关闭了，这使得古代的公社会议变得多余。几年后，这一机构消亡了。这一事件打破了威尼斯政治结构的平衡。之后，大参议会的规模成倍扩大，参加者达到了1100—1200人。它的规模之大以至于难以管理。它仍然是有至高无上权力的机构，但它把起草议案和控制管理的具体权力转给了"四十人委员会"和元老院。越来越多的官员加入元老院后，元老院成为国家中枢机构。但元老院过于庞大，不适合处理紧急事务，于是成立了由十人组成的紧急委员会。十人委员会每年由元老院选举产生，它变成中央情报机构，并和公安委员会合二而一。这样，威尼斯共和国的基本统治机构全部形成，之后在较长的时间里一直存在。[①]

大参议会一度与公社会议共存。公社会议是普通市民的机构。在大参议会的扩大和公社会议的权力逐渐丧失后，公社会议于1423年正式失效。由于大参议会机构臃肿和行事拖沓，随着时间推移，它的大部分立法权移交给了元老院，但大参议会保留了对高级行政官员直

---

① 〔英〕塞缪尔·芬纳著，王震译：《统治史》（卷二），华东师范大学出版社2014年版，第406—407页。

接递交的建议的最终决定权。大参议会通常每周日开会，会议议程被印发传阅，有600名成员到会即符合法定人数。大参议会会议由总督主持，除了为执政官保留的座位，会场上没有特别的座次。大参议会由总督主持，总督选举是大参议会最重要的活动，但选举总督的情况并不常见。其他的选举每年一次。大参议会在每周的会议上都要更换9名成员。

总督的选举权利从公社会议手中被剥夺后，交由大参议会掌管。选举程序很烦琐，大参议会任命11个选民来选举总督，后来减少到4个选民，在以后又扩充到40人。40个人通过复杂的程序提名选举总督，然后交由代表大会批准。当大参议会选举级别较低的官员时，它使用抽签和选举混合的方法。

元老院的人数在15世纪初约为260人，后来增加到300人，其中大部分是现职参议员。元老院的核心是120位被选举出来的成员。其中，由60人组成的核心团队经大参议会选举产生。此外，即将离职的60位选举人还可以选出另外60位参议员，不过这些选举必须由大参议会认可——这部分参议员是"临时性的"或"额外的"参议员。元老院是一个常设性的机构，它只有大参议会规模的十分之一。总督和他的6名顾问是固定的成员，因为他们是会议的主持者，其他的成员有"四十人委员会"、"十人委员会"、6名大部长，以及其他公职人员。一些最重要的选举在元老院而不是在大参议会举行，如对三个顾问委员会的选举。

元老院由执行委员会召集，每周定期召开，参加会议的仅有的平民是元老院的24位秘书。元老院的主要功能是辩论和立法。到1285年，所有重要的秘密事务都要在元老院进行讨论。元老院会议是在严格保密的情况下召开的，它被委托处理国际争端、进出口事务，还获得缔约、决定雇佣兵薪酬和舰队装备问题的全权,并在货币事务、公共健康与卫生、教会和国家关系问题上有决策权。元老院的辩论活动主要由执行委员会管理。[1]

威尼斯采取一种特别复杂的选举程序,从最有天赋的共和国成员中推选总督。总督位于整个统治机构的顶点,以城市的名义缔约,通过并实施律法,还主持每一次政府会议。总督是终身任职,6位公爵顾问任职1年,不能马上再次任职。"四十人委员会"的头领任期为2个月;顾问委员会的"顾问们"任期为6个月。

总督领导一个26人内阁,内阁又被称为执行委员会。执行委员会是元老院不可缺少的一部分,它是威尼斯国家的最高行政机构。执行委员会在元老院拥有辩论、立法和商业命令的动议权,它引导着整个国家,并通过预先商议,使大多数议案在进入元老院之前得到处理,但它同时具备执行的权力。15世纪初,执行委员会的权力开始逐渐扩大,它获得了使公共法令和条例生效的权力。它有权暂停实施某项法律,但是必须在下次元老院会议上证明这个行为是合理的。[2]执行委员会是最后的执行机构,它向大参议会负责。在执行委员会和大参议会之间有两个选举机构,它们是"十人委员会"和大约260人组成的元老院。

"十人委员会"是一个常设的特殊法庭。当执行委员会要开展秘密的紧急行动时,有权把任务交给"十人委员会"。"十人委员会"和元老院具有同一地位,但处于执行委员会之下。1335年,"十人委

---

[1] 〔英〕塞缪尔·芬纳著,王震译:《统治史》(卷二),华东师范大学出版社2014年版,第418—420页。
[2] 〔英〕塞缪尔·芬纳著,王震译:《统治史》(卷二),华东师范大学出版社2014年版,第422页。

员会"成为常设机构，在财政上开始具有独立性，并于1382年设立了自己的金库和审计部门。"十人委员会"的成员是在不同的会议上选出的，他们的服务是义务的，没有薪金也没有实物补贴；他们的任职是年度性的，不能直接连选连任。"十人委员会"提名3位成员担任主席，每人任期1个月，如此往复循环，交替任职。

"十人委员会"是审判政治犯的最高法庭。间谍罪、伪造罪、骚乱、暴动、反国家阴谋等是它处理的重要事务。从1692年起，它开始对付那些造谣者和虚假新闻的制造者，其很大一部分工作与反腐败有关，有时还会秘密地实施死刑。"十人委员会"摧毁了一些阴谋，给人留下恐怖的印象。但是在15世纪，"十人委员会"并未单独审理案件。在它审理案件时，总督和他的6位顾问一直参与其中，诉讼代理人也同时在场。[1] 威尼斯以其司法质量而著称。其他城市也从威尼斯调用执法官和审判官。

在基层，重要民事案件的申诉由两个法院来审理，这就是"旧四十人民事委员会"和"新四十人民事委员会"。

威尼斯的财政决策机构不断变化。在13世纪，大参议会对财政居于支配地位，后来被元老院取代。到了15世纪末，"十人委员会"接过了财政决策权，并且在1583年以前一直有一个元老院议员团体辅佐。1583年，"十人委员会"把与元老院议员团体共同执掌的财政决策权交还了元老院。这些议会或委员会审议并表决通过威尼斯政府的支出和收入，并且干预经济事务。

威尼斯共和国政府战争军费开支浩大。1343—1344年，威尼斯

---

[1] 〔英〕塞缪尔·芬纳著，王震译：《统治史》（卷二），华东师范大学出版社2014年版，第424页。参见 David Chambers and Brian Pullan, eds., *Venice: A Documentary History, 1450-1630*, Blackwell, 1993, pp.53-58.

大约支出了 25 万杜卡特军费；1404—1406 年，对卡拉拉的战争可能支出了 200 万杜卡特军费；1428—1438 年，发动的征服战争又花费了 700 万杜卡特军费；15 世纪 70 年，代抗击土耳其的战争平均每年花费了 120 万杜卡特军费。军费开支从 1555 年占威尼斯总支出的 38% 增加到了 1574 年的 58%、1609 年的 63%。同期，国家总支出增加了 44%，从 170 万杜卡特增加到了 240 万杜卡特。[1]

威尼斯政治制度的运作有一些基本的特点。第一个特点是，所有的职位都是经过精心设计的选举来任命，而不是通过抓阄来分配。第二个特点是，全体市民都有正当的平等参选权利。第三个特点是，威尼斯共和国与其他城市共有的，即绝大多数官职的任期很短，任期从未超过 1 年，通常任期只有 4 个月或 6 个月。这就提供了更多的职位和机会，使得竞争不那么激烈。第四个特点是，威尼斯和其他城市共和国一样，它的统治机构由大量的委员会组成。威尼斯的分权和权力制衡做得非常好，它最重要的机构如大参议会、元老院、"十人委员会"、执行委员会都在一定程度上行使了行政、立法和司法权力。这些委员会相互衔接，互相制衡，互相监督，但是在执行委员会中，有一个最高机构协调和掌控这些委员会。这一制度把检查与制衡原则和紧急行动原则结合在一起。[2] 威尼斯共和国奉行一种与当时其他的意大利城市国家不同的中央集权制度，同时它也尊重市政会议的决议和

---

[1] 〔法〕让-克洛德·奥凯:《威尼斯》，载理查德·邦尼主编，沈国华译:《欧洲财政国家的兴起: 1200—1815 年》，上海财经大学出版社 2016 年版，第 372—373 页。

[2] 〔英〕塞缪尔·芬纳著，王震译:《统治史》(卷二)，华东师范大学出版社 2014 年版，第 410—412 页。

地方利益。①

在威尼斯，大参议会、"十人委员会"或者元老院议员团体做出的决策由贤人团和地方官员负责执行。贤人团和地方官员都是贵族，他们还负责许多收入的征收，他们中一些人负责公债管理，一些人负责直接税的征收。威尼斯的财政官员人数持续增长，但很少有人被免职。在设置新税征收部门时，失去作用的旧机构仍然存在，但一旦发生财政危机，就被迫减薪裁员。②

第五节　城市国家的衰落

从 14 世纪中叶起，富裕的意大利城市国家蚕食了周围的领地。佛罗伦萨在 1350—1421 年占领了普拉托、皮斯托亚、沃尔泰拉、阿雷佐、比萨和利沃诺。威尼斯同期夺取了特雷、维琴察、维罗纳、帕多瓦和弗列留。在南部，1416 年，阿拉贡国王阿方索在继承西西里王位后，又征服了那不勒斯，并对佛罗伦萨、热那亚、米兰和威尼斯发动战争。从 1378 年起，敌对的两个教皇则鼓励和帮助各自的支持者争夺权力。

1447 年，尼古拉五世担任教皇，局势开始稳定。1454 年，米兰、威尼斯、佛罗伦萨、教皇国和那不勒斯组建了意大利联盟，旨在恢复和平，但这个联盟没有能争取到和平。阿拉贡国王仍在与热那亚斗争，威尼斯为争夺对费拉拉的控制权发动了战争。1494 年，法国国

---

① 〔法〕让-克洛德·奥凯：《威尼斯》，载理查德·邦尼主编，沈国华译：《欧洲财政国家的兴起：1200—1815 年》，上海财经大学出版社 2016 年版，第 370 页。

② 〔法〕让-克洛德·奥凯：《威尼斯》，载理查德·邦尼主编，沈国华译：《欧洲财政国家的兴起：1200—1815 年》，上海财经大学出版社 2016 年版，第 393 页。

王查理八世的军队翻过阿尔卑斯山进入意大利。① 这就开始了法国、西班牙和神圣罗马帝国在亚平宁半岛数十年的争夺。1515年,教皇利奥十世与法国结盟反对米兰。1521年,法国国王被教皇和西班牙联手赶出米兰。1525年,查理五世在帕维亚战役中击败并俘虏了法国国王。1527年,德意志神圣罗马帝国的军队和西班牙的军队洗劫了罗马。1530年,佛罗伦萨被查理五世征服。查理五世占领了整个亚平宁半岛。他把佛罗伦萨交还美第奇家族。萨沃伊、费拉拉、曼图亚、马尔比诺、摩德纳和帕尔马成为公爵领地,而卢卡、热那亚和威尼斯保留了共和制度。②

16世纪,中世纪以来的作为意大利经济支柱的商人企业家普遍开始远离商业和企业活动,接受了贵族的生活方式。在佛罗伦萨,有钱人花一半财产去购买乡间别墅,一些富有大家族将资金从贸易转移到地产。佛罗伦萨新兴精英租住在公爵家中,沦为贵族的附庸。威尼斯也有类似的情况。这些趋势是意大利经济日趋脆弱的迹象。从1580年以后的几十年,意大利的贸易和工业经历了灾难性的萎缩。毛织品生产陷入停滞,造船业垮塌,除里沃诺外的主要港口大幅度萎缩,银行业损失严重。17世纪末,意大利已经成为法国、英格兰和荷兰的制成品的进口国,以及包括小麦、橄榄油、葡萄酒和丝绸在内的初级产品或半成品的出口国。意大利在经济上不再成为欧洲经济的主导者③,

---

① 〔英〕克里斯托弗·达根著,邵嘉陵等译,王军审核:《剑桥意大利史》,新星出版社2017年版,第58—59页。
② 〔英〕克里斯托弗·达根著,邵嘉陵等译,王军审核:《剑桥意大利史》,新星出版社2017年版,第63页。
③ 〔英〕克里斯托弗·达根著,邵嘉陵等译,王军审核:《剑桥意大利史》,新星出版社2017年版,第69页。

最后剩下的城市国家威尼斯和热那亚到18世纪末最终消失。

意大利城市国家有下列特点：第一，意大利城市国家是一种共和国体制。意大利的城市共和制和古典共和制的某些特征极为相似。[①]它的权力机构的组织和运行具有民主性，它们没有庞大的官僚机构。第二，城市国家不是一个完整的成熟的自给自足的经济单位，它依靠附属于它的乡村提供必需的物品。第三，各城市共和国之间只是结成联盟，还没有形成民族国家。它是一种不成熟的共和政体[②]和过渡型国家。这种城市国家缺少直接的政治后裔，日后没能直接发展成为近代民族国家。[③] 第四，意大利城市共和国政治不稳定的一个原因是各城市存在着派系斗争而无法控制。城市中大家族尤其商人家族势力强大。在城市国家中，家族和家族联盟对权力展开了争夺，这加剧了城市共和国的政治脆弱性。几乎所有的执政官都来自地主贵族和富裕商人阶层，在不受外界势力干涉的情况下，城市共和国的统治权成为地主贵族和富商阶层的精英争夺的对象。斗争往往在两大家族集团之间展开，家族争夺成为政治活动的主线。意大利城市共和国政治不稳定的再一个原因是新兴的平民公社的政治力量出现了。平民公社出现在代表各种经济利益的行会中。平民公社有自己的武装力量，选出称为"长者"或"贤者"的领导人，组建了自己的政治机构，要求共享政治权力，构成对富人的家族联盟的挑战。[④] 马基雅维里指出："在任

---

① 〔英〕塞缪尔·芬纳著，王震译：《统治史》（卷一），华东师范大学出版社2014年版，第437—438页。

② 〔意〕尼科洛·马基雅维里著，李活译：《佛罗伦萨史：从最早时期到豪华者洛伦佐逝世》，商务印书馆1982年版，第128页。

③ Daniel Waley, *The Italian City-Republics*, London, 1988, XVI.

④ 〔英〕克里斯托弗·达根著，邵嘉陵等译，王军审核：《剑桥意大利史》，新星出版社2017年版，第39—44页。

何城市中，都可以发现两种相反的欲求……一方面民众仇恨贵族们的指挥和压迫；另一方面贵族们想要指挥与压迫人民。"[1] 在城市国家中，手工业者和城市商人、企业家和银行家构成的寡头之间的阶级斗争展开了。

---

[1] 转引自〔英〕尚塔尔·墨菲著，周凡译：《论政治的本性》，江苏人民出版社2016年版，第5页。

第三章　西欧绝对主义国家

到了中世纪后期，欧洲国家制度发展面临两项中心任务，一是结束分权化的封建等级君主制的权力结构，二是建立一个和经济发展相适应的职能分明和独立的国家行政机构。这两项任务均是由绝对主义国家完成的。

第一节　绝对主义概念和实践

绝对主义（absolutism）是一个概念含糊的术语，以至于难以给它找出一种准确的释义。[①] 绝对主义国家的系谱是一个个案彼此相差很大的系谱。不仅西欧的绝对主义国家与东欧的绝对主义国家之间存在着一定的差别之处，就是西欧的绝对主义国家本身也是一个由相差很大的国家构成的系统。它们的基本特点是，国家和君主的权力比之前的各类中世纪国家在集权化程度上有很大提高，在国家机构世俗化建设方面有了一些新建树。

---

① 《梅里安·韦伯斯特词典》（*Merrian-Webster Dictionary*）对"绝对主义"的释义是"一种认为绝对权力应当归属一个人或更多的统治者的政治理论"。《自由词典》（*The Free Dictionary*）对"绝对主义"的释义是"一种政治理论或政治形式，它指所有的权力应当掌握在一个统治者或其他权威者手中"。

佩里·安德森认为，在西方术语学中"绝对主义"这一术语是一种误用。如果把"绝对主义"视为君主拥有统治其臣民的绝对权力，那并不符合历史事实，那个时期所有君主的权力都是有限的。[1] 博丹指出，"君主首要的主权性特征就是立法权和发布命令权"[2]。但是，他也写道："我在首次危机之秋，毫不犹豫地反对了扩张国库权力和王权的观点。这些观点竟主张要赋予国王无限的权力，甚至可以不受神法和自然法的限制。我敢于写下，未经公民最大程度的同意，国王不得征税。"[3] 德国国家法学者格奥尔格·耶利内克分析说，绝对主义一度反映了一个先进的、将持续割据的小邦整合成统一的现代国家的理念，受到启蒙思想的鼓吹和推崇，并由伟大的、代表着先进制度的君主们予以实现。[4] 总的来说，绝对主义的概念不同于东方专制主义的概念。没有一个绝对主义国家能像亚洲暴君那样，可以随意剥夺贵族或资产阶级的自由和地产。[5]

绝对主义包含着一些相互矛盾的政治制度要素。第一，君主是人间唯一的法律来源。但是，他必须听命于上帝的法律。如果君主破坏"自然法"，人民保留着某种反叛的权利。第二，君主凭借常设的、专业的、附属的官僚机构和军队进行统治。无论民政官员还是军事官

---

[1] 〔英〕佩里·安德森著，刘北成、龚晓庄译：《绝对主义国家的系谱》，上海人民出版社2001年版，第40—41页。

[2] 〔法〕让·博丹著，李卫海、钱俊文译：《主权论》，北京大学出版社2008年版，第109页。

[3] 〔法〕让·博丹著，李卫海、钱俊文译：《主权论》，北京大学出版社2008年版，导论，第23、24页。

[4] 〔德〕格奥尔格·耶利内克著，柳建龙译：《宪法修改与宪法变迁论》，法律出版社2012年版，第73页。

[5] 〔英〕佩里·安德森著，刘北成、龚晓庄译：《绝对主义国家的系谱》，上海人民出版社2001年版，第41页。

员，除开职务所赋予的权力和地位外，没有其他任何重要的独立权力或社会地位。第三，在中世纪结束的时候，所有的欧洲君主都是在小型的、不正规的，但享有法律特权的代表制会议的同意之下进行统治。在许多国家，这些代表会议后来都受到压制。这些会议最后召开的时间在阿拉贡是1592年、在法国是1614年、在西属尼德兰是1632年、在那不勒斯是1642年。取代它们的政体被称为绝对主义政体，后者延续到18世纪末代表制会议再次出现。这个标准就把英国和荷兰这类的"立宪君主制"与大多数大陆"绝对主义"政体区分开了。[①]

绝对主义国家作为一个整体，和它以前的西方学者所说的中世纪领域国家和等级君主制国家，以及和它以后的近代国家之间的界限不明晰。绝对主义国家构成了近代国家的一个早期阶段，它属于从封建主义向资本主义过渡的国家。从15世纪到18世纪，欧洲社会经历了一个漫长的从封建主义向资本主义过渡的时期。在这个时期，生产关系领域产生了封建关系衰落、资本主义关系形成、生产关系多元化的现象。社会经济的变动，使得政治结构也发生了相应的变动。在绝对主义时期，尽管资产阶级革命还没有发生，但旧的封建贵族等级已经衰落，国家制度开始由以王室为中心的宫廷政府向拥有分工细致的机构的近代政府制度发展。日后近代国家的某些机构和职能在绝对主义国家制度中逐渐呈现。近代国家拥有的原始积累、社会经济干涉和控制职能也在绝对主义国家这个时期逐渐呈现。绝对主义国家并不完全阻止资本主义关系的发展。诚然，绝对主义国家仍然是封建贵族执掌政权的国家，封建法律没有废除，封建特权继续存在，封建土地关

---

① 〔美〕迈克尔·曼：《社会权力的来源》第一卷，上海人民出版社2007年版，第584—585页。

系仍然根深蒂固。绝对主义国家形态表现出一种性质混杂不清的特征,它是一种过渡性的国家形态。许多学者从不同角度对绝对主义国家的特征做过描述。有的学者还对15世纪到18世纪欧洲的政体做了类型划分,认为一种政体是以英国和荷兰为代表的"立宪"君主制共和国,另一种政体是"绝对君主制,例如奥地利、法国、普鲁士、俄国、西班牙、瑞典和两西西里共和国"。

绝对主义时期各国国内的政治秩序较为平静,但这种政治秩序为新兴的努力创造财富的资产阶级所诅咒,他们抨击绝对主义的司法制度捍卫着僵化的等级制度。托尼描述这种制度说:"旧制度的不平等一直是难以忍受的,因为它们始终是专断的。这不是个人能力的差别,而是社会和政治偏袒的结果"。

到了18世纪末至19世纪初旧制度时期,新阶级并没有反对相互依存、世界体系或等级制的原则,而是对其加以实施。在两个重要的领域,旧等级和新阶级有类似的看法。这些领域恰恰是商人和贵族已经达成协议的领域:需要一种镇压机构和在经济中起积极作用的国家。旧秩序的行政机构是如此庞大,如德·托克维尔很久前所说的,甚至法国革命也几乎无法动摇它,而这个结构主要的企图是维持国内秩序。"传统的等级和新阶级都致力于创建一个在社会经济生活中可以成为好搭档的国家。尽管某些重商主义的做法到1800年已显古旧,但是,其他一些做法,如保护关税和国家向道路和运河提供补助金,仍然能够并可能为新秩序采纳。"[1]19世纪资产阶级的"解决办法就是维持绝对主义时期以来国家的活动,但是改变它的形式",即"改造

---

[1] 〔美〕艾伦·沃尔夫著,沈汉等译:《合法性的限度》,商务印书馆2005年版,第39—40页。

存在于贵族和商人之间的政治妥协,以顺应新兴的工业资产阶级,它可以通过使新的结构介入资本积累的任务来完成。从这个意义上说,绝对主义的遗产持续到19世纪"。[1]

欧洲绝对主义国家在经济和职能方面并不排斥资本主义关系的发展,甚至可以不夸张地说,绝对主义国家已经在充当资本主义生产关系的产婆。绝对主义时期是欧洲资本主义早期发展的一个重要的历史阶段。绝对主义国家已经部分具备资本主义国家或早期近代国家的职能,这是绝对主义国家的积极方面。国家的生产关系内涵是判断国家属性的最本质的尺度之一,欧洲绝对主义国家在生产关系的再生产中扮演的是主动而积极的角色,绝对主义国家已经在主动地充当资本主义生产关系的产婆,他们已不再阻碍资本主义生产力的发展。

经典马克思主义作家重视绝对主义国家这种类型的国家特点。马克思和恩格斯提出了欧洲绝对主义国家是一种特殊国家类型,在这个制度下新型的资产阶级和传统的旧贵族之间保持着一种静态的平衡。马克思论述了绝对主义国家是特定历史条件的产物:"君主专制发生在一个过渡时期,那时旧封建等级趋于衰亡,中世纪市民等级正在形成现代资产阶级,斗争的任何一方尚未压倒另一方。""君主专制产生于封建等级垮台以后,它积极参加过破坏封建等级的活动,而现在却力图保留哪怕是封建割据的外表。"[2] 马克思指出了绝对主义国家"充当了新兴资产阶级社会反对封建制度的有力武器"。恩格斯用"势均力敌"一语来描述绝对主义国家中的阶级关系。他写道:"现代的代

---

[1] 〔美〕艾伦·沃尔夫著,沈汉等译:《合法性的限度》,商务印书馆2005年版,第40—41页。
[2] 马克思:《道德化的批评和批评化的道德——论德意志文化的历史》,载《马克思恩格斯选集》(第一卷),人民出版社1972年版,第17、182页。

议制国家是资本剥削雇佣劳动的工具,但也有这样例外的时期,那时相互斗争的各阶级达到势均力敌的地步,以致国家权力作为表面上的调停人而暂时得到了对于这两个阶级的相对独立性。17世纪到18世纪的专制君主制,就是这样,它使贵族和市民等级彼此保持平衡"。"法兰西第一帝国特别是第二帝国的波拿巴主义,也是这样,它唆使无产阶级去反对资产阶级,又唆使资产阶级去反对无产阶级"。

在绝对主义时期,固然新兴资产阶级在经济上已经成长起来,封建制度面临着严重的危机,但是在绝对主义国家中,权力仍然掌握在以国王为首的封建贵族集团手中。国家和社会继续保护着封建贵族的特权,国家的法律继续维护封建政治制度。所以,在国家结构中,封建贵族仍然占据了绝对优势,新兴资产阶级只有少数人参加了绝对主义国家的行政、财政和司法机构的高层管理工作。政治天平倒向国王和封建贵族一方。

绝对主义国家机构和职能的发展受到外部世界的影响。奥托·欣策在《权力政治与政府组织》一文中提出,"在欧洲大陆出现军事绝对主义与一种官僚制的行政管理体制","这是地理位置产生各种影响力的结果"。奥托·欣策的分析逻辑是,中世纪或近代早期的一个既定国家所囊括的地理交界线越长,领土受到战争威胁的可能性也就越大;领土受到的战争威胁越大,这个国家就越可能创造一个有稳定军队和职业化的官僚机构支持的绝对主义国家,以满足克服那种领土威胁的需要。[1] 即一个国家外部的军事压力和国际竞争的需要,是这

---

[1] Otto Hintze, *Power Politics and Government Organization*, in Felix Gilbert, ed., *The Historial Essays of Otto Hintze*, New York, Oxford U.P., 1975, p.183. 并见〔美〕托马斯·埃特曼著,郭台辉译:《利维坦的诞生:中世纪及现代早期欧洲的国家与政权建设》,上海人民出版社2016年版,第9页。

个国家军事组织发展的重要原因。绝对主义国家的活动超过了领域国家的国界。绝对主义国家常常是一种帝国的形式。例如不列颠建立了跨洋的英帝国，哈布斯堡王朝建立了横跨欧洲大陆的帝国，等等。绝对主义国家殖民母国从它的殖民地掠夺的财富滋润和补充了绝对主义国家的财富。绝对主义国家是一种世界体系，国际金融资本的支持是绝对主义国家维持其经济和军事活动的重要条件。[①]

绝对主义国家在政治上仍然是封建君主执政的国家，封建贵族在这种国家中是占据统治地位的社会集团。在绝对主义国家中，已经开始将王权和国家权力分裂，将王室机构与政府机构分离，但是绝对主义国家的改革没有丝毫政治民主的内容。绝对主义国家没有改变封建的法律体系和司法制度，这样的国家仍然按照封建社会的法律来执法，法律仍然在维护贵族的特权利益。所以，绝对主义国家的性质基本上还是属于封建主义国家。西欧绝对主义国家如英国和法国，一般都经历了两个发展阶段。第一个阶段如英国的亨利八世时期和法国的黎塞留和马扎然执政时期，是政治上的改革时期；第二个阶段如英国的伊丽莎白一世时期和法国的路易十四时期，政治处于守成。到了英国的早期斯图亚特时期和法国的路易十六和路易十七时期，政治腐败、专制加强，国家走向反动。绝对主义国家就其属性可以称之为过渡性的国家，然而它们却不可能成功地过渡到近代资本主义国家。阶级和政治冲突最终诉诸战争和革命，正是这种阶级和政治关系造成的。绝对主义国家的封建性质、内在矛盾和它失败的内外政策最终导致了绝对主义国家发生深刻的政治、社会或外交危机，最终被爆发的

---

① 沈汉：《重新认识金融资本形成和资本输出的时间》，载《史学理论研究》2012年第1期。沈汉：《资本主义史》第2卷，人民出版社2015年版，第17章，第477—510页。

资产阶级革命所推翻。

第二节 法国

1. 中央和地方行政机构

法国绝对主义王权时期开始于1461年路易十一即位之后。绝对主义时期以前的封建法国的中央行政机构很不完善。12世纪以后,国王依靠一小批谋臣进行统治。他们是支薪的职业顾问官,就司法、财政和行政等方面的事务向国王提供意见。他们组成了小会议,小会议的成员一朝与一朝变化很大,但其成员的来源不超出上层贵族的圈子,因而小会议具有贵族政治组织的特征。在弗朗索瓦一世和亨利二世在位时期,有些下层贵族和新兴资产阶级成员作为新人开始进入小会议,以取代出身豪门贵族之士。柯尔伯便属于这类人士。[1]法国国王的小会议的职能和名称在很长一个时期具有不固定的特点。它在早期起协调法院和大会议活动的作用,到了弗朗索瓦一世时期,主要负责处理国际事务和重大的国内事务,以后则主要处理财政、司法等国内行政事务。它有"国王的会议""秘密会议"或"国务委员会"等不同的名称。[2]

1624年至1661年在黎塞留和马扎然的努力下,法国建立了以委员会制为特征的中央政府机构。它由国王的高级委员会——国务委

---

[1] J. H. Shennan, *French Government and Society, 1461-1661*, London, Allen & Unwin, 1969, pp. 20-21.

[2] J. H. Shennan, *French Government and Society, 1461-1661*, London, Allen & Unwin, 1969, pp. 38-39.

员会[1]及下属的秘密委员会和财政委员会构成。参加国务委员会的通常有国王或摄政王、主要大臣、行政法院院长、掌玺大臣、国务大臣和财政总监等。上述机构统称"国王的委员会"。秘密委员会是国王处理司法事务的委员会，它负责处理国王的法庭未能审结的案件。参加这个委员会的有行政法院的院长、掌玺大臣、国王的枢密顾问官和若干行政法院的查案官。财政委员会到16世纪末才成立，负责平衡王室的预算。到路易十三在位时期，国家的财政事务分属两个委员会管理，即"国务和财务委员会"和"财政监督委员会"。1630年，国王的委员会设立了一个新的分支机构"紧急事务委员会"，负责管理国内行政、监督土地和教会事务，它同时又是一个司法机构，有权撤销有争议的司法裁决和宫廷制定的但有争议的法令。[2]

国务委员会下属的两个委员会在17世纪法国的国家生活中发挥了积极作用。在其鼎盛时期，财政委员会一天之内曾发布过200道和295道法令。秘密委员会在1656年9月30日这一天就发布了347道法令。福隆德运动时期，它每天颁发的法令数量下降到300道以下。国王的委员会频繁地颁布法令的原因在于，当时权力过于集中于中央，事无巨细均需委员会过问。再一个原因是王室大肆出售官爵，需要颁布法令设立新的官职以供出售。此外，黎塞留和马扎然时期频繁

---

[1] 该委员会在1643年以后统称"高级委员会"。Roland Mousnier, *Institutions of France under the Absolutist Monarchy, 1598-1789*, Chicago U.P., 1984, Vol.2, The Organs of State and Society, p.131.

[2] Roland Mousnier, *Institutions of France under the Absolutist Monarchy, 1598-1789*, Chicago U.P., 1984, Vol.2, The Organs of State and Society, p.131. Richard Bonney, *Political Change in France under Richelieu and Mazarin, 1624-1661*, Oxford U.P., 1976, p.7, Table 1.

地征税也导致法令骤增。①

在17世纪，国王的委员会有人数增加的趋势。1624年6月，两个委员会共有成员31人，1628年1月为35人，1630年为44人，1642年12月为63人，1644年12月底为122人。法国国王扩大委员会的规模主要是出于用委员会成员的位置收买人心以争取政治上支持的目的。在这一过程中，国王在皇亲国戚和贵族人士之外，特地挑选了一批法律事务或其他方面事务的专家作为顾问官进入委员会，以辅佐自己，并克服中世纪王室和贵族衰弱腐朽、无法有效管理国家的弊病。然而，国王的委员会人数的无限扩大却适得其反，使得机构臃肿而且缺乏效率。所以，到1657年5月，国王又把委员会的人数减至32人，并取消了一些从属机构。②

国王的委员会发展的另一个趋势是日益专门化，它们不断吸收一些有经验的行政官员作为其成员。但国王的委员会的作用发挥丝毫没有削弱国王的权威和作用。17世纪法国政府的活动仍然是以国王为中心进行的。尽管如此，在国王的委员会的各个分支中，委员们处理问题有很大的自由，各部门的职责也相互交错。1643年，除国务委员会和财政委员会外，经过长期酝酿，又建立了两个国王委员会的下属委员会，它们是宗教委员会和陆军委员会。此外，根据1627年6月的巴黎条例，又设立了其他10个委员会，专门处理某一方面的具体事务，为上述所有的国王的委员会服务。委员会成员一般为5—

---

① Richard Bonney, *Political Change in France under Richelieu and Mazarin, 1624-1661*, Oxford U.P., 197, pp.19-20.

② J.H.Shennan, *French Government and Society, 1461-1661*, London, Allen & Unwin, 1969, pp.39-40. Richard Bonney, *Political Change in France under Richelieu and Mazarin, 1624-1661*, Oxford U.P., 1976, p.23.

7名，是固定的常设委员会。此外，还设立一些临时的小委员会处理应急事务。[①]

绝对主义时期，法国建立的中央机构的第二部分是地位处于国王的委员会以下的一批法庭类机构。他们包括王室查案官官署、大委员会、巴黎法院、最高间接税法庭、审计法院。[②]

随着经济和社会生活的发展，司法裁判的事务大量增长，又建立了图卢兹、格勒诺布尔、波尔多、第戎、鲁昂、埃克斯和梅恩的法院。这样，在16世纪，法国共有8座法院。[③]

在绝对主义时期，随着中央机构的建设和发展，法国中央官僚队伍及其职权也相应地发生了变化。

在法国，掌握行政权的是若干大臣和其他一些重要官员。从理论上说，所有应召参加最高委员会的官员都属于大臣，其中一位大臣被授予首席大臣的头衔。绝对主义时期，法国最重要的大臣有下列一些。

大法官是法国行政法院的行政和司法长官。行政法院是当时最重要的法院，负责保管王室4种最重要的印玺，根据国王的直接指示在发布所有的法规、法令、急报公文和书信时加盖印玺。从16世纪初直到1788年，行政法院的主要官员有大法官或掌玺官、2名查案官、2名搜集文件的报告官、1名总检察长，加上低级官员和办事人员，

[①] Roland Mousnier, *Institutions of France under the Absolutist Monarchy, 1598-1789*, Chicago U.P., 1984, Vol.2, p.133.

[②] Roland Mousnier, *Institutions of France under the Absolutist Monarchy, 1598-1789*, Chicago U.P., 1984, Vol.2, p.133.

[③] J. H. Shennan, *French Government and Society, 1461-1661*, London, Allen & Unwin, 1969, pp.46-49. E. N. Williams, ed., *The Penguin Dictionary of English and European History, 1485-1789*, Penguin Books, 1980, p.334.

共有300多人。大法官是最高级的王室官员,又是法国司法系统的首领。大法官由国王提名,终身任职,一经任命并向国王宣誓就职,不得被罢免。即使大法官失宠,国王仍得保留其官衔和相应的特权、尊严和薪俸,并提名一位掌玺官作为特派官员承担原大法官的职权。大法官接受包括伯爵、公爵、子爵和男爵等国王辖下的贵族行臣从宣誓礼。国王可以提名大法官指挥军事远征,代行任何王室特权。大法官可以主持三级会议和名士会议、除最高委员会以外的所有的国王的委员会,领导全国所有的法庭、控制其职位增补,主持巴黎法院和大委员会,监督各大学、学院、科学院和出版商。[1]但是,黎塞留和马扎然时期以主要大臣为中央政府核心的制度的发展,预示了行政法院大法官在国家中的地位必然下降。[2]

在14世纪,法国宫廷设有书记官。他们取得国王的许可而拥有签署文件的权力。之后,这一职务由事务性官职发展成为宫廷重要官职,称为国务大臣。亨利二世授予他的4名书记官以国务大臣的官衔,1561年他们成为国王的事务委员会的成员。他们在亨利三世时期在很大程度上负责政府的工作,到路易十三世时期,他们的作用上升。国务大臣此时有了明确的分工,一个国务大臣负责王室事务,一个国务大臣负责军事事务,有的国务大臣参加行政机构的工作。他们都有资格参加国王委员会的全体会议,并可以在会上自由地发表意见,修改或否决国王的委员会的法令。[3]1624—1661年,国务大臣的

---

[1] Roland Mousnier, *Institutions of France under the Absolutist Monarchy, 1598-1789*, Chicago U.P., 1984, Vol. 2, pp. 134-136.

[2] Richard Bonney, *Political Change in France under Richelieu and Mazarin, 1624-1661*, Oxford U.P., 1976, p. 12.

[3] Richard Bonney, *Political Change in France under Richelieu and Mazarin, 1624-1661*, Oxford U.P., 1976, pp. 40-41.

职权又有所发展，可独立行使权力。马扎然担任国务大臣时可代表未成年的国王发布命令。然而，从1661年路易十四亲政起，国王便禁止国务大臣在没有他的特别命令时发布中止法令的命令①，国务大臣的职权和地位有所下降。此后，一位国务大臣转去负责外交事务。在路易十四亲政以前已经设立了国务大臣职，他们每人在1年的3个月中负责处理国王交付的信件、礼物、赏金、年金、官职和主教职位等事务。每个大臣分别负责法国的一些省份，这些国务大臣构成了王室机构的核心部分。虽然他们尚未取得阁员的称号，但他们已经在起阁员的作用。这样，在当时中央政府仍以王室政府形式出现时，行政机构开始发育并初具形态。②

在绝对主义王权时期，法国政府各部门的机构建设尤其以财政机构的发展变化最为突出，这从财政官员队伍的发展变化中可以看出。绝对主义开始之前，查理七世在位时期（1422—1461年），国家仅设4名财务官。到15世纪末，财务官人数有所增加，他们组成了一个委员会，负责国王管辖范围内的财政事务。当时法国国家的财政收入分成两部分：一部分是国王根据世袭的权力征收的经常性岁入，另一部分是在全国开征的特别赋税。地方上由辖区官和管事负责征收第一类税收，由基层行政单位选区征收第二类税收。国王在选区的主要代表是选区官。选区官隶属于中央的财政总监。1532年，弗朗索瓦一世建立了一个新的中央财政部门国库，以保管国家的各种收入。这时司库官和财政总监的地位开始衰落。1543年，法国建立16个收税

---

① Richard Bonney, *Political Change in France under Richelieu and Mazarin, 1624-1661*, Oxford U.P., 1976, p. 13.

② J. H. Shennan, *French Government and Society, 1461-1661*, London, Allen & Unwin, 1969, pp. 40-41.

处，以取代最初设立的4个财政区。这种收税处到路易十五时增加到23个。每个财政区都任命一个收税官负责征收有关税收。1551年，法国增设1名总司库，1571年和1576年又分别各增设1名总司库。从1577年开始，法国设立财政署，监督各财政区的财务工作。[1] 在国王的委员会中，高级财政官员还有财政总监和财政总检察官。财政总监的主要职责是准备年度预算、决定人头税征收和决定开征何种新税。在路易十三和黎塞留的委员会中，财政总监的作用远远超过了国务大臣，成为主要的谋臣。财政总监以下设有若干监督官。随着16世纪以后财政和税收事务的繁重和专门化，监督官成为重要的财政官员。他们有自己分工负责的省区，常到下属各省区去监督征税工作。他们可以自主地做出重大的决定，并参与国王的财政决策。财政监督官的活动不受限制，他们常使中央负责财政的大臣无法有效地管理财政工作。官职重叠和相互干扰严重地影响了财政工作的效率。[2]

绝对主义时期，法国设立了国务顾问。国务顾问是一种荣誉官职。国王把这种官职授予他的支持者，或用以笼络反对派，以取得官僚集团各部分的支持。因此，担任国务顾问的既有贵族，也有出身平民但有军功者。国务顾问按其任期长短分为三类：第一类国务顾问是常务顾问官，他们受命常年参加最重要的国内外事务的研究处理；第二类国务顾问任期为每年6个月，即每年有一半时间担任顾问工作；第三类国务顾问每年任期3—4个月。一般说来，从事顾问工作的国务顾问有32—34人，他们大部分都担任过律师工作。国王有意于利

---

[1] J. H. Shennan, *French Government and Society, 1461-1661*, London, Allen & Unwin, 1969, p.54.

[2] J. H. Shennan, *French Government and Society, 1461-1661*, London, Allen & Unwin, 1969, p.41.

用这批穿袍贵族的工作经验。①

绝对主义时期，法国国家机构另一方面的发展是地方行政机构的发展和中央对地方行政控制的加强。此时，法国国家机构发展的基本趋向是中央集权的加强。

从13世纪起，法国国王习惯于任命一个居于常设的辖区官之上的官吏，以便国王驾驭地方行政，显示他的权威，当时设立了省长一职。省长在百年战争至16世纪末主要承担军事职责。其职权仅仅是指挥国王的军队，负责王国若干辖区的防卫。但是，16世纪以后，由于省长的职位大都被提升的贵族家族人士占有，这个职位被看作贵族人士独占的官职。省长不仅拥有地方军事权力，而且拥有执行司法事务的权力。宗教战争爆发以后，省长的权力再次上升，在管辖的省区拥有发布命令、提名重要官员、管理当地王室的岁入和征召军队的权力。一些省长甚至敢于蔑视国王的权威。王室对地方的控制逐渐松弛，有些省长辖区形同独立的国家。省长权力的膨胀和割据倾向成为王室加强集权的重要障碍。为了消除省长权力过大的弊端，亨利四世在位时期（1553—1610年）通过任命钦差以抑制省长的权势，但仍无法剥夺省长指挥军队的权力。黎塞留执政时期继续了亨利四世的政策，致力于抑制省长的权力，任命自己的代理人去各省监督省长。②法国国王和王室为了加强对地方的控制，派出代表到各地进行政务调查、监督各项工作。这种做法历史悠久，可以追溯至查理曼大帝时期。16世纪中叶，法国国王派到地方的代表称监督官。到17世纪，

---

① Roland Mousnier, *Institutions of France under the Absolutist Monarchy, 1598-1789*, Chicago U.P., 1984, Vol.2, pp.146-147.

② J. H. Shennan, *Government and Society in France, 1461-1661*, London, Allen & Unwin, 1969.

这一制度固定下来。监督官的地位居于已设立的各地方官吏的地位之上。从黎塞留执政时期开始，监督官的人数增加，他们的权力扩大。

1642 年以后，监督官不再是一种王室派出解决弊政的临时性的官员，而承担着财政等重要职责。国王的监督官在各地权力很大，无人能节制，他们往往把司库官、地方法院的法官都拉过来，组成反对中央王权的集团。因此，1648 年 10 月，法国王室发布宣言，取消监督官，但边境省例外。福隆德运动失败以后，王室逐步恢复了监督官制。1659—1672 年，路易十四试图恢复监督官最初的视察员职能，并给予监督官很大的活动区域，每个监督官至少管辖两个财政区。王室还频繁地更换他们的辖区，使其了解全国的情况。但与此同时，国王进一步限制监督官的权力。监督官有搜集情报、向宫廷提出报告的权力，但没有常设官吏的职权。在荷兰战争和路易十四执政期间，监督官的职权又有所增长。这时监督官通常由法官充任，他们是作为最高司法首领国王的代表派出的，有权审理行政、财政和军事事务。到了 18 世纪，监督官在其工作中代表所在地区和国王建立了密切的联系，这样地方政府和中央建立了经常性的制度化的联系。[①] 这时，法国行政机构从主要由司法机构组成向主要由行政机构组成转变。但严格来说，17 世纪法国的行政机构尚未摆脱司法审判机构的特征，监督官还具有法官的职能。这不仅表现在他们经常身兼行政和司法长官的职能，还见之于他们时常被王室选为法国行政法院的查案官，代表国王审理案件。他们的命令也具有司法判决的性质。[②]

[①] J. H. Shennan, *French Government and Society, 1461-1661*, London, Allen & Unwin, 1969, pp. 56-58. Roland Mousnier, *Institutions of France under the Absolutist Monarchy, 1598-1789*, Chicage U.P., 1984, Vol. 2, pp. 44-46.

[②] Richard Hatton, ed., *Louis XIV and Absolutism*, Ohio State University Press, 1976, p. 46.

巴黎高等法院起源于14世纪初。当时确定，每年在巴黎进行两次审判，日期靠近复活节或诸圣节，这个法庭就是巴黎法院。主持巴黎高等法院的王座法庭当时是布洛涅伯爵，助理是德勒伯爵。纳尔榜大主教和雷恩主教和他们同为主席。巴黎高等法院享有很大的特权。[1] 在亨利六世在位的灾难时期，法国政府的各个行政部门都被弃置不顾，无人过问延长委任高等法院法官一事，但高等法院的法官忠于职守，继续承担他们所担任的职务，他们为国家贡献很大，[2] 为他们所辖的省份保持了司法公正。这个时期担任法官的贵族领主率领他们的附庸离开巴黎前去保卫国家，一些初期只在法院担任预审职务的法学家就接替这些领主，充当法官，审理贵族的案件。但这些法官往往没有贵族头衔，他们永远不会被接纳入贵族集团，他们的子女也永远不会进入贵族的教士会议，他们不能列席全国三级会议。1356年，当全国三级会议在王宫大厅举行时，在相邻房间开会的高等法院中没有任何成员在这个大厅拥有席位。[3] 查理七世把普瓦蒂埃的小高等法院并入巴黎高等法院，使得巴黎高等法院规模扩大。它的大法官庭有30名法官，全部为法学家，其中世俗人士15人、教士15人。[4]

在一个时期中，巴黎法院是全国的主要法院。它对全国拥有司法裁判权，并对最早列为王国领土的若干地区拥有司法控制权。巴黎法院的职能不限于司法，它还具有登记和发布王室条令、法院法令，制定行政法规，维持社会秩序，规定食品价格以及选举都市官员、治安

---

[1] 〔法〕伏尔泰著，吴模信译：《巴黎高等法院史》，商务印书馆2015年版，第12—13页。
[2] 〔法〕伏尔泰著，吴模信译：《巴黎高等法院史》，商务印书馆2015年版，第22页。
[3] 〔法〕伏尔泰著，吴模信译：《巴黎高等法院史》，商务印书馆2015年版，第23页。
[4] 〔法〕伏尔泰著，吴模信译：《巴黎高等法院史》，商务印书馆2015年版，第46页。

和警察等多种立法和行政管理职权。①

高等法院的法庭由精通法律的人士组成,成为有效率的机构,它拥有的重大权力之一,是长期以来对国王的敕令和法令进行登记。菲利普四世时期(1285—1314年),高等法院法官让·德·蒙吕克用自己的记事簿记载古代敕令、主要司法判决和他审理的案件,这个记事簿价值很大。此后,宫廷把敕令和法令保存于高等法院书记室。巴黎高等法院记载了教皇对法国敲诈勒索的数额,为法国对抗罗马教廷提供了证据。②巴黎高等法院的一项职责是为民众的诉讼案件做出判决。路易十二在1499年的敕令中命令巴黎高等法院:"要始终遵守法律,如果君主因一时迷惑发布违反法律的命令,可以置之不理。"③

路易十四即位之初,发生了投石党之乱,这时在法国产生了一些新的政治理念。高等法院规定,任何法国人若未经法官传讯,均不得被投入监狱。此外,大臣的权力也受到一定的限制。

路易十四在位后期,巴黎高等法院面对国王通过征税以维持军队开支,造成社会动荡的弊政,公开宣布自己无权表决通过御用金,以此反对国王滥征赋税。这一宣言得到了民众的称赞。④摩尔帕伯爵被路易十六任命为国务大臣后,建议重组因反对路易十五的专制而被解散的高等法院。

---

① J. H. Shennan, *French Government and Society, 1461-1661*, London, Allen & Unwin, 1969, pp.45-46. Roland Mousnier, *Institutions of France under the Absolutist Monarchy, 1598-1789*, Chicago U.P., 1984, Vol.2, p.7.
② 〔法〕伏尔泰著,吴模信译:《巴黎高等法院史》,商务印书馆2015年版,第49页。
③ 〔法〕伏尔泰著,吴模信译:《巴黎高等法院史》,商务印书馆2015年版,第52、57页。
④ 〔法〕斯塔尔夫人著,李筱希译:《法国大革命》(上册),吉林出版集团有限责任公司2015年版,第29—30、32页。

2. 三级会议

法国从卡佩王朝起就不时召开大会议，逐渐促成全国的等级会议制度的形成。休·卡佩是通过选举成为国王的，他和他的后继者依靠教会和大封建主的支持。所以，国王决定重大的政治事务时，要与他们中为首的陪臣商讨。法国国王试图避免召开大的会议以至于产生反对党，而只是让大封建主批准国王的要求。但是，从 12 世纪后期起，君主政体迅速地取得了权力和威信。国王圣路易感到自己足够强大，所以召集教士和贵族的大会议支持国王颁布的法令，同时也向他们咨询。在 13 世纪，城镇的财富和城市组织都迅速发展。圣路易在需要时，如在贸易问题上和确定货币的兑换率问题上，召集城镇代表作咨询。这些做法被他的后继者采用。

以后的法国国王继续召开这种会议。后人对于法国 14 世纪初期召开的这种会议的情况知之甚少，但知道 14 世纪中叶在法国北部、法国南部等地都召开过地方的等级会议。由于王国太大，大批民众难以跋山涉水到法国中部的巴黎来开会。此外，法国国王对于较远的地区的控制当时不那么有效。法国南部的人士还没有与法国北部的人士共同来参加这种会议。到查理七世时期为止，国王通常希望在巴黎以外的多菲内等地召开三级会议，其主要目的是试图在地区的会议上获得对征收补助金和税收的批准，以支持国王的军事扩张行动。[①] 在这个时期，三级会议不参与立法，只是提出请愿书。如果绝大多数的省能够通过省的三级会议获准征收赋税，它们都不愿意派代表去路途遥远的巴黎或其他中心城市。

15 世纪 40 年代以后，查理七世放弃了通过三级会议的同意来征

---

① A. R. Myers, *Parliaments and Estates in Europe to 1789*, London, 1975, pp.67-68.

税的意图。如果国王真需要取得对征税的同意，他宁可直接到每个省和各个城市去争取帮助。从1440年到1468年，国王没有召开过三级会议。1468年，路易十一希望利用公众以剥夺他的兄弟诺曼底公爵的地位，以求召开三级会议来支持自己，但他不愿意冒险召开另外的三级会议。下一次三级会议是在查理七世死去、查理八世年幼之际召开的。三级会议授予国王1500000锂补助金后，在各省补助金分摊事宜上发生了激烈的冲突。此后直到1500年，三级会议再没有召开过。[1]

法国国王通过一个集中化过程逐渐建构国家。法国从中世纪到18世纪逐渐添加了一些省份和城市。他们在将一些领土并入王国的时候，认可了这些领土的一些传统的自由，甚至给予一些新的特权，以赢得对一些省或一个城市的统治权。譬如说，当战略性港口波尔多在百年战争后回归法国后，查理七世授予该地居民免税权和相当程度的政治自由。此外，王室还给予城市行会在当地的垄断权，以方便征税事宜。

强大的等级会议也有制约国王的权力。在十几个省份中，等级会议对征税问题进行投票，所有地方的最高法院都可以违抗国王的意志，拒绝为王室敕令注册。法院的拒绝会剥夺敕令的合法性。王室代理人在地方的自主性限制了国王的自由。到17世纪，省督拥有相当大的地方任命权。他们可以提名军队和王室官员，他们常常追求独立于过往的自身利益。为了更严厉地控制地方事务，特别是军事和财政事务，君主开始向各省派出更可靠的人担任省行政长官。行政长官拥有特别的司法和行政权力，这项措施在17世纪得以制度化。不过，

---

[1] A. R. Myers, *Parliaments and Estates in Europe to 1789*, London, 1975, p.70.

他们还得寻求本地官员和强势精英的合作。[1]

当时法国国王认为，与规模较小的代表制会议较好打交道，这包括由贵族、教师、律师和官员组成的全国的代表制会议，或各省的三级会议。各省的三级会议是在14世纪发展起来的，它们是根据国王的要求，特别是征税的要求而建立的。它们有各种不同的起源，如教士和男爵的封建法庭、地区的不同等级的代表的会议，国王或他的官员可以直接与熟悉当地情况、民众情绪和习惯并有支付能力的地方显贵或国王在当地的代表对话。地方代表会议可以捍卫地区和领导地区群体的利益，并且提供反映地方的需求和抱怨的陈情书。这样，地方和省的三级会议在全法国发展起来。尽管它们很快就在法国中部消失了，但在许多远离法国中心的省份，它们到14世纪末得到巩固。到15世纪末，它们的地位已经牢固地确立，特别是在王国固有传统主义的和半独立的省份，如诺曼底、朗基多克、多菲内、普罗旺斯和布列塔尼，它们甚至准备为争取自己的权利而反对全国的三级会议。1484年年底，政府不得不去参加多菲内、勃艮第、诺曼底和朗基多克省的三级会议，以便在那里由议员们通过投票来认可他们应承担的赋税份额。

省三级会议和全国的三级会议不同，它们定期召开。根据各省的习惯，每年、每两年或每三年召开一次。一般说来，会议开始时由拥有重要官职的教士和持有重要领主权的贵族和城镇代表召集。但到16世纪，地方的等级会议的参加者发生了变化。在诺曼底和布列塔尼的省等级会议已经没有教士参加；阿维农省的三级会议，既没有教士参

---

[1] 〔美〕菲利浦·T. 霍夫曼、凯瑟琳·诺伯格编，储建国译：《财政危机、自由和代议制政府（1450—1789）》，格致出版社、上海人民出版社2008年版，第246页。

加，也没有贵族参加；在布列塔尼，所有的贵族最终获得参加省三级会议的权利。一般说来，参加省等级会议的城市代表人数在增加。[1]

到15世纪末，等级会议在其他的省和地区，如在都兰、利穆赞、奥尔良、安茹、曼恩、马尔什、吉耶纳存在。甚至一些小省的三级会议从属于大省的三级会议。例如，维赖、沃莱、热沃当的三级会议从属于朗基多克省的三级会议。省三级会议同旧制度存在下去，成为基本的纳税机构。在等级会议两次会期之间，它的工作由受雇佣的官员来执行，一个委员会负责执行他们的决定，监视等级会议的权能执行，并为下一次会期做准备。在法国，并不是全国的三级会议作为政府日常机构的一部分且作为有权力的社会集团利益的代表，而是省三级会议起这种作用。直到1789年，这是国家唯一的最有效的组织机构。它在运行中遵从地方权力和习惯。在18世纪之前，法国在政治上没有可能建立集中的议会。[2]

1484年，在图尔召开的三级会议的不驯服的行为使国王很沮丧。之后70年，法国国王不再召开三级会议。1560年，法国政权由凯瑟琳·德·美第奇掌控，她代表她未成年的儿子执政。因担心胡格诺派的发展会造成骚动，她希望三级会议支持她对付反对派。但是1560年，在奥尔良召开的三级会议上，代表们认为在自己的选区毫无权力，因此对国王的补助金要求不予支持。下一年，一个由39人组成的小的等级会议委员会在蓬图瓦兹召集，但它没有对君主提供任何支持。1570年，宗教战争形势严重，法国几近无政府状态。在这种形势下，新国王亨利三世突然对三级会议表示出热情。1573年，霍特

---

[1] A. R. Myers, *Parliaments and Estates in Europe to 1789*, London, 1975, p.71.
[2] A. R. Myers, *Parliaments and Estates in Europe to 1789*, London, 1975, pp.72-73.

曼写了《法兰西·高卢》一书，把三级会议的起源上溯到查理曼，并宣称它的权力是持久和神圣不可侵犯的。当三级会议在布卢瓦召开时，他们要求国王把所有的权力交给三级会议的一个小委员会，但他们拒绝了政府提出的提供补助金的要求。亨利尽管很失望，但仍然在1588年再次召开三级会议。这时他已处于天主教同盟的控制之下，想找出摆脱的办法，但不久后就谋杀了天主教联盟的领袖。三级会议在混乱中解散。1593年，天主教联盟的领袖马延公爵召开了支持天主教同盟的法国北部和中部等级会议的代表参加的会议，规定了在纳瓦里的亨利之后继位的人选。1614年，女王的母亲玛丽娅德·美第奇遭遇危险。贵族发动反叛，她通过召开三级会议来延缓时间，毫不顾及政府的财政困难。三级会议坚持对她死去的丈夫亨利四世的批评。1615年年初，三级会议被解散，直到1789年再也没有召开。在资产阶级革命前夜，无论是政府的支持者还是批评者，绝大多数人都反对重新召开三级会议。[①]

政府在1617年和1626年召集了显贵会议。红衣主教黎塞留对1626年的显贵会议做了特别的准备，因为他非常需要钱来偿还在内战中欠下的债务，并使他能够加入反对哈布斯堡王朝的三十年战争。被邀请参加这次会议的有12名教士、10名贵族和28名原巴黎法院的主席和总检察官。黎塞留希望他们作为三级会议的成员来支持政府的决策，但遭到了拒绝。[②]

17世纪以后，法国还保留了一些地方三级会议。它们中有一些如奥佛涅、吉耶纳、多菲内和诺曼底等省的三级会议在16世纪还存

---

① A. R. Myers, *Parliaments and Estates in Europe to 1789*, London, 1975, p.104.
② A. R. Myers, *Parliaments and Estates in Europe to 1789*, London, 1975, pp.103-104.

在，但到17世纪便消失了。①

三级会议制度是以中世纪的封建等级制为基础的政治制度，它在本质上不属于资产阶级政治制度体系。在法国，代表制理论最早是在1717年由德·阿尔让松提出的。1756年以后，这一思想在重农学派中很得人心。代表制的口号被米拉波、杜尔哥、杜邦·德·内穆尔接过去。启蒙主义时期的代表制概念认为，人天生是善良的，而最初他们是自由平等的，个人利益与整体利益是一致的。因此，一个由等级社团组成的社会应当由阶级社会所代替，后者是开放的社会，它的成员在法律方面是自由和平等的，彼此之间的差别只应由机遇、才华和生活方式决定。为了治愈法国存在的弊病，应当在各个省、城镇和社区召开由财产所有者选出的没有等级差别的代表大会，委托这个代表大会去征收和分配赋税、展开公共工程、起草改革方案。②

随着1780年国家财政走入穷途末路，路易十六的大臣准备紧缩开支以挽救国家财政。1787年6月，政府的重臣洛梅尼·德·布里耶纳发布敕令，召开没有省三级会议的所有地区的省和都市的会议。他采取重农主义者的方式，召开由贵族、教士和第三等级的代表开会，但是不按等级分开开会，按人头投票而不是按等级投票。他受新观念的影响，怀疑第三等级的代表。他发布的敕令说，代表会议须得全体代表在一起开会。

巴黎法院、贝桑松、格勒诺布尔和波尔多的等级会议谴责这种会议"违宪"。另一方面，非特权等级则由于两个疏忽造成不和：第一，政府称无法安排在1790年之前大选。这样在召开1787年国民大

---

① A. R. Myers, *Parliaments and Estates in Europe to 1789*, London, 1975, p.104.
② A. R. Myers, *Parliaments and Estates in Europe to 1789*, London, 1975, pp.138-139.

会时，根据省总督的建议，由国王提名一半的成员，而国民大会则增选另一半代表。第二，借口国民大会是旧日的制度，将由省督严格控制。结果民众愤怒地说，政府并不准备承认民主化和非集权。

当布里耶纳提议征收新税时，巴黎法院否定了这一提议，要求召开三级会议。1787年8月，布里耶纳把巴黎法院放逐到了特鲁瓦。随后，1878年5月，巴黎法院以民族的名义痛斥政府。布列塔尼法院强调说："人生来是自由的，最初人是平等的，这是真理而无须证明，社会需要的是，个人的意愿应当总是让位于普遍的意愿。"[1]

1788年5月，政府强迫巴黎法院注册它的命令，并把这种权力委托给一个新的"全权法院"。这时，巴黎法院选择了斗争和抵制。教士会议示威，反对巴黎法院延期支付，并宣布教士免税。法国的贵族和公爵公开支持巴黎法院。在贵族支持下，法官在波尔多、第戎、波城和图卢兹省的首府组织了骚动。

面对特权等级普遍的反抗，政府做出让步，于1788年8月1日号召在1789年5月1日召开三级会议。在1788年余下的几个月中，新的首席大臣内克解除了在各省召开代表会议的敕令，发布了新的敕令，准备在全法国召开新的省的三级会议，以后三级会议每年开会。1788年9月1日，巴黎法院胜利地为召开三级会议的敕令注册。但它强调，三级会议应当按照1614年的形式召开。这个敕令是保守的。随后，非特权阶级发出了反对的呼声，特别是那些在18世纪已经兴隆起来，但由于出身贫贱阶级，没有贵族头衔而不得担任高等官职的人士。他们中有成千上万的下级文官、律师、医生、工程师、商人、银行家。他们在法国组织了社会生活，维持着社会运转，但被排斥在

---

[1] A. R. Myers, *Parliaments and Estates in Europe to 1789*, London, 1975, p.190.

权力之外。他们发行的大量小册子攻击政府，资产阶级领袖和下层教士从巴黎法院学会了斗争方式，转而抨击特权阶层。在抗议的浪潮中，12月，王室委员会考虑了第三等级的双重代表制问题。在内克的劝告下，国王同意了这种制度。

当三级会议召开时，很明显绝大多数人反对特权制度。到1789年6月，三级会议易名为国民会议。法国由等级社会转变为阶级社会，7月14日，攻克巴士底狱的胜利则从反革命的攻击下挽救了国民公会。

3. 旧制度的腐败：卖官鬻爵

卖官鬻爵是王室政府筹措资金的一种方式。法国国王自13世纪就开始通过捐官制来筹钱，起初他们只是在有限的期间让出一些司法权力，连同它们的收益。但君主很快就发现，人们愿意为永久享受诸如王家官员这样的权利付出更多的金钱。在14世纪末以前，这种制度已经得到了确认。[①]

在17世纪30年代到40年代，当法国投身于三十年战争、全力以赴反对哈布斯堡王朝的时候，捐官制作为收入的来源，作用发挥到了极致。这个制度广泛实行是在三分之二个世纪以后的路易十四时代的最后几十年，那时改革财政收入的所有手段和权宜方法都已在黎塞留和马扎然时代得到了试验和检测。到此时，所有司法部门的重要职位都可以买卖了。整个王国的财政界充斥着捐官。每个财政区或征税区都设置了一个或多个特别收税人，他们要向一些总收税人缴纳他们的进款。这类官员中最重要的是总司库，其职责是把该省的贡赋缴到

---

① 〔英〕威廉·多伊尔著，高毅、高煜译：《捐官制度——十八世纪法国的卖官鬻爵》，中国方正出版社2017年版，第4页。

国库。捐官制在每个层级上都繁衍出大批小财政官职。[1] 1664 年柯尔伯派人做了一次全国性调研后发现，仅司法和财税官职的总数就达到了 45780 个。这些官职的官方总价值是 187276978 锂，而通行的市场价格要翻一番还要多，高达 419630842 锂。[2]

国王从卖官鬻爵中得到的收入远不止官职的设置。在出售官职之后，还有让官职持有人继续付款的办法，其中之一是转让费。从 1578 年起，所有官职获得者都必须支付"金马克税"。它最初是为支付圣灵骑士团的花费而设立的税种。这个规定直到 18 世纪都没有变化，但它的数额在 1633 年，继而又在 1656 年被一再提高。这一收费项目在 1624 年被包税后，每年可带来 24000 锂的收入。[3]

柯尔伯认为捐官制一无是处，认为这样转移了本应投资生产部门的资本，让王国背上长期的债务，并使特权丛生、欺压现象滋长。他还认为捐官制产生了一个臃肿不堪的拥有欺诈特权的司法界。在 1659 年，柯尔伯曾向马扎然建议，用缓慢而坚持不懈的侵蚀性的方法，来削减法国司库、初审财政法庭法官和其他小财政官的数量，用几年时间裁撤 90% 的多余官员，为纳税人队伍增添几万名富人。但当时马扎然没有理睬他的建议。柯尔伯发现，1664 年，全国共有司法和财政捐官 45780 人。[4] 路易十四时代管理国王的内务、马厩和狩

---

[1] 〔英〕威廉·多伊尔著，高毅、高煜译：《捐官制度——十八世纪法国的卖官鬻爵》，中国方正出版社 2017 年版，第 17 页。
[2] 〔英〕威廉·多伊尔著，高毅、高煜译：《捐官制度——十八世纪法国的卖官鬻爵》，中国方正出版社 2017 年版，第 18 页。
[3] 〔英〕威廉·多伊尔著，高毅、高煜译：《捐官制度——十八世纪法国的卖官鬻爵》，中国方正出版社 2017 年版，第 23—24 页。
[4] 〔英〕威廉·多伊尔著，高毅、高煜译：《捐官制度——十八世纪法国的卖官鬻爵》，中国方正出版社 2017 年版，第 103 页。

猎的官职有 1300—1500 个，还有为王亲国戚处理内务的官职。①

马扎然死后，柯尔伯敦促年轻的国王路易十四采取了类似的政策，开始削减财政司法部门的官员。② 在 1660 年代，捐官制的发展受到前所未有的遏制，官职的涨价也被制止了。但柯尔伯限制官职的尝试最终还是失败了。

1743 年 12 月 3 日，法国颁布法令，授予王室法庭的所有公证人、司法代理人和接待员官职的世袭权。1722 年，这些官职曾被确定为临时性的。但是，这些官职的持有人须得向国家缴纳他们官职的世袭权的赎买费。这样，国家从这批官员身上榨取了一大笔金钱。其中，国家从高级官员如国王秘书、中级财政官员和司库那里榨取了 1858 万锂。但是所有这些官员已得到了补偿，允许财政官员拿更高的回扣，同时准予掌玺部和各秘书处的官员免交 1741 年开征的十分之一税的权利。③

买官是富有人士跻身贵族行列的中转站。在 18 世纪，法国的捐官制度汹涌地发展着。达·让松在 1765 年出版的书中写道："在捐官制下一切都能买到……这种政府中权力的异化并不比封建时代少。"梅西耶在 18 世纪 80 年代出版的《巴黎景观》中写道："管制的毒药无所不在……所有的职位都被拿来出售……捐官制这个溃疡永远都在流脓，根本无法治愈……人与事，何时才能各安其位？国家，何

---

① 〔英〕威廉·多伊尔著，高毅、高煜译：《捐官制度——十八世纪法国的卖官鬻爵》，中国方正出版社 2017 年版，第 114 页。
② 〔英〕威廉·多伊尔著，高毅、高煜译：《捐官制度——十八世纪法国的卖官鬻爵》，中国方正出版社 2017 年版，第 36—37 页。
③ 〔英〕威廉·多伊尔著，高毅、高煜译：《捐官制度——十八世纪法国的卖官鬻爵》，中国方正出版社 2017 年版，第 168—170 页。

时才能安基固本？"①

据估计，从1725年到1786年官员跻身贵族的人数，各秘书处为3008人，财政法庭为2112人，财政最高法庭为704人，高等法院等处为704人，市政机构为448人，非最高法庭为192人，行政法院审查官为32人。②1772—1786年间，年均官员跻身贵族的人数，各秘书处为47人，财政法庭为33人，财政最高法庭为11人，高等法院等处为27人，市政机构为7人，非最高法庭为3人，行政法院审查官为0.5人。通过官职成为贵族耗时甚久，在两代人时间里都未必能完成。唯有国王的秘书们在买官后，只用20年时间便可以成为贵族。③

革命前夜，法国买卖官职在继续发展。1794年9月提交给国民公会的最后清理报告说，买卖官职数为64960个，清算金额为798813120锂。还有价值51611560锂的官职仍未清理，涉及的额外官职数或许在4000—5000个之间，因此，最终买卖官职的总数应在70000个左右。④

捐官制渗透到法国公共生活的各个角落。整个法国的司法团体乃至许多私人的司法团体都是花钱招募的。但是，一些关键的官职是不能购买的，如掌玺大臣、42名国务参事，还有各最高法庭的首席庭长和总检察长的官职。在每个法院中，不仅法官，连办事员和登记

---

① 〔英〕威廉·多伊尔著，高毅、高煜译：《捐官制度——十八世纪法国的卖官鬻爵》，中国方正出版社2017年版，第102、103页。
② 〔英〕威廉·多伊尔著，高毅、高煜译：《捐官制度——十八世纪法国的卖官鬻爵》，中国方正出版社2017年版，第291页，表6.3。
③ 〔英〕威廉·多伊尔著，高毅、高煜译：《捐官制度——十八世纪法国的卖官鬻爵》，中国方正出版社2017年版，第291页，表6.3；第286—287页。
④ 〔英〕威廉·多伊尔著，高毅、高煜译：《捐官制度——十八世纪法国的卖官鬻爵》，中国方正出版社2017年版，第106页。

员，常常还有这些法院的特别法庭的所有官员都是捐官，大多数法庭的秘书处的闲差也都是捐官。①

捐官制还渗透到行政部门。在政府的核心部门，负责外交、陆军、海军和王室事务的4个国务大臣，为他们的前任偿付了巨额金钱。在路易十四在位时期，市政官职持有者也被纳入了捐官制网络。1771年法令又创设了一批市政官员。包税人通过买得市政官职来牟取利益。②

三级会议猛烈攻击规模愈来愈大的卖官鬻爵制度。他们说道："谁出卖官职，谁就出卖正义，此乃可耻之举。"当捐官制确立之后，三级会议继续斥责滥设官职。他们反对重重无用的职位和危险的特权，但总是无济于事。③内克在实行财政改革期间，为限制宫廷开支而奔走呼喊。他认为宫廷开支居高不下，捐官制是一个原因。18世纪80年代，财政官职的买卖受到内克的抨击。这种官职的买卖跟捐官制一样古老。在内克的努力下，成百的岗位被废除，仅仅在膳食部门就废掉了406个岗位，其价值为800万—1000万锂。但内克一下台，他的许多财政节约措施就被废除了。④

买官者获得了一定的收益。1775年买官者从若干主要司库职位获得的年收益为：普通战争司库官职投资为775000锂，净收入为

---

① 〔英〕威廉·多伊尔著，高毅、高煜译：《捐官制度——十八世纪法国的卖官鬻爵》，中国方正出版社2017年版，第106—107页。
② 〔英〕威廉·多伊尔著，高毅、高煜译：《捐官制度——十八世纪法国的卖官鬻爵》，中国方正出版社2017年版，第111—112页。
③ 〔法〕托克维尔著，冯棠译，桂裕芳、张芝联校：《旧制度与大革命》，商务印书馆1992年版，第143页。
④ 〔英〕威廉·多伊尔著，高毅、高煜译：《捐官制度——十八世纪法国的卖官鬻爵》，中国方正出版社2017年版，第116、115页。

97950锂，净收入率为12.63%；特殊战争司库官职投资为1640000锂，净收入为369459锂，净收入率为22.52%；炮兵两司库官职投资为670000锂，净收入为131906锂，净收入率为19.68%；骑警队司库官职投资为265000锂，净收入为50692锂，净收入率为19.12%；海军和殖民地居民司库官职投资为1200000锂，净收入为220099锂，净收入率为18.34%；桥梁和公路官职投资为840000锂，净收入为80180锂，净收入率为9.54%；王室内府司库官职投资为400000锂，净收入为34810锂，净收入率为8.7%；额外收入局司库官职投资为1000000锂，净收入为107300锂，净收入率为10.73%。[1]

1789年亚眠的第三等级猛烈地抨击了官职买卖制度："人们至今也没有注意到对于司法管制买卖制度的那种无休无止的抗议之声。这种制度纯粹是因财政需要而采用的，它产生了一些实实在在的弊端。""它抽干了法官席上的知识和功绩，让法官只向金钱开放。""由于那些向别人行使司法权这种最神圣最庄严的权力的人，都不再是通过他们公民同胞的信任和尊敬来获得这个职位的，有些人就觉得自己天生与这种职位无缘了。""另一些为赚钱而购置了审判权的人，则算计着他们为买官而花的钱应该有怎样的收益；对于个人收益的考虑又会影响他们的判决。""捐官制产生的最后一个弊端，是赋予了年轻和没有经验的人一些重大职能，而这种职能就连明智的、有思想的和能干的人们在行使时都会感到如履薄冰。这个弊端本身就非同小可。""如果现在正在酝酿的改革没有能够革除这一弊端，公共秩序的重建就只能是不完善的；因此，我们的代表应该要求全面废除司法机

---

[1]〔英〕威廉·多伊尔著，高毅、高煜译：《捐官制度——十八世纪法国的卖官鬻爵》，中国方正出版社2017年版，第365页，表7.1 若干主要司库职位的收益，1775年。

构的官职买卖制度。"①

1789 年,法国大革命爆发后,8 月 4 日夜,国民议会废除了许多习俗和制度惯例。会议以宣读一个总报告而结束。这个报告有 16 项内容,而免费司法和废除捐官在其中出现了 8 次之多。一周以后,一份正式决议的第七条写道:"由即刻起废除司法和市政官职的售卖行为,实行免费司法。不过现在的这些官职的持有者,将继续行使他们的职责并享受相应的报酬,直到议会提出相关的合理赔偿办法。"这项决议在 11 月 3 日通过,成为法律。②

在法国对外扩张战争频繁、政府收支出现危机的时期,卖官鬻爵成为君主政体重要的应急财政措施。这一措施也使得一些资产阶级跻身于专业化的国家官吏队伍。卖官鬻爵是具有资产阶级性质的举措。如安德逊的分析:"由于取得功名利禄成为市场交换行为,而且官位的授受是有继承权的,卖官就杜绝了国家内部再次形成达官贵人的庇护体制。后一体制不是依赖非人格化的等价物——货币,而是依赖于大领主及其家族的个人关系和特权。""替代庇护关系体制而起的当然是贪污受贿。不过,对君主政体而言,市场调节毕竟比显贵调节更安全。""对于法国绝对主义来讲,17 世纪向国家放债、包税、买官的巴黎金融财团比起 16 世纪各霸一方的外省诸侯来,危险性要小得多,因为后者不仅有朝廷赐予的土地,还可以自行屯兵。日益增强的官僚化反过来也产生了一批新型统治阶层的行政官员。"③

---

① 〔英〕威廉·多伊尔著,高毅、高煜译:《捐官制度——十八世纪法国的卖官鬻爵》,中国方正出版社 2017 年版,第 477—478 页。
② 〔英〕威廉·多伊尔著,高毅、高煜译:《捐官制度——十八世纪法国的卖官鬻爵》,中国方正出版社 2017 年版,第 3 页。
③ 〔英〕佩里·安德森著,刘北成、龚晓庄译:《绝对主义国家的系谱》,上海人民出版社 2001 年版,第 42—43 页。

恩斯特·科斯曼描述了当时人们对法国绝对主义君主政体的感觉："同时代人感到，绝对主义并未消除国家固有的紧张状态，也未改变他们关于政府的观念。对他们来说，国家犹如一座巴洛克风格的教堂，各不相同的概念混杂其间，相互碰撞，终于被融合成单一的辉煌的体系。"[1]

4. 军事组织

军队是国家机器的重要组成部分。绝对主义时期法国的军队经历了向常规军发展的过程。常备军在军队的构成形式、士兵来源、军队编制和规模等方面都与封建军队有本质的不同。新型军队的建立对近代国家的形成影响巨大。国家可以借助军队为资本主义发展打开一个大的市场，并且强制性地把秩序和纪律灌输到社会生活中去。

在 13 世纪初，法国没有形成一支常备军。国王在需要军队时只能通过与封建陪臣谈判临时征集军队。到了菲利浦·奥古斯都时期（1180—1223 年在位），法国的版图急剧扩大，需要一支固定的军队。于是国王便开始逐步用雇佣军取代封建军队。1436 年以后，查理七世为支持这支军队而永久征税，从人头税中支付军费的计划得到三级会议的同意。这样法国军队获得了可靠的财政支持。1445 年至 1446 年，查理七世改组了军队，20 个优选骑兵连组成第一支常备王军。每个连有 200 个枪骑兵小队，每队 6 人，由国王挑选的连长率领。查理七世还整编了查理五世时期建立的自发军事组织自由弓手，由王室监督下的地区指挥官指挥，并且成立了炮兵队。这样，法国建立了一支严整

---

[1] 〔英〕佩里·安德森著，刘北成、龚晓庄译：《绝对主义国家的系谱》，上海人民出版社 2001 年版，第 90 页。

的常备军,人数为8000人稍多。此时,根据需要临时征召封建私兵的做法继续存在,但封建军队的效用不大,以后逐渐衰落。[1] 到15世纪末,法国王室军队的核心是由贵族志愿兵组成的传令兵连,每个连由一个大贵族或是王族指挥。保卫国王的卫队则是由法籍和瑞士籍的枪骑兵和滑膛枪手组成。法国非贵族人士只能当步兵。

16世纪以后,法国的步兵人数超过了骑兵。1552年,法国共有30000名步兵和5000名骑兵。步兵按征集地区组成军团,但军团和军官必须由诺曼底人担任。这种军团战斗力不强,最终在宗教战争中崩溃了。有鉴于此,国王采用了"团"这种新的军事组织单位。路易十三时期有11个团。这支军队的军官最初限于贵族,1629年实行改革,规定任何军人凭贡献可以升至陆军上尉或更高的军阶。这样不仅开放了官职,而且由于有相当一批非贵族人士担任了中上级军职,使得这支军队含有一定的中等阶级成分。

法国军队的规模发展很快。路易十三时,军队有30000—40000人。路易十四时增至350000人,并先后在杜埃、梅斯和斯特拉斯堡等地开办炮兵学校,在军队中建立炮兵团。海军的创建与发展是绝对主义时期法国军队发展的一个重要的内容。黎塞留经过10年的苦心经营创建了一支海军,在地中海和大西洋口部署了35艘大军舰。此后,柯尔伯把战舰数量扩大到100多艘。[2] 路易十四在位初年,随着法国采取重商主义和殖民扩张政策,面临与其他海上强国竞争的局面,尤其是面临英国海军的对抗,路易十四在布列斯特、罗什福尔、土伦、敦刻尔克和阿弗尔德格拉斯建立5所海军兵工厂,大力建造

---

[1] J. H. Shennan, *Government and Society in France, 1461-1661*, London, Allen & Unwin, 1969, pp. 35-36.

[2] C. W. Cole, *Colbert and A Century of French Mercantilism*, London, 1939, Vol.1, p.194.

军舰。到1672年法国有战列舰60艘、三桅战船40艘。1681年，法国有战舰198艘，此外在土伦港还停泊着30艘双桅战船，共有海军11000人。路易十四在海军中打破等级界限，引入竞争机制。在军队中，平民、王侯和贵族可以平起平坐，前者甚至可以成为后者的上级。这样的军队有较强的战斗力。[1]

为了维持这样一支庞大的军队，国家就必须增加财政收入。这促使近代赋税制度和财政机构发展起来。

5. 镇压和社会控制职能

在绝对主义国家时期，尽管国家内部职能的发展总的来说落后于国家外部职能的发展，但是随着从封建主义向资本主义生产关系的过渡带来的巨大的社会动荡、17世纪欧洲的经济危机，以及在这种动荡中劳动群众反抗的加剧，国家对内的镇压职能和社会控制职能很快也发展起来。国家对劳动群众的反抗采取的镇压措施和广泛的惩罚制度、强制劳动制度、监视控制制度往往交替使用，他们与贫民救济政策、社会劳动政策相融汇，成为统治阶级国家浑然一体的手段。这表现了国家在其活动中的两面手法。

这个时期，警察制度开始建立。1660年，法国在巴黎设置了警察指挥官。1667年，路易十四任命一位警察中将替代被撤销的巴黎宪兵司令作为最高警官，他对国王负责而不对巴黎法院负责。到1699年，在几乎所有法国城市都设立了警察中将，同时设立了协助警察中将的警察分局局长。在乡村，警察指挥权归省的监督官。1700

---

[1] 〔法〕伏尔泰著，吴模信等译：《路易十四时代》，商务印书馆1982年版，第430—447页。

年以后，法国的警察归省的监督官和城市的警察中将指挥。法国中央政府控制的警察力量有多种，在城市建立了骑警队，骑警队在法国大革命后被取消；1791年建立了国民宪兵队。法国建立了较为复杂的城市警察组织。在巴黎每四分之一城区都设有一支警察队伍，其职责是维护社会秩序。此外，步兵中还有一支专门的部队以步哨形式散布在城区，必要时支援警察；另有一支100人左右的低级警察，于夜间或下午在城内巡逻。此外，由步兵和骑兵组成的巡逻队于晚间和白天在城内巡逻。1645年，马扎然还建立了专门的民事侦探。第二任警察中将阿尔让松侯爵在任期间（1679—1718年），建立了固定的警察所。它们成为现代警察局的前身。17世纪以后，法国的警察组织变化繁多。警察作为一种镇压和社会控制的组织，其职能得到实施。[1]

法国几百年间有乡村贵族和教士参加组成的地方法院承担了维持地方秩序、防止刑事犯罪、对刑事犯罪分子实施制裁的职能。这种地方自治倾向在17世纪的市民防卫制度中也表现出来。

法国在绝对主义时期对济贫事务采取了政府集中管理和干涉的形式。1536年，弗朗索瓦一世向各教区颁发了两道敕令，令其承担一定的救济责任、增设工作岗位和救济潜在的贫穷居民，把受教会救济者也列入受照顾之列。1554年，在巴黎成立了拥有征捐权的济贫总局。[2] 1562年，法国颁布法令，授权在全国建立济贫院；到1789年，法国共有济贫院2186所。[3] 1566年，法国国王发布莫林斯训令，把

---

[1] David H. Bayley, "The Police and Political Development in Europe," in Charles Tilly, ed., *The Formation of National States in Western Europe*, Princeton U.P., 1975, pp. 343-345.

[2] 〔德〕汉斯·豪斯赫尔著，王庆余等译：《近代经济史：从十四世纪末至十九世纪下半叶》，商务印书馆1987年版，第110页。

[3] William Doyle, *The Old European Order, 1660-1800*, Oxford U.P., 1984, pp. 132-133.

济贫税的征收扩大到全国。但是由于当时法国处于内战时期,该法令无法实施。在以后几个世纪中,法国仍然实行私人救济,由教会组织捐助贫民的工作。

一般地说,欧洲天主教国家中的济贫事务由教会承担,许多修道院和女修道院承担了施舍救济贫民的济贫工作。而欧洲新教国家由于处理了旧教的产业,而新教教会崇尚廉简、缺乏大规模的捐助,无法承担全面的贫民救济工作,所以往往由政府通过立法采取行政措施,用世俗的方法来解决济贫事务。

6. 财政职能

在欧洲主要的君主国,财政变革的重要推动力是军队建设和战争支出。[①] 在中世纪,法国国王主要的领地收入是王田的地租、捐税和减免、器具出租收益、林权收益、贸易通行税、司法行政罚款以及造币收益。但其中每一种收入都不是王室独有,某些收入(如造币收益)只有大领主才拥有。路易九世在13世纪中叶发动十字军东征,导致王室财政管理发生实质性变化。为了筹措资金,路易九世强制开征了"开业许可税"和"分类税"。菲利普四世在13世纪90年代,根据为了保卫王国可以要求征收补助金的原则,多次征收补助金。[②] 1421年,查理七世经三级会议批准征收到了80万锂的平民税。

---

① 〔法〕理查德·邦尼:《法国:1494—1815年》,载理查德·邦尼主编,沈国华译:《欧洲财政国家的兴起:1200—1815年》,上海财经大学出版社2016年版,第159页。
② 约翰·贝尔·小海勒曼:《中世纪的法国》,载理查德·邦尼主编,沈国华译:《欧洲财政国家的兴起:1200—1815年》,上海财经大学出版社2016年版,第103页。

1435年,当朗格多伊勒地区三级会议准许朝廷征收贡金四年时,地方三级会议再次把贡金改为课征一年的平民税。于1460年重建后的财政体系给政府带来了80万锂的财政收入,其中大部分是平民税收入。[1] 在缺少常规税收的情况下,菲利普四世采用了操纵货币和大肆举债的手段。当时法国国王通常是通过没收其主要债权人,如犹太人、圣殿骑士、意大利人和像雅克·科尔这样的金融家的资产来了结自己的债务,而没有建立永久的信贷制度。

在法国中央集权化的时期,政府对财政的控制和决策主要是支付对外战争的开支。查理八世1494—1495年第一次入侵意大利的军费支出超过300万锂,可能达到400万锂。弗朗索瓦一世在1515—1516年发动的马里尼亚诺战役估计花费了750万锂,1536—1538年的战争可能耗费了1500万锂。弗朗索瓦一世在位时期,由于军事需要开征许多新税。在国家的财政工作中,高级财政官员大肆搜刮钱财。

到了旧制度结束时期,法国的财政问题已经十分严重。根据内克的研究,18世纪70年代从各省征到的收入达到了5.68亿锂,而当时法国的人口大概是2470万,人均财政负担是23锂左右。但是在里昂总监税区,纳税人平均要缴纳37锂。在巴黎总监税区,纳税人平均要缴纳64锂。边境地区和新并入省份的财政贡献小于巴黎盆地,埃克斯(普罗旺斯)、欧什和波城、贝藏松、第戎(勃艮第)、格勒诺布尔、里尔、梅茨、南锡(洛林)、佩皮尼昂(鲁荣西)、雷恩(布列塔尼)、斯特拉斯堡(阿尔萨斯)和瓦朗谢纳(弗兰德斯)的情况都是如此。科西嘉纳税人人均仅缴纳4锂7苏。在这些地区,

---

[1] 约翰·贝尔·小海勒曼:《中世纪的法国》,载理查德·邦尼主编,沈国华译:《欧洲财政国家的兴起:1200—1815年》,上海财经大学出版社2016年版,第114、115、116页。

大量财政收入都是在当地作为支出花掉的,从来就没有上缴国库。一些在 1789 年提交给全国三级会议的陈情书表达了对法国财政状况的不满。①

在 14 世纪中叶,法国开始课征不与突发性战争状态挂钩的常规性的年度税收。贵族当时也不例外,他们像其他人那样纳税。然而到 14 世纪末,他们逃避了纳税。亨利六世统治时期,王室对贵族做出让步,其中在 1388 年对贵族免征新的直接税,在 1393 年对贵族土地上的产品免征货物税。此后,亨利七世重新确认了这些免税措施。某些权贵直接将大量的王室税收装入私囊,利用公共资源养肥自己的精英队伍。

法国纳税人缴纳的直接税主要是土地和来自土地的收入。最初的直接税只是按人头计算的固定税收。以后直接税有土地税、军需税、入市税、人头税等。纳税人还需要缴纳间接税,其中包括种类众多的货物税如葡萄酒税,对商品从王国的一个地区流通到另一个地区而征收的通行税以及盐税等。

国家将征收间接税的权利卖给了包税商,其他税收由省等级会议或王室行政官员来征收。在朗基多克等省,三级会议不仅对税收进行投票界定征收,还决定征税形式。在其他省份,等级会议对税收进行投票,但由王室来征收。对于长久以来是王国组成部分的地区,无须等级会议投票,直接由王室来征税。

在征税过程中,王室要对新的省份和强悍的精英做出妥协。这样,税收体系中便包含了广泛的免税措施。在这个过程中,地方精

---

① 〔法〕理查德·邦尼:《法国:1494—1815 年》,载理查德·邦尼主编,沈国华译:《欧洲财政国家的兴起:1200—1815 年》,上海财经大学出版社 2016 年版,第 158—159 页。

英获取了大量的收入。1677年,朗格多克征收的税款中有33%直接落入了地方显贵的口袋,另外还有19%则在地方显贵的控制下被消费了。①

当时把货币运输到巴黎耗资甚多,只有靠近巴黎的省份才这样做,即便这些省份也只是将一小部分货币运到巴黎。例如,1609年,所征收的直接税只有20%运到巴黎,而其中大部分诺曼底的税收在地方上花掉了。国王一般将某种税收用作支付地方官员的工资。在朗基多克,国王用盐税来支付图卢兹法院法官的工资。其他收入则承诺用于地方军事开支,或支付法官的退休金。

绝对主义王权时期,战争使国家的开支猛增。战争造成的破坏使得经济衰退并导致税收下降,解决困难的办法就是借债。但是绝对主义时期王室的信用不佳,如柯尔伯所说:"国王没有信用,人们除非做好破产的打算才会与他打交道。"国家的军事借款常常把贷款人推到绝境,而国王一再撕毁与贷款人的协议。

16世纪,君主开始建立公共信用制度。1522年,法国王室通过让巴黎市政府发放永续年金的方式获得了长期信用的保证。这种年金是由王室交给巴黎市控制的王家税收来支持的。在17世纪40年代和50年代,王室对于借款支付10%、15%甚至25%的利息,而当时私人借款的利率是6%上下。到了50年代后期,在巴黎的永续年金退化为强制贷款。在那个时候,王室拖欠借款是常见的现象,借钱给王室仍然是冒险行为。拖欠、延期支付带来的损失会使众多的金融家破产。包税和卖官鬻爵在法国实行的时间比在英国要长。很大一部分王

---

① 〔美〕菲利浦·T. 霍夫曼、凯瑟琳·诺伯格编,储建国译:《财政危机、自由和代议制政府(1450—1789)》,格致出版社、上海人民出版社2008年版,第248页。

室的信用是由高官和包税人在支持着。包税人将钱贷给王室，然后从他们所征收的税收中安排一部分还贷。[1]

法国在16世纪中叶到大革命前夜，国库收入只有大致的数字。1560—1569年名义年均收入为1022万锂，1570—1579年名义年均收入为2097万锂，1580—1589年名义年均收入为3039万锂，1590—1599年名义年均收入为2126万锂，1600—1609年名义年均收入为2430万锂，1610—1619年名义年均收入为3068万锂，1620—1629年名义年均收入为4311万锂，1630—1639年名义年均收入为9235万锂，1640—1649年名义年均收入为11498万锂，1650—1659年名义年均收入为12686万锂，1660—1669年名义年均收入为9172万锂，1670—1679年名义年均收入为10895万锂，1680—1689年名义年均收入为11928万锂，1690—1699年名义年均收入为14583万锂，1700—1709年名义年均收入为11799万锂，1710—1719年名义年均收入为13082万锂，1720—1729年名义年均收入为19718万锂，1730—1739年名义年均收入为21300万锂，1740—1749年名义年均收入为28939万锂，1750—1759年名义年均收入为27338万锂，1760—1769年名义年均收入为34380万锂，1770—1779年名义年均收入为36200万锂，1780—1789年名义年均收入为42150万锂。[2]

7. 工商业职能

绝对主义时期，欧洲各国在制定工商业经济政策时受到重商主义

---

[1] 〔美〕菲利浦·T. 霍夫曼、凯瑟琳·诺伯格编，储建国译：《财政危机、自由和代议制政府（1450—1789）》，格致出版社、上海人民出版社2008年版，第251页。
[2] 〔美〕菲利浦·T. 霍夫曼、凯瑟琳·诺伯格编，储建国译：《财政危机、自由和代议制政府（1450—1789）》，格致出版社、上海人民出版社2008年版，第255页，表6.1 国库收入（16世纪60年代—18世纪80年代）。

经济理论很大的影响。15世纪，法国重商主义思想家有德马勒斯特芦亚、博丹和蒙克莱田。德马勒斯特芦亚著有《异论集》(1598年)，博丹著有《对德马勒斯特芦亚的〈异论集〉的答复》(1568年)、《物价上涨和货币减少问题言论集》(1528年)，蒙克莱田著有《政治经济学概论》(1616年)，他们的经济思想主张多卖少买，从流通领域为国家谋取财富。①

法国从亨利四世统治时期开始，中央集权的国家对经济发展起了积极作用。当时胡格诺战争使经济遭到很大破坏，农田荒芜。亨利四世接受了苏黎的意见把人头税由1600万锂减少为1400万锂。他采取了保护农民的措施，豁免了以前积欠的税款2000万锂，废除了各省省长规定的某些赋税。亨利四世采取了保护对外贸易的政策，在1606年同英国缔结了通商条约，在1607年同汉萨同盟以及西班牙缔结了通商条约。亨利四世创办了大型的官办手工工场，同分赐补助金和特权的方法推进私营丝织、花毡业、搪瓷、玻璃、制镜、细麻布、壁纸和其他奢侈品的生产，规定外国匠师和生产者在巴黎有开业的自由。法国政府在1601年建立的商业委员会是日后的商业部的前身。1601年，法国政府颁布开采荒芜矿山的特别敕令，责成矿山所在的土地所有者负责此项工作，他们应当把所得利润的十分之一上交国家。

重商主义政策在路易十四统治时期（1661—1715年）有典型的表现。柯尔伯（1610—1683年）是这一政策的坚决推行者。柯尔伯是雷姆斯呢绒商之子，1665年起担任财政总监。他在广泛调查法国

---

① 〔法〕米歇尔·博德著，吴艾美等译：《资本主义史1500—1800》，东方出版社1986年版，第84页。

的资源的基础上，拟定了发展生产的总计划，在法国建立了400多种制造业。法国王室授予一些手工工匠组成的联合手工工场以生产和销售的特权，如色当和埃夫伯格的羊毛业、特鲁瓦的针织业、圣艾蒂安的武器制造业。政府鼓励奢侈品和出口商品（如挂毯、瓷器、玻璃制品、高级衣料）、基础工业品（冶铁、造纸和军火）和一般消费品的生产。柯尔伯通过剥削纳税人来大量补贴手工工场主。1664—1690年间，法国政府赠给大手工工场主200万锂。工业家还可以从政府处取得贷款，其中有许多贷款以后一直没有偿还。政府还分发给工业家以森林、土地等生产资料。柯尔伯扶助花边、丝绸和毛毡生产的资金有5.5亿锂，补助织呢生产的资金有200万锂。他用国家资金创办了许多王家手工工场。柯尔伯当权20年间，法国较大规模的手工工场由68个增至113个。巴黎、佛兰德尔、皮卡迪、诺曼底、都勃尼、里翁纳、多菲内、普罗旺斯和朗基多克成为工业最发达的地区。法国出现了一些规模很大的手工工场，如1665年在亚眠附近阿贝维勒建立的凡·洛贝织呢手工工场有6000多名工人，政府拨给的补助金和赠款达100000锂之多。手工工场主有很高的地位，可免纳租税、免服兵役，还有廉价食盐供应。

法国中央集权的国家制定保护关税政策来保护民族工业免遭英国、荷兰等国的外来竞争。1664年，法国初次制定了外国商品国境税税率。1667年，柯尔伯制定了更为严厉的保护关税率，把英国和荷兰的每批呢绒的进口税由40锂提高到80锂，并把花边、饰带等商品的税金提高一倍。直到与荷兰等国的两次战争后，柯尔伯才根据《尼姆维根和约》放弃了1667年的关税率，恢复1664年的关税率。柯尔伯同时鼓励法国的手工工匠移居国外。1669年，柯尔伯任海务大臣后，亲自主持造船事业，在他的努力下，法国建立起强大的舰队和大型商船队。他改善了马赛、洛希福尔、哈佛尔、敦刻尔克等港口的设备,扩建了瑟堡港,1681年建成了连接大西洋和地中海的朗基多克运河,促进了贸易。

8. 宗教政策

欧洲绝对主义国家对教会采取了宗教宽容政策。这种政策具有明显的资产阶级自由主义倾向。它把基督教各教派的对立和斗争在国家政治生活中的地位淡化了,把各教派由政治势力转化为文化思潮,有利于消除或减轻各国内部危及政治统一的教派矛盾。宗教宽容继承了文艺复兴时代的人文主义精神,并为后来彻底反对唯心主义的启蒙运动的兴起做了铺垫。16世纪的宗教改革运动在历史上加强了欧洲各国的世俗政权的力量,排斥和削弱了跨越国界的神权帝国的统治,但是宗教改革还没有把教会完全从国家政治生活中清除出去。改革后的宗教成为君主的工具[①],教会变成了国教会,与国家权力结合在一起,使民族国家的文化观念继续受宗教观念的支配。此外,宗教改革加剧了基督教各教派的偏狭的特点,天主教、新教和异教之间的冲突没有淡化。宗教斗争在某些地区仍以残酷的形式表现出来,即便是新教文化在某些时候也表现出强制性的特点。路德曾要求当局铲除一切扰乱基督教公共秩序的异端。加尔文派也带有明显的偏狭观念,加尔文本人把塞尔维塔处以火刑,诺克斯被定为异端而处死刑。英国宗教改革后掀起一场大规模的迫害清教徒的运动,法国开展了迫害和驱逐胡格诺教徒的浪潮,在法国这个天主教国家中,被迫害的胡格诺教徒主要

---

① 〔德〕桑巴特著,李季译:《现代资本主义》(第一卷),商务印书馆1958年版,第290—291页。

的构成是熟练手工业者。法国有200000名胡格诺教徒逃离了法国，他们把熟练的技艺带到了其他国家。德国也发生了严厉地对待异教徒的情况。从15世纪末叶开始，西班牙、葡萄牙、意大利和德意志各地都开展了驱逐犹太人的运动。这种宗教迫害政策是宗教改革后反宗教改革浪潮的组成部分，但它没有长期存在下去。欧洲各国统治者出于国家安定和发展工商业的考虑，很快放弃了这种宗教迫害政策，转而采取了宗教宽容政策。在这一过程中，人道主义思潮的传播也冲击着宗教改革的迫害政策。

在法国，1598年4月在新旧教贵族妥协的基础上，亨利四世颁发了《南特敕令》。这一文件宣布天主教为法国国教，在全国恢复天主教的弥撒，把没收的土地财产归还天主教会。胡格诺教徒获得信仰和宗教活动的自由，有权召集自己的宗教会议，他们在担任政府官职以及受教育方面与天主教徒具有同等的权利。新教神职人员与天主教神职人员一样有免服兵役等特权。胡格诺教派还在它所占领的法国南部200个城镇保留武装控制的权力，作为国家履行敕令的担保。《南特敕令》是欧洲历史上第一个宗教宽容的敕令。

在法国，直接根据对教士的课税权与君主特权，把教会收入的一半收归国家使用，曾经一次就把100个修道院的土地划归国王支配。[1]

9. 旧制度的困境和危机

绝对主义时期，法国国家制度的建设是在资本主义关系的发展和欧洲各国国际范围内争霸，以及法国克服国内封建割据和王权衰落

---

[1] 〔德〕汉斯·豪斯赫尔著，王庆余等译：《近代经济史：从十四世纪末至十九世纪下半叶》，商务印书馆1987年版，第100—101页。

的背景下展开的。这个制度建设过程在黎塞留和马扎然时期达到了高峰。到路易十四执政时期，法国政治制度的发展趋势已不再是创建新的机构，而只是巩固此先已创立的制度。[①] 在这一国家机构和制度建设的过程中，法国加强了王权，扩大了统治的社会阶级基础，建立了中央集权的国家机器，克服了封建政治的某些弊端，建立了近代赋税制度和较发达的财政税收制度，有利于国家经济的发展。法国的行政权力开始摆脱在执行中与立法权混淆的状态，中央政府朝着职能化和高效率的方向发展。这些都反映了法国国家制度朝着近代国家制度发展的方向。

但是，在绝对主义时期法国国家制度的发展过程中，国家结构也开始暴露出消极的特征。国王在建立新机构、新官职的同时，由于未能从根本上抛弃旧贵族这一统治基础且缺少摧枯拉朽的果断勇气，所以不可能也没有及时地撤销过时的旧制度、旧机构和旧官职，结果酿成了新旧机构并存重叠，官吏队伍日益庞大臃肿。它反过来严重地阻碍和束缚了国家职能的有效履行。庞大的官僚队伍还使得国家财政开支猛增。这和国家对外穷兵黩武的扩张政策合在一起，最终消耗了国家在经济发展中积蓄的资金，是酿成旧制度危机的一个因素。绝对主义时期，法国国家机构和吏制官僚化的特征，为以后近代法国的国家制度所继承，成为法国政治制度的一个痼疾。

拉布鲁斯根据统计资料说明，法国经济在 1730—1770 年之间持续发展，收成良好，人口增加，价格上升，海外贸易也有所发展。但是在 1770—1778 年间，一系列歉收严重地冲击了经济，繁荣时期结束了，随后 10 年也未能恢复。相反，困境持续着，经济波动频繁。

[①] 〔法〕瑟诺博斯著，沈炼之译：《法国史》，商务印书馆 1972 年版，第 331 页。

这段不稳定时期在1788年严重歉收时达到了顶点，最显著的结果是谷物价格在数月间陡涨，在1789年7月达到了最高点。工资的提高在整个世纪远比物价的上升慢，更跟不上生活成本的突然升高。因此，挣工资者收入陡降，工资收入只能花在买基本食品上。因此，制造业的需求下降，危机波及工业。工业生产在1787—1789年间可能下跌了一半，雇主以削减工资或解雇工人来压低劳动力成本。1789年的政治危机和革命是在物价高涨、工资下跌、大量失业和严重经济危机发生期间爆发的。经济危机和旧制度崩溃是否存在因果关系，不同学者持有不同看法。拉布鲁斯说："谈到经济危机，同时就会谈及潜藏的或公开的预算危机。在经济危机时，税收降低，进款削减，公债软弱。相对之下，开支随着公共协助的成本而升高。因此，在金融危机时，政府经历了一种不稳定，特别的脆弱。"[1]

泰勒认为，革命的起源主要是政治方面的。旧制度下的政治成为了解革命起源的根本。巴黎法院在18世纪后半期的政治作用值得注意。在路易十五在位时期，巴黎法院重建后，使政府遇到的难题比1771年以前要少。申南强调法院扮演了臣民权利护卫者的角色。[2] 法院并没有阻止政府从事改革，而政府却没有改革的意愿。使旧秩序崩溃的，是金融界对它处理事务的能力丧失信心。[3]

在旧制度危机时期，法国大臣中试图通过改革来救治财政的首推内克。内克1732年生于日内瓦，是日内瓦共和国公民，15岁定居法

---

[1] Ernst Labousse, "1848-1830-1789: How Revolutions Are Born?" in F. Crouzet, W. H. Chaloner, W. M. Stern, eds., *Essays in European Economic History, 1789-1914*, 1969, p.9.
[2] J. H. Shennan, *The Parlement of Paris*, London, 1968.
[3] 〔英〕威廉·多伊尔著，蔡伯铨译：《法国大革命的起源》，台湾编译馆1994年版，第29页。

国，从事银行业起家。他写过《柯尔伯赞歌》，称赞柯尔伯的经济政策；还写了《对谷物立法与贸易》，对谷物自由贸易采取一些限制措施。内克相信代议制政府有许多优点，对封建权利、免除税收等特权持反对态度。他认为特权阶层缴纳的税收不应该比其他公民少。但他倾向于与特权阶层和谈，不愿意采取激进手段。[①]1776年内克任国库总管，1777年改任财政总监。他终止了杜尔哥的改革试验。

在内克第一次任财政总监期间，民众的十一税和封建负担沉重，赋税的征收不公正。某些省需要缴纳盐税和另外一些税收，而另一些省又不需纳税；此外，贵族和教士不需要纳税。民生艰难，每年都有无数贫穷百姓因为无法缴纳官方要求缴纳的捐税，而被地方行政官下令拍卖掉自己家中最好的一件家具。法国民不聊生的程度超过了欧洲其他任何一个国家。路易十六统治时期，虽然他自己作风廉洁，但是他发放的政府津贴却超过了路易十五在位时期。内克认为这部分开支消耗了大量国家的财力。作为财政大臣，他做的第一件事就是削减津贴，为此他在朝中得罪人无数，也得罪了财政部的官员，但他尽到了自己的责任。削减津贴后，人民的纳税压力大大减轻。[②]

内克认为厉行节俭和公开透明是一个大国维持秩序和信誉的基础。为了维护国库收支平衡，应当削减开支，而不是增加税收；当战争无法避免时，应当通过借贷来满足战争的额外开支，借贷的利息靠增加税收或削减开支来获得。在大革命之前，他靠节省开支来支付借贷利息，维持了一场长达5年的对外战争。

---

① 〔法〕斯塔尔夫人著，李筱希译：《法国大革命》（上册），吉林出版集团有限责任公司2015年版，第35—36页。
② 〔法〕斯塔尔夫人著，李筱希译：《法国大革命》（上册），吉林出版集团有限责任公司2015年版，第47页。

内克看到，在法国这样一个被专制政府统治的国家中，单靠自己的努力是远远不够的，他开始了创建省议会的工作。省议会由各省大资产者组成，议会负责分摊捐税和行政管理等地方事务。这一举措遭到了高等法院和朝廷大臣的反对。朗基多克、勃艮第、布列塔尼这些最晚归附王室的省份，保留了本省的三级会议，后者有权介入行政管理，这些省也被称为自治省。他在另外 22 个财政区任命了地方行政长官。[①]

1781 年，内克公布政府财政报告，透露预算赤字和特权等级年俸数额，引起宫廷不满。1781 年 5 月 19 日，内克被迫向路易十六递交了辞呈。[②] 1788 年，内克复任财政总监，支持召开三级会议。他促成第三等级代表人数与特权等级代表人数相等，主张各等级纳税平等，触怒国王和特权等级，因而在 1789 年 7 月 11 日被免职。7 月 14 日，革命爆发后，路易十六召回内克，再任财政总监。他反对没收教会产业和发行捐券，主张实行温和的改革，这与制宪议会的政策相抵触，遂于次年 9 月辞职，退隐日内瓦。

当 1783 年卡隆接任财政总监时，他坦率地直言："所有的基金都已枯竭，所有的公债都已低落，所有的流通都已梗阻，人民普遍警惕，信心已告摧毁。"卡隆呈给国王一份《改善财政的方案之摘要》，以冗长的文字说明了他的指导原则。他说明，法国缺乏合理的组织和统一的原则，完全以经济手段来解决经济问题是不够的。[③]

[①] 〔法〕斯塔尔夫人著，李筱希译：《法国大革命》（上册），吉林出版集团有限责任公司 2015 年版，第 47、45 页。

[②] Robert D. Harris, *Necker and the Revolution of 1789*, University Press of America, 1986.

[③] 〔英〕威廉·多伊尔著，蔡伯铨译：《法国大革命的起源》，台湾编译馆 1994 年版，第 41—42 页。

1786年8月20日，主管王室经济的财政总监面见路易十六，奏知王国已濒临经济崩溃的边缘。根据卡隆提供的资料，法国1786年的总收入可达47500万锂，但总支出将达到58700万锂，赤字高达11200万锂，约占年度收入的四分之一。卡隆指出，1774年路易十六登基时赤字才4000万锂，接着两年甚至更低。但自1777年以来节节升高，如不立即采取措施就会再继续升高。财政恶化的基本原因是1777年以来政府大肆举债，国库必须支付的利息与清偿也随之剧增。政府自1776年以来已借贷125000万锂。直到1794年，每年会有5000万锂的短期贷款到期，同时债务会用掉将近一半的年度收入。更糟糕的是下半年税收已有28000万锂被提前挪用。[1]

虽然这个时期国家经济状况有所好转，但新兴资产者和贵族的经济期望大大增长，因而对政府政策的不满愈增。

在当时贵族等级提出的陈情书中，要求起草一份有关一切人的权利的明确宣言。该宣言要确认人们的自由，确保人们的安全。贵族希望在尚存封建领地奴役制的地方废除奴役制，并设法取消黑奴贸易；每个人均可以自由旅行或定居，不论是在王国内还是国外；改革警察制度的流弊，今后警察即使在骚乱时期也由国家控制；个人只能由法官逮捕和审判；国家监狱和其他非法拘押所均应拆除。有些贵族尤其是巴黎的贵族要求拆毁巴士底监狱，要求必须禁止所有密札或国王密札。如果国家危急，必须逮捕公民而不是将其立即送交普通法庭，那就必须采取措施防止滥施刑法，或是将拘留一事通知国务会议。

贵族要求废除所有的特别委员会，废除所有权利分派或特别法

---

[1]〔英〕威廉·多伊尔著，蔡伯铨译：《法国大革命的起源》，台湾编译馆1994年版，第35页。

庭，所有辩护、延期判决等等特权；应对那些下达或推行专横命令者施行最终的刑罚；在普通法庭这唯一应当保留的法庭中，要采取必要措施保障个人自由，尤其在刑事犯的问题上，必须免费受理裁判，无益的法庭必须撤销。一份陈情书中写道："行政官员乃为人民而设，而不是广大人民为行政官而设。"人们甚至要求在大法官中为穷人设立一个委员会和免费的辩护人，预审必须公开，必须给诉讼人进行辩护的自由；在刑事犯罪问题上，必须为被告提供一名顾问，在诉讼程序的一切行为中，法官必须由与被告人属于同一等级的一定数量的公民辅助。

陈情书要求除必不可少的公益原因外，财产自由不可侵犯；要求必须保障工业和商业自由，取消授予某公司的控制权和特权；要求必须给予每一个人信仰自由，恢复非天主教公民的地位和财产；要求出版自由、邮政保密不受侵犯；要求赞助教育，把教育扩大到城市和农村。大量陈情书要求减轻封建捐税，废除世袭领地税，要求以负担较轻的赋税取代现行捐税。但是，贵族的陈情书坚决要求维持教师和贵族特殊等级的地位，设法保持贵族等级的完全纯粹，禁止购买贵族头衔；关于政治权利，陈情书认为，所有的法国人均有权直接或间接参加政府工作；关于政府形式，贵族阶级要求维持君主政体，保障国王本人的立法、司法、行政权；陈情书认为，国民有权召集三级会议，三级会议今后要定期召开，许多大法官甚至希望这种议会改为常设议会；关于立法权，贵族阶级要求，法律只有经三级会议和国王同意，并在负责维持其执行的法院注册，才能生效，唯有三级会议有权设立和确定捐税数目；关于司法权，陈情书认为法官未经三级会议同意不得被免职，未经三级会议同意，不得扰乱法庭执行其职能。行政权概归国王所有,但也要有必要的限制,以防专权。①

西耶士在 1789 年说过,那些依附于他人的人,在财政上或其他方面对国家没有贡献的人就不该参加政治抉择。这个简单的思想与自由市民阶层的自我认识相符合。他们认为,根据贡献来确定差异是理所当然的事。在政治上,他们试图与第四等级的社会成员区分开来。因此,贫困救济者、破产者、欠税者应该和广大妇女一样被排斥在选举之外。按照传统观念,妇女在人身和经济上都不自由,因此不能参加选举。②

1789 年法国革命的目标和纲领的主要内容几乎都已经在革命前夜的陈情书中提出了。一场大革命已呼之欲出。法国大革命这样的资产阶级革命是从上层政治中发生的。在资产阶级革命初期充当主将的那些人,在旧制度时期已经参加了上层政治,他们受过良好的法律和政治教育,他们比其他阶级更深刻地洞察了封建贵族政治的内在弊病和困境,他们中的一些人在参加等级会议或议会会议的过程中,已从政治生活中取得了丰富的与国王宫廷做斗争的经验。他们最终就在那些上层政治活动场所发动了对贵族特权制度的挑战。

资产阶级革命从起源上说首先是上层的司法和政治革命,资产者把革命发动起来后才鼓动劳动群众参加进去,后者起了推波助澜的作用。因此,法国在 1968 年便有"资产阶级革命是司法革命"之说③。

---

① 〔法〕托克维尔著,冯棠译,桂裕芳、张芝联校:《旧制度与大革命》,商务印书馆 1992 年版,第 252—259 页。
② 〔德〕米歇尔·斯托莱斯著,雷勇译:《德国公法史:国家法学说和行政学(1800—1914)》,法律出版社 2007 年版,第 113 页。
③ 1968 年法国学生造反运动中,巴黎索邦大学的占领者在《对权力的想象》一文中写道:"资产阶级革命是司法革命;无产阶级革命是经济革命;我们的革命是社会和文化革命,其目的是使人能实现自我。"(H. Draper, *Berkeley: The New Student Revolt*, New York, 1965.)

第三节 英格兰

1. 玫瑰战争和贵族衰落

都铎王朝建立之前的14—15世纪，英格兰贵族因为生理原因以每五年四分之一的比率减少。[①] 此后，在1455—1485年发生了玫瑰战争，英格兰两大贵族家族——兰开斯特家族和约克家族展开了长期的血战，相互杀戮，使得有头衔的贵族几乎消耗殆尽。1509年亨利八世即位时，仅剩下42家贵族，其中男爵为30家，男爵以上的贵族仅12家，其中还包括亨利八世初年恢复的4家男爵。此后贵族数量继续减少，贵族中公爵只剩下伯金汉公爵爱德华·斯塔福德，侯爵只剩下多塞特侯爵托马斯·格雷。[②] 亨利八世在位期间，两个伯爵死后无人继承爵位，1家伯爵的继承人因褫夺公权被取消伯爵爵位，另有6家男爵无嗣。[③] 因此亨利八世统治的政治社会基础非常薄弱。为了维护统治集团的社会基础，他采取了特殊的措施，尤其在他统治后期大量授封和提升贵族。斯图亚特王朝继续了这种政策。从1615年12月到1628年2月，英格兰贵族的人数从81名增至126名，其中伯爵增加尤多，从26名增加到65名。[④] 由于担任政府高官被授封的贵族，如培根、康韦、考文垂、达德利、卡利顿，为获得贵族头衔只付了很少的钱或者未付钱。第二类如莫汉、韦斯顿和戈林，是因为有上院显贵伯金汉作后台而被封为贵族的。新封的贵族中，最后一类则完全是出钱买得贵族头衔，如1616年因派遣海勋爵出使巴黎和马耳他需要

---

① K. B. Mcfarlane, *The Nobility of Later Medieval England*, Oxford, 1973, pp.172-176.
② Helen Miller, *Henry VIII and the English Nobility*, Oxford, 1986, p.7.
③ Helen Miller, *Henry VIII and the English Nobility*, Oxford, 1986, p.39.
④ Lawrence Stone, *The Crisis of the Aristocracy, 1558-1641*, Abridge edition, 1965, pp.50-51.

资金，出售了两个男爵爵位，由约翰·霍利斯爵士和约翰·罗珀尔爵士各出10000英镑买得。当1624年伯金汉公爵出使巴黎时，政府因需要资金再次出售勋爵爵位，勋爵爵位价格上升到30000英镑。[1]

英格兰贵族的经济地位也很不妙。1550—1650年间大约有120家贵族欠下债务，其中绝大多数人在1580年以后仍欠有巨债。例如索尔斯伯里伯爵在1611年欠有53000英镑债务，索福克伯爵1618年所欠债务为40000英镑，多塞特伯爵1624年的债务为60000英镑，伯金汉公爵1628年时债务为58700英镑。前两家贵族在沉重的债务压力下无法恢复元气。到17世纪30年代，英国贵族的债务又有很大的增长。索福克伯爵的债务上升为99000英镑，斯特拉福伯爵的债务为107000英镑，阿伦戴尔伯爵的债务为121000英镑。[2]

鉴于旧的贵族集团已经非常衰弱，国家无法依靠旧贵族来维持和巩固封建统治。都铎王朝和斯图亚特王朝不得不拓宽统治集团的社会来源，同时实行政治改革。

2. 议会制度

英格兰议会自13世纪建立以后，一直未曾停止活动，在1485年至1603年都铎王朝绝对主义统治时期亦未能取消，得以保存下来直到早期斯图亚特王朝和资产阶级革命时期。英国议会在历史上传统存在的现象背后，有一些不可忽视的历史的及其自身的原因。

在建立都铎王朝的兰开斯特家族的家族史上有着依靠议会、与议会结盟的特殊的历史经验。在14世纪理查德二世在位时期（1377—1389年），由于他任意挥霍王室地产，征收繁重无度的赋税和残酷地

---

[1] Lawrence Stone, *The Crisis of the Aristocracy, 1558-1641*, Abridge edition, 1965, p.53.
[2] Lawrence Stone, *The Crisis of the Aristocracy, 1558-1641*, Abridge edition, 1965, p.111.

镇压反对他的人士，引起各界对他强烈的不满。1399年，被理查德二世放逐的他的堂兄弟亨利·博林布鲁克在英国登陆，用武力夺取了政权，把理查德囚禁在伦敦塔中。议会承认了这一事件，确立亨利·博林布鲁克为英王，开始了兰开斯特王朝。亨利按家族继承第次本不该继承王位，是议会根据公众舆论的支持使亨利继位合法化。历史上将这一事件称为"兰开斯特革命"。为此，亨利日后对议会的要求采取了容忍的态度，而1485年的都铎王朝便是由这个家族的后裔建立的。王权与议会合作的历史记忆不能不对王朝统治者的政策产生一定的影响。

  议会制得以在都铎王朝存在并延续到斯图亚特王朝的另一个原因是都铎王权尚未达到高度集权专制。许多史学家把都铎政体归入绝对主义政体，其实都铎王权与绝对主义时期欧洲大陆国家的王权有所差别。此时期的欧洲大陆诸国君主权力急剧膨胀，国王的意志便是国家的法律，国王凌驾于法律之上。法王路易十四声称"朕即国家"便是王权至上的真实反映。但是在英国却不是这样的情况，英国从未宣布过立法权归于国王。1534年颁布的《豁免法》宣布英国的立法权属于"在议会中代表整个国家的国王陛下和两院议员"[1]。此时英国国王与议会的关系可以用"国王在议会中"一语来概括。朝野都承认在英国是国王同各等级的臣民代表共同参与订立法律。约翰·埃尔默在1559年说，"英国的整体不是一种纯粹的君主制"，"不是纯粹的寡头制"，"而是所有这些混合的统治"。"议会拥有特权，如果国王缺了他们，不可能颁布任何命令"。[2] 埃尔默很好地描述了英国当时王权

---

[1] C. H. Williams, ed., *English Historical Documents,* Vol.5, 1485-1558, London, Routledge, 1995, p.744.

[2] G. R. Elton, ed., *The Tudor Constitution Documents and Commentary,* Cambridge U.P., 1966, p.16.

的实际情况。英国国家集权化力量薄弱的一个表现是：国家主权概念在当时的英国政治理论中不像欧洲大陆国家那么发达。

从15世纪后期起，"国家"这个新词在欧洲各民族语言中都已经出现，如 Lo stato、l'Etat、der staat、el estado 和 state 等。与此同时，国家主权理论在很多国家发展起来。在英国，托马斯·斯塔基使用"state"一词，但是，从比较语义学来看，英国较为忽视国家概念。绝对主义时期，英国政治家和思想家对国家主权理论缺乏充分论述[①]，一些英国学者干脆否认当时英国国王拥有主权。法学家霍尔兹沃斯说："在都铎时代，没有一个律师或政治家能够回答在英国究竟谁拥有最高主权这一问题。"[②] 正是因为在都铎王朝时期王权没有急剧膨胀，使得议会得以存在，而英国议会在16世纪一般说来起支持王权的作用，与国王共同治理国家，因而也巩固了自身地位，并且有所发展。以议会的立法职能为例，都铎前期议会下院在立法问题上是国王的忠实奴仆，而到后期下院则"骄傲地抬起了头"。议会还巩固了自己对财政议案的通过权，成为国家制度中一个不可缺少的组成部分，这样便能够长期存在下去。

3. 宗教改革

在英国，宗教改革是一次新型国家的合法行动。[③] 它是在都铎王朝由亨利八世在1530年代发动的。英国宗教改革发动的原因是英国王权无法容忍罗马教廷的政治经济特权。宗教改革前，罗马教皇在英

[①] K. H. F. Dyson, *The State Tradition in West Europe, A Study of an Idea and Institute*, Oxford U.P., 1980, pp.25-26, 36, 44.

[②] W. S. Holdsworth, *A History of English Law*, London, 1943, Vol.4, p.208.

[③] Christopher Hill, ed., *Puritaniam and Revolution*, London, 1958, p.32.

国建立了一整套教会组织，设有坎特伯雷和约克两个大主教区，以下有 17 个主教区和数以千计的教区和教堂。教皇可以召开教士大会指定教会法。全国还设有 800 多所修道院，他们直接听命于罗马教皇，不受教区节制管辖。各教区和教堂占有数量不等的土地，教职人员采用封建方式剥削农民。此外，教会还征收十一税、遗嘱检验费、诉讼费等。上层教士聚敛了大量财富，他们还在国家机构中担任要职。例如温彻斯特主教福克斯在亨利八世在位初年担任了掌玺大臣，坎特伯雷大主教威廉·沃雷姆担任了大法官，约克大主教沃尔西在 1519 年至 1529 年间实际上掌握了国家内政外交大权，为罗马教皇搜刮钱财，同时把相当一部分钱财占为己有。英国高级神职人员由罗马教皇直接任命。罗马教廷的决定支配着英国相关的国策，外来的教权部分控制着英国的王权。

1532 年，英国宗教会议接受了下院的提议，决定今后未经国王许可，宗教会议不得制定任何新的教规律令；教规律令必须由一个国王指定的委员会审定，并经国王批准方可实施；教规律令凡与国家法律相抵触者一概无效，从此剥夺了英国教会独立的立法权，教会服从国家法律。宗教改革前世俗人士的遗嘱、婚姻等案件均交教士法庭审理，下级教士法庭无法审理的案件可以层层上诉，直到提交罗马教廷。1633 年年初，英国议会通过了《禁止上诉令》[1]，规定英国教士和俗人不得把案件上诉罗马教廷，罗马教廷也无权受理英国的任何案件，一切案件都应当在英国审理，英国臣民应无例外地服从至尊的国王。它申明英国教会有能力在没有任何外来干涉的情况下管理和处理

---

[1] G. R. Elton, ed., *Tudor Constitution, Documents and Commentray 1485-1603*, Cambridge U.P., 1960, pp.344-349.

英国的宗教事务。宗教改革前，按照天主教的规定，新任主教的首年薪俸、教区征收的什一税以及以其他名义征收的税收都需要按一定的比例上交罗马教廷。1532年和1534年，英国议会通过了《教士首年薪俸法》和《禁止上交罗马教区税收法》[1]，谴责罗马教廷在英国的掠夺行径，宣布上述税收改交英国国王。这样英国政府的财政收入增加了。宗教改革前，英国教会高级神职人员如大主教、主教的任命，由国王推荐、教皇核准，教皇以此作为钳制国王的手段。1532年的法令规定，如果教皇对过往推荐的人员迟迟不予批准，那么由两名主教组成的委员会有权任命大主教，大主教也有权任命主教，国王对上述任命有权认可。1534年，议会制定《至尊法》[2]，宣布英国国王为英国教会的首脑，有处理教会事务的一切权力。这一法令确立了国王在英国教会中的最高地位，宣布了英国民族教会的成立。英国教会从此成为英国国家机构的一部分。1539年颁布的《国王任命主教法》，进一步规定国王有权任命主教等高级神职人员。英国宗教改革是世俗王权对教权的有力打击，它是英国国家向新型国家转变的一个迹象。

英国宗教改革造成了土地所有权的大变动。1536年，都铎王朝从揭露修道院的罪行劣迹入手，解散了年收入在200英镑以上的大修道院376所。[3]1539年，议会通过法令，封闭200所小修道院，把没收的土地财产收归国王所有。[4]此后，没收的修道院土地除小部分赏

---

[1] G. R. Elton, ed., *Tudor Constitution, Documents and Commentray 1485-1603*, Cambridge U.P., 1960, pp. 341-344, 349-351.

[2] G. R. Elton, ed., *Tudor Constitution, Documents and Commentray 1485-1603*, Cambridge U.P., 1960, pp. 355-356.

[3] G. R. Elton, ed., *Tudor Constitution, Documents and Commentray 1485-1603*, Cambridge U.P., 1960, pp. 374-378.

[4] G. R. Elton, ed., *Tudor Constitution, Documents and Commentray 1485-1603*, Cambridge U.P., 1960, pp. 380-382.

赐外，大部分抛售到市场上，落入新兴城乡富有者手中。例如，呢绒商理查格拉善就以1173英镑购得伯克郡3座修道院的土地。亨利八世出售给律师年收入1500英镑的42份土地，出售给医生、会计和自耕农年收入2500英镑的72份土地，出售给工商业者年收入6000英镑的140份土地，出售给乡绅年收入23500英镑的683份土地。[①] 解散修道院和没收修道院地产，使王室取得占全国四分之一的地产，其年收入达136000英镑，超出先前王室地产收入的3倍。同时国家取得教士首年薪俸和十一税约40000英镑，以及价值超过1000000英镑的教会镀金器皿和金银块，大大地增加了国家的财政收入。[②]

4. 政府机构改革

英国国家机构的第一次重大变革是在16世纪都铎王朝亨利八世时期进行的。这个时期由托马斯·克伦威尔主持的中央政府的改革和建设表现在三个方面，即财政机构、国务秘书机构和枢密院的建设。

亨利八世在位初期，政府的财政部门主要由王室土地总监和财务处两个部分组成，它们都直接隶属于国王，因此政府无法很好地发挥作用。托马斯·克伦威尔在改革中努力降低财务处的地位，把王室土地总监转化为一个受限制的政府机构。1530年代宗教改革没收教产和由此带来的经济变动，促使英国建立新的机构进行管理。于是从1535年起，先后建立了6个税收法庭，分别管理各种财政收入。第一个为财政法庭，它负责征收自古沿袭而来的税收，特别是关税和议会赋税。第二个法庭为兰开斯特公爵领地法庭，负责管理分布在英格兰各地属于它的地方，并受理王国的财政案件，在该法庭进行司法裁决。第三个法

---

① Fisher, *Political History of England, 1486-1547*, p.499.
② Christopher Hill, *Puritanism and Revolution*, Secker and Warburg, 1958, pp.32-33.

庭为一般检查法庭,负责管理王室地产。第四个法庭为增加法庭,负责处理修道院土地。第五个法庭为教产和什一税法庭,负责征收教会每年交纳的赋税。第六个法庭为监护法庭,保证国王对所有领有其土地的封建主的权力。它有权在封建主死后且其继承人未成年之前监护代管未成年贵族的地产或他们的其他财产,并有封建主财产的继承权。每个法庭都有较完善的组织机构,配置了专门的官员,有专门的印章和办公处所,彼此职责分明。诸财政法庭的建立使英国的财政机构得以健全和发展。这样,财政部门在英国政府部门中首先得到发展。[1]

都铎王朝时期,英国的国务秘书部门也进行了改革。克伦威尔降低了以前地位极其重要的御玺处的地位,提升国王首席大臣官署为主要行政机构。1534年以后,国务大臣对包括岁入、财政、国内事务和国外事务、国防和宗教等百余种事务起控制作用,结束了过去大法官作为行政首脑的结构;1540年以后,设立了两个国务大臣。在以后近代初期的一段时间里,国务大臣是国家整个行政机构的中枢。与此同时,托马斯·克伦威尔降低了原来国王的三个印玺处在国家行政运行中的重要地位,签发国务文件的职能由身为国务大臣和掌玺大臣的他本人来承担,用自己的印章取代了几种御玺的作用。[2]

英国都铎王朝中期建立了枢密院作为中央政府的核心组织。在亨利七世在位时期,国王的委员会是最重要的组织,当时委员会有一个核心组织。在沃尔西时期,这一核心组织实际上已不存在。沃尔西垮台后,这一组织又重新积极展开活动。托马斯·克伦威尔扩大和重

---

[1] G. R. Elton, *England under the Tudor*, London: Methuen & Co. Ltd., 1965, pp. 182-183. G. R. Elton, *The Tudor Revolution in Government*, Cambridge U.P., 1979. 埃尔顿教授在此书中创建性地提出了"都铎政府革命"的概念。

[2] G. R. Elton, *England under the Tudor*, London: Methuen & Co. Ltd., 1965, pp. 182-183.

建了这一组织。1526年，他发布命令，把国王的20名主要的枢密顾问官单独组织成一个委员会，并配置以书记官。[①] 该委员会除了管理政府的一应事务，还负责管理原王室法庭的司法事务。克伦威尔把这些枢密顾问官置于自己控制之下，确定枢密顾问官对首席国务大臣的隶属关系，随后于1540年8月正式建立了枢密院。枢密院建立日志，通过枢密院令来颁布其决定。此后，枢密院的规模不断扩大。玛丽在位时期枢密院增至44人。[②] 伊丽莎白一世时期枢密院规模有所缩小，但枢密院举行会议的时间和地点相对固定。并非所有的枢密院成员都每次到会，例行公事通常由4—6名固定的枢密顾问官开会解决。国务大臣、大法官等是经常到会的官员。这个时期，枢密院处理的事务量大而烦琐，其中既有内政、财政、宗教和教会问题、国内治安、地方政府事务，也有私人要求得到恩宠的请求等。[③]

英国在都铎王朝绝对主义时期，国家机构与大陆诸国的发展有类似的趋向，但英国国家机构的发展有两个明显的特征：一是中央行政机构有较大的发展，而地方政府机构尚未有根本性改革；二是即使在绝对主义时期英国政府机构改革之后，它的规模和官员数量都较小，远不能与法国等欧洲绝对主义国家的机构规模相比。英国绝对主义国家形态呈现出隐性而非显性。

5. 经济和财政职能

绝对主义时期，英国政府采取了保护本国商业利益的航海政策。

[①] G. R. Elton, ed., *The Tudor Constitution: Documents and Commentary*, Cambridge U.P., 1968, pp. 92-95.

[②] G. R. Elton, *England under the Tudor*, London: Methuen & Co. Ltd., 1965, p. 405.

[③] G. R. Elton, *England under the Tudor*, London: Methuen & Co. Ltd., 1965, pp. 405-406.

都铎王朝在 1485 年、1488 年、1532 年和 1540 年先后采取了禁止雇佣外国船只运输货物的措施[1]；1565 年规定英国雇主在沿海贸易和运输法国葡萄酒和靛青时有义务使用自己的船只。1588 年，枢密院令规定，某些时候在输出英国商品时也必须用英国的船只，要求诸海外公司遵照执行。[2] 斯图亚特王朝开始后，詹姆士一世于 1615 年和 1622 年颁布的《航海法》重申了这一政策。1624 年，英国政府规定不得使用外国船只运输烟草。[3]

英国财政收入高涨的第一个周期出现在亨利八世及其子爱德华六世在位时期。王室采取的教会财产私有化和本币贬值措施导致财政收入和支出高于在正常情况下依靠税收以及王田和其他王室财产收益实现的可持续水平。[4]

英国的财政资源直到内战爆发都没有出现明显、持续的增长，直到 1688 年以后才真正出现财政资源的明显、持续的增加。革命以后，斯图亚特王朝的君主和谋臣使国家的财政收入大大增加。17 世纪 70 年代，查理二世的财政收入达到查理一世在半个世纪前财政收入的 2.7 倍。50 年后，新建立的汉诺威王朝将财政收入增加了 7 倍，而到 18 世纪 70 年代，政府财政收入则增加了 10 倍。拿破仑战争结束后，英国国家财政收入比两个世纪以前斯图亚特王朝君主实现的收入多了 36 倍。

英国国家借债额从 17 世纪后期起大大提高，这明显提高了政府

---

[1] E. Lipson, *Economic History of England*, London, 1931, Vol. 3, p. 508.
[2] E. Lipson, *Economic History of England*, London, 1931, Vol. 3, pp. 116–117.
[3] E. Lipson, *Economic History of England*, London, 1931, Vol. 2, p. 170.
[4] 〔英〕帕特里克·K. 奥布来恩、菲利普·A. 亨特：《英格兰：1485—1815 年》，载理查德·邦尼主编，沈国华译：《欧洲财政国家的兴起：1200—1815 年》，上海财经大学出版社 2016 年版，第 57 页。

特别是在战争时期的支付能力。1694—1713年英国进行"财政革命"以后，永久性公债大大增加。永久公债名义本金在詹姆士二世统治时期是200万英镑，到乔治三世统治时期已经增加到8.34亿英镑。英国的军事财政实力使这个国家能够参加8场战争，并允许政府通过发售长期或永久债券为战争筹集大量的经费。[1]

在17世纪90年代前的大约200年里，英国国家财政征用的收入可能在国民收入2%—3%的区间波动。在17世纪90年代、18世纪第一个10年和第二个10年这30年里，英国国家财政收入占国民收入的比例先是上涨了一倍，然后是上涨了两倍。[2]

从都铎王朝、斯图亚特王朝到汉诺威王朝，国家靠税收支撑的程度越来越大。而在税收种类上，商品税和其他种类的间接税收入为1689—1815年间军费支出做出了最大的贡献。在16世纪很长的时间里，都铎王朝对所得税和财产税的依赖呈现加剧的态势，所得税和财产税占税收总收入的比例到了詹姆士一世统治时期已经接近60%。此外，除了在共和国时期完全求助于直接税，英国日益依赖征收商品和贸易的关税、消费税和印花税。到了乔治三世时期，上缴伦敦财政署的税收收入大约有80%来自间接税。永久公债在1688年时几乎为零，但到了1815年，永久公债的名义本金已经增加到全国总收入的两倍以上。

在和平时期，英国政府通过发行为期一年或18个月的付息国库券来平衡预算。

---

[1] 〔英〕帕特里克·K.奥布来恩、菲利普·A.亨特：《英格兰：1485—1815年》，载理查德·邦尼主编，沈国华译：《欧洲财政国家的兴起：1200—1815年》，上海财经大学出版社2016年版，第56页。

[2] 〔英〕帕特里克·K.奥布来恩、菲利普·A.亨特：《英格兰：1485—1815年》，载理查德·邦尼主编，沈国华译：《欧洲财政国家的兴起：1200—1815年》，上海财经大学出版社2016年版，第59页。

18世纪末,在战争需要的压力下,小威廉·皮特设计并推出了一种富于成效的非累进所得税,这种税收课征的对象是年收入在50英镑以上的个人。小威廉·皮特凭借这一创新措施扭转了政府依赖间接税的倾向。[①]

在1688—1815年间,英国的财政支出仍然以军费支出为主,并且大部分用在了对外侵略、保护殖民地和海外市场的经济防卫上。[②]

在汉诺威王朝时期,国家得益于私人部门在这个时期的经济增长。而英国的大臣和税务署制定的成功的财政政策,保证了1688—至1815年间接税收入的大幅度增长。[③]

在16世纪到18世纪这个过渡的时期,英国政府的间接税包税制度的实施经过了立和废的反复过程。为了降低税收的征管成本,在伊丽莎白登基后不久,伯利就决定对关税的征管进行改革,并且把某些贸易商品关税的计征责任转移给商人个人。在1568—1671年间,英国政府有时把相当大比例的关税收入承包给个人或财团。关税包税制一直平稳地持续到查理二世统治时期。一般来说,间接税承包政策通过避免与国王任免制下的中央集权国家官僚政治联系在一起的腐败和不称职现象,可望提高上缴财政署的比例。由于私人包税制提供了摆脱廷臣、宠臣和官僚处置国王收入的可能性,私人包税变得普遍起来。

---

① 〔英〕帕特里克·K.奥布来恩、菲利普·A.亨特:《英格兰:1485—1815年》,载理查德·邦尼主编,沈国华译:《欧洲财政国家的兴起:1200—1815年》,上海财经大学出版社2016年版,第63页。
② 〔英〕帕特里克·K.奥布来恩、菲利普·A.亨特:《英格兰:1485—1815年》,载理查德·邦尼主编,沈国华译:《欧洲财政国家的兴起:1200—1815年》,上海财经大学出版社2016年版,第64页。
③ 〔英〕帕特里克·K.奥布来恩、菲利普·A.亨特:《英格兰:1485—1815年》,载理查德·邦尼主编,沈国华译:《欧洲财政国家的兴起:1200—1815年》,上海财经大学出版社2016年版,第65页。

王室在把税收征收责任下放给商人和其他商团的同时，巩固了便于中央政府举债和信贷的体制。此外，在包税实施过程中，王室还逐步采纳了一种要求提前支付一大笔预付款或准入费的规定。这样，包税制提供了一种处于萌芽状态但却是正规化的王室借款制度，从而降低了英国依赖安特卫普和阿姆斯特丹资本市场的程度。这种把贷款直接与税收联系在一起的机制预示了1694—1713年间发生的财政革命的主要特点，这种做法也预示了把间接税收入作为偿还以往贷款的方法的问世。[1]

贸易税承包制的做法在伊丽莎白登基前很罕见。在对西班牙战争期间（1585—1604年），包税制对商人缺乏吸引力。英格兰政府在这个战乱的年代实际上收回了关税的征收权。包税制在很大程度上是与詹姆士一世和查理一世统治下恢复王室借款紧密地联系在一起的。1604年到1611年，包税制因腐败、徇私和相关法律复杂而变得声名狼藉起来，于是长期议会在1643年废除了包税制。英国政府在到1660年为止的革命时期收回了关税的直接征收权。

查理一世在其统治的最后几年里，对织物、淀粉浆、肥皂、眼镜、金银丝、扑克牌甚至一些水厂和旅馆都实行征税。到了1660年，查理二世返回英国时，英国政府已经对啤酒和其他酒精饮料、食盐、番红花、啤酒花、铅、锡、玻璃、食油、肥皂、金、银或铜丝征税。在这个时期，间接税占到消费税总收入的40%。[2]

---

[1] 〔英〕帕特里克·K.奥布来恩、菲利普·A.亨特：《英格兰：1485—1815年》，载理查德·邦尼主编，沈国华译：《欧洲财政国家的兴起：1200—1815年》，上海财经大学出版社2016年版，第68—69页。

[2] 〔英〕帕特里克·K.奥布来恩、菲利普·A.亨特：《英格兰：1485—1815年》，载理查德·邦尼主编，沈国华译：《欧洲财政国家的兴起：1200—1815年》，上海财经大学出版社2016年版，第70页。

复辟时期，英国的大臣和议会意识到，包税制并没有像承诺者所说的那样创造稳定而且高效的税收收入。特别在战争时期，国家不可能把自己的收入置于私人包税人的控制之下。于是，英国中央政府于 1671 年废除了关税的包税制，1683 年废除了消费税的包税制。[①] 1671—1813 年间，英国的关税收入大幅度增加，这主要是通过英国港口海关的贸易商品额的长期增长获得的。

英国政府应对 1688—1815 年军费支出增长的资金，只有一小部分来源于向所得和财产征收的直接税。为了取得更多的直接税，财政大臣在战时提高不动产的税率，而在和平时期降低不动产税率。政府通过立法，根据新的个人财富和收入形式来计征税收，包括对个人拥有的住宅、窗户、马匹、马车、仆人和狗等加以征税。1799—1816 年，小威廉·皮特还在英国率先设计和成功地推行了所得税。英国政府在 1688—1815 年采取了以直接税的形式来筹措几乎全部的追加开支。[②]

来自教会的收入是英国国家收入的另一个重要的组成部分。在亨利七世统治时期，国王以补助金、贡金、年度收益和什一税以及无主财产等名义获得的收入中，有 14% 来自于教会。在亨利八世统治时期，大部分教会土地、房屋和其他资产被征用和私有化，来自教会的收入在国王总收入中所占的比例，最多时曾经达到 25%。宗教改

---

① 〔英〕帕特里克·K. 奥布来恩、菲利普·A. 亨特：《英格兰：1485—1815 年》，载理查德·邦尼主编，沈国华译：《欧洲财政国家的兴起：1200—1815 年》，上海财经大学出版社 2016 年版，第 71 页。
② 〔英〕帕特里克·K. 奥布来恩、菲利普·A. 亨特：《英格兰：1485—1815 年》，载理查德·邦尼主编，沈国华译：《欧洲财政国家的兴起：1200—1815 年》，上海财经大学出版社 2016 年版，第 65 页。

革以后,英国国王从教会获得的收入下降,但教会仍然承受着很大的压力。在查理一世统治时期,教士税的收入仍然占到君主直接收入的15%左右。在王位中断时期,王国政府再次强占了教会的财产。[①]

都铎王朝和斯图亚特王朝君主制时期,一些税收是以封建税收权利为基础征收的,其中包括开征的补助金、什五一税和什一税、船税,此外还有监护税和征用制的征收,王室一直把这两种税收保留到王政复辟。在这个时期,进口关税、罚金、暂押、拖欠不还的贷款、强制捐款、扣押,都被斯图亚特王朝的君主用来增加直接税收。在绝对主义时期,英国国家机构反复规定纳税义务,目的就是要对家庭、地方以及不同类别的所得和财产之间的税率做出有效、公平、普适的评估。但是,君主不愿意放弃具有反生产性质的封建权力,国王也没有自己的行政管理机构来有效地实施征税过程。这样就无法为设立常规、普适、可接受的个人所得税和财产直接税奠定牢固的基础。[②]

6. 社会控制职能

绝对主义时期欧洲各国乡村和地方的警察组织与城市的警察组织相比显得较薄弱。英格兰乡村和地方的治安制度带有某种地方自治的性质。英格兰在1361年建立了教区的治安法官制度,授予选出的地方贵族或乡绅以治安法官职,由他们来管理治安。治安法官负责指导

[①] 〔英〕帕特里克·K.奥布来恩、菲利普·A.亨特:《英格兰:1485—1815年》,载理查德·邦尼主编,沈国华译:《欧洲财政国家的兴起:1200—1815年》,上海财经大学出版社2016年版,第73—74页。

[②] 〔英〕帕特里克·K.奥布来恩、菲利普·A.亨特:《英格兰:1485—1815年》,载理查德·邦尼主编,沈国华译:《欧洲财政国家的兴起:1200—1815年》,上海财经大学出版社2016年版,第78、79页。

临时警察并实施普通法。郡长、郡军队指挥官和治安法官共同承担这一责任。中央政府不向治安法官发放薪金。这种通过地方自治团体来维持治安的制度在英国长期实行。[1]

英国都铎王朝针对宗教改革和圈地运动造成的大量流民,颁布了一系列惩治流浪者的法令。亨利七世时期在 1495 年颁布法令,给流浪者和乞丐套上枷锁,不给面包和饮水,惩处三天三夜。没有劳动力的乞丐被规定需居住在它最近居住的地区,不许离开领地行乞。亨利八世时期在 1530 年颁布法令,规定年老和丧失劳动能力的乞丐可以持行乞证行乞。对有劳动力的乞丐则要鞭打和监禁。1536 年的法令规定,凡是第二次被抓获的流浪者要重新受到惩罚并割掉半只耳朵,如果流浪者第三次被逮捕就要被处以死刑。此外,1536 年的法令规定,神甫必须募集款项救济乞丐,市长、管事、警官和其他城市官员应当为乞丐寻找工作。爱德华统治初期,流浪者人数达到惊人的程度,英国国王成立了一个由 24 人组成的专门委员会来研究乞丐问题,决定分别成立贱民救济院、儿童学校以及强迫劳动的改造所收容乞丐。鉴于 30 年代惩罚流浪者的法律过于无力,爱德华六世在 1547 年颁布新法令,取消 1536 年的条款,规定今后懒惰的流浪者应被判为奴隶。对再不去做工者,应当绞死。如果被囚禁的乞丐做工挣了钱或是继承了一笔财产,就可以得到自由。1547 年的法令还规定,要把 5—13 岁的少年乞丐送去种田或学手艺,使他们将来能够就业。这些立法具有促进资本主义发展和鼓励发财致富的倾向。这些贫民政策符合资本主义发展的需要,起到为资本主义雇佣劳动制度的发展提供必

---

[1] David H. Bayley, "The Police and Political Development in Europe", in Charles Tilly, ed., *The Formation of National States in Western Europe*, Princeton U.P., 1975, pp.342-343.

要的劳动力，同时稳定社会秩序的作用。1547年，伦敦第一次为贫民募捐。在1549年诺福克爆发凯特起义之后几年间，政府对乞丐加强了惩罚，1550年以后才有所减轻。1552年，政府要求征税官温和地请人们捐款用作济贫，但成果不大，募集的少量款项无法满足日益增长的贫民救济的要求。伊丽莎白一世即位后，国家从1563年起强行征收济贫税，拒不缴纳济贫税的贫民将被交法庭审讯，通过强制捐款为济贫工作的开展打下基础。伊丽莎白时期还颁布法令，规定要为年老的和残废的乞丐安排一个安身之处。在城市和教区用征得的济贫税购买土地，建立强迫劳动的工厂。1576年的法律规定治安法官在每个郡都要开办两三个工场，称感化院，用公款购买生产原料安排贫民就业。斯图亚特王朝早期不得不承担起社会事业救济的责任。1622年枢密院决定，对一些郡因纺织工业萧条而失业的劳动者，每天发给每人3便士救济金。[①]

都铎王朝时期，英国政府对于圈地运动的政策的出发点主要是维护社会安定。1498年，亨利八世颁布第19号法令，禁止拆毁附有20英亩以上土地的农民房屋。亨利八世25年颁布的法令重申了这条法律，其中说道，"很多租地和大畜群，特别是大羊群，集中在少数人手中，因此地租飞涨，耕地荒芜，教堂和房屋被毁，无力养家糊口的人多得惊人"，规定要重建那些荒芜的农场，制定耕地与农场的比例等等。1533年的一项法令抱怨不少所有者拥有24000只羊，于是规定养羊的上限不得超过2000只。亨利七世以来150年间，英国相继颁布了禁止剥夺小租地农和农民的法律。[②]1549年夏末，在萨

[①] J. U. Nef, *Industry and Government in France and England, 1540-1640*, Philadelphia, 1940, p.122.
[②] 转引自马克思：《资本论》第1卷下册，人民出版社1975年版，第787—789页。

默塞特和怀特郡等许多郡，由于圈占公地和已耕种的农场引起农民大规模的骚动。参加骚动的主要是茅舍农，他们不仅由于地主的压迫，更主要是因为大农场主和地主达成协议，交换和圈占土地，使他们无法生存。于是王室在1549年4月发布反对圈地的宣言。1550年，议会通过法令，反对农民从土地上外流，鼓励建立更多的小型家庭农场。① 16世纪90年代初，物价上涨，劳动群众更加贫困。而从1593年起，圈地运动的规模空前扩大，各地出现了前所未有的荒凉景象。这一年禁止圈地法的废止使得圈地运动非常猖狂。从1594年到1598年，因为粮食5年歉收，到1599年夏季食品价格猛涨，小麦和裸麦价格比1593年上涨了两倍。在这种背景下，怀特郡和肯特郡爆发了起义或饥饿骚动，牛津郡也酝酿着暴动。这些反抗斗争危及地主阶级的利益，迫使统治集团修改对圈地运动的政策。在1597年议会会议上，培根指出正是圈地驱赶农民酿成动乱，提出了"禁止圈地法"和"防止农村荒芜人迹、拆除农舍以及农业衰退法"两项法案。议会成立了有培根参加的专门委员会，并最终在议会通过上述两项法案。②

对劳动力市场的管理是绝对主义国家的一项工作。在英国封建主义危机出现之初，国家就积极采取措施。1348—1349年，英格兰发生一场大规模的黑死病疫情，爱尔兰和苏格兰也未能幸免。黑死病使英格兰人口惊人地减少了。据估算，居民有20%—25%死于黑死病，教区牧师有40%死于黑死病，而中世纪在通常情况下人口死亡率仅略高于5%。这场灾难使封建主和雇主感到农业劳动力不足。雇主在

---

① J. Youings, *Sixteenth Century England*, Penguin Books, 1984, pp. 215, 154.
② 〔苏联〕施脱克马尔著：《十六世纪英国简史》，上海人民出版社1958年版，第17页。

凭借自己的力量不足以压低农民和工人的工资的情况下求助于国家。1349年6月，爱德华三世颁布劳工法规，规定所有60岁以下健康的男女如果没有自己的土地或其他生产资料，都必须强制地受雇于那些需要劳动力的人，并且只能得到黑死病以前的工资率；拥有剩余劳动力的封建主则应当把劳动力转让给其他雇主。如果上述劳动者拒绝工作，如果他们没有别的原因或未经主人许可在期满以前就离开工作场所，将被罚款或被逮捕送进监狱。雇主不得支付超过规定的工资，工人也不得提出超过规定的工资要求，否则将被囚禁。[1] 英国议会在1351年的法规中规定了劳动力的价格，试图把劳动力束缚在工作场所，宣布对拒绝工作、任意离开的劳动者进行严厉的惩罚。1349—1377年英国议会共审理了近900件类似案件，做出了有利于雇主的判决。理查德二世在位时期于1388年颁布了一项劳工法规，规定了全国最高工资率，并授权治安法官估定当地的工资率。[2]

第四节　西班牙

1. 议会制度

阿拉贡的议会在1023—1076年"征服者"海梅一世在位期间发展到顶峰，它有很大的特权。当时阿拉贡王国系由三个地区联合而成。1137年，最初的阿拉贡王国与贸易国加泰卢尼亚统一。1238年，阿拉贡—加泰卢尼亚的海梅一世征服了由基督教徒、莫罗人和犹太

---

[1] A. E. Bland, P. A. Brown, and R. H. Tawney, eds., *English Economic History, Selected Documents*, London, 1914, pp. 164-167.

[2] A. E. Bland, P. A. Brown, and R. H. Tawney, eds., *English Economic History, Selected Documents*, London, 1914, pp. 171-176.

人构成的瓦伦西亚省。老阿拉贡议会在 13 世纪形成。当时城市的代表是由贵族委员会召集的。到 13 世纪下半叶,议会中的教士代表不知何故不再出席议会,直到 1301 年才被迫出席。但是此时出席议会的教士等级和贵族等级代表的人数大大增加了,王室甚至在议会中找不到足够的房间供他们开会。在议会中,大贵族、小贵族和乡绅分别组成了不同等级。阿拉贡的议会定期召开,1307 年以后是每两年召开一次,但议会召开的时间规定并没有严格执行。在这个时期已经有了一个阿拉贡法官团。无论是在议会开会期间还是休会期间,法官团履行保证议员权力的职责。

到 14 世纪,阿拉贡的议会已非常引人注目。它的决定通过后成为法令。国王离开议会就不能颁布法令。阿拉贡所有法律的制定都需要得到议会中四个等级的一致同意。在实际工作中,由每个等级派出四名或更多的议员组成一个委员会,该委员会有执行的全权。阿拉贡还有这样的规则:国王的特别收入只有得到议会的同意才能征收;没有议会的批准,不得征收新税;未得到议会的同意,不能改变旧税的征收方式。[①] 议会休会期间,由议会选出一个临时委员会监督法律和公共基金是否得到正当的管理。议会还有其他重要的功能,它讨论战争与和平问题,批准条约;它有时任命大使;它控制外国人的归化;它接受新的国王,并接受他维护原有法律的宣誓。

加泰卢尼亚议会的组织和阿拉贡议会有些不同。但是在 14 世纪和 15 世纪,它的权力同样引人注目。1218 年,加泰卢尼亚议会在弗兰卡镇召开了第一次会议,之后到 1283 年,加泰卢尼亚的议会才完全建立。当时佩德罗三世颁布了一部宪法,允许每年召开一次由贵

---

① A. R. Myers, *Parliaments and Estates in Europe to 1789*, London, 1975, pp.63-64.

族、教士和市民参加的议会来讨论王国事务，除非为战事所阻碍。加泰卢尼亚议会由教士、贵族和城镇市民三个等级构成，但是在阿拉贡是一个城市统治着其他的城市，这种居统治地位的城市在加泰卢尼亚是巴塞罗那，在阿拉贡是萨拉戈萨。在阿拉贡，议会委员会能够对王室官员和执行法律的方式行使极大的权力。议会对议员资格的控制权较小。在每次议会会期将要结束、国王被授权征税之前，他必须宣誓遵守议会的所有法令。贵族等级在议事时要取得全等级一致，这使得议会程序的进行在加泰卢尼亚比在阿拉贡更为顺利。[1]

瓦伦西亚议会的规则与加泰卢尼亚较为接近。瓦伦西亚议会同样对贵族等级有在议事时必须取得全体一致的规定，瓦伦西亚对城镇议员的控制甚至比巴塞罗那或萨拉戈萨的等级会议更多。瓦伦西亚议会还有一个特别的习惯，在议会解散后，每个等级都可以继续开会和向国王提交请愿书。像阿拉贡议会和加泰卢尼亚议会一样，瓦伦西亚议会有权任命一个副代表，在议会会期之间监督等级会议的特权和王国的法律。

阿拉贡王国的议会拥有广泛的权力，这在很大程度上反映了这个国家的国王在管理社会群体上的虚弱地位和对地方特权的谨慎态度。[2]

西班牙议会在14—15世纪一直非常强大。议会衰落的迹象首先在卡斯蒂尔出现。在天主教国王在位时期，议会已经丧失了在王室委员会的立法动议权。在16世纪最初10年，已经出现了城市等级会议被改造成为封闭的法人团体的倾向。城市代表宣称他们从属于骑士集团，并且坚持说只有那些传统上享有权利的城镇才有资格派出议员

---

[1] A. R. Myers, *Parliaments and Estates in Europe to 1789*, London, 1975, p.64.
[2] A. R. Myers, *Parliaments and Estates in Europe to 1789*, London, 1975, p.65.

代表。

　　1517年，使用佛莱米语的查理五世和他的佛莱米顾问的到来，导致了在议会中与城市市民代表的冲突。宫廷希望城市给予它的代表充分的权力，以支持查理五世取得作为帝国君主所需要的开销。城市试图用明确的指示来限制它的代表。但是，18名城市代表中只有8人投票支持拨款。[①] 随后，国王查理五世去了德意志，革命爆发了。激进派控制了城市，老的贵族与市民之间的敌对发展成为冲突。1521年4月，卡斯蒂利亚贵族在比亚拉战役中打败了市民集团，使得城市丧失了抵抗君主的力量。1538年，在托莱多召开的议会会议上，查理五世提出对食品征收消费税，任何人不得免税。贵族和教士坚决地反对这一征税。查理五世为了避免与他们发生冲突，做出了退让，此后贵族被免税，并且以后再也没有召开贵族参加的议会。到查理五世统治结束时，议会的地位改变了，它被称为"国王的委员会和城镇代表的大会"。1538年的决定对卡斯蒂利亚议会的命运影响深远，贵族以免税为条件和王室一起成为西班牙帝国统治的合伙人，他们不再对议会命运表示关注。议会中代表城市利益的贵族议员和贵族一样免交赋税，所以他们愿意投票支持向非特权阶级征税。菲利普二世召开议会不那么频繁。到1660年，城市代表显得不那么重要，他们可以通过抽签选出。到1665年查理二世即位后，议会已经变得非常不重要，以至于不再召集议会来聆听国王的宣誓。同年，查理二世的母亲摄政王玛丽亚·安娜颁发一道敕令，要城市同意提供捐赠。在此后一个世纪，卡斯蒂尔议会不再召集。

　　阿拉贡议会享有较大的特权，它发展成为一部有效力的机器。查

[①] A. R. Myers, *Parliaments and Estates in Europe to 1789*, London, 1975, pp.97-98.

理五世没有利用比亚拉战役的胜利来摧毁阿拉贡议会的特权,因为阿拉贡和卡斯蒂尔都非常穷,而且骚乱不断。多山的阿拉贡是一块贫瘠的土地,随着土耳其人在地中海的权力的衰落,加泰卢尼亚盗贼盛行,商业衰落。所以,查理打算榨取会赚钱的卡斯蒂尔农民,以此作为在西班牙权力的财政基础。西班牙人有八分之七居住在卡斯蒂尔,国王也居住在那里,通过总督和委员会统治阿拉贡。他对阿拉贡议会的要求是中庸的,且尊重他们的传统。他不那么经常地召集他们,而他们也不给他添麻烦。[①] 他在位的最初26年只召开过两届议会。

阿拉贡在君主制处于困难之际,鼓励议会捍卫自身的特权。1626年,西班牙君主介入了三十年战争,此时西班牙与殖民地的贸易已经显现出衰落的迹象。1626年以后,查理把日益增大的压力转移到阿拉贡、加泰卢尼亚和瓦伦西亚议会,要他们提供支持西班牙军队的资金。当战争的浪潮转而对西班牙不利时,议会提出了自己的权利要求。

在三十年战争时期,快速增长的军事开支严重影响到西班牙的经济。国王试图寻找解决这一冲突的方法,他向等级会议寻求同情,试图绕过议会征收非法税收、卖官鬻爵或者透支未来的收入。[②] 等级会议在中世纪政治中并没有很好地和君主制结合在一起,王室与等级会议之间缺乏常规的合作程序。等级会议非常担心君主会把常规军作为独裁的工具。

在西班牙王位继承战争期间,英国、荷兰和奥地利的联盟在西班牙为其候选人奥地利大公爵查理寻找一处立足点。1705年,一支英国海军舰队攻击了巴塞罗那。彼得伯勒勋爵以大公爵的名义占领了巴

---

① A. R. Myers, *Parliaments and Estates in Europe to 1789*, London, 1975, p.99.
② John Lynch, *Spain and the Habsburgs*, Vol.2, Spain and the America 1598-1700, Oxford U.P., 1969, pp.103-104.

塞罗那。加泰卢尼亚的军队发动起义表示支持,起义波及阿拉贡和瓦伦西亚。到了 1711 年,大公爵在他兄弟死后成为皇帝查理六世,联盟撤销了对他们的支持。如同以前那样,阿拉贡、加泰卢尼亚和瓦伦西亚诸省无法坚持到底,联合起来反对卡斯蒂尔。1714 年,巴塞罗那陷落,加泰卢尼亚被卡斯蒂尔军队蚕食。阿拉贡和瓦伦西亚已经被征服,阿拉贡王室的省份因此被迫支付承担的赋税份额,东部王国的议会被并入卡斯蒂尔。

此后,西班牙君主国通过敕令来立法,议会蜕变为向国王谄媚的机构。它的这种特点在议会 1760 年的声明中表现出来:"哦,先生,王国目前要准备的不仅是忠诚宣誓和正当的效忠宣誓礼,而且要去做国王陛下可能提出的任何事情。"阿拉贡议会就这样沉沦了。它沉沦为国王的奴仆有几个原因:到了西班牙统一的时代,君主制不再依靠与议会的合作;国王和议会不再相互支持;危机时期人民感到议会只是代表了特权集团的利益;君主可以从阿拉贡以外引入军队以镇压国内的抵抗。[1]

2. 薄弱的绝对主义 [2]

西班牙的绝对主义开始于卡斯蒂利亚和阿拉贡合并之时,这是 1469 年伊莎贝拉一世与斐迪南二世联姻的结果。这个时期西班牙君主政体在伊比利亚半岛的主要地理行政地区包括卡斯蒂利亚、阿拉贡、巴伦西亚和葡萄牙。加泰卢尼亚、巴伦西亚和阿拉贡三个地区都有各自的议会。此外,西班牙还拥有广阔的海外殖民地。从司法上

---

[1] A. R. Myers, *Parliaments and Estates in Europe to 1789*, London, 1975, pp. 100-101.
[2] 福山语。见〔美〕弗朗西斯·福山著,毛俊杰译:《政治秩序的起源:从前人类时代到法国大革命》,广西师范大学出版社 2014 年版,第 229 页。

讲，美洲属地属于卡斯蒂利亚王国，意大利南部属于阿拉贡。① 西班牙绝对主义有它的经济基础，这就是卡斯蒂利亚从事的利润丰厚的羊毛业，它成为佛兰德尔地区的主要贸易伙伴。而在海外，对美洲的掠夺使西班牙获得了巨额财富。卡斯蒂利亚的岁入从 1474 年的 90 万锂左右提高到 1504 年的 2600 万锂。② 在欧洲大陆，西班牙哈布斯堡王朝在意大利、德意志、尼德兰等地扩张，形成了一个强大的哈布斯堡王朝统治的帝国。

在卡斯蒂利亚王国，贵族拥有大地产，那里有着强大的军事骑士集团，它也有数量不少的城镇。但是，中世纪后期，贵族权力并没有建立在法治的基础上。等级会议只是偶然召开，地位也不明确，贵族出席等级会议没有直接的经济利益。三级会议变为相对软弱和孤立的机构。在这里，等级会议制度从未被确立为固定的、完整的制度。议会的召集和组成完全听命于独裁的君主，会期也是断断续续。③

斐迪南向加泰卢尼亚、巴伦西亚和阿拉贡三个省派出了大总督代行君权，并建立了一个以卡斯蒂利亚为基地的阿拉贡政务院。卡斯蒂利亚对王室政务院进行了改组，清除了大贵族。新政务院由出身小乡绅的律师官僚组成，由君主直接领导专业化的秘书班子，提高了工作效率。卡斯蒂利亚的国家机器理性化和现代化了，但是，新的君主政体没有排除整个贵族阶级，最高的军事外交职务留给了大贵族。大贵

---

① 〔英〕佩里·安德森著，刘北成、龚晓庄译：《绝对主义国家的系谱》，上海人民出版社 2001 年版，第 62—63 页。
② 〔英〕佩里·安德森著，刘北成、龚晓庄译：《绝对主义国家的系谱》，上海人民出版社 2001 年版，第 59 页。
③ 〔英〕佩里·安德森著，刘北成、龚晓庄译：《绝对主义国家的系谱》，上海人民出版社 2001 年版，第 55—57 页。

族保留了大总督、省督的职位,市长的职位则留给小贵族。王室没有收回早年被贵族占有的王室领地。

阿拉贡王国的经济基础与卡斯蒂利亚不同,这里保持着半岛具有压迫性的领主体制。贵族在地方乡村保持着充分的封建权力,在乡村保留着农奴制。阿拉贡王国存在着完整的等级会议结构。

西班牙绝对主义太弱,它不敢对政治精英发动进攻。莱昂王国的议会是欧洲最古老的议会之一,阿拉贡王国的议会是组织得最好的议会,非常强势,但它的代表性很弱。在 14 世纪,召集到议会的有 100 座城镇的代表。到 15 世纪,只有 18 个城市各派两名代表参加议会。他们声称可以代表全西班牙,但实际上他们只是城市寡头的代表。议会的权力受限制,它没有立法权,立法权归国王所有。西班牙国王的权力受法律的限制。罗马法传统在西班牙没有完全消失,11 世纪以后,《查士丁尼法典》在西班牙受到重视,进而发展起来了强大的民法。民法被视为神法和自然法的体现,国王可以颁布制定法令,但必须遵循法律先例,与之相悖的王家法令无效。西班牙君主不断侵犯国人的产权,但这是在现有法律的框架中进行的,它无权任意征用资产。西班牙政权的财政基础非常不稳定。[①]

查理五世统治时期,在哈布斯堡帝国推行更严密有效的行政管理制度。帝国建立了财政委员会、战争委员会和国务委员会,其中国务委员会是帝国的最高机构。各委员会都是跨地区的设置。辅助这些委员会的是由文官组成的受君主支配的常设秘书处。在此同时,一批新的地方委员会建成,其中有阿拉贡、卡斯蒂利亚、西印度群岛、意大

---

① 〔美〕弗朗西斯·福山著,毛俊杰译:《政治秩序的起源:从前人类时代到法国大革命》,广西师范大学出版社 2014 年版,第 325—328 页。

利、葡萄牙和佛兰德6个地方委员会，每个委员会都有一批能够担任重任的官员为它工作。地方的实际行政权授予了大总督，但大总督的权力很有限，他要受到审判员会议的制约。这个会议剥夺了大总督的司法权。①

绝对主义的西班牙王国在16世纪是名副其实的世界霸主。查理五世以在德意志的领地为中心，四处发动战争。他通过战争建立了尼德兰领地。他亲自率军队在维也纳打败了土耳其人，带领他的海军在地中海打败了热那亚人，在1535年，他又从北非王公那里夺占了突尼斯。1500—1600年间，在殖民掠夺过程中，大约有超过150吨的黄金和7400吨的白银从美洲运往西班牙。②

尽管职业官僚随着建立了新的交易制度的城镇和培养精英的大学的发展而成长起来，西班牙仍旧没有能够成为一个官僚化的、中央集权化的国家。

16世纪在西班牙出现了"领主的反动"。查理五世和菲利普二世为了行政管理的方便，也为了发展经济和收到现成的货币，把税收、租金和司法权让渡给地方当权者。

西班牙对海外帝国的管理是扭曲的和低效的。③在国内，西班牙君主制统治下的臣民较为顺从，君主得到了贵族的合作。当时有钱人联合起来排除干涉、镇压反抗。君主们发现，他们与贵族阶级没有利

---

① 〔英〕佩里·安德森著，刘北成、龚晓庄译：《绝对主义国家的系谱》，上海人民出版社2001年版，第62—63页。
② 〔西班牙〕雷蒙德·卡尔著，潘诚译：《西班牙史》，东方出版中心2009年版，第147页。
③ 〔西班牙〕雷蒙德·卡尔著，潘诚译：《西班牙史》，东方出版中心2009年版，第119页。

益冲突，这个阶级是他们政治上的天然盟友。[1]当时城镇议会因为有关壁炉税的谣言极度恐慌，长期以来积累的仇恨和极度的失望情绪引发了叛乱。王室与贵族联合起来粉碎了某些卡斯蒂利亚城镇争取他们失去的自由的叛乱。[2]

在查理五世统治时期，王室立足于卡斯蒂利亚，建立了实际上起政府部门作用的议事会，以加强中央与地方的联系。议事会有两种类型，一类是从事卡斯蒂利亚的行政工作的议事会，例如重要的金融议事会；另一类是磋商性质的，它吸收了各个地区贵族阶层人士参加，例如1494年的阿拉贡议事会和1555年的意大利议事会。[3]

菲利普五世（1683—1746年）加强了对伊比利亚半岛的统治。三十年战争和西班牙王位继承战争暴露了王国在东部地区的特权带来的极大危险。1707年，菲利普五世取消了阿拉贡和巴伦西亚的特权，把这些王国置于卡斯蒂利亚法律管辖下，按照卡斯蒂利亚政府的用途来管理这些地区。这两个地区的特别法庭与卡斯蒂利亚的法庭没有什么不同。1714年，阿拉贡议会被解散，它的事务转而由卡斯蒂利亚议会处理。此后，巴伦西亚和阿拉贡的最高级官员不是总督，而是驻军司令。通过1716年的法令，菲利普五世对加泰卢尼亚实行了类似的改革。菲利普五世即位之初曾召开过领地议会，后来取消了领地议会，规定必须在各级司法机构使用加泰蒂利亚语言。在1709年，

---

[1] 〔西班牙〕雷蒙德·卡尔著，潘诚译：《西班牙史》，东方出版中心2009年版，第119页。
[2] 〔西班牙〕雷蒙德·卡尔著，潘诚译：《西班牙史》，东方出版中心2009年版，第130—131页。
[3] 〔西班牙〕雷蒙德·卡尔著，潘诚译：《西班牙史》，东方出版中心2009年版，第149页。

他把巴伦西亚和阿拉贡议会并入卡斯蒂利亚议会，在1724年又把加泰卢尼亚的议会并入。尽管卡斯蒂利亚的议会之后只是在1760年和1789年两位新国王即位之时召开过两次，以承认阿斯图里亚斯亲王为未来的国王，它们还是成为事实上的西班牙议会。[1]

菲利普五世时期存在着由两种机构组成的国家机构，最重要的是处理战争和外交事务的国务会议，还有作为高等法院和咨询机构的卡斯蒂利亚议会。后者的权力较大，它的顾问律师接受请愿、提案和成文建议，把它们送交议会评论。如果议会通过了就呈交国王，一旦获得国王的支持就可以成为王室文件、敕令或裁决。西印度群岛的一个平级议事会负责处理帝国问题，而其他议事会负责处理金融、战争、军事团体和宗教裁判所等事务。菲利普五世从路易十四那里借鉴了国务大臣制度。国务大臣在政府各部门，如国务（外国事务）、财政、司法和教会事务、战争、海军和西印度群岛事务中起决断作用。概括起来说，这是一种部分议会制、部分部长制的二元制政府结构。在运作中，国务大臣逐渐承担起越来越多的尤其是行政方面的责任，使得各种议事会处理的事务减少了。国务会议处在王朝管理下，它不再有权威和任命权，只有纯粹的荣誉性质。[2]

1748年以后，斐迪南六世即位后采取措施努力对卡斯蒂尔的财政体系进行改造。1749年，他借鉴法国的制度在各省都设立一名监督官，监督官在政策和财政事务上代表国王。1749年至1756年，拉恩塞纳达侯爵对卡斯蒂利亚各省进行了有关不动产和收入的详细调查。

---

[1] 〔西班牙〕雷蒙德·卡尔著，潘诚译：《西班牙史》，东方出版中心2009年版，第169—170页。
[2] 〔西班牙〕雷蒙德·卡尔著，潘诚译：《西班牙史》，东方出版中心2009年版，第171页。

拉恩塞纳达侯爵制作的土地清册显示,即使拥有土地的贵族和教士支付全额的税收,税收还是很低,然而贵族特权阶层仍对征税感到恐惧,他们拖延税收改革,直到查理三世废除它。卡斯蒂利亚的王室税收制度始终复杂而无效。[①]

在绝对主义时期,天主教会是西班牙王室的盟友,它在国家的政治和经济方面起了重要的作用。在战争期间,天主教会发动民众起来支持国家与新教国家的战争。所以,国王把大片土地提供给主教和修道院作为回报。教会则提供可靠的收入,包括三分之二的十一税和农民上交的什一税。从斐迪南和伊莎贝拉时代起,西班牙君主就有权提名西班牙大主教候选人。在教皇克莱门特十一世的支持下,菲利普五世开始扩大对西班牙教会的控制。斐迪南六世在位时确认了王室有权提名主教和其他高级教会职务的人选,并可以对教会财产征税。查理三世时期,教皇诏书和敕令在西班牙出版必须经过王室的同意。[②]

查理三世(1759—1788)对耶稣会采取了打击政策,取消他们传播教义的权力。王室对大学享有权威,1767年,担任塞维利亚监督官的巴勃罗·德·奥拉维德在塞维利亚大学没收耶稣会财产的过程中,实行教育改革,修正了大学的大纲,把现代物理、天文学、认识论、自然法和国家法纳入教学大纲。西班牙的启蒙运动同步展开。

3. 财政制度

查理五世统治末期,战争债务消耗了卡斯蒂利亚金库平时收入的

---

① 〔西班牙〕雷蒙德·卡尔著,潘诚译:《西班牙史》,东方出版中心2009年版,第172页。
② 〔西班牙〕雷蒙德·卡尔著,潘诚译:《西班牙史》,东方出版中心2009年版,第173—174页。

68%。查理五世从欧洲（主要是意大利和德意志）以32%的利率借了将近2900万杜卡特。到1565年武装干涉尼德兰前夕，它耗去了卡斯蒂利亚84%的财政收入。到菲利普二世（1527—1598年）统治时期，国家债务的总额达到了岁入的8倍。一代人以后，在奥利瓦雷斯担任大臣时期，大约93%的国家支出都花在对外政策方面。[①]

西班牙债务的一部分，尤其是菲利普二世统治时期是用来自美洲的金银支付的，当时正是萨卡特卡斯和波托西的银矿开始大量产出白银的时候。王室除了从殖民地获取五一税，还收入了来自新大陆的名目繁多的税收。菲利普二世统治时期，国家从官方途径获得了超过6450万杜卡特的收入，而从私人贸易者手中进入西班牙半岛的金银难以估量。[②]然而，帝国财政需求的负担越来越多地落到卡斯蒂利亚纳税人的身上。

荷兰起义不断地消耗着西班牙政府的金钱，使财政部负债沉重，把国家推向破产。在1566年之前，西班牙在卡斯蒂利亚、地中海和佛兰德斯的年度军事开支总额一度高达200万杜卡特，到1570年超过了400万杜卡特，到1598年估计达到1000万杜卡特。[③]

1556年，菲利普二世继承了卡斯蒂利亚王位，他统治时期债务规模扩大。短期贷款转换成为长期债务后，债务的增长快于常规岁入的增长。合并债务的利息开支从1554年的3293亿马拉维迪，增至1560年的5.507亿马拉维迪。王室常规收入在1559年时为5.3亿马

[①] 〔西班牙〕雷蒙德·卡尔著，潘诚译：《西班牙史》，东方出版中心2009年版，第151页。
[②] 〔西班牙〕雷蒙德·卡尔著，潘诚译：《西班牙史》，东方出版中心2009年版，第151页。
[③] 〔西班牙〕雷蒙德·卡尔著，潘诚译：《西班牙史》，东方出版中心2009年版，第155—156页。

拉维迪，它要应对 5.427 亿马拉维迪的合并债务。经济的不景气使得菲利普二世在 1560 年 11 月第二次暂缓偿债。①

国王采取一些财政措施来增加常规收入。1558 年对羊毛出口增收一种新的关税，同时赋予与佛兰德尔进行贸易的王国臣民优惠待遇，之后在 1563 年取消。税率于 1556 年上调。经亨利四世授权，北方港口的关税（海洋什一税）从 1469 年起由卡斯蒂利亚海关总督征收和掌管。1559 年，卡斯蒂利亚海关总督去世后，菲利普二世下令收回海洋什一税的征收权。1562 年，税率上升了 150%；1564 年，食盐成为王室专卖；1566 年，课征于西班牙语美洲贸易的新税收入翻了一番。所有这些王室常规收入的增加微不足道。在 1556—1560 年，巴利亚多利德的会议同意将于 1556 年到期的税额延期到 1557—1561 年。于 1559—1560 年在托雷多召开的会议同意增加税率 37%，为期 15 年，从 1562 年开始执行。王室同意这种增税措施。② 从 1566 年起，与尼德兰的冲突加剧了卡斯蒂利亚王室的财政困境，继续采取的短期贷款等应急手段使得卡斯蒂利亚财政负担不断加重。在这个时期，王室可以直接支配的从西属美洲输入的财富达到将近 400 万杜卡特，而佛兰德斯主计大臣大约征收到 900 万杜卡特的税收。卡斯蒂利亚纳税人承担的负担是 500 万杜卡特。③

---

① 〔英〕理查德·邦尼主编，沈国华译：《欧洲财政国家的兴起：1200—1815 年》，上海财经大学出版社 2016 年版，第 205 页。
② 〔英〕理查德·邦尼主编，沈国华译：《欧洲财政国家的兴起：1200—1815 年》，上海财经大学出版社 2016 年版，第 206 页。
③ 〔英〕理查德·邦尼主编，沈国华译：《欧洲财政国家的兴起：1200—1815 年》，上海财经大学出版社 2016 年版，第 205—207 页。

第四章 中欧、东欧绝对主义国家

第一节 勃兰登堡-普鲁士

1. 旧帝国体制

1500年奥格斯堡等级会议使马克西米利安接受了等级制的帝国执政府制度。执政府由20名成员构成,其中包括各选侯、教会和世俗诸侯各1名,奥地利和勃艮第的代表、高级教士和伯爵以及帝国城市的代表、新建的6个行政区的代表各1名,由他们行使全部政府权力。执政府在国王或他指定的代表主持下在纽伦堡开会。在国王缺席的情况下它可以单独处理帝国事务,并且可以对外代表帝国。但是,如果两年无成效,帝国执政府将宣告解散。帝国是以等级联合的思想为基础创立的,这个制度十分脆弱。①

在德意志帝国之下设立帝国行政区。最初,新的政区在地理上是选举区。当时成立了6个行政区:法兰克尼亚、巴伐利亚、士瓦本、上莱茵、下莱茵-威斯特伐利亚和萨克森。选侯领地和哈布斯堡世袭领地不包括在内,因为它们在帝国执政府中已有代表。从1507年起,

---

① 〔德〕格哈尔德·厄斯特赖奇:《从中世纪末期到旧帝国结束的体制史》,载〔德〕马克斯·布劳巴赫等著,陆世澄、王昭仁译,高年生校:《德意志史》(第二卷上册),商务印书馆1998年版,第446—447页。

行政区等级会议有权选举最高法院的陪审官。1512年，行政区增加了奥地利、勃艮第、上萨克森和莱茵选侯邦，达到10个。各选侯邦和奥地利世袭领地也都被包括在内。马克西米利安在1498年重建了宫廷枢密院和宫廷总理府。[①] 1521年，沃尔姆斯帝国等级会议建立了第二届帝国执政府。

1555年，奥格斯堡帝国等级会议决议规定的帝国执行条例完成了帝国制度。新政区首脑被新政区最高长官所代替。1555年，奥格斯堡帝国等级会议制定了第二个基本法《宗教和约》。1555年，奥格斯堡帝国等级会议还为巩固帝国军事体制做了工作。

帝国等级会议从16世纪初就制定了一些重要的法律。1512年，制定了针对投机交易的反垄断法。1523年，制定了帝国关税法。1525年，制定了海尔布隆帝国体制草案，全面改革法院制度，把教会财产充作俗用、废除徭役和封建负担，以加强中央权力。1530年和1548年，制定了帝国公安条例。1532年，制定了卡罗利纳刑法典。1535年，制定了羊毛输出禁令。1559年，制定了帝国铸币条例。[②]

德意志帝国国会继续存在，但它的权力在衰减。例如在15世纪末马克西米利安一世统治时期和1520年代查理五世时期，尽管德意志帝国皇帝意在加强自己的权力，但是由于外国的干扰，这些努力没有效果。此外，查理五世时期的宗教改革使他的统治力量分散了。新教王公抵制皇帝的权力，而巴伐利亚公爵等天主教王公也利用这个时

---

① 〔德〕格哈尔德·厄斯特赖奇：《从中世纪末期到旧帝国结束的体制史》，载〔德〕马克斯·布劳巴赫等著，陆世澄、王昭仁译，高年生校：《德意志史》（第二卷上册），商务印书馆1998年版，第447—448页。

② 〔德〕格哈尔德·厄斯特赖奇：《从中世纪末期到旧帝国结束的体制史》，载〔德〕马克斯·布劳巴赫等著，陆世澄、王昭仁译，高年生校：《德意志史》（第二卷上册），商务印书馆1998年版，第453—454页。

机削弱皇帝对自己领地的权力。

从15世纪末起，德意志帝国议会组织成为三个院：选帝侯院、帝国王公院和帝国城市院。后两个院的内部组织得到发展。较小的王公和城市共同拥有1票投票权，较重要的王公和城市代表每个人拥有1票投票权。在帝国议会休会期间，阁员自行通过委员会展开活动，对院的成员的限制逐渐加强。

这些制度发展削弱了皇帝的影响。皇帝发现日渐难以在实行自己的主张时取得议会的一致同意。三十年战争最初阶段德意志帝国军队的胜利，使得斐迪南二世产生了逐渐恢复帝国权威的想法。他开始根据自己的喜好增补帝国议会的议员，例如忠诚的信奉天主教的奥地利的贵族，并且制定新的法律。在《威斯特伐利亚和约》签订之前，他已经在帝国议会就多数决策的原则和反对派商谈。由于《威斯特伐利亚和约》允许世俗化的主教作为新教成员加入帝国议会，它削弱了皇帝在帝国议会的权力。

1648年的《威斯特伐利亚和约》没有对巩固德意志帝国的体制起到积极作用。它承认各等级在外交、内政和宗教政策上的自由，削弱了帝国权力。到了17世纪，等级会议的权力进一步衰落。例如，在巴伐利亚，州等级会议对宗教改革表示支持，造成天主教公爵纠集所有反宗教改革的势力去攻击他们。1669年的议会是巴伐利亚议会史上的最后一次。此后直到18世纪末，只有邦议会的常设委员会每年召开两次，行使邦议会征税和财政管理的职能。在巴伐利亚如同在德意志的其他部分一样，三十年战争削弱了贵族和城市市民的力量，他们难以抵挡拥有军队的王公的侵害。[1] 在三十年战争期间，马克西

---

[1] A. R. Myers, *Parliaments and Estates in Europe to 1789*, London, 1975, pp.106-107.

米利安一世通过征税法令，大规模使用军队进行统治。1612年以后，有57年不再召集议会。1648年以后，皇帝利奥波德一世默许帝国议会存在的现实。他在1663年召开帝国议会时，允许帝国议会有固定的会期，一直到1806年帝国被解散才取消。

1654年，帝国等级会议做出决议，其中第80条规定，臣民和邦国重新承担向行政区提供资助和向帝国的军事组织提供资助的义务，强迫他们负责维持帝国的要塞和驻屯军。诸侯征收军税的权力部分合法化。帝国皇帝的统治权由于帝国等级会议的参与受到约束。帝国议会作为独立国家的代表组成的大会，成为一个常设的谈判中心。此后，邦等级会议通常不再在征税和征召军队这些决定性的领域采取行动。

2. 邦议会

在德意志，王权在授职权之争中被削弱，最终在弗里德里希二世死后崩溃，国家权力遂转入王公之手。但是继承人并没有忘记他们是德国的一部分，一些纽带使他们仍受皇帝的束缚。在这种形式下，产生了复杂的代议制度。一些教士、贵族和城镇继续对皇帝表示忠诚；另一些则臣服于较小的王公，只是间接地从属于帝国。长期以来，在直接臣从于皇帝的贵族和那些社会经济身份不高的小贵族之间存在着明显的界限，后者常常拒绝参加王公的邦议会。这种情况持续到16世纪。此时帝国的自由骑士的权力已经不复存在了。同时，像汉堡、曼恩河上的法兰克福等少数城市非常富裕，足以保持他们作为帝国自由市的权力。到1806年，他们可以不再去参加省的议会，而参加帝国的国会。高级教士有很高的社会地位，可以直接被邀请参加省的等级会议，这对他们的地位没有什么威胁。但高级教士和大主教继续保持待在邦议会之外，直到宗教改革摧毁了他们在新教地区的权力。

到14世纪后期，邦议会成为德意志完全独立的王国。通常它们由教士、贵族和城镇代表三个等级组成。但在斯蒂利亚和卡林西亚，直到14世纪结束时还没有城市代表参加邦议会。一般来说，王公召集城镇代表参加等级会议有具体的目的，因为他们需要城镇特别是在组织军队和发动战争时在财政上支持政府的运作。但是在邦议会中，召集来的城镇代表产生的影响差别较大。德意志北部的勃兰登堡，领主的影响到15世纪已经非常大了，许多城镇不得不从属于领主，而不直接从属于皇帝或帝国王公，因此它们不参加邦议会。在德国西南部，城市数量众多并且十分重要。例如在符登堡，1498年的邦等级会议有13名修道院长、30名骑士和来自40个城镇的120名城市市民代表参加。由于城镇对周围的乡村有行政影响，城镇代表可以宣称自己代表周围的地区。在勃兰登堡公国，贵族日渐作为乡村和农民的代表出现。

农民很少在邦等级会议中有自己直接的代表。似乎只是在那些农民享有异常的经济和社会活动独立性的地区才出现农民直接有代表进入等级会议的情况。在东弗里斯兰自由持有农非常繁荣，他们在沼泽地养牛，农民尾随骑士和市民构成等级会议中的第三等级的情况难以制止。在蒂罗尔和瑞士也一样，吃苦耐劳的农民无法取得行政管理和司法自治机构中的官职，从14世纪起农民固定地构成了等级会议的第四等级。[1]

1356年，帝国皇帝查理四世颁布了《黄金诏书》，改变了先前帝国选侯不固定的状况。7个选侯被授予领土的统治权。他们有权铸币

---

[1] A. R. Myers, *Parliaments and Estates in Europe to 1789*, London, 1975, p. 76.

和进行司法终审,对反对他们的叛乱者处以极刑。世俗选侯的土地根据长子继承制传递,以防止土地碎化。选侯和其他王公都被鼓励巩固他们的统治权力和领地,以及建立联盟抵抗城市的竞争。

选侯与王公的力量和他们的骚乱,时常促使统治者定期召开等级会议,以对付变化无常的王公联盟的威胁。但是,如果王公始终很虚弱,如14世纪在许多王公领地那样,统治者会固定地召开等级会议。在迈森,侯爵因为银矿产出的下降而变得贫穷,而且由于土地被继承人平分而势力削弱。在巴伐利亚,由于继承,领土一再被划分,这使得等级会议坚持要增强它的权力。于是,1356年在上巴伐利亚建立了一个由贵族和平民组成的委员会来监督对家畜征收赋税,两年以后下巴伐利亚任命了类似的委员会。

并不是帝国所有的领地上都有强有力的等级会议。黑森和帕拉丁的等级会议只能间歇地行使其权力。但是,许多其他公国领地,如勃兰登堡、萨尔森、马尔克、克利夫斯,在15世纪末巩固地建立了等级会议。它们有相当的特权、常设委员会和常设官员。此时,作为邦国统治者的王公不仅是家族的首领,他们还能够把等级会议作为行政管理尤其是征税的工具。从这时起,王公的权力持续地发展起来。[1]

勃兰登堡的等级会议在15世纪非常强大,但由于战争造成的对城市的摧毁和破坏使其失去了经济发展的力量。地主贵族取得了司法、社会和经济权力,而大选侯承认这种现实,承认地主贵族的权力,以取得地主贵族对政府和军队的支持。大选侯在与等级会议的斗争中取得了各等级给予的530000塔勒尔的资助,用于组织一支和平时期的军队,以后也未加遣散。它依靠这支军队处理国际关系,并在

---

[1] A. R. Myers, *Parliaments and Estates in Europe to 1789*, London, 1975, p. 78.

国内征收赋税，而不需征询等级会议的同意。到17世纪末终于废止了它。由于勃兰登堡-普鲁士的统治者在欧洲和国内取得了更大的权力，等级会议在德国也具有潜在的影响。①

17世纪莱茵-帕拉丁的等级会议消失了。巴登-杜拉赫德最后一次等级会议在1668年召开。霍尔斯坦因公爵领地的最后一次等级会议在1675年召开。德意志帝国一些侯国的等级会议的衰落引人注目，但是在普鲁士的克利夫斯和马尔克，等级会议很有活力。②

16世纪以后，一些邦国等级会议就开始衰退了。例如，巴伐利亚州等级会议对宗教改革表示支持，酿成天主教公爵纠集所有反宗教改革的势力去攻击他们的结果。1669年的议会是巴伐利亚议会史上的最后一次，此后直到18世纪末，只有邦议会的常设委员会每年召开两次，行使邦议会征税和财政管理的职能。在巴伐利亚如同在德意志的其他部分，三十年战争削弱了贵族和城市市民的力量，他们难以抵挡拥有军队的王公的侵害。③

在麦克伦堡，等级会议仍然很强大。它向帝国皇帝和神圣罗马帝国枢密院不止一次地提出诉求，反对大公爵在未得到他们同意的情况下征税，并且不寻常地宣言：公爵本人应当纳税。它在1755年向神圣罗马帝国枢密院提出新诉求后，签订了一份条约。这份条约确认等级会议所有的特权，包括他们的官员和他们的小委员会的权力；他们有权自由地开会；他们对赋税有控制权。在其他地区德意志王公领地的宪法都已经消失后，这个条约直到1918年仍然有效。④

---

① A. R. Myers, *Parliaments and Estates in Europe to 1789*, London, 1975, p.107.
② A. R. Myers, *Parliaments and Estates in Europe to 1789*, London, 1975, p.108.
③ A. R. Myers, *Parliaments and Estates in Europe to 1789*, London, 1975, pp.106-107.
④ A. R. Myers, *Parliaments and Estates in Europe to 1789*, London, 1975, p.109.

在符登堡，等级会议与公爵不断发生冲突。它要求大规模地扩充常备军，通过已经批准的纳税来支持这支军队。当亚历山大公爵（1733—1737年）皈依罗马天主教，并从其他天主教王公那里获得行政和军事上的支持时，新教的等级会议似乎崩溃了。1717年查理突然死去，等级会议击败了支持他的少数。法国在七年战争中战败，符登堡的等级会议有机会求助于法兰西斯皇帝，并且求助于英国、丹麦和普鲁士，以捍卫其地位。

18世纪代议制度在许多宗教公国，在选侯国特里尔和科隆，在列日、明斯特、奥斯纳布吕克、萨尔斯堡、帕德博恩、希尔德斯海姆主教管区继续存在。天主教修士团在西部教会领地如萨尔斯堡构成了第一等级。他们强大而且保守，在议会召开前审查王公的提议，他们参与控制武装力量。大教堂的成员通常占据最重要的政府官职。当主教不在时，他们占据政府空缺的职位。他们和骑士、市民一同支持议会的存在。法国大革命以后，德国许多地方的等级会议复活了。这是在17世纪和18世纪享有特权的绝对君主制。在勃兰登堡-普鲁士，伴随着国家权力的兴起，等级会议失败并最终消失了。[①]

3. 中央行政机构建设

1694年2月13日，勃兰登堡选侯发布命令正式建立枢密院。在17世纪，枢密院作为选侯领地国家主要的政府机构断断续续地存在。勃兰登堡的枢密院和英格兰、法国早期的枢密院相比在职能上有所不同。英格兰、法国的枢密院是为国王出谋划策的咨询机构，而勃兰登堡的枢密院在职权上比早期英、法的枢密院更为成熟。勃兰登堡的枢

---

① A. R. Myers, *Parliaments and Estates in Europe to 1789*, London, 1975, p.110.

密院起源于选侯的附属机构"内室"。1604年以前,选侯内室的成员并不固定。随着邦国的对外征服和扩张,外交事务越发烦琐和重要,于是设立枢密院来处理相关的事务。最初的枢密院仍属咨询机构,由4名平民和5名贵族组成,按合议制的方式运作,其成员共同对所有的行政事务负责,在枢密院全体会议上做出决策。①

以后,在1651—1660年以及1713—1722年期间,勃兰登堡的枢密院经历了两次重大改革。改革的原因是政治的需要。为了在与欧洲列强的谈判中取得有利的地位,勃兰登堡需要建立一个统一的中央集权的国家,使地方各省支持中央政府。1651年12月4日,大选侯下令重建枢密院。这次改革根据冯·沃尔德克的计划进行,内容是在枢密院设立一些专门负责某个方面行政事务的部门。其中,在1651年建立了有4名枢密顾问官组成的国家议事委员会管理财政事务;1658年,建立司法委员会以处理提交枢密院的司法审判事务。此外,在1651年以后成立了由4名枢密顾问官组成的内阁委员会。这4个人均为枢密院下属部门的首长,该委员会负责研究重要的政策,特别是外交事务。军事事务实际上转到一个以战争大臣冯·沃尔德克为首的委员会去处理。②但是,到了17世纪末叶,枢密院的地位下降了。大选侯于1698年7月20日发布条例,把枢密院完全排斥于国家事务之外,设立国务委员会来审阅所有的报告,并对重大国务做出决定。国务会议由内阁成员和各部部长组成,相当于一个中央政府。1723年以后,只有司法委员会成员留在枢密院内,国家司法委员会取代了枢

---

① R. A. Dorwart, *The Administrative Reform of Frederick William I of Prussi*a, Harvard U.P., 1953, pp. 10-11.
② R. A. Dorwart, *The Administrative Reform of Frederick William I of Prussi*a, Harvard U.P., 1953, pp. 27-28.

密院。①

弗里德里希·威廉一世即位后,将旧设国务委员会改造成为"最高财政、军事和领土委员会"(简称"总委员会")。总委员会下设5个部,每个部设1名大臣,有4—5名顾问官协助其工作。第一个部负责东普鲁士、波美拉尼亚、诺伊马克省;第二个部管理库尔马克和马格德堡,还负责军队进军的命令、军队粮秣和王室磨坊税;第三个部负责摩尔施、盖尔德斯、克利夫斯等省及盐税和邮政事务;第四个部管辖明登-拉文斯堡、特克伦堡、林根和哈尔伯施塔特,以及造币和照顾伤兵;第五个部负责司法。每周各部首长和他们的顾问官在柏林集中开4次会。总委员会由枢密长官负责。设立两个财政大臣管理国家财政事务。国库由国王亲自控制。国家中央日常事务由战争和国内事务枢密院负责。它没有下属的职能部门,也缺少行政权,重大决策仍然由选侯内室做出。1604年成立的枢密院只存在了4年。它的意义在于表明了需要一个集权的最高中央机构来处理国家内外政策。1613年4月,选侯约翰·西格斯蒙德发布命令恢复了枢密院。1613—1621年,枢密院的职能更加广泛了,包括了财政、贸易、军事补充和要塞建筑方面的职权。在三十年战争期间,勃兰登堡枢密院被一个战争委员会代替。该委员会由4个人组成,负责监督整个国家的军事行政工作,包括方针政策的制定、赋税征收和司法工作。1640年,大选侯在勃兰登堡国即位后恢复了枢密院旧有的形式和职能,枢密院仍作为中央咨询机构而存在,当大选侯出席时,它也讨论国家大政方针。在勃兰登堡-普鲁士政府机构中,财政机构得到优先发展。

---

① R. A. Dorwart, *The Administrative Reform of Frederick William I of Prussia*, Harvard U.P., 1953, p. 94.

从 16 世纪起，财政机构便开始由选侯王室财政机构向公共财政机构演变。[1] 在绝对主义开始之前的乔基姆时期（1499—1535 年），勃兰登堡国掌管的财政机构有金库、公共财务署和芬尼署。[2] 1689 年，建立了财务总管官署，负责制定预算、平衡收支。[3] 1698—1711 年，财务总管官署由总管理委员会取代。1713 年，设立财政总委员会取代了这个机构；1723 年，确立了这一设施。[4] 这样，弗里德里希·威廉一世建立了统一的中央财政机构。

1740—1786 年，弗里德里希·威廉二世在位时期普鲁士国家机构有了进一步的发展。促进国家机构发展的动因主要是军事需要。弗里德里希·威廉二世即位后要求查理六世的女儿玛丽娅·特蕾西娅交出富饶的工业区西里西亚，以换取普鲁士对她的奥地利王位的承认。这一要求遭到了玛丽娅·特蕾西娅的拒绝。随后，弗里德里希·威廉二世组织了有法国、巴伐利亚、萨克森、那不勒斯、撒丁和西班牙参加的反奥同盟，并占领了西里西亚。尽管奥地利得到英国和俄国的支持，但在战争中仍被打败。1743 年，签订了《亚琛条约》，西里西亚交由普鲁士统治。然而，这场战争并非普鲁士对奥地利的最后胜利。几年后发生了七年战争，战争冲突的核心问题仍然是普奥争夺中欧、东欧霸权的斗争。由于英国在中欧普奥的争夺中采取了不负责任的旁

---

[1] R. A. Dorwart, *The Administrative Reform of Frederick William I of Prussia*, Harvard U.P., 1953, p.109.

[2] R. A. Dorwart, *The Administrative Reform of Frederick William I of Prussia*, Harvard U.P., 1953, p.110.

[3] R. A. Dorwart, *The Administrative Reform of Frederick William I of Prussia*, Harvard U.P., 1953, pp.118, 120.

[4] R. A. Dorwart, *The Administrative Reform of Frederick William I of Prussia*, Harvard U.P., 1953, p.126.

观态度，所以弗里德里希二世遭到强大的对手的集中攻击，陷入极其危险的境地。由于奥地利统帅军事行动迟缓和俄国女沙皇彼得罗芙娜之死导致对外政策发生了有利于普鲁士的转变，才使得普鲁士转危为安，取得对奥地利的胜利。但是这场战争暴露出普鲁士的危机。普鲁士商品短缺，可供出口的货物寥寥无几。普鲁士各省的政府机构在战争中遭到很大破坏，不再向王室政府提供情况报告。[1] 此外，普鲁士中央政府的军事设施非常混乱。王国既没有战争大臣也没有总参谋部，国王的命令通过作为文官的秘书传达。这些弊端亟待改进。

1746年2月，弗里德里希二世吸取了西里西亚战争的教训，建立了总委员会第六部，把原属第二部的关于军队进军指挥权和装备事务等军事权力交给第六部，该部成为专门的战争部。1784年5月，弗里德里希二世颁发了总委员会《条例》，对1722年弗里德里希一世制定的《条例》做了84处修改。1748年的《条例》主要条款有37条，它规定了各部门的职责权限，要求减少各部门之间无原则的争执。1761年，弗里德里希二世任命陆军中将冯·魏德尔为战争大臣，负责战争财政和考察军事将领的第二部和第三部仍旧存在。这样，军事指挥权与军事行政权开始分离。[2] 1763年以后，弗里德里希二世调整了一些部的职权，使三个部门即原有的负责财政的总委员会、司法部和国外事务部处于同等重要的地位。1766年，从第一部中分出了独立的普鲁士-立陶宛部。1768年，建立了矿产开掘和冶金部。1770年

---

[1] W. Hubatsch, *Frederick the Great: Absolutism and Administration*, London, 1975, pp.112-113.

[2] W. Hubatsch, *Frederick the Great: Absolutism and Administration*, London, 1975, pp.128,156.

建立了第八部即林业部。① 弗里德里希二世在调整总委员会下属各部的同时，在它以外继续保留管理部分中央政府部门的"机密国务委员会"，以及分管部分地区行政的机构"战争和管区院"。机密国务委员会以下设立国家司法委员会、司法部、宗教事务部（1764年以前概不隶属于司法部，1764年以后独立）、西里西亚司法大臣、被称为"内阁"的国外事务部、战时宗教法庭。② 此外，普鲁士于1766年设立了"税务署"，负责征收消费税和关税。③ 弗里德里希二世之所以设立税务署，部分原因在于总委员会拒绝和他合作，并拒绝实施他提出的在经济萧条中通过增加税收重建国家的计划。然而随着税务署权力的扩大，它遭到其他行政部门官员的不满和攻击，最后于1780年被解散。④

弗里德里希二世下令起草了一部法典，以后由他的继位者颁布。这部法典的内容相当于一部宪法。它规定了公民之间的相互关系，还规定了公民和国家之间的关系，它既是一部民法典，又是一部刑法典。它规定的普遍原则和1791年宪法中的《人权宣言》所包含的原则相似。法典宣布，国家和公民的幸福是社会目的之所在；法律不能限制公民自由和权利，除非出于共同意志和目的；国家的每个成员均应根据其地位和财产为公益而工作，个人权利应当服从公益。法典没

---

① W. Hubatsch, *Frederick the Great: Absolutism and Administration*, London, 1975, pp. 242-243.
② W. Hubatsch, *Frederick the Great: Absolutism and Administration*, London, 1975, pp. 242-243.
③ H. Rosenberg, *Bureaucracy, Aristocracy and Autocracy, The Prussian Experience, 1660-1815*, Boston, 1966, p. 127.
④ H. Rosenberg, *Bureaucracy, Aristocracy and Autocracy, The Prussian Experience, 1660-1815*, Boston, 1966, p. 197.

有提及有别于国家权力的个人权利，国家成为指谓王权的唯一名词。但是法典谈到普遍人权，普遍人权建立在谋求自身利益而不损害他人权利的天赋自由之上。一切未被自然法和国家法律禁止的行为都是允许的。每个国家的居民有权要求国家保护其人身和财产，假如国家不进行援助，他有权以武力自卫。

在陈述了这些重大原则之后，立法者没有像1791年宪法那样，从中引出人民主权的信条和自由社会中人民政府的组织，而是突然一转，强调国王乃是国家的唯一代表，并赋予国王在社会中拥有一切权力。在这部法典中，君主不再是上帝的代表，而是社会的代表、社会的代理人、社会的公仆。弗里德里希二世在他的著作中清清楚楚地写到，唯有君主代表社会，他独自行使一切权力。法典序言中写到，为整个社会谋利——社会的唯一目的——的义务属于国家元首，他被授权为此目标指挥和调整一切个人的行动。这位全能代理人的主要义务包括：在国内，维护公共和平与安全，保障每一个人不受暴力侵犯；唯有他才有权颁布法律，制定普遍的警察规章制度；唯有他拥有权力赦免和撤销行政诉讼。在国外，他有权缔结和约和宣战。

国内的一切联合体、一切公共设施均服务于全民的和平与安全，受君主监督领导。为使国家元首能够履行这些职责，必须使他拥有一定的收入和实权，因而国家元首所有权根据私有财产，根据他的人身、职业、商业、产品或消费，制定捐税。公职官员在他们的职责范围内，以国家名义发布的命令，应该被遵从实行，同元首本人的命令一样。

当时农村居民除某些地区和某些地方外，尚处于世袭奴役之下，世袭奴役不仅限于与占有一定土地而具有的劳役和服役，还扩展到土地占有者的人身。法典重新认可土地所有者的大部分特权，这些特权是违背法典的。法典宣告,国家不得损害任何这类特权,除非通过赎买和履行司法手续。

法典宣布贵族阶级是国家的主要团体,并且明文规定,贵族中有能力者应被优先提名担任所有荣誉职位,唯有贵族才能拥有贵族财产,才能实行代理继承,才能享有贵族地产固有的狩猎权和司法权。资产者即使成为贵族财产的占有者,也不能将贵族财产留给资产者的继承人,除非继承人属于第一亲等。在没有这类继承人或其他贵族继承人的情况下,死后财产必须拍卖。

弗里德里希二世法典最具特色的部分是其中附加的有关政治方面的刑罚。条文规定,不仅起义与密谋者将遭到最严厉的处罚,就连对政府法令不尊敬的批评也在严厉镇压之列。严禁购买、散发危险读物;印刷、出版、发行者要对作者的行为负责。舞会、化装舞会和其他娱乐活动被宣布为公开集会,必须得到警方批准,在公共场合聚餐也是如此。出版自由受严密专横的监督。禁止携带火器。

最后,这部法典还包括一些属于社会政策的规定。法典宣布:凡无力维持生活、无权取得领主赈济和公社赈济者,其衣食、雇佣、工资均由国家负责解决,必须保证这些人有力所能及的工作。国家必须成立拯救公民贫困的设施。此外,国家有权取消那些鼓励好吃懒做的基金,把这些设施所拥有的钱财散发给穷人。[1]

弗里德里希二世的法典表现出极大的内在矛盾性,它在理论上非常大胆,但是在措施上谨小慎微,法典虽然在外表上革新甚多,但实际革新很少。

---

[1] 〔法〕托克维尔著,冯棠译,桂裕芳、张芝联校:《旧制度与大革命》,商务印书馆1992年版,第246—249页。

1786年弗里德里希二世去世，以后20年间政府各部和大臣的活动表现出更大的独立性，他们以牺牲王权的至上地位为代价来日益扩大自己对社会公共生活的控制权。弗里德里希二世末年，军事廷臣冯·皮斯霍尔德等便控制了王室权力。到了弗里德里希·威廉三世在位时期，内阁枢密官门肯·贝梅和伦巴德的权力加强，起了削弱王权的作用，中央权力日益集中到占据高位的行政官僚手中。[①]

在18世纪，普鲁士绝对主义制度得到很好的发展。这种发展的一个本质的特点是形成了一个与行政系统的建设和运行有关的新的法律系统"公法"。

普鲁士式的国家本质上是通过权力的非个人化和客观化，超越作为元首的有形的个人而形成的。公法通过这样一些人使国家具有组织化的实体形象。这些人在原则上可以互换。P.希尔拉对于在弗里德里希二世统治下达到顶点的行政建设作了如下的概括："王公设法以一个他自己的直接依附于他的忠实于他的起源于委员会的任职官员为基础的机构来取代等级会议的行政机构。尽管他们与作为个人的王公有密切联系，但与此同时，官员们构成了一个被授权从内部推动它的统一体，而不是完全依赖于王公个人。王公经常协调各种行政机构分支的活动；但是，后者由它自己的组织机构在自己的推动力下运转。在行政机构和王公之间有一条纽带，而且确切地说是一条被拉得很长的纽带"；"和王公的正式关系仍然是个人的关系，但是王公这个人本身在很大程度上成为这样一种东西，即他自己被看作是国家的第一个奴仆"。[②]

---

① H. Rosenberg, *Bureaucracy, Aristocracy and Autocracy, The Prussian Experience, 1660-1815*, Boston, 1966, p.198.
② 〔美〕贾恩弗兰克·波奇著，沈汉译：《近代国家的发展——社会学导论》，商务印书馆1998年版，第76—77页。

4. 军队和警察

德意志诸邦国由于区域性领土防卫的需要发展起了地方性的固定的军事制度。在德意志帝国的边疆地区，萨克森王公把领土分成若干防卫区，授命区军事长官在紧要时征集军队保卫当地居民。奥地利的领土一直受到土耳其人的威胁，由等级会议发起，从1470年开始加强军事组织。奥地利下属诸省的领地议会把领土分成若干军事区，征收防务税，并在16世纪最初20年形成了统一的军事组织。16世纪最后10年，在拿骚建立了由本地人组成的经过训练的军队。稍迟一些在巴拉丁也建立了这种军队。在曼海姆、齐根、迪伦堡、海德堡等小邦国也纷纷建立了领地防卫力量和要塞。[1]

从16世纪后期开始，德意志的军事组织迅速发展起来。1585年设在法兰克福的帝国最高军事机构"军事代表团"在宗教冲突中瘫痪以后，在德意志帝国领土上实行了征募士兵制度。1654年颁布的帝国条令第180条和1658年选侯议定书为建立地方防卫组织奠定了法律基础。它规定自由持有农、臣民和自治市市民有义务保卫帝国的要塞、基地和驻防地。1713年以后，地方军队在平时从事地区防卫，在战时补充常备军。[2] 这种防卫制度的建立是把防卫由公众的职能转为统治者权力的过程。

在勃兰登堡国，从15世纪初起，伴随着占据统治权的条顿骑士团贵族的衰落，容克兴起了。以后容克一直拥有军事力量，他们构成了对王权的威胁。[3] 因而勃兰登堡国的统治者格外注重发展和拥有武

---

[1] G. Oestreich, *Neostoiccism and the Early Modern State*, Cambridge U.P., 1982, p.230.
[2] G. Oestreich, *Neostoiccism and the Early Modern State*, Cambridge U.P., 1982, pp.221-223.
[3] Hans Rosenberg, "The Rise of the Junkers in Brundenburg-Prussia 1410-1653", *American Historical Review*, no.49, 1944, pp.6-8.

装力量。1660—1672 年勃兰登堡国有军队 7000—12000 人，1688 年为 30000 人。① 到弗里德里希二世即位时，勃兰登堡国有总数为 80000 人的军队，有 32 个步兵团、12 个骑兵团、6 个轻骑兵团、2 个炮兵营、6 个要塞营和 4 个城市守备团。弗里德里希二世进一步扩大军队编制，增加了 16 个步兵营和 23 个骑兵营。1746 年，设立后方勤务部负责军队给养，1756 年，把军队扩充到 158000 人。1765 年，弗里德里希二世在柏林创办了负责训练军事指挥官的贵族学院，1766 年又建立了制图和地形学校，培养专门军事人才。1763 年以后，他根据七年战争的教训，任命青年军官担任军队高级职务。

普鲁士在 17 世纪进行行政机构建设的同时，也加快了军队建设的步伐。当弗里德里希·威廉一世 1713 年成为普鲁士国王时，普鲁士军队共有 39949 人。其中有步兵 21746 人，守备队和自由卫队 4871 人，骑兵 7737 人，炮兵 527 人，工兵 5076 人。1715 年，普鲁士军队共有 45553 人。其中有步兵 35134 人，骑兵 9914 人，炮兵 505 人，工兵 5076 人。1731 年，普鲁士军队共有 76546 人。其中有步兵 48967 人，守备队和自由卫队 3650 人，骑兵 15876 人，炮兵 1208 人，工兵 41 人，新型警备队 4832 人。②

1763 年以后的 40 年间，普鲁士进行了军事改革，重新建立了一支军队。地理因素是普鲁士军事发展的一个主要原因。按照 17 世纪的标准，普鲁士的领土缺乏完整性。普鲁士王国的三个部分：克利夫-马尔克、明登-拉文斯堡和最初的普鲁士-威斯特伐利亚，都是

---

① H. Holborn, *A History of Modern Germany, 1648-1840*, New York, 1964, 2 Vols, p.65.
② Rodney Gothelf, "Frederick William I and the Beginning of Prussia Absolutism, 1713-1740", in Philip G. Dwyer, ed., *The Rise of Prussia 1700-1830*, Pearson Education, 2000, p.59, Table 2.1.

缺乏战略支撑、易受攻击的地区。在1713—1814年，这些地区都缺少一个可靠的杠杆支持。横穿的莱茵河和鲁尔河的战略边界在中部地区特别容易遭受攻击。腓特烈二世继承下来的4万余人的军队数量很小，不足以保卫国家。[1] 七年战争之后，腓特烈二世把军队增加到15万人。1733年普鲁士把国家分成若干征兵区，年龄在18—40岁的健康男子都要登记服兵役。1814年，颁布了《防卫法》，要求军人服役3年，建立一支相对来说人数不多但非常精悍的军事力量，包括配备来复枪的步兵、骑兵和炮兵。[2]

在普鲁士，中世纪封建割据的后果比英国和法国更严重。从14世纪后期到16世纪中期，各个城镇自己负责治安。在农村普遍实行习惯形成的由土地贵族担任治安警察的制度。到17世纪，这种地方治安制度为大选侯所确认。在15世纪和16世纪城市衰落后，普鲁士城市开始争取警察指挥权。普鲁士警察制度的建立开始于18世纪。当时中央以下的警察指挥官有两类，一类是控制管理广大乡村的县长，一类是城镇征税官。他们后来成为警察监督机构，实际控制着宪兵队和治安法官。他们常以警令的形式发布禁令。[3]

到18世纪中期弗里德里希二世实行改革建立警察制度时，派出官员去法国巴黎向警察总监萨蒂学习警术，他把法国警察制度作为学习的模本。1742年，弗里德里希二世任命了王室警察长官；1809年，

---

[1] D. Ennis Shawalter, "Prussia's Army: Continuity and Change, 1713-1830", in Philip G. Dwyer, ed., *The Rise of Prussia 1700-1830*, Pearson Education, 2000, pp.221-222.

[2] D. Ennis Shawalter, "Prussia's Army: Continuity and Change, 1713-1830", in Philip G. Dwyer, ed., *The Rise of Prussia 1700-1830*, Pearson Education, 2000, pp.223,227,233-234.

[3] H. Holborn, *A History of Modern Germany, 1840-1945*, New York, 1969, p.441.

确认了这一官员为全国的警察长官。《提尔希特和约》签订后,在全国实行的改革使城市和资产阶级恢复了活力。但城市仍然表示拒绝管理警察的权力。于是王室任命了各大城市的警察长官。[1]在18世纪和19世纪的普鲁士,专职的王室官员在管理各大城市的警察事务中起了很大的作用。全国的警察组织出现了,但还不完善。拿破仑战争以后,普鲁士仿照法国的模式在乡村建立了宪兵队。[2]

1530年,德意志帝国的敕令赋予城镇和乡村一项职责,为居住在当地的贫民提供食物,领地王公也颁发了类似的命令。[3]勃兰登堡国在1696年颁布了一项命令,授权教区为应当救济的贫民提供就业机会,同时惩罚那些不该救济者,但所有的济贫费用都通过自愿捐助的方式募集。在柏林,政府建立了贫民救济委员会,由这个机构掌握政府的救济金,任何贫民都可以申请。到1740年,在普鲁士所有的主要城镇都建立了贫民院。以后,授权地方当局征收强制性的贫民捐。[4]

5. 重商主义经济政策

国家实行重商主义政策以推动资本主义工商业,这在德意志诸邦国特别是普鲁士最为典型。这一过程开始于弗里德里希·威廉一世执政时期,到弗里德里希二世时期发展到巅峰。

17世纪末到18世纪初,在德意志出现了一批为政府经济政策提

---

[1] H. Holborn, *A History of Modern Germany, 1840-1945*, New York, 1969, p.107.
[2] David H.Bayley, "The Police and Political Development in Europe", in Charles Tilly, ed., *The Formation of National States in Western Europe*, Princeton U.P., 1975, pp.345-347.
[3] E. Segerra, *A Social History of Germany 1648-1914*, London, 1977, p.165.
[4] William Doyle, *The Old European Order, 1660-1800*, Oxford U.P., 1984, pp.132-133.

供理论依据的"官房主义"经济学家。他们中有泽肯多夫、贝希尔、赫尼希克、施罗德、尤蒂斯和宗南费尔斯。这批学者在著作中援引英国、荷兰和法国的经验，强调扩大贸易、建立手工工场和更好地利用矿山资源，认为这些是增加国库收入和筹措大宗军费的有效手段。他们主张繁荣经济，扩大臣民的福利，使君主从中获得更大的利益。有的学者提出，君主必须将自己的幸福建立在臣仆幸福的基础上，主张开明专制主义。他们这些主张为普鲁士和奥地利的君主所青睐。政府在哈雷大学和法兰克福大学举办了讲座，用这些学者的理论来培养行政管理官员。尤蒂斯被奥地利内务大臣豪格维茨伯爵所聘用。奥地利行政当局发文指示下属争取贸易顺差，限制进口和增加出口。[①] 推动资本主义工商业的经济政策成为国家有意识的系统行动。

普鲁士王国在弗里德里希·威廉一世即位后，立即下令创办以本国羊毛为原料的毛纺织业。他允许外国的毛纺织工人迁入，并在柏林筹建了一个货栈作为国营羊毛包买站，为毛纺织手工业者提供原料并收购他们的成品。普鲁士国家是毛纺织业最大的雇主，毛纺织业要为普鲁士军队提供各种制服呢料。此外，它还为俄国军队提供毛织品数年之久。[②] 夺取西里西亚以后，普鲁士因为拥有那里较为发达的棉纺织业而具有达到欧洲水平的工业。1737年弗里德里希·威廉一世派官员德克视察了鲁尔区的煤矿生产后，德克提出了一份提高煤矿生产能力的计划。根据德克的建议，弗里德里希·威廉一世于1737年7月颁布了煤矿法令，并于次年建立矿山署监督矿业生产和规定售价。在

---

① 〔德〕汉斯·豪斯赫尔著，王庆余等译：《近代经济史》，商务印书馆1987年版，第221—222、260—261页。
② 〔德〕汉斯·豪斯赫尔著，王庆余等译：《近代经济史》，商务印书馆1987年版，第253—257页。

1750年代和1760年代又公布了修改的法令。国家干涉促进了煤的生产。马克郡的煤产量由1727年的467875蒲式耳增加到1790年代的1707461蒲式耳。[1]

1740年即位的弗里德里希二世认为,改革和建立一个有效能的行政机构可以推动国家经济发展。他希望较大幅度地持续增加国家的岁入。他首先把希望寄托在工业发展上。他说:"工业创造真正的利润",发展普鲁士工业需要大量廉价的粮食和纺织品,而这些必须通过发展农业生产来获得。"没有农业便没有商人、国王、诗人和警察"。[2]

当时普鲁士广泛地存在着农奴制。对农奴的人身束缚严重阻碍了农业生产力的提高。弗里德里希二世意识到必须废除农奴制,才能改进农业技术和提高农业产量。然而,普鲁士在废除农奴制方面只采取了有限的措施。1748年普鲁士《条例》的第七款中提到:"希望所有富于理性的土地所有者能采取措施。"[3] 当时政府有限的目标是首先解放担任公职的和有产业的农民,限制农奴每周服劳役的天数。七年战争以后这项改革开始实施。1763年5月22日,弗里德里希二世在给波美拉尼亚战争和产业委员会的指令中宣布:"在乡村由王室、贵族和城镇领有农奴的制度从现在起应当完全取消。"同年12月,波美拉尼亚等级会议对此取得一致的意见。根据1769年9月的命令,于1770年在西里西亚废除了农奴制;根据1773年9月和10月的命令,

---

[1] W. O. Henderson, *The State and the Industrial Revolution in Prussia 1740-1870*, Liverpool U.P., 1958, pp.29-31.

[2] W. Hubatsch, *Frederick the Great: Absolutism and Administration*, London, 1975, pp.173-180.

[3] W. Hubatsch, *Frederick the Great: Absolutism and Administration*, London, 1975, p.178.

在东、西普鲁士取消了农奴制；1784年9月，将威斯特伐利亚的农奴无限期的服役改为有限制的服役，部分减轻了农奴的负担。[①]

1753年，弗里德里希二世派高级林政官雷赫但茨去西里西亚调查增产铁矿石的可能性。经他的建议，在那里建造了三座鼓风熔铁炉。1756年，普鲁士国王颁布法令提取西里西亚矿产的十分之一。以后又于1769年颁布新的西里西亚矿业法，宣布国王有权把某些地区指定为王室有采矿特权的地区，私人在该地区采矿必须得到国王的特许，并对私人所占的矿山的股份做出了具体规定。70年代以后国王在马拉潘地区建立的铁工厂生产了质地优良的生铁。获得的收入后来用于上西里西亚规模更大的国有铁工厂的投资。[②]1790年，弗里德里希二世授权海因利茨发展西里西亚煤业。他在那里建立了王家矿山，产量1793年为1847吨，1801年为30699吨，1840年增至51276吨。1807年西里西亚矿产总值为180万塔勒尔，其中铁产为129.6万塔勒尔，煤产为29.3万塔勒尔。上西里西亚鲁尔工业的发展完全是普鲁士国家推动的结果。[③]弗里德里希二世还实行了烟草和咖啡专卖，创办海上保险公司、出口盐和蜡的公司。后来公司变成了一家银行。[④]总之，1763年以后普鲁士的经济政策逐渐具有国家垄断的倾向。

[①] W. Hubatsch, *Frederick the Great: Absolutism and Administration*, London, 1975, pp.179-180.

[②] W. O. Henderson, *The State and the Industrial Revolution in Prussia 1740-1870*, Liverpool U.P., 1958, pp.5-6, 8-9.

[③] W. O. Henderson, *The State and the Industrial Revolution in Prussia 1740-1870*, Liverpool U.P., 1958, VII.

[④] 〔德〕汉斯·豪斯赫尔著，王庆余等译：《近代经济史》，商务印书馆1987年版，第259页。

在勃兰登堡-普鲁士，大选帝侯于1685年11月发布《波茨坦敕令》，对法国逃亡的宗教改革派敞开了大门。以后由于1732年2月颁发了相关的特许状[1]，在德国宗教改革运动中，教会的地产发生了转手。在萨克森选帝侯公国内，转为别人财产的所有教会的地产一律予以没收。除去用于地方牧师、学校教育和济贫需要外，一部分用于偿还国王向议会议员的借款，一部分归作王室财产。黑森的教会财产有38%归宫廷和国家行政管理所用，另有59%的教产用于技术、科学和福利目的。符登堡对教会全面没收财产，所有没收的财产由王室支配。[2] 宗教改革对教会产业的处理在一定程度上加速了资本主义的原始积累。

查尔斯·蒂利在分析绝对主义国家时写道："征税的难度、采取特种武装力量的代价、发动战争的数量，这三方面的变化都不得不拖累竞争者，诸如此类的变化带动了欧洲国家在形式方面的主要变化。"他在论及勃兰登堡-普鲁士的个案时说："勃兰登堡-普鲁士是高度消耗可以利用的资源的经典案例。普鲁士努力建立一支军队，与其更大规模的大陆邻国形成势均力敌，这创造出一个巨无霸的结构。"[3]

作为普鲁士绝对主义思想基础的启蒙运动的社会基础是割裂的。积极参加这一运动的只是国王和他的近侍以及文化精英，而下层群众则被排斥于这一运动之外。有人对德国启蒙运动后期最重要的喉舌

---

[1] William Doyle, *The Old European Order, 1660-1800*, Oxford U.P., 1984, p.202.
[2] 〔德〕汉斯·豪斯赫尔著，王庆余等译：《近代经济史》，商务印书馆1987年版，第103页。
[3] Charles Tilly, "War Making", p.162. 转引自〔美〕托马斯·埃特曼著，郭台辉译：《利维坦的诞生：中世纪及现代早期欧洲的国家与政权建设》，上海人民出版社2016年版，第10、11页。

《柏林月刊》的撰稿人做过分析，在大约 300 名文章作者中，有 80 人（27%）是有学识的教授或教育工作者；有 60 人（20%）是国家官员；有 50 人（17%）是教士；有 45 人（15%）是贵族。这些数字很明显反映了德国启蒙运动精英化的特点。[①]

第二节 哈布斯堡君主国

哈布斯堡家族早年是一个位于今日瑞士阿尔高州的拥有土地和城堡的不那么显赫的贵族家族。这个家族的第一个取得政治名望的成员鲁道夫一世伯爵（1218—1291 年），后来成为德意志帝国的皇帝，并成为神圣罗马帝国的皇帝。当时的德意志神圣罗马帝国是一个由大大小小的主权国家构成的松散的联邦。神圣罗马帝国皇帝的职能主要是礼仪性的。当时帝国皇帝对于帝国范围内 300 余个政体的统治力量十分薄弱。

到了神圣罗马帝国皇帝鲁道夫一世执政时期，哈布斯堡家族已成为中欧重要的政治势力，家族领地面积显著扩大。它还获得了包括维也纳在内的上奥地利、下奥地利公国以及施蒂里亚和卡尼奥拉侯爵领地。在下一个世纪，又将卡林西亚和蒂罗尔公国并入。哈布斯堡家族的世袭领地面积等于今日的奥地利和斯洛文尼亚两国之和。当时用上奥地利、下奥地利公国来为这两个国家命名。

到了 18 世纪早期，这个国家颁布了一系列法律，它们被统称为《国本诏书》。从表面上看，这些法律处理的是王朝统治者关于家族缺乏

[①] Dennis van der Zande, "Prussia and the Enlightment", in Philip G.Dwyer, ed., *The Rise of Prussia 1700-1830*, Pearson Education, 2000, pp.93-94.

男性继承人的事务。当时欧洲许多大陆国家和英国情况不同。在英国，女性可以继承王位，但是在欧洲大陆采用萨利克法的国家，只有男性可以继承王位，但是不反对女性统治哈布斯堡家族直接持有的土地。

《国本诏书》是第一份将哈布斯堡王朝统治下的广大区域包括波西米亚和匈牙利王国称为"不可分割整体"即一个单独的政治单位的法律文件。尽管在此时哈布斯堡王朝在尼德兰和意大利半岛上仍然拥有一些飞地，但它的领土已经比过去一个世纪更加稳固统一了。人们开始逐渐不把神圣罗马帝国的加冕地法兰克福视为哈布斯堡家族领地的中心，而是把维也纳视为哈布斯堡家族的领地中心，把奥地利视为一个独立的国家。1700年以后，在绘制的地图上已经频繁地使用"奥地利"这一名称，同时将哈布斯堡家族称为奥地利皇室。[1] 当时哈布斯堡家族通过一位身居维也纳的奥地利大臣直接控制世袭领地上奥地利、下奥地利、施蒂里亚、卡林西亚、卡尼奥拉和蒂罗尔的财政、行政和司法机构。到了1700年，这个王朝又将它的控制权扩展到波西米亚、摩拉维亚和西里西亚。但当时还没有把系统地控制权用于位于意大利半岛的领地。《国本诏书》成为统一哈布斯堡王朝国家的法律基础。[2] 但是，在查理六世统治时期，哈布斯堡王朝没有取得在欧洲重要的地位。1740年查理六世去世，玛丽亚·特蕾西娅即位后，普鲁士的腓特烈大帝（1712——1786年）出兵侵占了西里西亚。而巴伐利亚选帝侯查理·阿尔伯特自封为波西米亚国王，并且在帝位竞争中战胜了玛丽亚·特蕾西娅的丈夫弗兰茨·斯蒂芬，当选为德意志帝国的

---

[1] 〔荷兰〕彼得·贾德森著，杨乐言译：《帝国的背影：哈布斯堡王朝》，中信出版社2017年版，第8—9页。

[2] 〔荷兰〕彼得·贾德森著，杨乐言译：《帝国的背影：哈布斯堡王朝》，中信出版社2017年版，第9—10页。

皇帝，称查理七世。玛丽亚·特蕾西娅在困境中向匈牙利做出让步。1741年，她成为匈牙利国王，匈牙利出席议会的贵族们做出了"将生命与鲜血交给玛丽亚·特蕾西娅"的回应。玛丽亚·特蕾西娅在匈牙利支持下，于1741年年底攻克巴伐利亚，收复慕尼黑，夺回了波西米亚、摩拉维亚和西里西亚小部分。1745年，查理七世去世后，弗兰茨·斯蒂芬成为神圣罗马帝国皇帝。但是，在1745年奥地利王位继承战争中，西里西亚大部分领土还是落到普鲁士手中。这场战争使玛丽亚·特蕾西娅认识到，如果奥地利想要在欧洲保持大国地位，她必须对国家制度进行改革，同时还需要取得一些欧洲盟友的支持。

18世纪50年代，玛丽亚·特蕾西娅和外交大臣安东·考尼茨伯爵采取重大外交决策，将玛丽亚·特蕾西娅的小女儿玛丽亚·安托尼亚与未来的法王路易十六联姻，和法国缔结了盟友关系，以此遏制普鲁士。在1756—1763年的七年战争中，奥地利收复西里西亚的努力再次失败。但是，1772年奥地利和普鲁士、俄国第一次瓜分了波兰-立陶宛联邦。

1748年，奥地利继承战争结束，玛丽亚·特蕾西娅实施了一系列行政改革来强化奥地利的军事实力，建立一个更加有效的中央集权的国家。为了建立一支100800人的军队，国务总理弗里德里希·威廉·冯·豪格维茨伯爵强迫哈布斯堡家族世袭领地的议会提高了上缴用于军事预算的税收。此外，霍格维茨伯爵还强迫议会在拨款时，不是一年一交，而是要一次缴足10年的资金。这样一来，当政府需要军费时，地方议会就无法与政府讨价还价了。

1. 玛丽亚·特蕾西娅改革国家制度的措施

1770年，神圣罗马帝国皇后玛丽亚·特蕾西娅的政府试图精确地统计神圣罗马帝国西部国土上的人口，并且试图将新的门牌号码制度推广到"所有的城镇、集市、乡村甚至最偏僻的居民点"。准确了解人口状况，在军事上对征召士兵入伍非常重要。但更重要的是，它对建立更有效的统治机制来缔造一个国家具有举足轻重的意义。在此之前，在18世纪60年代进行了几次人口普查的尝试。它们通常由教区神父和地方官员主持，却因数据极其分散和不准确而不得不放弃。以至于皇后的一位私人秘书曾沮丧地怀疑，"靠这些表格数据，如何能缔造一个国家"①。但是，玛丽亚·特蕾西娅必须朝着创建一个国家继续努力。

哈布斯堡王朝政府决定使用军队来进行人口统计和建立门牌号码的工作，以此来弥补政府在信息掌握方面的不足。但是这样做有一定的风险，当军队进入乡间，他们常常会遇到当地居民公开的敌视。当地人不顾一切保护他们的年轻男子免服可能长达20年的兵役。一些乡村家庭会将男子藏匿起来，或是送进森林。年轻男子甚至会采用自残的方式，来逃避被强制征召入伍的命运。此外，当地还会以讹传讹，误认为已婚男子可以免除兵役，于是掀起了一场突如其来的结婚潮。地方上的神父受政府之命尽其所能向人们解释人口普查与兵役无关，但人民仍然心存疑虑。

政府除了给军队统计人口和给房屋编号的任务，还委派给军队第三项任务，让他们调查地方上居民的健康状况、文化水平，以及当地的经济状况。而一旦居民了解到军队会把他们的状况和不满报告给玛丽亚·特蕾西娅，他们便热情地欢迎士兵的到来，并把将军当成统治

---

① 〔荷兰〕彼得·贾德森著，杨乐言译：《帝国的背影：哈布斯堡王朝》，中信出版社2017年版，第1页。

者的代表，向他们表达对某些方面的不满，希望以此可以减轻他们的强制劳役和实物捐税。①

乡村农民与奥地利国家官员之间的积极接触使得政府较准确地了解了农村状况，通过使用门牌、测绘当地地形地貌这些手段，政府第一次使地方与中央国家建立了联系，以此建立居民对中央的效忠，取代传统的地方权力关系。这有利于中央政府日后打破地方政治掮客和贵族在地方传统政治中的支配地位。在1770年的调查中，中央政府有意识地避免将人口普查的任务指派给当地的贵族和神职人员，而是选择派遣忠诚于国家的军队来查明情况。这就强化了地方百姓与帝国之间的密切联系。

玛丽亚·特蕾西娅的做法反映了统治者对被统治者的新的态度，即对贵族与平民一视同仁，以此建立一种新型关系，而不像传统等级社会那种享有权利的特权阶层和非特权阶层之间的紧张关系。②

18世纪中叶，玛丽亚·特蕾西娅给予位于亚得里亚海边的的里雅斯特和阜姆以纳税的优待。这两个小镇很快发展成为城市，到了1760年代，它们已经可以和威尼斯在地中海贸易上竞争。1775年，奥地利政府将哈布斯堡的世袭领地与波西米亚的土地整合在同一个关税制度下，使这一地区完全实现了自由贸易。1779年，玛丽亚·特蕾西娅授予领地最东边的贸易中心加利西亚的布罗迪以自由贸易的特权。③

---

① 〔荷兰〕彼得·贾德森著，杨乐言译：《帝国的背影：哈布斯堡王朝》，中信出版社2017年版，第2页。
② 〔荷兰〕彼得·贾德森著，杨乐言译：《帝国的背影：哈布斯堡王朝》，中信出版社2017年版，第3页。
③ 〔荷兰〕彼得·贾德森著，杨乐言译：《帝国的背影：哈布斯堡王朝》，中信出版社2017年版，第18—19页。

奥地利在制度上不断推动把过去自治的王国变成中央集权国家的州。地方和州的行政官员越来越多地直接向维也纳负责。1749年，霍格维茨伯爵取消了波西米亚大臣职位，最终在1761年将它和管理世袭领地的大臣合并为一个职位。1751年，玛丽亚·特蕾西娅在维也纳设立了一个最高法庭，用来管理波西米亚和奥地利领地的事务。在随后的几十年间，政府不断尝试各种集中国家行政权力的制度。

玛丽亚·特蕾西娅和她的两个儿子约瑟夫二世、利奥波德二世持有基本的目标。他们通过向贵族征税来稳定国家财政；通过放松或结束封建农奴制关系来解放农民的生产力；发展国内工业、商贸、旅游和交通网络；清除地区加工制造业行会的诸多限制；在国民中推动教育；由国家控制宗教活动，对天主教进行改革。[1] 他们的统治以中央集权为手段，拒绝与贵族分享权力。另一方面，奥地利的君主推动启蒙运动，提高识字率。1774年，玛丽亚·特蕾西娅提出不分性别发展儿童通识教育的要求。政府还推动科学和人文主义研究，鼓励将知识系统地应用于社会制度和政治制度架构中，探讨用更加世俗化的方法统治国家。[2]

18世纪后期，在维也纳、布拉格、布尔诺、科希策、普莱斯堡等城镇，建立了咖啡馆、博物馆和半公开的沙龙。城市的中产阶级在这里聚集，有时和贵族在一起讨论哲学、宗教和艺术问题。科希策市政府建立了剧院，城市中的科学学会和乡村的农业俱乐部纷纷建立。为了鼓励的里雅斯特这个自由港市的商业贸易，她在那里鼓励商业移

---

[1] 〔荷兰〕彼得·贾德森著，杨乐言译：《帝国的背影：哈布斯堡王朝》，中信出版社2017年版，第14页。
[2] 〔荷兰〕彼得·贾德森著，杨乐言译：《帝国的背影：哈布斯堡王朝》，中信出版社2017年版，第15页。

民聚居和建立团体,特别是犹太人、希腊东正教徒、亚美尼亚人和希腊天主教徒。玛丽亚·特蕾西娅去世后,她的儿子约瑟夫将这一政策使用的范围扩大到新教徒。自 1746 年犹太人建立团体开始,允许宗教少数派人士在的里雅斯特建立法人团体,组织宗教活动以及设立面向该群体成员的学校,他们还可以享受与本地天主教徒商人同样的民事和经济权利。[1]

在顾问们的逐渐说服下,玛丽亚·特蕾西娅采用了国家监督所有教会事务的方式。政府打击了耶稣会在大学的影响。在书报审查问题上,从 1752 年起政府从教会手中接过了书报审查的工作以后,政府的禁书目录很快和教会的禁书目录完全不同了。政府削减了宗教节日的数量。约瑟夫解散了一些冥想性质的宗教团体,因为它们的成员没有参与为社区服务的工作。总之,政府削减了许多天主教会的特权,把天主教会视为处于国家管制下的合法私人组织之一。[2]

18 世纪在中央官僚体系发展的同时,地方议会也有所发展。他们把一些贵族安排到政治机构中来。在玛丽亚·特蕾西娅执政期间,匈牙利国家议会的工作量就已经翻了 4 番,但是处理的事务按人数就增加了 50%—120%。贵族阶层仍然占据着官僚阶梯的最上层,但是受过教育的中产阶级子弟越来越多地占据政府的中间职位。玛丽亚·特蕾西娅还吸收那些为政府做出特别贡献的平民加入贵族队伍。在她执政期间,有 40% 的获得贵族身份的人士来自官吏队伍。[3]

---

[1] 〔荷兰〕彼得·贾德森著,杨乐言译:《帝国的背影:哈布斯堡王朝》,中信出版社 2017 年版,第 27 页。
[2] 〔荷兰〕彼得·贾德森著,杨乐言译:《帝国的背影:哈布斯堡王朝》,中信出版社 2017 年版,第 26—27 页。
[3] 〔荷兰〕彼得·贾德森著,杨乐言译:《帝国的背影:哈布斯堡王朝》,中信出版社 2017 年版,第 17 页。

在 18 世纪后期半个世纪中，匈牙利同样在进行重要的国家建构过程。玛丽亚·特蕾西娅在匈牙利和在其他国土上一样，扩展国家的服务，将行政机构中央化和专业化。在匈牙利，行政官员的职位仍然只向贵族开放。中央官僚体系的扩大和授权给平民官僚骨干的做法并没有削弱地方贵族的权力。在维也纳，匈牙利贵族仍然占据了政府中管理匈牙利事务的行政官员的职位。匈牙利的行政改革倾向于加强它与哈布斯堡帝国其他部分的分离。在玛丽亚·特蕾西娅担任国王的40 年间，只召开过 3 次议会，以此回避与匈牙利精英贵族可能发生的冲突。经过七年战争，到 1764 年，奥地利政府已经濒临破产，因此玛丽亚·特蕾西娅需要匈牙利议会提供财政支持。但匈牙利政府拒绝了这一要求，还向女王提出 128 项投诉报告，这冒犯了女王。为此，玛丽亚·特蕾西娅于 1767 年颁布《封地登记法》，用以调节农民与地主的关系。她将位于匈牙利境内的王室领地上的所有农民的劳役和粮食实物税捐全部转换为货币地租。这一政策曾经在波希米亚和哈布斯堡世袭领地上实行。早在 1715 年，一部法律就授权哈布斯堡政府在匈牙利境内征兵。到了 18 世纪，匈牙利士兵被大量吸收进哈布斯堡王朝军队，军队成为匈牙利平民突破阶级壁垒、进行社会流动的少数几个领域之一。[①]

在 18 世纪之前的几个世纪中，哈布斯堡王朝拥有的领地强化了这个家族对神圣罗马帝国皇帝头衔的拥有权，但这时的哈布斯堡王朝的君主对自己的领土没有明确的地域概念，也没有建立统一的行政管理制度的意愿。哈布斯堡家族只是满足于作为德意志神圣罗马帝国皇

---

① 〔荷兰〕彼得·贾德森著，杨乐言译：《帝国的背影：哈布斯堡王朝》，中信出版社 2017 年版，第 30—31 页。

帝的象征意义的地位。[①] 然而，到了玛丽亚·特蕾西娅在位时期，神圣罗马帝国对哈布斯堡王朝的重要性相对降低，一些公共知识分子开始用"国家"或"祖国"等术语来称呼哈布斯堡王朝，并对它倾注了爱国热情。这时国民身份的概念也出现了，它指一个国家共同体中的成员资格。这种国家共同体概念包含国家边界的地理概念。

1771年，约瑟夫·冯·索南菲尔茨在《对祖国的爱》一书中呼吁所有的社会阶层都要承担起公民责任，提升对"祖国"的热爱之情。这样一种理念为哈布斯堡家族推出的新的国民身份概念提供了文化基础。[②] 他还认为，一个经过改良的国家应当建立在理性的原则之上。

玛丽亚·特蕾西娅加强中央集权，她自登基起便积极参与各邦的治理和行政管理工作。她看到，存在于君主、中央权力与各邦之间的二元制阻碍了行政管理的进步，政治组织繁杂臃肿缺乏活力，军队领导不力，装备很差，行政管理不善，开支过大，税收分配不合理，贵族和僧侣享有特权，百姓贫穷不堪。高级教士、地主和某些城市拥有执行权，司法受制于城市和贵族，道路年久失修，民兵无所事事。玛丽亚·特蕾西娅写道："君主国所属的每个邦都想独立掌握税款，好像其他各邦都是外国，都不认同一个君主。分离和敌视如此严重，致使每个邦都只想自己，而不考虑整个国家。君主被看作根本不算熟的外人。如此下去，整个国家就要衰落下去。"[③] 每当君主国需要人力、

---

① 〔荷兰〕彼得·贾德森著，杨乐言译：《帝国的背影：哈布斯堡王朝》，中信出版社2017年版，第33页。
② 〔荷兰〕彼得·贾德森著，杨乐言译：《帝国的背影：哈布斯堡王朝》，中信出版社2017年版，第34页。
③ 〔瑞士〕亨利·瓦洛通著，刘光耀、李兰琴译，王昭仁校：《玛丽亚·特蕾西亚女王传》，商务印书馆1995年版，第213页。

钱财或装备以保卫共同的祖国时,要向各邦恳求数月之久才能获得。所以女王决心限制各邦五花八门的法律和特权,按照普鲁士的模式建立一个强大的中央集权国家机构。如她本人所说,以期使"我的命令可以在各地贯彻,一切滥用权力的现象可以得到制止"。玛丽亚·特蕾西娅在执政的40年间在许多不同的领域都进行了重要的改革。一个叫瓦热的评论者说:"顽强的玛丽亚·特蕾西娅扩大了君主的权威,并且为市民阶级取得了长期被剥夺的地位。"

玛丽亚·特蕾西娅在1742年成立了枢密院、内廷总理署和政务院,分别主管外交和内政。1748年《德累斯顿合约》签署后,女王在豪格维茨伯爵的支持下实施重要的改革。她在西里西亚实行财政改革,在克拉根福和莱巴赫等地建立受理上诉的法院以及财政、贸易和行政管理的新机构。

1749年5月,玛丽亚·特蕾西娅开始奥地利和波西米亚的宪法改革。最重要的规定有,在最高一级和中级行政部门把审判权和行政管理权分开,把波西米亚和奥地利的宫廷总统府合并,但是仍然把法院和财政部从中分出去。此后,奥地利和波西米亚有了两个中央机构,一是有首相、副首相和15名议员组成的最高司法机关;二是作为最高行政机关的内阁。外交事务和纯军事问题由政务院和宫廷委员会掌管。财政部负责处理国家债务和掌管维也纳银行,商业部负责贸易问题,地方行政机构的设置使中央机关免于和民众直接接触。女王逐渐削减了各邦的权力。

1760年,玛丽亚·特蕾西娅成立了国务院。这不是各个部部长组成的部长会议,而只是一个顾问机构。国务院直接向女王提出它的建议。除皇帝以外,它的9名成员全是专家和经验丰富的人。女王通常在高级贵族中选择国务院成员,其成员中没有平民。玛丽亚·特蕾西娅曾说:"在国务院和设计这个机构的人士的帮助下,我才能制止这个国家的毁灭。"①

军队建设是奥地利改革的另一项措施。玛丽亚·特蕾西娅开始执政时,奥地利的军队名义上有17万人,实际上不到5万人。军队装备很差,炮兵没有大炮,骑兵缺少马匹。军队按照16世纪和17世纪的教程来训练。按照克芬许勒将军的说法,许多军事问题经常是由不懂军事的文职官员来决定。在西里西亚战争的第一年,玛丽亚·特蕾西娅就意识到必须改造军队。1748年2月,她成立了由高级军官组成的军事委员会,准备改革。随后实行了新的兵役法,简化了行政管理,严格监督岗位提升;成立了军官学校、王室玛丽亚·特蕾西娅学院、炮兵和工兵部队工程学院,改组了炮兵。1762年,除尼德兰、匈牙利、蒂罗尔和米兰外,奥地利各邦都实行了兵役法。七年战争初期,奥地利指挥部有11万军队,此外还有24000名后备队,以及来自尼德兰和意大利的44000名士兵。1773年,各邦划分为招募区。到1769年,奥地利拥有20万装备精良的军队,并给军队建造了设备完善的营房。②

玛丽亚·特蕾西娅实行了财政改革。改革以前,奥地利的贵族和神职人员占有全国大部分土地,但他们是不纳税的。玛丽亚·特蕾西娅对此说道:"我认为,对那些已经很受照顾而且根本不让民众分享他们的财产的神职人员做出新的让步,是没有好处的。"她还说,我们"对待贵族的态度和做法太过分了。他们已变得如此强大,致使大

---

① 〔瑞士〕亨利·瓦洛通著,刘光耀、李兰琴译,王昭仁校:《玛丽亚·特蕾西娅女王传》,商务印书馆1995年版,第214—215页。
② 〔瑞士〕亨利·瓦洛通著,刘光耀、李兰琴译,王昭仁校:《玛丽亚·特蕾西娅女王传》,商务印书馆1995年版,第219—220页。

家对他们比对君主还要害怕，比对君主还要尊敬。他们不停地以牺牲君主和民众的利益使自己发财致富"。玛丽亚·特蕾西娅要维持一支强大的军队和多达4万人的各种宫廷官员和人员。面对财政窘困，从1743年起，玛丽亚·特蕾西娅开征财产税，平民百姓、神职人员和军人需把平均收入的10%上交国家。1747年，玛丽亚·特蕾西娅采纳了豪格维茨的方案，在随后的10年内每年从全国征收1400万古尔盾而不是原先征收的900万古尔盾作为军费。等级会议通过了豪格维茨的提议。由于拥有土地的人无例外要缴纳土地税，奥地利靠这笔收入建立起公路网。以后，国家对利息和收入也开始征税。1754年，国家的收入达到3000万古尔盾，后来，税收收入翻了一番。但七年战争和两次西里西亚战争使得奥地利各邦的赤字达到5400万古尔盾。①

玛丽亚·特蕾西娅实行了发展工商业的政策。奥地利贸易总署在波西米亚和摩拉维亚积极发展工业，把匈牙利作为它的原料基地。1762年，成立了女王领导的王室贸易委员会。之后约瑟夫批准了禁止进口外国商品的命令。奥地利成立了研究各种经济问题的国家经济机构，提高了关税，禁止进口奢侈品和金银制品。统一的关税政策在1775年生效。中央政府逐渐干预粮食贸易，对余粮实行贸易自由原则。根据约瑟夫的提议，取消先前成立的王室贸易委员会，它的职能移交给首相府。此后，弗兰茨在波希米亚获得大片土地，他在那里建立手帕厂、洗衣房和仓库。从1763年开始，到处可以自由建厂。同时，实行了自由竞争制度，这就使得工业和贸易得以迅速发展。②

---

① 〔瑞士〕亨利·瓦洛通著，刘光耀、李兰琴译，王昭仁校：《玛丽亚·特蕾西娅女王传》，商务印书馆1995年版，第214—215页。
② 〔瑞士〕亨利·瓦洛通著，刘光耀、李兰琴译，王昭仁校：《玛丽亚·特蕾西娅女王传》，商务印书馆1995年版，第218页。

玛丽亚·特蕾西娅扩展了多瑙河的水路航运，成立了船运管理局。1777年9月，一批资本家成立了一个经多瑙河至土耳其并越过黑海到亚洲的船运和贸易公司。1778年，成立了"的里雅斯特和阜姆亚细亚公司"。为了发展海外贸易，奥地利在大西洋和地中海沿岸建立了25个领事馆，其中在意大利有7个，在土耳其有13个，在拉古萨（现杜布罗夫斯克）、亚历山德里亚、里斯本和特里波利斯各有1个。1754年，在维也纳成立了东方学院，为这些驻外机构输送合格的人员。但东印度贸易公司在女王去世几年后即告破产。[1]

在司法领域，玛丽亚·特蕾西娅试图统一法律和审判制度。在改革过程中，王国法院取代了地方法院，最高法院设在维也纳。从1753年起，法学家委员会着手编纂民法典和民事诉讼法，但这些工作直到玛丽亚·特蕾西娅去世后才完成。1770年1月，对奥地利和波希米亚颁发了被称为《特蕾西娅刑法》的刑法法典。1776年，女王取消了刑讯，宣布在法律面前人人平等。

奥地利在绝对主义时期积极发展教育。三十年战争以后，在因斯布鲁克、布吕恩和克雷姆斯明斯特成立了骑士学院。耶稣会士建立了特利萨学院。1752年玛丽亚·特蕾西娅指示为教授们建立新的讲堂和住宅，并对贫苦学生发放奖学金。1754年，成立了培养外交官的东方学院。约瑟夫在1765年的一份备忘录中提出，上文科中学和大学不能成为贵族的特权。1767年，成立了商业专科学院。1780年，奥地利的学校数量发展到500所。[2]

---

[1] 〔瑞士〕亨利·瓦洛通著，刘光耀、李兰琴译，王昭仁校：《玛丽亚·特蕾西娅女王传》，商务印书馆1995年版，第218—219页。

[2] 〔瑞士〕亨利·瓦洛通著，刘光耀、李兰琴译，王昭仁校：《玛丽亚·特蕾西娅女王传》，商务印书馆1995年版，第222—223页。

玛丽亚·特蕾西娅在她在位的最后几年在解放农民问题上采取了一些措施。土地开垦委员会确定了在各邦国领地上臣民对领主的义务，根据委员会的调查，对义务徭役作了限定，至少在国家庄园解除了徭役。但是，司法改革没有取得很多成效；编纂的法典草案没有可用性，1768年的刑法法典中除了有进步的法令，也有落后的法令。① 1781—1782年的诏书废除了奥地利和波西米亚的农奴制。农民成为自己所耕种土地的世袭佃户；他们可以把徭役和实物租改用现金支付，官吏和由国家委托的律师会在这方面向他们提供咨询。②

到1780年玛丽亚·特蕾西娅去世时，奥地利国家的行政管理较之这个世纪上半叶更加协调，社会群体的聚集和活动都加强了。

2. 约瑟夫二世改革

约瑟夫二世认为，即便法律代替了传统等级制社会中专制主义的各种习俗和规约，但社会经济地位的差异仍然持续不断地造就着社会，而法律则迅速地作用于其他的方面。君主就是法律的制定者、保护者和执行者。约瑟夫二世崇尚理性统治的准则，他以极高的标准要求下属官僚，他斥责达不到要求的下属官员的无能。约瑟夫二世不惜一切代价推行社会改革。他一方面给地方政府下达无数指令，另一方面削减各个部门的开支。他监管着帝国和地方官僚体制的发展，施加给官员的责任的增长，远远超过了官僚系统预算和所需资源的增长。国家各级公务员必须紧缩银根，做更多的工作。他的立法尝试在匈牙

---

① 〔德〕马克斯·布劳巴赫等著，陆世澄、王昭仁译，高年生校：《德意志史》（第二卷上册），商务印书馆1998年版，第416页。
② 〔德〕马克斯·布劳巴赫等著，陆世澄、王昭仁译，高年生校：《德意志史》（第二卷上册），商务印书馆1998年版，第419页。

利和奥属尼德兰引起了不满。

1780年以后,哈布斯堡王朝展开了行政管理中央化的改革。约瑟夫二世勤恳地工作,不停地在国家各地巡视。他搜集社会信息,不断改革传统的体制,详尽地给手下的官员下达大量命令。

约瑟夫二世从1780年起执政。他继承了玛丽亚·特蕾西娅的治国思路,进行系统的改革。他拒不接受帝国传统的文化、宗教,用充满理性和逻辑的实用主义的思想,来突破帝国的文化和宗教的障碍。奥地利不断膨胀的官僚系统是约瑟夫二世改革的工具。他认为,这个体系必须忠诚于国家,而不是忠诚于王朝或贵族朝廷。1745年成立的特蕾西娅学校和领事学院为国家培养高级文职人才。当时除了在匈牙利进入国家公务员队伍仍然必须有贵族身份,在帝国其他地方,拥有公务员职位所需教育背景的平民,已有可能进入官员队伍。

约瑟夫二世通过建立多种规章制度,试图建立一个能够推行于全国的统一平等的官员标准。在约瑟夫短暂的十年单独执政时期,他颁布了一系列管理行政官员的详细规定,这些规定包含了官员所受的教育、雇用、升职、薪酬标准、惩罚、休假的条款。他率先建立了人事档案制度。皇帝可以通过这一机制,要求政府各部门上报他们不满的雇员。约瑟夫二世坚持整个官僚体制上下必须秉持社会平等的原则。他还设计了一套严格论资排辈的雇佣和选拔规则。约瑟夫说:"无论候选人来自资产阶级、骑士阶层、乡绅贵族,甚至是高贵的王公贵族,这些人都必须服从这套规则。"[1]

约瑟夫二世执政时期,帝国颁布的法令数量迅速增加。1780年,

---

[1] 〔荷兰〕彼得·贾德森著,杨乐言译:《帝国的背影:哈布斯堡王朝》,中信出版社2017年版,第47页。

玛丽亚·特蕾西娅签发了82份适用于国内和匈牙利地区的法令。但是在下一年内，约瑟夫二世就签发了402份法令。

在这些法令中有一份的内容是终止审查制度。玛丽亚·特蕾西娅此先已经废除了天主教会的出版审查职责，并且组建了一个政府委员会来裁定公开发表的作品是否符合标准。约瑟夫二世虽然没有停止这个委员会的工作，但他大幅度地改变了它的职能。从此以后，所有的严肃学术作品可以不经审查自由出版。此外，审查委员会不再需要审查批准每一部作品是否可以发行，而是裁定少数看起来不符合新审查标准的作品是否合宜。但是，约瑟夫二世仍旧采取严格的规定来约束那些批评国家统治者的印刷品，反基督教作品也仍然属于违法。审查规定的变化将禁书数量从5000种减少到300种。仅仅在约瑟夫执政开始后最初18个月，就有1000种小册子出版。当时在哈布斯堡王朝所属的匈牙利使用的是拉丁语。约瑟夫二世认为，当时奥地利使用的拉丁语过于陈旧，无法满足发展科技和制度的需要，于是在1784年下令在匈牙利采用德语取代拉丁语。

约瑟夫二世表示，以后不会再削减大学的预算用以补贴初等义务教育体系。1785年，约瑟夫二世颁布了一项法令，要求地方上的每个教区都要建立一所学校。学校教师被视为公务员，教师的薪俸由教会支付。

约瑟夫在实行传统的书报审查制度的同时，签署了对非天主教基督徒的《宽容法令》。以往约瑟夫二世统治下的新教徒、东正教徒或希腊天主教徒受到许多法律的限制，他们在就业时受到歧视，他们拥有土地和子女受教育的权利都受到限制。约瑟夫二世在1781年发布的一份命令中宣布："除非考虑到公共宗教崇拜的问题，天主教徒和新教徒没有任何区别。"[①]1781—1785年,他发布诏令,在哈布斯堡领土上撤销对犹太人生活的各种限制,包括从事商贸行业、手工艺行业、担任政府公职人员的限制。1781—1784年,约瑟夫二世签发了若干限制贵族们对领地上的农奴进行人身控制的法令。从此以后,农民可以不经领主同意自由结婚、自由迁徙、选择职业。法令还限制领主体罚农民或向农民罚款的权力。但直到1848年革命之前,仍有一些属于农奴制的经济要素在哈布斯堡家族统治的国家存在,劳役也继续存在。约瑟夫还希望被解放的农民获得土地,在波希米亚通过立法废除农奴制的同时,波西米亚的农民可以在奥地利的模式下得到自己的土地。但他这一愿望的实现遇到很大的阻力。[②]

1784年,哈布斯堡政府的一份法令宣布:"在本地居留满10年的外国人将获得本国人的待遇。"两年后,约瑟夫二世颁布的《修订民法通则》规定:"所有和睦地生活在世袭领地、受到王权管辖的人,都将被视为本地居民和国家公民。"《民法通则》第16段宣布:"从理性的角度,每一个人都拥有与生俱来的权利,他们也因此被看作一个真正的人。在这些地方,奴隶制和农奴制以及使用权力来达成这两种制度的行为都是不被允许的。"《民法通则》还列举了臣民的各项权利和义务,试图在臣民中实现平等。同时,这部法典结束了贵族和教会机构享受的团体特权。[③]从法律的角度来说,到法国大革命爆发前,

---

[①] 〔荷兰〕彼得·贾德森著,杨乐言译:《帝国的背影:哈布斯堡王朝》,中信出版社2017年版,第52—53页。
[②] 〔荷兰〕彼得·贾德森著,杨乐言译:《帝国的背影:哈布斯堡王朝》,中信出版社2017年版,第57页。
[③] 〔荷兰〕彼得·贾德森著,杨乐言译:《帝国的背影:哈布斯堡王朝》,中信出版社2017年版,第62—64页。

哈布斯堡王朝的臣民已经逐渐变成了公民。弗兰茨一世在位时期于1811年颁布的《民法通则》将约瑟夫二世关于国民身份的激进思想变为现实，将他的大多数臣民转变为法律面前一律平等的国民。

奥地利人口在18世纪是仅次于法国和俄国的国家。哈布斯堡王朝统治时期在经济上采取了重商主义政策。在17世纪末、18世纪初利奥波德一世统治时期，奥地利出现了3位杰出的重商主义者——赫尼希克、贝希尔和施罗德。赫尼希克认为国内经济的落后和长期贫困是垄断者造成的，他们仅仅和外国人的供销站进行交易，反对发展奥地利的商品生产。他批评人们不了解手工工场的意义。赫尼希克提出了9项贯彻重商主义精神的原则性建议，如尽一切努力利用国内资源、现有原料应当在国内加工制造、鼓励居民学习技术和手艺、应当使金银流通、用货物换取进口商品而不要支付黄金、国内能制造的商品不应进口、在全世界寻找新的销售市场。赫尼希克被国王约瑟夫一世奉为自己的老师，他的经济纲领逐渐得到实施。贝希尔创办了国营的帝国丝绸公司，为奥地利最初的纺织企业组织了丝线、袜子、毛织品、麻布和丝绒的生产。帝国丝绸公司通过发行股票来吸引资金，成为奥地利现代股份公司的先驱。贝希尔还创立了国家的"商务委员会"，把新办的手工工场控制在自己手中。1667年，在贝希尔的积极鼓励下创立了东方公司，重新组织了对土耳其的贸易。

18世纪初年，奥地利王朝决定实行类似于路易十四的政策。它在亚得里亚海建设港口。1719年，宣布把首先建立的阜姆和的里雅斯特两个港口作为自由港，允许外国人在这两个自由港经营各种商业。政府还号召外国的卖主、商人、熟练工人和手工工场主在奥地利领地上定居。1709年，在维也纳创办了一家大型国营丝织工厂。

1701—1708年，建立了生产瓷器和玻璃的新的手工工场。[①]

18世纪中叶，奥地利政府采取了发展工场手工业的政策，同时大力兴办技术院校。1750—1770年代，先后开设了矿业学院、技术学校、农业学校、商学院，甚至在孤儿院和监狱中也进行技术教育。国家设立奖学金，并悬赏征求优秀技术发明。国家废除了行会制，禁止熟练工人出国，用公费派技师到国外学习深造。政府再次颁布法令，保证迁居奥地利的外国人免税和宗教信仰自由，以吸引工人和企业主。外来移民后来办起了加工农业原料的作坊、制造啤酒和酒精的工厂等。以前奥地利通用的货币有10—20种，此时采用统一的货币盾和德利尔，并在1762年发行纸币。1786年，奥地利设立了工业专门银行，经办商业、信贷和兑换业务。[②]

[①] 〔奥〕普里斯特尔著，陶梁、张傅译：《奥地利简史》（上册），生活·读书·新知三联书店1972年版，第317—342页。
[②] 〔奥〕普里斯特尔著，陶梁、张傅译：《奥地利简史》（下册），生活·读书·新知三联书店1972年版，第479—494页。

第五章 等级制和等级会议

第一节 作为等级会议基础的社会等级制度

在中世纪的几个世纪中,封建社会已经发展起了以土地为中心的庞大复杂的司法制度。这些统治者规定土地的占有条件、占有土地上的社会集团以及这些集团剥削的方式。他们规定村庄、教区、现存住户对森林、牧场和共有地的使用,劳役,年贡,领主权和乡村的权利。[1]

在中世纪西方,发展起来的城市聚集了稠密的居民,他们在那里转而从事城市生产和商业经营。久而久之,这种集中的居民聚居地区在反对勒索他们的敌对势力、对领地统治者及其代表或封建势力的斗争中,组成了政治上的自治统一体。自治城市市民在与领地统治者的斗争中,要求拥有共同的权利,因为处于附属地位的单个个人只有借助其成员的力量的聚合才能作为一个统一体来行动。他们拥有的权利是集体所有的公民权,它常常是通过统治者发布的正式的宪章确认的,这是一种连续性的权利。

---

[1] 〔美〕贾恩弗兰科·波奇著,沈汉译:《近代国家的发展——社会学导论》,商务印书馆1997年版,第43页。

城市市民并不是一开始就具有政治目标，或者意识到要争取他们的社会经济地位。城市市民的斗争主要是建立一种法律环境和治理条件，并且使城市能够取得政治自主权和军事自主权，使他们通过商业活动和制造业活动获利。市民要求的不是去统治别人，而是保证他们自身的权利，保障他们生产和生活方式的安全。他们这种要求对封建制度来说是一种无法抵抗的挑战。[1]

对于"等级"这个概念，德语写作 stand，英语写作 estate。等级是一种特别类型的社会分类单位。T. H. 马歇尔对"等级"这个词所下的定义是："一个等级可以被定义为一群具有同样身份的民众"，"身份是一种地位，附属于它的有一系列的权利和职责、特权和义务"，这些为社会承认，他们能够由公共权力、在许多情况下由法庭规定并强制推行。[2]

等级会议是为了达到和统治者对抗和合作的特殊目的而组成的团体。等级用这种方式联合起来，去争取更广泛的特权。在等级制国家中，有势力的个人和团体通过他们的代表聚合的具有合法形式的代表制机构，与统治者或他的代表打交道，发表声明，重申他们的权利，系统地阐述他们的建议，确定他们与统治者合作的条件，并共同承担统治责任。典型的等级制国家在不同的行政层次如省或地区设立代表会议，他们频繁地开会，提出他们专门的特权要求。[3]

---

[1] 〔美〕贾恩弗兰科·波奇著，沈汉译：《近代国家的发展——社会学导论》，商务印书馆1997年版，第43页。

[2] T. H. Marshall, "The Nature and Determinants of Social Status", in T. H. Marshall, *Citizenship and Social Development*, Garden City, N.J., 1965, p.193.

[3] 〔美〕贾恩弗兰科·波奇著，沈汉译：《近代国家的发展——社会学导论》，商务印书馆1997年版，第47页。

历史上把到13世纪广泛存在的这种统治制度的国家称之为等级制国家。等级制国家的兴起在不少地方与城市的发展直接相联系。城市的出现在相当大的程度上推动了从封建国家向等级制国家的转变。等级制国家是一种独特的统治制度。欧洲绝大多数国家在12世纪后期到14世纪初期向等级制国家转变。而等级制国家向绝对主义国家制度的转变则在16世纪到17世纪之间。

第二节 等级君主制下的权力关系

等级会议的活动围绕着封建因素和城市因素这两个中心问题展开。但是，等级会议和统治者不是处于同一水平上。总的说来，统治者日益扮演着像国王那样的公共统治者的角色，因此他的地位居于等级会议之上。"王公是先于契约、处于契约之外的统治者。"等级会议在与王公对话时要承认他体现了更高级、具有强制性的威严和权力的主权。对统治者来说，则要正视等级会议表示的支持和抵抗态度。[①]

等级会议经常是由统治者提议而召开的。当统治者从占有的土地上获得的收入不够支付他的开支时，他就要转向等级会议，在封建等级和城市同意的条件下取得财政来源。同时，等级会议也会以交换的方式要求统治者同意他们自己直接参加财政活动。同意这种要求对统治者来说不算过分的代价，因为等级会议发挥了行政调解作用，而又没有给统治者带来损害。

奥托·冯·吉尔克认为，领地统治者和等级会议共同决定政策，

[①] 〔美〕贾恩弗兰科·波奇著，沈汉译：《近代国家的发展——社会学导论》，商务印书馆1997年版，第55页。

但是它们是两个分离的互通信息的政治中心。双方通过它们的共同协商来制定政策。但是，即便这两个方面取得一致意见时，它们仍然是完全不同的两方，每一方行使其自身的权力。等级会议扮演一个合伙人并作为一种权力和权能的拥护者，而不是作为一个恭顺的扈从来参与讨论统治问题。等级会议这种政治地位，在1357年法国三级会议记录下来的三级会议发言人拉昂主教罗伯特·勒科克要求改革的讲话中可以清晰地看到：

"他说，近来国王和王国管理得很糟糕，整个王国和它的居民不知怎么都出现了许多麻烦，特别是铸币的贬值和发动战争，同时国王对从人民那里得到的金钱，管理和支配得很糟；这些资金中有相当数额往往给了不该得到的人。主教说，所有这些事情都是经过财政大臣和其他人，以及另一些曾在过去遏制国王的人的劝告而做的。主教进一步说，人民不能再容忍这些事情"。为此，他们共同商议，提到的一些官员应当被逐出所有的王国官署。"同一主教又要求，那些法兰西国王的官员要停职，同时由三个等级提名，任命一批改革者；这些改革者在选择和要求上述官员做任何事情时，都有监督权。"[①]

等级制国家的权力具有二元性，它由君权和等级会议的权力共同构成。波奇说，等级会议和统治者共同构成了一个统治制度的两个方面，它们形成了有统一的政治过程贯穿的单一的"统治场"。[②] 当然，这种二元主义的等级制国家的主流或本质仍旧是旧式的封建国家。

等级会议属于统治机构，等级会议监督着统治者。等级会议既承

---

① 〔美〕贾恩弗兰科·波奇著，沈汉译：《近代国家的发展——社会学导论》，商务印书馆1997年版，第51页。

② 〔美〕贾恩弗兰科·波奇著，沈汉译：《近代国家的发展——社会学导论》，商务印书馆1997年版，第51页。

认又补充着统治者作为领域统治者的能力,就他起的作用提醒他。根据卡斯滕的研究,这种功能对于德意志等级会议的权力有特别重要的意义。在中世纪后期,德意志土地上众多的统治者采取了王朝世袭政策,导致他们的领地被出售、分割、抵押或蹂躏。这对他们的臣民起了毁灭性的作用。在几个德意志的领地上最先召集了等级会议,并开始实行抵制和调和这种政策的功能。他们把自己看作"领地上的公民",而且他们以这种身份大大加强了反对王朝统治者的要求,也用这种权力去维护每个领地的团结并分享它的统治。等级会议提出由它们自己来代表"人民"或"领域",或代表二者全部,反映了等级会议既与统治者对抗又与统治者合作的双重权能。在这种等级制国家中,那些绝大多数仍然是以某种隶属身份定居在土地上的依附于特权等级的乡村居民,为了自己的利益,可能采取起义、城市暴动、逃离村庄等方式展开斗争,他们有时也通过等级会议中特定的团体来维护他们自己的利益。[1] 等级制国家有时也为了它自身的利益以人民的名义去干涉封建主的掠夺活动。在等级制国家中,绝大多数居民是被统治者。但是,到封建制时期结束时,组成等级会议的那些等级与统治者都有一定的权利,另一方面,各个等级都有与其他等级相区别的权利。在等级制国家中,贵族以外的等级得到了政治斗争的实际锻炼,各地乡村居民也都取得了一定的团结起来进行斗争的经验。尤其是作为资产阶级的前身的市民等级便在这一体制的活动中在政治上成长起来。

但是,统治者的需要和等级会议的利益并不是没有矛盾的。例

---

[1] 〔美〕贾恩弗兰科·波奇著,沈汉译:《近代国家的发展——社会学导论》,商务印书馆1997年版,第52页。

如，在普鲁士，统治者推动国家向绝对主义发展的关键活动是创立一种在城市中对消费品征收的消费税，征税的收入用来建立和维持一支统治者的常备军。对这一税收的管理权不是置于等级会议之手，而是由统治者手下的一个机构来控制。这样就在抢占财政资源和把它用于军事用途两个方面绕过了等级会议。统治者无视等级会议的意见做了这件事。[1]

统治者为了抵制等级会议对其行动自由的限制，利用自己召集等级会议的权力，试图使它不那么频繁地召开，并且会期不那么长。当等级会议看起来要侵犯统治者的利益时，法院也会起来反对等级会议的要求。[2]

第三节　欧洲各地的议会和等级会议

在欧洲封建化时期，不止一个欧洲国家建立了等级会议或议会。在西班牙，12世纪在莱昂和卡斯蒂尔召开了议会。1208年，在贝纳文特召开了议会，两个贵族等级和市民均派出代表参加。1231年，在巴利阿多里德召开了议会。12世纪，在卡塔卢尼亚、阿拉贡和瓦伦西亚召开了更为成熟的议会。在意大利的萨伏伊，据记载在1286年、1297年和1299年召开过议会。1225年、1258年在西西里，1265年在福贡，1231年在梅尔菲，1290年在埃博利，1208年在卡西

---

[1] 〔美〕贾恩弗兰科·波奇著，沈汉译：《近代国家的发展——社会学导论》，商务印书馆1997年版，第55—56页。
[2] 〔美〕贾恩弗兰科·波奇著，沈汉译：《近代国家的发展——社会学导论》，商务印书馆1997年版，第48—49页。

诺召开过议会。①在法国，1302年菲利普四世在巴黎召开了有男爵、高级教士、各大城市代表参加的等级会议，讨论当时国际的重大事务，开启了法国等级会议的历史。最初法国等级会议的召集只是对过去的决定表示赞成，并无否定和修改国王的决定的权力。从14世纪30年代起，它开始采用"三级会议"的名称。以后，它逐渐参与决定征税和国家的军事事务。开会时各等级分开讨论，每个等级只有一票表决权。仿照全国的三级会议，法国各省也建立了三级会议。1560年、1561年、1576年—1577年、1588—1589年的三级会议对巩固法国的王权、批准补助金和征收赋税都起了积极作用。

自中世纪，君主与封臣、君主与各等级之间的协议是以书面形式固定下来的，这种协议被称为"宪章"，1215年英国的《大宪章》就是最著名的例子。但是，这类宪章实际上是双方相互间的协议，将一些特权授予封臣或各等级，而且要从封臣或各等级那里得到回报。这里出现的是某种与近代宪法有着本质区别的东西，因为近代宪法是一种总体的政治规定。②

中世纪晚期（13—16世纪）的政治状态经常具有"等级制国家"的特征。这个时期政治统一体本身变得很有问题了。古老的军事采邑宪法已经失去了效力，封臣赢得了广泛的独立性。无论在什么地方，只要建立了高级贵族、低级贵族、僧侣、城市市民的等级联合组织，它们就要立足于这些等级彼此之间订立协议，与自己的君主订立协议。这些等级与君主订立的协议涉及特权的授予、对君权的限制，甚

---

① A. R. Mayers, *Parliaments and Estates in Europe to 1789*, London, 1975, pp.60-61.
② 〔德〕卡尔·施密特著，刘锋译：《宪法学说》，上海人民出版社2016年版，第71页。

至还经常涉及武装反抗的权利。①

这是一种混合君主制。阿拉贡的贵族在对新国王的誓言中直率地表达了这一点："我们接受你为我们的国王。至高的上帝规定你要遵守我们所有的法规和法律；如果你不遵守的话，我们就不接受你为国王。"②

英格兰不是欧洲第一个出现议会的国家。在欧洲，议会最早出现在西哥特的莱昂和卡斯蒂尔王国。当时西班牙的国王地位不稳。持续的反对摩尔人的斗争使得军事贵族具有反抗性并且地位重要。他们强调国王的职责是对不信教的摩尔人展开不停息的战争。取得战争的成功对国王非常必要，他这样做不仅是要保持自己的尊严，而且是要给渴望得到土地的贵族以领地。然而大规模的战争消耗着资源，持续的边界战争使所有城市都成了要塞。公民被训练去打仗，授予他们抵抗摩尔人的特权。同时，城镇居民也有一种独立的、强悍的精神和威严。国王出于政治、军事和财政的需要，期盼城镇在这些事务中支持和帮助他，反对不接受统治的贵族。

1088年，第一届莱昂的国王的委员会召开，城镇代表被找来参加会议。莱昂国王阿方索九世授予结成联盟的所有教士、贵族和城镇以特权。他许诺将就战争与和平问题向主教、贵族和"贤士"咨询，这三个等级将会被召唤来参加未来的议会。但是，在嗣后的会议上国王多次依靠城市反对惹来麻烦的贵族。莱昂国王的态度可能影响了姊妹国家卡斯蒂尔，二者很快统一了。1188年，在卡斯蒂尔的卡里翁召开会议。召来开会的除了高级贵族和世俗贵族，还有48个城市的

---

① 〔德〕卡尔·施密特著，刘锋译：《宪法学说》，上海人民出版社2016年版，第78页。
② 〔美〕迈克尔·罗斯金著，夏维勇、杨勇译：《国家的常识：政权、地理、文化》，世界图书出版公司2013年版，第23页。

市长。但是，和同一年召开的议会不同，到 1250 年两个城市统一前，没有证据表明有选举产生的城镇代表参加会议。

到此时，议会由教士、贵族和城镇代表参加，成为莱昂和卡斯蒂尔王国确定的制度。到 14 世纪末，议会的权力持续发展，在许多方面引人注目。城市代表给予他们严格控制的议会详细的指示信，这加强了他们处理与国王关系时的力量。当王室要求拖延议会召开时，或是王室提出相反的动议时，城市代表坚持必须向他们的选民咨询。这种谈判的程序耗时长久。[①] 由于城市支付他们的代表参加议会时的工资和补助，城市对议会的控制加强了。到 1422 年，由国王来支付这笔城市代表参会的开支。在 14 世纪，国王向议会让出了相当大的权力。这表现在，第一，国王反复重申，没有得到所有议员严格的授权，不能征收特别的赋税。到了 15 世纪末，议会数次坚决要求坚持它对开支的授权，以此确保批准部分专用拨款的权利。第二，议会有权提出以法律为基础的内容广泛的请愿。最后，议会需要参加与王权力相关的一切事务的协商；当一个新国王继位时，要在议会宣誓遵从法律；在国王的继承人年幼时，议会对摄政王行使监护权。[②] 尽管议会取得的这些权利看起来引人注目，但是议会的权利有严重的缺陷，为以后留下了祸根。第一，教士和贵族免税。第二，国王从未放弃某些征税要求，特别是销售税的征收。国王的征税要求使第三等级腹背受敌。第三，议会从未设法将它的请愿权转变为共同立法权。[③]

13—18 世纪，阿拉贡的议会、尼德兰的等级会议、瑞典的国会和法国的三级会议起了很大的政治作用。1789 年以前的欧洲，代表

[①] A. R. Mayers, *Parliaments and Estates in Europe to 1789,* London, 1975, p. 60.

[②] A. R. Mayers, *Parliaments and Estates in Europe to 1789,* London, 1975, pp. 60-61.

[③] A. R. Mayers, *Parliaments and Estates in Europe to 1789,* London, 1975, p. 61.

制制度并非偶尔出现。它们在基督教世界的每个国家此时或彼时十分兴盛。在几乎所有基督教欧洲的国家都出现了的议会和等级会议几乎都存在到了 18 世纪初。有的国家的议会在法国大革命展开时期仍然在频繁地开会。它们中有一些将这种旧的政治制度形式带进了 19 世纪。匈牙利议会直到 1848 年继续存在而且没有改革。瑞典议会直到 1866 年还保留着它的四个等级。在麦克伦堡大公爵领地,直到 1918 年等级会议还在频繁地开会、履行其功能,并且具有重要的权力。[①]

14—15 世纪是等级会议和议会很有气势的时期。老的欧洲国家的议会在习惯上被认为代表了王国全部居民和所有社会等级。除了在瑞典、丹麦、西弗里斯兰和蒂罗尔,农民没有在议会中得到代表。而城镇则获得了代表权。此时,法律理论通常认为贵族代表了领地的领主。在议会中,贵族是享有权利的精英部分。例如,1301 年,阿拉贡的海梅二世在莱里达召开的议会认为,议会取得了王国的统一,因此它的决定对所有的居民都有约束力。在弗里留召开的议会被认为代表了弗里留所有的居民。1484 年,法国国务大臣把在图尔召开的三级会议称为代表了全体法国人民。这样的例子数不胜数。[②]

16 世纪的弗朗什-孔泰是成熟的等级制国家。当时,弗朗什-孔泰是神圣罗马帝国的一个行省,处于哈布斯堡皇帝查理五世的统治之下。但查理五世是一个在外王公,他通过个人的代表进行统治。在对孔泰进行统治的过程中,皇帝的代表和围绕他的优秀人士组成的小团体要与法院和三级会议这些独立的等级制的权力中心打交道。孔泰的法院在多尔定期召开会期冗长的会议,它大约有 25 名成员。到 16 世

---

① A. R. Mayers, *Parliaments and Estates in Europe to 1789,* London, 1975, pp. 23-24.

② A. R. Mayers, *Parliaments and Estates in Europe to 1789,* London, 1975, p. 26.

纪，法院的职能发展到对其他机构实行定期的监督，而较少有司法机构的特点。例如，法院确立了要求统治者的代理人提交报告的权力，派出它的成员去查清公众关心的关于领地的事宜，并且对这些事务发布指令。提交法院律师的事务包括一般防卫事务、犯罪行为和异教邪说方面的问题；农村生活的各个方面；对牧场、狩猎、捕鱼、森林、草地和葡萄园的管理；对工匠的控制；维护道路、桥梁、河道上的航行；修改过桥费；保持通货的统一；维持集市和市场秩序；出口铁、盐、葡萄酒和小麦；小旅店餐食的价格问题；等等。法院对于所有这些事务像统治者那样独自做出一切决定。

孔泰的等级会议设有三院，它们分别由教士、贵族和市镇市民组成。前两个等级的成员被授权以个人的身份参加该院的活动；第三院主要由城市的市长和高级官员包括法官组成。第三院单独进行讨论、进行表决，按多数形成他们内部的决定。它通过代表与其他院打交道，他们的权力是等同的。

在 16 世纪开始时，议会制在欧洲的发展状况并不一致。在西班牙和意大利议会衰落的同时，欧洲大陆北部议会的权力增强，特别是波兰和尼德兰。在 16 世纪，不仅统治者而且启蒙思想家普遍看到强有力的有效率的政府以一种专制制度来保证王国的繁荣和国内的和平。这样就产生了一种明显的认识，如果议会处于休眠状态，对王公来说较为合适，如果议会过于强大，就会危及专制政府的效力。[1]

等级会议和议会在封建等级君主制国家中的作用是政治制度史上的一个重要问题。斯塔尔夫人写道："中世纪时许多欧洲国家中，王权都被贵族所限制；德国议会、瑞典议会，奴隶宪章之前的丹麦议

---

[1] A. R. Mayers, *Parliaments and Estates in Europe to 1789,* London, 1975, p.97.

会、英国议会、西班牙议会,以及意大各种各样的中间机构,这些都表明,北方民族带来的制度虽然把权力集中到某个阶层手中,但它也给专制统治套上了枷锁。"[1]

第四节 等级会议在历史上的作用

对于等级会议在欧洲历史上的作用,史学界存在着不同的见解。1955年在罗马召开的国际历史科学大会曾就等级会议对近代国家形成有无积极作用的问题展开讨论。其中有一种意见认为,等级会议对近代国家的形成没有起过任何积极作用。但这种观点不符合历史事实。例如,在德意志帝国这个集权化力量尚未充分形成的国家中,在14—15世纪还没有其他强有力的帝国行政机构,而等级会议作为一种帝国机构,通过各个等级聚合的方式,形成了一个全帝国各等级参加的代表制机制。它把宫廷形式的中央政府的活动向各等级通报,同时等级会议也反映了各个等级和社会集团的愿望;等级会议批评现存的德国政治秩序,推进了国家的形成;等级会议还介入和干涉帝国的宫廷政治,减缓统治集团的内部争端,有助于维持国家权力。到了16世纪,公共财政制度发展起来,等级会议通过和帝国君主的长期谈判,取得对拨款的表决权。这样,公共财政职能成为等级会议最主要的职能。等级会议在封建化和等级君主制时期已经介入国家机制运行,成为国家机构一个重要的组成部分。伯纳德·盖内肯定了欧洲等级会议和议会的政治整合作用。他认为这是14世纪中叶前后冲击

---

[1] 〔法〕斯塔尔夫人著,李筱希译:《法国大革命》(上册),吉林出版集团有限责任公司2015年版,第12—13页。

欧洲旧秩序的革命浪潮。诚然，政治整合作用只是等级会议一方面的客观效果。欧洲中世纪出现的等级会议和议会毕竟反映了封建化的诸侯贵族势力的利益。这个集团把议会和等级会议作为与王权斗争、保护自身利益的政治设置，它本身是封建化的产物。在英国，正如同《大宪章》是封建贵族与王权做斗争的法律成果那样，英国议会则是封建诸侯与王权做斗争的政治制度成果。正如同诺伯特·埃利亚斯分析的，封建主义政治是一柄双刃剑，它既具有分权化的力量，又具有集权化的力量。这种两重性同样体现在中世纪议会和等级会议的机制中。

到了等级君主制时期，"等级会议是为了与统治者对抗和合作的特殊目的而著称的团体"，"拥有很少政治特权的单一构成的等级在那里联合起来并转而去争取更有意义的目标和更广泛的特权"。"在等级制国家中，有势力的个人和团体通过个人或其代表频繁地聚合成各种以合法形式设立的代表制会议并与统治者或他们的代表打交道，发表他们的声明，重申他们的权利，系统地陈述他们的建议，确定他们与统治者合作的条件，并承担他们分享的责任"。[①]

中世纪议会制度的存在对于近代资产阶级政治制度的形成起着重要的作用。昂格尔认为："可以这样说，官僚专制主义和议会立宪主义是从等级社会向自由主义社会过渡的两条主要途径，它们分别以普鲁士和英格兰为代表。在三级会议为特点的等级制国家中，官僚专制主义很是兴旺发达。在那里，封建组织机构的印证作为中央集权化的国家体制的最初尝试还具有相当的影响。议会立宪主义则产生于实

---

① 〔美〕贾恩弗兰科·波奇著，沈汉译：《近代国家的发展——社会学导论》，商务印书馆1997年版，第47页。

行两院制的等级国家之中,在其中,各等级总是保持着很大程度的独立性。"①

亨廷顿强调了欧洲中世纪议会和等级会议对近代政治民主的影响,他写道:"在封建议会经历专制时代而幸存下来的国家里,它们通常变成了倡导主权在民而抵御王权至上的工具,皇室的权力和特权逐渐受到限制乃至终止,议会成为占统治地位的政治制度。随着选举权的扩大,议会最终代表了全国。""中世纪的等级会议和多元议会继续保持生命力与后来的民主趋势密切相关。"卡斯坦指出:"在等级议会经历专制政府统治而幸存下来的日耳曼地区,19世纪的自由主义运动较为强大,这当然不是偶然的。"②

在讨论中世纪后期和近代早期的代议机构时,需要解释为什么一些国家代议制机关足够强大,以至于可以抵制君主对立法权和其他权力的垄断,而另一些国家的等级会议或议会则无法做到这点。欣茨认为,根据各国采取的代议体制,可以把中世纪及现代早期西方的议会或等级会议划分成两种基本的类型。英国、波兰、匈牙利和斯堪的纳维亚半岛诸国家属于第一种类型,法国、阿拉贡、加泰罗尼亚、巴伦西亚、那不勒斯和西西里岛属于第二种类型。这两种类型的差别不在于它们拥有的议院的数目,而在于它们的内部结构。两院制议会如英国议会,其特点是有一个高级贵族和教士身居其中的上议院,以及从农村为基础的地方政府组织和自治城镇选出的代议成员。而在整个日耳曼诸公国和拉丁欧洲出现的三院制,每个议院都包括一个在法律上

---

① 〔美〕R. M. 昂格尔著,吴玉章、周汉华译:《现代社会中的法律》,译林出版社 2001 年版,第 159—160 页。
② 〔美〕亨廷顿著,王冠华等译:《变化社会中的政治秩序》,生活·读书·新知三联书店 1989 年版,第 115 页。

享有特权地位的社会等级,如贵族、教士和自治市民城镇的代表。欣茨认为,与那些以身份团体为基础的议会和等级会议相比较,以领土为基础的等级会议或议会在结构上更为强大,因此能抵御野心勃勃的统治者的招安和诱惑。[①]

[①] 〔美〕托马斯·埃特曼著,郭台辉译:《利维坦的诞生:中世纪及现代早期欧洲的国家和政权建设》,上海人民出版社 2016 年版,第 17—18 页。

第二编　资本主义国家结构的形成

第六章　近代国家的结构

第一节　近代国家版图的形成

经过资产阶级革命，或者经过民族统一的王朝战争，或者通过具有重要意义的改革，近代国家得以建立。近代国家赖以建立的社会基础和中世纪封建国家有根本的不同，它不是以等级特权制，而是以自由的个人为基础。马克思写道："政治国家的建立和市民社会分解为独立的个体——这些个体的关系通过法制表现出来，正像等级制度中和行帮制度中的人的关系通过特权表现出来一样。""政治解放一方面把人归结为市民社会的成员，归结为利己的、独立的个体，另一方面把人归结为公民，归结为法人。"[1]

一些学者从国家的政治形式和国家内部的生产关系来定义近代国家。芬纳教授指出，近代国家具有四个特征：第一，它是不同于其他组织的在同一领域内实施管理的组织；第二，它是自主的；第三，它是中央集权的；第四，它的分支机构彼此间相互协调。[2] 芬纳教授主

---

[1] 马克思：《布鲁诺·鲍威尔：〈现代犹太人和基督徒获得自由的能力〉》，载《马克思恩格斯全集》第3卷，人民出版社2002年版，第188、189页。

[2] Charles Tilly, "Reflections on the History of European State-Making", in Charles Tilly, ed., *The Formation of National States in Western Europe*, Proncton U.P., 1975, p.70.

要是从政治形式上来定义近代国家,他很好地揭示了近代国家结构上的若干特征。但是,他的定义没有说明近代国家同其他拥有官僚机构的中央集权国家的区别。为了克服从机构上来定义国家的不足和困难,奥菲转而从国家代表的生产关系来定义国家。他提出,近代西方国家有四个基本特征。第一,根据它自己的政治准则,政治权力被禁止用于组织生产。在国家中财产是私人所有的,因此,不能根据政治权力,而是应当根据个人自由的原则来使用生产资料。第二,政治权力以依赖赋税和资本主义市场的个人积累为基础,拥有权力的资本主义国家实际上是无权的。第三,政治权力必须有利于推进资本积累。第四,在民主政治制度下,任何政治家和政党都只能通过在大选中取得足够选民支持这种民主途径来取得对制度化的国家权力的控制。[1]国家中资本主义生产关系占据主导地位,国家又努力推动资本的积累,这是近代国家的基本特征。在近代国家中,政治机构和国内的行政网络的建设都加强了。

近代国家形成是地域的聚合过程,这表现在及至近代国家建立,欧洲的政治单位的数量急速下降。1200年,仅意大利半岛就有200—300个不同的城邦国家。[2] 1490年,欧洲大约6200万人口被分成平均31万人的众多的国家。[3] 在1500年时,欧洲大约有500个独立的政治单位,此后,战争和联盟使欧洲国家的数目急剧地减少了。到

---

[1] Antoney Giddens and David Held, eds., *Classes, Power and Conflict, Classical and Contemporary Debates*, California U.P., 1982, pp. 249-250.

[2] Daniel Waley, *Italian City-Republics*, New York, McGraw-Hill, 1969, II.

[3] 〔美〕查尔斯·蒂利著,魏洪钟译:《强制、资本和欧洲国家(公元990—1992年)》,上海人民出版社2012年版,第55页。

1900年，欧洲只有大约25个政治单位。[1] 蒂利教授认为，民族国家形成有多种方式，战争、谈判、条约和世袭权力等都是民族国家形成的方式。[2] 詹姆士·安德森指出，一系列历史和政治过程造成近代国家的兴起：第一，自由和民主因素的出现。与16—17世纪的绝对主义国家不同，这个时期的绝大多数国家感到有必要争取民主。第二，工业化的传播。第三，16、17世纪的绝大多数国家还不是民族国家，到了19世纪末，民族国家的形成过程最后完成。第四，社会主义的成长。[3] 从时间上来说，西方近代国家经过了三个阶段：第一阶段，16—17世纪是资产阶级革命的时期；第二阶段，18世纪在一些国家是贵族政治和晚期绝对主义时期；第三阶段是19世纪，这是资产阶级民主改革和资本主义国家机构健全的时期。在近代时期，尤其在中东欧，不少国家的近代国家制度都是经过一系列的变革和漫长的过程才逐渐建立的。

近代国家在开始后一段时间并非由资产阶级直接出面统治。近代国家统治集团的阶级构成有其时代配置，近代国家的领导阶级并非完全由工业革命形成的中等阶级构成。"18世纪末期，各个国家里没有一个等级或阶级愿意或能够成为新的统治阶级，表明自己认同政府，就像贵族阶级在过去几个世纪里那样。君主专制未能在社会上找到一个替身，导致民族国家的充分发展，它宣称高于一切阶级，完全独立

---

[1] Charles Tilly, "Reflections on the History of European State-Making", in Charles Tilly, ed., *The Formation of National States in Western Europe*, Princeton U.P., 1975, p.15.
[2] 〔美〕查尔斯·蒂利著，魏洪钟译：《强制、资本和欧洲国家（公元990—1992年）》，上海人民出版社2012年版，第28页。
[3] James Anderson, ed., *The Rise of the Modern State*, Wheatsheaf Books, Distributed by Harvester Press, 1986, p.4.

于社会及其利益之外，是民族整体的唯一真正代表。""国家想和社会上的一个主要阶级结盟的一切尝试全都失败。"[①]

近代国家的疆域和版图在很大程度上是由《威斯特伐利亚和约》所确定的。签约的双方分别是统治西班牙、神圣罗马帝国和奥地利帝国的哈布斯堡王室与法国、瑞典以及神圣罗马帝国内的勃兰登堡、萨克森、巴伐利亚等诸侯邦国。而在1648年10月24日签订的《西荷和约》，正式确认了威斯特伐利亚这一系列和约，象征三十年战争的结束。一般史家将1635年的《布拉格和约》和1659年的《比利牛斯和约》视为《威斯特伐利亚和约》系列之一。

《威斯特伐利亚和约》的主要内容有：重申1555年的《奥格斯堡宗教和约》和1635年的《布拉格和约》继续有效；哈布斯堡皇室承认新教在神圣罗马帝国境内的合法地位，同时新教诸侯和天主教诸侯在帝国内地位平等；神圣罗马帝国内各诸侯邦国可自行订立官方宗教，臣民不愿改宗者迁出——加尔文宗获帝国承认为合法宗教，教产的归属以1624年为标准年，凡在1624年1月1日之前占有的教产可以保留（在普法尔茨及其联盟地区，以1619年为标准年）；神圣罗马帝国内各诸侯邦国有外交自主权，唯不得对帝国皇帝及皇室宣战，而帝国皇帝依然无权决定任何重大问题，如宣战、媾和、课税和征兵等；正式承认联省共和国（荷兰）和瑞士为独立国家；哈布斯堡皇室的部分奥地利领地被迫割与法国、瑞典和部分帝国内的新教诸侯——其中法国得到洛林内梅林、图尔、凡尔登等三个主教区和除斯特拉斯堡以外的整个阿尔萨斯，瑞典获取波美拉尼亚地区和维斯马

[①] 〔美〕汉娜·阿伦特著，林骧华译：《极权主义的起源》，生活·读书·新知三联书店2011年版，第53页。

城、不莱梅、维尔登三个主教区,从而得到了波罗的海和北海南岸的重要港口,勃兰登堡获得东波美拉尼亚地区和马格德堡、哈尔勃斯塔特、卡明、明登等主教区,萨克森获得路萨蒂亚地区,普法尔茨公国一分为二,信仰天主教的上普法尔茨与巴伐利亚合并(巴伐利亚因此成为神圣罗马帝国第八选帝侯),信奉新教的下普法尔茨(莱茵兰、普法尔茨)维持独立;神圣罗马帝国皇帝选举不得在现任皇帝在世时进行,以避免皇帝的干预,影响结果;法国和瑞典在神圣罗马帝国议会有代表权,巴伐利亚公爵被封为选帝侯;瑞典获得神圣罗马帝国500万塔勒尔的赔款。

《威斯特伐利亚和约》完全是为君主制类型的民族国家设计的,它成为以国家为基础的国际体系的基础。它实际上宣布了民族国家成立和民族国家时代的到来,而民族性和国际性的原则构造了它确定的现代秩序的宪政原则。

《威斯特伐利亚和约》包含的观念实质上是一种前近代的观念。它认为统治权属于统治者而不是属于人民。这就是为什么美国革命,特别是法国革命要在全欧洲范围对旧制度进行挑战,要建立一种国家之间和国家内部新型关系的原因。《威斯特伐利亚和约》本质上是一部封建统治阶级的宪章。而18世纪的法国革命则第一次宣布了在国家关系上的一个民族的和国际化的时代。然而,不可思议的是,在不少人的笔下,《威斯特伐利亚和约》的性质被曲解为为近代国家制度和近代思想奠定真正基础的文件。[1]

对于何种力量是促使近代国家制度和权力发展的主要因素,奥

---

[1] Martin Shaw, *Theory of Global State: Globality as Unfinished Revolution*, Cambridge U.P., 2000, pp. 27, 28, 30.

托·欣策在"军事组织与国家"一文中认为:"把阶级冲突考虑为历史的唯一驱动力,这是片面的、夸大其词的,因此也是错误的。国家之间的冲突远为重要得多,来自外部的压力比内部结构更容易产生一种决定性的影响。"[1] 由此可见,他认为近代时期资本主义国家之间的争夺和国际关系是促使国家制度和权力发展的主要因素。

第二节 近代国家的政治特征

近代西方资本主义国家的奠基人是在批判封建制度中构思和设计未来政治蓝图的。他们在揭露封建国家制度极大的弊病时,敏锐地发现了那种制度没有公正的法律和司法,君主的意志便是国家的立法。在这样的国家中,王室贵族和特权阶层无所顾忌,肆意妄为,专权腐化等现象丛生。他们还发现,这种封建社会是以人的身份不平等为前提的,人生来便有高低贵贱之分。贵族阶层奢侈享乐,不劳而获,对社会无所贡献,却在国家政治生活中拥有特权。有才干的创造财富的资产者和劳动者却因身份低下无权参加国家的政治生活,不能进入宫廷、政府和上流社会。这种身份不平等的规定侮辱和压迫着大多数民众,阻碍了社会经济和政治的发展。

因此,早期资产阶级法学家和启蒙思想家认为,未来的国家应当是废除人身份的不平等和特权的国家,是法治的国家。孟德斯鸠在《法的精神》中写道:"在专制政府中,则既无法律,又无规范,一切

---

[1] Otto Hintze, "Power Politics and Government Organization", in F. Gilbert, ed., *Historical Essays of Otto Hintze*, N.Y.: Oxford U.P., 1975, pp. 178-215.

都由单独一个人凭一己的意志为所欲为地处置。"[1]"什么地方立法权、行政权和司法权集中于一个人或一个机关手中，那里便不会有自由存在，因为人民将会担心，能够颁布暴虐法律的那个君主或那个议会，同样能够暴虐地执行这些法律。""一般的法，就其统治地上一切民族而言，就是人类理性，每一国家的政治法和公民法，应当只是应用这种人类理性的特例。""人作为生活在一个社会中的一分子，而社会必须维持，于是有一些处理统治者和被统治者的关系的法律，这就是政治法。此外，他们还有处理一切公民之间的关系的法律，这就是公民法。"[2]"一个适中的政府"，"它是靠它的法律和它的力量本身来维持的"。[3] 因此，近代国家的一个重要的特征便是法律制度的健全，各近代资本主义国家都制定了宪法、民法、商法、刑法和社会立法，并建立健全了各种法院组织和诉讼程序。但是，由于各近代国家建立过程中反封建的彻底性不同，各国法律传统不同，一些国家近代法律体系中保留了若干封建法律的残余，各国资产阶级法制的完成在时间表上有很大的差异。

在 1500 年以后，大规模的交战驱使所有的欧洲国家向着一个新的组织结构——民族国家转化。当代国家结构在法庭、立法机构、中央机构、战场管理、常规军队、专门的警察力量和公共力量的全套设施方面彼此相似。欧洲民族国家形成后，这种国家形式迅速在世界

---

[1] 北京大学哲学系外国哲学史教研室编译：《十八世纪法国哲学》，商务印书馆 1979 年版，第 25 页。
[2] 北京大学哲学系外国哲学史教研室编译：《十八世纪法国哲学》，商务印书馆 1979 年版，第 23、22 页。
[3] 北京大学哲学系外国哲学史教研室编译：《十八世纪法国哲学》，商务印书馆 1979 年版，第 34 页。

政治制度中胜出。对于为什么民族国家能够成为较为普遍的国家形式,查尔斯·蒂利分析道:"民族国家在整个世界胜出是因为它们首先在欧洲胜出,然后欧洲的国家产生了自我复制的效果。它们在欧洲胜出是因为它们在欧洲最强大的国家——位于所有其他国家之上的法国和西班牙——采取了暂时压倒其邻国的战争形式,而且它们的支持产生了作为副产品的国家机构的中央集权、差异化和自治。"[1]

从纵向比较的视野来看,典型的欧洲中世纪国家与近代国家在形式上有很大的差别。中世纪国家是君主统治,国家权力为君主和王室所有,而非一个阶级所有;在中世纪国家组织中尚未形成分工有序的专门化的中央政府机构,小小的王室政府是封建时代欧洲中央政府的基本形式;从中央到地方也未形成网络状的行政结构,等等。中世纪封建国家特征的衰落和向近代国家的转化,是以绝对主义王权为开端的。

近代时期是一个较为漫长的时期,它可以分为从封建主义向资本主义过渡的第二阶段和自由资本主义阶段。而工业革命后期到19世纪末,是近代资本主义国家制度发展的最重要的阶段。在这个时期的劳资冲突加剧和资本主义国家国际争夺加剧的背景下,资本主义国家的强力组织和镇压功能在这个时期有突出的发展。这个时期也是无产阶级阶级意识形成的时期。不只是资本主义民主制度建立起来,中央政府机构和地方政府机构在这个时期完全形成了。这个时期是资本主义国家成熟建立的时期。

---

[1] 〔美〕查尔斯·蒂利著,魏洪钟译:《强制、资本和欧洲国家(公元990—1992年)》,上海人民出版社2012年版,第223页。

第三节　近代国家的强力机构和职能

国家的阶级镇压职能和强力机构在近代时期有突出的发展。近代时期军队和警察组织有很大的发展。

从1470年到1710年，欧洲各国军队的规模有很大的发展。根据帕克提供的资料，西班牙的军队在1470年代为20000人，1550年代为150000人，1590年代为200000人，1630年代为300000人，1650年代为100000人，1670年代为70000人，1700年代为50000人，1850年代为154000人，1980年代为42000人。荷兰的军队在1590年代为20000人，1630年代为50000人，1670年代为110000人，1700年代为100000人。法国的军队在1470年代为40000人，1550年代为50000人，1590年代为80000人，1630年代为150000人，1650年代为100000人，1670年代为120000人，1700年代为400000人，1850年代为430000人，1980年代为495000人。英国的军队在1470年代为25000人，1550年代为20000人，1590年代为30000人，1650年代为70000人，1700年代为87000人。英格兰和威尔士的军队在1850年代为430000人，1980年代为495000人。瑞典的军队在1590年代为15000人，1630年代为45000人，1650年代为70000人，1670年代为63000人，1700年代为100000人。俄罗斯的军队在1630年代为35000人，1670年代为130000人，1700年代为170000人，1850年代为850000人，1980年代为3663000人。[1]除正规军外，法国在19世纪断断续续地还存在过非正规军——国民自卫军。从

---

[1] Geffrey Parker, *The Military Revolution: Military Innovation and the Rise of the West, 1500-1800*, Cambridge U.P., 1988, p.209.〔美〕查尔斯·蒂利著，魏洪钟译：《强制、资本和欧洲国家（公元990—1992年）》，上海人民出版社2012年版，第96页。

1893年到1980年，战争中死亡的人数可观。

表1 1893—1980年战争中的战场死亡人数[1]

时期	战争所在地 国家之间	战争所在地 体系内	战争所在地 内战	总数	占平民百分比
1893—1902	30	96	112	238	47.1
1904—1914	8560	0	270	8830	3.1
1915—1925	161	83	506	750	67.5
1926—1936	213	0	956	1169	81.8
1937—1947	16292	100	1161	17553	6.6
1948—1958	1913	50	372	2335	15.9
1959—1969	1250	0	1830	3080	59.4
1970—1980	78	73	820	971	89.0

随着资本主义打破了封建关系的束缚，贵族对劳动群众的人身奴役在法律上最终被废除，下层劳动群众的社会活力得到解放，他们表现出前所未有的历史主动性和积极性。资本主义剥削形式是一种残酷的剥削形式，它的活动渗透于生产活动中，因此，近代一段时间里，工人阶级和劳动农民对于压迫和剥削的反抗斗争也较为激烈。这样，国家的镇压职能便突出地表现出来，国家的强力机构在近代时期较之中世纪有了很大的发展。资本主义国家的政治统治方式是对无产阶级和农民的起义甚至小资产阶级的民主性的抗议实行直接镇压，辅之以在漫长的和平时期对被统治阶级的不满加以控制，通过一些社会性政

---

[1] Melvin Small and J. David Singer, *Resort to Army: International and Civil War, 1816-1980*, Sage, 1982, pp.134, 263.

策加以调节，以安抚和抑制劳动群众，最终把资本主义社会秩序维持在一种有秩序的较为稳定的状态。

下层劳动群众和工人采取激烈的斗争方式对资本家和政府进行抗议，从历史时间来看，比较集中地发生在从封建主义向资本主义过渡时期和工业革命期间。

在17世纪英国资产阶级革命中，小资产阶级民主派平等派在反封建斗争中扮演了激进的左翼的角色。1647年11月，在赫德福德郡威尔地方举行的军队集会中，平等派军官和士兵提出了推进革命的民主性要求，进行了武装请愿。以克伦威尔为首的军官集团逮捕了平等派运动的积极参加者，枪杀了士兵理查·阿尔诺德，1649年又处死了罗伯特·沙克叶等5名平等派士兵。[①] 1649年4月，掘土派在塞利郡圣乔治山掘土垦荒，实施共产主义计划，这一和平的运动也被宫务会议派出的军队驱散。1685年，蒙默斯领导了反对查理二世的起义，萨默赛特郡和德文郡的农民、织工和矿工参加了这次起义。这次起义具有部分下层群众反对土地贵族的性质。例如，参加起义的老平等派理查·鲁波尔在断头台上表述了反对压迫和剥削的思想，他说："我确信，任何一个人都不是天生就应当高踞于另外一些人之上的，因为谁也不是悲伤地拖着一个马鞍出世的。同样，谁也不是生来就穿着马靴骑在别人身上的。"结果，蒙默斯起义者遭到了血腥镇压和严酷的刑罚打击。新兴的代表辉格党的国家还在1715年和1745年镇压了两次詹姆士党人的叛乱。19世纪初，民主运动和工人运动在英国蓬勃展开。1819年，在曼彻斯特圣彼得广场召开了由6万名工人参加的

---

① 〔苏联〕塔塔里诺娃著，何清新译：《英国史纲：一六四〇年——一八一五年》，生活·读书·新知三联书店1962年版，第89、105页。

争取议会改革的群众大会，结果遭到政府派出的军队的镇压，有11人死亡、500余人受伤。随后，英国政府颁布《六项法令》，打击民主运动。1811年和1817年，政府镇压了捣毁机器的卢德运动；1812年，在霍尔福德开枪镇压卢德派；1813年，在约克进行大规模的审判，一批卢德派被绞死和流放。1836年，爆发了宪章运动。英国中产阶级在民主改革运动中软弱无力，新兴的工人阶级挺身而出，承担起民主运动的责任。它们在《人民宪章》中提出了以普选权为中心的六项要求，还提出工人阶级的社会要求。激进的左翼宪章派提出了"暴力"斗争的口号。面对工人阶级民主运动的兴起，资产阶级开动国家机器，用威胁和暴力的手段对付工人运动。在1839年5月克萨尔荒原大会召开和1842年英格兰北部50万工人大罢工时，政府使用刚建好的铁路把军队调到发生宪章运动高潮的地区，准备镇压。政府还派军队控制电报公司、占用电报线，以加强联络。内务部命令邮局查阅宪章派活动家来往的信件。[1]当时任英格兰北部军区司令的纳皮尔将军在曼彻斯特、利兹、纽卡斯尔附近精心安置军队，同时邀请宪章派的代表去参观政府军队的操炮演习，以显示军队的威力，恫吓和规劝宪章派放弃暴动计划。[2]政府的军队和警察还先后镇压了新港起义和其他一些地方的宪章派暴动，逮捕并审判了一批宪章派领袖和积极分子，几乎没有哪个宪章派领袖没有被捕过。1900年，南威尔士塔甫河谷铁路公司的工人举行罢工，使该公司的资本家遭到经济损失。政府的法庭和公司的资本家勾结起来对付铁路工会。1901年，

---

[1] F. C. Mather, *Public Order during the Age of Chartism,* Manchester U.P., 1959, pp. 100, 213-214, 220. A. Schoyne, *Chartist Challenge*, Hanieman, 1958, p. 69. F. C. Mather, "Government and the Chartists", in Asa Briggs, ed., *Chartist Studies*, Macmillan, 1959.

[2] William Butt, *Sir Charles Napier*, London-New York, 1894, pp. 64, 85-90.

法院在该案审理中判决铁路工会赔偿资本家罢工期间的损失2万英镑，形成一次对工会的倒算。

法国资产阶级政府在大革命期间镇压了芽月和牧月起义。1795年4月1日，来自巴黎郊区的示威群众举行了大规模的示威，冲进国民公会，提出了要求"面包、1793年宪法和释放爱国者"的口号，结果被军队驱散。5月20日至23日，由于面包配给急剧减少，同时"指券"停止流通，群众发动起义，占领国民公会，宣布成立新政府，但最后被政府的正规军镇压下去。1795年，督政府破坏了巴贝夫的起义计划，处死了巴贝夫和达尔德。七月王朝时期，工人工资十分低，政治上毫无权利，没有选举权，里昂工人先后于1831年11月和1834年4月发动了两次武装起义，遭到政府军队的镇压。第二次里昂起义中，工人共牺牲342人，受伤600人。1848年，法国资产阶级民主革命中，由于临时政府解散了国家工厂，迫使一部分工人迁到外地去工作，工人阶级生计毫无着落，巴黎无产阶级发动了六月起义。卡芬雅克将军调动25万军队对起义无产者进行镇压，有1000名工人被枪杀、被捕和判刑，还有30000人左右被流放。

1871年，爆发了巴黎公社革命，在历史上第一次建立了无产阶级政权。巴黎公社坚持了72天，最后被凡尔赛政府军队镇压下去。被杀、被关、被流放的总人数达10万以上，被告发以及被审判的人达到38万之多。

不仅资产阶级执政的国家对于工人阶级毫不留情，由所谓的"社会主义者"执政的政府对工人运动也持同样的态度。在法兰西第三共和国"独立社会主义者"米勒兰内阁时期，根据劳工部长米勒兰的命令，政府军队开枪屠杀了马提尼克岛和夏龙城的罢工工人。

1844年，在德国爆发了西里西亚织工起义。这场起义属于饥饿暴动。织工冲进企业主的住宅，捣毁了机器和设备，分掉了货物。政府派出了大批军队才把起义镇压下去。1869年，德国社会民主党成立后，工人运动有很大的发展。俾斯麦政府从1876年到1878年先后拟定出版法草案、修改刑法典草案，以对付工人运动；并于1878年制订了《反对社会民主党人企图危害治安的法令》，先后在1878—1890年间监禁了1500余人。

在美国，从建国初期开始，资产阶级和奴隶主的国家便对工人、农民和黑人的反抗运动实行镇压。1786年秋，在马萨诸塞州爆发了参加过独立战争的退伍军人谢斯领导的农民起义。起义爆发后，州长宣布废除人身保护法，并调动正规军把起义镇压下去。19世纪初，南方黑奴奋起反对种植园奴隶制，联邦政府和南方各州政府对黑人的反抗采取了严酷的镇压措施。1822年7月，镇压了查尔斯顿的维西领导的黑奴起义。1831年，镇压了在弗吉尼亚发生的由泰勒领导的黑奴起义。1859年，约翰·布朗在弗吉尼亚西北部的哈卜斯渡口发动起义，占领了联邦军火库。起义被镇压下去后，布朗等人被处以死刑。美国政府甚至成为对具有资产阶级民主运动性质的废奴运动的镇压者。1886年春夏，美国工人发动了争取八小时工作制的全国性斗争。5月3日，政府派军队镇压了在芝加哥麦考米克联合收割机厂召开的工人集会；5月4日晚，又在甘草市广场攻击群众集会，打死多名工人；随后在毫无证据的情况下，审判了7名无辜的工人领袖，最后有4名被处死。

俄国沙皇政府在统治中直接使用暴力镇压了十二月党人在彼得堡发动的起义，审判了579人，判处彼斯特尔、莫拉维约夫、雷列耶夫等5人"特等罪"，处以绞刑；把100多人流放到西伯利亚服苦役。在沙皇尼古拉一世统治时期，政府极力维护农奴制，实行恐怖统治，成立了第三厅，专门迫害反对专制制度的人士，对革命民主主义者车尔尼雪夫斯基等人加以迫害。1870年，民粹派运动兴起后，沙皇政府炮制了"帝国境内革命宣传案"，对193名民粹派人士进行了审判。[①]1881年，亚历山大二世被暗杀后，沙皇政府镇压并粉碎了"民意党"。20世纪初年，沙皇政府严厉迫害布尔什维克，把一批革命者流放到西伯利亚。1905年，沙皇政府镇压了1月9日的和平请愿和12月莫斯科的武装起义。大量材料说明，当工人阶级危及资产阶级国家时，后者总是毫不踌躇地诉诸武力，把被压迫阶级打倒在血泊中。

第四节　近代国家的权力关系

近代初期的代议制在各国存在不同的状况，有的国家代议机关足够强大，以至于可以抵制君主对立法权和其他权力的垄断，而有的国家情况则不同。H. G. 凯尼斯伯格教授认为，欧洲各国的议会和等级会议的构成方式有两种，一种是以身份团体即等级为基础构建的等级会议或议会，一种是以领土为基础的议会。以领土为基础的集会或议会在结构上更为强大，因此也更有能力抵制野心勃勃的统治者的招安或诱惑。以等级为基础组成的议院或等级会议，"只要诸议院各自的社会经济特权和身份团体可以获得保障，他们往往愿意放弃共同立法的权利，或者放弃共同纳税的权利"。而以领土为基础的议会不是以等级界限来划分的，通过家族、任命权和地域关系的纽带，上议院的

---

① 〔苏联〕涅奇金娜著：《苏联史》第二卷，生活·读书·新知三联书店1957年版，第一分册，第149页；第二分册，第265页。

成员往往与下议院的成员联系在一起,君主要挑拨两个议院的关系,远比对待以等级制为基础的议会要困难得多。此外,以领主为基础的议会,与地方政府的组织结构盘根错节地联系在一起,植根于其中,有力量有效地捍卫议会权力,并反抗王权的野心。[1]

在那些较早发生资产阶级革命、资产阶级革命在政治上废除封建主义较为彻底的国家,革命后,国家掌权集团中仍然保留了不少贵族分子。法国便是这样的国家。

在任何结构体系中,诸子结构之间的均势和平衡总是相对的。资本主义国家的政治运行与宪法规定有很大的差异。资本主义国家的立法权、司法权和行政权在工作中并不均衡。随着近代国家的发展,权力中心发生漂移,重心转向行政权这一极。在法国,19世纪共和派使得总统的权力缩小了,总统立在那里无法行使重要的职权,实际权力转归内阁掌握。法国共和派不信那些有较高声望的政治家,因为他们有可能恢复令人厌恶的君主制。这样就产生了一种普遍的做法,即选择平庸的能量低的人士来担任总统。议会两院议员都接受克列蒙梭的说法:"让我们选个最笨拙的人出来。"这个说法以后就成为一项不成文的惯例。后来所有的总统,除普安卡雷(1913—1920年任总统)外,都是内阁的傀儡,实际权力集中于内阁。[2]

早在19世纪末叶,英国内阁对下院的控制作用就已经较为明显地表现出来。在立法中,尽管在19世纪议会提出的私法案比公法案

---

[1] 〔美〕托马斯·埃特曼著,郭台辉译:《利维坦的诞生:中世纪及现代早期欧洲的国家与政权建设》,上海人民出版社2016年版,第17—19页。

[2] 〔苏联〕费多罗夫著,叶长良、曾宪义译:《外国国家和法律制度史》,中国人民大学出版社1985年版,第283页。

数量要多，但几乎所有重要的法案都是内阁或政府提出的。[①] 在重大国家事务的决策中，内阁政府起了决定性的作用。帕麦斯顿于19世纪50年代在议会公开宣称，政府在决定重大战争政策时无须征询议会的意见。他说，如果要进行一场与欧洲大国的后果严重的战争，就应当避免在时间上的耽搁。这需要得到下院的密切配合。[②]

美国学者伍德罗·威尔逊指出，美国众议院的重心发生了转移，它过于依赖各委员会，二者进一步损害了议会议员的影响力。议会所有重要的事务都由委员会决定，只不过形式上仍由议会全体会议批准而已。在这些委员会中最为突出的是两个财务委员会，即预算委员会和拨款委员会。这两个委员会的主席和行政机关一道，实际上行使着一种部长的职能。一个美国政治家甚至说，它虽然披着宪政外衣，但实际上却是由合众国总统、国务卿、财政部长、众议院议长，以及前述两个委员会主席组成的6人组寡头政治。[③]

进入20世纪，西方资本主义国家的政府机构越来越复杂，行政机构的重要性日益增长，政府职能日益强化，内阁逐渐成为国家权力的主宰。这种倾向在英国表现得非常典型。在英国，议会下院的活动日程完全由政府决定。下院议员可以提出私法案，但一切财政法案都必须由政府提出，议会下院的职能就是对这类法案进行讨论和作修正，以及履行最后的批准手续。政府基本控制了下院的议事日程。每

[①] S. N. Chester, *The English Administive System, 1780-1870*, Oxford, Clarendon Press, 1981, p.117.

[②] H. J. Hanham, ed., *The Nineteenth Century Constitution: Documents and Commentary*, Cambridge U.P., 1969.

[③] 〔德〕格奥尔格·耶利内克，柳建龙译：《宪法修改与宪法变迁论》，法律出版社2012年版，第59—60页。

月下院例会的日程有规定，从周一到周四议会讨论的事项由下院领袖、政府督导员和反对党督导员商量决定，但最终由政府决定时间表。这样，在20世纪，由政府控制议会日程的天数增加了：1887年为每周2天，1892年为每周3天，1902年以后为每周4天。下院议事日程的85%被政府和反对党的议事日程所占据。[1] 19世纪，英国时常设立议会委员会来调查内政和社会问题。到了20世纪，则通常改由政府各部门的委员会、司法调查员及王室委员会来代替议会委员会的相关职能。这些变动反映了英国政治生活中议会地位的下降和政府作用的增强。[2]

波朗查斯指出："尽管宣告了各种权力的划分（立法、议会权从行政权划分出来），资本主义国家还是作为一种集中统一体在发挥作用。这种统一体的组织是这种权力中一种权力统治其他权力的结果。但是立法权和行政权之间的这种差别并不单单是法律上的差别，它既要符合各种政治势力之间的确切关系，又要符合各种国家制度在执行中的真正差异。"[3]

国家行政机构是西方资本主义国家中务实的中产阶级聚集之地，它的成员比代议制机构的成员的资产阶级成分纯粹得多。随着地主和贵族逐渐丧失在政府中的位置，工人阶级的代表虽然可以有一部分进入议会下院，他们却无法真正掌握国家的行政权。近代国家权力结构的重心漂移有着明确的阶级内涵。

各资本主义国家的宪法在论及政治结构时，没有论及政党的条

---

[1] R. M. Punnett, *British Government & Politics*, London, Heinemann, 1971, pp. 215-220.
[2] David Butler and Jennie Freeman, *British Political Facts, 1900-1968*, 1969, pp. 141-144.
[3] 〔希腊〕尼科斯·波朗查斯著，叶林等译：《政治权力和社会阶级》，中国社会科学出版社1982年版，第345页。

文,自然也没有论及政党在代议制中的地位。这样就隐藏了资产阶级政党作为一种权力结构的重要作用。这里借用一位西方学者的研究结论来加以说明。德国法学家格奥尔格·耶利内克在书中写道:"反对议会制的斗争的另外一个原因存在于政党制度的形成之中。在议会制的母国中,这些斗争源自政党,与之存在密切联系,因为在这些国家中,和议会形式一样,其政体可以直接称为政党政府,其他大西洋两岸的盎格鲁-撒克逊国家政体也是以相似的方式建立在政党生活的基础之上。其政党之典型组织形式为两党制,即有两个党派轮流执政,其本身只能通过一种复杂的社会组织予以维持,即政党领袖必须得到绝对服从。"这里面存在着政党组织的滥用,即"那些试图将政党领袖变成国家的实际统治者、欺骗、镇压和窒息民众舆论的行为。在这些国家中,事实上以政党寡头制取代了民主制,它肆无忌惮地践踏那些挡住它去路的东西。在另一些国家里,政党林立的状况十分严重或者通常十分严重,而这本身或许对政党制度也是一种很大的伤害,因为其必须致力于维护一个最低限度的政党数量,以确保政府有其行为能力。在这种情况下,通常以政党的利益赤裸裸地取代公共利益,在议会斗争中,各政党鼠目寸光,和政府讨价还价,并试图达成某种妥协。因此,政府无论是否愿意,或者迫于虚假的妥协,不得不走上一条极端偏惠某些不健康的、个别政党利益的政治歧途"。"在一些国家中政党领袖甚至明目张胆地无视人民代表的政治作用"。[①]

---

① 〔德〕格奥尔格·耶利内克,柳建龙译:《宪法修改与宪法变迁论》,法律出版社2012年版,第76—77页。

第五节　近代官僚制

西方各国在 19 世纪已经形成了庞大的官僚队伍。英国政府在 18 世纪 20 年代雇用了大约 12000 名公职公务员，在 18 世纪 60 年代雇用了 16000 名。这两个数据还不包括苏格兰的官员。[1] 在这个时期，英格兰、威尔士和苏格兰共有 880 万居民。英国在宪政主义政权的基础上，成功地建立了一个官僚制的基础结构。格洛夫雷伊·霍姆斯和约翰·布鲁尔的研究表明，18 世纪的英国实际上建立了一个高度发达的体制，英国的财政和行政管理拥有一个在官僚体制上组织良好的基层机构，无论在绝对总量还是在人均量方面都比弗里德里希大帝时期的普鲁士更大。布鲁尔认为，英国的货物税"与 18 世纪欧洲其他的任何政府机构相比较，更紧密地接近……马克斯·韦伯所说的官僚制的理想类型"[2]。蒂利则提出，"英国表现出的那种论点（关注于舒适自如地吸纳资源）的自然结果，它可以通过一个相对小规模的财政机关，吸纳一个相对大规模且商业化的资源储备库"。"勃兰登堡－普鲁士是高度消耗可以利用的资源的经典案例。普鲁士努力建立一支军队，与比其更大规模的大陆邻国形成势均力敌，它创造出一个巨无霸结构"。[3]

维克托·安德里安－韦堡估计，1840 年，奥地利有 14 万多名官员和海关官员，这个数字还不包括地方官员和 10 万名领年金者。

---

[1] Geoffery Holmes, *Augustan England*, London, 1982, p.255.
[2] 〔美〕托马斯·埃特曼著，郭台辉译：《利维坦的诞生：中世纪及现代早期欧洲的国家与政权建设》，上海人民出版社 2016 年版，第 37 页，并见注 25。
[3] 〔美〕托马斯·埃特曼著，郭台辉译：《利维坦的诞生：中世纪及现代早期欧洲的国家与政权建设》，上海人民出版社 2016 年版，第 11 页。

1819年，巴伐利亚州雇用了8800名官员，普鲁士大臣一级的官员在1821年到1901年间增加了将近3倍。1906—1909年，普鲁士雇用了72000名官员。1908年，估计全法国的官员人数是19世纪的6倍。1913年，一个法国专家说，当时国家在各部门、行政区和工业企业如铁路和煤气工厂中，有100万公共官员。这表明，每40名法国公民中就有1名官员，或每11名选民中有1名官员。[1]

1910年，据估计，在每1万居民中，比利时有200名公共官员，法国有176名，德国有126名，美国有113名，英国有73名。意大利统一前夕国家雇用了将近63000名官员，过了40年，官员数量，包括自由职业者，如律师和医生，上升到64万人，增加了10倍。[2]

普鲁士在19世纪早期改革中采取了18世纪的做法，在实行大臣制过程中，还在地区官僚中保留了集体制的做法。在这种制度下，没有对当时问题有兴趣的大臣的参加，就不会做出任何决定。同时在各省中，采用了集体制的决策方法，在那里，代议制团体参加并讨论问题，由首席官员在某种程度上控制。直到1849年，普鲁士都没有取消集体制；甚至在那以后，由一个大臣就感兴趣的问题向官员集体进行咨询，国王在做出决策之前要向关心这个问题的每个大臣征询意见。[3]

奥地利史学家维克托·比布尔评论当时的官僚体制说："根据'一切都由政府决定，没有什么由人民决定'的原则，政府实行了严

---

[1] Eugene N. and Pauline R. Anderson, *Political Institutions and Social Change in the Continental Europe in the Nineteenth Century*, University of California Press, 1967, p.167.

[2] Eugene N. and Pauline R. Anderson, *Political Institutions and Social Change in the Continental Europe in the Nineteenth Century*, University of California Press, 1967, p.167.

[3] Eugene N. and Pauline R. Anderson, *Political Institutions and Social Change in the Continental Europe in the Nineteenth Century*, University of California Press, 1967, pp.167-173.

厉的警察控制，如护照制度，对一切出版物严格的书报检查制度，对结社的限制，对学校全国执行的学科管理，对地方等级会议的严格限制，等等。这些措施退化成为'铁的警察压迫'，极不受民众尊敬。""由于整个政府的行为遵循所有权力掌握在君主手中的原则，统治者为了防范一切不公正，官僚队伍非常庞大和复杂，超出了需要。为了防范官僚的专横，设计出了累赘的官僚机制，结果是要办成一件小小的事，至少要经过6个官僚层次。"[1] 官僚们掘壕自守，绝对君主采取了至上的权力。奥地利玛丽亚·特蕾西娅时期发布的标准的国家法著作中写道："正像个人从属于统治者那样，整个社会也是如此，所有的人都有服从他的统治者的义务。""当人民授予他统治权时，他们就宣布他们对他的裁决表示满意。如果他统治得不好，那就该他们倒霉。"[2]

在19世纪，政府大臣的能力不强。他们主要靠该部门常设的文官来管理相关的业务。大臣常常不熟悉部长的工作，害怕做出决策。在法国，大臣经常缺席，允许下属官僚来负责任。德国也是这样，大臣在做出决策时更多依靠常设官员提供的建议。1905年，德国经济学家古斯塔夫·施穆勒描述这种情况时说："大臣们来了又走了。农业部的主要官员一再说：'这已经是我加以训练的第6个大臣了。'当接替兰德拉特位置的赫富特下台后，米昆尔接任大臣，我和他谈话时，他告诉我，赫富特和他以前的普特卡默一样影响都不大。赫富特

---

[1] Eugene N. and Pauline R. Anderson, *Political Institutions and Social Change in the Continental Europe in the Nineteenth Century*, University of California Press, 1967, p.173.

[2] Eugene N. and Pauline R. Anderson, *Political Institutions and Social Change in the Continental Europe in the Nineteenth Century*, University of California Press, 1967, pp.173-174.

关心的是自己能够被任命为地位更高的 4 个或 5 个官职之一，然后像所有大臣一样，把事情留给他个人的导师去做。""是的，完全是枢密院顾问官、大臣的导师和次长在统治我们。"古斯塔夫·施穆勒揭露官员们没有能力管理企业，反对扩大政府对工业的所有权。俄国的斯佩兰斯基在提议俄国改革需要认可亚当·斯密的理论时，他补充说，由于每个国家都存在官僚，他自己的国家还没有为引进这些原则做好准备。①

19 世纪的官僚制度从部门的集体制向首长制转变。18 世纪欧洲大陆国家的政府部门实行的是集体制，于是部门首长要经过集体讨论来决定，这种机制效率很差。到了 19 世纪，部门改而实行首长制，改革的主要理由是为了使政府运行更有效。首长制产生了对决策的主动性、办事速度和个人责任性的要求。议会出现后，官员比以往得到更好的训练，官员受雇和提升的资格及表现有了较科学的标准。

---

① Eugene N. and Pauline R. Anderson, *Political Institutions and Social Change in the Continental Europe in the Nineteenth Century*, University of California Press, 1967, pp. 181, 183, 176.

第七章 议会制国家：英国

第一节 早期斯图亚特王朝议会与王权的斗争

1603年，伊丽莎白去世，临终前指定玛丽·斯图亚特之子苏格兰国王詹姆士六世为她的继承人，即英王詹姆士一世，开始了斯图亚特王朝统治时期。斯图亚特王朝的统治特点和都铎王朝有所不同。詹姆士一世对于英格兰社会和法律均不熟悉，他专横地强调国王的主宰地位，宣传君权神授和王权至上，英格兰政治转向专制政治。在早期斯图亚特王朝时期，社会各阶层对统治集团已日渐不满。随着资本主义工商业和农业的发展，议会下院议员中新兴地主和商人的代表日益增多。他们和王朝统治集团的利益不同，便发生了激烈的冲突。

早期斯图亚特王朝议会下院议员与国王的冲突和斗争主要在以下几个方面。一是反对国王滥征捐税和索要补助金。在英国中世纪，国王私人的金库和国库没有分开，但王室固定财源不多，主要是地产收入和关税两项。16世纪，王室的地产逐渐出售，而价格革命造成的货币贬值使王室的土地实际收入减少。因此，詹姆士一世和查理一世加强征税，以增加王室收入。[1]詹姆士一世为伊丽莎白一世的葬礼和

---

[1] G. E. Aylmer, *The Struggle for Constitution, 1603-1689*, London, 1963, pp.52-53.

他本人的加冕礼开支巨大，以后为镇压爱尔兰的骚动又开支了 98000 英镑。查理一世在位时期，在对法战争中开支海军军费 103000 英镑。他强行征收几种历史上征收过的赋税，这些措施遭到议会内外全国上下的强烈反对。1628 年，议会提出了捍卫自身权利的文件——《权利请愿书》。

二是反对工商业专卖制度。把专卖权出卖给包买商以获取高额的财政收入，这是一种封建做法，它阻碍了工商业发展。詹姆士一世在 1642 年颁布专卖条例，加强王室对工商业的控制，引起了议会中工商业代表的强烈不满。议员爱德华·科克提出了《反专卖制法案》。

三是抨击罪恶昭彰的廷臣。议会指控财政大臣克兰菲尔德控制国王的收入、接受贿赂、从出口税中谋取私利等罪行，撤销其官职，罚款 30000 英镑，并将其投入伦敦塔监狱。[①] 17 世纪 20 年代初，议会对国王的谋士、大法官和上院议长弗朗西斯·培根贪污受贿进行抨击，上下院共同审理了培根案。培根被罚款 40000 英镑，被解除在议会、法院和宫廷的一切职务，被关入伦敦塔监狱。[②]

议会还对国王的宠臣白金汉公爵展开斗争。此外，议会展开捍卫自身合法权利的斗争，抨击国王反动的宗教和外交政策。

早期斯图亚特王朝时期，反封建的政治力量与王权的斗争以伦敦的议会为阵地展开，然后发展到发动全国各阶层民众参加，引发了英国资产阶级革命。英国革命究其发生过程而论，是自上而下发动的。

[①] C. G. C. Tite, *Impeachment and Parliamentary Judicature in Early Stuart England*, London, 1974, p.167. C. Russell, *The Crisis of Parliaments, English History 1509-1660*, Oxford U.P., 1971, p.298. 詹姆士一世随即撤销了对克兰菲尔德的罚款和监禁。

[②] C. G. C. Tite, *Impeachment and Parliamentary Judicature in Early Stuart England*, London, 1974, pp.112-114.

这种形式对英国资产阶级革命的结果都产生了重大的影响。1640年爆发英国革命，经过两次内战，1649年，查理一世国王被处死，最终封建斯图亚特王朝被推翻。

第二节　17世纪革命建立的国家制度

17世纪，英国资产阶级革命在政治上结束了封建制度，确立了宪政原则即议会的至上地位，但这个时期在其他国家机构建设方面成就不大，它甚至保留了大部分封建时代的法律。英国革命不过是英国近代国家制度形成的一个中间环节。

绝对主义时期的议会制度保留下来的国家不多。英国议会能够在近现代被继承的一个重要原因，在于它不同于欧洲大陆国家等级代表机构的特殊的构成形式。英国的下院议员是由各郡和自治市推派而不是由各等级推派的，所以英国下院议员从一开始便不是代表各等级，而是代表地方团体，即由英国国王领导下的地域行政单位的代表构成。[1] 这样一种议会组成的方式实际上是非等级制的，易为近代政治体制接受和继承。

英国的议会制度在近代时期得以保存下来，更重要的原因是它在封建制度危机时期身兼二任的特殊历史地位。随着政治生活中贵族社会地位的衰落，从都铎王朝末期到早期斯图亚特王朝，在议会下院中集聚起了反封建的社会力量，他们以议会为阵地展开了反对封建王权的政治斗争。长期议会成为革命的领导机构和资产阶级革命初期国家

---

[1] F. Pollock and F. W. Maitland, *The History of England Law*, Vol.1, p.688. Edward Miller, Introduction, in E. B. Fryde and Edward Miller, ed., *Historical Studies of the English Parliament*, Cambridge U.P., Vol.1, p.9.

机构的主体。英国议会在反封建斗争中具有的中心地位，使得议会能够经改造后作为国家机构的一部分在革命后持续存在下去。1628年的《权利请愿书》、1641年的《大抗议书》或是1647年的《军队建议提纲》，这些革命不同时期的纲领性文件在构想未来的政治蓝图时，都保留了包括君主在内的宪政制度。

1679年5月，英国议会通过的《人身保护法》规定，任何因刑事案件而被捕者，有权要求把逮捕他的命令一同提交法院，由法院决定逮捕他是否合法。如果警察或狱吏拒绝这一要求，将受到处罚。所有被控有罪者如在最近一次开庭时审理，就可以缴纳足够的保证金获释，① 以防止侵害人身权利的情况发生。

1701年通过的《王位继承法》规定，今后国王和高官都必须由英国人担任。威廉死后王位由詹姆士二世的幼女安娜继承；安娜死后由信奉新教的詹姆士一世女儿的后裔汉诺威选侯继承，从而排除了信奉天主教的国王即位的可能性。王位继承必须得到议会的同意，国家所有的重大决策都必须得到枢密院批准方可生效。为了限制国王对司法的干涉，规定法官非经议会两院奏请黜免的终身任职，国家一切法律与条例未经议会通过和国王批准均为无效。此外，还规定国王的赦免对弹劾案无效。② 《王位继承法》具有限制国王权力的作用。

1689年的《权利法案》按其形式来看，是英国议会请来即位的奥伦治亲王与议会之间的一种类似于协议的规定。但是在这里，议会是作为英国政治统一体的代表而出现的。《权利法案》包含了严禁王

---

① J. P. Kenyon, ed., *The Stuart Constitution: Documents and Commentary*, Cambridge U.P., 1966, pp. 430-432.

② J. P. Kenyon, ed., *The Stuart Constitution: Documents and Commentary*, Cambridge U.P., 1966, pp. 56-60.

权滥用权力的条款，确定了议会权力高于王权的原则。它包括国王未经议会同意无权废除任何法律和实施新的法律；未经议会同意不得以特权为借口征收赋税供王室使用；未经议会同意不得在国内征集军队；臣民有向国王请愿的权利；议会议员的选举是自由的，议员有在议会中演说、辩论和议事的自由，不应在议会外任何法院或其他地方受到弹劾的讯问；议会应当经常召开。① 这些法令相当于近代意义上的宪法法规。

《权利法案》的种种规定标志着议会的立法权和国王拥有的执行权分立关系的确立。1688年政变前后颁布的这一系列法令，调整了议会和国王的关系，确定了议会在立法、军事和财政方面地位高于王权的原则。此外，在17世纪英国资产阶级革命过程中，除了废除若干封建制度，中世纪的法律和惯例都未加废除而被直接继承下来，议员产生和议会活动的一整套制度便沿袭下来。在限制国王对议会的权力和改造议员社会来源的基础上，英国把中世纪的议会代表制改造为近代的代议制度。

在英国近代，在继承中世纪的议会制度的同时又不断加以改造，其中另一个重要方面是对代表贵族势力的上院的权力不断加以限制。1832年以后，上院实际上丧失了立法的主导作用，它的主要功能是修正法案或制止法案通过，但它能够否决的或修正的只是下院还没有决心坚持到底的法案。19世纪许多案例表明，如果下院一再地提出曾被上院否决的法案，上院就不会再否决它。到1911年制订《议会法》时，对上述上下院实际关系的变化做了规定：经下院议长确定的

---

① E. N. Williams, ed., *The Eighteenth Century Constitution: Documents and Commentary*, Cambridge U P., 1960, p. 28.

财政法案，上院不得加以修正和否决；上院对于财政案以外的法案的最长延搁期为两年，如果该法案在下院连续三次通过，则经国王批准不须上院通过即可成为法律。这样确定了上院在立法事务中从属于下院的地位，抑制了议会中贵族保守势力的权力，调整了两院关系，使之适应资本主义经济社会关系的需要。

然而，在国家行政机构建设方面，英国在资产阶级革命时期成就不大。

1640 年发生的英国革命剥夺了封建的斯图亚特王朝王权，也使长期议会从 1641 年起便接管了国家事务，它集立法权和行政权于一身。长期议会在管理国家事务的过程中，沿用了一些旧机构，同时建立了一批委员会作为新的政府机构。长期议会在 1643 年以后建立了安全委员会，承担了过去由国王和枢密院负责的战争和军事指挥职能。这些事务在 1644 年至 1647 年由两王国委员会负责，1648 年转归德比宫委员会负责。长期议会成立征收委员会，负责向中立派、王党和那些没有自愿资助议会与王党作战的人士征收特别捐税。长期议会成立了扣押委员会，专门处理重要的王党分子的尚未拍卖的地产；成立了收益大臣委员会，负责赔偿受王党侵害的清教徒的损失；并于 1644 年成立王国账务委员会，之后在 1647 年重组，它长期负责国家财政收支事务；1649 年成立了契约委员会和保管委员会，负责出售没收的地产并且保管出售地产的收入。① 长期议会在 17 世纪 40 年代还成立了议会军事委员会负责军队事务，1650 年以后成立了国务委员会下属苏

---

① G. E. Aylmer, *The King's Servants, The Civil Service of the English Republic, 1649-1660*, London & Boston, 1973, pp.30-31.

格兰和爱尔兰事务委员会，全权负责军队的财政。①

1644年，长期议会任命两王国委员会，旧设苏格兰委员会和苏格兰事务长官共同管理英格兰和苏格兰事务。这个委员会实际上成为最高国家权力机构。1648年，由德比宫委员会接管了该委员会的上述全权。在1649年处死查理一世以后，残阙议会设立国务委员会以取代德比宫委员会。国务委员会由41人组成，具有领导军队、制订对外政策、与王党做斗争、处理爱尔兰问题、负责军队给养问题、征税、对外贸易和殖民事务等广泛的权限。其权力远远超过德比宫委员会，相当于斯图亚特王朝枢密院的地位。而且，国务委员会不像枢密院那样只是一个咨询机构，它拥有执行的全权。② 第一届国务委员会下设6个委员会，第二届国务委员会亦下设了5—6个委员会，此外还成立了临时性的特别委员会负责处理较小的专门事务。但总的来说，英国资产阶级革命的高潮时期在常设国家机构建设方面成果不大，机构设置具有不完善和临时性的特征。

1660年，斯图亚特王朝在英国复辟之后，恢复了枢密院。这样，16世纪都铎王朝中央政府机构建设的成就得以延续。1668年1月，查理二世建立了4个枢密院所属的常设委员会，即外交委员会、海军委员会、贸易委员会和负责接受请愿和投诉的委员会。其中外交委员会由重要官员组成，它负责维持王国的秩序，职权远远逾越外交事

---

① G. E. Aylmer, *The King's Servants, The Civil Service of the English Republic, 1649-1660*, London & Boston, 1973, pp. 2-17.

② G. E. Aylmer, *The King's Servants, The Civil Service of the English Republic, 1649-1660*, London & Boston, 1973, p. 17. S. R. Gardiner, ed., *Constitutional Documents of the Puritan Revolution, 1625-1660*, Oxford, 1906, pp. 381-383.

务，是枢密院的核心。①复辟时期是英国中央财政机构发展的重要时期。1667年5月，查理二世建立了财政委员会，由财政大臣为首的5人组成，取消了关税、消费税和灶税的包税制度，由财政委员会严格控制监督这3种税的征收，并建立可随时支付的信贷制度，以解决资金不足的困难。②复辟时期，枢密院表现出缓慢衰落的趋势，而国务大臣的权力则日益增大。70年代末，枢密院院长一职被取消后，由国务大臣召集枢密院会议，充当执行主席，筹划整个国家的事务。③在整个18世纪，英国中央各部的设置不健全。在政府的财政部门方面，财政委员会取代了原先国库的职能，以下设立分管关税、消费税、盐税和土地税等项税收的7个委员会。此外，设立海军委员会，首席委员为第一海军大臣，陆军则由国王任总司令，国内外政策由国务大臣负责。18世纪，大多数时候设两名国务大臣，18世纪后期曾增设第3个国务大臣，另外设有贸易和殖民地委员会。在18世纪，英国没有专门设立负责处理国内社会性事务的部门。④

到了19世纪中叶前后，伴随着自由资本主义的发展和国际竞争，英国国家的经济和社会干涉职能有了巨大的发展。国家的镇压和社会控制职能有所发展，国家的意识形态控制职能亦有所发展。英国近代资本主义国家完全发展成熟了。

17世纪，在英国进行的革命成功地推翻了斯图亚特王朝，处死

---

① E. R. Turner, *The Privy Council of England in the Seventeenth and Eighteenth Centuries, 1603-1784,* Baltimore, 1927-1928, Vol. 2, pp. 266-267.
② J. R. Jones, ed., *The Restored Monarchy, 1660-1688,* Rowman and Littlefield, 1979, p. 96.
③ D. Ogg, *England in the Reign of Charles II,* Oxford U.P., 1984, p. 186.
④ S. N. Chester, *The English Administrative System 1780-1870,* Oxford, Clarendon Press, 1981, pp. 42-45. M. A. Thomson, *A Constitutional History of England, 1642-1801,* London, Muthuen, 1938, pp. 437-439.

了查理一世，其所作所为表明它的性质是一次反封建的资产阶级革命。但这场革命并不是由资产阶级领导的，当时英国近代资产阶级尚未成熟，这是一次非贵族新兴土地所有者领导的革命。以至可以说，这是一场没有资产阶级的资产阶级革命，从此开始了 200 年近代政治权力和阶级间的错位。[①]

第三节 政府机构：内阁制和文官制度建立

1. 政府机构的建设

直到工业革命完成以后，英国中央政府的建设才趋于完善。[②] 1849 年，管理消费税、印花税和赋税的 3 个委员会并入国内税务委员会，该委员会还负责征收所得税。19 世纪，财政委员会不再干预财政，由财政大臣执掌财政部大权，它在内阁中地位仅次于首相。当首相为上院领袖时，财政大臣通常担任下院执政党领袖。这个时期贸易部由枢密院的一个委员会演变而来，该委员会最初为外交部和管理殖民地的官员提供商业条约和殖民事务咨询。1832 年，财政部授权它搜集相关国家统计资料。1840 年，它获得行政权，先后取得视察铁路和监管英国商人在海外活动的权力。[③] 1832 年以前，英国的地方事务没

[①] "错位"说是尼科斯·波朗查斯在《政治权力和社会阶级》一书中提出的。

[②] 亨廷顿评论说："英国在 18 世纪到 19 世纪发展出了统一王权和中央国家的概念。"福山评论说："英国发展理性的现代官僚体系比普鲁士和法国晚，不过到 19 世纪第一个十年后期也已完成。"〔美〕弗朗西斯·福山著，毛俊杰译：《政治秩序与政治衰败：从工业革命到民主全球化》，广西师范大学出版社 2015 年版，第 123—124 页。福山对英国官僚体系形成时间的描述比历史实际发生的时间显得早些。

[③] S. N. Chester, *The English Administrative System 1780-1870*, Oxford: Clarendon Press, 1981, p.271.〔英〕罗威尔著，秋水译：《英国政府：中央政府之部》，上海人民出版社 1959 年版，第 78、100—101 页。

有专门部门管辖，1834年成立的中央济贫法委员会监管监督地方机关工作。1847年改名为地方政府部，管理一应地方事务。[1] 内务部在1782年成立后负责接收给国王的各种呈文、诉状、请愿书，管辖警察，拥有批准各市单位法规的权力，负责管理监狱。内务部在19世纪中叶派出视察员检查工厂法、童工法和矿山法的执行情况，负责全国治安，并对人口的出生和死亡、婚姻进行调查，但内务部不得干涉地方政府权力范围内的事务。对于教育事务，于1839年成立了枢密院教育委员会；1856年2月，建立枢密院下属的教育部，由枢密院院长和一名枢密顾问官负责。1889年，通过技术教育法，授权郡和市议会举办技术教育。1899年，最终成立教育部，将枢密院教育委员会、济贫法委员会下属教育事务和科学技术部均并入教育部。[2] 19世纪中期以后，英国还建立了农业部、工程部、邮政部、殖民事务部、国防委员会、森林和土地收益部、卫生部，以及相当于部一级的行政单位——文官事务委员会，所有权登记、圈地和什一税委员会，移民委员会，宗教事务委员会等。这样，经过250年左右漫长的历史过程，英国的中央政府的建设终于完成。

英国的近代地方政府很迟才发展起来。1835年以前，英国的地方行政组织仍带有中世纪的痕迹。地方行政组织由155000个教区和200个王室特许的选区构成。地方官员以治安法官为主，中央难以控制。1832年议会改革以后，英国于1835年颁布《市镇法》，取消9个市政团体，设立179个有权选举议员的市镇。在这些市镇中，所有

---

[1] S. N. Chester, *The English Administrative System 1780-1870*, Oxford: Clarendon Press, p.102.
[2] 〔英〕马里欧特著，姚曾廙译：《现代英国：1885—1945年》，商务印书馆1963年版，第200—201页。

的纳税人都有选举权,由他们选举出市议会管理市镇工作。市议员选出后任期为 3 年,每年改选其中三分之一。[1] 这次改革把地方行政管理权从教会手中接管过来,交给当地的资产者。工商业资产者在市镇事务中有了较大的发言权,但是这次改革尚未根本改变地方行政机构混乱的状况。到了 19 世纪末,英国进行了新的地方政府改革。1888 年,英国颁布《地方政府法》,改设 62 个郡。各郡设郡议会,郡议会每三年改选一次,把地方行政权交给郡议会。在有 5 万以上居民的郡级市也建立议会。[2]1894 年颁布的《地方政府法》则规定了郡以下的行政机构的设置。[3] 1889 年,在苏格兰进行了地方政府改革。至此,在英国最终建立了近代地方政府体制。

到了 20 世纪,英国一部分重要的大臣都出任议会下院议员。虽然英国在 1937 年颁布过《国王大臣法》,规定 21 名大臣中只允许 18 名同时出任下院议员,但这一规定并没有严格执行。到了第二次世界大战期间,根据《战时紧急法》的条款,这一数量限制放宽了。战后,大臣出任下院议员不再受《国王大臣法》的限制。1957 年通过的《下院资格丧失法》,宣布把可以出任下院议员的政府大臣的数目增加到 70 人。1964 年,工党政府提出并通过《国王大臣法》,把允许进入下院的大臣数目从 76 人增至 91 人,并取消了高级大臣进入下院的人数限制。[4] 1964 年,工党下院议员中有一半以上担任了大臣、

---

[1] H. J. Hanham, ed., *The Nineteenth Century Constitution: Documents and Commentary*, Cambridge U.P., 1969, pp. 386-390.

[2] H. J. Hanham, ed., *The Nineteenth Century Constitution: Documents and Commentary*, Cambridge U.P., 1969, pp. 390-396.

[3] H. J. Hanham, ed., *The Nineteenth Century Constitution:Documents and Commentary*, Cambridge U.P., 1969, pp. 397-400.

[4] R. M. Punnet, *British Government and Politics*, London, 1971, pp.190-191.

高级大臣和其他官职。政府对于议会的影响和控制作用在英国表现得十分明显。

2. 内阁制

英国斯图亚特王朝建立的枢密院在 17 世纪英国革命时期衰落了。1660 年复辟时期得到恢复,其中枢密院下设的外事委员会权力较大,与国王联系密切。到 1663 年,人们开始称之为"内阁"。1694 年夏天,国王威廉离开英格兰出行,他离开期间不应召开内阁委员会,而应当召开上院会议来商讨各种事务。17 世纪 90 年代召开的内阁会议国王都没有参加。内阁会议通常是于星期天在王宫举行,其成员固定,有大法官或掌玺大臣、枢密大臣、国务部长、宫内大臣、王室庶务长和少数特别重要的人物参加。1694 年以后,威廉让一批年轻的辉格党人组成内阁。当时其成员并不是由下院多数党推举出来的,也并非全部是大臣,国王仍然掌握着行政权。这时枢密院仍然是行政圈的中心。安妮女王去世后,汉诺威公爵之子乔治·刘易斯继承王位,称乔治一世。最初乔治一世出席并主持在王宫召开的内阁会议,1717 年他去汉诺威返回英国后,因为不熟悉英国政治生活,没有能力统辖人数众多的内阁委员会,便不再经常出席内阁会议。

参加内阁的大臣各自负责一个部的工作,并在国王征询这方面事务的意见时提供参考意见。但是内阁需要有人对大臣的工作的失误提出批评意见和进行提醒,这需要一个"单独的大臣"来负责此项工作,这导致了首相的产生。1721 年以前,首席财政大臣享有政治任命权,并有管理议会的权力,因此在内阁中起着重要的作用。通常认为,当时担任首席财政大臣和政府首脑的沃尔波尔是第一任首相,但沃尔波尔拒绝首相的头衔。在小皮特出任首相时期(1783—1801 年,

1804—1806年），首相的地位得到巩固。在内阁和议会的关系上有这样的惯例，内阁对议会负责，当下院多数对内阁施政方针不信任时，内阁应当立即辞职。但小皮特任首相时期开创了一个先例，在下院对内阁投不信任票时，内阁解散了下院，让下院重新选举议员。内阁制的形成加强了政府的权力。在英国，内阁和英国两个政党几乎同时形成。1694年，辉格党组成了第一个一党制内阁，此后在近代大多数时期，英国内阁均由一党的成员组成，下院多数党的党魁担任内阁的首相，但也有少数情况组成两党联合内阁执政。

到了19世纪，随着两党的发展和中央政府机构的建立健全，内阁的地位日益重要，成为政府的核心部分。19世纪，内阁的人数和18世纪相比有所增加。老皮特时期内阁通常只有6名成员，而19世纪80年代前内阁的人数通常在12—15人之间。例如，利物浦内阁和1841年皮尔内阁是14人，格雷内阁是13人，1874年迪斯雷利内阁是12人。1885年以后内阁人数有所增加，达20人左右。阿斯奎斯内阁在1908年为20人。[1] 1856年，迪斯雷利计划把内阁人数削减为10人，但未能实行。[2] 19世纪，内阁规模的扩大有下列几个原因。第一，随着国家职能的扩大和中央政府机构和职能的完善，中央部一级行政部门增多，需要总揽全局的内阁进行协调，内阁负责的政府范围的事务大大增加。此外，新建立的苏格兰事务部、教育部以及农业部等重要部门的主管大臣都需要在内阁取得一席之地。第二，随着政党的健全和政党官僚的增加，特别是随着内阁地位的提高，政党中年迈的政治家和初露头脚的年轻政治家都希望在内阁中取得安慰性的或荣

---

[1] H. J. Hanham, ed., *The Nineteenth Century Constitution: Documents and Commentary*, Cambridge U.P., 1969, p.76.

[2] R. Black, *The Conservative Party from Peel to Churchill*, London, 1970, p.335.

誉性的职位。这种压力也导致内阁规模的扩大。第三，随着议会的发展，内阁有必要加强对议会的控制，所以下院多数党内各种不同意见的派别都需要在内阁中有代表。19世纪，内阁成员通常由两部分人组成：一部分是有贵族头衔的阁员，另一部分是在政府担任重要职务的非贵族阁员。实际推动政府机构有效运转和承担日常工作的主要是后一部分人，这一部分人通常任职时间较长。如曾为报纸经销人的史密斯是在19世纪所有托利党大臣中最具有资产阶级特征的了，他最后官至索尔斯伯里政府时期下院领袖。此外，若干人大法官也是非贵族出身。这个时期参加内阁的通常有财政大臣、大法官、国务大臣、首席海军大臣、枢密院长和掌玺大臣、贸易大臣、地方政府大臣以及爱尔兰事务大臣。内阁成员还常有苏格兰大臣、兰开斯特公爵领地大臣、农业大臣、邮政大臣，即内阁把所有重要部门的负责人都收罗入内。[①] 在一般情况下，内阁汇集了执政党的骨干。但是当一党在角逐中无法稳定地控制政局并独掌政权时，内阁便成为两党进行妥协、分享权力的最好场所。在19世纪，不止一次组成过联合内阁，以保证政府有巩固的执政基础。

19世纪，英国内阁权力的逐渐扩大，实际上控制着政府政策的制定。议会下院在这个时期继续对内阁和政府施加压力和影响。下院可以批评政府的政策，提出修改的意见，却不能在政府政策制定中起直接作用。[②] 此外，内阁必须向议会负责，内阁的活动必须得到下院多数议员的支持。下院在反对内阁政策时，可以诉诸议会外社会各阶层的支持。但是，下院无权决定内阁首相的任命和内阁的组成。大选

---

① 〔英〕罗威尔著，秋水译：《英国政府：中央政府之部》，上海人民出版社1959年版。
② T. P. Mackintosh, *The British Cabinet*, London, 1968, pp. 98, 147.

是各党争夺权力的时机，大选的结果决定由哪一个党组阁，但首相在形式上由国王提名，这实际上限制了下院的权力。在 18 世纪，随着时间的推移，内阁对下院的控制和主导作用越来越明显。就下院讨论的议案而论，19 世纪通过的私法案数量比内阁和政府提出的公法案的数量要多一倍。例如在 1801 年到 1814 年议会通过的地方性法案和私法案为 2363 件，而一般公法案为 1967 件。

由于 19 世纪的内阁要有效地处理和决定行政事务，而且内阁成员一般来说看法较为一致，所以内阁经常召开全体阁员会议，而不像 18 世纪那样召开部分阁员参加的小内阁会议。在此时英国的政治结构中，内阁处在一个特殊的地位，是新政权、立法权和王权的连接点或交汇点。内阁大臣大都是下院多数党的最重要的成员，所以内阁又是一个由下院多数党有代表性的议员组成的委员会，而就是这个委员会主持政府的工作。这样，由分权原则确认的分散的内阁在这里发生了有机的联系，得到了一种契合。19 世纪，英国的政党对于国家和政府的控制作用主要通过内阁来实现。

3. 文官制度

19 世纪，在西方国家中，英国首先建立了文官制度。在 18 世纪，英国曾规定政府的财政、税务、邮政部门的官员不得参加党派政治。这实质上开始了政务官和非政务官的最早区分，文官制度初露端倪。但是在 18 世纪，各部门的文官通过恩赐管制的方式加以补充。当时在财政部和其他各部中，官职任命权掌握在财政部诠衡长官手中。当时在文官任用中，党派考虑占有重要地位，没有对候选人的资格进行任何考核，因此文官制度很不完善。英国文官制度改革是从东印度公司开始的。1853 年，议会通过《特许法》，剥夺了公司董事会的用人权。1854年，任命了麦考利任组长的三人委员会，该委员会提出了改革公司用人制度的报告，建议通过公开竞争录用在印度任职的文官。这个报告立即被采纳了。[①] 1853年，财政大臣格拉斯顿指示调查英国文官制度的现状，同年11月，特里威廉和诺斯科特提交了《关于建立英国常任文官制度的报告》。该报告提出取消长期沿袭的个人任命官职的特权，建立公开考试竞争文官的制度，建立一个中央管理文官事务的委员会，负责文官考试工作。将政府文官分成高级和低级两部分，高级行政官应以牛津、剑桥等第一流大学的毕业生的水平为录取标准。低级文官负责处理日常事务的工作，他们的工作具有例行公事的性质，一般以中等教育水平为录取标准。报告要求建立统一的文官制度，划分各部门录取文官的统一标准和考试制度。特里威廉和诺斯科特的报告确定了文官制度的基本原则。1855年5月，枢密院颁布了《关于录取王国政府文官的枢密院令》，决定建立3人文官事务委员会。[②] 经过试行，1870年颁布了关于文官制度改革的第二号枢密院令，规定今后任命一切文官都必须根据文官事务委员会的规定，通过公开竞争考试。英国文官制度最终确立。[③]

第四节　资产阶级执掌政权

英国在资产阶级革命后的一个半世纪没有形成成熟的资产阶级

[①] 〔英〕罗威尔著，秋水译：《英国政府：中央政府之部》，上海人民出版社1959年版，第146—147页。

[②] E. K. Cohen, *The Growth of British Civil Service, 1780-1939*, London, 1965, pp. 110-111.

[③] H. Hanham, ed., *The Nineteenth Century Constitution: Documents and Commentary*, Cambridge U.P., 1969, pp. 334-335.

政治制度，但这个时期封建贵族大抵已经瓦解。此间，在17世纪萌芽的政治形式都发展得十分缓慢，议会制度和选举制度变化不大，政党制度和内阁制度不像人们认为的那样已有充分的发展。在18世纪初期和中期，内阁的组织形式并未固定下来。1670年代开始出现的辉格党和托利党在阶级构成上的差别和政治立场上的差别界限显得模糊。英国的社会结构在18世纪延续了16世纪以来的特征，表现为多层化，社会两极分化的速度不快，趋势也不十分明显。普卢姆认为："经过光荣革命后30多年的动荡，在沃尔波尔政府建立之际终于确定了英国政治的稳定。"[1]

18世纪，英国的政治稳定以牺牲政治民主为代价，以少数贵族和土地所有者独占政治权力为其本质。这种政治稳定和政治贵族化的现象赖以存在的根本原因在于，在18世纪大半个世纪中，英国本身的经济变动较为缓慢，阶级结构的变动也较为缓慢。18世纪70年代开始进行的产业革命要影响社会阶级结构并影响到政治制度，在时间表上必然有数十年的滞后期。反映近代工业关系的中等阶级在政治上的成熟，以及对国家政权的冲击，要到工业革命结束后一段时间才能强有力地显现出来。

1726年，占贵族总人数四分之一的贵族政治家控制了宫廷和政府的职位。在1733年至1835年间的内阁政府成员中，贵族及其后代明显占据了大多数。没有贵族身份者很难进入政府核心。例如格拉夫顿不是公爵，因此始终未能担任财政大臣的职位。1800年，有11%的海军官员来自贵族家族，27%的海军官员来自地主家庭。陆军的官职也由统治集团一小批人的后代和好友占据。作为国家统治工具的教

---

[1] J. H. Plumb, *The Growth of Political Stability in England, 1675-1725*, London, 1967, p.26.

会也日渐附属于国家，显赫的大土地所有者家族的成员争夺着教会的上层职位。萨缪尔·琼森评论道，"没有任何人能凭借自己的学识和虔诚而成为主教"，教职的提升全凭贵族和贵族社会的联系。[1] 统治集团还通过立法方式来保证贵族大地主对政治权力的占有。1710年通过的《资格丧失法》把拥有地产作为进入政治上层的必要条件。[2] 从1700年到1799年新授封的贵族不下于229人，但是他们中只有23人和已存在的贵族没有血缘或婚姻关系，其实这只不过是原有的精英集团的外延和扩大，其中并没有吸收新的社会成分，更"找不到什么证据可以说明社会精英集团……为大量的新人加入留下了位置"[3]。1716年，英国通过了《七年法令》，把议员的选举延长为每七年举行一次，这样更有利于贵族寡头稳定控制政权。普卢姆把18世纪初英国政治结构称作"威尼斯式的寡头政治"。贵族寡头政治抑制了社会政治活力。在18世纪，全国各选区递交议会下院的请愿书数量大大减少。从1660年至1672年，有11个选区没有递交请愿书；从1705年至1774年，有33个选区没有递交请愿书；从1780年至1832年，至少有70个选区没有递交请愿书。各地的议席日渐为少数地主家族控制。这个时期拥有议席者在亨廷顿郡由21人减少为9人；在伯金汉郡由19人减少为7人；在剑桥郡由17人减少为9人；在沃里克郡由16人减少为8人；在怀特郡由17人减少为9人；在贝德福郡由18人减少为10人；在牛津郡由17人减少为10人。[4] 各郡议员的

---

[1] Roy Porter, *English Society in the Eighteenth Century*, London, 1984, p.129.

[2] W. L. Guttsman, *The British Political Elite*, London, 1963, p.53.

[3] J. Cannon, *Aristocratic Century: The Peerage of Eighteenth-century England*, Cambridge U.P., 1984.

[4] J. Cannon, *Parliamentary Reform, 1640-1832*, Cambridge U.P., 1972, p.37.

平均任期大大增长。1695年,议员平均任期为16.99年;1734年,增长为24.18年;1812年,增长为28年。①

在18世纪最初60年,1688年政变的发动者辉格党人尚占有政治优势,沃尔波尔、佩勒姆和老皮特在较长时期内执政,王党残余势力发动的两次叛乱被镇压。然而到了1760年,乔治三世即位,彪特左右政局之时,一大批反对辉格党的人士在国王周围聚集起来,形成了以查尔斯·詹金森为首的"国王之友"集团,英国政治急剧向右转。1794年,法国资产阶级革命高潮过去后,托利党政府更是在英国国内加紧推行反民主的反动政策,禁止工会和结社,蹂躏资产阶级自由的原则。反动保守的贵族政治违背了1688年政变的精神,英国显然缺乏一个充分发展的近代政权主体以适应工业革命带来的资本主义发展的需要。这种局势最终唤起了相当于一次革命的19世纪政治的改革和政权建设,同时英国统治集团的资产阶级成分也开始增加。

18世纪是英国军队和军费迅速发展的时期。1689—1697年,英国政府开支占国民收入年开支的11%,最高年份占15.7%。1702—1713年,英国政府开支占国民收入年开支的13%,最高年份占25%;同期法国政府开支占国民收入年开支的10%,最高年份占12.3%。1741—1748年,英国政府开支占国民收入年开支的17%,最高年份占21%;同期法国政府开支占国民收入年开支的11%—13%,最高年份占12%—14%。1756—1763年,英国政府开支占国民收入年开支的24%,最高年份占30.4%;同期法国政府开支占国民收入年开支的13%—15%,最高年份占15%—16%。1778—1783年,英国政府开支

---

① G. P. Judd, *Members of Parliament, 1734-1832*, 1955, pp.21-22. J. Cannon, *Parliamentary Reform, 1640-1832*, Cambridge U.P., 1972, p.38.

占国民收入年开支的23.7%,最高年份占30%;同期法国政府开支占国民收入年开支的11%—12%。也就是说,1689—1783年,英国政府开支占国民收入年开支的比率都超过了法国。

1820年前后,英国地方秩序的特征在于议会干预不多。英国人认为,维持秩序是地方的职责。此外,地方还有维持小范围的乡村秩序的义务。负责警察事务的职责落到了郡军队指挥官身上。直到1850年,他们仍然是一个极端贵族化的集团。他们以业余的方式处理他们的事务,或是雇用地方警察经过训练后从事相关的工作。警察制度把力量集中在不需要他们的乡村教区,而在新兴的工业城市,警察力量消失了。到19世纪30年代前夕,像伯明翰和曼彻斯特这样的大城市已经没有警察,如果暴动在这些地方发生,不可能从富裕的市民中聚集一支警察力量。[1]

此时,新兴资产阶级要求工业城市的治安法官从他们中选择,这样,一系列来自雇主和工厂主集团的人士进入制造业各郡的治安委员会中。研究当时社会秩序的学者F. C. 马瑟说,在英格兰,"1832年的骚乱者已经成了1839年社会秩序的维护者"[2]。当时警察的功能有两项,一是维持社会秩序,二是为工厂提供劳动力。

19世纪的托利党人和自由贸易派对于一个问题的看法是一致的,即1832年议会改革以后很长时间内,英国工业资产阶级并没有成为统治阶级。1833年的《威斯敏斯特评论》曾炫耀:"土地利益必然长期占有对公事务的统治权;因为唯独这个阶级有余暇参与公共事务。"1843年,约翰·布赖特在议会下院发言中说:"这一院和议会

---

[1] 〔美〕艾伦·沃尔夫著,沈汉等译:《合法性的限度》,商务印书馆2005年版,第48—49页。
[2] F. C. Mather, *Public Order in the Age of Chartists*, Manchester, 1959, pp. 67-68.

的那一院完全是贵族特征，因而行政机构也必然具有同样情况，在财政部是贵族独占统治。"马休·阿诺德到 1879 年仍认为："英国的政府系由一帮贵族人士组成，此外有一两个和他们结成一伙的自由职业阶级人士加入其中。"① 上述评论是符合历史真实情况的。那么，英国资产阶级在何时才进入政权并成为主要的掌权者呢？

1838 年，英国取消了 1710 年制定的《资格丧失法》，这样在法律上为新兴阶级取得政治权力扫除了一大障碍。英国资产阶级参与政治和执掌政权走过的道路和欧洲其他国家的资产阶级很相仿。这就是首先取得选举权和被选举权，派出本阶级的代表进入下院，扩大自己在下院的议席，当他们的政治势力强大到一定程度，便可以自己或通过自己的政党谋求进入内阁政府的机会，执掌权柄，决定国家政策。在英国，19 世纪议会的作用是极其有限的，尽管不能排除下院在通过立法手段决定国家政策中的重要作用，但议员只是居于国家机制中的从属地位。

19 世纪，英国工商业资产阶级在下院议席的争夺中取得的成就进展非常缓慢。根据 J. A. 托马斯和詹宁斯研究的结果②，1832 年的议会下院中，有土地利益的议员为 464 人，而工业企业家的议员只有 44 人；1835 年的议会下院中，土地所有者为 480 人，工矿业主为 50 人；1837 年议会下院中，二者人数各为 479 人和 60 人；1847 年议会下院中，二者人数各为 448 人和 119 人；1852 年议会下院中，二

---

① Harold Perkin, *The Origin of Modern English Society, 1780-1880*, London, 1969, p. 314.
② J. A. Thomas, *The House of Commons, 1832-1901*, Cardiff, 1939. 詹宁斯在写作《英国议会》一书相关的部分时，主要利用了托马斯的研究成果。詹宁斯在提出下列的数字时，指出是按照议会中议员代表某种利益的次数来计算的，实为"人次"，此文引用时为表述方便简述为"人"。

者人数各为 442 人和 122 人；1857 年议会下院中，二者人数各为 440 人和 151 人；1865 年议会下院中，二者人数各为 436 人和 226 人；1868 年议会下院中，二者人数各为 416 人和 278 人；1874 年议会下院中，二者人数各为 329 人和 290 人；1885 年议会下院中，二者人数各为 198 人和 308 人；1886 年议会下院中，二者人数各为 239 人和 307 人；1892 年议会下院中，二者人数各为 217 人和 323 人。[①] 也就是说，直到 1885 年时，工业资产阶级的议员人数才在议会下院中超过土地所有者，成为下院中占主导地位的社会集团。如果在计算上把法律人士和金融人士也算作资产阶级阵营的力量，那么它和土地所有者议员的力量对比，改变要早一些。在 1832 年议会下院中，资产阶级的议员为 216 人，1835 年为 231 人，1837 年为 250 人，1841 年为 248 人，1847 年为 315 人，1852 年为 344 人，1857 年为 375 人，1859 年为 364 人，1865 年为 567 人。到 1865 年，资产阶级的议员在议会中第一次超过土地贵族议员的人数，后者此时为 436 人。[②] 不同的学者在计算议会下院中资产阶级和土地贵族力量对比转变时得出的结论稍有差别，但是描述的大趋势是相似的。根据贾德的研究，在 1831 年议会下院中，贵族（包括从男爵、爱尔兰贵族、贵族和从男爵之子）占议员的 33%，曾就读于贵族学校（如伊顿公学）者为 20%，曾就读于哈罗学院的为 11%，曾就读于威斯敏斯特、温彻斯特、斯鲁斯伯里和拉格比学校的有 13%，而工厂主、商人和银行家仅占 24%。[③] 在 1841 年至 1847 年议会下院中，贵族议员占 38%，工厂主、商人和银行家议员占 15%——22%。1865 年下院议员中，贵族占 31%，

[①] 〔英〕詹宁斯著，蓬勃译：《英国议会》，商务印书馆 1959 年版，第 64 页。
[②] G. P. Judd, *Members of Parliament, 1734-1832*, 1955.
[③] W. H. Aydelotte, "The House of Commons of the 1840s", in *History*, 1954, pp. 248-262.

乡绅占 64%，工厂主、商人和银行家占 23%。[①] 1874 年下院议员中，土地所有者和靠地租收入为生者为 209 人，占议员的 23%；工商业者为 157 人，占议员的 24%。1880 年下院议员中，土地所有者和靠地租收入为生者为 125 人，占议员的 19%；工商业者为 259 人，占议员的 40%。1885 年下院议员中，土地所有者和靠地租收入为生者为 78 人，占议员的 16%；工商业者为 186 人，占议员的 38%。[②] 古兹曼认为到 1880 年时，工商业资产阶级议员的人数在下院中第一次超过了土地所有者。

19 世纪 30—60 年代，能够进入政治上层的中等阶级分子简直是凤毛麟角。他们中有查尔斯·汤姆逊和赫黎斯。查尔斯·汤姆逊生于 1799 年，系专门从事对俄贸易的商人之子，他本人 16 岁起赴彼得堡经商，1824 年返英，1826 年在哲学激进派的支持下当选为下院议员，1830 年当上内阁贸易委员会副主席。赫黎斯也是商人之子，和伦敦许多富有者有联系，当帕西瓦尔出任国库大臣时，赫黎斯做了他的秘书。1828 年，赫黎斯任财政大臣。坎宁下台后，他担任了国库大臣，1834 年任皮尔内阁战争大臣。[③] 进入政治上层而出身寒微的有坎贝尔·阿丁顿，他是第一位出身寒微但上升到高位的内阁成员。[④] 但真正的工业资产阶级进入内阁要迟得多。1846 年，格雷勋爵曾竭力使工厂主科布登进入内阁，但未能成功。12 年后，帕麦斯顿邀请科布登入阁，科布登拒绝了。当时辉格党贵族和帕麦斯顿无意于改变政府的政策，科布登不愿意只身加入内阁而成为一种摆设。[⑤] 布赖特也始

---

① W. L. Guttsman, *The British Political Elite*, London, 1963, p.41.
② W. L. Guttsman, *The British Political Elite*, London, 1963, p.82.
③ W. L. Guttsman, *The British Political Elite*, London, 1963, pp.56-57.
④ W. L. Guttsman, *The British Political Elite*, London, 1963, p.38.
⑤ W. L. Guttsman, *The British Political Elite*, London, 1963, p.52.

终未能入阁。

在议会下院议员中资产阶级代表逐渐增加的同时，英国权力结构的核心即内阁成员中也开始出现资产阶级分子，并且这种成分在逐渐增加，而有头衔的贵族在内阁中的成分在逐渐下降。

新兴工业资产阶级和其他非贵族人士进入政治上层和政权核心机构，只有在一国的政治民主化取得相当进展时才有可能。在英国，这样的契机到19世纪最后30年和20世纪最初二三十年间才真正到来。从19世纪中期以后中等阶级（工商业资产阶级）在内阁阁员中所占比例来看，1868年格拉斯顿内阁中贵族为7人，中等阶级为8人；1874年狄斯雷利内阁中贵族为7人，中等阶级为5人；1880年格拉斯顿内阁中贵族为8人，中等阶级为6人；1885年索尔斯伯里内阁中贵族为11人，中等阶级为5人；1886年格拉斯顿内阁中贵族为9人，中等阶级为6人；1886年索尔斯伯里内阁中贵族为10人，中等阶级为5人；1892年格拉斯顿内阁中贵族为9人，中等阶级为8人；1895年索尔斯伯里内阁中贵族为8人，中等阶级为11人；1902年贝尔福内阁中贵族为9人，中等阶级为10人；1906年炫贝尔-班纳曼内阁中贵族为7人，中等阶级为11人；1914年阿斯奎斯以后，各届内阁成员中贵族便始终少于中等阶级人士。[1] 如果可以粗略地把中等阶级（资产阶级）分子在内阁占据数量上的优势作为这个阶级已经执掌政权的一个主要标准的话，那么直到19世纪80年代，英国的政权在严格意义上还不是由资产阶级为主来执掌，土地贵族在国家政权机构中仍占据主导地位。

19世纪，英国政治权力和社会阶级关系之间的错位，还表现在

---

[1] W. L. Guttsman, *The British Political Elite*, London, 1963, p.79.

工业资产阶级在自己的经济和政治利益得到满足的时间表上有很大的错位，它不是先得到政治权力而后才取得自身经济利益的。如前所述，英国工业资产阶级在政治上掌握权力要迟到60年代以后，但这个阶级的经济利益得到政策保护却要早得多。从1839年起，曼彻斯特的工厂主便组成了"反谷物法同盟"，争取实行谷物自由贸易。[①]1814年，保守党内的自由派皮尔修改了旧谷物法，实行谷物税调节制，并继之于1846年1月在议会最后通过废除谷物法的提案，对谷物实行了自由贸易。[②]1849年，政府又废除了《航海条例》。此后，议会取消了几乎所有原材料的进口税，实行食糖、木材等商品的自由贸易。[③]自由贸易政策在英国全面推行，不仅标志着工业资产阶级的利益得到保护，同时说明了工业资产阶级的要求已成为国家经济生活的指导方针。自由贸易政策的实施意味着英国工业资产阶级取得经济领域的支配地位。在政治领域中，英国工业资产阶级则在几十年后才最终取得领导地位。

英格兰在近代国家形成过程中与欧洲大陆类型的国家存在着结构上的差异，一个结构特点在于英国的议会制度及其阶级结构。从资产阶级的形成来看，英国缺乏一个作为独立的革命因素的第三等级。资产阶级被整合进封建贵族所创造的政治格局中。这种贵族政治格局在英格兰政治体的结构和历史中全面渗透，使英国的绝对主义国家相对稳固，足以将新的政治阶级收纳其中。此外，英国议会有各郡选出的

[①] A. E. Brand, P. A. Brown and R. H. Tawney, eds., *English Economic History: Select Documents*, London, 1914, p.701.

[②] 〔英〕克拉潘著，姚曾廙译：《现代英国经济史》（上卷），商务印书馆1964年版，第611—615页。

[③] E. Lipson, *Planned Economy or Free Enterprise*, Black, 1946, p.165.

议员和市民代表参加，他们不是严格意义上由等级推派的代表，而是地方团体或者说地方行政单位的代表，这种代表制，在体制上与近代西方议会的代表制结构并无两样，因此在17世纪革命后能被新时代继续采用，使英国议会制具有连续性。

英格兰在近代国家形成过程中与欧洲大陆类型的国家存在的结构差异的第二方面反映在政治历史背景方面。英格兰在封建社会中，权力结构和法国不同，没有形成强大的与中央王权抗争的封建诸侯势力。对此，马克·布洛克评论说，英格兰从1066年起就是一个中央集权的国家。这样就造成了英格兰中世纪的王权没有遭到封建贵族的反叛和挑战，也就没有形成封建割据的政治格局。正因为如此，加强中央集权就没有像在法国那样，成为英格兰切实必要的现实政治目标并被君主提出来。这也使得在英格兰没有形成庞大的官僚政治结构。无论是在都铎王朝还是在早期斯图亚特王朝，国家形态始终呈现出隐性而非显性。

英国近代国家制度建立时的特征，和英格兰的法律体系也直接相关。如果我们把一个在成文宪法框架内运作、受一套权利法案限制的政府定义为宪法主义的，那么英国就没有宪政，"内战期间用法律文书来限制政府的尝试没有固定下来，后来也没有再度进行"[①]。

第五节 自由主义政治和镇压机制

1832年到1842年是英国近代历史上唯一一次由于阶级和社会矛

---

① 参见沃格林的评论。〔美〕沃格林著，段保良译：《政治观念史稿》（卷三：中世纪晚期），华东师范大学出版社2009年版，第152页。

盾激化而濒临革命边缘的时期。它出现在前后相继的 1832 年议会改革运动和宪章运动期间。

英国工业革命从 1770 年代开始。工业革命后期，工人阶级的状况一度非常恶劣，引起了工人的强烈不满。在工厂制度建立、工业使用机器以后，工人每个工作日的劳动量成倍地增长了。在奥德姆使用骡机的纱厂中，1841 年工人每分钟的动作是 1814 年的 3 倍，工人每天在车间里走过的路程则由原来的 12 英里增加到将近 30 英里。[1] 1844 年，艾释黎勋爵在下院证实："在制造过程中雇佣工人的劳动量是开始实行这些操作时的 3 倍。""1815 年工人在 12 小时内看管两台纺 40 支纱的走锭纺纱机等于步行 8 哩。1832 年，在 12 小时内看管两台纺同样支纱的走锭纺纱机所走的距离等于 20 哩"，"1819 年蒸汽机每分钟打梭 60 次，1842 年是 140 次"，劳动强度大大增加了。[2]

工人的劳动日时间很长。1832 年以前，工人每天通常工作 12 小时以上。1824 年，麦克斯菲尔德的雇主企图把工作时间延长到 13 小时，工人们无法忍受如此长时间的劳动，展开了斗争，最后迫使雇主做出让步。1825 年，曼彻斯特工人每天劳动时间达到 12.5 小时到 14 小时不等。[3] 工人的劳动条件非常恶劣。当时的人曾描述了缝纫工人的劳动条件：在一间 16—18 码长、7—8 码宽的车间里，有 80 名工人在做工。工人们膝盖挨膝盖地坐在一起。夏季，人的体温和熨斗的温度使得室内温度比室外温度高出 20 至 30 度，使人感到窒息。[4] 据

---

[1] John Foster, *Class Struggle and Industrial Revolution*, London, 1979, p.91.
[2] 〔英〕艾释黎勋爵：《十小时工厂法案：1844 年 3 月 15 日星期五在下院的演说》，转引自马克思：《资本论》第 1 卷，人民出版社 1975 年版，第 452—453 页。哩，旧表示英制长度单位，现改为"英里"。
[3] J. L. and B. Hammond, *The Town Labour*, London and New York, 1917, 1978, p.15.
[4] E. Hopkins, *A Social History of English Working Class, 1815-1945*, London, 1979.

1823年《政治记事报》的报道，泰特斯莱德纺织工人常在高温下工作，长时间的繁重劳动摧残着工人的健康。工矿中常常实行盘剥工人的实物工资制，用滞销的商品抵付工人的工资。工人深受其苦，巴恩斯利的一位矿工曾说，他宁可要17先令现金，也不要20先令的实物工资。[1]

受机器生产的排挤和打击，梳毛工、印布工、手工织工、编织工、制纽扣和项链工人、制鞋和制靴工匠，还有农业工人，在19世纪上半叶工资都大幅度下降了。[2] 由于纺织业最早实现机械化，所以手工织机工人受到的打击尤其大。手工织工的周工资从1797年时的26先令5便士下降到1832年时的5先令6便士。[3] 据宪章派国民大会的调查，布雷福德手工织工的周工资，1820—1838年间从20先令下降到5—6先令，在内兹尔巴勒从11先令下降到7先令。[4] 根据向济贫法委员会的报告，1837年，伦敦地区的14000架手工织机有三分之一没有活干，其余的织机中有很大一部分开工不足。根据议会专门委员会的调查，1834—1835年间，纺织业的棉织、麻织、丝织和毛织行业手工织工共有84万人，[5] 他们是英国工人中处境最困难的部分，长期失业和半失业给他们带来贫困，严重摧残着他们的身体健康。

19世纪上半叶经济波动、农业歉收和爱尔兰失业者流入等因

---

[1] 〔英〕克拉潘著，姚曾虞译：《现代英国经济史》（上卷），商务印书馆1964年版，第691页。
[2] *Poor Man's Guardian*, August 29, 1833, Vol. 3, p. 651.
[3] *Poor Man's Guardian*, August 29, 1833, Vol. 3, p. 651.
[4] 大英博物馆手稿部，*Place Manuscripts*, Add. Mss. 34265B。
[5] Mark Howell, *A History of Chartist Movement*, Manchester U.P., 1925, p. 14.

素，使得从拿破仑战争到 1830 年代初失业流浪者人数明显增加。机器的大量使用摧毁了手工业，使大批从事手工业的劳动者失去工作。圈地运动使成千上万失去土地的农民涌入城市，成为城市失业人口的一部分。而从 1825 年开始发生的周期性经济危机则加剧了失业现象。在考文垂，1831 年 12 月有三分之二的织布机停工。[1] 1837 年春，曼彻斯特及附近地区，许多工厂每周只开工 4 天，数以千计的手工织工失去工作。1837—1838 年的那个冬季，各工业中心都有大量织机被弃置。1841—1842 年的萧条时期，利物浦的一个区，锻工和发动机工人的失业率达到 25%，德比的机械工人和造船工人的失业率为 50%，利物浦制鞋工人的失业率略低于 50%，而该城的裁缝则有三分之二失业。博尔顿在 1842 年几乎所有行业的失业率都在 50% 以上，有的行业失业率达到了 87%。[2] 梅休估计说，通常情况下，450 万工人中只有 150 万人能持续就业，150 万人处于半失业状态，另外 150 万人为失业人口。日后成为宪章运动活跃地区的佩斯利、贝德福德、森德兰等地失业率都很高，而且工人失业持续的时间很长。[3]

英国资产阶级政府在拿破仑战争结束后实行了出版和言论自由。经过 19 世纪 20 年代工人阶级反对六项法令的坚决斗争，政府终于允许自由出版报纸、小册子和传单，自由集会。当时英国已经濒临革命的边缘。倘若政府不采取这种自由主义政策，一味高压的话，一场革命爆发是很有可能的。

---

[1] Mark Howell, *A History of Chartist Movement*, Manchester U.P., 1925, p. 13.
[2] A. J. P. Taylor, ed., *The Standard of Living in Britain in the Industrial Revolution*, London, 1980, p. 70.
[3] David Jones, *Chartism and Chartists*, Penguin Books, 1975, pp. 116-117.

宪章运动开展起来后，运动参加者中存在一种与当局作激烈对抗的情绪。从 1839 年 4 月起，查尔斯·纳皮尔就任英格兰北部军区司令。纳皮尔的政治立场和拉塞尔政府并无二致。他本人对于政治上无权、经济上处境恶劣的劳动群众怀有一点同情心。他在许多场合公开承认，不满于政府的人民有争取普选权的自由。纳皮尔的父亲在 1798 年也曾不同意政府镇压民主运动的政策而采取了政治上超然的态度。查尔斯·纳皮尔出任英格兰北部军区司令之时，正值宪章运动第一次全国大请愿之后。统治阶级中一些人士认为革命已经到了一触即发的关头，他们极为恐慌。[1] 纳皮尔考虑，如果拒绝群众的任何民主要求，对当局是极其危险的。于是，纳皮尔一方面要求政府调集正规军来补充英格兰北部的军事力量，同时把当地富裕的自耕农武装起来；另一方面，他对宪章派采取了狡猾的自由主义欺骗政策。他在回忆录中写道："我每个星期都会见治安法官，并竭尽我的全力影响说服他们，一定不要袭击人民，让他们集合，同时对他们说：你们有充分的权利这样做，以此缓和广大群众的不满情绪。如果有哪个讲演者鼓动他们无视叛逆法令去纵火、动武，就应当在集会的群众散去后逮捕他。如果有人准备开枪，我们可以在他持有武器时抓住他。"[2] 纳皮尔的政策为当地的治安法官所采纳。纳皮尔还邀请一些宪章派的代表参观其军队的操练和军队的大炮装备，用武力对宪章派施加威吓。纳皮尔的这种做法完全与拉塞尔政府的政策一致。

1839 年年初，拉塞尔任内务部长时，比其他官员更多地负责对

---

[1] Sir W. K. C. B. Napier, *The Life and Opinions of General Sir Charles James Napier*, London, 1857, Vol. 2, p. 26.

[2] Sir W. K. C. B. Napier, *The Life and Opinions of General Sir Charles James Napier*, London, 1857, Vol. 2, p. 140.

宪章运动的政策。拉塞尔属于辉格党人，出于自己的信念，他主张自由讨论政治问题，并主张议会改革，以避免革命危机。这年5月，当议员中有人提出为应付宪章派的活动需要制定特别立法时，拉塞尔提出了相反的意见，他认为依靠现有的立法进行统治比采取新的措施更好，否则会刺激人民的情绪并促使他们武装起来，很容易造成危害。在这种情况下，只要议会采取特别措施就会引起公民对宪章运动的同情。他认为不到万不得已最好不要这样做。拉塞尔在议会中拒绝了反对党托利党议员施加压力要他镇压群众集会的要求，认为应当坚持言论自由的信条。[1] 在10月8日利物浦的宴会上，拉塞尔强调，自由集会和自由讨论是合法正当的，它可以收到社会功效。如果存在普遍的牢骚的话，人民有权集会并使人们了解他们的意见，这样政府可以纠正弊政。但如果不存在普遍的牢骚的话，稍有常识的人都会相信，召开的会议会很快结束的。[2] 拉塞尔还提醒英格兰地方长官和军队总司令，除了到了必须镇压暴动时，不要让军队的活动被人民看见。拉塞尔还发出指示，军队中同情宪章运动的士兵不予处分。[3] 自由主义政策是拉塞尔控制英国局势的重要政策。

但是，政府的自由主义政策是以镇压准备为基础的。当时，内务部下令由邮局局长检查拆阅最重要的宪章派领袖的来往信件，防范宪章派的秘密暴动。1839年2月8日，内务部下令截查沃德、理查逊、文森特和哈特维尔的信件，此后信件检查对象扩大到赫瑟林顿、奥康

---

[1] Mark Howell, *A History of Chartist Movement*, Manchester U.P., 1925, p.140.
[2] S. Macooby, *English Radicalism, 1832-1852*, 1938, pp.181-182. Asa Briggs, ed., *Chartist Studies*, London, 1959, pp.371-407.
[3] 《约翰·拉塞尔勋爵早期通信》第1卷，第73页。转引自〔德〕比尔著：《英国社会主义史》（下卷），商务印书馆1959年版，第62页。

诺、洛厄里、弗莱彻、卡本脱和奥布莱恩。1839年下半年，又下令检查弗罗斯特、哈尼、卡都、佩迪、汉森和泰勒等人的信件。[①]

政府还派出大批间谍渗透到宪章派的组织中并潜入宪章派的秘密集会。1839年夏季，当国民大会极左派代表酝酿全国起义时，一批退伍的下级军官趁机参加了英格兰北部和中部训练工人的活动，他们给当局提供了关于暴动和起义的情报。在宪章运动高潮时期发生的暴动和起义，几乎没有哪一次不是为政府事先所知，有些密谋暴动甚至是有间谍蓄意煽动而匆匆起事的。[②]发生在1839年11月初的著名的威尔士新港起义也是如此，起义队伍进入新港城时遭到了预先埋伏的政府军队的镇压。

第六节 资本主义民主制的建立

17世纪资产阶级革命使英国的政治制度由贵族政治制度演变为现代资产阶级宪政制度，为资本主义关系的发展确定了一些必须的条件。但是，在革命的那个世纪和革命后百多年间，资产阶级民主制并没有在英国实现。它是通过漫长的过程和资产阶级激进派长期艰苦的斗争，在工业资本主义成长起来的条件下才最终实现的。

资产阶级革命时期，英国没有在立法领域废除旧的法律体系，包括各种制度和惯例，直到1832年，英国仍保留了中世纪混乱而腐败的议会选举制度。英格兰的选区主要分布在东南部、西部和西南部，它们是工业革命前英国主要的工商业和农业区。随着工业革命的开

---

① F. C. Mather, *Public Order in the Age of the Chartists*, Manchester U.P., 1959, pp. 220-221.
② F. C. Mather, *Public Order in the Age of the Chartists*, Manchester U.P., 1959, pp. 199-220.

展，英国的经济地理和人口分布都发生了巨大的变化，经济重心逐渐由东南部向煤铁矿和动力资源丰富的英格兰西北部转移，在那里形成了新兴工业区。一批新的工商业城市迅速兴起和扩大，人口急剧增长，而东南部经济日趋衰落，小城镇人口迅速减少。这样，各个地区的居民人口与所占有的议席极不相称，新兴的经济中心和那里的工业资产阶级在议会下院没有足够的代表。以1831年为例，当时英格兰南部10个郡共有人口326万，拥有下院235个议席；而英格兰北部6个郡人口已经增长到395.4万，在下院却仅拥有68个议席。当时人口在10万以上的利兹和谢菲尔德连一个议席都没有。一些拥有议席的选区随着经济地理的变迁早已极度衰落，居民也非常稀少。例如萨里郡的加顿选区只有135名居民，整个选区只有六所房屋。邓维奇选区由于数世纪海水对海岸的侵蚀，大部分土地已经被海水淹没，只剩下30名居民，其中大部分居住在外地，这个选区为两个赞助人所控制。博森尼选区仅有3户人家，却可以推选2名下院议员。[①] 当时选民在50人以下的选区有56个，选民在100人以下的选区有113个。这种经济衰落、人口急剧减少的选区在英国历史上被称为"衰败选区"，议席被贵族地主控制。[②] 衰败选区的存在暴露了旧选举制的腐败和不合理。到19世纪初，依旧照1430年法令规定，年收入40先令以上的自由持有农均享有选举权，但各郡的自由持有农选民却无法自由行使权利，在选举时受到地主的支配，当地的地主实际上控制着选区的选举结果。在苏格兰，选民的财产资格根据每年土地收益来决定，通常规定在70—130英镑之间，由于财产资格很高，所以苏格

[①] M. Brock, *The Great Reform Act*, London, 1973, pp. 22-24.
[②] M. Brock, *The Great Reform Act*, London, 1973, p. 29.

兰选民在各郡人数较少。1832年前夕,苏格兰所有30个郡和66个选区仅有选民5000人。①威尔士的选举制和苏格兰相近。英国改革前议会选举制以限制大众参与为表征,其阶级实质是保证下院议席为土地贵族所把持。19世纪英国进行的3次议会改革最终实现了男子普选权,降低了选民的财产资格限制,并使选区议席的分布合理化,实现了议会民主制。

1832年6月,通过了第一个议会改革法,进行了两个方面的改革:第一,它重新分配了下院的议席。该法令取消了居民不到2000人的56个衰败选区的议席,其中有55个选区各有2个议席,1个选区为单议席。此外,韦莫斯和迈尔科姆比里豪斯选区由4个议席减为2个议席,30个居民不到4000人的双议席选区各削减1个议席,这样下院共空出143个议席重新进行分配。其中65个议席分配给英格兰和威尔士的郡选区,22个英格兰选区各获得2个议席,21个选区各获得1个议席;苏格兰获得8个议席;爱尔兰获得5个议席。而下院议员的总数没有改变,仍为658人。第二,它重新规定了选民的财产资格限制。在城镇选区,年收入房租10英镑以上的房主和每年缴纳10英镑以上房租的房客都享有选举权;在各郡,年收入40先令以上的地产所有者和年收入50英镑以上的自由租地农享有选举权。在苏格兰,选举人的财产资格为年收入10英镑以上;在爱尔兰,为年收入20英镑以上②。这样,在英格兰和威尔士有选举权的公民总数达到65万,增加近22万选民,其中郡选区居民为37万人,城市选区

---

① O. Gorman, *The Emergence of the British Two-party System 1760-1832*, London, 1982, p.118.
② J. A. Marriott, *England Since Waterloo*, London, 1925, pp.98-99. J. H. Wiener, ed., *Great Britain, The Lion at Home: A Documentary History of Domestic Policy, 1689-1973*, N. Y. 1973, Vol.1, pp.1048-1063.

选民达 28 万人。加上苏格兰和爱尔兰的选民,全国选民人数从 40 万增加到 90 万,成年男子的 1/7 获得了选举权。但是,在 1832 年议会改革后,1710 年下院议员财产资格法所规定的标准仍然有效,即在郡选区每年要有 600 英镑不动产收入者,在城市选区每年要有 300 英镑不动产收入者才有资格选为议员。[1] 这项法令在 1836 年做了一些修改,于 1854 年最后废除。总之,1832 年议会改革尚未实现较为彻底的选举民主制。

1867 年,在英国进行了第二次议会改革。这次议会改革继续在削减衰败选区议席和降低选民的财产资格限制两个方面采取了民主性措施。改革取消了 46 个衰败选区的议席,共空出 52 个议席重新分配,英格兰获得 45 席,苏格兰获得 7 席。其中曼彻斯特、伯明翰、利物浦、利兹、索尔福德、默瑟蒂德维尔各获得 1 个议席,伦敦大学获得 1 个议席,兰开郡获得 3 个议席,约克郡西区获得 2 个议席,切尔西和哈克尼各获得 2 个议席,9 个中等城市各获得 1 个议席。在 10 个郡建立了 10 个新选区,每个选区获得 2 个议席。1867 年,改革法对选民的财产资格做了新的规定,在城市每个房主和租户都获得选举权,同时把选举权给予每年支付房租不少于 10 英镑、居住时间不少于 1 年的房客。在各郡的乡村,年收入不少于 5 英镑的土地所有者和年缴纳地租额不少于 12 英镑的佃农都获得了选举权。[2]

1867 年,议会改革完成了废除衰败选区的任务。这次改革使城镇选区的选民人数从 60 万增加到 140 万,这样,选民的总人数便由

---

[1] E. N. Williams, ed., *The Eighteenth Century Constitution: Documents and Commentary*, pp. 192-193.

[2] J. B. Conarcher, *The Emergence of British Parliamentary Democracy in the Nineteenth Century*, 1971, p. 179, Table 3.

改革前的135.8万增加到247.7万，但仍以男子为限。这时英国的成年居民约为1600万人，即只有成年居民的1/7左右取得了选举权。此外，选民的增长很不平衡，新增加的选民主要集中在城镇选区，尤其是工业城镇。[1] 例如，布莱克本的选民由改革前的1800人增加到1868年的9700人[2]，但是，1867年改革后，普通工人群众如无住房的租户、农业和手工业工人、矿工和居住在没有代表权的城市的贫民和小农仍被剥夺了选举权，全国成年男子的半数和全部妇女仍未获得选举权。仍有70个选区居民少于1万人，例如博塔林顿选区居民不足3000人，选民只有140人，它却和拥有50万居民和6万选民的利物浦拥有同样多的议席。全国郡选区共有居民1368.9万人，只拥有170个议席，而拥有居民1228.9万人的城镇选区却有281个议席，从地理上来看，英格兰东南部派出的议员比其他地区要多。这些事实证明下院议席的分配仍然很不合理。

1884年年底至1885年年初，英国进行了第三次议会改革。这次改革通过了两项法令。一项是1884年12月6日通过的《人民代表制法》，它在郡选区和城镇选区统一了选民的财产资格。在城镇实行户主选举权和寄宿人选举权。在乡村，任何拥有一定土地或者租地，经营、每年净收入不少于10英镑的成年男子都可以登记为选民。[3] 另一项是1885年1月25日通过的《重新分配议席的法令》，它规定居民不到1.5万人的城镇选区取消推派议员的资格。被取消的选区中有

---

[1] J. B. Conarcher, *The Emergence of British Parliamentary Democracy in the Nineteenth Century*, 1971, p.73.

[2] M. Pugh, *Making of Modern British Politics, 1867-1939*, Oxford, 1982, p.8.

[3] H. J. Hanham, ed., *The Nineteenth-Century Constitution: Documents and Commentary*, Cambridge U.P., 1969, pp.280-281.

13 个是双议席选区，68 个是单议席选区，被取消议席的选区并入郡选区。居民在 5 万人以下的选区各削减 1 个议席，空出的议席重新分配。[①] 改革以后，有 22 个城镇各拥有 2 个议席，有些大学也保留 2 个议席。此外，全国所有的郡都化为单议席选区。下院增加 12 个议席，这样下院议员总数达到 670 人。1884—1885 年的议会改革使选民人数增加了 176.2 万，比原有选民增加 67%，其中乡村各郡的选民增加 162%。1885 年，英国选民总数达到了 570.8 万。这次议会改革使乡村的农业工人都获得了选举权，基本在英国实现了普选民主制。此后，通过 1918 年和 1928 年的《人民代表制法》，给予了成年妇女选举权，最终完成了英国的普选民主制。

从英国革命到 19 世纪中叶，除了民主选举制逐步实现，政治传播和政治媒介的发展，以及民众对于政治生活以不同形式的参与大大加强了，这也是资产阶级政治民主化的一种表现。现在把这些民主政治因素的发展用"政治场"一语来加以概括。"政治场"这个概念是在研究英国政治史的实证资料的基础上受到了自然科学若干度量概念方法的启发而产生的。"场"（field）的概念在自然科学中并不是什么新东西。物理学上有"电场""磁场"的概念。考察政治传播和政治影响强度时引入"政治场"的概念，便把动态的研究和氛围的研究引入对一个时期政治情势的研究。具体说来，"政治场"的概念至少应当包括以下几个要素：一是政治震源的强度，如发生在一个地区或一个中心城市的革命事件的强度及其对全国的影响程度；二是作为政治中心的首都和大城市与整个国家尤其是与远离中心城市的乡村的联系密切程度；三是下层民众以及有产阶级群众对于政治中心发生事件的

---

① 沈汉、刘新成：《英国议会政治史》，南京大学出版社 1991 年版，第 165 页。

理解程度和认识程度。这些都是考察一个时期"政治场"的具体参数。应当说,"政治场"的成熟程度是政治现代化的重要标志。

英国在资产阶级革命时期还是农业社会,在这样一个不大的国家里,地方的闭塞性和地区之间的隔绝状态尚未完全克服,各地各阶层的认识也还没有完全统合到反对封建的斯图亚特王朝的革命洪流中来。1640年秋选出的长期议会下院议员的活动多少要用这个原因去解释,历史学家发现,在革命过程中,长期议会下院有不少议员没有参加或是不积极参加对重大问题的讨论。长期议会下院共有547名议员,在1641年3月时有379人表决,但在讨论褫夺斯特拉福伯爵公权问题时只有263人参加投票。1641年讨论《大抗议书》时只有307名议员到会,而1642年1月以后,通常到会的议员要少很多,只有200名议员左右。[1] 议员中有相当大一部分缺乏政治热情。为了敦促议员到会,长期议会于10月9日决定对159名缺席议员每人罚款20英镑。[2] 长期议会下院有半数议员经常不到会,这突出反映了革命这样一个全国性的大事件尚未成为吸引各地方政治精英的中心问题。在早期斯图亚特王朝和革命过程中,议员们一年的绝大部分时间是在伦敦以外的自己的居住地度过的。议员在自己的选区往往担任各种职务,如郡长、军队指挥官、治安法官等。本地区发生的事件是议员们主要政治兴趣所在,他们在议会中的活动主要是关心和反映本地区的利益。[3] 劳伦斯·斯通告诉我们,17世纪的人也用"国家"这个词,

---

[1] M. F. Keeler, *The Long Parliament, 1640-1641*, Filandelphia, 1954, p.6. J. R. MacCormack, *Revolutionary Polities in the Long Parliament*, Harvard U.P., 1973, p.194.

[2] J. R. MacCormack, *Revolutionary Polities in the Long Parliament*, Harvard U. P., 1973, p.231.

[3] G. E. Alymer, *The King's Servants, The Civil Service of Charles I 1625-1642*, London, 1961, p.57. C. Russall, *Parliament and English Politics 1621-1629*, Oxford, 1979, p.4.

但是他们使用这个词的真正含义是"我所在的郡"①。在17世纪的英国政治文化中存在着一组对立的但运用很广泛的概念,这就是"宫廷"和"乡村"②。当时英国地方上与宫廷和议会的斗争是隔绝的。新兴的地主乡绅居住于乡村一隅,他们往往不了解发生在伦敦的上层政治斗争,习惯于追随宫廷政策。1642年爆发的内战规模不大,破坏性也不大。安德逊教授评述说,战争一直"在中立派和冷淡者的汪洋大海中进行"③。1645年在英格兰的许多郡都建立了"棒民(clubmen)协会"这种中立组织,并不乏支持者,有些支持者拥有武器。大多数棒民在内战王党和议会军的对垒中持中立态度,使自己免受外来的威胁,他们以乡村团体为基础,维护传统的价值观和地方范围的休战,他们一般不偏袒议会和王党任何一方。④这些材料说明,在17世纪中期,英国革命这一重大的政治冲突展开时,全国上下并没有完全卷入这场革命,民众尚未在最大程度上围绕政治斗争分成两大阵营,尤其在乡村中存在着大量中立者,他们游离于这场革命之外,对这场革命很不理解。这场在英国史上具有重大意义的革命并没有广泛深入社会各个角落。英国资产阶级革命在解决反封建这一政治任务时表现出的不彻底性,很大程度上与这个时期"政治场"不发达、民众参与不十分广泛有直接联系。

到了18世纪中期以后,英国各种政治社会联系和政治组织程度

---

① T. Stone, *The Causes of English Revolution*, London, 1979, p.106.
② John Morrill, *The Revolt of the Provinces: Conservatives and Radicals in the English Civil War 1630-1650,* Longman, 1986, pp.14-16.
③ John Morrill, *The Revolt of the Provinces: Conservatives and Radicals in the English Civil War 1630-1650,* Longman, 1986, 1986, p.97.
④ John Morrill, *The Revolt of the Provinces: Conservatives and Radicals in the English Civil War 1630-1650,* Longman, 1986, pp.98-99.

逐渐加强了。在1740年代初，伦敦就建立了一个中产阶级的独立选民俱乐部，这些人在奇伯塞德的半月旅行社集会。在威斯敏斯特有一个类似的选民俱乐部，另一个平民色彩较浓的俱乐部在皇家与铁锚旅行社集会。1749年，在威斯敏斯特的选举中，一个候选人在一个有1万人的选区内散发了不少于22.75万份关于选举的信件、广告和印刷品。1768年在埃塞克斯，一个竞选者在6000名选民中散发了13.37万份小册子和各种印刷品。18世纪60年代，在西密德兰、斯塔福德郡等地制造业兴起后，制造业主开始形成压力集团向议会施加影响，为发展工业而游说开凿特伦特和墨西运河。1768年，威吉武德组织工业家有力地支持这一要求，发起对这个问题的讨论，鼓励人们撰写小册子为开凿运河辩护。他的活动得到了当地报纸的指导和支持。1780年代，在曼彻斯特这个尚没有代表权的城镇中，棉纺织业师傅要求政府放弃征收棉花税的企图。他们在曼彻斯特组织公众集会，向伦敦派出一个委员会，向议会议员分发通知，在报纸上发表文章，并组织了60次向下院的请愿，其中包括提交一份有8万人签名的请愿书。[1]

随着18世纪许多城市人口的迅速增长，城市深层的政治文化发展起来，中等阶级在这个时期开始广泛建立独立的组织，如俱乐部和社会团体，注意了解国家大事。自18世纪60年代起，在绝大多数市镇兴起了"读书会"和"辩论社团"。其中最早的一个组织是从1741年起定期集会的"罗宾汉辩论社"，其主要成员是商人、手工业者、中小学的教职人员。起初这些社团的主要目的是社会娱乐，后来教育

---

[1] 〔英〕狄金逊：《18世纪英国的人民政治》，载王觉非主编：《英国政治经济与社会现代化》，南京大学出版社1989年版，第262—263页。

性和政治性的色彩越来越浓。伦敦和伯明翰的罗宾汉社和威斯敏斯特论坛吸引了大批听众参与对时事和政治原则的争论。纽卡斯尔的哲学社辩论了美国人没有代表权不纳税的主张是否符合宪法等问题。在所有市镇里都有咖啡馆和小酒馆，向群众提供报纸和杂志。当时英国创办的许多报纸都办得非常成功，他们在政治上具有反政府的色彩，使群众了解政府内阁政策的失误，并展开了大量的关于根本的政治原则和宪法问题的讨论。[①]

反映英国"政治场"发展的一个主要指数是报刊的发行种类和发行数量。这个数字在 18 世纪末大幅度增长。英国在 1723 年大约有 24 种地方报纸，1753 年为 32 种，1760 年为 35 种，1780 年约为 50 种，到 19 世纪初，报刊数目超过了 100 种。密集的地方报纸网逐渐遍布整个英国。虽然这些报纸重印了很多来自伦敦的材料，但也有一定数量刊载来自本地的新闻和政治内容。报纸期刊在 1761 年销售总量为 600 万件，1801 年增至 800 万件，有文化的人占的比例也明显上升。尤其在伦敦，报纸发行量增长很快。

1760 年前后，伦敦有 4 种日报和 5 至 6 种每周出版 3 次的晚报。从 19 世纪初拿破仑战争开始以后，英国各种激进主义报刊的发行种类和发行量都大幅度增长，资产阶级激进主义运动与工人运动进一步结合。科贝特的《记事报》售价为 2 便士，1816 年 10 月至 1817 年 2 月为其全盛时期，每周发行量为 4 万至 6 万份，超过其他报刊。在议会改革的请愿中，激进主义报刊的发行量再次上升到一个高峰。在印花税法实施时期，激进小册子的发行量也大大增长。1821 年到

[①] 〔英〕狄金逊：《18 世纪英国的人民政治》，载王觉非主编：《英国政治经济与社会现代化》，南京大学出版社 1989 年版，第 268 页。

1828年间,《新宗教改革史和布道》发行了21.1万册。[①]

到1832年改革运动时期,英国的"政治场"已经得到充分发展,政治意识深入到工人群众中,他们积极参与到争取政治改革的民众的请愿浪潮中来。这种下层劳动群众参与的政治不是资产阶级真心情愿看到的。工人阶级和其他下层劳动群众参与到资产阶级民主运动中来以后,便给这个运动带来了两个突出的新特点:第一,他们提出了比任何土地贵族和资产阶级的改革派的纲领更加彻底的民主性的要求,这在《人民宪章》中达到一个顶峰。第二,工人民主派在改革运动中提出民主要求的同时,还要求改变其社会地位,要求就业,要求温饱,要求土地,甚至直接对剥削人的制度提出挑战,这是资产阶级政治民主化浪潮中不可忽视的一个重要组成部分。然而,资产阶级政治民主化运动的发动者的真实目的是诉诸群众对贵族政治进行挑战,借助普选的手段使得新兴资产阶级的代表进入国家权力集团。

第六节 工党成为执政党之一

19世纪最后20年,英国工人阶级和社会主义者开始建立自己的政党。1874年大选,矿工领袖麦克唐纳和托马斯·伯特兰当选为议员。1880年大选,工人代表麦克唐纳、布德·赫斯特和伯特作为自由党人当选为议员。1881年,各地政治组织、工会团体和俱乐部的代表参加大会,成立了"社会民主同盟",海德曼任主席。1884年12月,包括莫里斯、艾琳娜·马克思、巴克斯在内的该委员会的多

[①] Edward Thompson, *The Making of English Working Class*, Penguin, 1968, pp. 789-790.

数委员辞职，另建"社会主义联盟"。社会主义联盟积极宣传马克思主义，但它存在教条主义倾向，组织上有关门主义的特征，因此参加者不多，在工人中影响不大。为工党奠定理论基础的是费边社。它是1884年一批中产阶级知识分子在伦敦建立的。费边社最初的发起人为戴维斯、皮斯、波德摩尔、布兰德等人。随后萧伯纳、悉尼·韦伯、奥利弗和华莱士加入了费边社。到1888年冬季，费边社社员不到100人，1892年则发展到1100人。费边社的理论，即费边主义的基本特点是社会改良主义。它包括三方面的内容：第一，它认为社会主义是资本主义生产关系发展的必然，小规模生产已经过时，托拉斯和联合企业正在发展，资本主义的集中化加速进行，其必然结果是生产资料、分配资料和交换资料的社会化，也就是说，资本主义在不知不觉中为社会主义的公有制铺平道路。在资本主义社会内部，社会主义因素逐渐成长，它表现为工厂立法、利息和地租的社会化和市政事业的发展。第二，推崇民主主义。第三，倡导渐进主义。他们认为社会重大的根本性的变革只能通过民主的、渐进的、合乎宪法的和平变革来实现。[1] 构成工党的第二个部分是以非熟练工人为基础的新工联运动。1893年，在布拉德福德召开了工会代表大会，参加大会的有苏格兰工党、地方工会联合会、社会主义联盟、费边社的代表，这次会议成立了独立工党。这次代表大会通过的关于独立工党目标的决议指出："独立工党的目标是取得全部生产、分配和交换手段的集体所有制。"[2] 独立工党领导人哈第承认劳资间的利益冲突，

---

[1] 〔英〕玛格丽特·柯尔著，杜安夏等译：《费边社史》，商务印书馆1984年版，第6—12页。柯尔：《社会主义思想史》第三卷第1册，第137页。

[2] Henry Pelling, ed., *Challenge of Socialism*, London, 1954, pp.187-189.

但否认阶级和阶级斗争的存在。他说："利益的冲突不一定就是阶级冲突。"①

1900年，在伦敦召开了工人代表委员会成立大会，出席大会的129人代表了全国50万以上的工会会员。费边社、独立工党、社会主义联盟和工会组织都加入了工人代表委员会。新工联的工会会员构成了工人代表委员会的主要组织基础。1906年，工人代表委员会改名为工党。英国工党成立后，便把议会斗争作为它的主要活动。它组织工人力量，通过各地的竞选使工人代表进入议会。在相当长一个时期中，工党在竞选活动中努力争取自由党的理解，具有自由主义倾向。1906年，工党有53人当选为下院议员，其中有24人公然表示接受自由党领导。②

在英国资本主义从自由资本主义阶段向垄断资本主义阶段转变以后，英国政党格局发生了重大的变化，自由党在政党政治中日趋衰落，丧失了和保守党争夺执政权的有利地位，工党逐渐取代自由党，成为轮流执政的两个主要政党之一。在1921年大选时，工党在竞选纲领中提出对富有者征收更多的赋税，对财产超过5000英镑的人征收累进税以建立战时债务偿还基金，扩大社会服务措施来建立全国住房计划，对矿山和铁路实行国有化，并重申反对阶级战争和暴力行动，认为在英国无须流血便可以建立一个民主政府。③工党在这次大选中获得了420万张选票，比1918年增加了200万张选票，超过了

---

① Eric Hobsbawm, ed., *Labour's Turning Point, 1880-1900*, London, 1948, pp. 65-66.
② Ralph Miliband, *Parliamentary Socialism: A Study in the Politics of Labour*, Allen and Unwin, 1972, p. 21.
③ Ralph Miliband, *Parliamentary Socialism: A Study in the Politics of Labour*, Allen and Unwin, 1972, p. 94.

自由党获得的选票数。

在 20 世纪 20 年代初,《泰晤士报》编辑杰弗利·道森在给罗伯特·塞西尔勋爵的信中写道:"最可靠的符合宪政精神的正确方针,是让鲍德温面对议会并被击败。这时英王大概会叫拉姆齐·麦克唐纳出来,而没有自由党的支持他是无法施政的。"[1] 1923 年年底,当保守党新首相鲍德温因关税改革突然解散议会、举行大选时,工党获得 191 席。由于这次大选斗争的中心是关税问题,自由党支持工党的自由贸易政策,于是 1924 年 1 月英王授权工党领袖麦克唐纳组阁。[2] 在这届工党政府中,麦克唐纳任首相兼外交大臣,斯诺登任财政大臣,还吸收了一些自由党人和保守党人入阁。[3] 第一届工党政府采取了一些改善工人状况的政策,如《惠特利住宅法》、推动地方政府营建大量住宅;增加养老金和残废退休金、提高每周的失业补助金。[4] 1929 年 7 月,组成了第二届工党政府。工党成为英国轮流执政的政党之一。

工党在 1924 年和 1929—1931 年组成过两次短时期的少数党工党政府。在两次世界大战的几届联合政府中,有工党担任大臣。但是,在这个时期作为反对党的工党,在保守势力看来发挥了十分重要的作用,它曾经帮助当时的几届政府处理了由于相对的经济衰退、萧条、失业和贫困而产生的不满、灰心丧气和倾轧。工党起了"一个疏

---

[1] 〔英〕拉尔夫·密利本德著,博铨等译:《英国资本主义民主制》,商务印书馆 1988 年版,第 38 页。
[2] 〔英〕佩林著,江南造船厂业余学校英语翻译小组译:《英国工党简史》,上海人民出版社 1977 年版,第 59 页。
[3] A. Taylor, *England, 1914-1945*, Oxford U.P., 1979, p.625.
[4] 〔英〕佩林著,江南造船厂业余学校英语翻译小组译:《英国工党简史》,上海人民出版社 1977 年版,第 60 页。

导和遏制来自下层的压力、要求和行动的党"[①]的作用。密利本德评论说:"工党领袖们在那些年份对遏制冲突做出了巨大贡献。"[②]

诚然,作为社会民主党类型的工党在英国执政,但并没有从根本上改变英国国家政权的性质。工党和欧洲其他国家的社会民主党参政或执政,都只是在资本主义国家制度框架内活动,它们的活动严格遵从资本主义国家的宪法和法律。它们不会触动资本主义私有制原则,不会触动大资产阶级的根本利益。工党政府提出的重大政策,必须在议会中得到通过。密里本德指出,英国国家"那架机器的大部分并不按照民主的或选举的原则进行活动,而是根据委任和增选代表的办法精心地排除民主压力和民主程序。这种做法至今未变"[③]。

但是,也要看到,20世纪工党在议会中取得多数席位并执政,对于英国国家政治的发展倾向并不是只起消极作用,而是也起着积极作用。

[①] 〔英〕拉尔夫·密利本德著,博铨等译:《英国资本主义民主制》,商务印书馆1988年版,第39—40页。
[②] 〔英〕拉尔夫·密利本德著,博铨等译:《英国资本主义民主制》,商务印书馆1988年版,第40页。
[③] 〔英〕拉尔夫·密利本德著,博铨等译:《英国资本主义民主制》,商务印书馆1988年版,第29页。

第八章　官僚资产阶级国家：法国

第一节　大革命时期的宪法和国家制度

1789年革命前夜，西耶斯写的题为"第三等级是什么？"的小册子开宗明义地提出三个问题：

(1) 第三等级是什么？是一切。

(2) 迄今为止，第三等级在政治秩序中的地位是什么？什么也不是。

(3) 第三等级要求什么？要求取得某种地位。[1]

这份小册子实际上是法国资产阶级发动革命、夺取政权的政治宣言。

1. 大革命时期的宪法

在法国大革命时期，先后制定了四部宪法性文件，这就是《废除封建制的法令》、《人和公民的权利宣言》、1791年宪法和1793年宪法。

1789年7月9日，法国国民议会改为制宪议会。7月14日，巴黎民众攻打巴士底狱，法国资产阶级革命爆发。法国的国家权力由制

---

[1] 〔法〕西耶斯著，冯棠译：《论特权　第三等级是什么？》，商务印书馆1990年版。

宪议会掌握。

1789年8月4日，制宪议会颁布《废除封建制的法令》。法令宣布："国民议会现将封建制度全部加以废除。国民议会决定：有关封建的和采邑的权利和义务，凡是源于实物的或人身的永远管业、源于人身徭役以及其他表现为此类性质的权利义务，均无偿废除之。""一切领主法庭均应无偿废除"，"各种性质的什一税和代替什一税的贡赋"一概废除。该法令废除了身份等级制，它规定，"一切公民，不问其出身如何，均有资格担任教会的、文的和武的官职和职司，任何有用的职业决不引起贵族资格的丧失"。[①]

1789年8月26日，制宪议会通过并公布了《人和公民的权利宣言》。它宣布："人们生来并且始终是自由的，在权利上是平等的，社会的差别只可以基于共同的利益。""一切政治结合的目的都在于保存自然的、不可消灭的人权；这些权利是自由、财产权、安全和反抗压迫。""全部主权的源泉根本上存在于国民之中；任何团体或者任何个人都不得行使不是明确地来自国民的权力。""自由包括从事一切不损害他人的行为的权力。因此，行使个人的自然权利只有以保证社会的其他成员享有同样的权利为其界限。""法律是公共意志的表现，所有公民都有权亲自或者通过其代表参与制定法律；法律对一切人，无论是进行保护或者惩罚，都应该是一样的。"即法律面前人人平等。"财产权是不可侵犯的、神圣的权利"，"任何人的财产权都不受剥夺"。[②]

《人和公民的权利宣言》确立了资产阶级社会基本的法律和政治

[①] 《废除封建制的法令》，载法学教材编辑部《外国法制史》编写组主编：《外国法制史资料选编》（下册），北京大学出版社1982年版，第528、529、530页。

[②] 《人和公民的权利宣言》，载法学教材编辑部《外国法制史》编写组主编：《外国法制史资料选编》（下册），北京大学出版社1982年版，第525、526、527页。

原则，这包括人身自由、结社自由、私有财产权不得侵犯和法律面前人人平等的原则。这些原则是近代资本主义国家制度的法律和伦理基础。所以，后来法国在制定1791年宪法时，把《人和公民的权利宣言》置于宪法文本之首，作为宪法的一个组成部分。

制宪议会在1791年制定了宪法。这部宪法在前言中宣布废除作为封建国家基础的封建等级制度和特权制度："今后不得再有贵族、爵位、世袭荣衔、等级差别、封建制度、世袭裁判权，也不得有从上述诸制度中所产生的任何头衔、称号和特权，不得有骑士团，不得有任何根据贵族凭证或出身门第的团体或勋章，除在执行职务时有官吏的上级之外，别无任何其他上级。"

"任何一部分国民或任何人都不得再有任何特权，对全体法国人所当遵守的共同法律不得有例外。"①

1791年宪法规定："构成立法议会的国民议会是常设的，仅由一院组成。"立法议会议员由间接选举产生。凡是法国人，年满25岁，已缴纳相当于3个工作日价值的直接税，并且不是奴仆的人，被称为能动公民，有资格参加地方初级会议的选举，选出选举人，由这些选举人进行国民立法议会议员的选举。②

在当时法国的制宪议会中，大资产阶级君主立宪派占据多数。1791年宪法保留了世袭的君主政体，国王是国家的元首，但国王是经过宪法本身再度产生出来的，他隶属于宪法，并对宪法宣誓。在此之前，国王自称是"奉上帝之命"而成为法兰西国王的，但在此之

---

① 《1791年宪法》，载法学教材编辑部《外国法制史》编写组主编：《外国法制史资料选编》（下册），北京大学出版社1982年版，第543页。
② 《1791年宪法》，载法学教材编辑部《外国法制史》编写组主编：《外国法制史资料选编》（下册），北京大学出版社1982年版，第545—546页。

后，他则是"承上帝及国家宪法之命"而成为法兰西人之国王。这样，上帝的代表成了国民的代表，神权政府被世俗化了。国王成为一个被任命的官吏，再也不能自由地动用国库的款项，国王所使用的只是在国王即位时由议会规定的固定的王室经费。王室经费由特设的官吏来管理。如果国王有叛国行为或未经议会允许离开王国时，议会可将其推翻。国王保留有权任命部长，但不得从议院中选用部长，任期届满的议员也不得接受任何新增职务。中央政府设立6个部，同时取消旧制度时期的各种委员会。原财政总监所管辖的事务分成两部分，一部分属税务部，一部分属内务部，只有内政部长有权和地方政府直接接触，内务部管辖建设、航运、医务、救济、农业、商业、工业及教育事务，全国地方性行政第一次和中央政府联系起来。由国王任命高级官吏、大使、陆海军大将、三分之二的海军将官、半数的陆军将官，官吏升迁须经部长副署。①

革命发生后，旧设的国王的委员会被取消，它拥有的立法权交给全国选出的一院制议会，作为立法机构的议会每两年选举一次。在每年5月的第一个星期一，立法议会可无须上谕自行召开，议员人身不可侵犯，有不受普通司法机构干涉的权利，如议员被指控，应先经议会审查批准，再交指定的法庭审讯，议会有监督政府各部部长之权，有处理财政、外交等事务的国家最高权力。②

1793年6月24日，通过了1793年宪法。这是法国大革命中最富于民主精神的宪法。

---

① 〔法〕马迪厄著，杨人楩译注：《法国革命史》（上册），商务印书馆1973年版，第102—104页。
② 〔法〕马迪厄著，杨人楩译注：《法国革命史》（上册），商务印书馆1973年版，第105页。

1793年宪法宣布:"宪法保障全体法国人民的平等、自由、安全、财产、公债、信教自由、普通教育、公共救助、无限的出版自由、请愿权、结成人民团体的权利并享有一切的人权。"①

宪法规定成年男公民享有选举权,"凡是出生于法国并在法国有住处的男子而年满二十一岁者"有公民权。人民拥有主权,直接选任代表,"在共和国幅员以内凡能行使公民权的法国人均得当选"。"代表在任何时候不得因其在立法议会内所发表的意见而被诉追、控告或审判。""未经立法议会的许可不得对代表发出收押票或拘票。"

在立法议会之外,"应设立由二十四名成员组成的执行会议"。"每郡的选举会议选出候选人一人。立法会议应从候选人总名单中选出执行会议的成员。""在每届立法议会会期的最后一个月内,应改选执行会议成员的半数。""执行会议负责指导并监督全部行政事务。它只有在执行法律和立法议会的法令时才能有所行动。"②

雅各宾专政时期,法国最高权力机构是国民大会。它拥有立法、司法、行政和监督权。国民公会的委员在郡和军队中拥有广泛的权力,有权清洗地方机构,建立革命秩序,罢免军队指挥官和任命新的司令官。雅各宾专政时期政府的核心是救国委员会,它成立于1793年4月6日,先是由14人组成,后改为6人。它每月改选一次。救国委员会在当时相当于内阁委员会,在它以下设立各部部长。③1794年

---

① 《1793年宪法》,载法学教材编辑部《外国法制史》编写组主编:《外国法制史资料选编》(下册),北京大学出版社1982年版,第573页。
② 《1793年宪法》,载法学教材编辑部《外国法制史》编写组主编:《外国法制史资料选编》(下册),北京大学出版社1982年版,第570、571页。
③ 〔法〕瑟诺博斯著,沈炼之译:《法国史》(下册),商务印书馆1972年版,第404页。〔法〕米涅:《法国革命史》,商务印书馆1983年版,第214—215页。张芝联主编:《法国通史》,北京大学出版社1988年版,第182—183页。

年初，取消原设各部，改设12个执行委员会代替之，每个委员会由2—3人组成。①

2. 大革命时期的行政制度

在革命时期，法国建立了一套新的行政制度，取消了旧设的国王的委员会，设部长会议，有时则由议会本身代行行政职权。②

革命以前法国的行政区划极其复杂，有军区、省、司法区等，革命后采用统一的行政区划，即建立郡，郡以下设县、乡、镇。全国共设83个郡，各郡的边界由其代表决定，各郡实行自治，中央不派出直接代表其权力的官吏。各郡面积大致相等，但自治市大小不一，有的是由整个城市构成，有的只是乡村的一个教区。③

每个郡设立由36人组成的参议会，它根据财产资格的原则间接选举产生。参议院没有薪俸，所以只有富有者才能担任此职务。参议会每年开会一次，每次为期一个月。参议员任期两年，每年改选一半的参议员。参议会选出8人组成政务厅作为常设机构，其成员支薪。它是郡参议会的执行机构，它分配各县的直接税数额，监督其收支，管理济贫、牢狱、学校、工业、桥梁道路及法律执行等一应事务。郡政务厅设总检察官一人，由郡选举人选出，任期四年，其职责是监督法律的执行。他可与各部部长通信，但在郡政务会议上无表决权。郡

---

① 〔法〕马迪厄著，杨人楩译注：《法国革命史》（上册），商务印书馆1973年版，第564页。
② 〔法〕马迪厄著，杨人楩译注：《法国革命史》（上册），商务印书馆1973年版，第113页。
③ 〔法〕瑟诺博斯著，沈炼之译：《法国史》（下册），商务印书馆1972年版，第389页。

以下县一级设有相应的参议会、政务厅、检察官等职，均由选举产生。乡是初级选举单位，是保安官所在地。这样，法国由绝对主义的中央集权制转为地方分权制。

城市新设立的市政府由积极公民选举产生。市长及市政官员任期为两年，市政府人员每年改选一次。市政府有权调动国民自卫军和军队。市政府享有极大的自治权。市议会不得解散。[①]

国家行政人员原则上是由直接选举或两级选举产生，有财产资格限制。这种制度不仅应用于郡、县和自治城镇的和行政机关的新增人员，而且适用于法官、各区的收税官、主教和教区神父。只有纳税人才有选举权。这样就剥夺了仆役和几乎所有工人的投票权。[②]这种通过民选产生行政机构的制度，是资产阶级民主制的范例。

第二节 督政府、执政府和第一帝国

法国近代国家机器的建设是在拿破仑的执政府时期完成的。

督政府时期法国的政治制度变化不大，建立了以元老院和五百人院组成的两院制立法团[③]，其成员通过民选产生。此外设立了由5人组成的督政府，其成员先是由国民公会推选，改选时由立法团两院选

---

① 〔法〕马迪厄著，杨人楩译注：《法国革命史》（上册），商务印书馆1973年版，第108—111页。
② 〔法〕瑟诺博斯著，沈炼之译：《法国史》（下册），商务印书馆1972年版，第390—391页。
③ 《1795年宪法》第44条，载法学教材编辑部《外国法制史》编写组主编：《外国法制史资料选编》（下册），北京大学出版社1982年版，第592页。

举。规定立法团中三分之二的成员由国民公会议员组成。[①]

执政府时期通过1799年宪法加强了中央集权。立法权分属参事院、保民院、立法院和元老院，法案提出后，经过这几个机构顺序通过，才能成为立法。最高行政权属于三执政，执政任期10年，可以连选连任。本宪法任命波拿巴为第一执政，前司法部长坎巴塞累斯为第二执政，前元老院的委员会成员勒布伦为第三执政。宪法对三个执政的权能作了具体规定。"第一执政公布法律，并可随意任免参政院成员、各部部长、大使和其他高级官员、陆海空军官、地方行政人员和驻在法院的政府专员。除治安法官和大理院法官外，第一执政任命全部刑事和民事法官，但无权撤换他们"，而"第二和第三执政对政府的其他政令有参议之权"。[②]1795年宪法把政府权力集中在第一执政手中。

元老院由40岁以上的80名成员组成，他们不可撤换并且终身任职。"元老院就全国名单中选任立法院议员、保民院议员、总裁、大理院法官和会计专员。""保民院由25岁以上的100名成员组成；每年改选五分之一，凡在全国名单中保存有备选资格者，连选得连任。""立法院由30岁以内的300名成员组成；立法院成员每年改选五分之一。""共和国各郡在立法院经常至少应有代表1人。"

执政府时期各级法官不再由人民选举产生，而由第一执政从各级显贵中委任。各区设治安法官，大区设初级和轻罪法庭，各省设刑事法庭。全国设29个上诉法庭，巴黎设最高法院，法官为终身职。政

[①] 〔法〕瑟诺博斯著，沈炼之译：《法国史》（下册），商务印书馆1972年版，第410页。
[②] 《法兰西共和国8年宪法》，载法学教材编辑部《外国法制史》编写组主编：《外国法制史资料选编》（下册），北京大学出版社1982年版，第595—596页。

府在每个法院派一名专员监督法官。[1]

执政府时期法国地方行政继续保留了省、大区、市镇诸级行政单位，但官员由人民选举的制度被取消，地方参议会和行政长官由政府任命。各级行政权集中在中央政府任命的官员如省长、市长之手。在省内，行政权和警察权归省长掌握；在区内归区长掌握，在大城市则由市长掌握，废除了革命前存在的地方自治制度，各级参议会只是对地方财政事务有咨议权。

随着法国国家权力中行政权的扩大，立法机构形同虚设。1807年，保民院被废除，立法院的权力越来越小。1807年，对法官进行了清洗。1810年，对司法行政机构进行了改组，陪审官从省长推荐的60人中遴选。[2] 拿破仑称帝以后，大量创设和授封贵族，建立了等级森严的朝廷席次，并大量委派出身旧贵族的显贵担任省长等重要官职。

资产阶级革命的目的，一方面是建立资产阶级的政治权力，另一方面是建立用来保障资产阶级私有财产权的所有权制度的经济自由制度。

1793年3月13日，韦尼奥说道："社会人的平等只不过是法律上的平等，它既不是财产的平等，更不是身材、力量、思想、活动技艺与劳力上的平等。"1794年9月8日，下特朗省议员洛佐向国民公会做了题为"要使全体法国人都变成地产主在物质上是不可能的，以及这种变化将会带来的有害后果"的报告。1795年6月23日，布瓦西·当格拉在讨论宪法草案时明确地说："总之，你们必须保护富人的财产……一个明智的人所能要求的，仅是公民的平等权利……绝

---

[1] 张芝联主编：《法国通史》，北京大学出版社1988年版，第213—215页。〔法〕瑟诺博斯著，沈炼之译：《法国史》（下册），商务印书馆1972年版，第415—418页。

[2] 张芝联主编：《法国通史》，北京大学出版社1988年版，第226页。

对平等只是幻想，若要实现平等，必须要在思想、道德、体力、教育和财产方面人人都能完全平等。"当时，私有财产权被资产阶级认为是非我莫属的。[1] 法国大革命后期，资产阶级显贵的地位得到恢复，国家和财产的概念得到重申。在拿破仑帝国时期，制定了《法国民法典》（1803—1804年）和《法国刑法典》（1810年），它们是为资本主义制度奠定基础的法律文件，是日后资本主义各国立法的蓝本。《民法典》称："所有权是对于物有绝对无限制的使用、收益及处分的权利。""任何人不得被强制出让其所有权。"[2]《民法典》确定了绝对的私有财产权。

第三节 19世纪的国家制度

1. 复辟时期和七月王朝

拿破仑帝国被颠覆后到1848年二月革命，法国在政治上处于倒退时期。从复辟时期到退位，政治体制是二元君主制，国王的权力扩大。而1830年七月革命建立的奥尔良王朝则扩大了议会两院的权力，限制了国王和天主教的权力。这个时期在机构设置上没有根本性变化，但权力重心发生了偏移和复归。七月王朝是一个资产阶级王朝，在君主制外衣下实行内阁制。

1814年5月2日，路易十八在回到巴黎之前于圣杜安发表声明，宣布他要给法国一部宪法。6月4日，他颁布了他允诺的宪法，即所

---

[1] 〔法〕阿尔贝·索布尔著，马胜利、高毅、王庭荣译，张芝联校：《法国大革命史》，北京师范大学出版社2015年版，第317—318页。
[2] 《法国民法典》第544条、545条，载法学教材编辑部《外国法制史》编写组主编：《外国法制史资料选编》（下册），北京大学出版社1982年版，第600页。

谓宪章，把此宪章作为不得已的让步。根据宪章，法国建立了君主立宪制，立法权由国王与两院（上议院和下议院）组成的议会共同行使，赋税和法律由两院表决，各部大臣对议会负责。宪法的这个部分不过是欺骗法国资产阶级而已，议会实际上并不限制国王的权力，因为虽然下议院议员在各郡选出，但上议院议员却是由国王任命的，而且数量没有限制；批准和颁布之权属于国王，通过何种法律自然由国王决定。关于行政权，宪法第四条写道："行政权只属于国王。国王是国家的最高元首，他统帅陆海军，宣布战争，缔结和约、盟约和通商条约，任命一切国家行政机关职位，颁布执行法律和维护国家安全的条例和敕令。"①

宪章指出，次年将拟订选举下院议员的选举法，目前实行临时选举法。宪章为议员候选人规定了很高的财产资格，候选人每年缴纳的直接税应不少于1000法郎，年龄资格为40岁以上。选民每年要付300法郎直接税，年龄应在30岁以上。议员的任期为5年，每年要更换20%的议员。由于规定了很高的财产资格限制，所以在3000万法国人中有被选举权的不到16000人，获得选举权的约为9万人。结果不仅无产阶级和农民，很大一部分资产阶级也被剥夺了选举权。小资产阶级和知识分子对宪章极为不满。

1815年10月7日，新选出的议会召开，在402个议席中极端派王党获得了350席。议会要求国王毫不留情地惩办波旁王朝的敌人，它希望"宗教比法律更有力量"，这意味着让反动僧侣自由行动。议会还表示只信任"手脚干净"的人即纯粹的君主派管理国家。议会的

---

① 〔苏联〕罗琴斯卡娅著，刘立勋译：《法国史纲：十七世纪—十九世纪》，生活·读书·新知三联书店1962年版，第178—179页。

要求得到路易十八的欣然同意，他赞誉这届议会是"无双议会"。

1815年12月，议会颁布了关于政治犯特别法庭的法令。这种法庭按照军事法庭的形式组成，剥夺被告的上诉权，使被告不可能获得赦免，并在24小时之内做出判决。王党在各地杀死拿破仑的信徒和倒向拿破仑的军官，如内伊元帅和将军弗什兄弟。与特别法庭的法令一同颁布的还有《煽动造反者惩治法》，对政府政策稍有不满者将被指控唆使暴动并被判处监禁。复辟反动造成了城乡的恐怖。由于工人逃亡，里昂的机器开动的数量在3个月内从28000台减少到7000台。

极端王党的倒行逆施引起了国内外的担心和不满，在国内和国际的压力下，路易十八在1816年9月5日不得不解散"无双议会"。

1818年12月30日，组成了以德索尔将军为首的新内阁，不久，德索尔为德卡兹所接替，这届内阁工作到1820年2月。德卡兹属于立宪派王党，他认为应当做出若干让步以平息舆论。德卡兹撤销了"与自由不相容"的警务部。以后，关于出版问题的违法行为均由陪审法庭审理，而不像在"无双议会"时期那样由警察法庭审理，书刊检查以及出版报纸必须事先得到允许的规定被废除。德卡兹政府规定，财政部应该时时向议会报告收入、国债和地方金库的情况。在这几年中，每年改选五分之一议员，议会中左派议员增加了。1817年，左派议员只有25人，1818年增至45人，1819年增至90人。[①]

1820年2月，贝里公爵被刺后反动势力加强，德卡兹内阁垮台，政治倒退到"无双议会"时期。新选举法实行两级选举，选举权完全交由土地贵族和金融贵族支配，3000万法国人口中只有12000人

---

① 〔苏联〕罗琴斯卡娅著，刘立勋译：《法国史纲：十七世纪—十九世纪》，生活·读书·新知三联书店1962年版，第192页。

左右有选举权。极端派王党在新议员选举中获得220个议席中的198席。1821年,组成了以威列里为首的极端派王党政府,它用立法消灭了出版自由的最后残余,由专横的感化警察法庭来审理出版违规和违法行为。[1]

1824年,查理十世即位后,宫廷公开采取反动的政治方针。1824年颁布的法令规定教会在国民教育和文化方面有无限制的统治权,同时取缔和烧掉"有害的"书籍。1825年颁布的《赔偿亡命者十亿法郎的法令》规定,所有以前的土地所有者都能得到赔偿,其数额比1790年他们被没收的土地收益大19倍。为了取得向地主赔偿的十亿法郎,政府宣布将百分之五的公债利息改为百分之三,严重危及资产阶级的利益。1826年颁布的出版物法令,把所有的报刊置于严厉的检查和司法追究之下。后来,在1830年3月2日召开的议会常会上,查理十世决定杜绝任何反对派的活动。他在议会开幕词中说:"如果罪恶的阴谋为我的政府的前途设下障碍的话,我将从我维持社会安宁的决心中获得克服它们的力量。"国王的致辞引起议员的反抗,221名议员中有181名签署了表示反对的答词。5月16日,国王查理十世宣布解散议会。在新选出的议会中,428名议员只有145名站在内阁一边。[2]

1830年7月26日,发布了查理十世的七月敕令,宣布刚刚举行的议会选举无效;规定出版定期报刊须事先获得准许,同时实行新的选举法。根据新选举法,只给大土地所有者选举权,这使得选民减少

---

[1] 〔苏联〕罗琴斯卡娅著,刘立勋译:《法国史纲:十七世纪—十九世纪》,生活·读书·新知三联书店1962年版,第194页。

[2] 〔苏联〕罗琴斯卡娅著,刘立勋译:《法国史纲:十七世纪—十九世纪》,生活·读书·新知三联书店1962年版,第209页。

了75%，全部工商业资产阶级都丧失了选举权。下院人数从430名减少到258名，失去了立法权。①

被解散的下议院议员聚集起来，和《国民报》的反对派记者建立了联系。这时，政府封闭了印刷所。7月27日，工人发动了起义。29日，起义者攻占了卢浮宫。1830年发生的革命是一次资产阶级革命，这次革命是工人阶级发动的，但是起义成果被资产阶级窃取了，金融大资产阶级推拥的奥尔良公爵路易·菲利普出任国王，建立了七月王朝。

七月王朝在1830年8月14日发布宪章。新宪章不再使用《1814年宪章》关于"钦定"宪法的内容，资产阶级把新宪章看作自己和国王订立的契约。法国仍然保存世袭的君主制，但今后国王是行政权的首脑，而不是立法权的首脑。宪章的十四条规定国王不能废除法律，也不能使法律暂时停止生效。立法创议权归议会所有，上院议员的议席不再世袭，而是像下院议员那样由选举产生。两院会议可以旁听，下院议员的任期由7年改为5年。选民的年龄资格为25岁，被选举人的资格是年满30岁；每年缴纳200法郎捐税的人享有选举权，每年缴纳500法郎以上捐税的人享有被选举权。这样，选民人数增加了30%。②

1817年以后，法国民众大选的参与率较之大革命时期已有很大的进步。1831年大选的参与率为75.7%，1834年6月大选参与率为75.4%，1837年11月大选的参与率为76.3%，1839年3月大选的参与率为81.6%，1842年7月大选的参与率为79.1%，1846年8月大

---

① 〔苏联〕罗琴斯卡娅著，刘立勋译：《法国史纲：十七世纪—十九世纪》，生活·读书·新知三联书店1962年版，第211页。
② 〔苏联〕罗琴斯卡娅著，刘立勋译：《法国史纲：十七世纪—十九世纪》，生活·读书·新知三联书店1962年版，第226页。

选的参与率为82.9%。选民总数也逐渐扩大，1831年时登记的选民为165583人，1846年时登记的选民为240983人。在1817年和1818年的选举中，大约有三分之一的选民没有投票，有的省份弃权选民的人数接近选民总数的50%。

由于七月王朝的阶级基础非常薄弱，占资产阶级很小一部分的金融家掌握了政权，代表工商业资产阶级的资产阶级共和派发起了和平的宴会运动。由于政府在2月21日禁止宴会，资产阶级和工人阶级结成联盟，发动了1848年的二月革命。革命发生后转变成为武装起义和街垒战，路易·菲利普被迫退位，逃往英国。

2. 第二共和国

1848年2月25日，法国诞生了第二共和国。革命中诞生的市政府由7名《国民报》派共和党人、2名《改良报》派小资产阶级民主主义者和2名小资产阶级社会主义者组成。国家领导机构在制宪议会召开前为临时政府。它包括主席、外交部长、司法部长、公共工程部长、海军部长、财政部长、不管部长、内政部长、外贸部长、公共教育部长和陆军部长。1848年5月4日，制宪议会开幕，选出了5人组成的执行委员会。执行委员会中没有社会主义者，也没有工人代表，4名成员都是资产阶级共和派右翼，还有1名小资产阶级共和主义者赖得律·洛兰。1848年5月10日，制宪会议解散了临时政府，建立了相当于内阁的执行委员会作为国家首脑机构。临时政府以下设各部。[①] 由于工人抗议波兰革命的示威被镇压和政府解散卢森堡委员

[①] 沈炼之主编：《法国通史简编》，人民出版社1990年版，第294—300页。〔苏联〕罗琴斯卡娅著，刘立勋译：《法国史纲：十七世纪—十九世纪》，生活·读书·新知三联书店1962年版，第263—266页。

会、关闭国家工场,巴黎无产阶级发动了6月23日到26日的六月起义,但起义被卡芬雅克率领的军队镇压。

1848年1月12日,颁布了第二共和国宪法。宪法规定,立法权授予3年一次由人民投票选出的立法议会,新政权授予4年一次选出的总统。宪法赋予总统全部权力,他可以不通过立法议会任免各部部长,可以分配一切高级职位。宪法宣布了言论、集会、结社等民主自由,但规定这些自由不得破坏治安。1848年12月10日,进行了大选,资产阶级共和派的候选人卡芬雅克败北,君主派候选人拿破仑·波拿巴的侄儿路易·波拿巴获得了700万选民中560万选民的选票,当选为总统。

3. 第二帝国

1851年12月2日,路易·波拿巴发动政变,于1852年12月2日建立了法兰西第二帝国。波拿巴为法国皇帝,称拿破仑三世。

第二帝国时期法国议会设三院,这就是参议院、国务会议和立法院。它们均参与立法事务,但其职权不同。参议院议员由皇帝任命,为终身职,被任命为参议员的通常有红衣主教、元帅、海军将领、皇室成员等,参议员人数在60—150人之间,它的主席和副主席均由皇帝任命。参议院有责任维护基本的公共自由,它有职责反对颁布与宪法、宗教、道德、个人自由、市民的法律平等地位、不可动摇的财产权原则相抵触的法律和危及国防的法律与行政决定,但参议院不参加法律的制定。①

---

① Alain Plessis, *The Rise and Fall of the Second Empire 1852-1871*, Cambridge U.P., 1987, pp.18-19.

国务会议由40—50名世俗人士组成，所有的大臣都是其成员，皇帝可以随时撤换其成员；皇帝可以出席国务会议并担任其主席，在自己不到场时可以指定一位主席。这个机构是从拿破仑一世时代沿袭下来的。它负责起草法律，并在立法院讨论法律时为法律辩护。所有政府的决定都必须通过国务会议。根据法国的立法程序，法案首先由国务会议的一个部门起草，在国务会议全体会议上通过而成为政府的提案，提交立法团。由立法团任命7人委员会对法案起草一个报告，然后让国务会议审查，再交回立法团讨论，由参议院对其是否合乎宪法进行裁决后，经国家元首即皇帝认可，签署颁布。[①]

立法团由普选产生，共有270人左右，由皇帝在其成员中任命主席和副主席，法案和征税案需由它通过。但1852年12月参议院决定，关税和公共工程事务不受它控制，立法团的权力有限。

第二帝国总统的权力很大。1852年1月14日制定的宪法规定，总统为国家元首，他具有法律的动议权和批准权，以共和国大总统的名义行使司法权。宪法还宣布把"法兰西共和国政府托付给共和国现任大总统路易-拿破仑·波拿巴亲王"[②]。这实际上宣布总统拥有行政权。1852年12月路易·波拿巴称帝后，12月25日元老院决议授权皇帝缔结关于关税的条约，并把建筑铁路、国家岁入和支出等事务完全交给皇帝办理，无须制定法律。[③]

---

① Alain Plessis, *The Rise and Fall of the Second Empire 1852-1871*, Cambridge U.P., 1987, pp.19-20.
② 法学教材编辑部《外国法制史》编写组主编：《外国法制史资料选编》（下册），北京大学出版社1982年版，第620—621页。
③ Alain Plessis, *The Rise and Fall of the Second Empire 1852-1871*, Cambridge U.P., 1987, p.17.

第二帝国不实行责任内阁制，政府由皇帝及大臣组成，所有大臣均由皇帝任命并从属于皇帝。他们并没有构成一个内阁，而只是一批由皇帝随心所欲指定的官吏，和议会没有任何联系，大臣不得兼任立法团成员，不得出席立法团会议，甚至不准在那里为自己提出的法案辩护。在这一制度中，立法权和行政权被严格地分开。[1]这种制度规定的目的是严防大臣妨碍皇帝意志的实施。

第二帝国的地方机构纯粹是中央各机构的摹写。每一级地方行政组织都设立一个负责执行政策的官员，并有一个起咨询作用的委员会辅佐。在省一级设"总委员会"，以下设行政区委员会、市和县的市政委员会。第二帝国把市长这个官职由选举产生改为由文官担任，甚至可以在该城的市政委员会之外择人任命。[2]省长、副省长、市长由内政大臣根据皇帝的旨意任免，他们对皇帝负责。[3]

第二帝国是法国近代官僚机构发展的顶点。这一套机构极为庞大。中央政府和地方政府的官员1851年有477000人，1866年上升到628000人，到第二帝国末年上升到700000人。这个数字还不包括教会人士和由国家支付薪金的人员。[4]

法国资产阶级害怕爆发新的革命，所以他们尽力建立一种不完整的、不发达的、但却是危险性较小的资产阶级政治统治形式，这种统

---

[1] 沈炼之主编：《法国通史简编》，人民出版社1990年版，第322页。Alain Plessis, *The Rise and Fall of the Second Empire 1852-1871*, Cambridge U.P., 1987, p.18.

[2] Alain Plessis, *The Rise and Fall of the Second Empire 1852-1871*, Cambridge U.P., 1987, p.44.

[3] 沈炼之主编：《法国通史简编》，人民出版社1990年版，第322页。Alain Plessis, *The Rise and Fall of the Second Empire 1852-1871*, Cambridge U.P., 1987, p.18.

[4] Alain Plessis, *The Rise and Fall of the Second Empire 1852-1871*, Cambridge U.P., 1987, p.42.

治形式就是帝国。第二帝国的社会基础是农民和大资产阶级，而警察和天主教会则是资产阶级统治的重要工具。

在第二帝国的国家结构中保留了不少贵族分子。第二帝国的参议院中有大量的波拿巴分子，此外还有相当数量的前帝国官员。1852年，在参议院中有 20 名前议员和 12 名七月王朝授封的贵族。到 1856 年，在参议院中，七月王朝授封的贵族增加到 46 人。①

第二帝国的国务会议的成员中有五分之四是法学家。他们通常出身于上流社会，但也有不少属于中等资产阶级，包括律师、检察官、公证人和医生，即由接近政治社会又受过教育的知识分子组成。他们通常和官僚们如外交官、法官、省长等有家族的纽带。②

第二帝国依靠两支力量来保护自己，一是试图恢复七月王朝的奥尔良派，一是资产阶级文官。③法国的将领委员会中贵族占的比例 1840 年为 17%，1848 年革命后为 21.5%，到 1870 年时增加到 27.6%。这些资料表明，贵族在大革命和复辟以后并没有停止活动，而且一度在政治上还占有重要的地位。1869 年时，贵族占将军的 45%，占国务会议官员的 34%，占立法团的 34.5%，占上校和少校的 32%。④在 1902 年的议会中，富有的银行家、公司经理和土地所有者占有 160 席，高级文官占 52 席，中等阶级和自由职业者占 252 席。⑤

---

① Alain Plessis, *The Rise and Fall of the Second Empire 1852-1871*, Cambridge U.P., 1987, p.74.
② Alain Plessis, *The Rise and Fall of the Second Empire 1852-1871*, Cambridge U.P., 1987, p.35.
③ Alain Plessis, *The Rise and Fall of the Second Empire 1852-1871*, Cambridge U.P., 1987, pp.36-37.
④ Theodore Zeldin, *France 1848-1945*, Oxford U.P., 1973, Vol.1, p.542.
⑤ Theodore Zeldin, *France 1848-1945*, Oxford U.P., 1973, Vol.1, p.577.

4. 巴黎公社

1871年3月18日到5月29日，在普法战争中法国战败、国内出现政治危机的背景下，巴黎的国民自卫军和工人阶级发动起义，夺取国家政权，建立了存在时期短暂的巴黎公社政权机构。纵然至今在法国关于巴黎公社的史学中，存在着关于巴黎公社的性质究竟是全国的无产阶级政权还是巴黎这个城市的革命政权的争论，但这样一个政权机构的特点及其性质仍然是值得注意的，因为巴黎公社是十月革命之前各国工人阶级唯一的一次夺取政权的成功尝试。

用工人自己的民众武装代替资产阶级国家的常备军是马克思肯定的巴黎公社的经验。但事实证明，这样一种武装组织无法有力地抵御外国敌人的入侵和国内敌对阶级的武装叛乱或反抗，以后的国家制度史，甚至从十月革命到苏联和东欧的社会主义国家，也都没有采纳这种经验，更没有取得成功的经验。

用民选的、随时可以撤换的委员会代替政府的有固定官员和常设文官支持的政府部门，被马克思推崇为工人阶级革命政府的理想模式，事实证明，这种政府组织形式不过是幼稚的、不成熟的。巴黎公社仅仅维持了72天，最终在资产阶级政府军队的武装镇压下失败。

5. 第三共和国和1875年宪法

1875年建立的法兰西第三共和国在法国最终废除了君主制度，开始了法国历史上共和制长期占据主导地位的时期。

法兰西第三共和国的机构主要由议会、总统、内阁三部分组成。

第三共和国的议会由参议院和众议院两部分组成。参议院设议席300个，其中75个由制宪议会选出，终身任职，其余225个由各省和殖民地通过间接选举产生，任期9年。出任参议院的大都是担任过内阁总理、部长、省市长和议员的官僚政客。参议院除与众议院共同拥有立法权外,还掌握最高司法权,有权组织审理关于总统和内阁成员弹劾案件的最高法庭,以及审理"危害国家安全罪"案件。众议院议员由成年男公民直接选举产生,议员任期4年,妇女、军人、殖民地本地居民以及在当地居住不满半年的人均不享有选举权。参众两院均有立法权和行政监督权,但关于财政的案件必须首先交众议院进行表决。众议院议员还拥有弹劾总统的权力。

总统是国家元首,它由议会两院联席会议以秘密投票的方式选出,任期7年,可以连选连任。[1]总统与参众两院议员共同拥有法律创议权,但关于财政的法案应首先在众议院提出并通过。[2]两院每年至少应当开会5个月,总统有权延迟两院会议,但延迟时间不得超过1个月。

总统统帅武装部队,有权任命文武官员、高级官吏,有权批准条约、宣布大赦,有权提前解散众议院或延期8个月召开议会,对议会提出的议案有1个月的延搁权。但是总统的权力必须通过内阁才能行使,总统的法令需要有关部长副署。总统犯叛国罪时,高等法院可以追究总统的责任。

1875年宪法规定,法国实行责任内阁制,各部部长就政府的一般政策对议会两院负连带责任。法国实行多党制,内阁由议会多数党组成。组阁的方式是由新总理提出内阁名单,以总统的名义任命。[3]

---

[1] 《第三共和国宪法》,载法学教材编辑部《外国法制史》编写组主编:《外国法制史资料选编》(下册),北京大学出版社1982年版,第634页。

[2] 法学教材编辑部《外国法制史》编写组主编:《外国法制史资料选编》(下册),北京大学出版社1982年版,第635页。

[3] 法学教材编辑部《外国法制史》编写组主编:《外国法制史资料选编》(下册),北京大学出版社1982年版,第634—636页。

法国国民议会在起草1875年宪法时曾试图保留重建君主制的可能性。因此，这些文件没有对"君主制还是共和制"这个问题做出明确的决断。1875年宪法是一部"带有君主制期待的宪法"。采取共和制的决定是后来才做出的，它部分地体现在作为1875年2月25日宪法第三章第八条的补充的1884年8月14日的法律条文中。该条文规定，共和政体不得成为修宪法案的议题。①

法国政治实行的是多党制。法兰西第三共和国的多党制中共和党软弱无力，导致了法国政治的不稳定。19世纪后半叶法国的各政党，在1848—1849年资产阶级革命中已初具雏形，沿袭而来。法国19世纪后半叶政治舞台上主要有三个政党。保王党即君主派分作三支，正统派是波旁王朝的拥护者，奥尔良派是七月王朝的拥护者，波拿巴派是路易·波拿巴的支持者。保王党的代表人物有尚博尔伯爵、麦克马洪元帅、维努亚、梯也尔、德-布洛伊尔。保王派中还有一支教权主义者，他们主张将世俗政权交给教皇。资产阶级共和派又分为两支，右翼共和派以茹尔-费利、茹尔-西蒙、茹尔-法夫尔为首，左翼共和派以甘必大为首，共和派的极"左"派以民族主义者和复仇主义者克列蒙梭为首。社会主义政党代表了工人阶级。在70年代到80年代末，共和派代表在众议院和参议院中还占据相对多数。1876年，共和派在众议院取得550席中的362席；1879年，共和派在参议院中取得174席中的126席。但到了80年代末，共和派发生分裂，分裂成温和共和派和激进派，而右派则联合起来。1885年，右派在众议院取得202席，而温和共和派只有200席，激进派只有180席。这样右派的力量就超过了分裂的共和派中任何一派，造成共和制不稳。

---

① 〔德〕卡尔·施密特著，刘锋译：《宪法学说》，上海人民出版社2016年版，第57页。

法国共和国制度不稳，表现在第三共和国时期内阁更迭频繁。从1876年到1917年11月的41年中，共更迭了31届内阁，每届内阁平均任期只有1年多一点，仅1910年11月到1914年就更换了8届内阁。较为进步的共和派也是政治腐败，丑闻百出，君主派、反民主势力和投机分子活动猖狂，他们利用人民对共和派腐败的不满，挑起了一系列事件。

一是布朗热事件。布朗热将军系冒险家，他利用人民对共和制的向往，装扮成共和派，到处笼络人心。1885年，费里总统下台，格列维出任总统。布朗热出任陆军部长后，在军队中清洗奥尔良派和保皇派军官，装扮成共和国的拥护者。他利用法国人民惧怕德国的心理和反德情绪，经常发表反德演说。1887年，希内贝莱事件发生后，布朗热检阅了掩护部队，因此名扬全国。他背地里则和保皇派、金融巨头、军队高级将领勾结，准备政变。在财政上，布朗热及其同伙受到金融贵族的支持。1887年，总统格列维的女婿、众议院议员威尔逊出售共和国荣誉军团勋章的丑闻传出，随后发现，其他议员和部长中也有此类行为，于是公众舆论迫使格列维辞职。布朗热擅自乘机发表煽动性的演说，因而被解除陆军部长职务，被强迫退休。此后，布朗热丢掉共和党的假面具，在1889年众议员竞选中，提出了"解散议会、制定宪法、修改宪法、打倒贪污的共和国"的口号，进行复仇主义的宣传，支持布朗热的反动分子则想借布朗热之手，用暴力推翻共和国，最终共和派内政部长贡斯当迫使布朗热流亡国外。

二是1879年在巴黎成立的巴拿马运河公司募股后，1888年运河股份公司宣布破产。政府在舆论压力下进行了调查，证明有100余名议员受贿，但这一案件不了了之。

三是德雷福斯案件。1895年，在反犹情绪下，侦查机关指控总参谋部的犹太人德雷福斯上尉是出卖情报的人,将他判处终身监禁,以后查明此案为冤案。此事被披露后,全国掀起要求重新审理案件的浪潮,军队高级将领、教会人士和金融巨头则阻止为德雷福斯昭雪,斗争持续到1906年,德雷福斯才获特赦。阿伦特分析说:"德雷福斯事件的政治意义之所以能延续,是因为其中有两种因素在20世纪越来越重要。第一是对犹太人的仇恨,第二是对共和国本身、对议会、对国家机器的怀疑","一个以法律面前的平等为基础的政体,和一个以阶级制度的不平等为基础的社会之间的基本矛盾,阻碍了共和政体的功能的发展,也阻碍了新的政治层级的诞生"。[①]

这几个事件反映出19世纪末法国政治生活中共和制不稳。其根本原因是法国大工业基础落后,没有确立代表工业资产阶级利益的共和派在政治上的优势。

法国在20世纪对拿破仑主持制定的《民法典》进行了修改。将第17条至21条不做修改地全部废除,其中包括在外国担任公职和在外国军队中供职、在外国建立事业的法国人丧失法国人资格的规定,以及与外国人结婚的女子依从其夫的法律地位的规定。这些规定已经不能适应现代国与国之间建立的密切不可分割的政治经济联系,因此被废除。此外,颁布了限制所有权自由的法令。1919年12月和1938年6月的法律放弃了《民法典》中关于契约自由和契约绝对约束力的原则,国家对契约自由的限制和干涉加强了,规定契约双方中强大的一方可以通过法院废除契约或变更契约的条件。1928年,允许劳动契约的一方,通常是强大的一方废除契约,而契约当事人中比较弱

[①] 〔美〕汉娜·阿伦特著,林骧华译:《极权主义的起源》,生活·读书·新知三联书店2011年版,第143、145、148页。

小的一方不得不接受向他提出的契约的全部条件。在婚姻继承领域，1927年7月17日的法律规定，儿子婚姻不受父母的支配。1924年4月25日的法令承认非婚生子女享有与婚生子女相同的权利。1938年2月的法令规定子女享有完全的行为能力。1942年9月的法律废除了《民法典》中关于夫应当保护妻、妻应当顺从夫的夫权内容，代之以夫妻相互忠实、相互履行义务、夫妻财产资助的原则。

在刑法领域，20世纪的法国仍以1810年的《刑法典》为实行的刑法典。1970年曾提出过新的刑法典草案，但提出后没有得到重视。这个时期法国主要是通过单行刑事立法来加强刑法制度和刑事镇压。由于社会阶级矛盾的尖锐化，犯罪案件数量激增，面对高犯罪率，通常采取判处缓期执行的强制措施，并建立感化院，为犯人建立农业基地，规定"半自由"制度，犯人可以白天出来劳动学习，晚上返回监狱，并对累犯在刑满后实行10年刑事监管的制度。

20世纪法国的法院和警察组织都没有什么特别的变化。法院继续分成普通法院和行政法院两个系统，各自独立，自成体系。普通法院包括：由治安法院、警察法院、轻罪法院组成的基层法院；由上诉法院和巡回法院组成的中层法院；最高法院是最高审判机关。行政法院的组成人员不是法官而是行政官员，它的裁决主要不是依据《民法典》和《刑法典》，而是根据长期活动中形成的判例和一般法理原则。

第四节　20世纪的国家制度

1. 维希政府

1939年9月3日，法国和英国对德国宣战。1940年，德国开始闪电战，法国溃败，贝当政府停战，在6月25日签订了停战协定。

法国被划分为占领区和非占领区两部分，占领区把维希作为法国的临时首都。在维希召开的议会两院会议把国家全部权力授予共和国政府，并通过了一部法兰西新宪法。

统治维希政府的是法国一批反对议会制共和国的反动势力，政府组成人员复杂，以后政府则完全处于德国人控制下。[1]

初期支持维希政府的力量有三支，一支是温和派、激进党和社会党人中的机会主义者；一支是传统主义的右派势力，这部分人包括莫拉斯和"法兰西运动"组成的右派、天主教圣职人员、军人骨干和右派知识分子；一支是行政机构和私营机构的资产阶级。此外，还有各种反议会派。支持维希政府的还有农民。[2]在维希政府时期，法国国内的抵抗运动积极地展开了活动。

2. 第四共和国

战后法国国家内部的权力关系变动非常频繁，有时是议会地位至上，有时是行政权和行政官员占据统治地位，有时是国家充当了垄断资本的直接工具。法国国家采取较为极端的形式，因而导致政治动荡的幅率较大。这还与法国党派众多、党政斗争激烈的历史传统，以及第二次世界大战后法国重建的历史直接相关。

从1945年到1978年，法国的国家权力结构经过了几个主要变化阶段。第一阶段是法兰西第四共和国（1947—1959年）。这一阶段法国国家是一个典型的议会制国家，议会掌控着国家权力、决定一般政

---

[1] 〔法〕雅克·夏普萨尔、阿兰·朗斯洛著，全康译：《1940年以来法国的政治生活》，上海译文出版社1981年版，第45页。

[2] 〔法〕雅克·夏普萨尔、阿兰·朗斯洛著，全康译：《1940年以来法国的政治生活》，上海译文出版社1981年版，第37—39页。

策、制定法律和授权政府，它行使对行政机构的严格控制。[①]

1944年，法国从法西斯统治下解放出来，8月24日，戴高乐率领法军进入解放了的巴黎。资产阶级传统精英对法国的政治影响已经荡然无存，他们也失去了国家的保护，因为他们依靠的政府不再存在。当时一个武装起来的左派似乎就要挺身而出了，但是在这个时候，戴高乐在战争期间的表现使他成为法国政府的领袖。戴高乐的意图并不只是解放法国，他还要防止解放后的法国具有革命性质，特别是要防止左派尤其是共产党人在政治上占据领导地位。戴高乐的谋略取得了成功。当时法国共产党人政治意识薄弱，没有国家权力观念。他们热心于解放后的法国的经济和社会改革，但却没有去发动一场轻易便可以取得政权的革命。1944年9月，戴高乐改组了法兰西共和国临时政府，吸收共产党、社会党、激进社会党参加内阁。1944年9月9日，戴高乐在重建的临时政府中给予共产党人两个较低的职位，一个是航空大臣，一个是公共卫生大臣。临时政府中还包括四个社会党的成员，政府由戴高乐将军本人控制。戴高乐在经济和社会领域中选择了传统的而不是激进的政策。[②] 法国共产党人在资产阶级的政治地位缺乏优势而且还很不巩固的情势下，放弃了夺取政权的机会，把政权拱手让给了资产阶级。

1945年9月，法国全民公决，摈弃了第三共和国。1945年10月制宪议会通过新宪法，宣告第四共和国（1945年9月—1957年10月）正式建立。该宪法确立两院议会制，对共和国总统的权力作了严格的限制。

---

① Richard Scase, ed., *The State in Western Europe*, London, 1980, p.97.
② 〔英〕拉尔夫·密里本德著，沈汉等译：《资本主义社会的国家》，商务印书馆1997年版，第118—119页。

1945年10月，法国公民投票反对恢复第三共和国。接着举行立宪会议选举，法国共产党获得500多万张选票，占有152个议席，成为第一大党。社会党获得142席，皮杜尔的人民共和党获得138席。11月戴高乐被议会选举为临时政府总理，组成新的临时政府。法国共产党在临时政府改组中要求获得外交、国防和内政三个重要部中任何一个部长的职位，遭到戴高乐的拒绝。在新政府中多列士任国务部长，另外四名法国共产党党员担任国民经济、工业生产、劳工和军备部长职务。临时政府审判和惩办了法奸，维希政府首脑贝当和14000名维希官员受到惩办。

　　新议会推选戴高乐为法兰西共和国临时政府主席，但在制宪中，他反对多党制政治，主张法国建立超党派的总统制共和国。

　　1946年法国制定了一部新宪法，规定了第四共和国的国家制度。第四共和国仍然采用两院制的议会制度，总统由两院（国民议会和参议院）联合选出，任期7年，不掌握实权。法国实行多党制，政府必须严格对议会多数派负责。这部宪法是在共产党组织的抵抗运动把法国从法西斯占领者手中解放出来，共产党的力量在国内政治生活中的作用大大增加的背景下制定的。这部宪法贯彻了资产阶级民主精神，重申了1789年《人和公民的权利宣言》中关于公民的自由和权利的各项规定，确认了组织工会和童工的权利、世俗教育的原则、劳动权、男女平等、禁止以出身和宗教信仰为理由对人进行歧视，实行社会保障、实行民主选举制度。①

---

① 〔苏联〕康·格·费多罗夫著，叶长良、曾宪义译：《外国国家和法律制度史》，中国人民大学出版社1985年版，第400—401页。〔法〕雅克·夏普萨尔、阿兰·朗斯洛著，全康康译：《1940年以来法国的政治生活》，上海译文出版社1981年版，第127—128页。

1946年宪法具有民主的特点，它确定以普选产生的议会为国家权力的中心。共和国总统不再拥有1875年宪法曾赋予总统的权力，但是，总统介入政府首脑（部长会议主席）以及最高司法委员会、最高国防委员会的任命，他拥有规章制定权，并决定最高级别的文职和军事官员的任命。

在第四共和国中，总理（即部长会议主席）是政权的真正负责人。宪法规定部长会议主席充当政府的首脑，作为行政权力的执掌者，以及可优先和议会对话者。宪法取消了国家元首自由挑选内阁总理的权力，共和国总统只能指定一位内阁总理候选人，而这位候选人是否能够获得授权，则得由国民议会决定。[①]

1947年1月，激进社会党人保罗·拉马迪埃组成包括5名共产党部长在内的联合政府。联合政府共有26名部长，其中共产党人占5名。[②] 1947年5月，总理以政府内部意见无法统一为由，解除了共产党人部长的职务，使得在"二战"后长期参政的共产党处于反对派的位置。[③]

3. 第五共和国

法国的国家权力结构变化的第二阶段是第五共和国。1958年5月13日，法国殖民地阿尔及利亚首都阿尔及尔发生暴乱，导致法

[①] 〔法〕乔治·杜比主编，吕一民等译：《法国史》（下卷），商务印书馆2010年版，第1495—1496页。
[②] 〔法〕雅克·夏普萨尔、阿兰·朗斯洛著，全康译：《1940年以来法国的政治生活》，上海译文出版社1981年版，第151页。
[③] 〔法〕乔治·杜比主编，吕一民等译：《法国史》（下卷），商务印书馆2010年版，第1498页。

国第四共和国政府解体。[①] 第四共和国解体，是议会权力过分膨胀而严重阻碍国家的行政权力所致。6月1日，夏尔·戴高乐出任政府总理，提出加强总统权力和行政权力的新宪法。9月28日，举行公民投票，新宪法以78.5%的票数通过，并于10月4日生效。自此，法兰西第五共和国取代第四共和国，法国由议会制过渡到事实上的总统制。1958年12月，夏尔·戴高乐经普选当选为第五共和国总统，1965年，他再次当选为总统，他共任总统11年。第五共和国通过把国家制度化的设置发展到顶点，加强了国家的自主权，而它的政治统治完全依赖行政机构。它通过取得文官的支持并依靠文官进行统治，职业政治家只是在权力很小的议会中有一席地位。1958年宪法确定了国家行政机构的地位居于各政党之上，政府由共和国选出的总统建立，而总统无须向议会负责。这样，国家似乎只包括行政机构。在戴高乐统治时期，行政机构具有压倒性的权力和权威，它从高级官员中补充其成员。这些人甚至都没有选入过议会，而不像第三共和国和第四共和国那时部长都是议员。许多文官都是国家行政学院的毕业生，这个学院是戴高乐和德勃雷在战后创立的。文官依靠与政治权利的某种纽带取代了西方某些国家政党的功能作用。[②]

而随着戴高乐主义的结束，乔治·蓬皮杜任总统后，特别是在德斯坦时期，法国的国家权力结构变化进入了战后的第三个阶段。由于国内党派的激烈斗争，左、右两翼激烈分化，政治和行政权逐渐放弃了独立的权力要求，工商业资产阶级开始直接影响政府，大企业家和

---

① 〔法〕雅克·夏普萨尔、阿兰·朗斯洛著，全康康译：《1940年以来法国的政治生活》，上海译文出版社1981年版，第308—309页。
② Richard Scase, ed., *The State in Western Europe*, London, 1980, pp. 98-101.

银行家成为国家高级官职的直接控制者。①

1986年以前，法国总统由普选产生，任期7年，总统是政府首脑。总统的权力与其说是源于宪法赋予他的特权，倒不如说是来自强大的议会多数派的支持。80年代初曾有法国政治学家预言，一旦总统失去了议会多数的支持，总统制就会变成议会制。莫里斯·迪韦尔热预言法兰西第五共和国将形成总统制与议会制交替出现的模式，以后政治实际情况证实了他的预言。

1986年，戴高乐派配合共和派在议会选举中获胜，雅克·希拉克出任总理。密特朗除了自己管辖某些涉及外交关系和国防的国家事务，只能听任希拉克成为法国的行政首长。

同样的情况发生在1993—1995年，戴高乐派的总理爱德华·巴拉迪尔取代密特朗总统成为实际的政府首脑。以后，社会党总理利奥内尔·若斯潘开创了为期5年的第三个议会制阶段（1997—2002年）。②

---

① Richard Scase, ed., *The State in Western Europe*, London, 1980, pp. 98-101.
② 〔美〕阿伦·利普哈特著，陈崎译：《民主的模式：36个国家的政府和政府绩效》，上海人民出版社2017年版，第92页。

第九章　军事封建国家：德国

在欧洲大多数国家，政治统一体都是在君主专制时期建立的。但是，在德国，中世纪政治分崩离析的状况一直延续到德意志帝国末年。

1807年签订的《提尔希特和约》对普鲁士来说是一个耻辱的和约，它迫使普鲁士君主国进行一些改革。普鲁士国王威廉三世发布的《普鲁士改革敕令》称："朕已考虑到，由于面临普遍的匮乏，朕所任意处置的资财当不足以援助每一个人，而且即令是够的，亦难达到朕之目的；加之按照不容异议的正义的要求以及明智的经济政策的原则，朕理应扫除迄今阻止个人获得其所能达到之繁荣景况的每一项障碍。""朕各邦的任何居民都有占有或抵押任何种类的土地财产之法定资格，而不受邦方面的任何限制。""此后任何贵族均得从事于市民职业而无损其身份地位，而任何市民或农民亦得由市民转为农民或由农民转为市民。""从本令之日起不得以家庭出身或婚姻，或以承担农奴地位，抑或以契约创设新的农奴制关系。""因本令之公布，那些由继承，或由其自身权利，或由永佃，或由公簿持有而占有其农地的农奴及其妻儿的各种现有农奴制关系和一切相互的权利义务，均应完全停止。""从1810年圣马丁节起在朕全部领土范围之一切农奴制均应停止。"[①]

[①] 《普鲁士改革敕令》，载法学教材编辑部《外国法制史》编写组主编：《外国法制史资料选编》（下册），北京大学出版社1982年版，第652—653页。

这样，在政治和经济危机的背景下，普鲁士废除了农奴制。

普鲁士的绝对主义国家在威廉二世统治时期（1786—1797 年）已经停止了发展，在韦尔德（1741—1803 年）和维尔纳（1732—1800 年）任首相时期，国家由于害怕革命而走向了反动。这时，在国家机构中形成了一支年轻的改革力量。在威廉三世（1797—1840 年）的领导下他们早在 1806 年以前就计划和领导改革，而 1806 年的失败触发了这场具有深远意义的改革。这场改革是在委任卡尔·施泰因管理国内所有事务之后由施泰因推行的，并为哈登堡首相所继续。施泰因—哈登堡改革的基本思想是，在重新组织国家的同时，还要使国王的臣民成为国家的公民，让他们参与政治生活以激发他们的能量，同时赋予他们自由，使他们能够自我负责。改革试图通过由独裁管制向自由思想转变的方式来控制国家的危机，建立起人民对国家的认同，开发潜在的思想和经济资源。

第一节　德意志帝国的邦国和莱茵联盟

此时，在德意志神圣罗马帝国的版图上诞生了一批新的政治单位，如普鲁士、巴伐利亚、符登堡、萨克森等邦国。在 18 世纪，德意志帝国整体上还只是含有杂质的复合体。[①] 黑格尔在 1802 年的《德意志宪法》一文中描述说："德意志国家体系不外是一切个别部分从整体抽象出来的权利的总和。"其宪法和法律的关键在于，它们"小心谨慎地不给国家留下任何权力"。普芬道夫解释说，这种结构类似于一种病态，就像一个怪胎一样。选帝侯是帝国最尊贵的、政治上最

---

① 〔德〕卡尔·施密特著，刘锋译：《宪法学说》，上海人民出版社 2016 年版，第 81 页。

强大的等级，每次新选立皇帝，它们都通过新的选举条款重申和扩大这些权利。

1806年7月12日，通过签署《莱茵联邦条约》，在法国保护下的16个邦国，包括列支敦士登、巴伐利亚、符登堡和巴登在内的莱茵河两岸的德意志南部、中西部邦国，脱离了神圣罗马帝国，建立了一个新的政治联合体——莱茵联邦。同时代大多数人认为，这是期待已久的发展结局。

莱茵联邦在法兰克福设两院制议会，法国皇帝拿破仑兼任莱茵联邦的最高元首，并且支配联邦的外交和军事。1806年8月6日，已自称奥地利皇帝的弗朗茨一世（即神圣罗马帝国的弗朗茨二世）被迫宣布放弃神圣罗马帝国皇帝的称号，神圣罗马帝国灭亡。在接下来的数年，又有23个邦国加入莱茵联邦，弗朗茨一世的哈布斯堡王朝只能够统治帝国剩下的领土奥地利。德意志地区内只有奥地利、普鲁士、丹麦控制的荷尔斯泰因和瑞典的波美拉尼亚地区未加入联邦，而且并入法国的莱茵河西岸和艾尔福特不算在内。根据条约，联邦平常由一个有宪法权力的组织管理，但联邦各邦国都拥有独立的主权。联邦又是一个军事同盟：各邦国有义务向其保护人拿破仑提供一定数量的军队助战。作为回报，这些邦国的统治者将被给予较高地位：巴登、黑森、克莱韦和伯尔升为大公国，而符登堡和巴伐利亚则升为王国。其他邦国亦可以通过与其他前神圣罗马帝国的邦国合并而得到扩展。

1806年普鲁士战败于法国后，很多中小德意志邦国都加入德意志联邦。1808年联邦达到最大的版图，包括3个王国、13个公国、17个侯国及汉堡、吕贝克和不莱梅3个汉萨同盟城市。

1810年，德意志西北部大片地区被迅速合并到法兰西第一帝国，以便监控对英国的禁运，令对英国的大陆封锁能够顺利推行。

莱茵联邦的成员包括：巴伐利亚王国；符登堡王国；美因茨选侯国（10年后为法兰克福大公国）；巴登大公国（前身为巴登选侯国）；贝格大公国；阿伦贝格公国（1811年并入法兰西帝国）；拿骚-乌辛根侯国（1806年8月30日与拿骚-魏尔堡合并为拿骚公国）；拿骚-魏尔堡侯国（1806年8月30日与拿骚-乌辛根合并为拿骚公国）；霍亨索伦-黑钦根侯国；霍亨索伦-西格马林根侯国；萨尔姆-萨尔姆侯国（1810年并入法兰西帝国）；萨尔姆-基尔堡侯国（1810年并入法兰西帝国）；伊森堡-比尔施泰因侯国；列支敦士登侯国；黑森-达姆施塔特领地伯国（1806年8月14日升格为黑森-达姆施塔特大公国）；莱延伯国（1806年7月12日升格为莱延侯国）。后来加入的成员：维尔茨堡大公国（1806年9月25日加入）；萨克森王国（1806年12月11日加入）；萨克森-魏玛-艾森纳赫公国（1806年12月15日加入）；萨克森-哥达-阿尔滕堡公国（1806年12月15日加入）；萨克森-迈宁根公国（1806年12月15日加入）；萨克森-希尔德堡豪森公国（1806年12月15日加入）；萨克森-科堡-萨费尔德公国（1806年12月15日加入）；安哈尔特-德绍公国（1806年12月15日加入）；安哈尔特-贝恩堡公国（1806年12月15日加入）；安哈尔特-科滕公国（1806年12月15日加入）；利珀-代特莫尔德侯国（1807年4月18日加入）；绍姆堡-利珀侯国（1807年4月18日加入）；罗伊斯-格莱茨侯国（1807年4月18日加入）；罗伊斯-施莱茨侯国（1807年4月18日加入）；罗伊斯-罗本施泰因侯国（1807年4月18日加入）；罗伊斯-埃贝尔斯多夫侯国（1807年4月18日加入）；施瓦茨堡-鲁多尔施塔特侯国（1807年4月18日加入）；施瓦茨堡-宗德斯豪森侯国（1807年4月18日加入）；瓦尔德克侯国（1807年4月18日加入）；威斯特法伦王国（1807年12月7日加入）；

梅克伦堡-施特雷利茨公国（1808年2月10日加入）；梅克伦堡-什未林公国（1808年3月22日加入）；奥尔登堡公国（1808年10月14日加入，1810年12月13日并入法兰西第一帝国）。

1813年10月中旬，拿破仑在莱比锡战役中被打败，撤退到莱茵河西岸，失去保护的联盟各邦国为了自身的利益，很快就倒向了反法同盟一方。10月31日，联盟正式解体。在莱茵联盟解散之后、德意志联邦成立之前，唯一一个尝试联结德意志地区各邦国的政治团体是一个叫"中央行政议会"的组织，主席是海因里希·弗里德里希·卡尔·冯·施泰因帝国男爵（1757—1831年）。1815年6月20日，这个行政议会被解散。

1814年5月30日，《巴黎和约》确立各德意志邦国的独立性。1815年，维也纳会议重画了欧洲大陆的政治地图，但是其实德意志地区内的众邦国的边界只有些微的改动，而后来成立的德意志联邦囊括了大部分前莱茵联盟的邦国。

19世纪初，德意志各邦的立宪机构处于从等级制向代议制过渡的阶段。梅特涅的谋臣弗里德昂·冯·根兹用"等级君主制"的概念取代"代议制"的概念。但是1818—1819年间，在德国资本主义关系较为发达的地区，如巴伐利亚、符登堡和巴登，均制定了成文宪法，主张建立由上、下院组成的议会。[1]1819年8月，哈登堡和梅特涅签订的《特普利兹临时协议》阻止了在德国设立代议制机构。[2]

从19世纪初起，普鲁士的行政机构发展起来。哈登堡首相建立

---

[1] E. N. and P. R. Andernson, *Political Institutions and Social Change in Continental Europe in the Nineteenth Century*, California University Press, 1967, pp.47-48.
[2] 〔德〕卡尔·艾利希·博恩等著，张载扬等译：《德意志史》第二卷上册，商务印书馆1991年版，第121页。

了省和省一级的官厅，以后设立省长职。1815年4月，设立10个省，后改为8个省。省长在行政管理中虽然不能凌驾于政府之上，但省长有权处理所有事务，所以仍有较大的政治活动权。1817年，普鲁士成立了最高官厅枢密院，作为国王和政府的咨询机构。参加枢密院的有王室亲王、官厅首脑、军队将领以及34名国王任命的人士。以后，到1848年，枢密院的权力大大缩小，不参与立法和法令的准备工作。到同年7月，枢密院事实上已经不存在了。但1857年7月又恢复了枢密院的活动。[①]

1820年，普鲁士的政治结构中存在强有力的君主制：承认社会对议会的政治参与，而议会只拥有很少的权力；国家权力不受真正的分权原则约束；着重强调"理性的"和连接的官僚机构的中立化功能，这种官僚机构忠实地捍卫君主制，也保障市民的自由，在政治上模棱两可。[②]30年代初，普鲁士的国家法和行政法文献也反映了政治领域自相矛盾的特征。一方面，它延续早期理财学和公共管理学的传统，对所有与行政有关的立法进行了详细的收录整理；另一方面，对于国家法，尤其是关系到"宪政"和"国民代表会议"的问题闭口不谈。当时放出这样的舆论："所有阶级的兴趣更多地放在行政的改进上，而不是放在宪法上"，把宪法问题放在一边。普鲁士的官吏常常把自己装扮得非常好，以便证明"普鲁士国家的卓越组织举世闻名"。[③]

---

① 〔德〕卡尔·艾利希·博恩等著，张载扬等译：《德意志史》第三卷上册，商务印书馆1991年版，第121页。
② 〔德〕米歇尔·斯托莱斯著，雷勇译：《德国公法史：国家法学说和行政学（1800—1914）》，法律出版社2007年版，第148—149页。
③ 〔德〕米歇尔·斯托莱斯著，雷勇译：《德国公法史：国家法学说和行政学（1800—1914）》，法律出版社2007年版，第277页。

在 1800 年前后，德国对国家观念的关注程度有不同寻常的发展，为德国政治语汇带来了独有的特征，并建立起了在一个世纪甚至更长的时间内政治讨论的诸参数。[①] 斯托莱斯教授对 19 世纪上半叶德国的宪法和宪政思想做了贴切的评论，他写到，到了 19 世纪初年，德国的法律切入点与美国和法国不一样：德国宪法不是在革命的零时刻由公意构建的创造物，而是最高权力的赋予物，其中君主权力自愿被施加限制。像那样在君主与等级会议之间达成一致的宪法只是一种例外（如符登堡宪法）。后期绝对主义思想推行"自上而下改革"的现代化运动，在这种思想语境下，宪法同时也是革新、君主制自我维护、整合新获取的领土以及在德意志同盟内部捍卫自己主权的一种政治考量手段。在所谓早期宪政主义期间（1814—1824 年）出现的第一波宪法尤其如此，在 1830—1848 年国内骚乱之后被迫制定宪法或修改宪法也是如此。在关键时刻总有君主权力的参与，这是前提。19 世纪，德国的宪法思想与君主有关。西方思想的自由、进步、人类激情在这里都不见踪影，但在与民族国家思想特别的联系中又可以部分地发现这种激情。[②]

当时德国人在绝对主义的君主主权和民主的人民主权之间徘徊，人们把希望寄托在"国家主权"上。17 世纪以后，人们熟悉了国家的词义，对国家功能逐渐进行分离，对国家财政与私人财政进行了区分。"在进入 19 世纪以后，社会在社团、经济、科学以及宗教层面上越是要求和实践'自治'，其对立面即官僚机构国家的轮廓也就越

---

① 〔英〕肯尼斯·戴森著，康子兴译：《西欧的国家传统、观念和制度研究》，译林出版社 2015 年版，第 74 页。
② 〔德〕米歇尔·斯托莱斯著，雷勇译：《德国公法史：国家法学说和行政学（1800—1914）》，法律出版社 2007 年版，第 95 页。

明显。"①

1830年以后,在德意志同盟的宪法中,对人民代表会议的存在已经完全没有争议。争论转到"等级会议"和"议会"应该拥有何种权能这样的问题上来。人们对这两个词的词义进行了激烈的争论。因为在等级会议的模式中,君主制原则得到完整的保护,君主是立法者,接受他人的建议,同时也是政府首脑和掌握军权的人。在新教国家中,他甚至还是国家教会的领袖。1818年,巴伐利亚宪法在序言中宣布,赋予等级阶层"共同建议权、同意权、批准权、请愿权、在宪法权利受到侵害时的申诉权……旨在增强公共大会中咨议机构的英明,不削弱政府的力量"。因此,当时谈论"议会"的人们理解的是另一种完全不同于人民代表会议的模式。②在三月革命前,下院的选举权是受等级制和君主制影响和控制的,通过许多限制(如选举人程序、财产审查、年龄限制、居住限制、宗教信仰、户口等),力图筛选出下院议员,其目的是建立一个由社会名流组成的议院。③

卡尔·施泰因在担任威斯特伐利亚州州长时,就已经在进行重要的改革。他废除了边疆劳役,把教会财产世俗化,他从1804年起担任普鲁士的经济部长,期间废除了国内的关税壁垒,设立统计办公室。在施泰因与国王失和以后,普鲁士从1807年10月至1808年11月推行卡尔·施泰因在《拿骚备忘录》(1807年7月)中拟定的

---

① 〔德〕米歇尔·斯托莱斯著,雷勇译:《德国公法史:国家法学说和行政学(1800—1914)》,法律出版社2007年版,第104—105页。
② 〔德〕米歇尔·斯托莱斯著,雷勇译:《德国公法史:国家法学说和行政学(1800—1914)》,法律出版社2007年版,第110—111页。
③ 〔德〕米歇尔·斯托莱斯著,雷勇译:《德国公法史:国家法学说和行政学(1800—1914)》,法律出版社2007年版,第113页。

改革方案，用合作式的行政部门代替了过时的内阁体制，人们评论说："这不仅是行政史上的一座里程碑，而且也是一件划时代的宪法文件。"施泰因最重要的改革是农业改革和社会改革，他开始把领地农民提升为完全拥有财产的所有者，接着在1807年10月9日颁布了《关于农民解放的敕令》，1808年11月19日颁布了有重大意义的《普鲁士国家城市条例》，而在1811年补充了《关于调整土地生产的敕令》。[1]

继任的哈登堡（1750—1822年）在任总理期间解放了犹太人，进行工商业和财政改革。他在"国家所有居民生来就是国家的捍卫者"的信条下改革军队，还进行了教育改革，改善全民义务教育和教师培养，在1809年8月16日建立了柏林大学，普鲁士国王对此的想法是"用思想力量弥补国家在物质上所失去的东西"。

在1806年以后的改革过程中，上层在普鲁士的政治争论中检讨了造成国家崩溃的军事、政治和行政原因。卡尔·施泰因着手消除等级限制和经济障碍，并促进自治。当时的政治家格耐森劳在给阿恩特的信中这样写道："武器、宪政、科学这三样重要的东西就足以使我们在四周的列强中立于不败之地。"[2] 但是在这一阶段，人们所需要的"宪法"还没有解决。这是因为旧等级反动势力、领地上的地主贵族、敌视改革的官僚和梅特涅施加的外部压力都在阻挠宪法的诞生。

但是，1806—1814年普鲁士政治已经出现了惊人的进步，从绝对主义向公民时代转变，这样确立了普鲁士在社会和公共观念中的积

---

[1] 〔德〕米歇尔·斯托莱斯著，雷勇译：《德国公法史：国家法学说和行政学（1800—1914）》，法律出版社2007年版，第34—35页。
[2] 〔德〕米歇尔·斯托莱斯著，雷勇译：《德国公法史：国家法学说和行政学（1800—1914）》，法律出版社2007年版，第36—37页。

极形象。正是在强烈的复辟倾向中,自由主义者把改革推向宪政运动的顶峰。①

1790 年代到 19 世纪最初几年,普鲁士签订了《巴舍尔特别和约》(1795 年 4 月 5 日)、《波坎福尔米奥和约》(1797 年 10 月 17 日)、《鲁勒维勒和约》(1801 年 2 月 9 日)、《全帝国代表团会议主决议》(1803 年 2 月 25 日),召开了拉施泰特会议。这些事件表明,帝国的解体已是不可避免的了,帝国上层等级的大多数人士,甚至皇帝本人都在促成帝国的瓦解。长期以来的资本主义经济较为发达的中等邦国巴伐利亚、符登堡、巴登、黑森-达姆施塔德在《普雷斯堡和约》(1805 年 12 月 25 日)签订后对巩固帝国毫无兴趣,它们发誓效忠"领地宪法精神"。在 1795—1803 年间,德国年轻一代中一部分人迷恋拿破仑,一部分人希望废除帝国,消除与帝国相联系的封建和神权状态。但是,由于当时德国经济落后,资本主义发展迟缓,在社会结构中缺少中等阶级,所以,推动建立国家主权政治的主要力量是高级官吏。②

1840 年,威廉三世去世,普鲁士王位交给他的长子弗里德里希·威廉四世。但是,威廉四世的思想不同于立宪自由主义,他持的是宗法制的、基督教和日耳曼的思想和等级制观念,这种思想和新兴资产阶级的意向疏远,和普鲁士复辟势力的企图则较相近。威廉四世在柯尼斯堡发表的宣誓演说激起了自由主义者的希望。普鲁士省等级会议的一份呈文,请求国王不只是承认省的特权,而且要保证成立他

---

① 〔德〕米歇尔·斯托莱斯著,雷勇译:《德国公法史:国家法学说和行政学(1800—1914)》,法律出版社 2007 年版,第 33—34 页。
② 〔德〕米歇尔·斯托莱斯著,雷勇译:《德国公法史:国家法学说和行政学(1800—1914)》,法律出版社 2007 年版,第 30—32 页。

许诺过的"邦代表大会"。然而,威廉四世与自由派之间存在政治上的差距和矛盾,他明确拒绝了"普遍的人民代表会议"。但是,此时自由主义的呼声已经在人民中传播,公共生活取得了巨大的进步,然而普鲁士继续保持着绝对君主制。[1]

1842年10月,国王在柏林召开了有8省议会组成的各邦等级代表大会,作为"联合委员会",这在普鲁士是第一次,但是这个会议与国家代议制相差很远。1844年以后,国王推行的"联合省议会"的计划也是如此,国王威廉四世希望把各省的各种君主政体联合起来,实现国家的统一。1847年2月,威廉四世又发布了等级会议的敕令,他召开的等级会议的实践暴露了他的等级制和宗法制思想。而此时帝国议会等级代表的权力被削减了。此外,1832年8月5日颁布的联邦法令禁止政治社团。在这一背景下,各邦的资产阶级加强了活动和联系。

德国工人阶级的运动在40年代展开了。马克思在1842年10月到1843年春担任了资产阶级民主派报纸《新莱茵报》的主编。1847年年底,马克思和恩格斯受共产主义者同盟的委托起草《共产党宣言》。《共产党宣言》在1848年2月发表。1848年2月,法国爆发了二月资产阶级革命。1848年2月27日,巴登奥芬堡的群众集会第一次提出了包括新闻自由、建立刑事陪审法庭、制定各邦宪法和召开德意志议会在内的纲领。[2]3月3日,科隆发生请愿。3月18日,群众在柏林王宫前的广场集会,普鲁士军队向群众开枪,随后爆发了巷战和街垒战。

---

[1] 〔德〕米歇尔·斯托莱斯著,雷勇译:《德国公法史:国家法学说和行政学(1800—1914)》,法律出版社2007年版,第279—280页。

[2] 〔德〕卡尔·艾利希·博恩等著,张载扬等译:《德意志史》第三卷上册,商务印书馆1991年版,第172页。

国王到了 1847 年违背了自己的信念，终于决定建立国家联合议会。革命即将爆发，威廉四世试图挽救形势，在 3 月 18 日夜起草了文稿《致我亲爱的柏林居民》，表示如果起义者撤走，他答应撤军，但是革命已无法阻止。3 月 29 日，组成自由派内阁，莱茵人鲁道夫·康普豪森担任总理大臣，大卫·汉泽曼任财政大臣。5 月 22 日，威廉四世不得不在普选基础上召开"制定宪法的大会"，以代替联合省议会。①

1848 年 10 月，国民议会开始讨论政府在 5 月提出、到 7 月才由议会委员会制定的宪法草案。11 月初，任命了勃兰登堡伯爵组成的保守内阁，国民议会延期召开并从柏林迁往勃兰登堡。1848 年 2 月 5 日，国民议会解散，国王强行颁布了一个宪法，其中对自由主义立宪原则作了迁就，规定禁止信托遗赠、废除领主裁判权和庄园警察权、废除纯封建的议院，侵犯了贵族的社会利益。

这时，政府代表的联邦议会迁到法兰克福，由规模较小的参议会按一人一票组成了 17 人委员会，在弗里德里希·克里斯托夫·达尔曼领导下，制定了联邦宪法草案，但这个机构没有威信，未能获得成功。

在自由派人士亨利希·冯·加格恩领导的五十人委员会的推动下，1848 年 5 月 18 日，全德国民议会在法兰克福圣保罗教堂开幕。选举产生参加国民议会的议员和候补议员共 830 人，议员实际人数为 585 人，其中受过大学教育的有 550 人。在议员中，大学教授和讲师为 49 人，法官和检察官为 157 人，律师为 66 人，经济学界代表 110

---

① 〔德〕卡尔·艾利希·博恩等著，张载扬等译：《德意志史》第三卷上册，商务印书馆 1991 年版，第 172—174 页。

人，农民代表 1 名，没有工人代表，只有少数几名手工业者代表。[①]国民大会的议员中的大学教师有达尔曼、格林、米特迈尔、贝泽勒、魏茨、菲舍尔、海因里希·察哈里埃、阿尔布雷特、菲力普斯、格维努斯、阿恩特等。议员中有议会活动经验的有韦尔克、巴塞曼、马蒂、伯克拉特、芬克、利希瑙斯基、罗腾汉、约尔丹、勒默尔、弗罗伊登泰尔、朗恩、鲍姆巴赫、布斯；还有法学家维登堡、康佩斯、许勒尔、黑克舍、巴尔特雷等。[②] 总的来说，有教养的资产阶级代表人物即资产阶级知识分子在议员中占据了多数，坚定的革命者和民主派在议员中处于绝对少数。

国民议会召开后，十七人委员会提交了宪法议案。5 月 24 日，成立了 30 人组成的宪法委员会，在三十人委员会中，贝泽勒、达尔曼、德罗伊森、瓦尔茨、韦尔克、米特迈尔和莫尔起的作用特别大。他们一直都在参与 1849 年 1 月 26 日第一次审议帝国宪法，所有主要的问题，如基本权利、联邦国家、议员制或两院制、帝国元首的否决权、选举权、大德意志或小德意志解决方案、皇位继承或选举、共和制的问题，都是他们提出的。但是，在讨论过程中，随着政治困难逐渐加大，优势转到职业政客和外交界人士那里，法学家失去了优势地位。[③]

法兰克福议会最终通过了全德宪法《法兰克福宪法》。该宪法是资产阶级和君主妥协的产物。该宪法宣布德意志帝国由各邦联合构

[①] 〔德〕卡尔·艾利希·博恩等著，张载扬等译：《德意志史》第三卷上册，商务印书馆 1991 年版，第 174—176 页。
[②] 〔德〕米歇尔·斯托莱斯著，雷勇译：《德国公法史：国家法学说和行政学（1800—1914）》，法律出版社 2007 年版，第 349—350 页。
[③] 〔德〕米歇尔·斯托莱斯著，雷勇译：《德国公法史：国家法学说和行政学（1800—1914）》，法律出版社 2007 年版，第 352—353 页。

成,"德意志各邦保持其自主权,不受皇帝行政权力的制约"。宪法宣布,"对外唯皇帝有权代表德意志和德意志各邦","所有德国的武装力量均由皇帝统帅"。"唯德国皇帝有立法权和对于币值的最高监督权。在德意志只应采用同一种币制。"议会由联邦院和众议院组成,帝国元首由一位邦君出任。

1848 年全德宪法在德国废除了等级制度。"在法律面前没有等级的差别,废除贵族等级,一切等级特权均予以废除。"

1848 年全德宪法的民主性主要表现在它规定了人民的基本权利。它规定,"在法律面前一切德国人一律平等","公共机关向一切力能胜任的人开放","所有公民均有服兵役的同等义务","所有德国人均有不携带武器和平集会的权利","财产权不可侵犯","永远废除一切农奴制的从属关系"。[1] 1848 年全德宪法未能付诸实施,也未得到各邦的批准。

当普鲁士国王拒绝帝位后,资产阶级展开了"为帝国宪法而战"的斗争,而这时巴登、普法尔茨、普鲁士、奥地利采取强硬的反革命手段展开活动,建立了等级法庭和战争法庭以审判革命者。1849 年 6 月 18 日,符登堡军队最后驱逐了迁到斯图加特的法兰克福议会的最后一批议员[2],法兰克福议会被解散。

法兰克福议会失败后,作为革命的余波,德国发生了内战。在萨克森、普法尔茨、巴登发生了共和主义者组织的护宪运动起义。普鲁士军队向 3 个中心发动进攻,镇压了起义,护宪运动最终失败。

---

[1] 《法兰克福宪法》,载法学教材编辑部《外国法制史》编写组主编:《外国法制史资料选编》(下册),北京大学出版社 1982 年版,第 654—655 页。
[2] 〔德〕米歇尔·斯托莱斯著,雷勇译:《德国公法史:国家法学说和行政学(1800—1914)》,法律出版社 2007 年版,第 354 页。

1848—1849年失败的德国革命成果并非荡然无存。1848年12月5日通过的宪法将普鲁士确定为"立宪国家",因此普鲁士退回到反动时期没有那么迅速。虽然普鲁士推行了三阶段选举法,并修改了宪法,但在修改后的宪法中仍然存在议会协商妥协的内容。普鲁士拥有宪法,宪法中规定了公民的基本权利,但又保持了保守的君主立宪制。

1850年普鲁士宪法规定:"国王的人身神圣不可侵犯";"国王有宣战、媾和和与外国订立其他条约之权。商约以及那些要国家和个别市民承担义务和贡赋的条约,需经两院通过立法同意";"立法权由国王与两院共同行使之,每项法律需经国王和两院同意";"财政法案和国家预算应首先提交下院,国家预算上院可以全部通过或全部否决";"国王和两院一样有提出法律的权利";"议员由选区选出";"凡年满二十五岁的普鲁士人有选举权";"具有当选为下议院议员资格者应为年满三十岁、享有完整公民权利并取得普鲁士国籍满三年的普鲁士人"。[1]

1848—1849年革命之后,德国和各邦都没有建立新的法制,反动时期恢复了革命前的法律。1854年10月12日,国王命令把议会的第一院改为由贵族控制的贵族院。1860年2月,普鲁士政府向众议院提出了《义务兵役法》,它增加了和平时期正规军的编制,每年征兵人数从4万增加到6.3万,3年的服役期限固定下来。[2] 资产阶级在政治上灰心丧气,表示出妥协,接受对学校、自治的政治控制,并进一步强化军队和贵族的作用。

---

[1] 《1850年普鲁士宪法》,载法学教材编辑部《外国法制史》编写组主编:《外国法制史资料选编》(下册),北京大学出版社1982年版,第656—657页。
[2] 〔德〕卡尔·艾利希·博恩等著,张载扬等译:《德意志史》第三卷上册,商务印书馆1991年版,第211页。

到 1858 年以后的"新时期",才向强调改革和政治开放的方向变化。在萨克森王国尽管保守势力反扑,但在 1850—1866 年间,成功地进行了法院组织法、刑法以及刑事诉讼法改革,并制定了《民法典》。1861 年,制定了工商业法规。1868 年,下议院获得了更为民主的选举法。从 1866 年起,进行行政改革。从 1871 年起,邦法开始与帝国法律接轨。①60 年代以后,巴伐利亚开始制定大量行政法,包括社区法(1869 年的乡镇法规)、工商法(1869 年的工商业法规)、社会服务法(1868 年的户籍法、婚姻法、居留法和穷人救济法)、法院组织法(1869 年的民事诉讼法规)以及警察新组织法(1868 年)。新政法规内容从 1866 年起增多。1878 年,推行行政审判。②

在 1850 年之后几年,符登堡"在宪法政治上静止不前,在经济上发展进步"。1852 年,恢复了旧宪法,枢密院再度成为国家的政治中心,6 位部长直接依附于国王。1864 年,国王易人,出版法、结社法出现了自由化,1868—1869 年开始了司法改革。1867 年,创立了行政司法,其中 4 个地方政府属于初级审判机构,行政法院属于二级审判机构。在公法方面,19 世纪符登堡属于具有官僚传统和法治传统的国家。③

在所有的德意志国家中,1848—1849 年革命震撼了有着自由主义传统的巴登。1949 年 5 月的军事革命推翻了政府,驱逐了利奥波

---

① 〔德〕米歇尔·斯托莱斯著,雷勇译:《德国公法史:国家法学说和行政学(1800—1914)》,法律出版社 2007 年版,第 407 页。
② 〔德〕米歇尔·斯托莱斯著,雷勇译:《德国公法史:国家法学说和行政学(1800—1914)》,法律出版社 2007 年版,第 372 页。
③ 〔德〕米歇尔·斯托莱斯著,雷勇译:《德国公法史:国家法学说和行政学(1800—1914)》,法律出版社 2007 年版,第 376—377 页。

德大公爵，召来的普鲁士军队，导致了革命政府垮台，革命人士被处决。在自由主义取得领导地位后，巴登决定结束复辟政治，向改革过渡。①

19世纪下半叶，德国政治的重大变化发生在1866—1871年间。解决民族问题的"小德意志"方案取得成功。普鲁士在这个统一的帝国中扩大了自己的版图，成为在帝国居于主导地位的邦国。

第二节 俾斯麦上台和统一德国的王朝战争

19世纪50年代末的普鲁士军队还是根据1814年9月3日和1815年11月21日的法律建立起来的。法律把普遍兵役制原则引入普鲁士。1815年普鲁士有1100万居民，每年从这些居民中应该征召4万余名士兵，到正规军团中服役3年，在后备军中服役2年，非国民自卫队第一征召役7年，第二征召役7年。到19世纪中叶，普鲁士人口已增加到1800万，按比例每年应当征召65000人，但是，由于经济原因，每年征召的兵员人数没有超过以往，普遍兵役制有名无实。威廉国王决心实行彻底的军事改革，任命保守的容克贵族阿尔布雷希特·冯·罗恩担任国防大臣，协助他进行军事改革工作。

1861年2月10日，军事改革法案提交普鲁士下议院。法案规定把常备军增至39个步兵团、10个骑兵团，扩充军队需要950万塔勒尔的拨款，内阁要求在总预算中增加900万塔勒尔，政府已经使用这笔款项实行军事改革。1861年12月的选举使自由派和进步派获得多

---

① 〔德〕米歇尔·斯托莱斯著，雷勇译：《德国公法史：国家法学说和行政学（1800—1914）》，法律出版社2007年版，第381—382页。

数支持，议会以 177 票对 143 票通过决议，要求政府提交过去的和将来的预算细目。这项决议导致议会被国王解散，重新改选。1862 年 5 月 6 日的选举使进步党获得更大的胜利，其议席由 109 席增至 135 席，同时中左派的力量也有所增长。进步党人想以此为手段迫使政府进行某些宪政改革，特别是削弱上议院的权力。国王威廉拒绝服从议会的压力。在这种形势下，俾斯麦于 1862 年 9 月 24 日发动政变，以对抗资产阶级进步党人的抵制，解决了宪法纠纷。[1]

奥托·冯·俾斯麦从政前为阿尔特马尔科舍恩豪森庄园主，他曾就读于哥廷根和柏林大学法律系，1847 年为联合省议会中萨克森骑士等级的议员代表，是右翼容克封建权利的捍卫者、君主派和保守党人。1848 年革命中，他试图组织庄园农民把国王从柏林的革命者手中解救出来。1851 年，他被任命为普鲁士驻法兰克福联邦议会的公使。他在议会中主张实行由普鲁士统一德国的路线。在宪法冲突中，俾斯麦努力为国王效劳，提高普鲁士君主国的地位。1862 年 9 月 30 日，他在预算委员会的会议上说："时代的重大问题不是通过演讲和多数决议进行的——这是 1848 年和 1849 年的重大错误，而是通过铁和血。"[2] 这一政策被称为"铁血政策"，即用武力统一德国。

德国统一是通过三次王朝战争完成的。第一次王朝战争是普鲁士和奥地利与丹麦为争夺石勒苏益格-荷尔斯坦因发生的战争，这个地区是欧洲外交的一个焦点。矛盾涉及石勒苏益格、荷尔斯坦因和劳恩堡三个地区，后两个地区的居民是德意志人，但石勒苏益格地区却杂

---

[1] 〔美〕科佩尔·S. 平森著，范德一译：《德国近现代史》（上册），商务印书馆 1987 年版，第 179 页。

[2] 〔德〕卡尔·艾利希·博恩等著，张载扬等译：《德意志史》第三卷上册，商务印书馆 1991 年版，第 219—220 页。

居着德意志人和丹麦人。这三个地区都归丹麦王国管辖,但荷尔斯坦因和劳恩堡同时又是德意志邦联的成员,德国人希望这几个地区都成为德国的一部分,英国、俄国和瑞典也十分关切这个地区的归属。在欧洲列强的干预下,1852年签订了伦敦议定书,议定书保证诸王国不可分离,并规定在丹麦国王的统一领导下各自与丹麦联合。但是,丹麦的民族主义者鼓吹扩张主义,意在把这三个地区并入丹麦。1863年3月,丹麦国王发表吞并石勒苏益格的声明,还提出丹麦对荷尔斯坦因享有新的特权。1863年11月,继承丹麦王位的克里斯丁蒂安签署批准了丹麦-石勒苏益格新宪法,使这一地区脱离荷尔斯坦因。德国人感到丹麦意在吞并石勒苏益格,于是俾斯麦与奥地利联合行动,1864年2月到7月,发动了对丹麦的战争。丹麦被迫停战议和,石勒苏益格由普鲁士管理,荷尔斯坦因由奥地利管理。石勒苏益格和荷尔斯坦因都加入德意志关税同盟。①

第二次王朝战争是普奥战争。奥地利是德意志诸邦国中有能力与普鲁士抗衡、争夺德国统一领导权的力量。1866年6月1日,奥地利把有关石勒苏益格-荷尔斯坦因的争端提到邦联议会要求解决。随后,奥地利又决定召开荷尔斯坦因议会,讨论该公国以后的地位,这就为普鲁士发动战争提供了借口。俾斯麦宣布协定已遭到破坏,命令普鲁士军队开进荷尔斯坦因,展开了对奥地利的战争。在7月3日决定性的萨多瓦战役中,奥地利被击败,8月23日,奥地利和普鲁士在布拉格签订和约,旧的德意志邦联解散,奥地利政府被排除在德意志事务以外。奥地利的领土得到尊重,奥地利承认普鲁士领导下的北

---

① 〔美〕科佩尔·S.平森著,范德一译:《德国近现代史》(上册),商务印书馆1987年版,第188—190页。

德意志诸邦的联盟。这样，普鲁士通过对奥地利战争的胜利，取得了统一德意志的领导地位。普鲁士建立了北德意志联邦，它由德意志中部和北部的 22 个邦国组成。

俾斯麦利用对奥地利的胜利激起的国内狂热，解决了 1862 年遗留下来的宪法纠纷。议会以 230 票对 75 票批准了 1862—1864 年预算的法案，议会还通过了对政府在外交事务方面行动的信任案。①

1867 年，在打败奥地利以后，普鲁士向德国北部诸邦提出建立以普鲁士为首的北德意志联邦。随后，除了德国西南部的巴登、巴伐利亚、符登堡和黑森-达姆施塔德 4 个邦，其余的德意志各邦都加入了北德意志联邦。1867 年 4 月，北德意志联邦制宪议会通过了《北德意志联邦宪法》，其主要内容包括："选出联邦议会以讨论宪法并成立北德意志联邦"；"参加联邦的德意志各邦的每个年满 25 岁的未犯罪的公民均得为选民"；"每 10 万人选出一名代表"。②

第三次王朝战争是 1870 年到 1871 年的普法战争。因争夺欧洲大陆霸权和德意志统一问题，普鲁士和法国关系长期紧张。1870 年 7 月 14 日，俾斯表发表了挑战性的埃姆斯电报，触怒了法国政府。7 月 19 日，法国对普鲁士宣战。战争开始后，法军接连败北。9 月 2 日，拿破仑率近十万法军在色当投降。9 月 4 日，巴黎爆发革命。但普鲁士军队仍长驱直入，包围巴黎。1871 年 1 月 28 日，巴黎失陷，两国签订停战协定。2 月 26 日，双方在凡尔赛签订和约。5 月 10 日，在法兰克福签署了正式和约。法国赔款 50 亿法郎，割让阿尔萨斯全部

---

① 〔美〕科佩尔·S. 平森著，范德一译：《德国近现代史》（上册），商务印书馆 1987 年版，第 198—199 页。
② 《北德意志联邦宪法》，载法学教材编辑部《外国法制史》编写组主编：《外国法制史资料选编》（下册），北京大学出版社 1982 年版，第 659 页。

和洛林大部分地区。战后,德国西南部的4个邦国加入北德意志联邦,德国实现了统一。

第三节 《德意志帝国宪法》和帝国的国家制度

1870年秋天,北德意志联邦和南德诸邦签订条约,双方建成一个新的联邦,这就是德意志帝国。这个条约必须有北德意志联邦的国会和南德议会加以批准。[1]

普法战争德国获胜后,在1871年召开帝国制宪会议,宣布德意志帝国建立。德意志帝国是以普鲁士王国为核心建立的,《德意志帝国宪法》是以《北德意志联邦宪法》为蓝本制定的。

《德意志帝国宪法》确定了帝国权力和行政机构的组成以及权限。

这部宪法规定,帝国的权力包括:制定关于迁徙自由、归化与居住自由、公民权、护照、外侨警务、各种行业包括保险在内的法规;制定海关与贸易立法,及关于帝国所需赋税立法;规定度量衡与货币制度,以及制定关于发行有保证金的或无保证金的纸币之基本规章的权力;组织统一保护德国海外贸易、德国航运,设立领事馆的权力。国家的立法权还包括关于铁路事业、邮政和电报事业、全部民事、刑事与诉讼法的统一立法;建立陆军和海军的立法权;帝国的立法权由联邦议会和帝国议会行使;帝国法律应取得两个议会多数的同意。[2]

新成立的德意志帝国是一个联邦国家,由25个邦组成:4个王

---

[1] 〔德〕卡尔·艾利希·博恩等著,张载扬等译:《德意志史》第三卷上册,商务印书馆1991年版,第224页。
[2] 《北德意志联邦宪法》,载法学教材编辑部《外国法制史》编写组主编:《外国法制史资料选编》(下册),北京大学出版社1982年版,第660页。

国即普鲁士、巴伐利亚、萨克森和符登堡，6个大公国即巴登、黑森、麦克伦堡-什维林、麦克伦堡-施特雷利茨、奥尔等堡和萨克森-魏玛-爱森纳赫，5个公国即安哈尔特、布伦瑞克、萨克森-迈宁根、萨克森-阿尔滕堡、萨克森-科堡-哥达，7个侯国即罗伊斯老家系、罗伊斯新家系、施瓦茨堡-鲁道尔施塔特、施瓦茨堡-宗德斯豪森、利珀、绍伦堡-利珀和瓦尔德克，3个自由市即汉堡、不莱梅和卢卑克，此外还有帝国直属领地阿尔萨斯-洛林。联合起来的22个君主和3个自由市的市议会才是国家主权的共同享有者，仅仅在国际交往中，皇帝才是唯一的主权者，但各邦成员对外国的关系上仍然可以保留派遣和接受外交使节的权利，而巴伐利亚直到1918年还在一些国家派驻自己的代表机构。①

联邦议会由联邦成员的代表组成，各邦的票数不等：普鲁士连同汉诺威、库尔黑森、霍尔斯坦、拿骚和法兰克福共有17票，巴伐利亚有6票，萨克森和符登堡各有4票，巴登、黑森各有3票，麦克伦堡-什维林和布伦瑞克各有2票。宪法规定，只要有6票的反对，议会就不能通过任何修改宪法的议案。由于普鲁士控制了17票，这就保证了普鲁士制定的宪法不会被修改。②

《德意志帝国宪法》规定，普鲁士国王享有德意志帝国皇帝的尊称，德意志帝国皇帝是帝国的代表，他可以以帝国名义宣战、媾和、结盟、缔约、委派和接受使节；皇帝以帝国名义宣战必须取得联邦议

---

① 〔德〕卡尔·艾利希·博恩等著，张载扬等译：《德意志史》第三卷上册，商务印书馆1991年版，第276页。
② 《北德意志联邦宪法》，载法学教材编辑部《外国法制史》编写组主编：《外国法制史资料选编》（下册），北京大学出版社1982年版，第661页。

会的同意，皇帝有议会的召集、开会、延期、闭会的权力，皇帝有建议和公布帝国法律的权力。

在全帝国境内，实行普鲁士的军事立法。

帝国组成统一的军队，军队在平时和战时都受皇帝指挥。

联邦议会的主席由皇帝任命的普鲁士首相担任，帝国首相由普鲁士首相担任。

帝国议会议员通过秘密的、普遍的和直接选举产生，帝国议员不领取薪酬，全体臣民具有从事职业、担任公职、取得不动产等方面的同等权利。①

1871年，德国统一后，建立了一套集权的行政机构。它的具体设置很特殊，没有设立军事指挥机构统帅全国武装力量，陆军内阁和海军内阁与政府处于平行的地位，直接听命于皇帝。②1878年，制定《副职法》，设立帝国副首相职，以后把首相的办公厅分解成几个帝国官厅。其中有帝国内政厅、帝国财政厅、帝国邮政厅和帝国铁道厅，任命国务秘书领导这些官厅，负责制定帝国政策。这种国务秘书是首相的下属官员，受首相指令约束，很多国务秘书在普鲁士内阁中取得职位。普鲁士政府不仅讨论帝国立法，而且也讨论帝国的管理事务。1897年起，所有帝国法律的草案均由这些官厅负责制订。在俾斯麦接管普鲁士商业部之后，帝国的社会政策由商业部领导制定。直到19世纪90年代末至20世纪初，帝国才接过制定社会政策的领导

---

① 《北德意志联邦宪法》，载法学教材编辑部《外国法制史》编写组主编：《外国法制史资料选编》（下册），北京大学出版社1982年版，第661—662页。
② 〔德〕卡尔·艾利希·博恩等著，张载扬等译：《德意志史》第三卷上册，商务印书馆1991年版，第280页。

权。[1] 德意志帝国的中央行政机构高度地集权化，德国缺少西欧的内阁制，权力被集中到皇帝之手。

德意志帝国机构设置的一个重大的特点是，军事管理机构置于中央政府之外，全国的武装力量没有设立军事指挥机构，陆军将领和海军将领直接听从皇帝的指挥，他们向皇帝提出报告，组成了一个只向皇帝负责的平行的军事政府。这种制度设置表现出德意志帝国存在着浓厚的封建军事残余，这为在德国实行军国主义统治提供了极大的便利。

德国的对外政策也不受议会控制而属于君主（同之前的范围）。只有那些国际法方面的条约和有关贸易、交通、关税方面的帝国条约，才需要取得帝国议会的同意。所有其他国际条约（包括同盟条约和和约）只需皇帝批准。只要帝国本土没有遭到直接攻击，皇帝只需联邦参议院同意即可宣战，无须帝国议会批准。[2]

德国建立统一的国家的任务是在俾斯麦代表的容克地主集团和资产阶级自由主义民族运动之间缔结的政治联盟的基础上完成的。在德意志帝国议会最初两届国会期间，自由党在国会中占有优势。俾斯麦和自由党进行了合作，完成了一系列国家统一的任务。

1871年，帝国决定使用马克作为帝国的货币单位。1878年，停止使用各邦的硬币。1873年，帝国的货币由银本位改为金本位。1875年，通过银行法，普鲁士银行成为帝国银行。1910年，27家发行银行放弃了发行纸币的权利，货币改由帝国银行发行。

---

[1] 〔德〕卡尔·艾利希·博恩等著，张载扬等译：《德意志史》第三卷上册，商务印书馆1991年版，第278页。

[2] 〔德〕卡尔·艾利希·博恩等著，张载扬等译：《德意志史》第三卷上册，商务印书馆1991年版，第281页。

在自由党拥有议会多数的背景下，帝国实现了统一法制。在帝国成立时，德国还只有统一的刑法和商法，商法典是德意志联邦的联邦参议院制定的，1861—1865年在德意志联邦各邦国中付诸实施。北德意志刑法以1851年的普鲁士刑法为基础，经修改后由国会通过，成为帝国的刑法。1873年，修改了帝国宪法。联邦参议院起草了一部民法典，经修改后于1896年由联邦参议院和国会讨论通过，从1900年1月1日起开始生效。1876—1879年，通过了法院组织法、刑事诉讼法和民事诉讼法，统一调整了法官和检察官的地位、法院人员的任命及管辖权限、审判程序和诉讼程序等。从1879年10月1日起，设在莱比锡的帝国法院成为全帝国最高法院。[1]

帝国的行政机构管理机构大大扩充，除了前普鲁士外交部这个负责外交事务的官厅，帝国首相办公厅作为帝国最高的官厅，负责全国的内政事务管理。首相办公厅主任把商业部、财政部、铁道部和邮政部的任务联合在一起。1872年，普鲁士海军部被帝国接受，作为帝国海军部，负责一切海军事务，新归入帝国的任务都集中到帝国首相办公厅。[2]

帝国首相原则上要向帝国议会负责，但这种负责没有法制化。因此，帝国议会无法用不信任票的办法推翻帝国首相。

1878年3月，通过了《副职法》，把帝国和普鲁士官员一人身兼两职的办法扩展到帝国和普鲁士主要大臣副职，设立了帝国副首相，

---

[1] 〔德〕卡尔·艾利希·博恩等著，张载扬等译：《德意志史》第三卷上册，商务印书馆1991年版，第326—328页。
[2] 〔德〕卡尔·艾利希·博恩等著，张载扬等译：《德意志史》第三卷上册，商务印书馆1991年版，第330—331页。

这个副首相有权代表首相处理各项工作。①

第四节　德意志帝国的掌权集团

1871年以前，德国除了德国社会民主党，尽管在各地都组成了自由主义、保守主义和天主教的政治派别，但还没有其他的全国性政党存在。1871年，德意志帝国建立后，各邦政党合并为全国性政党。

在德意志帝国初期，德国的各种政治派别中，自由主义势力最大，在第一届帝国议会的383名议员中，自由党人占202名。

民族自由党构成了自由主义派别的右翼，它的构成成分主要是信奉新教的受过教育的资产阶级和工业大资产阶级的政治代表。民族自由党认为，实现民族的强权国家和实行自由主义的、民族的法治国家同样重要，他们赞成建立一支强大的军队，后来他们还支持殖民政策，积极推动对波兰和丹麦少数民族实行日耳曼化的政策，民族自由党人拥护现存的立宪君主制。②

左翼自由主义有多个政党。在第一届国会中有三个左翼自由主义小组：进步党、自由党和德意志人民党。1881年，自由党消失后，出现了自由党联盟。1884年，进步党和自由党联盟合并为德意志自由思想党。1893年，该党又分裂为自由思想人民党和自由思想联盟。1910年，这两个党合并为进步人民党，而德意志人民党继续贯彻

---

① 〔德〕卡尔·艾利希·博恩等著，张载扬等译：《德意志史》第三卷上册，商务印书馆1991年版，第330页。

② 〔德〕卡尔·艾利希·博恩等著，张载扬等译：《德意志史》第三卷上册，商务印书馆1991年版，第287页。

1848 年民主派的传统。支持左翼自由党的选民,主要是自由职业者和手工业者。①

德意志保守党的活动局限于普鲁士,普鲁士的贵族决定该党的方针。他们认为俾斯麦实行普遍、平等的选举制,是对自由主义做出的灾难性的让步,他们顽固地维护普鲁士的等级选举制。这个政党是君主制正统主义和贵族的农业利益的代表。

自由保守党是在 1867—1868 年间成立的,德意志帝国成立后它采用"帝国党"的名称。自由保守党在德意志保守党和民族自由党之间保持居中的政治立场。

德国有两个天主教政党,在普鲁士是中央党,在巴伐利亚是爱国者党。中央党没有明显的社会阶层特征,它主张通过文化斗争把天主教徒联合成一个集体,由一小批有学术造诣的资产阶级和贵族社会名流领导。从 19 世纪 90 年代起,中央党也从一个社会名流的联合组织变成有固定组织的群众性政党。巴伐利亚爱国者党在文化政策上与中央党一致,在帝国成立时期他们主张极端的分离主义并且反对普鲁士,后来趋于联邦主义。②

在 1871 年建立的德意志帝国的政治结构中,容克地主掌握了政治统治权,资产阶级在政治结构中只居于从属地位。芒西对 1888—1917 年普鲁士统治集团的社会构成做了研究,发现在普鲁士 5 届政府中担任大臣的 75 人次中,贵族共 53 人次,占 71%,容克占

---

① 〔德〕卡尔·艾利希·博恩等著,张载扬等译:《德意志史》第三卷上册,商务印书馆 1991 年版,第 288 页。
② 〔德〕卡尔·艾利希·博恩等著,张载扬等译:《德意志史》第三卷上册,商务印书馆 1991 年版,第 293 页。

23%。^① 普鲁士的外交事务完全由贵族和容克控制。在普鲁士派出的全权公使中，贵族占据了绝大多数；1888年派出的全权公使为88名，其中贵族（含容克）共67名；1890年派出的80名公使中，贵族共有70名；1895年派出的85名公使中，贵族为73名；1900年派出的93名公使中，贵族为84名；1905年派出的110名公使中，贵族为99名；1910年派出的116名公使中，贵族为101名；1914年派出的120名公使中，贵族为106名，占派出公使人数的88%。[②] 在柏林的宫廷官员中，容克占有很大的比重。1888年53名宫廷官员中，容克为4名；1900年51名宫廷官员中，容克为29名；1905年50名宫廷官员中，容克为27名；1910年45名宫廷官员中，容克为22名；1914年46名宫廷官员中，容克为24名，仅容克便占了宫廷官员的52%。在德皇的军事随员中，容克占48%。此外，其他贵族也占据官僚队伍相当一部分。[③]

在这个时期的德国，贵族在法律上和习惯上仍拥有一些特权。尽管随着绝对主义国家管理机构的扩建，高级管制已经对资产阶级开放，但国家机构的最高层职位仍然是贵族的领地。德意志各邦中大抵是这样，只有巴登例外，1871—1914年，巴登的大多数大臣都是资产阶级分子。在德意志各邦的军官团中，贵族比在国家文官中占的比例更大，普鲁士的军官团在相当长的时期中有三分之二的成员是贵

---

① L. W. Muncy, *The Junker in the Prussian Administration under William II, 1888-1914*, New York, 1970, p.203.

② L. W. Muncy, *The Junker in the Prussian Administration under William II, 1888-1914*, New York, 1970, p.205.

③ L. W. Muncy, *The Junker in the Prussian Administration under William II, 1888-1914*, New York, 1970, p.209.

族。19世纪后期,由于军队大大扩充,大批资产阶级成员加入到军官队伍中来。1913年,帝国军队的25000名军官中,有五分之四出身于资产阶级。但是在指挥25个军的将军中,有2名出身于亲王和贵族,其余的将军绝大多数也是出身于贵族。[①] 总的来说,军官级别越高,贵族在其中所占的比例就越大,这反映了前工业化社会在一个高度工业化国家上层建筑中的残余物。

省主席是普鲁士下设各省的政治领导官员,他代表中央政府在省一级工作,并监督所在省的官员。在普鲁士12个省的省主席中,1888年贵族为10人,1890年贵族为11人,1895年贵族为9人,1900年贵族为11人,1905年贵族为9人,1910年贵族为11人,1914年贵族为10人。在第一次世界大战前,贵族占省主席人数的85%。容克出任这一官职的比例在1888年为50%,以后有所下降,但仍占30%—40%,1914年时下降到25%。[②] 普鲁士各省的官厅长官由各省议会每6—12年选举一次。1888—1914年,容克占东普鲁士7个省官厅长官的67%。[③]

在普鲁士军队中,1806年在7000至8000名军官中只有695人是资产阶级,这些非贵族军官中只有大约30人获得校级军衔。1866年在8169名军官中,有3997人即将近一半军官来源于资产阶级。1860年有14%的将军和上校出身于资产阶级。到1913年年底,军

[①] 〔德〕卡尔·艾利希·博恩等著,张载扬等译:《德意志史》第三卷上册,商务印书馆1991年版,第301页。

[②] L. W. Muncy, *The Junker in the Prussian Administration under William II, 1888-1914*, New York, 1970, p.163.

[③] L. W. Muncy, *The Junker in the Prussian Administration under William II, 1888-1914*, New York, 1970, p.199.

队的规模相当于 1860 年时的两倍，全部军官中有 70% 来源于资产阶级，将军和上校中有 48% 出身于资产阶级家庭。[1]

到了近代后期，身份制度渐渐不再成为一种起决定性作用的社会因素，它在社会关系中的位置开始发生变化，逐渐成为对一个人的地位和成就的确认方式。在西方各国越来越多地出现了把贵族这种荣誉徽记授予那些在事业上或财富上获得巨大成就的人士，而不去顾及他们的社会出身。从 1871 年到 1918 年，普鲁士的霍亨索伦王室在普鲁士共授封了 1129 家贵族，此外还提升了 186 名贵族的等级，这批人全部来自资产阶级家庭。在除 9 个省以外的 41 个省中，德国和波兰的贵族在 1858—1897 年从 232346 人增加到 477836 人，即在 40 年间增长了 1 倍。[2] 由于受封的贵族中有不少是资产阶级分子，所以这种授封对于贵族集团实际上起了一种加速贵族资产阶级化的作用。另一方面，资产阶级被授予贵族头衔，进入统治集团以后，他们与贵族家族建立了广泛的联系，在政治心态上与贵族日益接近，对社会和政治问题日渐持保守的见地，被贵族部分同化成为一种趋势。他们进入统治集团不会立即导致国家政权在性质上发生革命性的变化。

精英资产阶级化的趋势不仅表现在一大批资产阶级和资产阶级出身的人士进入政府领导部门，而且见之于一批身处显赫地位的贵族投身于资产阶级性质的职业。在德国和奥地利，一批最高等级的贵族包括一批被吞并了领地但保留其君主名义的王公投身于工商业事业。例如，最大的工业巨头霍亨洛厄拥有的资产达到 1.5 亿马克，他把其中五分之四投资于工业，五分之一投入地产，1905 年他在创立煤和锌

---

[1] Jerome Blum, *The End of Old Order in Rural Europe,* Princeton U.P., 1978, p. 421.
[2] Jerome Blum, *The End of Old Order in Rural Europe,* Princeton U.P., 1978, p. 422.

生产联合企业时，投入了5亿马克。①

普鲁士资产阶级直到19世纪末仍然被排斥在政治统治集团之外，有着复杂的原因，这不仅和德国统一过程的特殊道路以及容克在统一过程中的军事与政治的领导权有关，也与普鲁士资产阶级的特质有关。马克思曾写道："普鲁士资产阶级并不是一个代表整个现代社会反对代表旧社会的君主制和贵族的阶级。它降到了一种等级的水平，既脱离国王又远离人民，对国王和人民双方都采取敌对态度，但是对于每一方的态度都犹豫不决，因为它总是在自己前面或后面看见这两个敌人；它一开始就蓄意背叛人民，而与旧社会的戴皇冠的代表人物妥协，因为它本身就是属于旧社会的了；它不是代表新社会的利益去反对旧社会，而是代表已经腐朽的社会内部更新了的利益；它操纵革命的舵轮，并不是因为它有人民为其后盾，而是因为人民在后面推着它走；它居于领导地位并不是因为它代表新社会时代的首创精神，而只是因为它反映旧社会时代的不满情绪；它是旧国家的一个底层，这个底层并没有为自己打通道路，而是被地震的力量抛到了新国家的表层上……"② 马克斯·韦伯在谈到德国国家中"广大的资产阶级仍然被封建制排除在外，他们不能参与政治权力"的现象时，他指出，被排斥在政党权力之外的德国资产阶级显然又在默许这种制度，其主要原因是德国资产阶级怯懦的特性，他们"习惯于无权"，只求和平与安静，"一旦获得民族的统一，其成就感就满足了"。一部分资产阶级渴望出现一位新凯撒，另一部分资产阶级很早就坠入政治冷淡的、典型的先资产阶级的意识之中。韦伯认为，资产阶级可以容忍自己被

---

① Jerome Blum, *The End of Old Order in Rural Europe*, Princeton U.P., 1978, p.423.
② 《马克思恩格斯选集》第1卷，人民出版社1972年版，第322—323页。

排斥在政权之外的另一个原因是，工业家特别是大辛迪加头目已具有一种能力，即通过雇主协会的活动对政府的政策施加影响，他们还靠与科层制、官僚机构直接联盟的方式来追求他们的经济利益。[①]

第五节　1918年德国革命

德国为首的同盟国在第一次世界大战中是战败国。1918年11月11日，签订了停战协定，在历时四年的大战期间，德国死于饥饿封锁的有75万人，还有200万士兵阵亡和失踪。战争的失败引发了革命危机。1918年10月29日，威廉港水兵哗变，11月4日，基尔被起义的水兵控制，不久起义席卷各港口。11月17日，在慕尼黑成立巴伐利亚州共和国。

11月9日，德皇决定退位，德国君主政体崩溃，首相巴登马克斯亲王辞职，把职务交给艾伯特。社会民主党组成了艾伯特为首相的政府。[②] 谢德曼抢在左翼社会民主党人之前于中午两点在国会大厦阳台上宣布成立共和国。此后，卡尔·李卜克内西于下午四时宣布成立"自由社会主义共和国"，但是，社会民主党人已在国家政治上领先了一步。

由于君主政体的崩溃，政权落到社会主义者之手，但是多数派德国社会民主党人没有为革命做出贡献，他们的领袖艾伯特是暴力革命的坚决反对者。艾伯特在组阁问题上一方面希望和独立社会民主党人

---

① 〔英〕比瑟姆著，徐鸿宾等译：《马克斯·韦伯与现代政治理论》，浙江人民出版社1989年版，第172—175页。
② 〔德〕卡尔·迪特里希·埃尔德曼著，高年生译：《德意志史》（第四卷上册），商务印书馆1986年版，第160—161、411页。

谈判,另一方面也希望和资产阶级政党谈判。社会民主党把对社会进行社会主义改造的目标置于议会民主的要求之下,独立社会民主党的领导人则在和社会民主党的谈判过程中,要求建立社会主义共和国,把"整个行政、立法和司法权力全都交给由选举产生的、为全体劳动人民和士兵所信赖的人"。联合谈判达成了妥协,这两个政党组成了称作"人民委员会"的临时政府(1918年11月—1919年2月),这是一个社会主义者组成的政府。[①] 政府成员有社会民主党人艾伯特、谢德曼和兰兹伯格,独立社会民主党人哈泽、迪特曼和巴尔特。艾伯特最初考虑让卡尔·李卜克内西参加政府,但卡尔·李卜克内西拒绝合作。

1918年12月,罗莎·卢森堡在为斯巴达克同盟起草的纲领中提出:"随着世界大战的结束,资产阶级的阶级统治就失去了它存在的权利","实现社会主义社会制度是世界历史上任何一个阶级和任何一次革命所遇到过的最艰巨的任务。这一任务要求彻底改造国家并且对社会的经济和社会基础实行最彻底的变革"。"解除全部警察、全部军官以及非无产阶级士兵的武装,解除统治阶级全体成员的武装";"武装全体成年男性无产阶级居民作为工人民兵,建立由无产阶级组成的赤卫队作为民兵的常备部分,负责经常保卫革命,抵御反革命的袭击和阴谋";"起来,无产阶级!投入战斗"。[②]

1918年12月,全德苏维埃第一次代表大会在柏林召开,由于无产阶级缺乏独立的革命政党的领导,加之右派社会民主党人的背叛,

[①] 〔德〕卡尔·迪特里希·埃尔德曼著,高年生译:《德意志史》(第四卷上册),商务印书馆1986年版,第166—167页。
[②] 《斯巴达克联盟想要什么》,载〔德〕罗莎·卢森堡著,李宗禹编:《卢森堡文选》,人民出版社2012年版,第409、413、515页。

政权重新落入德国社会民主党右翼领导集团手里，这个集团的领导人 F. 艾伯特和 P. 谢德曼组成政府——人民全权苏维埃。它没有触动旧的国家机构和军队，留任大批原来帝国的官员和将军，竭力设法把群众运动平息下去，使十一月革命以失败告终。

1919 年 1 月 1 日，斯巴达克同盟在全国代表大会上成立了"德国共产党（斯巴达克同盟）"。1 月 5 日至 12 日，斯巴达克同盟在柏林发动起义，持有武器的工人支持推翻艾伯特政府的口号。德国共产党领导内部的态度不一致。按照罗莎·卢森堡草拟的斯巴达克同盟的纲领，建立无产阶级专政只能在动员群众的较长过程的后期实现。苏联驻德国全权代表拉狄克也警告不要过早地发动暴动。李卜克内西、皮克则加入一个宣布推翻艾伯特政府的革命委员会。工人们自发行动，占领了设有报社的大楼，但他们没有考虑如何推翻艾伯特政府。

政府在社会民主党中央委员会的支持下，拒绝同起义者谈判，要求起义者在具体谈判前放下武器，政府命令诺斯克用武力镇压起义。由于起义的领导人没有周密的部署，最后起义失败，被捕的卡尔·李卜克内西和罗莎·卢森堡被杀害。[①] 国家权力落到了右翼社会民主党人手中。

1 月 19 日，举行国民议会选举。2 月 6 日，国民议会在魏玛召开，通过魏玛宪法，建立魏玛共和国，艾伯特任总统、谢德曼任总理。4 月 13 日，慕尼黑工人在共产党的领导下发动起义，建立了巴伐利亚苏维埃共和国，政府集结军队于 5 月 1 日攻入慕尼黑。巴伐利亚苏维埃共和国遭社会民主党政府血腥镇压。至此，十一月革命

[①] 〔德〕卡尔·迪特里希·埃尔德曼著，高年生译：《德意志史》（第四卷上册），商务印书馆 1986 年版，第 168—170 页。

结束。

1919年革命的失败，是社会民主主义运动破产的结果，因此是社会主义运动一个时代的结束。它不仅是右翼社会民主党人背叛革命造成的，而且有更为深刻的内涵。第二国际的社会民主主义理念，本质上是资产阶级左翼的一种观点，这种理论寄希望于资产阶级向左转，接受社会主义的前途，但它忽略了资本主义国家和社会主义国家的区别不是政策选择上的区别，而是阶级、权力和政治制度选择上的本质区别。因此，它包含了对资产阶级左翼寄予希望的不现实性，并且表明了从社会民主主义国家和平进入社会主义国家的不可能性。

在整个德国十一月革命的过程中，资产阶级占据主导地位，所以德国十一月革命的性质是一次资产阶级民主革命。"它既是第一次世界大战和德意志帝国的结束，又是德国第一个充分民主化的国家——魏玛共和国的开始。"[1]

1919年1月19日，通过普遍、平等的选举产生了国民议会。社会民主党获得165席，在国民议会中是最大的党。中央党代表的小资产阶级分子和工会派获得91席，是议会中第二大党。进步人民党和民族自由党现在改名为民主党和德意志人民党，在新国会中左翼自由民主党（德意志民主党）获得75席，代表的大工业利益的德意志人民党在议会中只获得19席，民族人民党获得44席。激进的独立社会民主党获得了22席，一部分工人追随他们。[2]

在魏玛共和国议会中，尽管社会主义者是分裂的，但社会民主党

---

[1] Mark Jones, *Founding Weimar: Violence and the German Revolution of 1918-1919*, Cambridge U.P., p.1.

[2] 〔德〕卡尔·迪特里希·埃尔德曼著，高年生译：《德意志史》（第四卷上册），商务印书馆1986年版，第201—202页。

在国民议会中是最强大的政党,他们处于领导地位。工会在国民议会中相当强大,165 名社会民主党议员中,有 60 人是自由工会的干部。在全部 423 名议员中,各派工会会员有 94 人。[①] 1919—1920 年,独立民主党所得的票数有所增加。1920 年 6 月的选举结果是,社会民主党占 102 席,而独立社会民主党则超过 84 席,共产党为 4 席。大部分独立社会民主党的候选人后来都转向了共产党。

国民议会建立了由社会民主党多数派、民主党人和中央党组成的内阁,谢德曼任总理,勃洛克道夫-兰曹伯爵任外交部长,胡戈·普罗伊斯任内政部长,诺斯克任国防部长。[②]

第六节 魏玛宪法和魏玛共和国政治

1. 魏玛宪法

1919 年 1 月 19 日,通过普遍的、平等的选举产生了国民议会。但鉴于柏林局势动荡,议员们便到魏玛召开大会。经过长时间的讨论后,会议以 262 票对 75 票通过了主要由胡果普洛斯(1860—1925 年)起草的《德意志帝国宪法》(魏玛宪法)。[③] 魏玛宪法是 1919 年革命失败后阶级妥协的产物,执掌政权的右翼社会民主党人在把左翼社会民主党领导人送上断头台后,还不愿意立刻完全抛弃他们自己的

[①] 〔德〕卡尔·迪特里希·埃尔德曼著,高年生译:《德意志史》(第四卷上册),商务印书馆 1986 年版,第 203 页。
[②] 〔德〕卡尔·迪特里希·埃尔德曼著,高年生译:《德意志史》(第四卷上册),商务印书馆 1986 年版,第 203 页。
[③] 余可·汉斯:《魏玛共和国与宪法学说》,载黄卉主编:《德国魏玛时期国家法政文献选编》,清华大学出版社 2016 年版,第 17 页。

社会主义假面具，他们要在国家制度和宪法中继续保留某些社会主义和民主的内容。

1919年7月，魏玛宪法正式通过。魏玛宪法分作两编，分别是"联邦之组织及其职责"和"德国人民之基本权利及基本义务"。第一编"联邦之组织及其职责"分作"联邦及各邦""联邦国会""联邦大总统及联邦政府""联邦参议会"和"联邦立法"五章。第二编"德国人民之基本权利及基本义务"分作"个人""共同生活""宗教与宗教社会""教育及学校"和"经济生活"五章。[①]

魏玛共和国的宪法没有同1871年俾斯麦帝国的宪法作革命的决裂，而更多的是对它的继承。在1871年宪法中，普鲁士占据了德国的霸主地位，它在德国参议院58个席位中占到17席，而在魏玛宪法中，德国参议院设66个席位，普鲁士在参议院的席位由政府授权的13席和省掌握的13席构成。在1871年宪法规定的帝国政治结构中，普鲁士总理大臣和帝国首相由一人担任，这种现象在魏玛宪法中不再存在。参议会是各邦的代表机构，由各邦的首相组成。参议会有权对法律草案提出反对意见，但是参议会在魏玛共和国时期不曾发挥过重要的作用。

在立法问题上，1871年宪法规定，通过一项法律必须有两个机构的赞成才能生效，而按照魏玛宪法，如果德国参议院反对，国会只要有三分之二的多数就可以通过一项法律。

魏玛宪法的主要内容是关于作为民族和德国统一的国会的，国会的职权范围除了立法和决定预算外，还包括批准国家条约，总理和政

[①] 黄卉主编：《德国魏玛时期国家法政文献选编》，清华大学出版社2016年版，第17、399—427页。

府要得到国会的信任。尽管总统任命的总理和政府不一定要经国会批准,但是国会可以用一项简单的不信任投票就使政府或个别部长下台。

除了代议制原则,魏玛宪法的制定者还把直接民主的一些因素写进了宪法,例如总统选举条款写明,"总统由全体德国人民选举产生",总统就职时,向议会作如下宣誓:他"将尽全力为德国人民谋福祉,增进其利益,防其蒙受危害,遵守德国宪法和法律,恪守良心以履行义务,并待人以公道";"若国民议会提出申请并经人民公决通过,可以在总统任期届满前辞退之"。①

对于一般的言论、出版、集会和结社自由,魏玛宪法似未有专门章节加以宣布。

但是,魏玛宪法授予总统极大的特权。当一个法令草案在国会和参议院表决结果不同时,总统可以下令举行全民公决;总统可以任免总理和部长,还有权解散国会,但只有解散国会一次的权力;总统有宣布非常法的权力;总统统帅国防军,"当德国国内公共安全与秩序遭到严重破坏或危害时,总统可采取紧急措施以恢复公共安全与秩序,必要时可诉诸武力"。②宪法关于总统拥有特权的条款,使得在魏玛共和国的后期出现的总统独裁具备了可能性,这种总统独裁的实施是以国防军为支柱的。③总统权力很大,是魏玛宪法的一个大问题,这反映了这部宪法徘徊在资产阶级民主和专制集权之间,它的倾向具

---

① 黄卉主编:《德国魏玛时期国家法政文献选编》,清华大学出版社2016年版,第406—407页。
② 黄卉主编:《德国魏玛时期国家法政文献选编》,清华大学出版社2016年版,第407页。
③ 〔德〕卡尔·迪特里希·埃尔德曼著,高年生译:《德意志史》(第四卷上册),商务印书馆1986年版,第224页。

有很大的不确定性，并没有保证德国走向资产阶级民主制的目标。未来德国国家的性质和政治生活走向民主或专制集权，将取决于阶级和政治力量间的角逐和格局的变动，但无论如何德国已没有可能走向社会主义制度。德国日后走上法西斯主义道路，和魏玛宪法包含的某种右翼集权倾向不无联系。

魏玛宪法设立了"经济生活"一章。这章称："经济生活秩序必须符合正义之基本原则，并以保障人人得以尊严生存为目的。在此范围内确保个人经济自由。""唯以实现受害者权利或满足公共福祉之重要需求为目的，方可实行法律强制。""工商业自由依照联邦法律予以保障。"它宣布："经济交易依照法律规定之标准实行合同自由原则。"① 魏玛宪法将结社自由的原则归到"经济生活"一章来陈述。它在内容上的创新，是在"基本义务"之外新增了"基本社会权利"，第159条写道："以维持和改善劳动、职业条件为目的之经济结社自由，无论何人何种职业，均予以保障。"②

魏玛宪法建立了一个自由和公正的选举体制。各大城市的报业市场为高素质的自由媒体主导，大量志愿型的政治俱乐部和公民社会组织形成了。但是希特勒所在的国家社会主义工人党的选票在逐年增长。

1924年第一次大选，共产党的得票率为13%，社会民主党的得票率为20.4%，德国民主党的得票率为5.8%，中央党和巴伐利亚党的得票率为16.7%，德国人民党的得票率为19.2%，小型保守党和

---

① 黄卉主编：《德国魏玛时期国家法政文献选编》，清华大学出版社2016年版，第423页。
② 黄卉主编：《德国魏玛时期国家法政文献选编》，清华大学出版社2016年版，第424页。

地区党的得票率为 8.2%，德国民族人民党的得票率为 19.4%，国家社会主义工人党的得票率为 6.6%。1928 年大选，共产党的得票率为 10.7%，社会民主党的得票率为 29.8%，德国民主党的得票率为 5%，中央党和巴伐利亚党的得票率为 15.2%，德国人民党的得票率为 8.6%，小型保守党和地区党的得票率为 13%，德国民族人民党的得票率为 14.3%，国家社会主义工人党的得票率为 2.5%。1932 年第一次大选，共产党的得票率为 14.3%，社会民主党的得票率为 21.6%，德国民主党的得票率为 1.1%，中央党和巴伐利亚党的得票率为 15.7%，德国人民党的得票率为 1.1%，小型保守党和地区党的得票率为 3%，德国民族人民党的得票率为 6%，国家社会主义工人党的得票率为 37.2%。1933 年大选，共产党的得票率为 12.2%，社会民主党的得票率为 18.4%，德国民主党的得票率为 0.8%，中央党和巴伐利亚党的得票率为 14%，德国人民党的得票率为 1%，小型保守党和地区党的得票率为 1.5%，德国民族人民党的得票率为 7.9%，国家社会主义工人党的得票率为 44.2%。[①] 国家社会主义工人党恰恰依靠民主制获得了大量的选票，最终上台执政。

　　魏玛宪法虽然宣布建立"民主国家"，却没有触动私有财产权，并且保留了大部分军事与行政机构，革命左翼阵营对此表示怀疑，对宪法宣称的正当性表示斥拒。共和国早期濒临内战的局面。第一任总统弗里德里希·艾伯特对此的反应是扩大宪法第 48 条赋予总统的经济权力。由于德国在 1922—1923 年间陷入了恶性通货膨胀和经济危机，帝国议会通过了授权法案，扩大了总统的立法权和财政权，总统

[①] David Abraham, *The Collapse of the Weimar Republic:Political Economy and Crisis*, New York, Holmes & Meier, 1986, p.23.

权力的扩张远远超出了制定宪法的人们的预料。

2. 魏玛共和国政治

1924—1929 年间，魏玛共和国的经济和政治都进入了相对稳定时期，但这个时期议会制度并未能有效运转。各政党顽固地坚持本党的经济和政治利益，不懂得妥协，没有能力也没有意愿彼此长期合作。这样的结果便是产生了一届又一届的缺乏执行能力的少数派政府。

1919 年 2 月，艾伯特为国家总统；1919 年 6 月—1920 年 3 月，社会民主党人鲍威尔任总理；1920 年 3 月—1920 年 6 月，社会民主党人米勒任总理。这两届政府都是魏玛联盟政府。

1920 年 6 月—1921 年 5 月，中央党人费伦巴赫任总理。这是一个资产阶级联合政府，没有取得议会多数席位。

1921 年 5 月—1922 年 11 月，中央党人维尔费博士任总理。这是一个魏玛联盟政府，没有取得议会多数席位。

1922 年 11 月—1923 年 8 月，无党派人士古诺博士任总理。这是一个专家任部长的资产阶级无党派人士政府。

1923 年 8 月—1923 年 11 月，人民党人施特雷泽曼任总理。这是一个大联合政府。

1923 年 11 月—1924 年 12 月，中央党人马克思博士任总理。这是一个资产阶级联合政府，没有取得议会多数席位。

1925 年 4 月，兴登堡为国家总统；1925 年 1 月—1926 年 5 月，无党派人士路德博士任总理。这是一个资产阶级右派联合政府。

1926 年 5 月—1928 年 6 月，中央党人马克思博士任总理。这是一个资产阶级右派联合政府。

1928 年 6 月—1930 年 3 月，社会民主党人米勒任总理。这届政府是一个大联合政府。

1930年3月—1932年5月,社会民主党人布吕宁任总理。这届政府由民主党和人民保守联合会等资产阶级政党组成。

1932年6月—1932年11月,先是中央党人、后作为无党派人士的巴本任总理。这届政府主要是由保守的贵族成员组成的总统制政府。

1932年12月—1933年1月,无党派人士施莱歇尔任总理。[①]

魏玛共和国的国会体制主要依靠"德国社会民主党"、天主教"中央党"和左倾市民自由主义的"德国民主党"三党维持。1932年以前,德国社会民主党在国会选举中是第一大党。1912年1月,国民议会有397名议员,社会民主党占110席,保守党占14席,民族自由党占45席。1919年1月,国民议会有421名议员,社会民主党占163席,中央党占91席,独立社会民主党占22席,民族人民党占44席。1920年1月,国民议会有459名议员,社会民主党占102席,中央党占64席,独立社会民主党占84席,民族人民党占71席。1924年5月,第二届国民议会有472名议员,社会民主党占100席,中央党占65席,民族人民党占95席。1930年9月,第五届国民议会有577名议员,社会民主党占143席,中央党占91席,民族人民党占41席。这期间,社会民主党的议员在议会中是最多的,但是,其他资产阶级政党的议席总和超过了社会民主党。[②] 其中极左和极右的两翼政党都希望废除魏玛宪法。在魏玛共和国后期,各政党分崩离

[①] 〔德〕卡尔·迪特里希·埃尔德曼著,高年生译:《德意志史》(第四卷上册),商务印书馆1986年版,第411—412页。

[②] 〔德〕卡尔·迪特里希·埃尔德曼著,高年生译:《德意志史》(第四卷上册),商务印书馆1986年版,第397、398、399页。

析，不断产生新政党，处于主导地位的政党无一能在议会取得多数，只能靠彼此结盟产生下任总理人选，国会对许多亟待解决的事项无从下手。为了填补议会立法的空白，帝国政府不得不动用宪法第48条规定的总统紧急权处理某些事务。[1] 到1930年，国会已经无法形成足以组建政府的多数，新任总理海因里希·布吕宁也无法取得国会多数的信任，只是以总统保罗·冯·兴登堡的紧急权为基础执政。国会也无法形成多数来反对布吕宁。1932年，兴登堡罢免了布吕宁，起用弗朗茨·冯·巴本为总理。魏玛共和国变成一个不依靠国会信任的总统权威制的国家。1929年10月，世界经济危机爆发。1933年1月，德国失业人数增至600万人，不稳定的魏玛共和国彻底崩塌了；3月，希特勒被任命为帝国总理；3月24日，《消除国家与人民痛苦法》将立法权分派给帝国政府。从此，帝国政府可以不受宪法约束而自行颁布法令。到此时，魏玛共和国的政治生命实际上已经结束。

第七节　法西斯主义兴起和灭亡

20世纪30年代出现的法西斯国家是资本主义国家一种蜕变和畸形形态，它既具有其他资本主义国家的一般特征，又具有与一般资本主义国家形式上的不同之处。这种类型的国家在德国、意大利、西班牙和日本都出现过，但它们彼此之间还是有些差别。

德国在第一次世界大战中的失败是法西斯主义兴起的一个极其重要的历史原因，这一结果使德国的政治发展逸出了通常的轨道。第一

---

[1] 余可·汉斯：《魏玛共和国与宪法学说》，载黄卉主编：《德国魏玛时期国家法政文献选编》，清华大学出版社2016年版，第18—19页。

次世界大战战事发生导致的对群众大规模的招募和战败造成的灾难性的后果，使得《凡尔赛和约》签订后创立的德国感到侵略有罪。而第一次世界大战德国战败后的赔偿和在整个 20 世纪 20 年代灾难性的通货膨胀使德国经济经历了一次浩劫，给德国带来巨大的创痛。在这些因素刺激下，在那些曾经是军人的人群中形成了法西斯组织。

凯恩斯早在 1917 年就已经察觉到，战争失败会导致民族主义反动的出现，他写下了《和平的经济结果》(1919 年)。战后在德国形成了一种道德有罪的情绪对民众的影响也是巨大的，如果没有这种社会心理的背景，在 1936 年或 1938 年，德国各阶层人民会对希特勒表现出更强有力的抵抗。此外，某种国内的政治因素对于法西斯主义的兴起也起了巨大的作用。甚至早在第一次世界大战结束前，德国军人中的一部分人便对把权力交给社会民主党感到十分悲痛。以后，德国社会民主党在战后承担起了在动荡中挽救资产阶级德国的责任，但是他们镇压了德国共产党和工人阶级以及 1918—1919 年在德国各地发生的革命。这一事件说明德国的阶级关系和政治在战后日益激化，阶级冲突急剧发展，已经没有一种政治力量能够暂时调和敌对阶级之间的冲突，也没有一种有力的政治力量能够在魏玛时期的德国支持资产阶级群众较为理想的自由主义政治。1894 年以后，一些容克和资产阶级反动势力聚集的地区成为支持纳粹的地区。[1] 如果把法西斯主义的产生置于人类社会向现代社会的转变过程中来分析，我们可以看到，当时人民正处于历史转变的中途，他们中一些阶层还对于前工业化社会带有浓郁的记忆和怀念，当突然发现社会民主党对他们许下的

---

[1] 〔美〕巴林顿·摩尔著，拓夫等译：《民主和专制的社会起源》，华夏出版社 1987 年版，第 8 章。John Hall, *Power and Liberty, Cause and the End of the Rise of the West*, Oxford U.P., 1985, p. 168.

诺言无法兑现时，便陷入了一种意识毫无目标的失望境地。在这种情况下，资产阶级的某些集团通过创造出一种"一体化"的意识形态取得了对人民的欺骗效应并取得了人民的支持，这个集团便取得了政治权力，就这样，法西斯主义开始泛滥。在大萧条酿成一场普遍而深刻的危机后，德国乡民产生的情绪倒向国家社会主义，农村对纳粹的支持最后达到37.4%。[1] 所以，法西斯主义不是简单的资本主义直接发展的结果，而是帝国主义阶段资本主义发展和危机造成的一种变态。通常在那些资本主义已经有较充分的发展、已经向资本主义阶段转变的国家中，不那么容易发生大规模的法西斯运动和组成法西斯团体。

法西斯国家这种国家类型在国家的权力结构、社会基础和统治集团的社会构成以及国家在意识形态领域中的活动等方面都有其独有的特征。

法西斯德国的权力结构和其他资本主义国家有所不同，它由党、国家和军队三个部分组成。传统的国家机构在法西斯德国体制中并不拥有全权，而民族社会主义党和军队凌驾于传统的国家机构之上。在其他西方资本主义国家中，资产阶级政党固然也在国家的政治生活中起重要的作用，但这些国家的资产阶级政党通常不是作为直接的国家权力机构在政治生活中出现，资产阶级政党控制国家采取了较为隐蔽的形式，它通过该党的议员在议会中取得多数成为执政党，组成一党的或以一党为主的内阁来控制国家政权。换言之，资产阶级政党借助宪法规定的政治权限和政治关系起作用，资产阶级政党必须服从国家权力机构，它不能轻易地放弃合法化的外衣。但是，在法西斯德国国

---

[1] 〔美〕巴林顿·摩尔著，拓夫等译：《民主和专制的社会起源》，华夏出版社1987年版，第384页。

家中，法西斯的民族社会主义党则成为公开的权力机构，它处于旧有的国家机构设置之外并凌驾于这些国家机构之上。

意大利和德国的法西斯主义政党诞生于俄国革命之后，法西斯分子和纳粹分子的最初目标是打击其国内的社会主义者和共产主义者，他们的目的并非在大选中击败这些政党，而是利用武装力量彻底粉碎对方。法西斯分子和纳粹分子谴责民主，认为民主是推动社会主义和共产主义崛起的原因。虽然一开始某些法西斯分子隐藏了其真实目的，但最后他们还是力图用独裁代替民主。[①]

1931年12月1日，希特勒颁布了《关于政党和国家之保障的法律》。这项法律规定，民族社会主义党在它上台执政后就成为德国国家思想的代表者和指导者，确认党和国家的结合，其党魁同时也是政府机构的成员，确立了党政合一的制度。只有那些忠于领袖制的原则，加入党而成为党的组成部分，在党的监督下成立和存在的那些组织才能够在德国存在。任何范围的领导职务只能由民族社会主义党的党员担任。法西斯的纲领被宣布为国家的主要政治基础，纳粹党的党员拥有很大的特权，可以优先得到工作和职位，并能得到较快的提升。1934年7月3日，对《关于政党及国家之保障的法律》的修正法令将党政合一的制度推广到地方自治机关，市长、镇长、村长的任命需经党魁的同意。

在德国，领袖制原则是党和国家职位等级制度的基础。党和国家的官员不仅享有广泛的权力，而且被宣布为各自部门拥有无限权力的领袖。根据1933年3月24日颁布的法律，希特勒赋予自己无须联邦

[①] 〔美〕约翰·朱迪斯著，马霖译：《民粹主义大爆炸：经济大衰退如何改变美国和欧洲政治》，中信出版社2018年版，第187—188页。

国会和总统同意便可颁布法律的权力。

两党制或多党制是西方资产阶级国家标榜自由民主的一个招牌，但法西斯德国把这一招牌也扔掉了。1934年7月14日，颁布了《禁止组织新政党的法律》，规定民族社会主义党是德国唯一的政党，凡保持此外的政党或组织新的政党均以谋反论罪。这个法令颁布后不久，甚至连那些曾经与纳粹党联合的非纳粹党议员也遭到迫害或排挤，而由纳粹党人出任所有议员。这样，德国以政党制为基础的议会政治已经名存实亡，宪法规定的国家机构的权力形同虚设。

法西斯德国的国家机构设置和政权关系也有其突出的特征。德国实行极端的中央集权制，这表现在德国彻底取消了以前的自治机关的独立地位并极大地削弱了地方各邦议会的权力。加强中央集权削弱地方政府权力的第一项重要措施是在1933年4月制定的《联邦摄政法》。它规定，总统根据总理的要求任命各邦摄政；普鲁士总理由联邦总理兼任；摄政负责监督各邦遵守联邦总理规定的大政方针，并总揽各邦政府任命和撤销邦政府官吏和法官、解散邦议会、起草和公布法律的权力。1934年1月30日，希特勒颁布了《德国改造法》，取消各邦的人民代表制，解散了各邦的议会，邦和邦政府的权力隶属于联邦政府，各邦执政隶属于联邦内务部长。同年2月2日，发布这项法令的施行令，规定各邦制定法律必须得到中央政府所属部长的同意，各邦解散原有的官吏团，由中央委派的官吏取代。2月5日又下令各邦废除对国籍的认可权，国籍统由中央内务部长认可和授予。2月14日又颁布法律，取消联邦参政会，原有的联邦参政会的立法权由中央政府控制。德国的城市有着地方自治的古老传统，选举议员和对乡镇负责的乡镇长，这种自治的原则给人民一定的自由。但是1935年1月颁布了《乡镇法》，规定由党或国家任命乡镇长、副乡镇长、乡镇（市）议员，并且不允许乡镇议员和市参议员参与表达地方的意志，这项法令意味着地方自治在德国结束。[①]

　　法西斯德国表面上保留了一院制的联邦国会，但是没有实行选举议员的资本主义民主制。联邦国会选举的选票全部编上号码，上面只有一个政府指定的候选人的姓名，联邦国会的全体议员都被迫进行忠于元首的宣誓。戈林被任命为联邦国会的议长。一院制联邦国会总是一致赞成纳粹党的指示，联邦国会在政治和立法活动中的作用微乎其微。1933年3月24日颁布的《消除人民和国家痛苦法》，实际上剥夺了联邦国会的立法权。这项法令规定，政府有制定法律的权力；政府总理起草法律、公布法律，并使法律立即生效；政府不必得到立法机关的同意便可以自行签订对外条约，并发布命令予以施行；政府颁布的法律可以与宪法抵触。这项法令改变了传统的国家政权关系，实际剥夺了国会的立法权，破坏了国家法中的分权和监督的原则。

　　法西斯德国的政府兼有立法机构的职能，总理集行政、立法和外交大权于一身。1931年9月，兴登堡死后，希特勒立即颁布了《关于帝国最高领袖的法令》，取消了总统一职的设置，将总统与总理二职合二为一，设立"元首"执掌这二者的职权。希特勒自任元首，终身任职，并指定身后的接班人，成为集权的独裁者。

　　法西斯德国国家结构中，有一法西斯组织为庞大的警察组织，它加强了镇压和恐怖活动。德国法西斯组织在上台执政之前，便拥有党的军事力量——冲锋队，其人数由10万扩充到30万，并在很大程度上武装起来，用恐怖活动对付自己的敌对政党。最初带领冲锋队的

[①] 〔德〕卡尔·迪特里希·埃尔德曼著，高年生译：《德意志史》（第四卷上册），商务印书馆1986年版，第416页。

是希特勒的战友罗姆。希特勒上台后，在法西斯内部的党争中，希姆莱为首的党卫军在1934年6月消灭了罗姆的冲锋队的上层分子。这样，德国全部警察力量就转到了希姆莱领导下。

法西斯德国建立了复杂的警察组织分支。国家保安警察部队负责谍报工作，在国外组织暗杀和破坏活动。盖世太保（国家秘密警察）是国家保安警察部队的一部分，它是戈林担任普鲁士总理后建立的。表面上盖世太保是党卫军的12个主要部门之一，但它的地位极其重要，它执行消灭被俘的红军政委、共产党员、左派政治家和游击队员的任务。盖世太保拥有同纳粹主义的一切敌人进行斗争的最高警察权力。盖世太保建立了集中营和监狱等恐怖设施。1933年1月，盖世太保获得了不受政法和刑法法规约束而采取行动的权力，它可一直出于预防的目的而采取惩罚措施，它不顾及任何公民权和人身权利，不经司法机关批准而搜查、逮捕、没收财产、偷听电话和检查邮件。盖世太保采取秘密的组织形式，它的公民地位居于法律之上。盖世太保在国内建立了控制制度，1936年以后，所有的居民都按40—60户划分为组，各组都由具有纳粹党党徒身份的特派员任组长，他向盖世太保提供任何性质的情报。盖世太保具有独占权力，由盖世太保包办德国国内和国外的政治逮捕。此外，希姆莱在巴伐利亚建立了类似于盖世太保的国家保安警察部队，由于盖世太保和国家保安警察部队争权夺利，又建立了德国中央保安局。从1939年起，德国中央保安局把所有的警察部门合并，归保安局管理，其全部人员都取得党卫军的军衔。警察部门的数量和分支的增加，使德国的镇压机构比任何一个国家都庞大。在法西斯战争时期，盖世太保与军队共同对和平居民和战俘进行了屠杀。

德国新自由主义派学者从权力关系上对纳粹主义剖析，认为纳粹主义从根本上说，首先表现为国家权力无限制的膨胀。其次，在纳粹主义统治时期，在某种程度上，国家从内部被剥夺了行政权力。在纳粹主义中，所有国家及其内部运作原则不是一种行政管理类型的等级结构以及权威和责任之间的游戏，这种游戏自19世纪是欧洲行政管理的特征。再次，不正当的存在以及调节行政管理机关和政党关系的所有立法机关，以损害国家为代价来赋予政党至上的权威。[①]

从德国法西斯主义的社会基础来看，德国法西斯通过意识形态的欺骗建立了一个特殊的霸主权联盟来实施它在德国的统治。在建立的这个霸主权联盟中，参加者不仅有资产阶级分子，还有小资产阶级和失业工人等。

德国民族社会主义工人党是希特勒起家的组织基础，也是希特勒统治德国的组织基础，它的前身是1919年1月5日成立的德国工人党。1918年9月，希特勒成为这个党政治委员会的第七名委员。1920年3月，该党正式命名为德国民族社会主义工人党。这个政党采用合法的策略口号展开争取政权的活动。从阶级构成来看，这是一个包括所有职业成分的政党。1933年1月底，德国民族社会主义工人党的党员人数为85万，其中工人为27.5万，占总数的三分之一；包括官员和职员在内的新中产阶级人数不到三分之一；独立职业者包括帮工的家属占党员的三分之一。党员中的工人有一半是失业者，这些工人在经济危机时期加入民族社会主义工人党的特别多。根据对党员成分的职业分析，小资产阶级在民族社会主义工人党中所占比例相当高。如果把民族社会主义工人党与当时其他资产阶级政党作比较，

[①] 〔法〕米歇尔·福柯著，莫伟民、赵伟译：《生命政治的诞生》，上海人民出版社2018年版，第144—145页。

其党员中工人的比例是最高的。

在民族社会主义工人党的区一级领导中，除少数例外，都受过高等教育。许多人由于战争爆发中断了大学或职业学校的教育，革命以后，他们中许多人已经不可能在资产阶级社会中取得较高地位。在该党较高级领导集团中，只有少数人受过完整的大学教育，这类人中有戈培尔和赖伊，他们均为博士。从社会出身来看，民族社会主义工人党的领导人除少数是贵族外，都属于中小资产阶级。他们被生活从士兵或正规的平民职业中抛出来而落入冒险生涯，没有可靠的资产阶级生活方式来维生。

当时德国政治急剧动荡，无产阶级与资产阶级的斗争激烈展开。在1929年空前的经济危机的冲击下，德国的农民、手工业者和新中产阶级分子希望过一种安定的生活，这批不同经济利益的人士当时便在资产阶级政党和无产阶级政党之外的政治力量那里寻找出路。他们大批地倒向民族社会主义工人党。

然而，德国纳粹党的一切活动不是在其已有的狭隘的社会基础上能够得以展开和完成的。这个党在夺取政权和保持政权的活动中，建立了一个霸主权联盟。纳粹党在工业界、知识分子和教会中都找到了同盟者来帮助它达到自己的政治目的。战后，在审判纳粹党人的国际军事法庭上，杰普逊法官曾总结说，法西斯党徒的致命弱点是缺乏技术能力，它们无法在自己的队伍中组织一个有能力实现其全部计划的政府。但是纳粹党在后来的活动中解决了这个问题，它们在大工商业资产阶级中找到了支持者。纳粹战犯、前经济部长瓦尔特·冯克说，他是"受到工业界的鼓励而在党内（民族社会主义工人党）积极活动的"。"他积极地充当了纳粹和大实业家的居间人"。1930—1931年，希特勒开始在莱茵区工业家集会上发表演说，他被介绍给莱茵-威斯特伐利亚工业界的领袖们。1932年1月27日，希特勒在杜塞尔多夫的工业俱乐部发表演说，从而获得了工业界首领的支持，德国民族社会主义工人党的正式文件把这一天称为"民族社会主义工人党历史中值得纪念的一天"。民族人民党领袖、大工业家阿尔弗雷德·胡根贝格，退伍军人组织（钢盔团）首领弗朗茨·塞尔特，民主党最初的创始人之一、以后任德国国家银行行长的亚尔马·沙赫特博士是希特勒上台前后的主要支持者，胡根贝格在希特勒上台一事上起了不小的作用，沙赫特的支持使得纳粹德国得以重整军备、准备战争，他还在美国工业领袖富乐面前吹捧希特勒。工业家们还从财政上对希特勒进行捐赠，工业家弗里茨·蒂森、埃米尔·基尔多夫、弗里德里希·弗利克和法本工业公司、通用电气公司、鲁尔区煤炭采矿联合公司以及鲁尔俱乐部都赞助过民族社会主义运动。[①] 在支持希特勒法西斯民族主义工人党的工业家中，有一些人认为，他们能够按照自己的意愿控制纳粹党的领导人，制约希特勒的狂妄，但是他们的估计最后被证明是错误的，他们不是希特勒的对手，他们一个个败下阵来，有的接受了希特勒的摆布，有的则逃亡或被囚死在集中营里。

  知识分子和宗教界领袖也参加了帮助纳粹夺取政权和保持政权的队伍。光环集团最初是一批反对现代理性主义和开明思想的知识分子的特殊集团，它以海因里希·冯·格莱兴为首，后来发展成为绅士俱乐部。从这个俱乐部中分出了冯·巴本集团，它为希特勒上台铺平了道路。威廉·施普佩尔和阿尔布雷希特·埃里希·亨特编辑的《德意志民族性》杂志、慕尼黑的勒曼出版社、汉堡的汉萨出版社和耶那的

[①] 〔德〕卡尔·迪特里希·埃尔德曼著，高年生译：《德意志史》（第四卷上册），商务印书馆1986年版，第390页。

迪特里希出版社都对希特勒倡导的真正的"权力"和德国民族性表示欢迎。经济学家桑巴特也抛弃了科学研究的准则和自由主义思想，加入了这一场大合唱。桑巴特在1935年6月社会政策协会的会议上宣称，自由讨论的时代结束了，"今天政治意志的形成完全是通过另外一种形式"，"是依靠领袖的原则这样一种直接方式"。社会学家和哲学家汉斯·弗赖尔和爱德华·施普兰格尔也都成为"具有感知力的超凡魅力的领袖"出现的捧场者。还有一大批文学家，包括右翼民族主义者和自由派作家如汉斯·约克特、保罗·恩斯特、鲁道夫·宾丁、格哈特·霍普特曼都起来为希特勒的政策辩护。

追随希特勒纳粹党的新教徒把纳粹国家视为"德国新教徒"国家观念的体现，是抗拒耶稣会教士和教皇极权主义的堡垒，他们认为纳粹国家体现了福音新教会的"社会主义"，纳粹国家所代表的运动将用"德国秩序"、道德、权力和祖国观念来代替民主共和国的"道德堕落"。①

德国民族社会主义工人党在德国取得统治权的过程中，意识形态的控制作用对它们达到这一目的起了很大的作用。和意大利法西斯主义相比，德国民族社会主义工人党的意识形态活动起的作用比前者要重要得多。德国法西斯通过意识形态领域的活动维护和巩固其国家权力，同时以此来支持疯狂的向欧洲军事扩张的活动。

德国民族社会主义工人党也吸收了其他国家的法西斯主义，它们从意大利法西斯主义那里学习了纳粹的敬礼姿势和一些青年娱乐组织形式，用德文词Fuhrer（领袖）称呼希特勒和意大利文用Dece（领

---

① 〔美〕科佩尔·S.平森，范德一等译：《德国近现代史》（下册），商务印书馆1987年版，第666—669页。

袖）称呼墨索里尼相似。

从思想特征来说，民族社会主义把对资产阶级理性的反叛推到最极端的地步。法西斯的这个意识形态结构不是以理性为基础的，而是以诉诸感情和力量为基础。希特勒曾直言不讳地说："在任何时候，我们世界上最终大变化的推动力都不是启迪群众的科学知识，而是支配他们的狂热和驱策他们前进的歇斯底里。"纳粹活动家的语言充满着企图引起激烈狂暴的感情反应的词语。民社党员的演说通常很长，有时长达4个半小时，他们千方百计地使听众保持高度的狂热，他们大量利用党徽、旗帜、奖章、游行等易于激起人们情绪的手段，这种诉诸感情的做法对于争取一大批德国妇女的选票支持特别有效。德国民族社会主义工人党虽然在道德上是虚无主义的，但却知道诉诸为理想而牺牲的冲动。①

纳粹专政是一种反对理性的、暴力的专政，但是纳粹专政并非小集团的专政，它努力骗取群众的支持。纳粹把宣传集中于争取群众，用戈培尔的话来说，叫作"征服街道居民"。戈培尔写道：街道居民"是现代政治的特征。谁能征服街道居民，也就能征服群众；谁能征服群众，就能征服国家"。这是戈培尔成为柏林党区领导人之后提出的任务。在冲锋队和纳粹新闻机构的帮助下，戈培尔在这方面取得很大的成功。在德国法西斯夺取政权以后，求助于群众的做法在历次公民投票中运用得很有成效，这些投票是对已经贯彻的国家的内政、外交政策表示一种追认和捧场。在求助于群众支持的同时，纳粹又表现出对群众的公开蔑视，它放肆地攻击政治民主和人民政体，嘲笑多数

---

① 〔美〕科佩尔·S.平森，范德一等译：《德国近现代史》（下册），商务印书馆1987年版，第645、652—653页。

政治的原则，提出杰出人物统治的观念，而高居这些杰出人物之上的是"领袖"希特勒。它一方面用甜言蜜语讨好群众，一方面又告知他们不能自己决定需要什么、应该做什么。在这一过程中，19世纪中期以来向德国民众反复灌输的他们无力管理自己的那种观念起了巨大的作用，许多群众成为法西斯主义的追随者和支持者。①

德国法西斯主义的民族社会主义意识形态的核心是强烈的民族主义，它靠这种民族主义把支离破碎的纲领中互不相干的部分结合在一起。这种民族主义的模糊笼统的内容的核心就是宣传德国光荣伟大的信条，它们对人们说："除了德国，你们没有别的上帝！"由于在德国的历史上民族主义有着悠久的传统，纳粹分子又把民族主义和"社会主义"的要求结合在一起，使其宣传达到极大的效果。在民族主义宣传中，纳粹分子反复强调"砸碎《凡尔赛和约》的枷锁"，把改变第一次世界大战给德国带来的困境作为吸引和蛊惑群众的重要口号。他们在宣传中继承了泛德意志扩张的梦想，同时又继承了在德国统治下的欧洲帝国的浪漫主义宣传家的衣钵，模仿他们叫嚷："今天是德国，明天我们的国家是全世界。"

民族社会主义意识形态将某些社会主义的要求内容纳入自己的纲领，以投合新浪漫主义者模糊的反资本主义的要求。纳粹提出，社会的经济困难是现代大规模的资本主义所造成的。

他们提出了"普遍利益先于个人利益"和摧毁利息的奴役，这对于经济地位下降和破产的中产阶级和农民有很大的吸引力。同时，法西斯主义者还吹捧工人，戈培尔对柏林工人说："起来，新的工人阶

---

① 〔美〕科佩尔·S.平森，范德一等译：《德国近现代史》（下册），商务印书馆1987年版，第652—655页。

级青年贵族！你们是第三帝国的贵族。"施特拉塞尔写道："我们是现代资本主义经济的敌人，它剥削经济地位软弱的人，它的工资制度不公平，它对人的评价不道德，是根据财产和金钱，而不是根据良心和成就。我们下决心无论如何要摧毁这种制度。"希特勒还把自己美化成社会民主党的继承人，他说："我只需要合乎逻辑地发展社会民主党由于企图在民主结构中实现演变而一再未能完成的事业。"[①]

德国民族社会主义意识形态的核心是种族主义，它强调种族的"纯粹"，认为所谓北欧日耳曼民族或雅利安民族具有无可争议的优越性。它认为，过去一切文明的衰落和消亡都是由于种族混杂造成的，而人类历史上一切创造性的事物都是雅利安民族的成果，雅利安民族是人类"文化的奠基"，认为国家和种族相比居于次要地位，国家是保持种族纯粹性的一种手段。[②]

第二次世界大战以德国、意大利、日本等法西斯国家被摧毁为结束。

第八节　联邦德国的国家制度

"二战"以后，德国分裂为实行资本主义制度的联邦德国和实行社会主义制度的民主德国。

联邦德国各州议会代表组成的议会委员会在1948—1949年制定并通过的德国《基本法》，确立了联邦德国的资本主义国家制度。

---

① 〔美〕科佩尔·S.平森，范德一等译：《德国近现代史》（下册），商务印书馆1987年版，第662—663页。
② 〔美〕科佩尔·S.平森，范德一等译：《德国近现代史》（下册），商务印书馆1987年版，第657—658页。

《基本法》第 20 条规定，德意志联邦共和国是民主的和社会福利的联邦制国家，所有的国家权力来自人民，国家权力需经公民选举和投票，并由立法、司法和行政等特别机关行使。

由于德国在第三帝国时期（1933—1945 年）的任何内容，包括恶法都可以成为法律的内容，所以《基本法》做出了特别的规定。《基本法》第 1 条规定，人的尊严不可侵犯，尊重和保护人的尊严是一切国家权力的义务。"德国人民信奉不可侵犯的和不可转让的人权是所有人类社会、世界和平和正义的基础。"人人享有生命和身体不受干涉的权利。人身自由不可干预。只有依据法律才能对此类权利予以干预。《基本法》保护私人领域、住宅不受干预，通信、邮政即电信秘密不受干预；一般人格权与隐私得到保护，信息有自决权；信仰、良知和信教自由；言论与信息自由、出版自由、广播自由即电影自由、科学研究与艺术自由；有和平地不携带武器参与集会的权利；所有德国人均有结社之权利；迁徙自由；职业自由；结盟自由；保障所有权和继承权；只有符合社会公共利益时，方可准许征收财产。对财产的征收只能通过和根据有关财产补偿形式和程度的法律进行，确定财产补偿时，应当考虑社会公共利益和相关人员的利益。对于补偿有争议的，可向普通法院提起诉讼。[1]

《基本法》规定了关于国家制度的诸原则，它包括权力分立的原则、依法行政的原则、比例原则、信赖保护原则、确定性原则和权力保障原则。

《基本法》将国家权力分配给三个主体。立法是第一权力，属于

---

[1] 〔德〕伯阳：《德国公法导论》，北京大学出版社 2008 年版，第 96、97、99、100、101、104、106、111、112—113、114、116、118、119 页。

立法机关的有联邦议院、州议院和其他立法机构；执行权力包括行政和政府是第二权力，属于行政机关的有国家机关以及联邦政府和州政府；司法是第三权力，司法机关包括法官和法院。[①]

上述权力分立并互相监督。但是在德意志联邦共和国的权力分配体制中，议会、政府或行政与司法之间存在着交叉和重叠。政府成员，即联邦总理与联邦部长，通常也是联邦议员的成员，因此在这个意义上政府与议会之间存在着人事交叉。联邦政府也参与立法，联邦政府也可以在联邦议院提交议案，联邦政府通常也受到议会的多数方支持，大部分的法案提案是由联邦政府提交的。在得到联邦法律相应授权的前提下，联邦政府也可以发布行政法规。联邦议院也执行行政任务，例如联邦议院对于国家是否处于防御状态做出确定。法院也从事行政行为，例如允许第三人查阅卷宗。法治国家实施权利保障原则，公民可以通过诉讼对抗国家活动，这是法治国家的核心要素，几乎行政机关的每项活动都可以受法官的监督。[②]

《基本法》确定了国家运作的民主原则。第20条第2款规定，一切国家权力来自人民，因此一切国家权力的行使都必须由人民来赋予其合法性。人民通过选举与投票直接行使国家权力，选举是对人员的规定，投票是对事项的规定。负责颁布法律的联邦议院由人民直接选举产生，联邦参议院根据联邦总统的提名选举联邦总理，联邦各部部长由联邦总统根据联邦总理的提名予以任免，法官是独立的，只服从法律。[③]

联邦议院属于最高联邦机关与宪法机关，依靠联邦议院颁布正式

---

① 〔德〕伯阳：《德国公法导论》，北京大学出版社2008年版，第30页。
② 〔德〕伯阳：《德国公法导论》，北京大学出版社2008年版，第37—44页。
③ 〔德〕伯阳：《德国公法导论》，北京大学出版社2008年版，第46页。

的联邦法律。正式法律还包括批准财政预算草案的《联邦预算法》，以及批准国际条约的《批准法》。联邦议院选举各种国家机关，或参加此类选举，它选举联邦总理和联邦议长，联邦议院还有监督职能，有传唤权、质问权和设置调查委员会的权力，联邦议院任期4年。[①]

联邦参议院由各州政府任命的州政府成员组成。联邦政府的表决中，每州至少有3票，居民人数更多者选票数更多。联邦参议院自行选举议长。各州通过联邦参议院参与联邦的立法和行政事务以及欧盟事务。

联邦政府由联邦总理和各部部长组成。联邦总理经联邦总统提名，由联邦议院不经讨论选举之，得到联邦议员过半数票者当选，当选者由联邦总统任命。[②]部的设置由联邦总理自行决定。

联邦总统是礼节上的最高国家机关领导，是国家最高级别的代表，但他的权限和决定权都很有限。联邦总统的主要职责是代表国家，并令国家统一；联邦总统在国际法上代表联邦；在解散联邦议院事项上，联邦总统有进一步的政治裁量权，以决定是否解散联邦议院；联邦总统参与立法程序，有义务签发与公布联邦法律；联邦总统由联邦大会选出，每5年选举一次。联邦大会由联邦议院全体议员和相同数量的、从各州选出的代表组成。[③]

德国政党参与人民政治意志的形成。政党是连接国家与社会的交点，政党在国民中形成政治意愿，并将该意愿传递给国家。德国的民主也称为政党民主。[④]

---

① 〔德〕伯阳：《德国公法导论》，北京大学出版社2008年版，第57—60页。
② 〔德〕伯阳：《德国公法导论》，北京大学出版社2008年版，第66页。
③ 〔德〕伯阳：《德国公法导论》，北京大学出版社2008年版，第69—70页。
④ 〔德〕伯阳：《德国公法导论》，北京大学出版社2008年版，第47页。

联邦议院的议员每年选举一次,经普遍、直接、自由、平等和无记名的选举产生。选举具有普遍性,年满 18 岁者具有选举权,达到成年人年龄便享有被选举权,议员直接由选民选举产生。《联邦选举法》规定,联邦议院应选出 598 名议员,其中半数由选民投票在各个单独选区中直接选出,另外的半数议员则根据各个州的竞选名单选出。[①]

联邦与各州都可以颁布正式法律。被《基本法》授权的各州都有立法权。

在法院诉讼中,人人有权要求进行法定听证。法官是独立的,只服从于法律。

宪法条款的开放性部分在其内容有争议时需要一个法院做出有约束力的解释,这就是宪法法院。宪法法院有权依据宪法对所有三大国家权力的活动实施监督。联邦宪法法院是联邦的法院,也是联邦的宪法机构。[②]

"二战"后,联邦德国建立了较为完善的现代资本主义国家制度。

[①] 〔德〕伯阳:《德国公法导论》,北京大学出版社 2008 年版,第 50—51 页。
[②] 〔德〕伯阳:《德国公法导论》,北京大学出版社 2008 年版,第 51 页。

第十章　专制主义国家：俄国

鲍戈庭对于沙皇俄国官僚主义的政治机器描写道："一架巨大的机器，根据最简单的原理构造，由一人之手引导……一个简单动作就能使它随时运转，无论选择何种方向和速度。这不光是一种机械运动，机器完全由传统继承的情感推动，它属于沙皇，无条件地信任沙皇，忠诚于沙皇，沙皇是他们在地上的上帝。有胆敢向我们进攻，谁能让我们不迫使他服从？"阿伦特则评述说："当时只有沙皇俄国提出了一幅官僚政治统治的完整画面。国家的混乱状态——幅员辽阔难以统治，居住在那里的史前民族没有任何一种政治组织的经验，他们单调地生活在俄国官僚政治无法理喻的保证之下——组成了一种无序和危险的氛围，其中大小官吏们冲突的想法和日常无能为力的相互无关的实践激起了一种哲学，视偶然为真正的上帝，生意的幽灵。"[①]

第一节　中央政府

俄国是在封建专制的条件下，在西方影响下建立近代国家制度的。

[①] 〔美〕汉娜·阿伦特著，林骧华译：《极权主义的起源》，生活·读书·新知三联书店2011年版，第333、332页。

到了 17 世纪，俄国以军事封建专制为特征的集权统治出现了危机。经济和政治生活的落后和停滞不前，沉重的农奴制压迫，造成了农奴和城市市民的反抗、起义频繁地发生，动摇着沙皇统治。前来俄国经商的西方商人带来了先进的西方资产阶级思想文化的影响。启蒙主义思想已经影响到俄国统治集团和上流贵族社会。在这种背景下，彼得一世和叶卡捷琳娜二世的专制主义改革开始了。彼得一世对俄国国家制度的改革并不是独创性的活动，而是西欧具有资本主义倾向的政治制度和政治观念哺育的产物。彼得一世受到理性国家观念的影响。他认为，西欧国家是理性指导下的、被委托以寻求普遍幸福的君主统治着的国家，国家以法治取代了旧时的专制统治。[①] 在彼得的心目中，"共同的幸福"和"国家的繁荣昌盛"是同一种概念。这实际上是彼得一世从西方政治思想中汲取的"理性国家"概念的表述。为了和西方国家角逐，必须建立自己的权威。彼得一世提出了君主具有最高统治者职责的思想。彼得一世的谋士，大主教普罗科波维奇把英国政治思想家霍布斯在《利维坦》一书中提出的臣民对君主绝对服从的概念写进自己的政治著作中，而这种君主是最高统治者的概念体现在彼得一世的政令和行动中。

1. 彼得一世时期

彼得一世即位后，俄国的国家机构极不完善。17 世纪末 18 世纪初，波雅尔杜马人数减少，在国家生活中的作用日益下降。由于波雅尔杜马的代表几乎全是世袭的贵族和王公，他们对彼得一世的改革持

[①] J. H. Shenna, *Liberty and Order in Early Modern European State, 1450-1725*, London, Hutchinson, 1974, pp. 78-79.

反对态度。所以彼得一世对波雅尔杜马不信任，在做重大决策时常常回避波雅尔杜马。

彼得大帝1721年颁布的"社会等级表"为新兴国家奠定了社会结构的基础。

彼得一世1689年即位时，中央行政机构由40至50个衙门组成。它们拥有的权力不等，彼此间职责界限不清。因此，地方长官很难执行中央政府下达的命令。地方长官如督军等就他们所在地区的一切事务对中央负责，但他们的权力也是界限不清。彼得一世要振兴俄罗斯，就必须首先改革国家机构。

彼得一世于1699年成立了由他的亲信组成的近臣办公厅，作为波雅尔杜马的办事机构，协助他处理国家日常事务，并负责行政和财政监督工作。以后，他建立了人数有限的监察院以取代贵族的波雅尔杜马。

彼得一世加强国家机构建设的最重要的措施是在1711年建立了参议院，并设立总监察官一职。担任总监察官者不受出身限制，但必须是智力和品质优秀者。总监察官的职责是对所有的人进行秘密监视，最高级官员也不例外。总监察官手下大约有500名密探，分散在各个部门进行调查工作，查缉受贿、贪污和偷税漏税的官员。这批密探通过罚款得到的钱款在上缴国库时自己可以分得一部分。彼得一世以这种方式鼓励告密活动。这种做法导致了以后出现了极为严重的滥用职权的现象发生，密探成了侦讯人，可以对被查询者加以恫吓，以此敲诈勒索。诚然，这种做法也有效地处理了一批贪官污吏。西伯利亚省省督加加林亲王因被证实犯有侵吞公款罪而被总检察官涅斯特洛夫送上绞刑架。而涅斯特洛夫本人日后也被指控犯有徇私舞弊、敲诈勒索罪，被处以死刑。由于监察制度存在种种弊端，后来彼得一世废除了总监察官职，仅在参议院内设立监察员，直接向沙皇负责。①

从 1717 年年底开始，彼得一世建立了参议院下属的委员会，以取代旧时设立的 50 个衙门，同时取消了 1699 年成立的近臣办公厅。1718—1721 年，彼得一世共建立了 11 个委员会。它们是陆军委员会、海军委员会、外交委员会、支出委员会、税务委员会、矿务委员会、手工工场委员会、商务委员会、监察委员会、领地委员会和司法委员会。每个委员会由 10—13 名任命的官员组成，包括主席、副主席、委员和助理委员。委员会的决定不是由委员会的主席独断做出的，而是由投票表决决定的。②

彼得一世的参议院由 9 名参议员组成。规定当彼得一世离开首都时，由参议院主持国政。最初参议院只是一个临时性的国家管理机构，后来职权有所发展，成为直属沙皇的正式的国家最高管理机构。参议院管理从中央到地方的整个行政系统，负责财政预算、征收贡赋和制定陆海军编制等一应国家行政事务。参议院有权制定国家重要法令。它在俄国历史上是一种新的政治机构。③

但是，彼得一世时期的参议院有一个根本性的弱点，即没有通过立法明确参议院的正式职权。在实际国务活动中，彼得一世也没有在颁布一切法令时征询参议院的意见。这样，参议院效能较低，没有充分发挥其作用。普鲁士公使马德菲尔德证实，参议院在 1722 年有

---

① 〔法〕亨利·特鲁尼亚：《彼得大帝》，天津人民出版社 1983 年版，第 305 页。
　J. H. Shenna, *Liberty and Order in Early Modern European State, 1450-1725*, London, Hutchinson, 1974, pp. 78-79.
② George L.Yaney, *The Systematization of Russia in Government: Social Evolution in the Domestic Administration of Imperial Russia, 1711-1905*, Illionis U.P., 1973, pp. 93-94.
③ George L.Yaney, *The Systematization of Russia in Government: Social Evolution in the Domestic Administration of Imperial Russia, 1711-1905*, Illionis U.P., 1973, pp. 92-93.

16000 件待处理的文件。① 参议院制度的不完善性导致了这一制度的逐渐衰落。20 年代末参议院只由 3 人组成，它不再频繁地开会，以后便消失了。1730 年，安娜重建了这一机构，但高级官员根本不把它放在眼里。女沙皇伊丽莎白即位后重建了参议院，为使参议院有效地发挥作用，她命令所有重要的官员都加入参议院作为其成员。但随后发生了沙皇的宠臣和大乡绅之间争夺权力的斗争，参议院只是作为一个法院存在，不再起政府机构的作用。

1803 年以后，参议院的地位下降了。亚历山大一世削弱参议院的权力有两个原因。一是自 1802 年 12 月起，参议院试图进一步扩大自身的权力。此时，参议院对一项沙皇加强农村乡绅地位的法令持异议，试图以此来加强自身的权力。1803 年 3 月，参议院的一名成员把一份抗议书递交给亚历山大一世。亚历山大一世于 3 月 21 日发布命令，否决了参议院的请愿，并且收回了原先给予参议院的可以讨论任何法令的权力。此外，沙皇与参议院议长德萨文发生了冲突。这年 2 月，亚历山大一世让德萨文将允许农奴主解放他们的农奴的法令提交参议院，而德萨文考虑到解放农奴会损害乡绅地主的利益，反对解放农奴。当他不得不将这道法令递交参议院时，他力劝参议员们否决这道法令。亚历山大一世谴责德萨文的做法，径直将法令公开发表。鉴于参议院与自己意见不一致，1803 年 3 月，亚历山大一世正式取消了参议院对法令的否决权。②

到了 19 世纪后期，参议院仍然存在。它由大约 40 名成员组成，他们是由沙皇从高级官员中指定的。1816 年到 1905 年间，参议院成

---

① 〔法〕亨利·特鲁尼亚：《彼得大帝》，天津人民出版社 1983 年版，第 309 页。
② George L. Yaney, *The Systematization of Russia in Government: Social Evolution in the Domestic Administration of Imperial Russia, 1711-1905*, Illionis U.P., 1973, pp.95-97.

员从来没有在例会时到齐过。参议院所有的工作都是在它下属的几个部门中分散完成的。参议院有两个部。第一部相当于一个行政法庭,凡是政府行政机构的法律权力出现的争端均由它来解决。一些地方政治关系的争端也交第一部解决。第二部在 1884 年建立,主要的职责是解决乡村管理中发生的司法争端。参议院第一部和第二部与各大臣十分密切的联系使参议院的独立性被极度削弱。参议院审议问题时有关大臣或其副手需要参加,但不得在最后做决定时参加表决。① 参议院的职责从未有专门的法律加以规定。参议院曾经是最高政府执行机构,但随着大臣委员会和国务委员会的兴起,处于衰落中的参议院已丧失这种职能。

彼得一世以后的几代沙皇统治期间,都建立了掌握国家实权的机构。在叶卡捷琳娜一世和彼得二世时期建立了最高检察委员会。在女沙皇安娜时期建立了"内阁",在伊丽莎白时期建立了"会议",在彼得三世和叶卡捷琳娜二世时期建立了"委员会"。② 彼得一世时期建立了三个参议院下设委员会:其中的战争委员会、海军委员会和外交事务委员会以后变化不大,而其他的委员会则变化较大。到叶卡捷琳娜二世时期,参议院下设的委员会已经消失,改设 6 个独立的部。③

到了 19 世纪,俄国继续了 18 世纪开始的对国家机构的改革,建成了一整套以大臣为中心的国家机构。俄国的中央政府由最高机构和

---

① George L.Yaney, *The Systematization of Russia in Government: Social Evolution in the Domestic Administration of Imperial Russia, 1711-1905*, Illionis U.P., 1973, pp.259-260.

② George L.Yaney, *The Systematization of Russia in Government: Social Evolution in the Domestic Administration of Imperial Russia, 1711-1905*, Illionis U.P., 1973, p.67.

③ George L.Yaney, *The Systematization of Russia in Government: Social Evolution in the Domestic Administration of Imperial Russia, 1711-1905*, Illionis U.P., 1973, p.64.

隶属机构组成。最高机构包括国务委员会、大臣委员会和参议院，隶属机构包括政府各部。俄国政府各部在19世纪初年建立。1802年，亚历山大一世宣布建立8个部，它们是海军部、陆军部、外交部、司法部、内务部、财政部、商业部和教育部。1811年，增加到12个部，以后部的设置变动不多。到1905年，有14个部和部级单位，其中有9个负责国内事务，如教育部、财政部、国内事务部、司法部、交通部、商业和工业部、农业和土地部、国家会计检察官署、神圣宗教会议。从各部建立之时起，沙皇便以立法要求各部向沙皇报告工作。各部频繁地召开会议，在部的会议上做出重要决定，这成为一种工作制度固定下来。① 起初曾要求参议院组织专门委员会审查大臣的报告，以后大臣的报告不递交参议院，而直接呈送沙皇。19世纪50年代，各大臣的报告先呈送给大臣委员会，经审定后再送交沙皇本人。②

19世纪50年代初，在中央各部之上成立了大臣委员会。建立这个机构的目的是在个别大臣的提案提交国务委员会之前审查这些提案。政府各部的领导人和各大臣都是大臣委员会的成员。1882年以后，国务委员会法令编纂处处长也加入了大臣委员会。1893年以后，国务大臣也参加了大臣委员会。沙皇还可以固定地或临时指定某些人参加大臣委员会。大臣委员会除夏季外每周举行一次例会，每次到会人数为10至20人，沙皇担任主席。但在亚历山大二世时期，沙皇很少到会，以后沙皇完全不参加大臣委员会的会议。档案中保存的大臣会议的立法共有96件，几乎都是1865年以前的文件。1870年以后，

---

① George L. Yaney, *The Systematization of Russia in Government: Social Evolution in the Domestic Administration of Imperial Russia, 1711-1905*, Illionis U.P., 1973, pp. 193-194.

② George L. Yaney, *The Systematization of Russia in Government: Social Evolution in the Domestic Administration of Imperial Russia, 1711-1905*, Illionis U.P., 1973, p. 102.

只是在非常特殊的情况下才召开大臣会议。大臣委员会趋于衰落。

大臣委员会衰落的原因大致有两个。一是大臣委员会到会人数甚多,讨论重大问题难以保密。二是大臣委员会与国务委员会的设置重叠,而沙皇参加大臣委员会的会议使得该机构的权力似乎超过了国务委员会,这和它作为立法机构的身份不相称。① 大臣委员会存在到1905年。②

国务委员会是亚历山大一世在1810年10月建立的最高权力机构。国务委员会凌驾于国家行政机构之上。它的职责是检查立法、计划、年度预算案,并对沙皇关心的问题提出建议。某些时候国务委员会也起最高法庭的作用。但是,国务委员会并不参与立法。国务委员会的规模在19世纪有很大增长。1810年时参加者为30人左右,19世纪中叶增加到60人,1905年增至80人。所有的大臣都是国务委员会的成员。在官吏和军队中任职多年并升至最高等级者,由沙皇任命成为国务委员会的固定成员。尽管在理论上沙皇可以罢免国务委员会成员,但是实际上国务委员会成员是终身制。国务委员会每年的例会从第一年的10月初开始,到下一年的5月底、6月初结束。沙皇如愿意,可出席国务委员会会议。亚历山大一世在1810—1811年固定参加国务委员会的例会,但1812年4月斯佩兰斯基去职后,他便不再到会。尼古拉一世在位30年仅参加过5次国务委员会会议。19世纪亚历山大二世最后一次参加国务委员会的例会时,会议通过废除农奴制的《解放法令》。国务委员会工作的主要部分交给它的常设

---

① George L.Yaney, *The Systematization of Russia in Government: Social Evolution in the Domestic Administration of Imperial Russia, 1711-1905*, Illionis U.P., 1973, pp.251-252.

② George L.Yaney, *The Systematization of Russia in Government: Social Evolution in the Domestic Administration of Imperial Russia, 1711-1905*, Illionis U.P., 1973, p.194.

委员会去完成。常设委员会又称作"部",最初设 4 个部,每个部由 4—8 人组成,由沙皇在国务委员会成员中指定。在国务委员会例会期间每周开一次部的会议,会议时间通常是 4 小时左右。①

除了大臣委员会和国务委员会,俄国在 19 世纪还设立了沙皇帝国官署。这一机构在尼古拉一世即位最初十年间开始设立,1894 年以后,由它决定沙皇个人的一切事务,包括决定官员的提升、解职和授奖等。帝国官署由国务大臣负责。国务大臣由沙皇直接任命,地位不低于国务委员会成员及其主席。法律规定国务大臣需要与国务委员会主席合作进行工作,国务大臣不得违背后者的意见。1893 年和 1901 年的两道法规给予国务大臣比国务委员会更大的权力。国务大臣有立法动议权,他是大臣会议的成员。更重要的是,国务大臣掌管了国务委员会的法令编纂部门,有权对其决定的合法性提醒国务委员会。② 帝国国务大臣的这种权力是沙皇政府实际活动的需要,因为在 19 世纪沙皇国家庞大的官僚机器无法迅速地处理大量政务。国务大臣及属下的机构承担的职责,包括审议提交国务委员会的大量计划和解决问题的方案。同时它还要负责与各种临时委员会联系。这样,国务大臣要比国务委员会了解更多的情况。它成为沙皇帝国国家机构中不可缺少的组成部分,它在某种程度上甚至超过了参议院在国家事务中的地位。③

---

① George L.Yaney, *The Systematization of Russia in Government: Social Evolution in the Domestic Administration of Imperial Russia, 1711-1905*, Illionis U.P., 1973, p.255.

② George L.Yaney, *The Systematization of Russia in Government: Social Evolution in the Domestic Administration of Imperial Russia, 1711-1905*, Illionis U.P., 1973, p.255.

③ George L.Yaney, *The Systematization of Russia in Government: Social Evolution in the Domestic Administration of Imperial Russia, 1711-1905*, Illionis U.P., 1973, pp.257-258.

彼得一世建立了俄国统一的地方行政机构。彼得一世以前俄国的基本地域单位是县。1708年12月,彼得一世下令把全国分成8个大省,即莫斯科省、英格尔曼德拉省(后改为彼得堡省)、斯摩棱斯克省、基辅省、亚速夫省、喀山省、阿尔汉格尔哥罗德省和西伯利亚省。在1713—1714年,又增设了里加省、尼日哥罗德省、阿斯特拉罕省。到他在位末年共建立了12个大省。每个省设立总督1人,执掌行政和军事权力,省总督直接受中央管辖,以加强国家的权力。省总督以下设有主管税收财政、司法监察等部门的官员。为了控制省总督,在各省成立了由贵族选举产生的参议会。1719年,进行了地方选举改革,仍保留了省的建制,但把全国划分为州。1719年时全国大约有40个州,18世纪70年代增加到60至70个州。1776年敕令又取消了州的设置。以后20年间,叶卡捷琳娜二世设立了省取代州的设置。

彼得一世的各州以下又划分为区。省总督的权力较以前缩小了,省总督主要掌管军事事务。各州设立了一整套完整的行政机构,其中有财务司、粮食司、林业司等。州长与中央机关直接联系。1720年,在各个城市建立了议会。此外,彼得一世试图把司法和行政机构分开,他把全国划分成10个司法区。[①]

对于彼得一世改革的性质,克柳切夫斯基评述说:"彼得大帝完成的改革,其直接目的并不是改造这个国家里已经确立的政治的、社会的以及道德的制度,也不承担引进外来的因素,把俄国生活置于它不习惯的西欧基础上的任务。他的改革只限于力争用西欧现成的智力和物理资源来武装俄罗斯国家和人民,从而使国家达到与它在西欧争

[①] George L.Yaney, *The Systematization of Russia in Government: Social Evolution in the Domestic Administration of Imperial Russia, 1711-1905*, Illionis U.P., 1973, pp.3-54.

得的地位相适应的水平；提高人民的劳动，使之达到与他们表现出的力量相适应的水平"。"他希望利用政权的疾风暴雨唤醒受奴役社会的首创精神，通过占有奴隶的贵族在俄国推广作为社会首创精神必要条件的欧洲科学、国民教育，希望奴隶能够在仍旧是奴隶的情况下自觉、自由的行动。专制主义和自由，教育和奴隶制，让他们同时并存、同时起作用"。①

2. 叶卡捷琳娜二世时期

1762年，叶卡捷琳娜二世即位。7月6日，叶卡捷琳娜二世发布诏书，允诺实行普遍的行政改革，宣布了在法律范围内始终有效的政府法规。然而，中央机关仍然存在着明显的缺陷，立法权集中在君主一人之手，没有任何合法的建制，没有辅助这项工作的机关，立法的倡议权归参议院的总检察官。为此，叶卡捷琳娜二世即位后立即委托契约诏书的起草人尼·伊·帕林编制解决有关机关缺编的计划。帕林在呈交诏书草案的同时，呈交了一份报告，它的内容是关于御前会议和改组参政院并把它划分为若干不同的主张。由这两个机关组成了新的最高行政机构。帕林严厉地抨击了前任女沙皇伊丽莎白·彼得罗芙娜（1741—1761年在位）的朝政，认为在她执政时期，"个人势力比国家机关的权力更起作用，宠臣、佞臣、幸臣和狂妄之徒，利用女皇的家庭内阁，抱着不负责任的态度操纵着一切事务。这是一个既没有法定政府也没有成文法律的"野蛮时期"。②在这一设计中，御前

---

① 〔俄〕瓦·奥·克柳切夫斯基著，张咏白等译：《俄国史教程》（第四卷），商务印书馆2013年版，第241、242页。
② 〔俄〕瓦·奥·克柳切夫斯基著，张咏白等译：《俄国史教程》（第五卷），商务印书馆2013年版，第68页。

会议是合法机关,是公布法律兼办理文牍程序的机关。由它颁布的每一项新法律均需要君主签署和与有关的御前大臣会签。但是,御前会议不再是从前与君主融为一体的最高枢密院。参议院仍然是独立于新设置的御前会议的最高机关,充当立法的参与者。叶卡捷琳娜二世签署了诏书,并且任命了御前会议的成员。[1]

1767年年初,叶卡捷琳娜二世的《圣谕》起草完毕。《圣谕》是把启蒙学派的若干作品汇编而成的文件。它最初为20章,以后又补充了两章,各章分条款。出版的《圣谕》共655条,其中294条是借用孟德斯鸠的著作,用这些简明条例写成章程。它涉及的内容有:俄国专制政权,下属管理机关,法律保管处(参议院),国家全体居民的地位,一般法,具体法(及关于惩办与犯罪的一致关系),惩治(特别是关于判处死刑);一般审判程序,刑事诉讼程序(刑法和审判程序),农奴的地位,国家人口繁殖,手工业和商业,教育,贵族,中等阶层(第三等级),城市,继承权,法律编纂和法律问题,需要解释的各项条款。附加的两章是关于城市警察局或警察以及国家经济即收支事项。[2]《圣谕》涵盖了立法领域,涉及国家机构的各个主要部门、最高政权及其对臣民的态度、管理、法律、公民的权利与义务、等级,最主要的是立法和司法。

《圣谕》宣告公民的平等在于人人服从同样的法律,国家享有的自由,即政治自由,不仅指依照法律行使一切权利,而且指不能用强制手段做非分的事,还要坚信本国的安定会使人心安定;为了这种自

---

[1] 〔俄〕瓦·奥·克柳切夫斯基著,张咏白等译:《俄国史教程》(第五卷),商务印书馆2013年版,第69页。

[2] 〔俄〕瓦·奥·克柳切夫斯基著,张咏白等译:《俄国史教程》(第五卷),商务印书馆2013年版,第64、77页。

由，就需要这样的政府，有了它，一个公民不用害怕另一个公民，人人只害怕同一种法律。《圣谕》教导说，制止犯罪应晓以知其廉耻，而不是靠政府的棍棒。《圣谕》说，言论如果不同行动结合，永远也构不成罪行，"谁把言论当成应处死刑之罪，那他就是在歪曲和颠倒一切"。《圣谕》多次提出一个问题，即国家、政府要不要履行其对公民的义务。《圣谕》指出，"非常需要用法令、命令约束地主"，用更慎重的方式向农奴课税。[1]

《圣谕》宣称，国家的法律应当适应当时的自然状况，即国家应当采取专制制度的统治形式，君主立宪应当是俄国立法的基础。在丝毫不放松专制政体的同时，允许社会阶层间接地甚至直接地参加管理，号召人民代表在编制新法典时予以合作。[2]

1767年，建立了新法典编纂委员会。当选委员会代表的共有564人。其中政府机关代表占5%左右，贵族代表占30%，城市代表占39%，农村居民代表占14%左右，哥萨克、异族、其他阶级的代表占12%左右。[3]但是叶卡捷琳娜二世编纂法典的尝试失败了。

彼得一世的改革把国家义务和经济利益的等级标准搅乱了。工场主和商人享受贵族特权，吸引贵族参加工业企业，所有阶层一律承担服兵役的义务。彼得一世改造了等级制度，通过实施共同权利和义务，使各等级趋于平等。但是彼得一世死后，叶卡捷琳娜二世的社会

---

[1] 〔俄〕瓦·奥·克柳切夫斯基著，张咏白等译：《俄国史教程》（第五卷），商务印书馆2013年版，第77页。
[2] 〔俄〕瓦·奥·克柳切夫斯基著，张咏白等译：《俄国史教程》（第五卷），商务印书馆2013年版，第80—81页。
[3] 〔俄〕瓦·奥·克柳切夫斯基著，张咏白等译：《俄国史教程》（第五卷），商务印书馆2013年版，第88页。

政策比起彼得一世时期有所倒退。①

叶卡捷琳娜二世在1775年11月7日颁布公告，公告认为，现行省辖行政区地域太宽，这些行政区的机构太少，各部门在管理中互相混杂，需要进行省级行政机构的改革。叶卡捷琳娜二世对行政区进行了重新划分，原先俄国划分为20个幅员较大的省份，此时改为50个省。每个省有30万—40万居民，省以下又划分为2万—3万人的县。每个省设行政和司法建制。省行政制度的主要机构是以省长或总督为首的省行政公署，这是一个集警察和行政职能为一体的机构。省辖县级机关是以警察局长为主席的地方初等法院。这也是执行警察职能的机关，同时监督本县的商业，维护道路和桥梁的畅通。②

为了加强地方行政管理，叶卡捷琳娜二世在1785年4月21日签署了两份御赐贵族诏书。这两份文件完成了地方行政管理体制建设。一份诏书规定，除了召开县贵族会议，还设立省贵族会议。贵族等级有选举省级代表的权利。诏书确立了贵族的权利，贵族对其不动产和农奴享有充分的所有权，他们可以把自己的爵位传给妻子儿女，除非被判定有某种犯罪行为，否则这种权利不能被剥夺。贵族免除人丁税、服兵役义务和体罚，贵族会议有权向最高当局提出有关本等级需要的请求。③御赐贵族诏书在俄国强化了贵族的权利和等级特权。

1785年颁发的俄罗斯帝国城市诏书，除了充当司法机关的政府，

---

① 〔俄〕瓦·奥·克柳切夫斯基著，张咏白等译：《俄国史教程》（第五卷），商务印书馆2013年版，第106页。

② 〔俄〕瓦·奥·克柳切夫斯基著，张咏白等译：《俄国史教程》（第五卷），商务印书馆2013年版，第114页。

③ 〔俄〕瓦·奥·克柳切夫斯基著，张咏白等译：《俄国史教程》（第五卷），商务印书馆2013年版，第118—119页。

还建立了城市警察总务局。城市居民被划分为六个阶层：高贵公民、真实居民（即在城市拥有房地产而不从事工商业的人）、行会商人、行会手工业工人、外国和外城市的客商、干粗活的或从事手工业而在城市没有不动产的城郊居民。这些不同身份的人是按照出身和资本大小来划分的。两个杜马即全体杜马和六人杜马主持城市经济和管理：全体杜马在市长主持下由所有各等级的议员组成，起指挥作用，定期或根据需要召集会议。六人杜马由六个等级各出一名成员组成，也由市长主持，是执行机关，主营日常工作，每周召开会议。这两个自治机关活跃程度不一。省级机关在省贵族中非常活跃且工作非常成功，但城市机构在总督或省长的严密控制下软弱无力。[1]

1775年，在省级管理体制中出现了新的迹象，建立了两个新的机关，这就是社会救济厅和感化法院。以往的政府体制不论是中央的还是地方的，都没有管理国民教育和社会慈善事业的专门机构。但此时俄国几乎没有国民学校，又没有拨给城市相关经费。感化法院则是一个凭良心进行审判的法庭，它旨在解决那些按照诉讼双方协议提交的案件。而在这以前，无论是在俄国还是在欧洲其他国家都没有这样的诉讼机构。这两个机构的建立表现了政府开始关注社会政策的倾向。但是当时这两个机构的实效并不显著。[2]

叶卡捷琳娜二世的政府体制的改革有三方面突出的结果。第一，从积极方面来看，改革使得地方行政管理机构朝着体系化的方向前进，并且开始注意到民众的社会生活。第二，从消极方面来看，这些

---

[1] 〔俄〕瓦·奥·克柳切夫斯基著，张咏白等译：《俄国史教程》（第五卷），商务印书馆2013年版，第119—121页。
[2] 〔俄〕瓦·奥·克柳切夫斯基著，张咏白等译：《俄国史教程》（第五卷），商务印书馆2013年版，第120—121页。

改革用法律强化了贵族的特权，加强了等级制，保护了贵族的利益，较之彼得一世的改革在政治上是一种倒退。第三，叶卡捷琳娜二世的行政和司法改革，使得机构变得极端庞杂。由于各部门的严格分工和法院的复杂结构，当选的和政府委派的官员猛增，原先有10个、15个官员的办事部门，增加到上百人，官员队伍臃肿使得原本就很高昂的行政费用不断增加。①

叶卡捷琳娜二世时期在省以下设立了新的县。从此俄国的行政区划便由省和县两级构成。

叶卡捷琳娜二世把参议院制度从大城市推广到基层。这样就完成了彼得一世开始的把国内政治组织与军事组织分离的工作。1763—1764年间，叶卡捷琳娜二世大量增设省、州、县各级行政官员设置，规定新的行政官员的任命都应由参议院做出。这些行政官员应当服从参议院的领导，中央政府付给他们固定的薪金。在以后10年间，叶卡捷琳娜二世把省的数目从18个增加到23个。在俄国兼并了波兰和土耳其的领土后，1796年叶卡捷琳娜二世把全国分成360个县，取消了州，重建了地方行政区划。②

叶卡捷琳娜二世在省一级的行政机构中设立了新的拥有权力的行政官职。1764年4月，把省的行政领导权授予省督。但是在1775年又设立了省总督，省总督作为沙皇个人在地方的代理人，其地位居于省督之上，但省督没有完全丧失其地位。在全国40个省中，设立

---

① 〔俄〕瓦·奥·克柳切夫斯基著，张咏白等译：《俄国史教程》（第五卷），商务印书馆2013年版，第122页。
② George L.Yaney, *The Systematization of Russia in Government: Social Evolution in the Domestic Administration of Imperial Russia, 1711-1905*, Illionis U.P., 1973, pp.68-69.

省总督的不到20个。大约有一半的省（主要在俄国欧洲部分）仍旧由省督统治。到1798年，俄国的省增加到50个，设立省总督的不过13个省。保罗即位后，取消了这13个省的省总督设置。[1]

叶卡捷琳娜二世在县一级设立了由警察指挥官任主席，从地方乡绅中选举产生的两名代表和非乡绅居民选出的两名代表组成的称作"初级土地法庭"的委员会，负责监督县警察。县一级还有两个选举产生的司法机构，这就是乡绅法庭和乡村居民法庭。非乡绅代表的选举在警察监视下完成。

各县设立乡绅会议。1785年的法律文件规定，所有居住在该县的乡绅都可以出席会议，但是只能选举一人作为官员。此人必须在25岁以上，在本县的土地收入不少于100卢布。选出的乡绅代表被称为县乡绅长官，这是县行政机构的负责官吏。乡绅会议每3年召开一次。

叶卡捷琳娜二世的地方政府建设措施旨在大力扶植地主和城市贵族，造就统治的社会基础。在省城和一般城镇中选出的商人和工场主的上层分子，处于官吏的监督之下。他们和贵族一样，参加行政管理只是起一种拓宽沙皇统治的社会基础的作用，他们无法在行政工作中独立活动。日后在这些加入地方政权机构的贵族和工商业者中，产生了沙皇统治的政治反对派。[2]

---

[1] George L. Yaney, *The Systematization of Russia in Government: Social Evolution in the Domestic Administration of Imperial Russia, 1711-1905*, Illionis U.P., 1973, pp. 72-73.

[2] Marc Raeff, *Understanding Imperial Russia: State and Society in the Old Regime.* Columbia U.P., 1984, p. 97. George L. Yaney, *The Systematization of Russia in Government: Social Evolution in the Domestic Administration of Imperial Russia, 1711-1905*, Illionis U.P., 1973, pp. 68-69.

在整个叶卡捷琳娜二世统治时期，国家全部开支为 16 亿卢布，而岁入不超过 14 亿卢布。财政赤字达到了 2 亿卢布。[①] 从国家财政收入的种类来看，1781 年从伏特加、盐和贸易征收的税为 1810 万卢布，征收的人头税和免役税为 1340 万卢布；1786 年从伏特加、盐和贸易征收的税为 2300 万卢布，征收的人头税和免役税为 2030 万卢布；1796 年从伏特加、盐和贸易征收的税为 3370 万卢布，征收的人头税和免役税为 2470 万卢布。[②] 1805 年从伏特加、盐和贸易征收的税为 4560 万卢布，征收的人头税和免役税为 4500 万卢布；1815 年从伏特加、盐和贸易征收的税为 14210 万卢布，征收的人头税和免役税为 12820 万卢布；1825 年从伏特加、盐和贸易征收的税为 20140 万卢布，征收的人头税和免役税为 12610 万卢布。[③] 总的来看，俄国的税收中，包括人头税和免役税在内的直接税占国家岁入的比例一直较高，而商品税所占的比例不是很高。直接税在国家税收中占的比例较高，反映了俄国商品经济非常不发达。

3. 亚历山大一世时期

亚历山大即位时怀着为臣民建立自由和幸福的善良愿望，但是他不清楚如何去做。亚历山大在位的后半期把注意力转到在波兰建立政

[①] John P. LeDonne, *Absolutism and Ruling Class: The Formation of the Russian Political Order 1700-1825*, Oxford U.P., 1991, p.280.

[②] John P. LeDonne, *Absolutism and Ruling Class: The Formation of the Russian Political Order 1700-1825*, Oxford U.P., 1991, p.280, Table 15.4. Revenue from Taxation,1781-1796(in millions of rubles).

[③] John P. LeDonne, *Absolutism and Ruling Class: The Formation of the Russian Political Order 1700-1825*, Oxford U.P., 1991, p.282, Table 15.6.

治制度，而很少经办内政事务。①

亚历山大一世1801年即位后在发布的命令中表示，将把严明的法纪置于个人意愿之上。他批评俄国"管理制度的专横"。他指出，要根除这种现象，必须要制定俄国几乎还没有的根本法，即基本法。在亚历山大一世周围聚集的是直接追随叶卡捷琳娜二世的一代志士能人，如柯丘别依伯爵、诺沃西尔采夫、斯特罗甘诺夫伯爵等人。他们组成了一个秘密的非正式委员会，几乎每天开会研究改革计划。当时，叶卡捷琳娜留下的中央管理机构尚待完成。1801年，用一个称为"常设委员会"的常设机构取代了叶卡捷琳娜二世召开的国务会议。

在这个时期，俄国悄悄地为废除农奴制度做准备。1801年颁布法令，允许各自有阶层在城外把除农奴以外的不动产据为己有，打破了长期以来贵族垄断土地的状况。此期间，沃龙涅什的地主彼得罗沃-索洛沃依与他的5001个农民签订契约，允许农民把耕种的土地变为己有，条件是在19年内向地主支付150万卢布。谢尔盖·鲁勉采夫伯爵根据同农民的自愿协议，考虑连带土地解放199个农民。他向政府呈交了相关的法律草案，政府采纳了这个法案，并于1803年2月20日颁布自由农法令，规定地主可以同自己的农民协商，连带土地以整个村庄或单个家庭的方式解放农民。这些被解放的农民不计入其他阶层，他们组成特殊的"自由庄稼人"阶层。②

亚历山大一世任命斯佩兰斯基为御前大臣、内政部内务司司长、司法部副大臣，他们一同研究国家改革的总体方案。斯佩兰斯基的规

---

① 〔俄〕瓦·奥·克柳切夫斯基著，张咏白等译：《俄国史教程》（第五卷），商务印书馆2013年版，第290页。

② 〔俄〕瓦·奥·克柳切夫斯基著，张咏白等译：《俄国史教程》（第五卷），商务印书馆2013年版，第206—207页。

划旨在"利用法律把政权建立在牢固的基础之上,并借此使这个政权具有更大的威严和真正的威力"。他在1809年10月完成了规划的制定,提交亚历山大一世。规划详细阐述了俄国各阶层在法律面前平等的理由;阐明了农民应当不带土地获得自由;国家首脑机关有三个:立法机关是各阶层的代表组成国家杜马,行政机关是由国家杜马负责的各部,司法由参议院负责,这三个最高机构的活动由国务会议统一起来,而国务会议由贵族上层代表组成。从乡村到最高层都具有地方自治选举的性质。在中央管理机构的设置中,禁止没有俄国大学毕业证书或未按法令附加的规定提纲通过大学考试者担任八品和五品文官官职;担任八品和五品文官者必须通晓一门外语;熟悉罗马法、民法、国家经济学和刑法,了解统计学、历史、地理和数学、物理的基本知识。① 斯佩兰斯基对各部进行了改革,用11个部取代原先的8个部,作为中央的各独立部门。参议院改为两个独立的机关,统管参议院集中办理政府事务,司法参议院包括分布在帝国四个主要司法区的四个地方分院。但是在实践中,只有立法和行政部门进行了改革,司法部门原封未动。省级管理机关的改革也没有进行。② 亚历山大的改革成果甚微。1803年2月关于自耕农的法令颁布后,有3万农奴获得了自由,占俄国农奴总数的0.3%。③

到了19世纪初,沙皇专制制度在政治上没有根本改变,迫使一批贵族革命家起来进行斗争,推动对国家制度的改造。在19世纪初,

---

① 〔俄〕瓦·奥·克柳切夫斯基著,张咏白等译:《俄国史教程》(第五卷),商务印书馆2013年版,第211—212页。
② 〔俄〕瓦·奥·克柳切夫斯基著,张咏白等译:《俄国史教程》(第五卷),商务印书馆2013年版,第215—216页。
③ 〔俄〕瓦·奥·克柳切夫斯基著,张咏白等译:《俄国史教程》(第五卷),商务印书馆2013年版,第247页。

俄国不存在中等阶级。"在资本主义发展的压力下，贵族中的进步人士企图代替国家所缺少的第三等级。然而他们终究只是打算把自由主义制度与自己那个等级的统治基础结合起来，因此他们极其害怕唤起农民。"① 十二月党人佩斯捷尔起草的《俄罗斯法典》宣称："废除奴役制度和农奴状况是临时最高政府的一项神圣的和必然的任务"，主张推翻沙皇专制制度，建立统一的共和国，由革命的临时政府实行专政。十二月党人打算于12月14日起义时公布的施政纲领《告俄罗斯人民宣言》提出了下述政治目标："一，废除旧政府；二，成立临时政府，直到建立选举产生的正式的政府为止；三，出版自由，取消书刊检查制度；四，任何宗教信仰都有举行礼拜的自由；五，废除涉及人身的所有权；六，所有等级在法律面前一律平等，从而废除军事法庭和各种案件的审判委员会，一切案件交由就近的民事法庭管辖。"②十二月党人实际上提出的是建立一个资产阶级共和国的政治纲领。

十二月党人1825年12月14日在参议院广场起义时，被沙皇政府的军队镇压下去了。

4.尼古拉一世和亚历山大二世时期

尼古拉一世执政时期确定的原则是，在基础方面不做任何更动，不增添任何新东西，而只是借助立法实践维持现行制度，修正已经暴露的陈旧弊病，依靠官僚们维持现行的制度。他派出亲信大臣去各省检查，披露出骇人听闻的情况，在中央竟然没有一家金库经过检查，

---

① 〔苏联〕列夫·托洛茨基著，丁笃本译：《俄国革命史》（第一卷），商务印书馆2018年版，第20页。
② 范达人：《试论俄国十二月党人起义的成因及政治思想》，载《社会科学战线》1983年第1期，第158、159页。

所有的账簿分明都是伪造的，好几个官员携带数十万巨款逃之夭夭。下属机构把参议院的命令束之高阁。①

尼古拉一世时期执政体制的原有基础保存下来，只是将其中央管理机构更加复杂化。他一面在旧有机构中新设了大批的厅、局，一面新建许多办公厅、委员会。每解决一项新问题，都要设立一个委员会。国王亲自领导并审理国家大事，于是设立了皇帝的御前办公厅。下设各处：一处拟定呈报皇帝的公文，二处由上届法律编纂委员会组成，从事法典编纂工作；三处管理最高警察署；四处管理慈善教育机关；五处筹建新的管理体制和国家财产制度。尼古拉一世时期官僚体制膨胀，并没有办事效率。1842年，司法大臣报告，帝国所有办事机关未清理的案件有3300万件。②

尼古拉二世实行了重大改革，在俄国废除了农奴制。亚历山大二世1855年2月即位。1856年3月，亚历山大二世在召集莫斯科省贵族代表时表示，"占有农奴的现行制度不改变是不行的"，随后组成了农民事务机密委员会。他亲自主持这个委员会。1857年11月20日，他发布圣谕，准许当地贵族推选人员建立委员会来制定相应的规章。1858年7月，各省都建立了委员会。各省的委员会到1857年年底结束了自己的工作，提出了改革农奴制的方案。方案分为三类：第一类反对任何一种解放，而采取一些改善农民状况的措施；第二类允许解放农民，但不许赎买土地；第三类主张连带土地解放农民。③

---

① 〔俄〕瓦·奥·克柳切夫斯基著，张咏白等译：《俄国史教程》（第五卷），商务印书馆2013年版，第253页。
② 〔俄〕瓦·奥·克柳切夫斯基著，张咏白等译：《俄国史教程》（第五卷），商务印书馆2013年版，第256—257、259—260页。
③ 〔俄〕瓦·奥·克柳切夫斯基著，张咏白等译：《俄国史教程》（第五卷），商务印书馆2013年版，第277、281—282页。

1861年2月19日，亚历山大二世公布了解放农奴的宣言，批准了17个法令，规定在长时期内分阶段解放农奴。这些法令的内容可归纳为三个部分。第一是关于农奴的人身解放。宣布废除农奴制，农奴有了自身和家庭的自由，地主不能再转让和买卖农民，不能干涉农民的生活。农民可以担任公职，进行工商业活动，他们有向法院控告的权利，可以和别人订立契约。第二是关于农民因使用份地应承担的义务。法令规定农民使用份地必须给地主服劳役或缴纳代役租。代役租的标准各地不同。劳役日的时间是夏季每天12小时，冬季每天9小时。第三是关于份地和赎买份地的赎金。法令规定在保证地主土地所有制的条件下，分给农民一块土地和家庭的宅旁园地，农民有永久的使用权。农民可以通过服劳役或用现金赎买。在赎买过程中，地主往往趁机收回好地。在废除农奴制改革中，农民占有的土地减少了18%—20%。赎金很高，相当于代役租的16倍，大大超过了土地的价格。农民可以先付25%，余下的部分由政府垫付，农民在以后49年中连本带息偿还政府。关于农民管理的问题，规定保留村社，各村社联合设乡，村社和乡的公职人员由农民选举产生。地方行政由政府管理，不再归地主管理。村社实行联保制，监督农民履行各种义务。废除农奴制的地区主要是俄国的欧洲部分，实施的对象首先是私有农民，共解放了私人农民1025万人。1866年，又解放了国有农民900万人，采邑农民100多万。总共有2100万农奴获得了解放。

1861年废除农奴制改革，使农奴摆脱了人身依附关系，在一定程度上解放了生产力。通过赎买方式对农民的掠夺，是一次大规模的资本原始积累，到1905年，这笔资金约有20亿卢布。它促进了俄国资本主义经济的发展。1861年废除农奴制改革，是俄国历史发展的转折点，是俄国资本主义社会的开始。

5. 斯托雷平改革

土地问题是俄国资产阶级革命的中心问题，俄国在废除农奴制之后，并没有立即解决农业向资本主义过渡的问题，俄国农业回到了地主土地所有制和村社制。1905年革命以后，30000名大地主拥有7000万俄亩土地，而1050万农民也只拥有同样面积的土地。农民用简陋的农具耕种自己的份地和租来的土地，生产力水平很低。俄国急需改变落后的中古式的农业生产方式。沙皇政府、地主和资产阶级决定用破坏农村村社的方法来分化农民，促使资本主义在农业中发展。

斯托雷平（1821—1899）是俄国的地主，显赫贵族的后裔。他在圣彼得堡大学接受了教育，1885年毕业后随即进入帝国国有资产部。4年后，斯托雷平成为科夫诺省的贵族议员。担任这些政府公职使斯托雷平深刻了解到地方的需求，同时提高了他的行政能力。1902年，斯托雷平被任命为格罗德诺省省长，后调任萨拉托夫省省长，任上镇压了1905年省内农民骚动。进入中央后，斯托雷平作为一名优秀的地方行政长官，被皇帝尼古拉二世任命为内政大臣。数个月后替代戈列梅金担任总理。斯托雷平创建了一套新的法庭制度，允许就地逮捕和迅速审判被指控从事革命活动的嫌疑犯。在1906—1909年，超过3000名被证实有罪的革命者被各地的特别法庭判处绞刑。斯托雷平相信俄国的发展可以以一个稳定、繁荣、庞大的中产阶级为基础，并以此推行一系列积极的改革政策。

在俄国，土地和农民问题是整个19世纪和20世纪初最重要的社会问题。延续百年之久的俄国解放运动就是围绕着这个问题展开的。1802年，保罗一世就是因为下令规定农奴一周只在地主土地劳作3天而引起上层贵族的不满而被刺杀的。1862年，亚历山大二世下令实施自上而下的农奴解放运动。而斯托雷平在任期间主要关心的，也是土地和农民问题。斯托雷平本人就是地主，他家拥有多处庄园。从青年时代起，斯托雷平就对庄园经济问题有浓厚的兴趣。即使后来身居要职政务繁忙，他也不忘趁工作间隙过问庄园经营中的细枝末节，或是给不善经营的邻居提供咨询。他还利用休假实地考察和对比研究德俄两国庄园经济的利弊得失。

在斯托雷平以前，俄国实施的是古老的宗法村社制，随着时代的变迁，这种制度的生命力已日趋枯竭，农民的不满日甚一日。俄国1905年革命时任萨拉托夫省长的斯托雷平愈益强烈地认识到：土地问题已到了必须厉行改革的地步，不如此，就无法维系已岌岌可危的罗曼诺夫王朝。在斯托雷平心目中，进一步解放农民是拯救俄国的核心问题。斯托雷平土地改革的主旨，是通过土地私有化，将土地交给农民。在村社制下，农民缺乏从事农业生产的热情，因为他们没有自有土地，他们劳动成果的半数以上要交给他人。而农民只有当他确知劳动成果将属于自己时，才能激发生产热情，并在土地上投资。

斯托雷平的土地改革采取了3项措施。1906年1月9日颁布法令，允许农民脱离村社民并把份地作为私有财产。法令指出："1905年11月3日诏书规定，自1907年1月1日起取消农民的份地赎金，从此，那些负有赎金义务的土地将摆脱赎金义务和限制，农民将有权自由退出村社，有权将曾为村社所有的份地变为个人所有。"[①] 1910年6月14日，第三届国家杜马立法规定农民非脱离村社不可。在不实行重分土地的村社中，直接确认份地为农民固定的私有财产。在实行重分土地的村社中，农民有权要求把分给他们的土地作为私有财产。

---

① 张福顺：《俄国1906年11月9日法令解读》，载《黑龙江社会科学》2009年第2期，第54页。

在农村建立单独的田庄和独家农场。允许农民脱离村社,并可以出卖农民的份地。农民可以在村社中把分散的土地连成一块,构成独家农场,也可以把家产转移到村外去,构成一个单独的田庄。政府规定,把最好的土地分给单独组织田庄的农民。斯托雷平实施移民政策,把服役的农民留在俄国的中心区,形成富农阶级以支持沙皇政权,斯托雷平的土地改革促使俄国农业向资本主义发展。农业的播种面积扩大了,农业机械的进口增加了,肥料的使用量也增加了。粮食出口比20世纪初增加了几乎一倍,为俄国工业的发展扩大了国内市场。

在政治制度领域,斯托雷平努力推动宪政的实行。他在1907年3月6日向国家杜马发表的政府咨文中提出,"我们的祖国应当变成法治国家"。政府的职责"是为《十月十七日宣言》宣布的那些法制原则制定还没有法定的立法准则"。言论、集会、出版、结社自由,信仰自由,人身神圣不可侵犯,通信的秘密都要由立法规范化。"在内阁的方案中将找到所有的法治国家已经习惯了的对人身不可侵犯的保障,而且,人身拘留、搜查、拆启信函,都要有相关的机构的决议,相关的机关也要负责对4小时内按警察局的命令而进行的逮捕的法律依据进行审查。"① 斯托雷平提出"书写自由应当成为真正的自由"②。1907年3月6日,斯托雷平在杜马的辩论中说,"政府的各项活动、自己对国家杜马的各个声明将要遵循的只能是严格的法律";"政府将欢迎对任何混乱现象、任何舞弊行为的各种公开揭露";"但

---

① 《我们的祖国应当变成法治国家》,载郭春生主编:《俄国19、20世纪执教法政文件选编》,清华大学出版社2016年版,第5页。
② 郭春生主编:《俄国19、20世纪执教法政文件选编》,清华大学出版社2016年版,第17页。

愿这些滥用权力的行为被揭露出来，受到审判和谴责"。①

斯托雷平提出了"书写自由应当成为真正的自由"这一资产阶级自由民主的目标，他认为"这种真正的自由是由公民自由、国家感情和爱国主义构成的"。②

斯托雷平说："除了镇压革命，政府还要尽可能地使民众实际享有赐予他们的福利任务"③；"承认国家政权积极地、大力推进工人福利的绝对必要性，努力改善工人的贫困处境"。"工人运动是工人力求改善自身状况的自然要求，改革应当赋予工人运动以自然的出路，消除人为鼓励工人运动及限制这一运动的各种措施，改革应当赋予工人运动以自然的出路。消除人为鼓励工人运动及限制这一运动的各种措施，因为它不会对社会秩序和社会安全构成威胁。""在给予工人阶级的就职救济方面，其最主要任务是对失去劳动能力的工人提供国家扶养，通过提供疾病、伤残及养老保险的方式施行。因此政府打算组织对工人的医疗救助。""政府意识到尽最大努力提高居民的经济福利的必要性。"④

1911 年春，斯托雷平提交了一项议案，建议将地方议会系统扩展到俄罗斯帝国的西南诸省。起初斯托雷平估计该议案会以微弱优势

---

① 《政府将要遵循的只能是严格的法律》，载郭春生主编：《俄国 19、20 世纪执教法政文件选编》，清华大学出版社 2016 年版，第 11 页。
② 1907 年 11 月 16 日斯托雷平讲话摘录，载郭春生主编：《俄国 19、20 世纪执教法政文献选编》，清华大学出版社 2016 年版，第 16—17 页。
③ 1907 年 11 月 16 日斯托雷平讲话摘录，载郭春生主编：《俄国 19、20 世纪执教法政文献选编》，清华大学出版社 2016 年版，第 16 页。
④ 《大臣会议主席彼·阿·斯托雷平 1907 年 3 月 6 日向国家杜马发表的政府咨文》，载郭春生主编：《俄国 19、20 世纪执教法政文献选编》，清华大学出版社 2016 年版，第 8—9 页。

通过，但却遭到国家杜马否决，这导致他辞职。

第二节 财政制度

1478年，莫斯科公国兼并了诸侯国诺夫哥罗德。对诺夫哥罗德的兼并导致了莫斯科公国的财政制度发生了变化。公国把没收来的土地作为服兵役的津贴，实行了一种"供养制"。用于供养制的土地面积很大，专门用于补贴某个骑兵。最初，一份兵役土地的津贴大约包括30户核心农民家庭。最初，农民的地租由地方政府官员负责征收，很快就改由骑兵自己征收。到了16世纪，兵役赐地制成为俄国主要的土地所有形式。大约在1550年正式成立了兵役赐地统领部。[①]

在15、16世纪之交，俄国课征了种类众多的税收。有使用司法系统服务的缴费，有各种贸易税、过境费、进城税、销售税、食盐生产税，还有徭役、防御工事等的建设税、官员生活费税等。16世纪20年代，引入了土地税收取标准单位"大索卡"。1560年，政府设立了负责官员供养制度的行政管理机构。1619年，设立了烈酒管理部门，负责管理酒馆缴纳的税收。[②] 这个时期俄国没有银行体系，从不通过借外债为政府筹措经费。它也很少在国内举债。俄国主要的储备是修道院的积蓄和财产。俄国的财政制度几乎是基于大量直接税和间接税的现收现付制。每当俄国国家感到有税收需要时，就会开征新税。根据晚近建立的数据库，17世纪俄国有大约280种不同的税

---

① 〔英〕理查德·邦尼主编，沈国华译：《欧洲财政国家的兴起：1200—1815年》，上海财经大学出版社2016年版，第471—472页。

② 〔英〕理查德·邦尼主编，沈国华译：《欧洲财政国家的兴起：1200—1815年》，上海财经大学出版社2016年版，第473—475页。

收，其中有蜂蜜税、貂皮税、火枪兵税、盐税、肉类税、沐浴税、锡税等。①

18世纪，彼得一世在税收领域实行了改革，在1724年引入了灵魂税或称人头税，以取代户税。人头税用于供养军队。最早大约是在1680年出现了早期的国家预算。彼得一世以后，俄国财政的主要问题仍然是由战争驱动。在18世纪，俄国的行政管理薄弱。直到18世纪60年代，俄国国家和宫廷的开支仍然混在一起。彼得一世以后的俄国把巨大的精力用于创收。俄国财政收入的主要构成是对教士、贵族、免税官员除外的男性课征的人头税、酒税和盐税、国家垄断商品的外贸销售收入和关税，税率为10%的铁、铜销售税收入、铸币和纸币发行的收入，以及佃户税和向国家和宫廷农奴征收的税收。②

俄国没有正式的预算制度。在彼得一世之后，俄国出现了向贵族和市民借钱的机制。但最早的银行直到18世纪70年代才出现。18世纪70年代，俄国才开始举借长期外国借款，但规模微不足道。1811年以后，俄国第一次设立税收机构、国库、首席经济政策规划师和国家决算审计总局。在抵抗拿破仑入侵的最后几年中，俄国的预算体系趋于崩溃。但1815年以后，俄国财政机构恢复和发展得很快，税收征收和支出体系效率很高。③

---

① 〔英〕理查德·邦尼主编，沈国华译：《欧洲财政国家的兴起：1200—1815年》，上海财经大学出版社2016年版，第478—479页。
② 〔英〕理查德·邦尼主编，沈国华译：《欧洲财政国家的兴起：1200—1815年》，上海财经大学出版社2016年版，第484页。
③ 〔英〕理查德·邦尼主编，沈国华译：《欧洲财政国家的兴起：1200—1815年》，上海财经大学出版社2016年版，第488—489页。

第三节　地方政府

农奴制废除后,俄国开始了地方政府机构的建设。从1864年起,亚历山大二世批准了米留京和瓦鲁也夫为首的特别委员会提出的《省、县自治机关条例》,在县和省设立自治会议,每年选举一次自治会议的代表,每年召开一次自治会议。省自治会议的代表人数为15—100人不等。自治会议理论上代表社会各阶级。根据1865—1867年的资料,29个成立自治局的省中,县自治会议代表中贵族和官吏占41.7%,农民占38.4%,商人占10.4%,其他阶层占9.5%。[1] 同期省自治会议中,贵族和官吏占代表的74.2%,农民占0.6%,商人占10.9%,其余代表占4.3%。自治会议主席不是由代表选举产生,而规定由贵族代表兼任,贵族在自治局中占优势。但是,沙皇政府对地方贵族不完全信任,不给新建立的地方自治局以任何地方行政实权。例如,1867年6月13日,政府颁布法令,禁止各自治局不经省长批准擅自印刷自治局的会议决定和报告。[2]

这个时期沙皇政权在城市中也建立了相应的机构。到1862年,在502个城市建立了各阶层代表参加的地方委员会。1870年6月,亚历山大二世批准了新的市政条例,决定用不分等级的杜马取代叶卡捷琳娜二世时期有各阶层选举代表组成的市杜马。杜马代表按照财产资格每四年改选一次。只有纳税人才有选举权,选举人按照纳税额分

---

[1] 〔苏联〕涅奇金娜著:《苏联史》第二卷第二分册,生活·读书·新知三联书店1959年版,第127页。

[2] 〔苏联〕涅奇金娜著:《苏联史》第二卷第二分册,生活·读书·新知三联书店1959年版,第127页。George L. Yaney, *The Systematization of Russia in Government: Social Evolution in the Domestic Administration of Imperial Russia, 1711-1905*, Illionis U.P., 1973, p.337.

成三个选举会。第一选举会由缴纳该城市总税额三分之一的最大的纳税人组成，第二选举会由承担总税额三分之一的中等纳税人组成，小纳税人的代表参加第三选举会。每个选举会分别推选市杜马代表的三分之一。这样，就保证了资产阶级在市杜马中的优势地位。市杜马由参议院直接管辖，受县、省当局的监视。大城市市长的任职由内务部批准，小城市市长的任职由省长批准。城市杜马不掌握警察，它的权限与地方自治局相仿，完全限于经济领域。城市的实际行政权属于中央控制的省长。换言之，俄国资产阶级在步入政坛时，被置于咨询机构中而不掌握行政权。

第四节　军队

俄罗斯统一国家建立以前，莫斯科公国的军事组织是由大公和诸侯直接控制的亲兵和地方民团构成的。亲兵本身为贵族，一律为骑兵，以行武为终身职业。但亲兵人数不多，凡遇较大规模的军事征战，需召集地方军事组织民团。民团一般为步兵，成员来自农民和小市民，他的战斗力较弱。这种由亲兵和民团构成的军事组织不适应中央集权国家的军事需要。1540年，军事思想家彼列斯维托夫向伊凡四世提出一系列改革建议。其中很大一部分是关于军事的内容。他主张建立一支沙皇指挥的军队以取代大封建主的私人武装，以镇压后者的反叛。伊凡四世接受了彼列斯维托夫的建议，实行了军事改革。伊凡四世广泛推行伊凡三世已经实行的领地制，沙皇以授予贵族领地为代价，吸引中小贵族从军，在俄国建立了一支封建军队。但是这支军队士兵逃亡或不服役者甚多，改革成效不大。与此同时，伊凡四世在1550年把伊凡三世建立的火枪兵扩建成俄国历史上第一支常备步兵

"射击军"。它的主要来源是市民,其主要任务是防守莫斯科等城市,镇压当地人民的反抗,也可以用于对外战争。射击军平时驻扎在指定的营区内,接受专门的军事训练,统一着装并由国家发给薪饷。17世纪初,米海伊尔在招募雇佣军的同时,按照西方国家军队的式样来改造俄国军队,建立了"新制团"。1663年时,它共有77000人,由国家供给,终身服现役。但在和平时期可以让部分士兵住在家里。最初,沙皇招募大批德国、苏格兰和波兰军官治军,到1670年产生了第一位俄国将军。新制团的建立是俄国军队向近代军队转变的第一步。以后,射击军的地位下降,领地骑兵基本被淘汰。[1]

彼得一世在1699年颁布征召新兵的敕令,确定在自由民众中按一定比例抽丁,共征召了23000人。以后在1705年2月敕令中规定农户和工商户每20—30户抽丁1人。1699—1725年共征兵53次,共征募约287000人入伍,其中主要来源是农民。到1796年,野战军和守备军共有500000人。拿破仑战争时期,俄国军队达到1000000人。[2] 为了提高军队的素质,彼得一世一方面聘请外国人来俄国军队中任顾问,一方面开办军事学校,培养新型的军队将领。1689年,在亚速夫开办了海军学校,1701年起,在莫斯科开办了航海学校、炮兵学校和海军学院。1716年,彼得一世主持制定了《军事法规》,规定了军队训练的基本要求、军队的编制和组织原则,规定了士兵和各级军官的职责。彼得一世还颁布了《海军章程》,确定海上舰队的编制、战船的等级、海军军官的隶属关系等。1720年,成立了以缅

---

[1] 吴春秋:《俄国军事史略(1547—1917年)》,知识出版社1983年版,第9—13、31—93页。

[2] George L.Yaney, *The Systematization of Russia in Government: Social Evolution in the Domestic Administration of Imperial Russia, 1711-1905,* Illionis U.P., 1973, p.53.

什科夫为院长的陆军院,加强对陆军的领导。战争期间,陆军野战部队设总司令,拥有全权,下设参谋机构协助总司令制定作战方案。彼得一世还注意发展军火工业和重工业,到1725年,俄国共有85个兵工厂和五金工厂。这些工厂能制造各种火炮和大型海上战舰。彼得一世的军事改革在俄国形成了一支有48艘战舰、287艘帆桨战船组成的海军舰队和陆军步兵、骑兵和炮兵。①

彼得一世建立的这支庞大的新型军队在国家内部事务中也起了极为重要的作用。在彼得一世在位后期,由于地方官员无法进行有效的人口调查,1722年彼得一世把军队派驻农村从事这项工作,在1723年完成了人口调查。这样就使得彼得一世制定征税政策有了依据。在原有的地方官吏都几乎消失的情况下,军队长期留在当地帮助征收灵魂税直到1763年。② 俄国军队在18世纪开始向近代军队转变。

18世纪70年代,陆军大臣米留金继续进行军事改革。1874年年初颁布了实行普遍义务兵役制的法令,规定年满20岁的男性青年不论其社会地位如何都有服兵役的义务,平时用抽签的方法每年征集新兵。陆军的服役期由原来25年改为15年,其中6年为现役,9年为后备役;海军服役年限为10年。第二项措施是建立军区加强指挥。在陆军部以下全国设立15个军区,军区司令部与军队直接接触,因此军事领导灵活简便。第三项措施是整顿陆军体制,加强野战部队,把野战军由28个旅增加到47个旅。训练新兵的任务改由后方部队来承担。第四项措施是在战术方面用散兵队形取代过去的纵队队形,加强单兵训

---

① 〔法〕亨利·特鲁瓦亚:《彼得大帝》,天津人民出版社1983年版,第313—315页。
② George L. Yaney, *The Systematization of Russia in Government: Social Evolution in the Domestic Administration of Imperial Russia, 1711-1905,* Illionis U.P., 1973, pp. 55-56.

练、战术机动、实弹射击和工兵作业训练。此外,取消贵族武备学校,建立军官学校、士官学校。以后凡未经院校训练而升任军官者,都要经过相当于士官学校水平的考试。上述措施使俄国军官的数量和质量都有所提高。此外,俄国海军开始用气船和装甲战舰代替帆船。[①]

第五节 近代法律体制建设迟缓

在俄国仿效西欧进行的国家制度改革中,一个根本性的弱点是法制建设远远落后于政府机构的建设。

在彼得一世改革的起始阶段,改革措施是通过政令而不是法令的形式进行的,因此缺乏持续性的作用。18世纪中期以后,叶卡捷琳娜二世对法制建设表现出关注。她在《圣谕》中说,国家自由不是谁愿意做什么就做什么;每个人尽可能做他必须要做的事,不强迫做不该做的事;自由是在法律允许范围内从事一切事务的权利。俄罗斯人第一次被号召参与讨论有关国家自由、公民平等等问题。《圣谕》还说,言论不能构成侮辱陛下罪,对国家来说最大的不幸莫过于谁也不敢发表自己的意见。《圣谕》反映了启蒙运动对叶卡捷琳娜二世的影响程度。[②] 但是,叶卡捷琳娜二世并不打算在俄国推行西方的资本主义契约关系,只是希望通过制定法律以确定俄国的社会关系。在《圣谕》中叶卡捷琳娜二世对"自由"一词做了一种精巧的解释:"自由是做法律允许做的事的权利","公民自由是从全社会每个个人确保他人安

[①] 吴春秋:《俄国军事史略(1547—1917年)》,知识出版社1983年版,第232—236页。

[②] 〔俄〕瓦·奥·克柳切夫斯基著,张咏白等译:《俄国史教程》(第五卷),商务印书馆2013年版,第341页。

全的观点产生的稳定的思想"。在对自由做了保守主义的解释后，《圣谕》针对反抗农奴制的情绪强调："如果立法权或国家主权认为它自身处于反对国家的密谋或与外国侵略者造成的威胁之下，它可以在一段时间里授权行政机关逮捕密谋者，让其一段时间丧失自由，以此保证立法权永远不受伤害。"它提到政府应当以一项基本法为基础建立。但它又强调，"全权国家将保卫整个社会"，"统治权是绝对的"。尽管叶卡捷琳娜二世不是农奴制的坚决拥护者，她曾起草一份颁发给国有农民（即国家的农奴）的宪章，给予他们权利，但这项宪章最终未付诸实施。叶卡捷琳娜二世出于稳定地维持统治的要求，对农奴制废除问题极其谨慎，而农奴制的存在正是阻碍国家发展的重要障碍。

19世纪，俄国在尼古拉一世即位后加强了法典编纂工作。1826年，尼古拉一世将1804年成立的法典编纂委员会改为第二处，任命巴路甘扬斯为处长，具体编纂工作由斯佩兰斯基承担。在斯佩兰斯基的建议下开始编纂《法令全集》和《法律全书》。他希望重新编纂法典，使立法适应俄国资本主义经济发展的需要。1830年，《俄罗斯帝国法令全集》第一版的编纂和刻印工作完成。《俄罗斯帝国法令全集》收入了从1649年的《会典》到1825年12月12日止俄国的全部立法。1833年，《俄罗斯帝国法律全书》的编纂工作完成。《俄罗斯帝国法律全书》共15卷，42000条，按法律部门编列。第1—3卷为"根本的制度性法律"，包括各种国家机关的权力和文牍程序的立法；第4—8卷包括国家的义务、收入和财产的立法；第9卷是关于等级规定的法律；第15卷为刑法。《俄罗斯帝国法律全书》颁布后又经多次修改和补充。[1]

---

[1] 法学教材编辑部《外国法制史》编写组主编：《外国法制史》，北京大学出版社1982年版，第122—123页。

沙皇政府在制定新的法律时，写进了新兴市民和资产阶级的身份地位。1832年的一项法律确定了从城市居民中分化出来的上层分子的地位。法律规定，被称为"名誉公民"的城市资产阶级上层分子，又有"世袭"和"终身"之分。他们都享有不受体罚、免服兵役、免纳人头税等特权。这个时期社会居民仍由贵族、教士、城市居民和农村居民几类构成。法令在这种划分之外，又将所有的居民分成"纳税者"和"免税者"两类，规定贵族、教士及"名誉公民"为免税者，其他的市民和农村居民为纳税者。这种划分实质上是把城市资产者的上层分子划入免税的特权集团之内，与贵族置于几乎同等的地位。[1]

在刑法领域，沙皇政府在1844年编纂了《刑罚和感化法典》，它的主要原则是同罪不同刑，处罚按犯罪者的社会地位来决定。贵族、教士、名誉公民、两个基尔特的商人享有免受体罚的特权。此外，在复杂的刑法分类中，有刑事处分和感化处分之分，把一切刑罚分为主刑、附加刑和代替刑。规定可以在某些情况下以刑罚处分代替主刑，以保护贵族特权等级。该法典中对触犯农奴制和君主专制的案犯处罚极其严厉。这一法典较明显地表明封建性质。

1861年，亚历山大二世开始进行司法改革。1862年，在法学家谢·伊·札鲁德尼领导下制订了新的司法制度和诉讼程序的基本原则。1864年12月2日，亚历山大二世批准了以欧洲司法制度为蓝本，贯彻了资产阶级法律原则的新的司法章程。这次司法改革是同期一系列资产阶级性质的改革中比较彻底的一次。旧的等级法院现在被一个共

---

[1] 法学教材编辑部《外国法制史》编写组主编：《外国法制史》，北京大学出版社1982年版，第12页。

同的法院代替。所有的人都在同一个法院、根据同一法律和同样的审判程序受审。在每一个司法区设一个区法院。刑事案件由区法院会同当地居民中最富有阶层代表担任的陪审员审理。判决原则上不得再行上诉，只有未经陪审员参加而做出的判决才可以向高等司法厅上诉。

  这次司法改革确定了陪审制度，并建立了律师制度。陪审员从有一定财产、识字的和在当地定居两年以上的居民中选出，共 12 人。由他们决定被告是否有罪，然后再由法院院长和两名法官量刑或决定释放。出任律师需受过高等司法教育并有 5 年以上的司法实践经验。律师在高等的司法厅的监督下执行业务。地方设立治安裁判所，处理较小的民事诉讼和轻微的违法行为。地方治安裁判所的裁判员从县自治代表会议的代表中选举产生。治安裁判所主席由治安裁判员推选产生。他们须经政府任命。这样，使得律师、陪审员和治安裁判员能从资产阶级知识分子中产生。这一制度包含的司法人员不受政府任命和撤换、审判完全按照法律进行等保证司法独立性的规定，体现了资产阶级的法治原则。但它又为沙皇政府所控制。这次司法改革保留了根据 1861 年 2 月 19 日法令设立的按照习惯和惯例进行审理案件的乡等级农民法院，保留了审判僧侣案件的特别法院。沙皇政府的官吏犯渎职罪，只能在他的长官决定后才能交付法院审理。政治案件不交陪审法庭审理，而由高等司法厅或参议院审理，以后转由司法大臣和宪兵队用行政方法加以判决。这些条款都表现了司法制度包含的封建特征和不平等现象。①

---

① 〔苏联〕涅奇金娜：《苏联史》第二卷第二分册，生活·读书·新知三联书店 1959 年版，第 130—133 页。孙成木等：《俄国通史简编》（下册），人民出版社 1986 年版，第 49—150 页。

第六节　从专制君主国向资本主义君主立宪国家转变

18—19世纪，俄国国家机构重大的缺陷是缺少资本主义民主制度。俄国没有设置近代议会。在1809年秋季，资产阶级改革家斯佩兰斯基在拟定的题为"国家法典绪论"的改革计划中曾写进了在俄国实行君主立宪制，建立一种特殊的议会制度——国家杜马。杜马代表由四级选举制产生，即由拥有不动产者选出乡杜马，由乡杜马推选出参加区杜马的代表，由区杜马选出省杜马代表，最后由省杜马选出国家杜马的代表。贵族、商人、市民等"中等地位"的公民有选举权。在政权关系上实行立法、司法、行政三权分立，立法必须经国家杜马通过方能生效，政府各部必须对杜马负责。斯佩兰斯基绘制了将俄国国家制度改造为资本主义国家的蓝图。但由于当时俄国存在着根深蒂固的农奴制，资产阶级没有权力，所以斯佩兰斯基的改革计划只有关于加强行政机构和司法制度的内容为沙皇政府吸纳，用以加强官僚专制；而有资产阶级自由主义内容的那部分设想则被束之高阁。事实上，只有当来自下层的革命压力和威胁强大到震撼沙皇制度时，统治者才愿意朝着政治改革的方向迈出几步。

20世纪初，对外帝国主义战争节节失败，国内工人罢工和农民骚动高涨。俄国沙皇统治集团察觉到统治不稳，便开始在两个方面加强国家制度的基础。一项措施是拓宽统治的阶级基础。由维特和诺尔德草拟了在1904年12月2日颁发的《完善国家制度规划诏令》。诏令提出必须吸收社会贤达参加国务委员会，责令大臣委员会探讨采取何种措施实行法制、扩大言论自由、信仰自由和地方自治权、消除对非俄罗斯人的过分排斥。但沙皇尼古拉二世在审定时删除了扩大国务委员会阶级构成的内容。

1905年革命开始后，沙皇于2月17日批准了一项文件，一是宣称全体居民有向大臣会议情愿的权利；[1] 二是授予杜马以立法权，召开国家杜马。1905年革命开始后，布里根便提出一项诏书草案，建议按西欧议会的模式召开国家杜马，杜马具有人民代表协商国事的职能，但没有决定权。1905年8月6日颁布法令，规定杜马为议会型的常设机构，所有长期的或临时的法律、编制、预算都必须提交杜马讨论，杜马为协商机构，杜马代表的选举权不受民族和宗教信仰的限制。1905年10月17日，沙皇签署了由维特起草的《整顿国家秩序宣言》，希望以此"敕平当前迷漫之骚乱、盲动、暴行"。10月17日《宣言》的主要内容有三项。第一，"依照确保人身不受侵犯、信仰自由、言论自由、集会自由、结社自由诸原则，恩赐平民以公民自由"。第二，准备杜马选举，尽可能吸收迄今尚无选举权的居民阶级参加杜马，进一步实现普选权的原则。第三，任何法律未经杜马认可不得生效，即授予国家杜马以立法权。[2]

1906年2月20日，沙皇公布了修改后的国务委员会宣言和国家杜马选举新条例。4月23日，又对俄国旧基本法进行修改，公布了《国家基本法》。它使俄国国家政权披上立宪的外衣，同时又把最高权力控制在沙皇手中。该法令宣布，沙皇仍然拥有确定对外政策、宣战、媾和、任免大臣等大权，国务会议和国家杜马通过的法律要经过沙皇签署才生效。在杜马休会期间，沙皇政府有权自行立法。国务委员会由咨议机构变成与杜马具有同等立法权的机构。它实际上成为位

---

[1] 〔俄〕维特著，张开译：《俄国末代沙皇尼古拉二世——维特伯爵的回忆》，新华出版社1983年版，第268、396页。
[2] 〔俄〕维特著，张开译：《俄国末代沙皇尼古拉二世——维特伯爵的回忆》，新华出版社1983年版，第1页。

于杜马之上的"上议院"。国务委员会成员一半由沙皇任命,另一半由贵族、地主自治局、工商业资产阶级和僧侣选举产生。结果是地主和贵族在国务委员会中占据优势。沙皇通过改组国务会议,从杜马夺去了一切权力。①

在维特内阁执政期间,俄国国家表现出资产阶级自由化的倾向。沙皇未能在杜马和新的国务会议召开以前实施非常状态;颁布了出版、结社和集会自由法;确定了信教自由原则;立法机构对行政当局的活动进行了监督。1906—1912年,先后召开了4届国家杜马。俄国封建君主制开始向资产阶级立宪君主制转变。

如果我们将绝对主义时期的中西欧国家与易北河以东的俄罗斯国家作一比较,就可以发现,这两类国家的差别除在有无代议制度外,最重要的是在国家的理念上有没有理性主义的国家观念。俄罗斯沙皇国家,没有公民和公众的概念,而只有臣仆的概念。俄国国家没有民主制度,是警察和监狱国家。

从16世纪开始,沙皇依靠普通贵族的支持,制服了封建大贵族波雅尔,并使普通贵族依附于自己,又让他们去奴役农民,形成了俄国的绝对专制主义制度。②

第七节 二月革命和临时政府

1915年11月,沙皇解散了国家杜马。1916年5月,国家杜马重

---

① Geoffrey A. Hoskin, *The Russian Constitutional Experiment, Government and Duma, 1907-1914*, Cambridge U.P., 1973, pp.10-11.

② 〔苏联〕列夫·托洛茨基著,丁笃本译:《俄国革命史》第一卷,商务印书馆2018年版,第17—18页。

新召开。1916年11月，一批右翼官僚向沙皇呈交了一份纲领性的简要报告，明确反对向资产阶级反对派做出任何让步，他们就反对党立宪民主党说："立宪民主党除了作为自由主义的律师、教授和机关吏员人数众多的团体以外，什么都不是。"① 他们反对建立责任内阁制。而在12月，资产阶级组成的城市联盟和立宪民主党主张建立责任内阁制。国家杜马会议表示："在责任政府建立以前不会散会。"②

1917年的二月革命仍然面临着推翻官僚专制王朝的直接任务。但是，它与旧式的资产阶级革命不同，现在作为决定性力量出现的是一个新的阶级，即工人阶级参加了二月资产阶级革命。而在此时，俄国的资产阶级和俄国的专制制度一样，表现出了越来越明显的买办特征，两者都是靠与外国帝国主义的联系而生存和发育的，都是为后者服务的。③

在国家杜马开幕的2月14日，工人们响应布尔什维克的号召举行了示威。从2月中旬起，彼得格勒的革命运动迅速高涨。2月18日，普蒂洛夫工厂的3万工人罢工。2月23日（公历3月8日），彼得格勒的布尔什维克委员会发动了9万工人纪念"三八节"反对沙皇统治的政治罢工。彼得格勒工人离开工厂，上街抗议。这天是国际妇女节，估计有9万名妇女在街上游行，因为她们的丈夫和父亲在前线作战，她们在悲惨的条件下长时间工作以养活家人，她们高呼"面

---

① 〔苏联〕列夫·托洛茨基著，丁笃本译：《俄国革命史》第一卷，商务印书馆2018年版，第44页。
② 〔苏联〕列夫·托洛茨基著，丁笃本译：《俄国革命史》第一卷，商务印书馆2018年版，第45页。
③ 〔苏联〕列夫·托洛茨基著，丁笃本译：《俄国革命史》第一卷，商务印书馆2018年版，第25、29页。

包""打倒独裁政权""停止战争"。第二天,超过15万男女工人走上街头抗议,很快更多的人加入了他们的队伍。到2月25日星期六,彼得格勒的工厂基本上都关闭了,没有人去工作。反战示威同时在莫斯科、巴库等地爆发,有的城市爆发了罢工。孟什维克和社会革命党人号召工人起来保卫国家杜马。

由于布尔什维克党彼得格勒委员会的5名成员都被捕了,起义工作的领导权就落到了维堡区委员会身上。25日清晨,布尔什维克中央国内局号召举行全俄总罢工。在25日夜间,维堡地区就已经完全控制在起义者手中。① 总政治罢工转变为武装起义。26日,起义工人争取了部分士兵转到起义者方面来。27日,大批驻扎在彼得格勒的沙皇军队开始投向起义者,有的整团军队刚调来就参加了起义工人的队伍。工人夺取了有4万支步枪的军械库把自己武装起来。沙皇政府的哈巴罗夫将军宣布戒严令,但他已无法阻止革命。国家杜马主席罗将科要求沙皇向人民让步,以便挽救国家和王朝,但沙皇在2月26日解散了国家杜马。这一天,革命取得了胜利。27日,一批政治犯从监狱中被释放。

2月27日晚,召开了彼得格勒苏维埃第一次代表大会。它由工人和士兵代表组成。

在二月革命发生时,最有威信的革命家、左翼政党的领袖大多流亡在国外,一部分在监狱和流放地。民粹派有无党派激进分子克伦斯基领导下的杜马党团。社会革命党的正式领导人切尔诺夫还侨居在国外。孟什维克拥有齐赫泽和斯克别列夫为首的杜马党团,达恩和策烈

---

① 〔苏联〕列夫·托洛茨基著,丁笃本译:《俄国革命史》第一卷,商务印书馆2018年版,第131、132页。

铁里还在流放地。① 在民粹派和孟什维克这些左翼党团周围聚集了一大批有过革命经历的社会主义知识分子，形成了政治指挥中心。但是当时杜马中没有布尔什维克党团，它的 5 名代表被沙皇政府逮捕了。列宁和季诺维也夫流亡在国外，加米涅夫和斯维尔德洛夫、李可夫、斯大林都在流放地，当时还不属于俄国布尔什维克党的波兰社会民主党人捷尔任斯基正在服苦役，所以布尔什维克党无法为起义提供有威望的领袖。② 由于当时只有孟什维克是自由的，所以在苏维埃的执行委员会中，孟什维克和社会革命党人取得了领导地位。

3 月 2 日，组成了以大地主李沃夫亲王为首的临时政府。李沃夫是自由主义者和立宪民主党的右翼。临时政府共有 11 名阁员。除李沃夫外，其他阁员有：

外交部长米留科夫。他是前莫斯科大学历史学教授，写有多部大部头历史著作，是一个严肃的学者。他是自由派地主联盟和左翼知识分子联盟合流而成的立宪民主党的领袖。他是临时政府的中心人物。苏哈诺夫曾写道："米留科夫是当时整个资产阶级政治圈子里的中心人物，……在革命的第一阶段，没有他也就没有任何资产阶级政策。"他是一个资产阶级西欧主义者，他把在俄国实现欧式文明化作为这个政党的目的，但他不敢在这条道路上走得太远。③

古契科夫是企业家、银行家、十月党领袖。他在年轻时是一个富

---

① 〔苏联〕列夫·托洛茨基著，丁笃本译：《俄国革命史》第一卷，商务印书馆 2018 年版，第 167 页。
② 〔苏联〕列夫·托洛茨基著，丁笃本译：《俄国革命史》第一卷，商务印书馆 2018 年版，第 167—168 页。
③ 〔苏联〕列夫·托洛茨基著，丁笃本译：《俄国革命史》第一卷，商务印书馆 2018 年版，第 211—212 页。

于冒险精神的自由主义者。在杜马中，他致力于解决军事实力问题，他和米留科夫联手为战争做准备，把一批工业家团结在爱国主义反对派的旗帜下。他在内阁中担任海陆军部长。

外省医生出身的杜马代表申加廖夫被任命为农业部长。他把阻挠土地问题的解决作为自己的主要任务。

铁列什琴科拥有多座制糖工厂、大片森林和价值8000万金卢布的财产，是基辅第一工业委员会的主席。他是古契科夫的亲信。

工商部长是纱厂主柯诺瓦洛夫。

律师、社会革命党人克伦斯基首次进入第四届国家杜马，是劳动党团的主席。这个党团的思想是自由主义与民粹主义的混合物。杜马临时委员会为了让这位激进派代表离开苏维埃，决定由克伦斯基担任司法部长。[1] 临时政府系由社会革命党为首的资产阶级代表人士组成。

临时政府派出古契科夫和叔尔根背着工人去觐见沙皇尼古拉二世，要沙皇让位给儿子亚历修，沙皇则表示要让位给其弟米海伊尔。这一事件激起了工人的愤怒，他们迫使沙皇米海伊尔·罗曼诺夫在3月3日签字退位，政权交给了临时政府。

遵照李沃夫的命令，由各省地方自治局主席担任了省长，由县自治局主席出任县的行政长官。[2]

俄国二月资产阶级革命推翻了沙皇制度，但是由于当时参加苏维埃的工人没有政治经验，权力落到了孟什维克和社会革命党人手中。

二月资产阶级革命后，俄国出现了两个政权并存的局面。一个政

---

[1] 〔苏联〕列夫·托洛茨基著，丁笃本译：《俄国革命史》第一卷，商务印书馆2018年版，第248页。

[2] 〔苏联〕列夫·托洛茨基著，丁笃本译：《俄国革命史》第一卷，商务印书馆2018年版，第222页。

权是临时政府为代表的资产阶级政权,一个政权是以苏维埃为代表的工人与农民的革命民主政权。

2月27日下午,从狱中获释的孟什维克、军事工业委员会的成员在塔夫里达宫与右翼工会和合作社运动活动家,以及孟什维克在杜马的代表齐赫泽和斯科别列夫,当场就成立了工人代表苏维埃临时执行委员会。它的第一次会议做出了把卫戍部队和工人联合组成工人与士兵代表苏维埃的决定。①

27日下午3时,各政党领袖会议选出了"杜马代表临时委员会"。直到27日晚间11时,革命运动的规模已经明朗清晰的时候,临时委员会才决定采取进一步的措施,把政权掌握到自己手中来。②

轻易获得苏维埃领导权的社会主义者在政治上极为幼稚,他们设法让资产阶级同意掌握政权。3月1日,苏维埃执行委员会的代表齐赫泽、斯捷克洛夫、苏哈诺夫出席了杜马委员会的会议,讨论苏维埃支持新政府的条件。民主派人士的整个纲领只有唯一的要求,即给左翼政党进行宣传和鼓动的自由。本来手里已掌握了全部政权的社会主义者,向资产阶级交出了权力。当时罗将科对齐赫泽和苏哈诺夫说:"政权在你们手中,你们可以逮捕我们所有的人。"而齐赫泽和苏哈诺夫则回答他们说:"政权你们拿去吧,不过,不要因为进行宣传鼓动而逮捕我们。"③ 资产阶级领袖没有想到会出现这样的情况。

---

① 〔苏联〕列夫·托洛茨基著,丁笃本译:《俄国革命史》第一卷,商务印书馆2018年版,第181页。

② 〔苏联〕列夫·托洛茨基著,丁笃本译:《俄国革命史》第一卷,商务印书馆2018年版,第183页。

③ 〔苏联〕列夫·托洛茨基著,丁笃本译:《俄国革命史》第一卷,商务印书馆2018年版,第195页。

两个政权并存的格局是不可能持久的。8个月以后的布尔什维克党领导的十月革命推翻临时政府，建立了社会主义政权。

临时政府和彼得格勒苏维埃两个相互竞争的团体从混乱中脱颖而出，宣称对俄罗斯拥有领导权。第一个由前杜马成员组成，第二个是彼得格勒苏维埃。前杜马成员代表中产阶级和上层阶级，苏联代表工人和士兵。

最后，前杜马成员组成了临时政府，正式管理国家。彼得格勒苏维埃允许这样做，因为他们认为俄罗斯经济不够发达，不足以经历真正的社会主义革命。

二月革命后的头几周，临时政府废除了死刑，赦免了所有政治犯和流亡者，结束了宗教和种族歧视，并给予公民自由。

临时政府认为俄罗斯应该履行在第一次世界大战中对盟国的承诺，继续战斗。列宁不同意。

布尔什维克的领袖弗拉基米尔·伊里奇·列宁在二月革命时期流亡国外，当临时政府允许政治流亡者回国，列宁就立即在瑞士苏黎世登上了火车回国。

1917年4月3日，列宁抵达彼得格勒的芬兰站。成千上万的工人和士兵来到车站迎接列宁。列宁发表了讲话，祝贺俄罗斯人民成功的革命。在几个小时后发表的演讲中，他提醒人民，该国仍处于战争状态，临时政府没有为人民提供面包和土地。列宁谴责临时政府，呼吁新的革命。

1917年10月10日，布尔什维克党领导人举行了一次秘密会议。列宁运用他所有的说服力来说服其他人，现在是武装起义的时候了。辩论了一整夜后，第二天早上进行了投票，十比二的投票结果，多数赞成革命。

1917年10月25日凌晨，革命开始了。忠于布尔什维克的军队控制了电报、发电站、战略桥梁、邮局、火车站和国家银行。布尔什维克几乎没有开一枪便获得了这座城市的控制权。那天早上晚些时候，除了冬宫，彼得格勒已经全部落入布尔什维克手中。总理亚历山大·克伦斯基逃离彼得格勒。第二天，忠于布尔什维克的军队冲进了冬宫，布尔什维克成了俄国的新领导者。列宁几乎立即宣布新政权将结束战争，废除所有私有土地所有权，并建立工人控制工厂的制度。

俄罗斯退出第一次世界大战后，数百万俄罗斯士兵被遣散回家。没有战争的需求，工厂不再有大量的订单需要完成。人民的真正问题没有一个得到解决；相反，他们的生活变得更加糟糕。

1918年6月，俄罗斯爆发内战。这是一场白匪（反对苏维埃的人，包括君主主义者和自由主义者）反对红军（布尔什维克政权）的内战。1918年7月16日至17日晚，红军处死了沙皇尼古拉斯、他的妻子和家属。

第十一章　行政国家：美国

美国国家制度是在没有巩固的封建社会前史的条件下建立的。它从一开始便采取了共和制这种典型的资产阶级直接的统治形式。

第一节　殖民地时期的政府

在美洲，英格兰人第一个永久殖民地是根据英王詹姆士一世1606年颁发给托马斯·盖茨及其合伙者的特许状而建立的。特许状授予他们建立弗吉尼亚的殖民地和普利茅斯殖民公司占有的新英格兰殖民地。每一个殖民地对他们第一个定居点50英里范围内的所有领土拥有独立的产权。[1] 弗吉尼亚殖民地的特许状在1624年被废除，殖民公司被解散，该殖民地便成为王室殖民地，处于王室的直接管理和控制之下。国王签署特别委任状，任命1名总督和12名枢密官，赋予他们对殖民地事务完整的裁量权。以后，查理一世宣布该殖民地为英帝国的一部分。[2]

---

[1] 〔美〕史密斯、谢利、巴迪斯著，梅然译：《美国政府与政治》，北京大学出版社2005年版，第25页。〔美〕约瑟夫·斯托里著，毛国权译：《美国宪法评注》，上海三联书店2006年版，第8—9页。

[2] 〔美〕约瑟夫·斯托里著，毛国权译：《美国宪法评注》，上海三联书店2006年版，第10—11页。

1620年，一批与英国国教脱离关系的非国教徒乘坐"五月花"号船来到北美。在普利茅斯登陆前，41人签署了一份契约，它宣称："为了上帝的荣耀，为了促进基督教的信仰，为了吾王吾国的荣誉，我们越海扬帆，以在弗吉尼亚北部开拓第一个殖民地，在此出现的我们，在上帝面前和相互面前，共同庄严立誓签约，自愿结为一个公民政治团体，以使上述目的得以顺利进行、维持并发展。公正和平等的法律、法规、条例、规章应按上述目的而起草、制定和筹划，并且，官员们应随时地——如被所认为的那样——最大限度地满足本殖民地的总体利益；对此，我们全体承诺应有的遵守和服从。"[1] 1629年，这个殖民地获得王室的特许状。1691年，该殖民地与马萨诸塞合为一个殖民地。

1628年3月，查理一世授权在南部弗吉尼亚殖民地建立了马萨诸塞州湾的总督和殖民公司。不久以后该殖民公司做出大胆的决定，将该公司改为殖民地事务的行政管理机构。1691年，威廉和玛丽颁布新的特许状，该殖民地成为一个行省，与马萨诸塞合并。[2]

1629年11月，约翰·梅森从普利茅斯理事会获得一项土地专有授权，建立新罕布什尔殖民地。它作为王室殖民地一直存在到独立战争。[3]

1622年8月，普利茅斯理事会将一块土地授予费迪南多爵士和约翰·梅森船长。1639年，费迪南多爵士从王室获得了土地专有权

---

[1] 〔美〕约瑟夫·斯托里著，毛国权译：《美国宪法评注》，上海三联书店2006年版，第18页。
[2] 〔美〕约瑟夫·斯托里著，毛国权译：《美国宪法评注》，上海三联书店2006年版，第23—25页。
[3] 〔美〕约瑟夫·斯托里著，毛国权译：《美国宪法评注》，上海三联书店2006年版，第27—29页。

确认令，缅因成为英格兰的一个行省。[1]

康涅狄格原先在马萨诸塞保护下开展殖民活动。1638年，当地居民为自己制定了政府宪章和法律。1662年4月，康涅狄格殖民地从查理二世处获得关于政府和领土的特许状。该特许状在领土范围上包括了纽黑文。[2]

罗德岛是来自马萨诸塞的移民拓殖的，这批人从印第安人手中买下了这个岛。1644年，他们从英国议会获得特许状。[3]

马里兰行省原先包括在弗吉尼亚殖民公司的土地专有权范围内。公司解散后归还给王室，查理一世时期巴尔的摩勋爵乔治·卡尔弗特取得产权授权。1634—1635年，全体自由民参加了马里兰第一届立法会议，后建立了议会。议会以后又分为两院，拥有立法权。[4]

纽约原是荷兰移民的拓殖地，它处于普利茅斯理事会所属的新英格兰的范围内。查理二世复辟后，考虑到维护王室利益，1664年3月，授予他的兄弟约克和奥尔巴尼公爵这块土地的专有权。同年，派军队到达这里，使荷兰人屈服。在荷兰战争中，纽约殖民地重新被荷兰征服。在1674年合约中，重新归约克公爵占有。[5]

新泽西是授予约克公爵的领地的一部分。1664—1665年，业主

---

[1] 〔美〕约瑟夫·斯托里著，毛国权译：《美国宪法评注》，上海三联书店2006年版，第30—31页。
[2] 〔美〕约瑟夫·斯托里著，毛国权译：《美国宪法评注》，上海三联书店2006年版，第32—33页。
[3] 〔美〕约瑟夫·斯托里著，毛国权译：《美国宪法评注》，上海三联书店2006年版，第35页。
[4] 〔美〕约瑟夫·斯托里著，毛国权译：《美国宪法评注》，上海三联书店2006年版，第41—44页。
[5] 〔美〕约瑟夫·斯托里著，毛国权译：《美国宪法评注》，上海三联书店2006年版，第45—46页。

们签署了一个征服政府宪章的特许规约。1676年，业主分割了该省，由卡特雷特和威廉·佩恩分别占有东、西新泽西。1702年4月，两个行省的业主放弃他们的全部政治权力，将权力交给女王。女王遂将两个行省合并。[①]

宾夕法尼亚在早期由荷兰、瑞典和其他国家的殖民者进行拓殖，1681年，威廉·佩恩从查理二世处获得土地专有权授权，成为宾夕法尼亚土地的领主。这里成为一个王室行省和政府领地。1701年，制定了最后的政府规章。该行省按照这一规章进行治理，直到独立战争时期。[②]

佩恩在1682年购买了主要是荷兰人和瑞典人定居的特拉华的三个南部郡的领土和所有的权力和利益。该地区先是在1682年与宾夕法尼亚行省统一，后于1703年分离，由自己独立的立法机关治理。[③]

在北纬36度到佛罗里达角的广阔地区原有西班牙、法国和英格兰三国在争夺。1662年3月，查理二世颁布特许状，将其设立为卡罗来纳王室行省，授予克拉伦顿勋爵。它直接隶属于王室。1729年，业主放弃特许状，王室接管该领地的管理权。该行省以后分裂为北卡罗来纳和南卡罗来纳。[④]

1732年，在萨凡纳和奥尔塔马霍河之间未被占领的土地上建立

[①] 〔美〕约瑟夫·斯托里著，毛国权译：《美国宪法评注》，上海三联书店2006年版，第49—51页。
[②] 〔美〕约瑟夫·斯托里著，毛国权译：《美国宪法评注》，上海三联书店2006年版，第53—54页。
[③] 〔美〕约瑟夫·斯托里著，毛国权译：《美国宪法评注》，上海三联书店2006年版，第56页。
[④] 〔美〕约瑟夫·斯托里著，毛国权译：《美国宪法评注》，上海三联书店2006年版，第60页。

了佐治亚殖民地,授予帕西瓦尔勋爵和其他20人组成的公司以特许状。1751年6月,他们将特许权交还给王室,这里成为一个王室殖民地,享有和其他殖民地同样的自由和豁免权。[①]

北美殖民地可分为三个类型,即王室行省的、业主的和特许的殖民地。这些殖民地的政治制度,根据英格兰王室颁发给总督的委任状和伴随委任状的相应谕旨设立。不论殖民地的组织是行省的、业主的或者特许的政府,它们有下列共同之处:享有在大不列颠出生的臣民的权利和特权,以及英格兰普通法授予的利益。它们所有的法律不得违背英格兰的法律和制定法,但在立法权方面有较大的空间。在所有殖民地建立地方立法机构,立法机构的其中一院由人民自由选举的代表组成,以代表和维护人民的利益,并对所有法律拥有否决权。[②] 殖民地形成了一种有限政府的观念。殖民者能够制定自己的法律,如1639年的《康涅狄格基本法》、1641年的《马萨诸塞自由典则》、1682年的《宾夕法尼亚政府架构》、1701年的《宾夕法尼亚特权宪章》。它们确立了美国现代宪法和权利法案的基础。[③]

第二节 《独立宣言》和《邦联条例》

到18世纪中叶,殖民地与宗主国的矛盾加剧。当时北美殖民地

[①] 〔美〕约瑟夫·斯托里著,毛国权译:《美国宪法评注》,上海三联书店2006年版,第62—63页。
[②] 〔美〕约瑟夫·斯托里著,毛国权译:《美国宪法评注》,上海三联书店2006年版,第71—75页。
[③] 〔美〕史密斯、谢利、巴迪斯著,梅然译:《美国政府与政治》,北京大学出版社2005年版,第25—26页。

农业生产基本自给，工业不仅自给自足，还能够向英国出口工业品。殖民地的经济发展对宗主国不利，英国希望北美殖民地变成其产品市场和原料供应地，因此竭力阻挠殖民地工商业发展。英国王室和议会屡次颁布禁令，禁止殖民地生产诸种工业产品，禁止开设工厂，严禁英国发明的机器传入殖民地。1750年，英国政府禁止殖民地发展轧铁企业和扩建熔铁炉，禁止殖民地和其他国家直接贸易。殖民地把商品运往英国，限用英国船只运输。这样，殖民地和宗主国在经济上产生了尖锐的矛盾。

在政治上，独立战争前夕，北美大多数殖民地是英王的直辖领地，总督或由伦敦委派，或由英王任命当地的土地贵族或商业贵族担任，只有一两个州获准选举总督，但选出后需得到英王批准。各殖民地州成立议会，但议会只有咨询权，它颁布的法令不得与宗主国的法律相抵触。此外，如果总督对法令加以否决，也不能生效。殖民地处于无权的状态，它们迫切要求在政治上独立，摆脱英国的束缚。

北美殖民地与英国的矛盾虽然早已存在，但在七年战争结束前，矛盾尚未达到爆发的程度。这是因为殖民地的资产阶级和种植园主害怕法国殖民势力侵入和本地居民的反抗，它们还需要英国政府的支持。同时，英国政府也害怕法国利用殖民地的不满来反对英国。英国在战争时期也无力派军队来对付殖民地人民的反抗。因此，双方的矛盾暂时掩盖着。

1763年，英法七年战争结束后，北美殖民地与英国的矛盾日益尖锐。当时英国把从法国手中夺来的阿巴拉契亚山脉至密西西比河之间的土地作为王室私产，激起了希望到西部去占有土地的小农、种植园主、手工业者和土地投机商的强烈不满。英国政府在战争中亏空了14000万法郎，他们想把这笔负担转嫁给殖民地人民。他们颁布各种新税，加紧掠夺，同时把与法军作战的英军留在北美以控制殖民地。1760 年，英国工业革命开展后，英国政府努力保护本国的产品在北美市场的统治地位，坚决地限制北美殖民地主要工业产品纺织品的生产和日益兴旺的走私贸易，严重危及了北美殖民地工商业资产阶级的利益。这样，反英斗争日益激烈地开展起来。

1765 年，英国政府颁布《印花税法》，对每一份买卖单据、凭证、合同、大学文凭、毕业证书、执照、报纸和杂志都要抽取印花税，使殖民地人民的经济文化活动难以进行。殖民地人民纷纷举行集会抗议。1765 年 10 月，在纽约召开了殖民地代表大会，提出只有得到殖民地人民同意才能征税，还宣布抵制英货。英国议会不得不在 1766 年 3 月废除了《印花税法》。1770 年 3 月 5 日，在波士顿的英军士兵开枪打死了玩耍的无辜儿童和前来抗议的 30 多名群众，激起群众发动示威游行，英军被迫撤出波士顿城。各殖民地成立了通讯委员会。1773 年，英国议会通过《茶叶法案》，给予英国东印度公司特权，把茶叶运销美洲可免交税额较高的进口税，只需缴纳税额较低的商业税。这使得东印度公司在市场上的价格比走私商人的茶叶价格低 50%，损害了殖民地走私商人的利益。1773 年 12 月，以走私商人为首的波士顿市民乔装登上英国船，将茶叶倾入海中。事后，英国政府于 1774 年春颁布五项法令，封闭波士顿港、取消马萨诸塞州自治、宣布英军可以自由驻扎、颁布英人享有司法审判特权的司法权条例、把俄亥俄州以北和宾夕法尼亚以西的地区划归英王治下的殖民地魁北克。1774 年，革命形势在英属北美殖民地形成。

1774 年 9 月，经弗吉尼亚州下院提议，北美英属殖民地各州代表在费城召开了第一届大陆会议。会议决定和英国断绝贸易关系，要求英王未征得殖民地同意不要向殖民地征税。乔治三世拒不接受，扬言要用武力解决问题。独立战争的发生不可避免。

1775年4月，驻波士顿英军前往康科德搜剿通讯委员会的武器，遭到反英民军的袭击，独立战争开始。

独立战争开始时，英国殖民当局对危机估计不足，尚未做好镇压起义的准备。美方将英军围困在波士顿达11个月，取得了攻势，宣布了北美殖民地的独立。但随着英军援军到来，殖民地人民处于困难中。大陆军多是未经训练的民兵，装备很差。大陆军在1776年上半年有16000人，下半年仅剩5000人。他们还要和殖民地内部的十多万效忠英国的效忠派作战。1776年发生纽约之战，大陆军战败，英军包围了波士顿，占领了纽约和费城。1777年10月，展开了萨拉托加战役，英军柏高英将军率领5000英军向纽约推进，企图切断华盛顿的防线。这时新英格兰的民军组织起来，协助华盛顿的军队打击英军。加之原定前来接应的英军未能赶到，柏高英率领的英军最后投降。萨拉托加战役成为独立战争的转折点。这个时期，大陆会议加强了外交活动，取得了法国、荷兰、西班牙等国的积极支持。这三国在1778年、1779年和1781年先后对英国宣战。法国派出舰队支持北美殖民地的独立战争。此外，俄国、瑞典和丹麦宣布了有利于北美殖民地的"武装中立"政策。

萨拉托加战役后，战场转到美国南部，英军实力削弱，停止战略进攻。战争进入相持阶段。1780年1月，美军在南部的查尔斯顿战役中失利。在7月的坎登战役中，美军也战败。但是，持久的战争消耗了英军的有生力量。农民这时发动起来，组织了游击队，在南方各地打击英军，英军的实力被消耗。双方力量对比发生了变化。这时，格林出任南部美军司令。在领导游击战争中取得很大战果。1781年4月，格林率军挥师南下，在南卡罗来纳州取得军事胜利。康华理所率英军被华盛顿和拉夷特率领的大陆军包围在约克镇，1781年8月被迫投降，独立战争结束。1783年9月，美英两国在巴黎签订和约，英国承认北美13州殖民地独立。

独立战争爆发后，于1775年在费城召开了第二届大陆会议。大陆会议在1776年7月通过了《独立宣言》。《独立宣言》是一份以资产阶级的天赋人权论和社会契约论为理论基础的文件。它宣布了人生而平等。它写道："人人生而平等，他们却从他们的'造物主'那边被赋予某种不可转让的权利，其中包括生命权、自由权和追求幸福的权利。为了保障这些权利，所以才在人们中间成立政府。而政府的正当权力，则系得自统治者的同意。如果遇有任何一种形式的政府变成损害这些目的的，那么，人民就有权利来改变它或废除它，以建立新的政府。""当一个政府恶贯满盈、倒行逆施、一贯地奉行着那一个目标，显然是企图把人民压抑在绝对专制主义的淫威之下时，人民就有这种权利，人民就有这种义务，来推翻那样的政府，而为他们未来的安全设立新的保障。"[①]《独立宣言》在历史上第一次以政治纲领的形式提出了资产阶级的"人民主权"的主张。《独立宣言》宣布："我们以这些殖民地的善良的人民的名义和权力，谨庄严地宣布并昭告，这些联合殖民地从此成为，而且名正言顺地应当成为自由独立的合众国；它们解除对于英王的一切隶属关系，而他们与大不列颠王国之间的一切政治联系亦应从此完全废止。作为自由独立的合众国，它们享有全权去宣战、媾和、缔结同盟、建立商务关系或采取一切其他凡为独立国家所理应采取的行动和事宜。"[②]《独立宣言》宣布了美利坚合

[①]《美国独立宣言》，载法学教材编辑部《外国法制史》编写组主编：《外国法制史参考资料选编》（下册），北京大学出版社1982年版，第440—441页。

[②]《美国独立宣言》，载法学教材编辑部《外国法制史》编写组主编：《外国法制史参考资料选编》（下册），北京大学出版社1982年版，第444页。

众国的成立。

1777年11月，美利坚合众国各州的代表达成协议，制定了《邦联条例》。《邦联条例》确立了多个州联合的美国政府组织形式。《邦联条例》规定，本邦联的名称为"美利坚合众国"。条例给予各州很大的权力。"各州保留其主权、自由和独立，以及其他一切非由本邦联条例明文规定授予合众国国会的权力、司法权和权利。"条例规定："合众国国会对于下列事务有绝对权力：宣布战争与媾和；派遣和接受大使，订立条约的同盟，制定条例以便判决一切案件中哪种陆上和海上的掠捕是合法的，即为合众国服务的海军或陆军所掠获得战利品应依何种方式分配，在和平时期给予捕拿证或报复性的拘捕证，任命审判在海上所犯海盗罪及重大罪犯的法庭，设立法庭受理一切掠捕案件的最后上诉，但国会议员不得受命为上述法庭的法官。"国会有铸币权。没有得到9个州的同意，合众国不得参加战争。合众国国会有权将会议延期到一年内的任何时候，一次休会时间不超过6个月。《邦联条例》没有设立合众国总统。第十条授权议会任命一个各州行政委员会，执行得到9个州的同意后授予国会的那些权力。①

这个文件在当时美国中央权力很弱而各州地方权力很大的历史背景下，对于各州建立的邦联政府有限的权力和各州与中央政府的关系做出了一些规定。《邦联条例》是1787年美国联邦宪法产生前美国的根本法。

1781年3月，制定了《联邦组织法》。《联邦组织法》规定，"每州保留其主权自由及独立"。"各州相互间对于每一州治法案、法律、条规、记载，及法院及管理治裁决、判断，均当完全信任而承认"。

---

① 《邦联条例》，载法学教材编辑部《外国法制史》编写组主编：《外国法制史参考资料选编》（下册），北京大学出版社1982年版，第445—451页。

"除非得有'在会议中集合之合众国'许可,任何一州不得向任何国王、元首或国家派遣任何使节或接纳任何使节,或与任何国王、元首或国家结订任何条约、同盟协定或举行会议谈判"。[1]

邦联的政治结构和权力都很不完善,离一个有效力的成熟的资本主义国家还有很大的距离。《邦联条例》虽然宣布各州的联盟是永恒的,但它行使大多数国家权力时,需要取得9个州的同意。邦联没有募集国家收入、征税、执行法律、管理贸易的权力。邦联缺乏贯彻宪法措施的整体的强制性的权威。这样它无法履行政府的全部效能。没有各州的善意支持,它的任何措施都无法贯彻。所以华盛顿评述说,"邦联成为没有实质内容的空壳"[2]。邦联没有拥有关于联盟权力方面初审和上诉司法管辖权的国家法院。国会没有权力要求服从,或者惩罚对它的法令的不服从。《邦联条例》没有明确被授权使用武力。每一个州"保留没有明确托付给国会的每一种权力、权利和管辖权。国会没有进行征税或者筹集收入的权力,在这个项目上,赋予国会的全部权力就是"确定为合众国公益而应筹集的必须数量,在每一州分配额度或者比例。国会向13个独立的州提出的征款要求,要由每个州的议会来决定是否遵守。在战争期间,国会试图得到各州授权,对进口的和捕获的商品征收5%的关税,结果没有得到各州的同意。邦联政府建立的最初8年中,国会的征款非常不稳定和不确定,无法偿付邦联开支所需的资金。所以,1786年2月国会宣布"危机已经来临"[3]。

---

[1] 《联邦组织法》,载法学教材编辑部《外国法制史》编写组主编:《外国法制史参考资料选编》(下册),北京大学出版社1982年版,第452、453、454页。
[2] 〔美〕约瑟夫·斯托里著,毛国权译:《美国宪法评注》,上海三联书店2006年版,第107页。
[3] 〔美〕约瑟夫·斯托里著,毛国权译:《美国宪法评注》,上海三联书店2006年版,第107—109页。

邦联国会缺乏管理对外贸易或国内贸易的权力，缺少管理贸易的统一的制度，这成为邦联最主要的缺陷。美国的航海没有得到保护，无法与外国船舶竞争。英国极大地垄断了美国国内贸易的利益，外国产品几乎覆盖了美国的市场，美国自己的产品只能削价处理。

邦联从未得到人民的批准。邦联缺乏招募军队的直接权力。国家的权力只属于一院制的议会，没有行政、司法和立法职能分离的不同的配置。《邦联条例》要求国会成员的职位轮换过于频繁，公共理事会没有处理公共事务的长期经验和知识优势，缺乏与政府权力同等范围的司法权力。①

独立战争是美国的第一次资产阶级革命。独立战争完成了推翻英国殖民统治争取独立的任务，建立了资产阶级的共和国和大资产阶级各种植园主的联合专政，完成了一部分资产阶级革命的任务，为资本主义发展开辟了道路。独立战争传播了资产阶级政治理论，英国约翰·洛克的政治理论为托马斯·潘恩所继承和发展，并影响了法国和英国的民主运动。但是，独立战争没有完成消灭封建残余和奴隶制的任务。这些任务有待于美国第二次资产阶级革命去完成。

第三节 1787年宪法和宪法修正案

1787年5月，在费城举行了各州指定的代表参加的制宪会议。②费城会议面临的问题并非是否应该建立一个全国性的政府，与会各方

---

① 〔美〕约瑟夫·斯托里著，毛国权译：《美国宪法评注》，上海三联书店2006年版，第110—113页。
② 〔美〕汉密尔顿、杰伊、麦迪逊著，程逢如、在汉、舒逊译：《联邦党人文集》，商务印书馆2009年版，第511页，附录一。

在这一点上没有异议,都希望有一个中央政府。但是,在政府结构问题上与会者存在分歧,即这个政府应该怎样组织,它和各州之间应该是一种什么关系,州权主义者认为一切事务必须先通过州政府才能进行。① 在费城会议上,伦道夫提出的方案被称为弗吉尼亚方案,倡导国家至上,各州保留很小的权力。立法机构包括两个议院,下议院的议员由民众直接选举产生,各州代表的人数根据其人口来决定;上议院议员由下议院从各州立法机构推荐的候选人中选举产生。行政首脑和法官由两个议院选举产生。两院制的立法机构受由行政首脑和一些法官组成的审查委员会的约束。中央政府管辖的范围无所不包,可以对州采取武力。另一个方案被称为新泽西方案。这个方案表面上遵循三权分立的原则,立法机构为一院制,行政首脑均由它任命。但是这一方案中没有设立审查委员会。立法机构的权力被具体罗列出来。它所制定的法律凌驾于各州的法律之上。该方案和弗吉尼亚方案不同之处在于,每个州在立法机构的代表同样多,它与人口数量无关。最后,新泽西方案被否决。会议做出了修改,上议院应当由各州立法机构选举产生,而不是由下议院选举产生。在上议院,各州有同等名额的代表;下议院代表的人数根据各州的人口来确定。同时确定,行政首脑任期为4年,可以连任,兼任军队总司令。②

在《邦联条例》实施期间,于1787年通过了《西北法令》,它规定了俄亥俄州以北新增土地上政府的基本形式。

议会有一个议院。每个州可推选2—7名议员,但只有1张表决

---

① 〔美〕汉密尔顿、杰伊、麦迪逊著,程逢如、在汉、舒逊译:《联邦党人文集》,商务印书馆2009年版,第476页。

② 〔美〕汉密尔顿、杰伊、麦迪逊著,程逢如、在汉、舒逊译:《联邦党人文集》,商务印书馆2009年版,第477—479页。

票。要通过一项决定须得到至少9个州的同意。对《邦联条例》的修正需得到所有州的同意。

在议会休会期间，一个由所有州的代表组成的委员会有权以议会的名义行事。由议会任命从事某种行政工作的官员。议会的权力包括：宣战与媾和；缔结条约和结盟；建立和控制武装力量；从各州征调人员和资金；管理货币；借贷和发行信用券；规定统一的度量衡标准；建立海事法院；建立邮政系统；管理印第安人事务；保证每个州公民身处它州时，享有这几个州公民的权利和特权；应州的要求裁决州际争端。

但议会无权行使有效的制定条约权和控制对外关系；它不能强迫各州遵守条约；它无权强迫各州履行军事配额；它不能征召士兵；它无权管理州际的和对外的商务；它让各州自行建立自己的关税制度；它不得直接从人民身上征税；它须依靠各州来征集和提供税收；它无权强迫各州分担政府的开支；它无权建立一个货币体制或发行纸币，这项事务由政府负责。①

1787年9月18日，制宪会议通过了现行宪法的方案。宪法方案得到了11个州的批准，到1790年，13个州都批准了宪法。②

美国是联邦制国家。近代时期共有48个州，目前有50个州、1个直辖特区。联邦和州实行分权。1781年的《邦联条例》承认各州拥有主权，但1787年宪法不承认州有主权。目前联邦与州还有共同形式的权力，但联邦与州具体的分权并未严格规定，争论与变动很

---

① 〔美〕史密斯、谢利、巴迪斯著，梅然译：《美国政府与政治》，北京大学出版社2005年版，第30—31页。
② 〔美〕约瑟夫·斯托里著，毛国权译：《美国宪法评注》，上海三联书店2006年版，第118—120页。

大。为了保证资产阶级国家机构正常运转和有较高的效率,克服资产阶级两党制对于政府职能的周期性冲击和分赃制度的流弊,19世纪在美国建立了文官制度。

美国宪法制定之初含有很多保守性内容,缺少资产阶级民主性的内涵,以后,随着资产阶级民主运动的进行,对美国宪法做出了多项修正。

1787年宪法规定,联邦立法权属于由参议院和众议院构成的国会。国会的众议院由每个州每两年一次选举的议员组成;参议院由各州议会选举的参议员2人组成,任期为6年。宪法对参众两院议员的资格条件做出规定:"凡年龄未满二十五岁,为合众国国民未满七年,非当选州居民者,不得当选为众议院议员。""凡年龄未满三十岁,为合众国国民未满九年,及当选之年非其选出州之居民者,不得当选为参议员。"[1] 任何议案要经会两院三分之二的议员同意才算通过;国会通过的一切法案都要经过总统签署,如果总统在10天内没有否定一项法案,该法案便开始具有法律效力。

宪法规定,众议员每两年由民众投票选出,给予各州的席位根据每10年一次的人口普查来确定,每州至少有1名代表。参议院每6年由公民投票选出,每两年改选其中三分之一的席位。每州有2名参议员。多数国会议员候选人必须通过直接预选来获得提名。

国会议员有很高的薪金,2001年国会议员每年的薪金为15万美元。众议院的领导层由议长、多数党和少数党领袖以及各党督导组成。参议院的议长由合众国副总统担任,此外选出一位临时议长,在

---

[1] 《美利坚合众国宪法》,载法学教材编辑部《外国法制史》编写组主编:《外国法制史参考资料选编》(下册),北京大学出版社1982年版,第459—460页。

副总统缺席时主持参议院。参议院真正的领导权掌握在多数党发言人、少数党发言人和两党督导手中。[①]

在没有任何榜样可供借鉴的情况下，美国宪法的起草者创立了美国总统一职，宪法授予了总统可制衡国会的权力。[②] 当选总统的条件非常苛刻，只有生为合众国公民或者在本宪法采用时已是合众国公民者，在合众国居住满14年，年龄满35岁者才能当选总统。[③]

宪法规定，"行政权属于美利坚合众国总统。总统的任期为四年"。总统是国家元首、行政首脑、陆海军最高统帅，可以任命和免去国内任何官员的职务，对国会立法有批准权和搁置、否决权。"经参议院的协议及同意，并得到该院出席议员三分之二赞成时，总统有权缔结条约；总统提出大使、公使、领事、最高法院法官及合众国政府其他官员，经参议院的协议及同意时，任命之"[④]。总统采取间接选举的方法产生，以后华盛顿开创了美国总统不能连任两届以上的先例。

美国选民不直接选出总统和副总统。每隔4年各政党在全国代表大会上提名总统和副总统候选人。美国选民投票选举总统选举人，再由他们在选举人团中选举总统和副总统。美国所有选出的总统都是男性。

---

① 〔美〕史密斯、谢利、巴迪斯著，梅然译：《美国政府与政治》，北京大学出版社2005年版，第255—258页。
② 〔美〕史密斯、谢利、巴迪斯著，梅然译：《美国政府与政治》，北京大学出版社2005年版，第267页。
③ 《美利坚合众国宪法》，载法学教材编辑部《外国法制史》编写组主编：《外国法制史参考资料选编（下册）》，北京大学出版社1982年版，第459页。
④ 《美利坚合众国宪法》，载法学教材编辑部《外国法制史》编写组主编：《外国法制史参考资料选编（下册）》，北京大学出版社1982年版，第464、466页。

1787年宪法规定，总统是行政机构的最高首脑。他由公民通过直接和间接选举产生。总统有权在国会同意的情况下任命各部部长。部长服从总统的决策，他们只对总统负责。

中央行政机构分作三类，即中央各部、委员会以及如同合众国银行一类公司形式的管理机构。19世纪共有9个部，即国务院（1789年建立）、财政部（1789年建立）、陆军部（1789年建立）、司法部（1870年建立）、内务部（1849年建立）、农业部（1889年建立）、商务部（1913年建立）、劳工部（1913年建立）。经过20世纪的调整、归并和增设，美国现有13个部。

美国在1883年颁布《彭德尔顿法案》，建立了根据竞争性的考核来任命职位的职业公务员制度，并建立了公务员委员会来管理人事。1939年的《哈奇法案》，规定公务员不能积极参与对竞选的政治经营。1978年，废除了公务员委员会，建立了两个新的联邦机构行使其职责。[1]

美国是双重法院系统，有州法院和联邦法院。50个州和华盛顿特区都有自己的独立的法院系统。美国宪法规定："合众国的司法权属于最高法院及国会随时制定予与设立的下级法院。最高法院与下级法院的法官毋忝职守时，得终身任职。"[2]

联邦法院的裁判权限于涉及联邦问题或公民身份多样性的案件。

联邦法院系统中最高级别的是美国最高法院，它出现于1789年，当时有5名法官，以后增补了一些法官。1837年以来，最高法院一

---

[1] 〔美〕史密斯、谢利、巴迪斯著，梅然译：《美国政府与政治》，北京大学出版社2005年版，第306—307页。
[2] 《美利坚合众国宪法》，载法学教材编辑部《外国法制史》编写组主编：《外国法制史参考资料选编》（下册），北京大学出版社1982年版，第459、464、466页。

直是 9 名法官。最高法院大法官由总统提名。是否批准总统提名的大法官，参议院要举行听证会。

美国地区法院是初审法院，具有一般审判权。不接受地区法院法官判决的人可将案件提交适当的美国上诉法院。最高法院审理的上诉不仅来自联邦上诉法院，也来自最高级别的州法院。[1]

在 1789 年法国大革命的影响下，美国对宪法提出了 12 条修正案，1791 年 12 月 15 日得到通过。这 12 条修正案在美国宪法中加进了资产阶级民主的内容，史称《权利法案》。第一条修正案宣布实行言论、出版自由和宗教信仰自由，禁止书刊检查，允许人民"和平集会和向政府申冤请愿"。第二条和第三条修正案允许人民组织民兵，人民有携带武器的权利。第四条修正案规定人身、住宅、文件和财产不受侵犯，没有正式的命令不得进行逮捕、搜查和扣押。第五条修正案规定建立刑事案件的陪审团和陪审制度，非经法庭决定，不得剥夺生命、自由和财产。"凡私有财产，非有适当的赔偿，不得占为公用"，不经适当的法律程序，不得扣押任何人的财产。[2] 第八条修正案禁止酷刑和过重的罚金，将教育与教会分离，对各州的自治权作了补充规定。《权利法案》加入了关于私有财产权的规定。

美国宪法修正案提出了建立一个民主共和国的法律原则，增加了关于公民的自由和权利的内容。但是，美国宪法没有规定废除奴隶制。这是因为在当时的美国统治集团中尚未排除南方种植园奴隶主集团。联邦政府在南北战争中最终战胜南部奴隶主集团后，对宪法提出

---

[1] 〔美〕史密斯、谢利、巴迪斯著，梅然译：《美国政府与政治》，北京大学出版社 2005 年版，第 321—323 页。
[2] 《美利坚合众国宪法》，载法学教材编辑部《外国法制史》编写组主编：《外国法制史参考资料选编》（下册），北京大学出版社 1982 年版，第 469—477 页。

了新的修正案。1865年通过的宪法第3条规定在美国废除奴隶制度。1866年，第14条和第15条修正案赋予黑人以公民权利，规定不得因种族、肤色或曾经是奴隶而剥夺公民投票权。

美国建立了司法审查制度，法院有权宣布政府的立法和行政机构的所作所为不合法。[1]

1868年7月28日，颁布了美国宪法第14条修正案。其中规定："无论何州，不得制定或施行剥夺合众国的公民之特权或赦免的法律；亦不得未经正当法律手续前使任何人丧失其生命、自由，或财产；并不得不予该州管辖区内之任何人以法律上的同等保护。"[2]美国宪法规定的美国人拥有的自由中，最重要的是不受政府干预的言论自由和出版自由的权利。每个人有权说出他想要说的，所有人都有权倾听其他人的言论。美国人能够批评政府官员及其行为。[3]

美国宪法规定了出版自由。出版自由被视为言论自由的一个特例。在美国宪法制定的时候，出版自由仅限于报纸、杂志和小册子。随着技术发展，传播信息的途径扩大，有关出版自由的法律也得到修改。[4]

美国公民拥有集会和向政府请愿的权利。

美国规定了受控者的权利。它包括对警官和检察官行为的限制，

---

[1] 〔美〕史密斯、谢利、巴迪斯著，梅然译：《美国政府与政治》，北京大学出版社2005年版，第44页。
[2] 法学教材编辑部《外国法制史》编写组主编：《外国法制史资料选编》（下册），北京大学出版社1982年版，第470页。
[3] 〔美〕史密斯、谢利、巴迪斯著，梅然译：《美国政府与政治》，北京大学出版社2005年版，第82、85页。
[4] 〔美〕史密斯、谢利、巴迪斯著，梅然译：《美国政府与政治》，北京大学出版社2005年版，第88页。

对被告的审前权利（包括发放人身保护令、迅速审判、拥有律师、合理保释、知晓所控罪名、保持沉默）、审判权利（在陪审团面前进行审判、挑选公正的陪审团、没有外部干涉、禁止自证其罪、禁止残酷和非常的刑罚、就判决上诉等）。①

但法院不愿意将全国性的《权利法案》所列的自由确定为第14条修正案所保护的内容。最高法院在以后几十年间才逐渐把保护公民权利的内容并入第14条修正案：1925年将言论自由并入第14条修正案，1931年将出版自由并入第14条修正案，1932年将死刑案件中请律师的权利并入第14条修正案，1937年将集会自由和请愿权并入第14条修正案，1940年将宗教自由并入第14条修正案，1947年将政教分离并入第14条修正案，1948年将接受公开审判的权利并入第14条修正案，1949年将禁止无理搜查和扣押并入第14条修正案，1961年将排除规则并入第14条修正案，1962年将禁止残酷和非常的处罚并入第14条修正案，1963年将在所有刑事重罪案中请律师的权利并入第14条修正案，1964年将禁止强迫性的自证其罪并入第14条修正案，1965年将隐私权并入第14条修正案，1966年将在公正的陪审团面前受审的权利并入第14条修正案，1967年将接受迅速审判的权利并入第14条修正案，1969年将禁止双重危害并入第14条修正案。②

1965年的《选举权利法案》将歧视性的选民等级测验定为非法，并授权联邦在歧视某一特殊群体的任何政治区划或州中进行人员登记

---

① 〔美〕史密斯、谢利、巴迪斯著，梅然译：《美国政府与政治》，北京大学出版社2005年版，第95页。
② 〔美〕史密斯、谢利、巴迪斯著，梅然译：《美国政府与政治》，北京大学出版社2005年版，第75—76页，表4.1。

和主持投票程序。该法案主要针对南方的县。非洲裔美国公民当选公职虽然已经明确下来,但发展得极其缓慢。[①]

1964年,在民权立法中制定了《民权法案》,它禁止基于种族、肤色、宗教、性别和祖籍的歧视,确立享有平等就业机会的权利。它规定:将选民登记中的歧视定为非法;禁止在州际商业的旅馆、参观之类的公共场所中的种族歧视;对实行种族隔离的公立学校和设施进行起诉;扩展民权委员会的权力;不向以歧视方式实施的项目发放联邦资金;确立平等的就业机会。[②]

美国妇女很迟才获得平等权利。1848年,召开了第一次妇女权利大会。1869年,组建了全国妇女选举权协会。到20世纪初期,争取选举权成为美国妇女运动的唯一目标。最后,1920年宪法第19条修正案写进了"合众国或任何一州不得因性别而拒绝或限制合众国公民的选举权",这样,妇女就获得了选举权。美国妇女获得选举权在时间表上落在新西兰(1893年)、澳大利亚(1902年)、挪威(1913年)、英国(1918年)、加拿大(1918年)、德国(1919年)之后。[③]

第四节 南北战争

独立战争以后,美国经济沿着两个方向发展,北部和西部沿着资本主义道路发展,南部则按照种植园奴隶制方向发展。独立战争以

[①] 〔美〕史密斯、谢利、巴迪斯著,梅然译:《美国政府与政治》,北京大学出版社2005年版,第82、85页。
[②] 〔美〕史密斯、谢利、巴迪斯著,梅然译:《美国政府与政治》,北京大学出版社2005年版,第111页。
[③] 〔美〕史密斯、谢利、巴迪斯著,梅然译:《美国政府与政治》,北京大学出版社2005年版,第114—115页,并见表5.3。

后，美国积极向西部扩张，东部居民和大量外国移民大量迁移到西部。美国 1803 年以 1500 万美元从法国手中买下了路易斯安那，1811 年和 1819 年先后从西班牙手中夺得西佛罗里达和东佛罗里达，1845 年吞并了墨西哥控制的得克萨斯，1846 年从英国手中取得俄勒冈南部地区，1867 年从俄国购得阿拉斯加。这样，美国的版图比独立战争时扩大了十倍。美国南部实行种植园奴隶制，工业发展远远落后于北方。北部和西部的资产阶级要求发展资本主义，铲除阻碍资本主义发展的奴隶制，摆脱英国对美国经济发展的束缚，把美国建设成为一个资本主义工业国。而南部的种植园奴隶主则力主保存和扩大奴隶制，并保持与英国在经济上的联系，继续为英国棉纺织业种植棉花，通过出口棉花谋取厚利，把英国的工业品大量输入美国。两个阶级和两种社会制度的斗争，是南北战争爆发的根本原因。在南北战争之前几十年，在美国已经展开了规模甚大的废奴运动。

代表南部奴隶主阶级的民主党在内战前 30 年间基本控制了国家政权。这 30 年中，总统职位有 24 年是由民主党人担任的，最高法院有 26 年由民主党人控制，众议院有 22 年由民主党人控制。北方资产阶级和南方奴隶主集团的政治斗争围绕着西部新建立的州以何种政治身份加入联邦展开。这涉及联邦议会中哪个阶级占据优势。根据美国宪法，参议院议员由每州派出 2 人组成，众议院议员则根据居民人数按比例选出。到 1819 年，北部各自由州共有人口 517 万，在众议院占有 150 席。而南部蓄奴州人口较少，为 485 万，在众议院占有 81 席。北部资产阶级在众议院已取得当然的多数。但是，由于自由州和蓄奴州数目相等，双方在参议院中的席位数相等。北方资产阶级和南方奴隶主集团都希望加强自己一方在参议院的势力，以取得对参议院的控制权。于是，双方都把新加入联邦的州作为争夺的对象。

1820年在密苏里州加入联邦时，双方达成《密苏里妥协案》，它规定西部在北纬36度30分以南的州将来应作为蓄奴州加入联邦，而在北纬36度30分以北的州将来应作为自由州加入联邦。如果有一个蓄奴州加入联邦，必须同时有一个自由州加入联邦。当时从马萨诸塞州划出一块土地成立缅因州，作为自由州加入联邦，以与密苏里州作为蓄奴州加入联邦相平衡。1854年，堪萨斯州和内布拉斯州要求加入联邦，该两州都位于北纬36度30分一线以北。但是联邦政府中以道格拉斯为首的一些人秉承南部奴隶主集团的意旨，提出《堪萨斯-内布拉斯法案》，让两州居民自行投票决定是作为蓄奴州还是作为自由州加入联邦。南方奴隶主集团派出军队进入堪萨斯州干涉投票。消息传出后，北部手工业者和农民也组织队伍开进堪萨斯州，双方发生了武装冲突。

1860年，在"山雨欲来风满楼"的形势下举行了大选。这次大选将决定究竟是北部资产阶级政党共和党执政，还是北部和南部的奴隶主政党民主党执政，从而将决定奴隶制在美国的命运。共和党选择了林肯作为总统候选人。1860年11月大选中，林肯得到了186万张选票，比民主党候选人道格拉斯得到的选票多出了50万张，当选为总统。

南方奴隶主集团极其害怕共和党人执政，就在林肯总统授职前发动了叛乱，反对中央政府。1860年12月，南卡罗来纳州退出联邦，到1861年2月，又有亚拉巴马、密西西比、佛罗里达、佐治亚、路易斯安那和得克萨斯6个州退出联邦。反叛的南方各州在1861年2月组成南方同盟，推举戴维斯为总统，成立了伪国会，定都里士满，组织军队向北方大举进攻，开始了为期4年的南北战争。南北战争开始后，又有弗吉尼亚、阿肯色、北卡罗来纳和田纳西州4个州退出联邦。叛乱各州的面积占全国面积的 40%，北纬 36 度 30 分一线以南所有的蓄奴州都叛离了联邦。

在南北战争开始时，有 13 个州属于北方联邦政府阵营，南方阵营只有 11 州。北方经济力量和人口数量优于南方，但是来自南方的各级军官控制了联邦政府的军队。南方阵营还得到英国和法国的支持，而北方对于这场战争准备也不足。南北战争初期，联邦政府军并未在军事上占据优势。在直至 1862 年年底的南北战争的第一阶段，联邦政府在东战场接连失败。1861 年 7 月，麦克道尔率领的联邦军在马纳萨斯战役中战败。华盛顿也面临失守的危险。继任总司令麦克莱伦采取了保守的战术，对南方持动摇不定的立场。1862 年 6 月—7 月，麦克莱伦在大战中惨败。第一阶段联邦政府军只是在西部战场取得了胜利。格兰特将军指挥的联邦政府军队夺回密苏里和弗吉尼亚后，1862 年 1 月向肯塔基州挺进，收复了东肯塔基。2 月，占领了田纳西州东部。1862 年 4 月底，海军将领法拉格特率领舰船进入密西西比河口，攻占了新奥尔良。

林肯为首的联邦政府在人民的推动下采取了一些重要的措施争取民心，推进战争的进程。1862 年 5 月 20 日，林肯政府颁布了《宅地法》，规定从 1863 年起，耕种西部无主土地的农民只要交纳 10 美元的证件费，就可以获得 160 英亩土地。在这块土地上连续耕种 5 年，土地就成为他的财产。这项措施使自由劳动力可以在西部获得一块谋生的土地，并在不缴纳地租的条件下充分发展。这项措施也排除了奴隶主夺取西部土地的可能性。为美国农业中资本主义发展提供了条件。《宅地法》满足了自由农民和市民的土地要求，调动了他们与南方奴隶主集团作斗争的积极性。

1862 年 9 月，林肯颁布了《解放宣言》。它宣布从 1863 年 1 月

1日起，继续反叛合众国的各州的奴隶成为自由人，联邦政府和军队将保障他们的自由。他们可以参加联邦军队。宣言尽管给予黑人人身自由，而没有给他们平等的政治和公民权。1864年2月，国会颁布了全面征召黑人入伍的法案。南方蓄奴州的黑奴纷纷起义或投奔北方。在联邦军占领的南方，共有18.6万黑人参军，成为打击南部奴隶主集团的重要的军事力量。与此同时，林肯政府在军队中清洗亲奴隶主分子和妥协派。1862年11月，解除了麦克莱伦指挥弗吉尼亚联邦政府军的职务，提拔在战争中涌现的优秀的军事人才，增强了联邦政府军的战斗力。

在1863年到1864年4月的南北战争的第二阶段中，形势发生了变化。1863年7月，联邦政府军的乔治·米德将军与进犯的南方同盟的罗伯特·李将军在葛底斯堡会战，联邦军取得大捷。同月，格兰特将军在西部战场攻占维克斯堡。联邦军队占领了整个密西西比河流域，同时，切断了南方同盟在大西洋沿岸的东部与在墨西哥湾的西部诸州的联系。1864年3月，陆军中将格兰特将军出任联邦军总司令，随后向波托马克河南方同盟防线发动进攻。在彼得斯堡展开了相持战，消耗了南部同盟的有生力量。1864年5月，谢尔曼将军率领99000人的军队实行向海洋挺进的计划，切断南部同盟的防线，攻占亚特兰大。1865年4月，格兰特将军占领南部同盟的首都里士满。4月9日，罗伯特·李将军率部投降。其他南部同盟军队也投降了。南北战争以南方奴隶主集团的失败而告终。

美国经过南北战争，从统治集团中排除了种植园奴隶主集团，建立了一个成熟的资本主义国家。

第五节　法律和司法制度

美国现代民法的发展与国家和经济关系的历史性变化直接相联系。第一次世界大战以后，随着经济危机的爆发，垄断资本主义国家对于经济生活的干扰加强了，国家的经济职能有了突出的发展，美国的民法也加进了很多对经济和财产干涉的内容。当局要求法院坚持执行《谢尔曼法》和《克莱顿法》，用制裁手段对付托拉斯或其他任何形式的违反契约协定或者限制州与州之间的贸易的垄断行为，违反者要课以罚金或判处徒刑。[1] 在小企业主的压力下，1936 年美国通过了《罗宾逊-帕特曼法》，禁止同类商号以压低商品价格的手段，或者在付给个人雇佣劳务报酬中采取"不正当的优势"和"不老实的做法"，以此保护小商人和推销人。[2] 进而在 1950 年制定了《赛列尔-凯弗维尔法》，规定了新的对付垄断组织的措施。5 年后，违反《谢尔曼法》的罚款由 5000 美元增至 50000 美元。但是与此同时，美国国会允许在实施反托拉斯法中有例外的情况。例如，1918 年制定的《韦布-波默林法》规定，只要不是以改变价格为手段来达到排挤和削弱无产者的目的，准许出口贸易商之间达成协议。资本集团以灵活的方式来对付政府反垄断倾向的立法，建立起了控股公司、股份公司、合伙经营组织、非正式的合伙组织、订立情报协定，以避免遭到反托拉斯法的制裁。反托拉斯法并没有触及美国大资产阶级的根本利益。[3]

---

[1] 法学教材编辑部：《外国法制史》，北京大学出版社 1982 年版，第 312 页。
[2] 〔苏联〕康·格·费多罗夫著，叶长良、曾宪义译：《外国国家和法律制度史》，中国人民大学出版社 1985 年版，第 365 页。
[3] 〔苏联〕康·格·费多罗夫著，叶长良、曾宪义译：《外国国家和法律制度史》，中国人民大学出版社 1985 年版，第 355—356 页。

第六节　政府政治

1. 杰克逊革命

自托马斯·杰斐逊1800年当选总统，共和党人取代联邦党人，总统开始使用委任权，让自己的盟友担任要职。在总统获得允许做出的92项任命中，杰斐逊做出了73人的任命。他的继任者詹姆士·麦迪逊和詹姆士·门罗也做出了数量大致相等的任命。无论联邦党还是杰斐逊派，所任命的对象都局限于地方显要的小圈子，这些人具有很高的政治地位和良好的教养，满足从政的主要素质要求。[①]

亚历山大·汉密尔顿对建立一个强大的有效率的政府非常关注。他在《联邦论》中阐述了"施政活力"问题，认为此事非常重要。他是第一任财政部长，他在财政部门创建了庞大的官僚体系。为此，他受到托马斯·杰斐逊的激烈反对。杰斐逊在就职演说中，表示了对官僚体系和大政府的不信任，他说："我们的组织太复杂太昂贵，管制和官员出现了不必要的增长，优势对本应获得推进的服务反而造成伤害。"这时美国政府只有大约3000名雇员。但随后政府规模快速增长，到1831年政府官员已达20000人。联邦政府被分为两大类，高级官员包括内阁部长和他们的助理、海外部长、地方总督和局长等；下级职员包括海关官员、邮递员和测量员。在初期，除海军外，并没有保持庞大的正规军。[②]

1789—1828年的美国政府属于庇护制体制。依附制政治体制则

[①] 〔美〕弗朗西斯·福山著，毛俊杰译：《政治秩序与政治衰败：从工业革命到民主全球化》，广西师范大学出版社2015年版，第125页。

[②] 〔美〕弗朗西斯·福山著，毛俊杰译：《政治秩序与政治衰败：从工业革命到民主全球化》，广西师范大学出版社2015年版，第125页。

兴起于安德鲁·杰克逊1828年当选总统后。安德鲁·杰克逊来自田纳西州，他出生于平凡的村野之家，只受过断断续续的正规教育。他在总统任期内奠定了所谓杰克逊民粹主义传统的基础。这一传统来源于苏格兰-爱尔兰移民，这批移民在18世纪中叶几十年间从北爱尔兰、苏格兰低地、英格兰北部和苏格兰接壤地带来到北美。杰克逊1829年上台后，提出了"简单工作的理论"，宣称"所有公共职位的职责那么简单明了，至少不难完成，以致任何聪明人都能胜任"。他之所以提出这种反精英理论，是因为当时美国的平均教育程度略超过小学水平。杰克逊的体制就是频繁轮换在任的官员。他说："在做官上，没人比他人拥有更多的固有权利。"这些公职可以用来动员政治上的追随者。杰克逊开始将当时的精英庇护体制转化为大规模的依附主义。

2. 法院和政党控制的国家

杰克逊以后出现的政治体制以法院和政党为核心。法治和政党负责制这两种制约制度迅速地发展起来。但美国没有发展成为像法国、普鲁士和英国那样的自主的中央官僚国家。

这个时期新兴的政党对政府运作实施高度控制。以预算为例，在欧洲各国的议会体制下，这项工作通常由行政部门来完成。但是到19世纪的美国，预算却成了国会政党管辖的工作。组织政府机构的工作由政党操纵控制。"通过任人唯亲、轮流分赃实现行政程序的惯例化，对散布各地的邮局、国土局和海关实行遥控"。政党在做这项工作时，放弃了明确的纲领性目标。其实，他们作为一个联盟本来就缺少根本性的目标。此时的法院不让自己局限于司法功能，而是致力于为不同的政府部门界定职责、监督政府和公民的关系、做出实质性的决议。美国立法和司法机构开始行使在欧洲政治体制中通常由行政机构承担的职能。①

在19世纪前三分之一的时间里，联邦政府要承担的事务不多，除了海关、邮局和土地分配，几乎无其他事可做。政府也不需要大规模的军事动员。联邦政府也没有改革压力。1849年，扎卡里·泰勒当选总统后第一年，撤换了三分之一的官员。民主党的詹姆斯·布坎南在1857年撤换了同样数量的官员。林肯在1860年当选总统后，面对大批庇护的要求，他在两届总统任期中，希望保留尽可能多的公职人员，在军队中也实行政治任命。

战争刺激了国家机构的建设。美国内战发生后，联邦军队的人数从15000增至100多万。为了供养这支庞大的军队，建立了庞大的官僚体系。但是这个国家集权和权力膨胀的阶段很快就结束了。

19世纪70年代到80年代的政治体制，是高度组织起来的依附主义，在全国范围内形成了严密的等级结构，由政党来分配好处和公职。美国政客多数从政治工作中获得好处。②19世纪80年代的美国，建立了民主制度和竞争性的选举，但选票可以用公职交易和收买。政府职员普遍素质较差。美国19世纪最后几十年才开始工业化，政治体制对经济影响不大。③

美国在19世纪中叶是个小政府社会。联邦政府的税收只占GDP

---

① 〔美〕弗朗西斯·福山著，毛俊杰译：《政治秩序与政治衰败：从工业革命到民主全球化》，广西师范大学出版社2015年版，第130页。
② 〔美〕弗朗西斯·福山著，毛俊杰译：《政治秩序与政治衰败：从工业革命到民主全球化》，广西师范大学出版社2015年版，第131—132页。
③ 〔美〕弗朗西斯·福山著，毛俊杰译：《政治秩序与政治衰败：从工业革命到民主全球化》，广西师范大学出版社2015年版，第136页。

的2%，主要是关税和实物税。国家治理工作主要在州和地方进行。当时没有可以自由印刷钞票的美联储。私人利益在竞争中充满活力，通过贿赂和依附主义，索取国会的权力。这种政治是和19世纪美国的农业社会相适应的。[①]

但是，到了19世纪最后20年，美国经济有了很大的发展，铁路延伸到整个美国大陆，电报通达全国各地，这样美国的市场规模大大发展。越来越多的美国人离开农村进入城市，定居于开发的西部地区。教育机构培养了受过高等教育的精英。城市中产阶级出现了。经济和社会的变化要求美国国家制度也有相应的变化，需要一个官僚机构来管理国家。这种变化在19世纪80年代开始出现。

3. 大萧条和罗斯福"新政"

美国1929年大萧条是经济学界长期关注的大事件。[②] 1920—1921年出现了20世纪开始以来对工业产品需求的首次急剧下降。战后经济的衰退造成存货迅速增加，许多公司出现了临时性的财务危机。这次存货危机促使通用汽车、通用电气、杜邦、希尔斯·罗巴克等公司开始把公司的日常活动和需求预测紧密地结合起来。它们逐渐开始以年度预测为基础，同时考虑到国民收入的规模、商业周期、生

---

① 〔美〕弗朗西斯·福山著，毛俊杰译：《政治秩序与政治衰败：从工业革命到民主全球化》，广西师范大学出版社2015年版，第138页。
② 加尔布雷斯列举了美国当时经济生活中的五个问题，作为大萧条原因的解释。这五个问题就是：一，收入分配不平衡；二，以公司为体制的商业组织不稳定；三，银行结构脆弱；四，国际范围的金融业困境；五，国家领导人忽略了财政和经济的现实问题（John Kenneth Galbraith, *The Great Crash, 1929*, New York, 1979, pp.127-128）。但是，加尔布雷斯对1929年金融危机的解释没有新意，并不能令人信服地找出这次大萧条独一无二的原因。

产的季节性浮动等因素,来安排购买、生产、雇佣、发货和确定产品价格。1922—1929 年间,虽然也发生过两次短暂的衰退,但国民生产总值的年增长率为 4.7%,年均失业率为 4%,价格非常稳定。[①] 直到 1929 年,美国商业公司的数量仍在增长。1921 年经济萧条之后,公司的破产率较低,普通规模的公司的破产率在 1921 年以后不再上升。股票市场的价格从 1921 年的低迷中很快就恢复过来,股票价格开始上升。到 1928 年,投资者的资金平均比 1920 年的水平增加了 2 倍多,经济运行良好。工业生产中,福特汽车从 1927 年到 1928 年销售量上升。1928 年的钢产量为 6700 万吨,超过了历史最高点 1925 年。廉价的汽油大量供应,汽车挤满了马路。[②]

1928 年 3 月,美国股票价格开始大幅度上升,到同年 9 月上升到顶点,道琼斯工业指数表示的证券总值几乎翻了一番。从 1928 年 1 月起,美联储实施了紧缩性货币政策来控制黄金流出美国。2 月,限制给券商的贷款。联邦储备银行的紧缩性政策,加之夏季末开始的经济衰退,打击了市场的信心。道琼斯工业指数从 9 月 3 日的顶点开始一路下降。股票价格尤其在 10 月下旬下降得厉害。[③]

1929 年 10 月一个月,整个国家的股票市场的资产总额损失了共 150 亿美元,而这一年国内生产总值是 1046 亿美元。1933 年股票市场的市值损失比 1929 年的最高点减少了约 850 亿美元,大约相当于

[①] 〔美〕斯坦利·L. 恩格尔曼、罗伯特·E. 高尔曼主编,高德步等译:《剑桥美国经济史》第三卷,中国人民大学出版社 2008 年版,第 537 页。
[②] 〔美〕乔纳斯·休斯、路易斯·P. 凯恩著,邸晓燕、邢露译:《美国经济史》,北京大学出版社 2011 年版,第 480—481 页。
[③] 〔美〕斯坦利·L. 恩格尔曼、罗伯特·E. 高尔曼主编,高德步等译:《剑桥美国经济史》第三卷,中国人民大学出版社 2008 年版,第 546—547 页。

1929 年国内生产总值的 85%。①

美国的工业生产在 1929 年开始下降。它是由 1928 年和 1929 年的紧缩货币政策引起的。此外,在 1929 年秋天到 1930 年,还有五个事件对危机的发展起了重要的作用:纽约股票市场的崩溃,股市大跌使得个人的财富减少了 10%;1930 年的《斯穆特-霍利关税法》;"第一次银行危机";全世界商品价格的崩溃;以及消费者信贷对消费带来的影响。出口在 1929 年占国民生产总值的 7%。以后两年中,出口减少了相当于 1929 年国民生产总值的 1.5%。出口需求的下降只是引起大萧条的一个次要的原因。②

在 1930 年夏天,国内生产总值的平均指数下降到 20 年代的最低点。两年后,它比两年前经济周期顶点低了 13.6%,比 20 年代的最低值低 11%。1929—1930 年间,实际收入下降了 26.5%。到 1930 年秋天,美国经济陷入了绝望的困境。③

在大萧条的压力下,银行危机在 1930 年 10 月发生了。乡村的银行由于商品价格暴跌发生大范围的倒闭。11 月,危机扩展到美国南部。美国南部最大的投资公司卡德韦尔公司濒临破产,它控制下的 120 个金融机构被迫倒闭。1930 年 12 月,银行危机达到顶点,开始向城市扩展。银行破产中最严重的还有纽约的美国银行。银行倒闭增加了银行对存款准备金的需求,并增加了公众对现金的需求,从而

---

① 〔美〕乔纳斯·休斯、路易斯·P. 凯恩著,邸晓燕、邢露译:《美国经济史》,北京大学出版社 2011 年版,第 487 页。
② 〔美〕斯坦利·L. 恩格尔曼、罗伯特·E. 高尔曼主编,高德步等译:《剑桥美国经济史》第三卷,中国人民大学出版社 2008 年版,第 220—211 页。
③ 〔美〕乔纳斯·休斯、路易斯·P. 凯恩著,邸晓燕、邢露译:《美国经济史》,北京大学出版社 2011 年版,第 493 页。

减少了货币的供给,进而影响了消费开支。银行破产加剧了萧条。银行业的困境总体上说对经济是有害的。第一次世界大战期间和战后的生产扩张使得美国农产品和原材料的价格在 20 世纪 20 年代一直在下降,大约在股市崩溃的同时,本已开始缓慢下降的原材料和农产品的价格更是急剧下降。这固然对整个经济体影响不大,农场主却遭受了损失。①

从联邦政府的财政来看,1929 年政府财政盈余,盈余额占联邦政府支出的 38.5%。1930 年,盈余额占联邦政府支出的 7.4%。严重的财政赤字发生在危机周期的后期,1931 年赤字占联邦政府支出的 52.5%,1932 年赤字占联邦政府支出的 43.3%。②

1931 年年初,经济出现了恢复的迹象,但是美联储没有采取措施来加强这一倾向。1931 年夏季,美国经济已经十分不景气。联邦储备委员会的错误决策则把不景气发展成了大萧条。1931 年 3 月和 6 月,银行系统发生了第二次危机。针对美联储在解决危机中表现出的无能为力,美国国会在 1932 年 1 月创设了复兴金融公司。复兴金融公司用发行债券的方式对金融机构提供质押贷款,改善了银行的流动性,加快了关闭银行对储蓄者的偿付速度。从整体上看,提高了民众对银行的信心。③

美国选择了维持美元币值的政策。美联储提高了利率,这加速了

---

① 〔美〕斯坦利·L.恩格尔曼、罗伯特·E.高尔曼主编,高德步等译:《剑桥美国经济史》第三卷,中国人民大学出版社 2008 年版,第 222、224 页。
② 〔美〕乔纳斯·休斯、路易斯·P.凯恩著,邸晓燕、邢露译:《美国经济史》,北京大学出版社 2011 年版,第 497 页,表 24.6。
③ 〔美〕斯坦利·L.恩格尔曼、罗伯特·E.高尔曼主编,高德步等译:《剑桥美国经济史》第三卷,中国人民大学出版社 2008 年版,第 760、548 页。

货币供应量的下降。美国利率在1931年第四季度急剧上升，信贷变得难以获得。工业生产继续下降，大萧条加剧了。1932年第四季度，美国银行系统出现了新一轮的破产浪潮。为防止恐慌的储户挤兑，地方银行宣布实施延期支付和休假制度。

1929年的大萧条使得学者和政治家对于在世界范围内以完全自由竞争模式为基础的资本主义经济制度的信心丧失殆尽。[①] 在总结1929年大萧条教训的基础上，凯恩斯几年以后出版了《就业、利息和货币通论》一书。

1932年12月，美国进行了大选，罗斯福当选为总统。罗斯福宣誓就职后，开始了第一次新政。

罗斯福新政包括三方面的措施，即对银行体制实行改革、增强政府对生产的控制、建立社会安全网。对所有的外汇交易和黄金出口加以控制，结束了个人对黄金的私有，并控制了国内生产的黄金的销售。他反对进行已经存在的多边国际金融合作。4月18日，罗斯福实行了美元贬值。于是，美元脱离了官方价格开始下跌。到7月，美元相对于英镑的价格下跌了30%—45%。货币贬值优化了贸易条件，促进了经济扩张。随着美元价格的下跌，股市上涨。股票价格从1932年的低点反弹，到1933年第二季度几乎翻了一番。同时，农产品如棉花和谷物在国际市场上交易的价格急剧上涨。国民生产总值在1933年以后快速增长，但失业率在20世纪30年代一直保持在15%以上。[②] 1933年，总统罗斯福签署了国会通过的《格拉斯-斯蒂高尔

[①] 〔美〕乔纳斯·休斯、路易斯·P. 凯恩著，邸晓燕、邢露译：《美国经济史》，北京大学出版社2011年版，第511页。

[②] 〔美〕斯坦利·L. 恩格尔曼、罗伯特·E. 高尔曼主编，高德步等译：《剑桥美国经济史》第三卷，中国人民大学出版社2008年版，第227—228页。

法》，即《1933年银行法》。该法令为了克服银行体制的不稳定，将商业银行和投资银行的业务分开，同时实施了联邦存款保险制，要求成立联邦存款保险公司（以后联邦存款保险公司在1935年7月成立），使存款人不必担心他们存款的安全。《格拉斯-斯蒂高尔法》保证了银行系统的安全。

1933年，美国雇佣的工人比1929年少了将近500万，工业产值减少了一半多。资本家企图通过裁员降低生产成本，但这样一来就会使民众的购买力大大下降。于是，更多的人士主张政府和企业共同制定计划，保持经济的稳定。

为此，新政第二方面的措施，是由政府控制经济的多个部分，并可以用政治来进行这种控制。这表现在制定的《国家工业复兴法》和《农业调整法》中。1933年6月16日，通过了《国家工业复兴法》。该法令规定，联邦政府保证工会有组织及进行集体谈判的权利，以此来取得工人的支持。它促使雇员和雇主共同协商劳动时间、工资和其他雇佣问题。只要达成的协议符合政府法规，就不受反托拉斯法约束。这些法规要求减少劳动时间，给更多的人以工作机会。允许工资上涨，允许受雇佣者与雇主就工资讨价还价，以此有助于提高工资和价格。《国家工业复兴法》作为一种长期措施，促进了劳动环境的改善。《国家工业复兴法》的另一个内容是规定无须根据国际经济情况来确定汇率，汇率政策可根据国内需要来制定，汇率可以调整。该法令提出成立公共工程署，并为此拨款33亿美元。根据该法令建立了两个机构，一个是全国复兴总署，由约翰逊领导；另一个是公共工程署，由哈罗德·伊克斯主持。约翰逊把全国复兴总署看作一个恢复就业和振兴工业的机构，7月间制定了一项计划，要求愿意合作的雇主实行全国复兴总署规定的最低工资和最高工时的标准，使工厂免受竞争的威胁,停止降低价格和工资。[①]

在大萧条以前,农产品价格低廉,农民抱怨之声不断。1933年5月通过了《农业调整法》,允许政府调整农产品价格。它旨在通过限制产量提高农产品价格。尽管这一法令当时没有有效地减轻农业中的萧条,但它构建了"二战"后政府扶持农业的政策框架。[②]

第一次新政收到了很好的效果。从1933年到1937年,国民生产总值增长了三分之一。但是,失业率问题仍没有很好地解决。在罗斯福重新当选为美国总统后,他从1935年起实行了第二次新政。罗斯福扩大了政府对经济的控制。将国家复兴局下属的劳工组织重新制度化,以监督和控制经济,公用事业尤其受到管制。通过农村电气化、延长农业中抵押品赎回时间,扩大政府对农村的援助。根据私人保险条例建立起来的社会保障制度是用当时的税收来支付的,而不是由个人积累账户来支付。这样,第一代享受社会保障的人得到了一笔意外收入。第二次新政法案扩大了联邦药物管理局的权力,以减少死亡率。1936年再次支付了一笔数额巨大的退役津贴。在1933—1937年,复兴后,经济进行了重建。[③]1937年美国又遇到了一次经济萧条,但这次经济萧条时间很短。到1939年经济得到恢复,失业率降低了。罗斯福新政改变了美国政府和美国人的生活方式,但它没有使全面复苏出现。

---

① 〔美〕J.布鲁姆等著,戴瑞辉等译:《美国的历程》下册第二分册,商务印书馆1995年版,第389—391页。
② 〔美〕斯坦利·L.恩格尔曼、罗伯特·E.高尔曼主编,高德步等译:《剑桥美国经济史》第三卷,中国人民大学出版社2008年版,第235—236页。
③ 〔美〕斯坦利·L.恩格尔曼、罗伯特·E.高尔曼主编,高德步等译:《剑桥美国经济史》第三卷,中国人民大学出版社2008年版,第236—237页。

到 1933 年，除了顽固实行金本位制的国家，几乎所有的国家都实行了货币贬值政策，各国的经济开始复苏。美国的工业生产在 1932 年和 1933 年出现了两个低谷，持续性的复苏在 1933 年开始。

1929 年开始的危机和萧条造成了经济的大衰退，它使得 1937 年的实际人均收入比 1929 年还要低。

大萧条促进了联邦政府在城市的生产活动。大萧条开始以后，城市的税收大大下降，几乎崩溃。在芝加哥，教师有 5 个月没有领到工资。政府干预的力度加大了。赫伯特·胡佛在 1932 年向芝加哥提供了联邦救济支出，但市长们宁可要工作补助，也不要救济施舍。他们坚决支持市政工程署和工程振兴署的工作。工程振兴署把一般的资金用在全国最大的 50 个城市。1936—1940 年，工程振兴署对公路建设、供水和排水系统、公共建设、公园、动物园及其他设施提供财政经费，雇用了全国六分之一的失业人口，减缓了中心城市民众的物质生活衰退。①

美国政府的功能范围在 20 世纪获得了扩展。这种扩展掩盖了政府质量的大幅度衰败。政府质量在这个时期恶化，使国家的财政赤字更加难以控制。美国的制衡体制更难做出决策，它减缓了美国福利制度的增长。美国政府质量衰败的根源在于，它又回到了"法院和政党治国"的结构上，法院和立法机构占有了行政部门很多应有的功能，使得政府的运作秩序混乱、效率低下。而行政部门司法化和利益集团影响力的蔓延，往往削弱了民众对国家的信任。②

---

① 〔美〕斯坦利·L.恩格尔曼、罗伯特·E.高尔曼主编，高德步等译：《剑桥美国经济史》第三卷，中国人民大学出版社 2008 年版，第 101—102 页。
② 〔美〕弗朗西斯·福山著，毛俊杰译：《政治秩序与政治衰败：从工业革命到民主全球化》，广西师范大学出版社 2015 年版，第 428—429 页。

在资本主义高度发达的美国,自1929年大危机以后,政府在经济上的作用日趋强大。美国政府与其经济生活之间的关系的日益密切是20世纪的显著特征之一。政府对国民经济系统的计划开始于罗斯福总统。约翰逊和克罗斯说:"20世纪的主要特征之一便是政府尤其是联邦政府的实力在经济事务上的不断增长。"1820年,联邦政府的支出为309600万美元,联邦公债为243645.3万美元。1840年,联邦政府的支出为8998100万美元,联邦公债为4296753.1万美元。1950年,联邦政府的支出为40166800万美元,联邦公债为2567080万美元。[1]

到20世纪,新上任的总统可以在联邦政府中颁发4万多个任命,远远超过了其他资本主义国家。尽管国家建立了严格的规则,这些规则包括公务员考试、利益冲突管控、反贿赂和反腐败法等,以克服任命时偏爱亲友的倾向。但是,利益集团可以成功地破坏政府。利益集团可以用先行捐款然后坐等回报的合法方式来影响议员。华盛顿的利益集团和游说团数目惊人,1971年有175家注册的游说公司,10年后上升到2500家。2013年注册的游说者达到2000人,花费超过32亿美元。这种做法扭曲了美国的公共政策效应。在美国,防止个人腐败的规则已经非常广泛和严格。当然已有个人腐败的恶性案件,例如2006年绰号"公牛"的加州众议员兰迪·坎宁安和2011年伊利诺伊州州长罗德·布拉戈耶维奇分别被判有罪。[2]

在20世纪下半叶,法律的重心不再是对政府的制约,而成了扩大政府功能的工具。官僚机构原本可以有效执行的功能,却移交给法

---

[1] 〔南斯拉夫〕德热拉斯著,陈逸译:《新阶级:对共产主义制度的分析》,世界知识出版社1963年版,第185页。

[2] 〔美〕弗朗西斯·福山著,毛俊杰译:《政治秩序与政治衰败:从工业革命到民主全球化》,广西师范大学出版社2015年版,第434、436页。

院、行政部门和个人的混合体。美国不想搞大政府，结果庞大的政府没能避免，反而因为落到法院之手而使责任越发缺失。[1]

美国政府的管制权力不但出现于劳工范围，而且生产方面——如运输、天然气、煤炭及石油等关系全国的重要经济部门——无不受到干涉。他们说："新的广大的变化，从公用事业的扩展于自然资源及人力资源的保护日益关切等情况，也可明白看到。而在银行与信贷方面，在电力以及低价房屋的供应上，公用事业尤为重要。"他们认为政府所发挥的作用较之半世纪，甚至十年以前，要大得多。"这些发展的结果产生一种'混合经济'，在这种经济制度下公用事业的一部分由政府管理的私人企业以及比较不受政府管制的私人企业全都并存。"[2]

普特南指出："政府采用的绝大多数政策动议，是主要由常任文官组成的公共官僚机构负责提出的。不仅是决定个别问题的权限，而且起草大多数立法议案内容的权限都已从议会转到行政部门。由于行政官员事实上既垄断了涉及实际政策方案所需要的技术专长，也垄断了有关现行政策缺点的大部分情报，因而他们就获得了拟定决策议事日程的主要的影响力。""事实上，现代政治体系本质上是以'官僚化的''文官统治'为特征的。"阿尔蒙德和鲍威尔则强调："大多数政治部门几乎是单独执行着一项关键性的政治功能——在各种情况下实施法律、法规和规章，从某种意义上说，官僚机构垄断了政治体制的输出方面。""官僚体制还大大地影响着决策过程。"大多数现代的立法议

---

[1] 〔美〕弗朗西斯·福山著，毛俊杰译：《政治秩序与政治衰败：从工业革命到民主全球化》，广西师范大学出版社 2015 年版，第 441—442 页。

[2] 〔南斯拉夫〕德热拉斯著，陈逸译：《新阶级：对共产主义制度的分析》，世界知识出版社 1963 年版，第 186 页。

案都是非常一般化的，只有当行政官员制定出法规、详细阐述政府部门所采取的政策时，立法才能有效地实施。一项普遍政策得以贯彻到何种程度，通常取决于官僚对它的解释，以及他们实施这项政策的兴致和效率。此外，现代政治体系中大量的裁决活动也是由政府机构来进行的。[①]

美国属于西方资本主义国家中政治较为稳定的国家，它的各种政治势力起伏变动不大，所以权力关系的变化趋于传统形式。

第七节 统治集团

1. 文官制度：专业官僚队伍的形成

1881年7月，一个谋求官职的心理失衡者查尔斯·吉托刺杀了新当选的总统詹姆斯·加菲尔德。这一事件引发了全国的取消分赃制的公共运动。总统加菲尔德死后不久，美国成立了全国文官改革联盟。参议员乔治·彭德尔顿提出法案，建议对公共部门进行改革。1879年，全国文官制度改革联盟的创始人多尔曼·伊顿应总统拉瑟福德·海斯的要求，出版了对英国文官制度的研究成果。未来的总统伍德罗·威尔逊在1887年出版了题为《行政管理的研究》的论文。威尔逊主张的政治体制是马克斯·韦伯在20世纪初描述的体制。但是他认为，普鲁士和法国的官僚模式"做事效率高到让人离不开它们"，它们却太专制，不适合美国的民主。威尔逊肯定，强大的中央集权政府的许多功能是必不可少的，包括监管铁路和电报的运作、遏

[①] 〔美〕阿尔蒙德、鲍威尔著，曹沛霖等译：《比较政治学：体系、过程和政策》，上海译文出版社1987年版，第323—325页。

制试图垄断市场的大企业。①

　　1883年1月，国会议员以压倒多数通过了《彭德尔顿法》。《彭德尔顿法》在思想上受到英国的诺斯科特-屈维廉文官制度改革的影响，它恢复了文官顾问委员会，建立了任人唯才的行政分类体系，招聘行政官员不再是政党和国会的特权。它废除了强制捐款制度，联邦官员不再将工资的一部分缴纳给任命自己官职的政党。它制定了官员的考试要求和择优录取的原则，但它根据美国的平均主义信条，不仿效英国那样吸收牛津大学和剑桥大学的精英毕业生进入政府高层文官行列的做法，没有让哈佛大学的毕业生占有大量政府机构高层的官职，只想启用具有适中教育程度的人才。②

　　西奥多·罗斯福当选总统后增强了美国的行政领导的权力。19世纪后期，总统权力下降。罗斯福认为行政部门必须发挥自主的权威，尽量拓展有关总统宪法特权的观点。在出任总统之前，罗斯福是文官顾问委员会成员。现在他运用总统权力，大大扩展和加强了联邦政府基于才干用人的原则。在1904年他所在的共和党在选举中获胜后，罗斯福与文官顾问委员会紧密合作，加强对联邦机构的监管，切断政党和联邦政府属下官员的关系。该委员会获得了招聘和晋升控制权。1912年，当选的民主党总统伍德罗·威尔逊和以后的共和党总统重回19世纪的体系，对加强官僚机构不感兴趣。③

---

① 〔美〕弗朗西斯·福山著，毛俊杰译：《政治秩序与政治衰败：从工业革命到民主全球化》，广西师范大学出版社2015年版，第137页。
② 〔美〕弗朗西斯·福山著，毛俊杰译：《政治秩序与政治衰败：从工业革命到民主全球化》，广西师范大学出版社2015年版，第138—139页。
③ 〔美〕弗朗西斯·福山著，毛俊杰译：《政治秩序与政治衰败：从工业革命到民主全球化》，广西师范大学出版社2015年版，第145页。

从 19 世纪 80 年代以后 40 余年，美国逐渐摧毁了依附于政党的政府官员体系，奠定了专业官僚机构的基础。这种制度在美国实行比欧洲国家晚了好几代人。总的来说，美国现代国家制度的建设在时间表上大大晚于欧洲，而国家建设工程开始后，又遇到许多挫折和反复。福山认为原因有二，一是美国的政治文化历来抵制政府权力，二是美国的政治制度为改革设置了许多障碍。美国国家制度的建设的任务不仅要清除腐败，而且要促使政府发展，使其有足够的能力和自主性，以较高的水平来履行功能，在根本上对公民负责。这些问题都留到了 20 世纪。

欧洲的铁路是政府发展的，而美国的铁路几乎全是自由市场的产物，这造成了铁路业各公司之间激烈竞争。竞争最激烈的尤其是铁路大干线。这些公司建筑的铁路的长度超过了需求，引发铁路运费恶性竞争。州际商务管理委员会是第一个联邦级的监管机构，到第一次世界大战结束，它制定了一项现代管理规则，在全国范围内监管铁路。

20 世纪第一个十年通过的立法给予州际商务委员会应有的行政权力。1903 年的《埃尔金斯法》、1906 年的《赫本法》允许州际商务委员会设定最低运费和强制执行这些运费规定的权力。政府把铁路当作公共事业，由行政机构来设定运费，而不单靠市场力量。《州际商务法》通过 10 年后，铁路收入趋于稳定。1917 年，威尔逊总统宣布整个铁路系统国有化，调整运费和工资，由政府直接经营铁路。到了 20 世纪 70 年代，大部分铁路陷入融资困难，东部的 37 家铁路公司被迫停产。70 年代后期，卡特政府放宽了对铁路的监管，并放宽了公共运输规则，允许铁路灵活定价。①

---

① 〔美〕弗朗西斯·福山著，毛俊杰译：《政治秩序与政治衰败：从工业革命到民主全球化》，广西师范大学出版社 2015 年版，第 155—156 页。

林业部是林肯总统在 1862 年建立的。同年颁布的《莫里尔法》创办了一系列政府赠给土地的学院,以培养农学家。农业部努力提高人员的能力。这些新的官员相信现代科学,努力把理性的方法应用于农村中。现在,林务局管理着 150 余个国家森林公园和超过两百万英亩的土地。美国在现代国家建立以前,在出现普选制的同时,搞出了政党庇护制度,利益集团政治侵蚀到州际商务委员会、铁路监管和林务局中。中产阶级的新参政者对克服政府的旧弊病、创建现代的政府更感兴趣。工业化带来的社会革命,使依附式政治在美国终结。

2. 统治集团

在美国,全国大约有 6000 人对各社会机构行使正式权力。全国在工业、金融、公用事业、保险、新闻、基金会、教育、法律事务所、民间组织、文化团体等方面的资财,大约有一半是由这些机构控制的。[1]多姆霍夫认为:"权贵阶层有几千之众,而不只是几十人。"[2]

美国联邦官僚机构已经有近 300 万文职人员,他们在美国社会中有独特的影响。布鲁金斯学会对曾在罗斯福、杜鲁门、艾森豪威尔、肯尼迪和约翰逊总统的政府里领导联邦官僚机构的 1000 多人做过分析,结果表明,这些最高联邦行政官员,有 36% 是从政府内部的普通官员中提拔起来的,26% 来自法律界,24% 来自企业界,7% 来自教育界,还有 7% 来自其他各界,他们中多数是职业官僚。[3]

---

[1] 〔美〕托马斯·戴伊著,张维等译:《谁掌管美国——里根时代》,世界知识出版社 1985 年版,第 341 页。

[2] 转引自〔美〕托马斯·戴伊著,张维等译:《谁掌管美国——里根时代》,世界知识出版社 1985 年版,第 348 页。

[3] 〔美〕托马斯·戴伊著,张维等译:《谁掌管美国——里根时代》,世界知识出版社 1985 年版,第 121 页。

在分析美国统治集团时，需要注意到美国经济权力十分集中，以及美国权力集团与大资本家集团的直接关系。美国大量的权力存在于工业公司、银行、公用事业和投资公司等大的经济机构中。戴伊指出，美国少数公司控制了全国工业资产的一半以上，交通运输和公用事业的一半，以及全部保险业资产的三分之一。大公司资产掌握在大约4500名总经理和董事的手中，他们决定着重大的政策问题。[①] 政治捐款是使企业界的财富和政治体制相联系的重要环节。捐款的目的往往是获得接近政府的机会，是企业界与政府建立直接联系的渠道。[②]

军队领导人和军火工业的人士是美国政府另一个重要的组成部分。联邦高级行政官员1954—1963年有4%曾受雇于大国防承包商。在国防部和陆、海、空军三个部中，以前曾为国防承包商工作的人士占1000名最高联邦行政官员的12%。[③] 但是正如莫里斯·雅诺维茨的研究所指出的："任命军人担任政治领导人的做法虽然还在继续，但从1950年起已急剧减少。"[④]

美国总统尽管对知识分子疑虑重重，但不得不依靠这些人来担负政府和白宫班子里的关键职务。亨利·基辛格、布热津斯基便是担任政府重要职务的知识分子。

美国9名终身任职的最高法院大法官权力很大，他们有权宣布总统和国会颁布的法令无效。从1789年到1962年，曾经在最高法院担

---

① 〔美〕托马斯·戴伊著，张维等译：《谁掌管美国——里根时代》，世界知识出版社1985年版，第157页。
② 〔美〕托马斯·戴伊著，张维等译：《谁掌管美国——里根时代》，世界知识出版社1985年版，第79页。
③ 〔美〕托马斯·戴伊著，张维等译：《谁掌管美国——里根时代》，世界知识出版社1985年版，第129页。
④ 〔美〕莫里斯·雅诺维茨：《职业军人》，纽约，1960年版，第378页。

任过法官的人士中，90%以上来自社会地位显赫、具有政治影响的上层阶级家庭。在所有曾经担任过最高法院法官的人士中，90%以上来自社会地位显赫、具有政治影响力的上层阶级家庭，三分之二以上都上过名牌或常青藤联合会的法学院校（其中最著名的是哈佛大学、耶鲁大学、哥伦比亚大学、宾夕法尼亚大学、密执安大学和弗吉尼亚大学）。但在最高法院法官中，也有几位出身于中等阶级，而不是上等阶级。他们是因为自己的政治活动，而不是他们的社会背景而被任命为最高法院法官的。[1]

---

[1] 〔美〕托马斯·戴伊著，张维等译：《谁掌管美国——里根时代》，世界知识出版社1985年版，第150页。

第三编　资本主义国家制度的运行

第十二章　资本主义国家统治的合法化手段

第一节　两种合法性概念

R. H. 奇尔科特分析说："马克思把国家结构解释为整体的，与统治阶级利益相连的；而韦伯则把国家结构看成是支持利益多元的。二人都关心统治问题：马克思把资本主义国家内一切统治形式都视为非法，而韦伯则注意合法形式的统治。马克思主张国家及阶级的消亡；而韦伯则预想国家通过其活动的合法性而得到加强。马克思把国家与统治阶级的变动理解为历史唯物主义的反映以及代表各时代特点的社会关系与生产力之间的相互矛盾作用。与此相对照，韦伯关心的是通过科层秩序的合理化来解决矛盾，因为他把欧洲资本主义视为促进高度合理化的、因而是稳定的社会形式，感到维持这种社会就是维护秩序。马克思和韦伯都研究国家如何使用武力和暴力。韦伯的解释是，把国家武力与暴力同合法性相联系，但是马克思提出一个更广泛的定义，说明国家只能是镇压下等阶层的一种狡猾的强制手段。"[1] 这位非马克思主义激进派学者清晰地说明了马克思主义的国家观和韦伯的国

---

[1] 〔美〕R. H. 奇尔科特著，高铦、潘世强译：《比较政治学理论——新范式的探索》，社会科学文献出版社1998年版，第131—132页。

家观之间的本质区别。

国家合法性的概念今天在国家制度史研究中已经被人们广泛地使用了。在对国家合法性的阐释上，基本上可分为两大派见解。一派以马克斯·韦伯为代表，右翼法兰克福学派的哈贝马斯可以划入这一派，这一派属于为资本主义国家辩护的派别。另一派以拉尔夫·密里本德为代表，他对资本主义国家持否定和批判态度。

马克斯·韦伯认为，合法性的基础揭示了"一种统治的有效性的基础。换言之，即统治者要求官员服从，以及二者要求被统治者服从的基础"。"很自然，一种'统治'的合法性也可以被视为一种可能性，即占有态度在一定程度上将能存在而且相应的实际结果也会随之而来。这不意味着，任何对当权者的服从都首先（甚至最终）依赖于这种信念"。[1] 韦伯认为，可以根据合法化的形式和内容来界定合法统治的类型。[2]

韦伯派从形式上来论证理性统治观念。这一观念认为，至少满足两个条件，一种统治才可以说是合法的。这两个条件是，第一，必须从正面建立规范秩序；第二，在法律共同体中，人们必须相信规范秩序的正当性，即必须相信立法形式和执法形式的正确程序。[3]

哈贝马斯认为："形式民主的制度与程序的安排，使得行政决策一直独立于公民的具体动机以外。这是通过合法化过程实现的；合法

---

[1] 马克斯·韦伯：《经济和社会》，第一卷，第157页；第2卷，第701页；第1卷，第158页。转引自〔美〕R. H. 奇尔科特著，高铦、潘世强译：《比较政治学理论——新范式的探索》，社会科学文献出版社1998年版，第124—125页。

[2] 〔美〕R. H. 奇尔科特著，高铦、潘世强译：《比较政治学理论——新范式的探索》，社会科学文献出版社1998年版，第125页。

[3] 〔美〕R. H. 奇尔科特著，高铦、潘世强译：《比较政治学理论——新范式的探索》，社会科学文献出版社1998年版，第128页。

化过程诱发了普遍化的动机,即内容各不相同的大众忠诚,但同时避免了群众的参与。资产阶级公共领域的结构转型为形式民主的制度和程序创造了应用条件,公民在一种客观的政治社会中享有的是消极公民的地位,只有不予喝彩的权利。"[1]

在使用 legitimacy 一词时,马克思主义学派与韦伯派的含义完全相反,他们否认资本主义国家具有"合法性"。马克思主义者认为,资本主义国家的统治是非法的。密里本德从这一立场出发来研究资本主义,他笔下的 legitimacy 一词中文应当译为"合法化"。他分析,资本主义国家的一切活动都是努力使得自身看起来是合法的。他在《资本主义社会的国家》一书中专门设立了以"合法化过程"为题的第七章和第八章来研究资本主义国家这方面活动的意图。他认为,政党、大众传媒和教育都是资本主义国家用以俘虏和同化被统治阶级以实现统治合法化的力量或手段。"作为经济和社会制度的资本主义恰恰由于它自身的存在程度,在本质上倾向于在从属阶级中同时也在其他阶级中生产出合法化的条件。"[2]

第二节 合法化过程

评判资本主义国家的宪法的作用,是政治学研究无法回避的重要问题。西方学者关于宪法学的著作已是汗牛充栋。马克思主义国家理论和非马克思主义国家理论对宪法的作用,自然有不同结论。现在

---

[1] 〔德〕尤尔根·哈贝马斯著,刘北成、曹卫东译:《合法化危机》,上海人民出版社 2000 年版,第 50—51 页。
[2] 〔英〕拉尔夫·密里本德著,沈汉等译:《资本主义社会的国家》,商务印书馆 1987 年版,第 262 页。

存在一种关于宪法的神话，认为制定了一部宪法就是实现了宪政。其实，有很多相反的例证。一种做法是统治者为了现实的政治需要，可以频繁地修改宪法的某些条文。另一种做法是他们可以对宪法的一些基本原则置之不理，指定这样那样的单个的具体的法令，给实施宪法的某些原则制造障碍，使宪法规定的公民的自由、民主、集会、结社的权利成为虚设。

资本主义国家的宪法性质和功能具有双重性。一方面，宪法是一个政治宣言，它规定了资本主义国家制度的结构和信条，这些信条中一部分也是非资产阶级社会的各阶级成员包括工人阶级可以接受的东西。另一方面，它在将自由、民主、平等、法治这些内容写进宪法时，便建立了一个为资本主义社会制度辩护的知识体系。亨利·列斐伏尔就宪法对国家体制的辩护作用写道："任何官僚体制都占据一个为自身辩护的知识体系，以充实它的等级，提升它的成员，使其等级秩序合法化。"[①] 宪法使统治看起来很文明。宪法的某些"合理化"的条文使得资本主义国家具有了合法性。宪法是资产阶级合法化统治的重要手段。根据国家的活动而不仅仅根据宪法文本来研究国家，是本书不同于宪法学派之处。

资本主义国家宪法的一个重要的特点是没有把资产阶级政党这个作为国家政治生活构成时重要的结构之一写进宪法。

罗伯特·米歇尔斯（1876—1936年）是德国的政治社会学家和经济学家，他著有《政党》（纽约，1915年）一书。以提出"寡头政制铁的法则"著名。他认为，一切具有明确目的的组织往往把权力集

---

① 〔法〕亨利·列斐伏尔著，谢永康、毛林林译：《马克思的社会学》，北京师范大学出版社2013年版，第7页。

中在少数人的手中；政党和其他社团不可避免地会走向寡头政治、极权主义和官僚主义。

卡尔·施密特（1888—1985年）对宪法的功效表示了怀疑。他写道，"宪法不是什么绝对的东西"，"宪法并非自己把自己制造出来，而是为一个具体的政治统一体制造出来的"。"宪法的效力有赖于制定宪法的人的政治意志。一切类型的法律规范，包括宪法法规在内，都预设了这种政治一致的存在"。① 施密特承认，"从欧陆国家的情况来看，在19世纪，最重要的是，经选举产生的人民代议机关扩大了对君主制政府的政治影响力。议会作为立法机关力图超越立法领域，将其触角延伸到政府"②。但是施密特强调，"在当今的民主政体下，议会制的思想前提已经荡然无存了"。这表现在，"辩论被取消了"，"公开性被取消了"，"议会和议院的代表性质被取消了"。③ 卡尔·施密特提出了"宪法＝权利分立"。"自从18世纪以来，这种制度就在一种特殊的意义上被看作是自由的，真正的宪法的题中应有之义，它提供了组织上的保证以防止国家权力的滥用。""'权力分立'已成为宪法的标记了。按照这种观点，在一个没有实施或者抛弃了这项原则的地方，暴政、专制、独裁自然就居于支配地位。"④

对于资本主义国家意识形态职能的实施，特里·伊格尔顿分析说："为了把自己确立为真正带有普遍性的阶级，资产阶级要做的不

---

① 〔德〕卡尔·施密特著，刘锋译：《宪法学说》，上海人民出版社2016年版，第49页。
② 〔德〕卡尔·施密特著，刘锋译：《宪法学说》，上海人民出版社2016年版，第401页。
③ 〔德〕卡尔·施密特著，刘锋译：《宪法学说》，上海人民出版社2016年版，第418—419页。
④ 〔德〕卡尔·施密特著，刘锋译：《宪法学说》，上海人民出版社2016年版，第69页。

仅仅是按照少数破旧不堪的格言行事，其同质性的意识形态必须既证明理性的普遍形式，又证明情感性直觉的无可置疑的内容。"资本主义国家的宪法一方面要为建立的国家的统治制定一个关系和运作的原则即统治的规范，同时宪法又是履行统治阶级的意识形态功能的工具。它必须证明这种统治具有理性和无可置疑的道德上的合法性，它很好地充当这个政治体制的辩护士。事实证明，统治集团可以凭借自己的权力和掌握的议会多数选票，在需要时任意修改宪法的条文，为资产阶级统治的需要服务，使这种统治可以作具有合法性的自辩。宪法是统治集团使自己的统治合法化的重要工具。

资本主义国家的活动不可能总是合法的。宪法是统治阶级统治国家的合法化的手段或工具。宪法起着为国家活动正名和辩护的作用。所以宪法在资本主义国家中具有国家意识形态工具的作用。

对于资本主义国家的宪法和法律的神圣性，不同派别的学者、法学家和政治家对此并不完全认同。法学家凯尔逊观察说："借助法的颁布而实现自己的完美化，这就是法和国家的最大神秘之所在，并且正因为如此，才允许它在阐述法的性质时使用不适当的概念。"另一位法学家梭穆罗说："法的性质的特征在于，即使某个规范是不公正的，但也可以是合法的，也就是说，法的合理的起源不能作为一个条件而写进法律概念中。"[①]

列宁曾说过："至于普选权、立宪会议和国会，都不过是形式、不过是一种支票。"[②]

宪法的至上性及其稳定的付诸实施，不一定是必然的。西方国家

---

① 〔匈〕卢卡奇著，王伟光、张峰译：《历史和阶级意识》，华夏出版社1989年版，第110页。
② 列宁：《论国家》，载《列宁选集》第四卷，人民出版社1972年版，第54页。

统治集团在一般情况下会严格遵从宪法，但是在特定条件下他们不是不可能逾出宪法的规定去使用权力。

从国家机制来说，它取决于立法权在该国是否能具有至高无上性，宪法立法在这个国家是否具有权威性，宪法是否得到尊重和具有不被修改的权威性地位。它还在于有没有一个负责监督的全权机构保证宪法权力。

宪法在一个国家能否稳定地起作用，取决于统治集团的意志、他们的权力、他们是否奉行法制，以及统治集团对国内政治格局的掌控。所以，宪法史就是一部国家的阶级斗争和政治统治史。

西方法律史学派用宪政史的名称来写国家政治制度史，有一种明显的误导。这种学派对资本主义国家制度缺少批判性，因为它把具有粉饰性的宪法文字视为国家运行的真正内容，而没有看到掩藏在宪法背后的国家的镇压职能和运作的不光鲜的政治。任何一个国家的宪法既是对一个国家制度确立原则的初步规定，又是将国家制度合法化的一种手段。宪法具有将国家权力合法化或加以美化的功能，它将国家的全部功能包括对被压迫阶级的镇压职能都描写为合法地维护所有人民的利益的功能。国家的许多不可少的活动在宪法上并没有规定和泄露，所以单凭国家（先后制定的）宪法来写国家制度，把国家制度和权力史写成一本宪法史，是难以揭示国家的阶级秘密和它的全部内容的，还可能成为那个制度的辩护者。

第十三章　政治权力与社会阶级

马克思主义者在理论上研究国家时不仅关注国家的性质，尤其关注社会阶级。当他们讨论政府问题时，他们是根据阶级和阶级统治来分析国家的。他们关注和讨论的核心是阶级权力。波朗查斯指出："权力不是必须从国家手中夺走的可以用数量表示的实体，而是各种社会阶级之间的一系列关系。权力以其理想的形式集中于国家手里，因此，它本身是一种特殊的阶级力量关系的凝聚，国家既不是可以被夺走的办事机构，也不是使用木马计可以渗入的堡垒，更不是可能被夜盗打开的保险箱，它是行使政治权力的心脏。"[1]

密里本德强调"阶级权力"和"国家权力"之间是有区别的，"重要的是不要混淆"。阶级是更为重要的概念。因为对统治阶级来说，阶级统治比统治国家要重要得多。"阶级权力是一个统治阶级（为了说明得更清楚起见，假设只有一个）所行使的渗透到各个方面的权力以便维持和保卫其在'文明社会'中的优势。这种阶级权力是通过许多组织机构来行使的。"他强调说："在某些重要的方面，统治阶级的阶级权力不是通过国家行为而是通过阶级行为来行使的。至少

---

[1] 转引自〔美〕威廉·多姆霍夫著，沈泽芬、郑须弥译：《当今谁统治美国？——八十年代的看法》，中国对外翻译公司1985年版，第216—217页。

在'资产阶级民主'政体以及其他若干形式的资本主义制度的国家里是如此。"①

第一节 政治权力和社会阶级

在近代的一些资本主义国家中,曾经一度并非完全由资产阶级出台掌权,而是有过一个资产阶级和地主贵族共同掌权的阶段。

英国资产阶级革命时期执掌政权的主要是新兴的地主贵族。英国土地贵族执掌政权的状况在工业资本主义尚未蓬勃发展起来之时,在一个多世纪中都未改变。直到1830年代初,英国近代资产阶级都未成为英国的统治阶级。英国的工商业资产阶级和代表他们利益的资产阶级激进派不甘心自己处于政治上无权的地位,他们向把持权力的土地贵族发动了挑战。新兴的中等阶级争夺政权的斗争途径是发动议会改革运动,争取实施选举民主制,以使自己的代表进入下院并最终组织或参加内阁政府,成为真正的掌权集团,决定国家政策。但是这一过程历史漫长,可以从议会下院议员的构成和内阁成员的构成变化来看。

1830年代到1866年,英国内阁成员中上院议员即贵族占有相当比重。1830年格雷内阁组成时阁员总人数为13人,其中上院议员9人,下院议员4人。1834年墨尔本内阁共16人,其中上院议员7人,下院议员9人。1834年皮尔内阁共12人,其中上院议员7人,下院议员5人。1835年墨尔本内阁共12人,其中上院议员5人,下院议员

---

① 转引自〔美〕威廉·多姆霍夫著,沈泽芬、郑须弥译:《当今谁统治美国?——八十年代的看法》,中国对外翻译公司1985年版,第217页。

7 人。1841 年皮尔内阁共 14 人，其中上院议员 8 人，下院议员 6 人。1846 年拉塞尔内阁共 16 人，其中上院议员 9 人，下院议员 7 人。1852 年德比内阁共 13 人，其中上院议员 6 人，下院议员 7 人。1852 年阿伯丁内阁共 13 人，其中上院议员 6 人，下院议员 7 人。1855 年帕麦斯顿内阁共 14 人，其中上院议员 7 人，下院议员 7 人。1858 年德比内阁共 13 人，其中上院议员 6 人，下院议员 9 人。1859 年帕麦斯顿内阁共 15 人，其中上院议员 6 人，下院议员 9 人。1865 年拉塞尔内阁共 15 人，其中上院议员 8 人，下院议员 7 人。1866 年德比内阁共 15 人，其中上院议员 5 人，下院议员 10 人。[1]

对 1830—1868 年内阁成员社会来源的统计表明，在总数 103 人中，拥有大地产的贵族及贵族第一代后代共 56 人，占内阁成员总数的 55%，此外属于小地主的各郡乡绅共 12 名。上述两类合计为 68 人，占内阁成员总数的 66%。内阁成员中商人和主要靠利息为收入来源的上层行政官员共 21 人，占内阁成员总数的 20% 左右。有 14 人从事法律业等非贵族职业。如果把后两类视为资产阶级组成部分，那么他们占内阁人数的三分之一。[2]

选举权的逐步实现扩大了资产阶级参政的比例。这从英国内阁的构成中反映出来。拉斯基做过一个统计，如果把有爵位的贵族及其第一代后代统统划为贵族的话，那么在 1832—1866 年间 64% 的内阁成员都是贵族，1867—1884 年的内阁阁员有 60% 是贵族，1884—1905 年的内阁阁员有 58% 是贵族，直到 1906 年以后内阁阁员中贵族的比

---

① W. L. Guttsman, *The British Political Elite*, London, 1963, p. 36.
② W. L. Guttsman, *The British Political Elite*, London, 1963, p. 38.

例才下降到49%。① 古兹曼的研究结果与拉斯基的稍有出入。他认为在1868—1880年的内阁成员中贵族占54%，1885—1892年占55%，而1906—1914年间占34%。② 这就是说直到19世纪末20世纪初，资产阶级才在英国内阁中占据优势。我们可以粗略地认为，直到1867年以后一段时间，英国的资产阶级才真正走到政治舞台的前台，成为国家权力的执掌者。这时距英国工业革命的完成已过去近50年。19世纪，在地方政府中资产阶级的代表也取代地主贵族的代表掌握了政权。1835年以前，英国城镇保留着市镇自治团体，但这类机构通常为贵族地主的代表控制。1835年，辉格党政府颁布《市镇法》，取消了200余个旧的市镇团体，设立179个有权选举议员的城镇。在这些城镇，所有的纳税人都有选举权，由他们选出市议会，负责城镇的行政管理工作，市议员每年改选三分之一。③ 1835年市镇改革的实质是把教会和贵族势力从城市政府中排斥出去，把权力交给当地新兴的工商业资产阶级。

第一次世界大战可以说是西方政治史的一个分水岭。一些欧洲国家残存的土地贵族染指资本主义国家权力的情况到第一次世界大战结束也终结了。到了20世纪，在讨论谁统治西方国家的问题时，问题也不再是土地贵族在国家政权结构中占据了多少职位，而是研究大资产阶级如何吸收资产阶级各阶层和社会其他阶级参与政权。20世纪

---

① S. Beer, *Modern British Politics: A Studies of Parties and Pressure Group*s, London, 1965, p.252.

② W. L. Guttsman, *The British Political Elite*, London, 1963, p.252.

③ H. J. Hanham, ed., *The Nineteenth Century Constitution: Documents and Commentary*, pp.386-389. Woodward, *Age of Reform 1815-1870*, Oxford, Clarendon Press, 1947, pp.441-442.

欧洲资本主义国家政治史的重要主题是其起源与工人阶级有关的社会民主党与资本主义国家权力的关系问题。

到了20世纪，资本主义国家把大批受过高等教育的知识分子吸收进统治集团成为普遍的趋势。葛兰西指出，"现代世界知识界的范畴，在这样的理解它的时候，就极大地扩充了。现代社会的民主—官僚主义制度，产生了大批知识分子"[1]。他分析说："知识分子是统治集团的'管家'，用他们来实现服从于社会领导和政治管理任务的职能，就是（1）保证广大人民群众'自由'同意基本统治集团所提供的社会生活方向——统治集团的威信（因而也就是给予统治集团的信任）'历史地'产生的同意，统治集团的地位及其在生产界的职能所规定的同意；（2）执行国家机关的强制作用，'合法地'加强对那些都不积极或消极'表示同意'的集团纪律，这些机关在预见当'自由'同意一旦消失时，指挥与管理有可能发生危机点，而为全社会建立的。"[2]

第二节　国家的相对自主性

资本主义国家中资产阶级的统治并不总是表现为大企业家直接上台执政，以捍卫他们的利益。到了当代，国家活动表现出与资产阶级的关系具有相对自主性。

西方的非马克思主义的国家自主性理论家断言，占主导地位的权力掌握在政府手中，而不是在普通公民和一个支配性的社会阶级那

---

[1] 〔意〕安东尼·葛兰西著，葆煦译：《狱中札记》，人民出版社1983年版，第426页。
[2] 〔意〕安东尼·葛兰西著，葆煦译：《狱中札记》，人民出版社1983年版，第425页。

里。他们特指政府相对于社会其他部分的独立性。这种国家的独立性通常称作"自主性",据说它的产生应归结于以下若干相互缠绕的因素:(1)国家在一国之内合法使用暴力的垄断;(2)它在抵御外来竞争方面扮演的独特角色;(3)它的经济调控和税收权。受惠于这些权力,政府官员能够与社会中的各种群体结成联盟,不管他们是商人、工人还是政党,只要他们与国家有相同的目标即可。国家自主性理论家还相信,独立的专家会十分强势,因为他们掌握了对国家官员来说十分珍贵的信息。[1]

多姆霍夫认为:"国家自主性理论和马克思主义理论的视野都过于狭窄了,它们都只关注权力某个单一的组织基础——对自主性理论家来说是政治网络。"[2]"政府是有潜在自主性的,因为它们有一个独一无二的功能:领土管制。它们划定并捍卫边界,管理其所负责的那片区域中人口、货币和商品的内外流动。它们还有在一个区域里进行管制的职能,比如通过司法制度来解决争端和为市场设定规则。""有时候联邦政府需要采取行动,以保护市场免遭某个公司的反竞争行为的彻底破坏。"[3]

西方马克思主义政治学也注意到资本主义国家的相对自主性。国家在权力实施中有其相对自主性,它不可能是资产阶级简单的直接的工具。

---

[1] 〔美〕威廉·多姆霍夫著,沈泽芬、郑须弥译:《当今谁统治美国?——八十年代的看法》,中国对外翻译公司 1985 年版,第 47、46 页。
[2] 〔美〕威廉·多姆霍夫著,沈泽芬、郑须弥译:《当今谁统治美国?——八十年代的看法》,中国对外翻译公司 1985 年版,第 56 页。
[3] 〔美〕威廉·多姆霍夫著,沈泽芬、郑须弥译:《当今谁统治美国?——八十年代的看法》,中国对外翻译公司 1985 年版,第 324、325 页。

波朗查斯认为，国家权力的相对自主性是指"国家对阶级斗争领域的关系，特别是其针对权力集团的阶级和派别的相对自主性，并扩大到针对权力集团的同盟和支持力量的相对自主性"[1]。"作为全国人民的政治上统一体的'代表'的这种国家，反映在一种整体的、实际的制度框架中，这种制度框架便于有效地发挥作用：按照现有各种势力的集体形势，目标是建立一种国家权力的特殊统一和针对各统治阶级的一种相对自主"[2]。统治阶级"掌握了国家权力以后，要想使现存的社会关系永久化，只有用一系列的妥协以维持现有各阶级那不稳定的平衡，并且通过一整套政治组织和特殊的意识形态的作用，设法使自己以人民总利益的代表者的面貌出现，并使自己成为这个国家统一的化身"[3]。"国家可以作为这个权力集团的各个阶级和派别利益的政治保证人，来反对霸主阶级或派别的利益，但是，它是按照它那霸主阶级或派别的政治组织者的功能而这么干的，而且，它强使霸主阶级承认为了它的霸权作出必不可少的牺牲"[4]。"资本主义国家在履行其政治功能的时候，要依靠被统治阶级，并且有时愚弄他们去反对那些统治阶级。它在这么干的时候确实认识到了它所具有的包含在国家制度中的那种针对统治阶级的相对自主性：这种自主性允许它保持与那

---

[1] 〔希腊〕尼科斯·波朗查斯著，叶林等译：《政治权力与社会阶级》，中国社会科学出版社1982年版，第285页。
[2] 〔希腊〕尼科斯·波朗查斯著，叶林等译：《政治权力与社会阶级》，中国社会科学出版社1982年版，第312页。
[3] 〔希腊〕尼科斯·波朗查斯著，叶林等译：《政治权力与社会阶级》，中国社会科学出版社1982年版，第320页。
[4] 〔希腊〕尼科斯·波朗查斯著，叶林等译：《政治权力与社会阶级》，中国社会科学出版社1982年版，第343页。

些阶级的政治利益的永久的联系"[1]。

密里本德指出:"政府和国家在资本主义民主制度下尤其不是也不可能是资本的'工具'。在实行普选权和政治竞争的条件下,任何政府都不能全然漠视其他一些在其不同利害关系上往往是互相冲突的力量。"[2]

---

[1] 〔希腊〕尼科斯·波朗查斯著,叶林等译:《政治权力与社会阶级》,中国社会科学出版社1982年版,第323页。
[2] 〔英〕拉尔夫·密利本德著,博铨等译:《英国资本主义民主制度》,商务印书馆1988年版,第115页。

第十四章　选举权、公民权和资本主义民主制

　　资本主义国家在长期的历史发展中逐渐形成了一套极为复杂而精巧的制度，洞察和揭示这种制度运作机制需要仔细剖析，而资本主义民主制正是资本主义国家重要的制度之一，这种机制具有极其复杂的结构并且极其迷惑人。西方资本主义国家实际上处于一个从封建社会的残余中逐渐抛弃贵族旧制度的特征并开始具备现代形式的时期。在一定范围内，政治参与的扩大和政治文化的下移是资产阶级政治发展的进步性的体现，又是近代政治演变的历史趋势。

　　普选权问题的提出是在社会结构和社会阶级关系发生巨变的背景下，新的阶级的政治权利要求的表达。它又是统治集团保持稳定的社会结构和社会秩序的策略问题。普选权是行使政治影响和保障社会权利的诉求，所以普选权要求的阶级内涵是复杂的。这种复杂性也同样反映在民主运动和民主制度的重大差别中。

　　欧洲中世纪社会是按照等级制构建的，中世纪的等级会议是按照等级推派代表参加代表制会议的。等级会议的代表不是代表个人，而是集体代表一个等级。特权等级在三级会议中起重要的作用。资产阶级革命推翻了封建王朝，同时也就结束了等级特权制度。这就使得近代的代议制机构的产生方式和运作发生了与等级会议完全不同的根本性的改变，即由地区选区推选个人议员参加议会下院。

第一节　工人阶级在早期资本主义民主运动中的积极作用

近代早期西方各国发生的民主运动是以冲击贵族政治为目标的政治运动。资产阶级民主运动的参加者收纳了社会多个阶级和阶层，包括小资产阶级和工人阶级，而不限于资产阶级。西方国家在实现资本主义民主制的目标时走过不同的道路。一些国家由于本国近代之前存在着顽固的封建制度和贵族政治，因而在实现普选权和民主制这一目标时步履艰难；而另一些国家则没有浓厚的封建背景，较容易地通过颁布宪法而实施了普选权。

在近代资产阶级反对封建专制的斗争中，一些先进的资产阶级政治家和思想家曾在《人权宣言》等纲领性的政治文件中提出了民主纲领。但是，在某些国家的某些时候，资产阶级把民主运动看作对他们权力的挑战。资产阶级在内心只要他们自己的自由和权力，而极端畏惧资产阶级民主。路易·波拿巴曾在1853年说过，"自由从来就不会帮助建立一座持久的大厦，只是当时间巩固地建立这座大厦时，把自由作为它的一种装饰的花环"[①]。

英国的资产阶级议会改革和民主运动在1832年第一次议会改革中达到了高峰，但新兴的中等阶级在资产阶级民主运动中表现得十分胆怯。从1830年11月到1831年3月，各阶层群众共向议会下院提交了645份呼吁改革的请愿书，其中伦敦的工人阶级全国联合会就提交了5份请愿书。1831年10月8日，议会上院在二读中以199票对58票否决了这项法案的消息传出后，全国上下群情激奋，伍斯特、

[①] Alain Plessis, *The Rise and Fall of the Second Empire, 1852-1871*, Cambridge U.P., 1987, p.14.

巴斯、德比和诺丁汉立即爆发了群众改革的骚动。《贫民卫报》和其他民主派报纸在10月提出需要建立一支国民自卫军以反对专制暴政。10月29日，布里斯托尔群众举行暴动，暴动者实际上占领了这座城市，一直到10月31日。[1] 在民众压力下，内阁在12月6日再次召开议会。[2] 12月12日，拉塞尔勋爵提出第三个改革法案后，这项改革法案于1832年4月14日因托利党议员提出修正案而受阻。5月7日，20万群众在伯明翰纽豪尔山举行了群众大会，表达了群众强烈的改革要求。[3] 在民主派和改革派的压力下，《议会改革法》在6月4日终于通过三读。工人阶级民主派和小资产阶级民主派是推动英国1832年改革的关键力量。

在18世纪到19世纪，资产阶级抑制民主的主要措施，一是对选民的选举权和被选举权根据财产资格规定了差别，防范普通劳动者当选为议员；二是通过地主和资产阶级政党对选举加以控制。这些政党都以选区为单位设立政党的委员会。选区政党委员会把争取选民作为它的中心任务，在这一过程中广泛使用行贿手段争取选民。政党的选举经费有很大一部分用在这方面。在英国，用于每个议员在郡选区候选的费用1868年为3011英镑，1882年为3128英镑；用于大选的总费用在1880年为1736281英镑，1906年为1166858英镑，1910年两次大选的费用分别是1295782英镑和978312英镑，其中大量是非法开支。[4] 激进民主派深知这种制度的虚伪性。霍利约克曾在演讲中说

---

[1] M. Brooke, *The Great Reform Act*, London, 1973, p.252.

[2] M. Brooke, *The Great Reform Act*, London, 1973, p.258.

[3] Donard Read, *English Province*, London, 1964, p.92.

[4] H. J. Hanham, *Election and Party Management, Politics in the Time of Disraeli and Glastone*, Longman, 1959, pp.261-271, 250-251, 249.

过:"尽管代议制向我们打开了大门,我们却不易很快走进这个大门。下院正如伦敦酒家一样,只向那些付得起高额费用的人开放……所有的劳动者的后代目前所能得到的只不过是自己进行咨议的权利。"[1]

不了解历史的人会把资产阶级民主制的实现,视为统治阶级的国家主动赐予的产物。事情并非如此。民主制绝不是作为统治者的资产阶级主动施予社会的,它是小资产阶级和工人阶级斗争的结果。

资本主义社会的民主是一柄双刃剑。民主运动众多的原始文献中表现出早期工人阶级争取自己的政治权利的勇气,以及他们对于自己面对的国家机器的本质认识。他们中的先进人物的某些认识甚至超过了当时的马克思。[2] 广泛的真正的民主即便在资本主义国家中,从来都是对统治阶级权力的一种威胁。英国在1832年争取议会改革的群众运动和1836年开始的宪章运动便是这样的契机,它们威胁到掌权的土地贵族的权力,以及当时还未掌权的中等阶级的利益。所以在民主运动中,中等阶级的政治组织很快便在改革运动中与工人阶级的民主派组织分道扬镳。1968年前后,西方的学生运动也是这样的契机[3],它威胁的则是现代资产阶级的统治。马克思在19世纪50年代宪章运动后期曾天真地希望英国无产阶级会通过普选权取得政权。然而结果恰恰相反,等到普选权被资本主义国家和资产阶级接受以后,民主便发生了变质。在19世纪的选举运动中,有产阶级的政党曾千

---

[1] H. J. Hanham, *Election and Party Management, Politics in the Time of Disraeli and Glastone,* Longman, 1959, xii.

[2] 沈汉:《英国早期工人运动活动家的阶级斗争理论》,《南京大学学报》1985年第3期。沈汉:《英国宪章运动》,甘肃人民出版社1997年版。

[3] 参见沈汉、黄凤祝:《反叛的一代:20世纪60年代西方学生运动》,甘肃人民出版社2002年版。

方百计地控制运动，1867年和1884年英国的两次议会改革就是这样的例子。而到了官方不再需要对选举民主制加以控制的时候，民主和选举制已经变为统治阶级国家权力合法化的一个重要手段。有了较充分的民主制的西方国家并没有改变它的资本主义性质，相反，资本主义国家取得了这个防震器，足以保证其统治的稳定。这使得资本主义民主政治体制运作的结果出乎几乎所有17—19世纪为之奋斗的民主派斗士的预料，也出乎马克思的预料，这是它的诡谲之处。

19世纪初到19世纪中期，英国的资产阶级民主运动实质上是巩固英国资本主义国家的重要的合法化过程。法国大革命以后，英国激进主义运动风起云涌，前仆后继，英国处在革命的威胁中。英国政府在1825年废除了《结社法》，辉格党和托利党出于对革命的恐惧，在议会下院通过了1832年《议会改革法》，使资产阶级民主合法化，最终平息了民众强大的不满情绪和革命呼声。到1867年英国第二次议会改革时，社会主义者只是作为改革运动的一个温和的激进派别在其中活动，绝无1832年改革前夕工人民主派的激进色彩。1884—1885年，议会改革时已基本成为政府立法过程，看不到大规模的群众运动来呼应它。

在英国工业革命完成时期，在1832年第一次议会改革没有解决群众普选权要求的背景下，工人阶级以把成年男子普选权作为中心要求的《人民宪章》为纲领，发动了历时22年的宪章运动。宪章派先后组织了1839年、1842年和1848年三次大规模的请愿，每次请愿的人数达到百万以上。这是英国国家制度史上重要的事件。

从1837年开始，英国发生了持续6年之久的自然灾害，加之经济危机的发生，大工业迅速发展对手工工人的排挤以及爱尔兰贫苦移民的流入，失业人口剧增，造成了工人阶级和劳动人民处境无比艰难的"饥饿的四十年代",工人阶级和贫苦农民革命情绪高涨。在宪章运动时期,运动参加者先后组织了新港起义、兰尼卢起义,策划了卢卑克、布雷德福、曼彻斯特等地的暴动。在宪章运动三次高潮发生的年代,英国濒临革命的边缘。

到宪章运动后期,左翼宪章派领袖哈尼曾与恩格斯就工业革命结束后英国是否可能发动一次革命的战略问题展开过一次争论。哈尼在1846年3月30日致恩格斯的信中写道:"我对……英国会迅速发生一次革命是很怀疑的。我想,在法国,在老恶棍路易·菲利普死后发生一场革命变革是确定无疑的。但是,我承认,我在英国并没有看到具有这种变革的可能性。"

英国当时的政治格局不利于工人阶级进行一场革命。英国没有形成一种专制制度,它以虚伪的两党制和议会制调节着资产阶级的统治。资产阶级的两个党派处于变动和争夺之中,辉格党和托利党在几年一次的大选中相互攻击、推诿罪责,以此暂时转移工人阶级的愤怒情绪。代表工业资产阶级的反谷物法同盟的请愿也在和宪章运动争夺群众,它的斗争目标分散了工人群众的注意力。

这个时期,英国的资本主义经济正面临一个突飞猛进的上升和繁荣时期。英国政府用经济发展的成果来巩固资产阶级的统治。资产阶级政府的内部和地方各郡的治安法官派出大量间谍渗透到宪章派组织参加宪章派集会,刺探宪章派暴动计划,故意煽动准备不成熟的暴动,诱捕宪章运动的组织者。内务部还命令邮政局拆阅宪章派活动家来往的信件,从中了解宪章派的"暴力"计划。资产阶级政府的这些措施,给宪章运动的发展带来很大的困难,使宪章派的暴动总是因统治阶级防备和遭到军队打击而失败。资产阶级政府在采取反革命镇压措施的同时,还采取欺骗性甚强的自由主义政策。英国当时实行出版自由，允许宪章派和其他组织自由出版报纸和小册子，允许集会自由。自由主义政策最显著的时期是在辉格党首领拉塞尔担任内务部长和主持内阁的时期。他拒绝了托利党要他镇压群众集会的要求，虚伪地宣布："自由集会是合法正当的，如果人民普遍存在着牢骚的话，他们有权集会并使人们了解他们的意见。这样，政府可以纠正弊政。但如果他们确实没有牢骚，也就不会再发动了。"拉塞尔还发出指示，同情宪章运动的士兵不予处分。资产阶级的自由主义政策无疑延缓了革命的到来。

资产阶级民主政治改革本来是资产阶级和小资产阶级民主派的任务，但英国资产阶级在民主运动中的态度是被动的和暧昧的。波拉尼写道："民主概念和英国中等阶级毫不相干。只是当工人阶级接受了资本主义经济的原则，并且工会将工业的正常运转作为自己主要的关注对象时，中等阶级才会勉强同意将选举权给予那些境遇良好的工人。"[1]

几乎在所有资本主义国家中，近代资本主义民主制的实现，都是在资产阶级民主派尤其是工人阶级运动造成的议会外强大的压力之下才实现的。资产阶级民主制度并不是资本主义国家和资产阶级恩赐的结果。西方资本主义民主制的建立，使得国家政治生活与封建贵族政治有了根本的差别，扩大了政治参与面，具有很大的历史进步性。从另一方面来看，选举权的扩大部分缓和了民主要求引起的社会冲突。它对统治阶级的政治压力减轻了，对资本主义社会的革命威胁解除了。

---

[1] Karl Polanyi, *The Great Transformation*, Boston, 1957, p.172.

第二节　欧美各国的选举权和公民权

选举权意味着发挥政治影响和拥有社会权利，对选举权的关注和斗争始于法国大革命。到了 19 世纪中叶，欧洲各国政府都需要并努力确定一种选举方法。这种对普选权问题的关注，用 1849 年普鲁士内阁部长的话来说，是为了防止像前一年那种"危险的震荡"再次出现。但是他愿意"造成守法的环境，并确保建立一个呼应民众愿望的代议制机构。为达到这个目的，它允许人民的几个阶级实施与他们在国家生活中实际的重要性相匹配的影响"[1]。

法国在 1848 年革命前 30 年的选举法，旨在把政治权力授予那些在现存政治制度中值得信任的集团。1817 年和 1820 年的法律规定，只有缴纳直接税 300 法郎的居民才有选举权。由于直接税是向土地所有者征税，这就使得大批大地主获得了选举权，也使得复辟时期的政府从乡村地主阶级那里获得了政治支持。这与旧制度的权力结构相似。

法国的选举法引起了民众的反对，1831 年选举法案委员会的发言人——下院议员贝朗热说明，自 1817 年以来，在 300 法郎财产资格限制下，选民的数目实际上在减少。于是，法律对选民资格的要求修改为以缴纳执照税和赋税为基础，以取代土地税的旧标准，标准定为 200 法郎。这项措施使得选民人数从 9 万增至 17 万，增加了 1 倍左右。[2] 但赋税制度仍然有利于土地贵族，投资 12000 法郎以上的土

---

[1] Eugene Anderson and Pauline Anderson, *Political Institutions and Social Change in Continental Europe in the Nineteenth Century*, Berkeley and Los Angeles, University of California Press, 1967, p.307.

[2] Eugene Anderson and Pauline Anderson, *Political Institutions and Social Change in Continental Europe in the Nineteenth Century*, Berkeley and Los Angeles, University of California Press, 1967, p.309.

地所有者有秘密投票的资格,但工商业实业家投资要达到36000法郎才有选举权。[1]

德国和奥地利实行选举权的社会基础不同于法国,因为中欧没有经过像法国大革命那样的资产阶级革命。尽管在这两个国家取消了农奴制、行会、财产的职业限制,但贵族的特权仍然在法律上存在。社会等级制和阶级区别的观念成为规定选举权的基础。1873年奥地利的法律证明,它无法避免采取这一标准。普鲁士、其他德意志邦国和奥地利,以社会等级和财产双重标准来构建它的选举法,结果是他们的选举法比法国的选举法要复杂得多。[2] 1849年,普鲁士政府设计的选举法将选民分为三等级,这意味着准备在政治生活中恢复等级制。巴登的政府(1831年)和普鲁士莱茵兰的法律根据赋税负担,把选民分成三个阶级。条令和1849年的法律遵循过去的先例,把传统社会划分为三个等级,每个身份团体或等级选举出自己的代表。普鲁士政府认为,法国实行的选举权过于激进。1856年,普鲁士的一个保守派议员提出,宪法第四条规定的授权在法律面前人人平等和禁止所有种姓的特权的条款是否要取消。当时绝大多数自由主义者在以后几十年间认为,三个阶级体制反映了当时的社会现实。1894年,普鲁士一位批评家还认为,1846年的法律与纳税结构大体上与由富人、中等阶级和穷人构成的社会结构是匹配的,他们并不希望破坏根据等级来投票的代表制度。当时普鲁士法律规定,选举分成两阶段进

---

[1] Eugene Anderson and Pauline Anderson, *Political Institutions and Social Change in Continental Europe in the Nineteenth Century*, Berkeley and Los Angeles, University of California Press, 1967, p.309.

[2] Eugene Anderson and Pauline Anderson, *Political Institutions and Social Change in Continental Europe in the Nineteenth Century*, Berkeley and Los Angeles, University of California Press, 1967, p.314.

行,第一阶段是初级选民投票选出选举人,每 250 名居民选出 1 名选举人;第二阶段由选举人选出各邦国议会的下院议员。从 1849 年到 1893 年,选民数量从 3255703 人增加到 5987538 人。[①]

在奥地利,1873 年的法律规定,下院议员总数为 353 人,给每个省分配议员名额。把选民分为四个界别:大土地所有者,城市和城镇的市民,法官、商人和工业家,乡村团体。全国大地主有 85 席,城市和城镇有 118 席,商业和工业界有 21 席,乡村团体有 118 席。1986 年,政府增加了第五个界别,给成年男子 72 席。[②]

1890 年,各国每千名公民中有资格的选民数,法国为 271 人;苏黎世州为 248 人;希腊为 232 人;德国为 217 人。在 1890 年以后,比利时大约每千人有 210 名选民,英国为 163 人,丹麦为 139 人,意大利为 97 人,挪威为 91 人,奥地利为 72 人。[③]

在奥地利,大土地所有者在 1868 年为每 58 人选举 1 名下院议员,1879 年为每 56 人选举 1 名下院议员,1891 年为每 93 人选举 1 名下院议员。商人和工业家选民在 1868 年为每 23 人选举 1 名下院议员,1879 年为每 25 人选举 1 名下院议员,1891 年为每 27 人选举 1 名下院议员。城市和城镇选民在 1868 年为每 1606 人选举 1 名下院议

[①] Eugene Anderson and Pauline Anderson, *Political Institutions and Social Change in Continental Europe in the Nineteenth Century*, Berkeley and Los Angeles, University of California Press, 1967, p.318.

[②] Eugene Anderson and Pauline Anderson, *Political Institutions and Social Change in Continental Europe in the Nineteenth Century*, Berkeley and Los Angeles, University of California Press, 1967, p.321.

[③] Eugene Anderson and Pauline Anderson, *Political Institutions and Social Change in Continental Europe in the Nineteenth Century*, Berkeley and Los Angeles, University of California Press, 1967, pp.321-322.

员，1879 年为每 1698 人选举 1 名下院议员，1891 年为每 2592 人选举 1 名下院议员。乡村团体选民在 1868 年为每 8108 人选举 1 名下院议员，1879 年为每 8309 人选举 1 名下院议员，1891 年为每 10918 人选举 1 名下院议员。①

美国的普选权也是通过一个复杂的过程实现的。在殖民地时期的北美 13 个州，选举权的财产限制十分明确。比如，在 18 世纪的纽约殖民地，不动产所有者如果在几个县拥有土地，他就能够在每个县投票。每个县的选举都在不同的日子举行，以方便有产者多次投票。纽约立法机构在 1737 年批准拥有土地的非本地居民有在他们土地所在地投票的权利。18 世纪的大部分时间，宾夕法尼亚为贵格派商人寡头所控制，由于有 50 英镑的财产资格限制，在 1775 年，3452 个纳税男子中只有 335 人有资格在费城投票。在独立战争时期，13 个殖民地中的 12 个都有对投票的财产资格限制，余下的殖民地，即宾夕法尼亚有纳税资格限制。这些殖民地中的四个在 1792 年之前改成纳税资格限制，另有四个在 1842 年到 1846 年间发生了变化，两个改成纳税资格限制，还有两个改成简单居住地资格限制。简单居住地资格到 1810 年在三个殖民地得以实施，到 1850 年在七个殖民地得以实施。到美国内战前夕，最早的殖民地中的六个依然有纳税资格限制。②

19 世纪后期，威廉·麦科克尔在小册子里写道，美国革命以前

---

① Eugene Anderson and Pauline Anderson, *Political Institutions and Social Change in Continental Europe in the Nineteenth Century*, Berkeley and Los Angeles, University of California Press, 1967, p.322, Table 4 Number of Voters per Deputy in Austria, 1868-1891(By curial).

② 〔美〕塞缪尔·鲍尔斯、赫伯特·金蒂斯著，韩水法译：《民主和资本主义》，商务印书馆 2003 年版，第 287 页。

美国殖民地的选举制是不民主的,他解释说,"这是英国女王要求的结果"。在殖民地时代,美国仿照殖民宗主国英国,选民是有财产标准的限制的。18世纪美国的政治理论家一般认为,自由持有农应当构成美国政府占主导地位的选民的成分。18世纪初期,英国辉格党和托利党人士在这一点上是一致的,他们都认为,1430年法令制定以来选民的财产资格就存在,选举议员的资格是持有土地的年价值或地租收入在40先令以上的土地所有者。①

在罗德岛,选民必须是每年有40英镑收入或40先令地租收入的土地所有者。在纽约,要求选民年收入有40英镑。在弗吉尼亚,拥有未经改良的土地100英亩,或已改良的土地5英亩的人均有选举权。在北卡罗来纳和佐治亚,简单要求选民有土地50英亩。在南卡罗来纳、马里兰、宾夕法尼亚、特拉华,要求选民有50英亩土地。在马萨诸塞,要求选民是自由持有农。②1717年马里兰的选举法规定,选举"按英格兰选民的模式"来进行。③

在北美独立战争时期,殖民地各政府为了鼓励民众参军参战和争取民众支持,降低了选民资格。如新罕布什尔、宾夕法尼亚和佐治亚规定,21岁以上的成年纳税人可获得选举权。马萨诸塞1780年的宪法规定,选举州议会议员和州长的选民每年收入3英镑,或拥有价值60英镑的任何财产即可。总的趋势是选举权的财产资格在降低,但

---

① Chilton Williamson, *American Suffrage from Property to Democracy, 1760-1860*, Princeton U.P., 1960, p.5.

② Chilton Williamson, *American Suffrage from Property to Democracy, 1760-1860*, Princeton U.P., 1960, pp.12-13.

③ Chilton Williamson, *American Suffrage from Property to Democracy, 1760-1860*, Princeton U.P., 1960, p.40.

当时各州继续保持了对选举权的种族、性别、年龄和居住时间等的限制。大陆会议推动了革命和民主运动，但是大陆会议没有在美国普选权史上起积极作用。相反，它在民主选举权问题上持倒退态度。托马斯·杰弗逊在起草1784年《西北法令》时提议，给所有成年男子选举权，而不考虑他们的纳税额，但委员会拒绝了杰弗逊的提议。1787年通过的《西北条令》写进了50亩地自由持有农有选举权的条文。在纽约，1787年通过了法令，所有自由持有农不论财富多寡在纽约市政官员的选举中有选举权。[①] 但1787年的《美利坚合众国宪法》对于选举权没有做出明确的规定。[②]

1790—1835年，各州被剥夺选举权的人士不断请愿，要求扩大选举权。19世纪上半叶是美国选举权发展的重要时期，各州推行成年白人选举权。例如，1799年肯塔基宪法规定，只有成年白人男子享有选举权。1803年俄亥俄宪法规定，成年白人男子只要交纳一定数额的税就享有选举权。田纳西宪法规定，成年男子拥有一定的土地便享有选举权，或在选区居住6个月以上也有选举权，这实际上实行了成年男子选举权。1812—1821年，西部六个州加入联邦时，规定所有成年男子有选举权。这个时期其他四个加入联邦的州也废除了选举权的财产资格限制，但是那些老的州仍然推行成年白人男子选举权。1801—1856年，马里兰、南卡罗来纳、马萨诸塞、纽约、弗吉尼亚、北卡罗来纳先后废除了选民的财产资格限制。1790年加入联邦的州都没有规定选民的财产占有条件。1830—1855年，有六个州

[①] Chilton Williamson, *American Suffrage from Property to Democracy, 1760-1860*, Princeton U.P., 1960, p.117.

[②] 参见《美利坚合众国宪法》，载法学教材编辑部《外国法制史》编写组主编：《外国法制史资料选编》（下册），北京大学出版社1982年版，第459—477页。

废除了对选民的纳税要求,到1855年,对选民的财产资格限制几乎全部废除。宾夕法尼亚、特拉华、南卡罗来纳、印第安纳、密歇根缩短了选民的居住时间限制,大大地增加了选民的人数。

南北战争时期,美国南部有400万黑人奴隶获得了公民身份和选举权。《1866年民权法》以及联邦宪法第14条修正案正式在法律上赋予黑人公民身份。1869年2月,联邦宪法第15条修正案规定"合众国公民的选举权,不得因种族、肤色或以前是奴隶而被合众国或任何一州加以拒绝或限制"。这条修正案使成年黑人男性在理论上获得了选举权。1876年以后,联邦军队从南部撤出,重新掌握南部各州政权的民主党人剥夺了南部黑人的政治权利。南部的政治民主化遭遇挫折。

经过19世纪后期妇女选举权运动的斗争,1920年8月,联邦宪法第19条修正案通过生效,美国妇女正式获得了选举权。

20世纪50—60年代,美国开展了自由民权运动。1965年,国会通过了《1965年选举权法》,禁止任何政治机构以种族或肤色为理由限制或剥夺合众国任何公民的选举权。此后四年里,南部成年黑人有近五分之四进行了选民登记。1975年,国会又通过了《1965年选举权法修正案》,限制公民选举权的种种法律障碍都被清除了。到20世纪70年代,美国实现了18岁以上公民的普选权。

各国实现普选权年代如下:新西兰是在1893年,是第一个实现所有公民普选权的国家,虽然有某些不平等要求且毛利人无投票权。澳大利亚南澳大利亚州在19世纪50年代基本实现男性普选权;1894年开启女性普选权,首先允许女性作为候选人,但仍然没授予澳洲原住民普选权。这个选举系统设有实施于所有澳大利亚的州。澳大利亚西澳大利亚州是在1962年实现普选权的,它是澳大利亚第二个授予所有公民普选权的州，1902年的新南威尔士州、1903年的塔斯马尼亚州、1905年的昆士兰省和1908年的维多利亚省先后实现了普选权。在澳大利亚，普遍的和平等的白人选举权是由自由党和工党联盟在1903年实施的。非白人被排除在外的情况一直持续到1962年。澳大利亚于1962年第一次授予所有公民在澳洲联邦级别选举中投票的权利，所有澳大利亚原住民也获得普选权。芬兰在1906年首先允许女性作为候选人。1917年芬兰正式独立，授予所有公民普选权。在奥地利，普遍的平等的男子选举权是在1907年实施的。议会制政府和妇女选举权是在1918年哈布斯堡王朝倒台后建立的。比利时工人阶级在1886年、1888年、1891年、1893年、1902年和1903年为获得普选权进行的罢工遭到了镇压，第一次世界大战以后，普选权在原则上得到实施，到1948年才彻底实现。加拿大为征集军队而做的努力导致了保守党政府在1917年和1920年极大地扩大了选举权；1960年，魁北克省制定女性的参政普选权，所有印第安人正式获得普选权。丹麦的大地主和大资产阶级的联盟将普选权限制在议会的下院，一直持续到第一次世界大战。法国1792年确定了普遍男性普选权；1875年共和国宪法通过实行普选权，国民议会由民主选举选出。1944年，戴高乐政府在阿尔及利亚宣布女性拥有投票权。第五共和国成立后，法国于1965年首次举行直接的总统选举，完全实行普选。德国作为1848—1849年革命结果的普选权很快在亲资产阶级的王室复辟中被废止。软弱的议会制政权随着德意志帝国的军事失败而出现，但在法西斯统治时期被吞没了。自由民主政府是在第二次世界大战之后由盟军恢复的。意大利男子普选权是在第一次世界大战前由乔里蒂政府实现的，以保证人民支持他对利比亚的战争。民主政府在被墨索里尼摧毁之前，一直是软弱的、短命的，并且只限于男子选举权。意大利的民主政治在第二次世界大战之后才重建起来，在1945年实现普选权。荷兰在20世纪以前，一直保持一种狭隘的以财产为基础的公民权。男子普选权在1917年实施，作为工人阶级支持民族统一新联盟的报偿；妇女选举权在1919年实现。挪威的男子普选权于1898年在劳工运动宣传鼓动下实现，15年后妇女取得了选举权。瑞典在1918年工人阶级骚动的压力下实施了普选权，1921年授予所有公民普选权。瑞士的男子普选权始于1874年，妇女普选权在97年后才得以实现。[①] 爱沙尼亚、爱尔兰、捷克斯洛伐克均在1918年实现了普选权。德国在1919年、立陶宛在1922年、罗马尼亚在1923年实现普选权。英国在1928年实行30岁以上的女性享有平等的投票权，其后年龄逐步降低；1969年，18岁以上的国民享有平等的投票权。北爱尔兰在1968年获得普选权。斯里兰卡在1931年实现普选权，但在1949年，剥夺了泰米尔人的普选权。西班牙在1931年使23岁以上男性获得普选权，1933年使23岁或以上所有公民获得普选权。但在佛朗哥独裁统治时代（1936—1977年）普选权被取消，1977年恢复举行国会选举。土耳其在1934年、日本在1926年，使成年男性获得普选权，1947年5月3日，日本宪法规定女性拥有投票权，20岁以上的国民享有平等的投票权。以色列在1948年实行普选权，基本法保障两性的平等选举权。比利时在1948年、印度在1950年实行普选权。阿根廷在1951年实行普选权，1983年军政府统治结束后恢复民主政治。希腊在1864年使男性获得普选权，在1930年允许女性在地方选举投票，在1952年实行普选权。瑞士在1971年

---

① 〔美〕塞缪尔·鲍尔斯、赫伯特·金蒂斯著，韩水法译：《民主和资本主义》，商务印书馆2003年版，第285—286页，注32。

实行联邦一级普选，女性有普选权，但直到1990年女性才获得州一级选举的普选权。葡萄牙在1976年、列支敦士登在1984年实现普选权。

1815年以后，德国出版物的情况震惊了梅特涅。在德国的某些邦，特别是萨克森-魏玛，允许自由出版在梅特涅看来威胁性极大。梅特涅有效地控制了奥地利的出版物。梅特涅和他的顾问官弗里德里希·根兹不仅对于杂志，而且对于所有学术性的和通俗的出版物实行检查制度。德国政府严格实施卡尔斯巴德敕令以对付出版物、集会和大学。德国官方企图用这些措施把进步的时代潮流向后拉。这个时期，欧洲所有的国家都出现了类似的情况，更加严酷地限制敌对思想和出版物。

法国的法律在很大程度上限制了巴黎的报纸发行。直到第三共和国时期，法国地方报纸的发行份数仍然很少，报纸的质量很差，产生的影响不大。1814年，有714000人口的巴黎只有7份日报，每份日报的发行量只有几千份，这些报纸的售价超过了一般市民能承受的价格。1852年，路易·波拿巴允许14份日报和几份政治期刊继续发行，日报的发行数量从几千份到五万份。1865年，法国外省有260种政治报刊，它们绝大多数被政府收买，其中有许多质量很差。巴黎的报纸成功地免受书报检查。

其他国家报纸的状况相对来说更差。德国在国王弗里德里希·威廉二世在位时期，马尔克县只支持两种出版物，当地没有一个公共图书馆或一家报社。迟至1850年代，普鲁士政府不允许任何自由主义的和政府的出版物出版。在1832—1836年，匈牙利科苏斯发行的单张的用手写的报纸报道了国会的程序，在此之前匈牙利没有报纸。乔治·博罗在他于1830年出版的《西班牙的圣经》一书中说到，当时西班牙缺少有阅读能力的公众。在1891年俄国大饥荒时期，契诃夫描写到，这个国家的报纸都缺乏资金和胜任的编辑出版人员。到1890年，俄国的报纸才达到了1830年代的巴黎、1848年的德国和奥地利的报纸水平。①

在社会结构的转变中，出版、集会和结社自由有利于资产阶级改革。法律的法典化和法治、取消在纳税问题上的特权、所有公民承担支持政府的财政责任、在法律面前人人平等、个人自由和普遍的兵役制比公民权有更大的社会意义。在某些国家，特别是在普鲁士、奥地利，某些基本的改革先于出版、集会和结社自由。但是梅特涅错误地将争取民权的运动与基本的社会改革运动区别开来，并且设想他可以批准社会改革而限制民权。尽管卡尔斯巴德敕令以及1820年和1834年的维也纳决定反对民权，但是推动改革的结构改革措施还是出现了。②

在绝大多数欧洲国家，到了1875—1880年，资产阶级社会对旧制度的反抗以法律的形式完成了。奥地利在1862年和1868年的法律中写下了出版自由权利；德国以1874年帝国法律取代了所有邦国的法律；在法国，1881年出版法表明上层资产阶级的权力崩溃；意大利在同一时期、西班牙在1883年通过了简单的出版法。当时政府的立法认为报纸的目标是确保政府和上层阶级的出版自由，同时防止民族国家的反对者和工人利用报纸去打击不正当的社会目标。总之，在

---

① Eugene Anderson and Pauline Anderson, *Political Institutions and Social Change in Continental Europe in the Nineteenth Century*, Berkeley and Los Angeles, University of California Press, 1967, p.251.

② Eugene Anderson and Pauline Anderson, *Political Institutions and Social Change in Continental Europe in the Nineteenth Century*, Berkeley and Los Angeles, University of California Press, 1967, p.251.

19世纪，资产阶级自由民主观念和公民权在欧洲取得了胜利。[①]

第三节 资本主义民主制的不足

在当代资本主义发展过程中，义务教育的扩大、强迫退休、大规模地建设常备军，以及妇女参加经济活动的壁垒，都对无产阶级人口的增长产生了影响。结果是，从1890年到1980年，无产阶级在选民中始终只占少数。在20世纪初年，比利时建立了大批企业，使得工人占选民的比重在1912年达到50.1%，实现了难得的多数，这在欧洲国家中是第一次。从那以后，这一比例不断下降，到1971年降到9.1%。在丹麦，工人占选民人数的比例从来没有超过20%。在芬兰，这一比例从未超过24%。在法国，这一比例从1893年的39.4%下降到1968年的24.8%。德国工人占选民人数的比例有所增加，从1871年的25.5%增加到1903年的36.9%，此后也一直保持在1/3左右。在挪威，1894年工人占选民人数的33%，到1900年达到34.1%的高峰。在瑞典，工人占选民人数的比例从1908年的28.9%，增加到1952年的40.4%，然后，这一比例到1964年下降到38.5%。

在战后，任何国家的社会民主政党从来没有获得五分之四选民的选票。只是在少数情况下，他们获得过实际投票人数一半的支持。他们甚至不能获得全部工人的选票。在几个国家里，多达三分之一的体力劳动者把选票投给了资产阶级政党。在比利时，有多达二分之一的工人没有把选票投给社会主义者。在英国1979年的选举中，工党失

---

① Eugene Anderson and Pauline Anderson, *Political Institutions and Social Change in Continental Europe in the Nineteenth Century*, Berkeley and Los Angeles, University of California Press, 1967, pp. 269-270.

去了工人阶级 49% 的选票。

社会民主党人在选举中处于两难状态。普热沃尔斯基教授指出了社会民主党在大选中策略上遇到的困难。为了引得选民的支持，在选举竞争中获胜，社会民主党必须代表不同的集团，建立超阶级的联盟。这个联盟必须以工人阶级和其他集团的直接利益的趋同为基础。为此，当社会民主党动员对象时，他们必须承诺，不是要为一个工人阶级的特殊的目标而斗争，而是要为工人作为个人与其他阶级的成员共享的那些目标而斗争。也就是说，社会民主政党在求助于大众时，不再是仅仅代表工人阶级的利益了。那么，这种对于阶级冲突的淡化反过来会影响工人。因为社会民主政党不再表现出与其他政党有什么本质的区别，他们也不再强调阶级忠诚，这种阶级淡化反过来会影响工人对社会民主党的态度。对工人来说，社会民主党失去了特有的阶级吸引力。

为了在选举中获得实际的效果，社会民主党人不得不与在社会主义旗帜下加入工人队伍的那些人结成盟友。这实实在在地侵蚀了工人的意识形态。

在"二战"后期，发达资本主义国家开始尝试二元政治的理念。而资本主义国家有两张脸，一张是民主的、民众的、关心民主合法性、争取大众对政治秩序的支持的面孔，另一张是野心勃勃的自由主义的面孔，负责资本的积累，并保护执行积累的机构。[1]

在西方制度运行中，为确保这个制度的本质方面不受影响，他们不遗余力。其中重要一点就是要消除公众对政策的干预。当局采取的

---

[1] 〔美〕艾伦·沃尔夫著，沈汉等译：《合法性的限度》，商务印书馆 2005 年版，第 287 页。

措施是通过政治组织、工会、独立于公司寡头干预的媒体或其他流行架构向民众灌输信息,让他们明晰发展思路。教化灌输系统在运行中使领导人具有尊严和权威的形象,以此束缚公众,至少在他们面前构建必要的幻象。例如,在里根上台伊始,媒体就已在兜售里根备受爱戴的故事,但这些内容纯属虚构。此外,当局完全禁止对权力和特权的质疑。①

当代资本主义国家的居民通过日常生活已经感觉到,这样一个自诩为自由、民主的制度已经是千疮百孔、问题成堆、积重难返。他们对资本主义国家制度产生了极大的失望和不信任。法国的《世界报》在1970年曾进行了一次民意调查,调查的结果表明,47%的民众认为他们的国家是一个保护富人的国家,相反只有8%的民众认为这是一个保护穷人的国家。有24%的民众认为国家倾向于右翼势力。占人口大多数的73%的民众认为他们对国家的现状无能为力,而只有23%的民众认为他们能够影响国家。② 1964—1970年美国的民意调查也得出类似的结论。美国民众对政府的信任率很低,1964年为22%,1968年为37%。认为政府只是代表大的经济利益集团的群众的比例在逐步上升。密执安大学的阿瑟·密勒经研究得出的研究结论是:"今天美国的形势是基本的政治不满和疏远感在广泛传播。"③ 迈克尔·克罗泽则评论说:"现代国家需要解决的问题太多,它变得毫无希望。"亨廷顿比克罗泽的悲观主义的论调走得更远。他说,随着

---

① 〔美〕诺姆·乔姆斯基著,汤大华译:《遏制民主》,商务印书馆2013年版,第104页。

② Alan Wolfe, *The Limits of Legitimacy: Political Contradiction of Contemporary Capitalism*, Free Press, 1977, pp.323-324.

③ Alan Wolfe, *The Limits of Legitimacy: Political Contradiction of Contemporary Capitalism*, Free Press, 1977, p.324.

人民日益具有政治性，他们的失望愈益不可避免。因为只要人民不被驯服，民主社会就无法有效地工作，其结果使人民越来越对政府失去信心。[1]

1995年和1996年汉斯-迪特尔·克林斯曼记录了在包括18个民主国家在内的许多国家进行调查时人们对下列问题的回答。问题是："总的说来，对于您的国家民主制度的运作情况，你感到非常满意、比较满意，还是一点都不满意？"对本国民主制度满意程度最高的当属丹麦人和挪威人，83%的丹麦人和82%的挪威人说他们"非常满意"或者"比较满意"。意大利和希腊两国公众的满意程度最低，只有19%的意大利人和28%的希腊人对本国的民主制表示满意。

在2005—2007年开展的"世界价值观调查"中，调查人员对许多国家提出了类似的问题："您所在的国家的民主程度如何？"根据对结果的综合，挪威群众的满意程度最高，达到了74.1%。意大利的满意度最低，仅为24.5%。还有几个国家比意大利好不了多少。这些国家包括：韩国（29.5%），荷兰（30.1%），特立尼达和多巴哥（31.2%），英国（33.3%），美国（35.5%）。[2]

选民投票率成为考察民主质量的最好的指标。因为选民投票率显示了公民对获得代表权的实际关切程度，投票率是反映政治平等的一个间接指标。[3]在纳入研究范围的36个国家中，国与国之间平均选民

---

[1] Alan Wolfe, *The Limits of Legitimacy: Political Contradiction of Contemporary Capitalism*, Free Press, 1977, p.326.

[2] 〔美〕阿伦·利普哈特著，陈崎译：《民主的模式：36个国家的政府形式和政府绩效》，上海人民出版社2017年版，第238页。

[3] 〔美〕阿伦·利普哈特著，陈崎译：《民主的模式：36个国家的政府形式和政府绩效》，上海人民出版社2017年版，第236页。

投票率差别很大，最低的只有 38.3%，最高的可达 95%。选民投票率最高的国家有马耳他（95%）、乌拉圭（94.5%）和卢森堡（88.5%）。选民投票率最低的国家包括瑞士（38.3%）、博茨瓦纳（46.5%）、牙买加（50.6%）和美国（51.3%）。[①]

第四节 民主成为资本主义国家合法化统治的手段

登记和参加投票，就是表示你参与这个制度并支持这个制度。通过给予工人阶级和其他劳动大众以普选权，就能把作为资本主义国家体制的反对派和革命阶级，转变成为资本主义国家政治的参加者和支持者，这样就不知不觉剥夺了他们的革命性；同时，使得资本主义国家统治获得了某种合法性，不再受到革命阶级的威胁，使它获得了安全。这是资本主义民主制的真正奥秘。言论、出版、集会和结社自由，同样也是使资本主义国家统治合法化的重要手段。1848 年 12 月，在法兰西第二共和国总统选举前夕，路易·波拿巴在声称要捍卫秩序和所有制的时候，把新闻自由作为他竞选的纲领之一。对民主的许诺是波拿巴当选的一个重要的原因。

多姆霍夫对美国政治分析说，"选举意味着公民有可能通过支持与他们的政策取向一致的选举人来塑造公共政策。""在历史上，选举的首要功能是为相互对立的权力集团而不是普通人，提供一个和平解决冲突的机制。直到选举制度被完善地建立起来以后，它才开始被看作将更多的人口吸纳进政府的途径。""选举在欧洲各国被采纳，

[①] 〔美〕阿伦·利普哈特著，陈崎译：《民主的模式：36 个国家的政府形式和政府绩效》，上海人民出版社 2017 年版，第 237 页。

是要等到相互敌对的权力集团已经通过某些解决方案在主要的分歧上达成了妥协之后的事情"。[1]

在稳定的权力分享协定这一背景下，选举权逐渐拥有了第二个功能——选举普通公民来帮助决定相互对立的权力集团中哪一个将会在政府中扮演主导角色。在美国，一些联盟旨在围绕一系列广泛的诉求来竞争公职，在那些诉求中，有的是以重要议题为基础的，有的则不是。选民通常可以剔除那些在他们看来是极端分子的候选人。

"第三，由于参加了选举联盟，许多国家的公民因此能够对经济和社会议题发挥影响。这在那些欧洲国家里表现得最为明显：社会民主党人成为多数派，创造了比美国大得多的社会保险体系来支持失业者、残疾人、卫生事业和老年人。最后，当极端的国内问题导致社会分裂时，选举是引入新政策的一种途径。在19世纪末和20世纪早期，这一角色经常由突然登上舞台的第三方政党来扮演，比如19世纪40年代到50年代，正是新政党首先赞成放弃奴隶制。到了20世纪20年代，两大政党的预选成了支持新理念的主要选举舞台。"

"美国选举制不可动摇的两党制逻辑导致了美国政治的另一个独一无二的特征：通过各州政府规制的预选来决定该党的候选人。""随着预选的频次增加，它逐渐被接受为整个选举制度中的一部分。从这个时候起，即当各州管制的预选与长期实行的政府来控制政党登记结合在一起之后，两个政党就已转变为各州正式的职位填补介绍所。"[2]

预选制度的发展也给美国选民提供了一种机会，让他们来决定

---

[1] 〔美〕威廉·多姆霍夫著，沈泽芬、郑须弥译：《当今谁统治美国？——八十年代的看法》，中国对外翻译公司1985年版，第288页。

[2] 〔美〕威廉·多姆霍夫著，沈泽芬、郑须弥译：《当今谁统治美国？——八十年代的看法》，中国对外翻译公司1985年版，第29、299页。

哪些相互竞争的团体和阶级中的哪些人能够有机会在大选中竞争。预选迫使选举人关注普通百姓并与他们交往。在这一过程中，即使是在位者也清楚知道，如果不对老百姓予以关注，他们也会被唾弃。这种来自公众的与个人的被迫互动，限制了金钱、广告和知名度对选举的影响。[1]

和19世纪政治史表现出来的情况一样，在20世纪美国选举中，竞选资金至关重要。

"富有的捐款者和募捐者的角色在决定哪个候选人能够进入预选且有好的表现上面显得尤其关键，因为知名度和形象在这个时候要比在一般的选举中更加重要。"关键之处在于，除了必要的政治经验和技巧，你至少要拥有很大一笔经费——现在参议院的价码是至少100万美元才有可能成为候选人。[2]当政党的差异变得含糊不清时，候选人的性格特征、个人形象以及他对象征性的社会议题的立场在选举体制中就变得重要起来。[3]

到了20世纪，西方资本主义国家中资产阶级的统治权已经稳固地确立。资本主义国家通过内在的一整套机制运行可以确保资本主义政治制度不受劳工阶级的挑战和威胁。到了资本主义经济和政治统治关系固化以后，资本主义民主制和民主运动就不再具有革命性。资本主义民主和选举制成为调节和维护资产阶级政治统治的工具。

---

[1] 〔美〕威廉·多姆霍夫著，沈泽芬、郑须弥译：《当今谁统治美国？——八十年代的看法》，中国对外翻译公司1985年版，第289页。
[2] 〔美〕威廉·多姆霍夫著，沈泽芬、郑须弥译：《当今谁统治美国？——八十年代的看法》，中国对外翻译公司1985年版，第307页。
[3] 〔美〕威廉·多姆霍夫著，沈泽芬、郑须弥译：《当今谁统治美国？——八十年代的看法》，中国对外翻译公司1985年版，第306页。

英国马克思主义政治学家拉尔夫·密里本德对资本主义民主制评论说:"如果民主制被解释为民众参与决策和控制国事的处理办法,英国的政体就远非民主。""这一政体始终尽可能致力于遏制而绝非助长民众行使决策权和处理国事的权力。民主的要求和政治的现实并不真正相适应。""资本主义制度和所有其他统治制度一样,历来需要遏制来自下层的压力;可以说,工业革命以来,英国历史的最显著的特点就是如何成功地多方实现这一遏制。"[①]

密里本德仔细地分析了资本主义国家的民主制对资本主义国家的双重作用。一方面,资本主义民主能使资本主义国家承受危机、减轻压力。他认为:"各资本主义民主国家的政府也经常收到各种各样的无数压力;其政治体制通常可以比较容易地承受那些压力,不致引起政权的危机。资本主义民主制最显著的特点之一,正在于它有一定的恢复力及其政治体制承受危机、冲突和混乱的巨大能力。自1945年以来,这类政府极少遇到过压力过大至足以爆发一场政治危机的情况。"[②]

另一方面,密里本德强调了来自下层的民主压力的重要作用。"来自下层的压力的主要动力将仍旧是工人阶级。只有有组织的工人才能激起一场足以动摇一个政府或者政权的重大危机。"这种压力"会使政府的措施发生一些变化"。[③] 在英国,具有某种民主色彩的左

[①] 〔英〕拉尔夫·密利本德著,博铨等译:《英国资本主义民主制》,商务印书馆1988年版,第2、3页。

[②] 〔英〕拉尔夫·密利本德著,博铨等译:《英国资本主义民主制》,商务印书馆1988年版,第173页。

[③] 〔英〕拉尔夫·密利本德著,博铨等译:《英国资本主义民主制》,商务印书馆1988年版,第175页。

翼政党工党的执政，可以起到遏制保守党向右转的倾向，防范保守党转向法西斯主义的政治作用。

拉尔夫·密里本德肯定了西方的民主制的进步性。他指出，西方形式的民主制，"它的基础是公民权利和政治权利、政治竞争、定期选举、议会会议、官吏承担报告自己工作的义务、法官不受行政机关指令的约束、法官以及公民能够诉诸法律手段来对抗国家的专横行为等等。在具有深厚的法制传统和牢固的、独立的公民机构的社会里，这种政权毫无疑问会使人们能够发表意见、提出申述和要求，并且会产生一种舆论，而通过普选产生的政府在一定程度上对此是不得不加以考虑的"[①]。

拉尔夫·密里本德在另一方面批评西方资本主义国家在实现社会平等上的不足。他写道："民主制的一个前提是生活情况大致平等，这才可以使任何社会集团都不能在做出决策时从根本上拥有持久的权力优势和影响优势。但是，资本主义民主制政权的主要情况恰恰不是这样，在这种制度下，公民在收入、财富、权力、影响等方面的不平等的程度在各国是不相同的，但在任何一国都不是可以简单地加以忽视的。在美国、英国和法国这些不断歌颂自己的民主宪政的国家里，这种不平等特别明显。"[②]

拉尔夫·密里本德很好地用合法化手段来解释资本主义民主制。他写道："资本主义民主制的顺利运行，要求工人阶级承认现有社会秩序的普遍正确和合法性；要求它相信，它可能有的任何不满或要求

[①] 〔英〕米利班德：《共产党政权将由什么来接替？》，载戈尔巴乔夫、勃兰特等著：《未来的社会主义》，中央编译出版社1994年版，第290页。
[②] 〔英〕米利班德：《共产党政权将由什么来接替？》，载戈尔巴乔夫、勃兰特等著：《未来的社会主义》，中央编译出版社1994年版，第290—291页。

都可以在这范围内通过政治体制的传统步骤得到补救；要求它相信，对现有格局的任何彻底变革定将严重损害它的最大利益。"[1]密里本德揭示了资本主义国家通过民主制的建立和运行，使工人阶级承认资本主义国家的合法性，并把自己从一个资本主义国家体制的敌对阶级，转变成为资本主义国家的支持者。这就是资本主义民主的秘密。

拉尔夫·密里本德批评资本主义国家民主制的不足。他写道："在描绘西方类型的政权时通常使用的民主这一概念，受到浓厚的意识形态影响，留下许多问题没有得到解决。运用这一概念的政治家和评论家回避了一个情况，即西方色彩的民主制是在资本主义社会制度范围内运作的，由此就产生出它的重大的甚至是会影响活动能力的局限性。

"作为国家行使职能的资本主义关系是：对巨大财力的控制处于相对来说占少数的人的手里，他们因此拥有强大的权力，他们唯一的目标几乎是使自己的企业获得最大限度的利润。自由经营的辩护人往往声称，很大范围的中小企业都可以自由经营，他们彼此处于激烈的竞争之中。实际上今天的资本主义当然是受大康采恩的支配的，谁控制了这些康采恩，就可以做出决定，这些决策不仅对于企业本身，而且也对它们所在的城市、它们所处的地区以及它们所在的国家，而且往往对远远处于它们国家之外的一些人和其他的国民经济具有极其重要的意义。这些决策的一个决定性特征是，它们所涉及的人几乎或者根本对此不能产生任何影响。西方色彩的民主制通常不超出理事会一

---

[1] 〔英〕拉尔夫·密利本德著，博铨等译：《英国资本主义民主制》，商务印书馆1988年版，第65页。

级的范围，它对企业的经济关系几乎不起作用。"[1]

资本主义国家中的左翼思想家也揭露了资本主义国家遏制民主的种种措施。乔姆斯基指出："美国对外政策的一贯主题就是推翻和颠覆代议制政权，借助暴力摧毁群众组织，这在客观上阻止了大众参与政权的机会。"[2] 如果一些国家满足了美国的需要，美国对这些国家的民主采取何种形式还是比较宽容的，但是如果其他国家违背了美国的意旨，美国就常常采用颠覆、恐怖或军事进攻的行动。例如，1975年中央情报局卷入了一场推翻澳大利亚惠特拉姆工党政府的政变。1960年和1970年，中央情报局资助地下组织的首领利斯奥·哥利的恐怖主义行为。1976年，中央情报局还对意大利政府进行了大规模的干涉。

第五节　资本主义民主制是否能走向社会主义制度

研究西方民主制的前景时，有一个在社会理论界和各种社会主义者中长期讨论的问题，这就是从资本主义民主制和平过渡到社会主义制度的可能性。

这个问题其实是恩格斯提出来的。恩格斯在晚年时，曾对普选权和议会道路寄予希望。1895年3月6日，恩格斯在卡尔·马克思的《1848年至1850年的法兰西阶级斗争》一书的导言中写道，在1848年的革命中，我们丝毫不怀疑"伟大的决战已经开始"，这个决战的

---

[1] 〔英〕米利班德：《共产党政权将由什么来接替？》，载戈尔巴乔夫、勃兰特等著：《未来的社会主义》，中央编译出版社1994年版，第291页。
[2] 〔美〕诺姆·乔姆斯基著，汤大华译：《遏制民主》，商务印书馆2013年版，第412页。

结局"只能是无产阶级的最终胜利"。"但是,历史表明我们也曾经错了,我们当时所持的观点只是一个幻想。历史做的还要更多:它不仅消除了我们当时的迷误,并且还完全改变了无产阶级进行斗争的条件。1848年的斗争方法,今天在一切方面都已经陈旧了,这一点是值得在这里较仔细地加以研究的。""那么这就彻底证明了,在1848年要以一次简单的突然袭击来达到社会改造,是多么不可能的事情。"

"历史表明,我们以及所有和我们有同样想法的人,都是不对的。历史清楚地表明,当时欧洲大陆经济发展的状况远没有成熟到可以产出资本主义生产方式的程度;历史用经济革命证明了这一点,这个经济革命自1848年起席卷了整个欧洲大陆。""而由于这样有效地利用普选权,无产阶级的一种新的斗争方式就开始被采用,并且获得进一步的发展,旧时的起义,在1848年以前到处都起决定性作用的筑垒的巷战,现在大都陈旧了。"

他又写道:"资产阶级政党和政府害怕工人政党的合法活动更甚于害怕它的不合法活动,害怕选举成就更甚于害怕起义成就。""我们采用合法手段却比采用不合法手段或采用变革办法要获得多得多的成就。"恩格斯把争取普选作为一种新的斗争策略提了出来。他写道:"他们给予了世界各国同志们一件新的武器——最锐利的武器中的一件武器,他们向这些同志们表明了应该怎样利用普选权。"

1893年6月底,恩格斯在与英国《每日纪事报》记者谈话时,记者问道:"您希望很快看到您那么希望看见的执政的社会党政府吗?"恩格斯回答说:"为什么不呢?如果我们的党今后也以正常的速度发展,我们在1900年到1910年之间将拥有多数。"他对社会党和社会民主党走社会民主主义道路实现建立社会主义国家的理想持颇为乐观的态度。

在恩格斯提出上述思想的前后，德国社会民主党的领导人伯恩施坦提出了从资本主义社会和平过渡到社会主义制度的理论。面对着 19 世纪末、20 世纪初资本主义国家的社会政策和国有化运动，伯恩施坦提出："社会化是表达社会民主党所努力争取的公有化的概括性的专门名词，公有化将结束资本主义经济的灾难和不平。""国有化或地方国有化是公有化的标准形态。当然，它们本身不是目的；它们也不过是达到以争取最大可能的普遍幸福为最高任务的那一目的的手段。达到这一目的的保证是，在经济领域中，在生产、贸易和交通中能带来最大可能的经济效率。""公有化的主要问题是我们把生产和国民经济的其他部门置于整体的管理监督之下。"[①] 伯恩施坦又说："一个好的工厂法可以比几百个企业和工厂的国有化包含更多的社会主义。因为在这里整体的利益在广泛得多的规模上得到了照顾。"他把一些细微的工业民主政策的实施解释为社会主义。

对于走向社会主义的道路，伯恩施坦持渐进论。他在 1899 年写道："社会主义的到来或将要到来，不是一场巨大的政治决战的结果，而是工人阶级在其活动的各个方面所取得的一整批经济和政治胜利的结果。不是工人所受的压迫、贫困和屈辱大大增加的结果，而是他们日益增长的社会影响和他们所争得的政治、经济、一般社会和道德的相对改进的结果。我认为社会主义社会不是从混乱中产生的，而是由工人在自由经济领域中的有组织的创造同战斗的民主制在国家和地方自治机构中的创造和成就相结合而产生的。透过反动势力的一切抽搐和一切挣扎，我看到阶级斗争本身采取愈来愈文明的形式，我正在把

[①] 〔德〕伯恩施坦著：《什么是社会主义？》，载殷叙彝编：《伯恩施坦文选》，人民出版社 2008 年版，第 467 页。

阶级斗争即工人阶级的政治和经济斗争的这种文明化看成是实现社会主义的最好保证。"① 他解释说:"社会主义是一个巨大的文化运动","这一运动集中表现为一个巨大的政党,在工人中间扩大社会启蒙工作,启发对国民经济的需要的理解,启发对那些为了继续推动社会沿着社会进步的轨道前进所必须采取的措施的性质的理解,它正是通过这些而为整体谋福利的。"② 换言之,伯恩施坦认为,社会主义可以通过文化启蒙的、渐进的、和平的改革来实现,而不需要通过血与火的革命来实现。

但是,20世纪最初20年的德国社会民主党和1919年德国革命的历史证明,资产阶级和社会民主党的右翼在国家政权问题上对工人阶级是寸步不让的。通过社会民主主义的议会道路实现社会主义制度这一美好的设想根本无法实现。

19世纪末到20世纪初,在帝国主义战争危机和社会动荡中,德国社会民主党的力量激增。德国社会民主党是各国社会主义政党中最强大的一支。德国工会中央联合会的会员人数由1890年的20万出头,增加到1902年的73.3万。③ 1909—1910年,德国社会民主党已有77万党员,74家报纸,年经费为110万马克。④ 1914年,德国社会民主党有党员108万人,它领导下的工会有会员248万人,它的工

---

① 〔德〕伯恩施坦著:《什么是社会主义?》,载殷叙彝编:《伯恩施坦文选》,人民出版社2008年版,第472页。
② 〔德〕伯恩施坦著:《什么是社会主义?》,载殷叙彝编:《伯恩施坦文选》,人民出版社2008年版,第473页。
③ 〔德〕梅林著,青载繁译:《德国社会民主党史》第四卷,生活·读书·新知三联书店1966年版,第341页。
④ W. L. Guttsman, *The German Social Democratic Party, 1875-1933*, London, George Allen & Unwin, 1981, p.131, Table 4.1 Strength of major socialist parties, c.1909/10.

会会员中有43.7%是党员。1930年,德国社会民主党有党员102万人,它领导下的工会会员有482.2万人,它的工会会员中有23.2%是党员。同年,德国社会民主党拥有的选民占选民总人数的11.9%。[1]

国际社会主义者没能阻止世界大战在1914年爆发。大战爆发后,德国社会民主党没有举行任何反战的罢工。在德国和法国的议会中,社会主义者议员投票支持政府的战争拨款,每个人都相信他们在不同的战场正进行一场防卫的战争。1914年,德国社会民主党的决策使得党内出现了沮丧的情绪,并出现了敌对情绪和分裂。1914年8月,罗莎·卢森堡把德国社会民主党称为"臭名昭著的集团"。1919年年初,罗莎·卢森堡和卡尔·李卜克内西内被社会民主党右翼杀害。在魏玛共和国时期,德国工人阶级分裂为两个日渐敌对的集团,德国社会主义者中共产主义一翼与德国社会民主党一翼的力量相等。在魏玛共和国的最初三年,一度建立了一个排斥资产阶级政党的左翼政府,但最终魏玛共和国的政权落到联合的资产阶级政党手中。

迄今为止,西方历史上还没有一个与资本主义不妥协的社会主义政党通过资本主义民主和议会道路取得过政权。

资产阶级民主政治改革本来是资产阶级和小资产阶级民主派的任务,但英国资产阶级在民主运动中的态度是被动的和暧昧的。波拉尼对英国中产阶级的政治态度评论道:"民主概念和英国中产阶级毫不相干。只是当工人阶级接受了资本主义经济的原则,并且工会将工业的正常运转作为自己主要关注对象时,中等阶级才会勉强同意将选举

---

[1] W. L. Guttsman, *The German Social Democratic Party, 1875-1933*, London, George Allen & Unwin, 1981, p.153, Table 4.3 SPD and trade union membership and their ratios, 1905-1932.

权给予那些境遇良好的工人。"[1]

19世纪的自由主义者接受了洛克式的三种对公民权的限制。第一种是有纳税限制的选举制度；第二种是以拥有财富或缴纳赋税为选举权的基础；第三种是有文化程度限制的选举制度。[2] 在整个欧洲扩大选举权的进步是缓慢的。在整个19世纪的英格兰，财产对选举权的限制程度常常是被低估了的。在18世纪和19世纪之交的英格兰和威尔士，大约成年男性人口的百分之三能够投票。在1832年选举法通过之前，这个比例已经下降到百分之二左右。1832年，大约百分之四的成年人拥有选举权。在1867年改革之后，这个数字只上升到百分之八左右。1884年，改革法案只是在名义上建立了政治民主，到了1911年，英国全部成年人口中不到百分之三十的人能够参加选举。[3] 塞缪尔·鲍尔斯和赫伯特·金蒂斯指出："自由资本主义消除了奴役和奴隶制的束缚，它结束了专制主义国家无度的权利要求；但它未能开创自由。它就自由所依赖的物质安全和自由权利所做的诺言并非全是空言，但是两者都未能得到履行。"[4]

---

[1] Karl Polanyi, *The Great Transformation*, Boston, 1957, p.172.
[2] 〔美〕塞缪尔·鲍尔斯、赫伯特·金蒂斯著，韩水法译：《民主和资本主义》，商务印书馆2003年版，第54—55页。
[3] 〔美〕塞缪尔·鲍尔斯、赫伯特·金蒂斯著，韩水法译：《民主和资本主义》，商务印书馆2003年版，第6页。
[4] 〔美〕塞缪尔·鲍尔斯、赫伯特·金蒂斯著，韩水法译：《民主和资本主义》，商务印书馆2003年版，第227页。

第十五章　资本主义国家的福利政策

一个统治阶级要维持其统治，通过社会调节和控制来缓解社会矛盾和社会不满，比意识形态控制更重要。尽管资本主义国家成熟的社会调节职能到了20世纪后期的福利国家阶段才完成，但这种工作在近代时期的济贫等措施中便已出现。

英国国家的社会政策在近代时期便已出现。在欧文主义者、工会运动和其他人士的压力下，英国在19世纪中叶先后制定了监督工厂制度的一系列《工厂法》。1833年的《工厂法》规定，13岁以下的儿童每天工作时间不得超过9小时，除丝厂外，禁止雇佣9岁以下的儿童，并规定设工厂巡回视察员4人，以监督《工厂法》的实行。在行使这些职责时，巡回视察员有权制定实施该法令所需要的细则。1844年的《工厂法》规定，8到13岁的儿童每周可以工作6天半，女工每天工作时间不超过12小时，并规定工厂巡回视察员可以进入任何使用童工的工厂和学校等地，调查被雇佣的童工及其受教育的情况。1847年的《工厂法》对女工和童工实行10小时工作制，他们只能在上午5时半到下午8时半的期间工作，不得上夜班。1850年和1853年的《工厂法》规定纺织业工厂一天只能开工12小时，女工和童工每周最多工作58至60小时，周末工作时间为10.5小时，星期日为7.5小时。1874—1875年纺织业工厂的工作时限从60小时下降到 57 小时。1891 年，把在工厂和车间工作的童工最低年龄提高到 12 岁。1895 年的《工厂法》则规定童工每周工作不多于 30 小时，女工和青年工人每周工作时间不得多于 60 小时，14 岁以下的童工禁止上夜班。

由于工业革命中及工业革命后新工业城兴起，大量外来劳动者涌入新的工业中心，使得那里工人住房拥挤，卫生条件极差，各种疾病如斑疹、伤寒、霍乱、天花流行，公共健康成为严重问题。1843 年，以巴鲁克公爵为首的王室委员会调查了人口密集的城镇的卫生状况，发表了详尽的报告。1848 年，拉塞尔政府制定了《公共健康法》，对卫生和食品健康加以管理。1875 年，迪斯雷利政府制定了《公共卫生法》和《技工和劳工住宅改进方法》，授权地方当局查处贫民窟，在原地建造供工人居住的新住房。

19 世纪，法国也开始制定社会调节政策。法国在 1841 年通过法令，规定 8 岁以下儿童完全禁止参加劳动，12 岁以下儿童每天工作时间不得多于 8 小时，16 岁以下儿童每天工作时间不得多于 12 小时。但这项规定只适用于 20 人以上的使用机器做动力的企业。1848 年二月革命发生后，临时政府于 2 月 26 日颁布组织国家工场的法令。称国家工场应当保障所有的失业者就业，但是不对职业的性质作保证。结果所有被召入国家工场的工人，不论他们有何种技能，都被派去干开河挖路、打扫广场的粗活。资产阶级政府以此向工人提出的"劳动权"要求发起挑战。在第三共和国期间，温和共和派政府曾颁布了几项缩短劳动时间的法令。1874 年 5 月的法令规定，12—16 岁的少年每天劳动时间不得超过 12 小时，禁止 16 岁以下的男孩和 21 岁以下的女孩上夜班。1892 年又规定，妇女和 16 岁以下的少年每天劳动时间减为 10 小时，加上进餐时间，每天劳动时间共 10.5 小时。[①]

在德国，社会立法发展得很慢。1839 年，普鲁士王国颁布过一项法令，绝对禁止 9 岁以下儿童从事工厂和矿山的劳动，把 16 岁以下青年的劳动时间限制在每天 10 小时之内，但立法缺少监督。1853 年，普鲁士颁布了另一项法令，禁止雇佣 12 岁以下的儿童劳动，并将 12—14 岁的儿童的每天工作时间限制在 12 小时之内；同时对工厂实行监督。1845 年，普鲁士政府颁布了一项工场手工业的法规，允许手工业者和工人组织资助基金会，但是禁止企业主、帮工和工人结社从事斗争。[②] 俾斯麦任北德意志联邦首相时，在 1869 年颁布过劳动法。德意志帝国建立后在 70 年代和 80 年代多次通过立法，对星期日劳动、实物工资制、正常支付工资等做出法律规定，建立了每周 6 天工作制，按时给工人支付货币工资；1871 年通过一项法律，规定雇主有义务支付非工人过失而发生的一切工伤事故的费用；1878 年颁布法令，反对在工矿企业中使用童工。被雇佣的青工必须读完小学，年满 13 岁；14 岁以下青工的日劳动时长不得超过 6 小时，14—16 岁青工的日劳动时长不得超过 10 小时。1883 年通过疾病保险法，规定保险费的 30% 由雇主负责缴纳，70% 由工人缴纳。工人患病期间可以从保险费中支付 3 周（以后增至 26 周）的病假工资、医疗费和丧葬费。1884 年的《工伤事故保险法》规定保险费全部由雇主缴纳，视工人受伤程度决定领款数目，死者家属可领取亡者薪金 20% 的补贴。1889 年的《残废和老年保险法》规定保险费由国家、雇主和工人缴纳，领取年金的起始年龄最初规定为 79 岁，后来改为 75 岁，视

[①] 沈炼之主编：《法国通史简编》，人民出版社 1990 年版，第 408 页。
[②] 〔德〕汉斯·豪斯赫尔著，王庆余等译：《近代经济史：从十四世纪末到十九世纪下半叶》，商务印书馆 1987 年版，第 383 页。

其工作年数领取原收入 15%—40% 的年金。服兵役的年份全部由国家支付。①1887 年德国社会保险费总额为近 1 亿马克，1900 年增至 5 亿马克。该年领取保险费的人数达到 500 万。1911 年，德国制定了《保险法典》。②艾伦·沃尔夫指出："普遍认为，俾斯麦的社会立法是在欧洲通过的导致现代福利国家的第一个重要的立法。这个观点误读了立法的性质。首先，俾斯麦的'福利国家'不是面向未来，而是朝着过去；它更接近于斯宾汉姆兰制度而不是美国的'新政'。这些法律部分是旧制度对传统的父权制的关心，这些法律是上层感到需要的产物，而不是来自下层的社会公正的要求。""俾斯麦的社会立法是和谐国家保守主义理论的延伸，而不是通过社会实践开辟新路的冒险。"

俄国很迟才有社会性立法。在工人斗争的压力下，沙皇政府在 1882 年 7 月 1 日颁布了限制童工的法律。1885 年 7 月 8 日颁布的法律禁止妇女和童工在有害于健康的生产部门中夜间工作。1886 年 6 月 3 日，沙皇政府颁布了《工人雇佣条例》，规定了企业雇佣工人的期限和形式、现金支付工资的期限和应承担的义务，并禁止以实物代替现金付工资。在颁布法律以前，工场主为自己的利益课取的罚款（这种罚款制度使工人遭受巨大的经济损失），根据新的法律必须提做"改善工人状况"的特别基金。在 1896 年夏季彼得堡 3 万纺织工人大罢工的压力下，沙皇政府不得不于 1897 年 6 月 2 日颁布法令，在工人人数达 20 人以上的企业，限制工人的劳动时间为每天 11.5 小时，并规定在星期天及纪念日休息。手工业、运输业以及工人人数在

---

① 〔美〕艾伦·沃尔夫著，沈汉等译：《合法性的限度》，商务印书馆 2005 年版，第 85 页。
② 〔英〕克拉潘：《1815—1914 年法德经济史》，第 375—376 页。丁建弘、陆世澄主编：《德国通史简编》，第 421—422 页。

20人以下的企业不在此规定之列。法令还规定15岁以下的儿童为童工，他们的工作时间限制为9小时。15—17岁的少年工人每天工作时间不得超过10小时。[①]

19世纪，近代资本主义国家在很大程度上仍属于原始积累时期的国家。国家支持资本主义的自由活动和残酷剥削，而对于工人阶级和劳动群众没有制定系统的社会福利政策。在一些资本主义国家如英国和德国，曾提出了早期的社会福利政策，但这种政策未普遍推行。社会福利政策的大规模实施应当说与国家掌权集团的构成有直接关系。在近代后期，世界上还没有社会民主党在哪个国家执掌政权，国家政权是由纯粹的资产阶级政党或地主阶级政党控制着。然而进入20世纪以后，特别是到了第二次世界大战以后，社会党国际所属的一些政党实力已经相当雄厚，先后有好几个社会民主党成为执政党，有的则长期执政，例如瑞典社会民主党曾经连续执政44年之久。英国工党与保守党轮流执政，直到1979年保守党在大选中获胜。曾经执政的社会民主党还有西班牙工人社会党、荷兰工党、挪威工党。到80年代初，参加联合执政的有比利时、意大利、圣马力诺和瑞士的社会民主党。单独执政的社会民主党有3个，它们是奥地利、丹麦和马耳他的社会民主党。[②] 在一度由社会民主党执政的国家里，福利政策比较明显。而在一些社会民主党尚未执政的国家中，也不同程度地采取了福利政策。国家的福利政策包括收入、食品供给、住房、教育、健康（医疗）保险、贫民救济等方面的政策。

实行社会福利政策以北欧斯堪的纳维亚半岛国家最为典型。在瑞

---

① 〔苏联〕梁士琴科：《苏联国民经济史》（第二卷），第236—237页。
② 〔英〕佩特森和托马斯主编，林幼琪等译：《西欧社会民主党》，上海译文出版社1982年版，第2页。

典，社会民主党到1976年10月执政已经长达44年之久。瑞典的历届政府已经在相当广泛的范围内控制了资本的活动，使社会各阶层能较为均等地分享物质利益。斯堪的纳维亚半岛国家实施的福利政策和其他西方国家不同，它的覆盖面广，覆盖了所有的公民，包括家庭主妇和处于劳动力市场之外的群众。给予老年人以年金的政策首先在瑞典推行，随后为其他斯堪的纳维亚半岛国家所采纳。几乎所有的福利政策都是由瑞典首先做出倡议，然后其他国家追随着付诸实施。1946年，瑞典实施了对所有76岁以上的公民实行普遍的不以其贡献为依据的年金制度，所有公民没有任何资格要求均可得到同样的基本年金。到50年代中期，其他斯堪的纳维亚半岛国家也采取了类似的年金制度。随着年金制度而来的是许多其他社会保险措施，如意外灾害和疾病保险等，这些措施也是实施于所有公民。同时，瑞典的年金制度又有新的发展。瑞典社会民主党提出一项强迫劳动和相对报酬年金制度，以补充当时的基础年金制度。这种建议理论的基础是高收入者通过附加的私人保险来补充他们的基本年金，而低收入者不可能取得私人保险。相对劳动年金制度在瑞典引起了争论。1958年瑞典社会民主党取得大选胜利上台后，于1959年通过立法制定了新的年金制度，其核心是设立一个公众控制的年金基金。瑞典的做法在其他国家产生了影响，其他斯堪的纳维亚半岛国家也通过了类似的立法。挪威在1960年进行了辩论，1967年政府最终通过了立法。由于芬兰议会议员的主要成分是资产阶级，社会民主党和工人议员从未占据大多数议席而成为执政者，芬兰采取了稍有不同的做法，1962年通过一项立法，在芬兰建立了私人保险公司。在丹麦，社会民主党和工人运动在争取立法改革的运动中从未取得大的成功，但是丹麦在1971年也实行了一项不考虑贡献的年金制度，从公共税收中支付费用。制度化的年金和保险制度在中等阶级和中等收入的纳税人阶层中很受欢迎。[①]

到 1960 年，丹麦、挪威和瑞典已经奠定了现代福利国家的坚实基础。在挪威，主要是通过工业和信贷政策而不是劳动力市场政策来保证充分就业。芬兰与其他北欧国家的不同之处在于它的国民生产人均值较低。1979 年，瑞典国民生产人均值为 11930 美元，丹麦国民生产人均值为 11990 美元，挪威国民生产人均值为 10700 美元，而芬兰国民生产人均值只有 8160 美元。所以芬兰政治家和工业家认为不应当使芬兰的公共社会支出达到瑞典的水平。此外，芬兰的社会结构与其他北欧国家也有差别，它有较多的农业人口。福利政策的制定需要农业中央党和社会民主党取得协调一致。丹麦历史上长期存在着大量传统的中等阶级和小企业主，经济生活由小单位构成，社会不平等在住房和年金收入上广泛存在。所以丹麦采取了从一般税收资源中提取款项来支付社会福利开支的政策。[②]

到了 1980 年代，尽管斯堪的纳维亚半岛国家中对福利国家政策的支持有所削弱，但这些国家用于社会福利的开支实际上并没有削减。从 1950 年到 1983 年，斯堪的纳维亚半岛各国社会福利开支占国民生产总值的比例不断增长。挪威 1950 年社会福利开支占国民生产总值的 6.3%，1975 年占 19.4%，1983 年占 22.2%。芬兰 1950 年社会福利开支占国民生产总值的 8%，1975 年占 25.8%，1983 年占 30.7%。社会福利开支在国民生产总值中所占百分比最高的为瑞典——1950

---

① Richard Rose and Rei Shiratori, eds., *The Welfare State: East and West*, Oxford U.P., 1986, pp. 111-113.
② Richard Rose and Rei Shiratori, eds., *The Welfare State: East and West*, Oxford U.P., 1986, pp. 113-115.

年社会福利开支占国民生产总值的 8.5%，1975 年占 26.1%，1983 年占 35.7%。各国社会福利支出的费用由三个方面来负担，即由政府岁入、雇主和工资劳动者分别承担。以 1981 年为例，在丹麦，福利开支的 88% 从政府收入中解决，10% 由雇主承担，2% 由劳动者本人承担。同年，芬兰的福利开支的 46% 从政府收入中解决，6% 由工资劳动者本人承担，其余由雇主承担。瑞典的福利开支的 48% 从政府收入中解决，1% 由劳动者本人承担，其余由雇主承担。总的趋势是斯堪的纳维亚半岛各国在 1981 年时个人承担的社会福利开支比例已极小，瑞典占 1%，芬兰占 6%，丹麦占 2%，挪威最多为 20%。[1]

德国是一个后起的资本主义国家，它各方面的发展都比较迟缓。第一次世界大战结束后建立的魏玛共和国，在 1927 年建立了一个劳工保护和社会保险体系，以解决第一次世界大战后出现的大量社会问题。[2] 但是这个时期的德国用于社会保险的开支还不到国民生产总值的 10%，它远远落在英国、瑞典之后。因此，还不能说第二次世界大战结束前福利政策在德国已经成为占主导倾向的政策。联邦德国广泛采取福利政策的倾向最初是在 1949 年宪法中表现出来的。在这部宪法的第 20 条和第 28 条，提出了联邦德国应当是"民主的社会联邦国家"，"共和主义的、民主主义的社会立法的国家"。它强调了公民的物质利益和权利需要加以保护和发展，国家认为它有义务向公民们提供包括收入、就业、保险在内的公正的社会生活条件。联邦德国是通过社会预算来实施社会保障体系的。从 60 年代到 80 年代，联邦德

---

[1] Richard Rose and Rei Shiratori, eds., *The Welfare State: East and West*, Oxford U.P., 1986, p. 117, Table 5.3.

[2] Richard Rose and Rei Shiratori, eds., *The Welfare State: East and West*, Oxford U.P., 1986, p. 132.

国社会预算占国民生产总值的比例有很大的上升。1960年联邦德国社会预算总额为6280万马克，占国民生产总值的17.5%；1968年为11270万马克，占国民生产总值的24.5%；1969年为15350万马克，占国民生产总值的25.4%；1976年为37390万马克，占国民生产总值的33.3%；1983年为53690万马克，占国民生产总值的32.3%。从1983年德国的社会福利开支来看，它主要包括以下几个部分：用于老年人、因病残丧失劳动能力者和未亡人的开支占社会开支总额的39%，用于健康和医疗保障的费用占社会开支的32%，用于家庭的占9%，用于就业开支的占9%，用于住房的占2%。从社会福利机制来划分，最庞大的是为老年人和丧失劳动能力者设计的保险体系，它的支出占30%，健康保障体系占支出的19%，文官年金制度占开支的9%，包括贫民救济在内的社会救济服务占9%，失业救济占8%。德国社会福利总基金由联邦政府和地方政府筹措38%，由雇主筹措32%，由拥有房屋的个人出资28%。[1]德国社会福利政策的核心是老年人健康保障制度。社会开支中将三分之一用于老年人、丧失劳动能力者和未亡人的救济，三分之一用于健康保障。在不同系统中工作的白领和蓝领工人的退休金的比例不同。如工作35年的年金领取者在公共企业工作的可领取相当于工资72%的年金，而在私人企业工作的只能领得占工资39%的年金。[2]1983年以后，联邦德国的社会预算又有所提高，1984年为25800万马克，比上年增加1.8%；1985年为26500万马克，比上年增加2.8%；1986年为27300万马克，比上

---

[1] Richard Rose and Rei Shiratori, eds., *The Welfare State: East and West*, Oxford U.P., 1986, pp. 133-135.

[2] Richard Rose and Rei Shiratori, eds., *The Welfare State: East and West*, Oxford U.P., 1986, p. 137.

年增加3%；1987年为28100万马克，比上年增加2.9%。[1] 尽管如此，联邦德国在推行社会福利政策中也遇到很大的困难，后青春期、后父母期和退休后的年龄群对消费提出了更高的要求，人口年龄的老化提出了更多的预防治疗和健康保障的要求。联邦德国有3600万人年龄在75岁以上，其中不少于200万人是寡妇和鳏夫，他们需要有人来照顾。这些都成为当代德国巨大的社会问题，它使国家的社会福利政策在实施中遇到很多问题。

英国的福利政策是在20世纪30年代以后大规模采取的。用于失业者救济的开支在"二战"前与"二战"后有巨大差别。中央政府用于失业者救济的开支在"二战"前占国民生产总值的4%左右，在"二战"期间增加到国民生产总值的8%。[2] 在第二次世界大战期间，丘吉尔把一些工党党员吸收进战时民族团结政府时，工党大臣便已在酝酿实行社会福利政策一事。在战时内阁中任职的有艾德礼、格林伍德、劳工大臣贝文、内政大臣莫里森和曾任驻苏大使的斯塔福德·克里普斯。在第二次世界大战期间，艾德礼实际上已经在控制英国政府的国内政策。为了全面地制定政策，解决社会问题，内阁成员格林伍德在1941年向自由党人、当时担任伦敦经济科学学院院长的凯恩斯主义者贝弗里奇下达了相关的研究任务。第二年，贝弗里奇发表了一份长篇报告。[3] 他在报告中提出，为了建设一个福利国家，应该和五害做斗争，这就是需求、疾病、愚昧、肮脏和怠惰。这个报告实际上

---

[1] Richard Rose and Rei Shiratori, eds., *The Welfare State: East and West*, Oxford U.P., 1986, p.138, Table 6.5.

[2] Anne Digby, *British Welfare Policy: Workhouse to Workfare*, London-Boston, 1989, pp.49-50.

[3] John Harrison, ed., *British Society and Politics, 1780-1960*, London, 1965, pp.438-445.

向国家提出了繁重的社会任务，这包括建立由国家安全部负责的社会保险网，为每个人提供最低生活费用，设置公费医疗和免费医疗制度，为学校儿童分发食品，给老人和残疾人员提供资助，改革教育制度等。贝弗里奇报告还提出了实施福利政策的原则，即社会保险必须通过国家和个人的合作来实施，国家应当提供保障的设备和投资，在组织社会保障中不应当简单行事和全部包揽下来，而应当给每个人留出自愿做出贡献的余地。① 贝弗里奇的方案于1943年提交下院讨论，它受到全国舆论的欢迎。政府发表了《白皮书》，表示对这一计划的支持。在"二战"期间，贝弗里奇报告的某些方面的内容已经得到了实现。此后，工党提出了一份纲领，除了要建立大规模的社会服务设施，还提出了一系列国有化的措施，对煤炭、电力和煤气工业实行国有化。换言之，实施福利政策是工党同自由主义彻底决裂，加强国家对经济社会进行干预的政治倾向的一个组成部分。在战争进行的背景下，当时还不可能使所有的社会重建纲领都成为立法。在1944年，英国政府首先制定了《教育法》，在教育体制上实施了靠资助建立的独立学校和地方当局办学校的双轨制，它还提高了最低入学年龄，为所有的人提供了接受中等教育的机会。②

在1945年7月的大选中，英国工党获胜，取得了393席，而保守党只取得了163席。工党上台执政后，工党首相艾德礼和外交大臣贝文密切合作，先后由多尔顿、克里普斯和比万负责社会工作，随后

---

① Richard Rose and Rei Shiratori, eds., *The Welfare State: East and West*, Oxford U.P., 1986, p.137.
② 〔法〕雅克·德罗兹著，时波译：《民主社会主义：1864—1960年》，上海译文出版社1985年版，第339—341页。John Harrison, ed., *British Society and Politics, 1780-1960*, London, 1965, pp.445-448.

采取了大规模的福利政策。1946年，通过了《国民保险法》，法令规定凡达到入学年龄者均可申请投保，以被保险人、职员和国家支付的资金为基础建立保险公司，对失业、疾病、火灾、生育、丧偶、退休和死亡实行保险。随后，又制定了《国家救济法》，该法令规定向任何有困难的人提供资助。此外，制定了《国家医疗法》，规定原则上实行公费医疗，由政府任命的卫生委员会来管理医务人员。当年这个设想遭到了保守党人的反对，他们认为病人有权在私人医疗机构和国家医院之间进行选择。最后，比万不得不放弃了全部免收医疗费的制度。除了上述一系列社会保险措施，英国政府还通过了《住房建筑法》，制定了一个大规模的建设计划和改造破旧肮脏地区的计划，并颁布《城乡规划法》。实施这些法令的结果，是在伦敦周围建立了一系列新的住宅区。此外，英国政府还制定了国民收入再分配法，规定超过400英镑的大笔财产要课以累进税或遗产税。[1]

"二战"以后，英国的社会福利投资有很大增长，英国国民生产总值中永固公共设施的投资在1910年时为12.7%，1937年为25.7%，1951年为44.9%，1973年为50.5%。[2] 英国的社会福利政策取得了一定的成效。1914年以后，英国住房建设的投资增加了一倍以上，新盖的住房超过11000000间，住房所有者从1914年占公民的10%上升到1981年时的59%。租用私人住房者只占居民户数的13%，其余住在市营住宅中。英国的慈善事业也有很大发展，1981年有270000

---

[1] 〔法〕雅克·德罗兹著，时波译：《民主社会主义：1864—1960年》，上海译文出版社1985年版，第339—341页。波普、普拉特和霍伊尔（合编）：《英国的社会福利：1895—1985年》，伦敦1986年版，第114—139页。

[2] Alan Wolfe, *The Limits of Legitimacy: Political Contradictions of Contemporary Capitalism*, New York, Free Press, 1977, p.257.

名公共事业的雇员接受了社会公益服务。用于社会慈善福利事业的总开支在1983—1984年达到2100000英镑，占公共开支的2%。1983年有450000人接受了国家提供的护理和伤残护理。1948年建立的全国保险体系实施于所有的人。[①]

福利政策最初在很大程度上是在工人阶级左翼政治民主派和激进的小资产阶级民主派强大的民主压力之下取得的。20世纪，西方实行福利政策的基础在于议会中和国家机构中的社会党党团、政府和议会外强大的工人组织和他们对社会党、社会民主党的支持。例如在瑞典，从1956年起，产业体力劳动工人的选票有69%支持社会民主党；1960年代产业体力劳动工人的选票有80%左右投向瑞典社会民主党。此外，服务业工人、农业雇工和店员中三分之二的选票、低级白领工人40%的选票投给了社会民主党。在瑞典，社会民主党的主要支持者是工人阶级。[②]总之，福利政策尤其是在那些社会民主党占统治地位的国家或历史时期中非常典型。

在美国，福利政策不像西欧和北欧国家那么突出，但是也有表现。美国在20世纪60年代后期到70年代末越南战争期间，开始采取对老年人、残疾者（残疾军人）和死亡者的社会救济、医疗补助政策以及对老年人的医疗照顾方案，并对那些需要援助的儿童、家庭和残疾的穷人实施救济等福利措施。美国的福利政策在约翰逊、尼克松、福特总统执政时期较为突出，但在里根时期也没有完全中断。美国联邦政府社会事业费用支出的增长率在肯尼迪和约翰逊总统时

[①] Richard Rose and Rei Shiratori, eds., *The Welfare State: East and West*, Oxford U.P., 1986, pp. 88, 92.

[②] 〔英〕佩特森和托马斯主编，林幼琪等译：《西欧社会民主党》，上海译文出版社1982年版，第46页，表1。

期（1961—1969 年）是 7.9%，在尼克松和福特总统时期（1969—1977 年）是 9.7%，在卡特总统时期（1977—1981 年）是 3.9%，在里根总统时期（1981—1985 年）是 1.5%。[1] 但是，美国福利政策实施的领域不像欧洲国家那么广泛，支出的费用在国民生产总值中所占的比例也比欧洲国家低得多。在 1960 年至 20 世纪 80 年代期间，国家社会开支占国民生产总值的比例在英国是 29.5%，在联邦德国是 31.5%，在意大利是 29.1%，在瑞典是 33.4%，而在美国仅占 20.8%。在社会福利开支分项统计表中，美国除了在教育费用方面的百分数与欧洲国家差距较小，在年金和健康保障方面美国的百分数都较低，尤其是在健康保障方面投入的费用在国民生产总值中所占的比例低于上述所有的国家。[2] 在美国的健康保障和教育事业投资中，个人投资远远超过国家的投资。以 1982 年为例，在健康保障方面的投资中个人投资额为 18600 万美元，而国家投资为 13700 万美元。[3]

在美国，福利政策没有得到有力实施有一些根本性的原因。一是美国的国家结构中存在着联邦制的原则，它制约了中央政府社会政策和措施的提出及实施。二是美国居民中存在着很大的宗教和种族差别和矛盾，国家和各城市在解决社会福利问题时必须考虑到这些异质性。这就使得一般性的社会福利问题的解决措施难以提出。三是美国存在着大量的黑人，他们在南北战争以前是黑奴。他们在 19 世纪中

---

[1] Richard Rose and Rei Shiratori, eds., *The Welfare State: East and West*, Oxford U.P., 1986, p.46, Table 1.

[2] Richard Rose and Rei Shiratori, eds., *The Welfare State: East and West*, Oxford U.P., 1986, p.209, Table D.

[3] Richard Rose and Rei Shiratori, eds., *The Welfare State: East and West*, Oxford U.P., 1986, p.62.

叶获得了人身解放，但在法律地位上仍旧低人一等。在没有根本解决黑人地位以前，社会政策无法取得大的效果。四是美国存在着大量的移民，那时每年大约有 60 万移民来到美国，国家不可能给他们充分的照顾。五是美国存在着较为强烈的资产阶级个人主义意识，认为社会问题的合理解决不应当全靠政府，而应当同时依靠各企业集团和独立的机构。[1]六是在美国始终没有形成强大的社会民主党类型的政党，在美国的政治生活中社会民主主义没有很大的影响。

由多数是工人阶级组成的社会民主党执掌政权而实施的广泛的社会福利政策并不意味着福利国家的性质不同于一般的发达资本主义国家。因为从国家所代表的所有制来看，它们仍然是垄断资本主义的国家。例如，瑞典便是世界上垄断资本主义最发达的国家之一。在西方国家中，没有哪一个国家像瑞典那样有着高度集中的私人所有制。在 20 世纪 60 年代，瑞典的 100 家大公司雇用了全国产业工人的 43%。这 100 家公司的生产占全国总产出的 46%。1968 年，一份瑞典政府的调查报告提出，瑞典工商业集中的程度在战后有所提高，这种趋向比德国和美国还突出。在 60 年代中期，0.1% 的股东掌握了约四分之三的股份资本，各届社会民主党政府都没有能力摧毁他们的势力。相反，政府鼓励工商业的合作，以加强瑞典产品在世界市场上的竞争能力。[2]

19 世纪中叶到 1975 年的统计资料表明，这个时期，西方国家的开支发生了结构性的变化。这种变化的一个特点是国家在社会服务方

---

[1] Richard Rose and Rei Shiratori, eds., *The Welfare State: East and West*, Oxford U.P., 1986, pp. 50-51.

[2] 〔英〕佩特森和托马斯主编，林幼琪等译：《西欧社会民主党》，上海译文出版社 1982 年版，第 285—286 页。

面的支出占国内生产总值的比例在大大增加。在奥地利，这一比例在1920年为2.0%，1940年为2.3%，1960年为7.3%，1975年为10.8%。在法国，这一比例在1920年为2.8%，1940年为5.1%，1960年为8.9%，1975年为9.2%。在英国，这一比例在1900年为0.7%，1920年为4.1%，1940年为5.3%，1960年为9.6%，1975年为15%。在荷兰，这一比例在1920年为3.2%，1940年为4.4%，1960年为8.79%，1975年为17.2%。在丹麦，这一比例在1900年为1.0%，1920年为2.7%，1940年为4.8%，1960年为7.6%，1975年为24.6%。在德国，这一比例在1920年为7.5%，1940年为11.1%，1960年为14.9%，1975年为20.8%。[1]

社会支出在资本主义各国国内生产总值中所占比重从高到低依次是法国、德国、瑞典。而韩国的社会支出占比最低，而且比其他国家低得多。随后依次是爱尔兰、新西兰、美国和冰岛。[2]

发达资本主义国家的重大困难是福利政策的承诺难以为继。当代福利国家现有的契约是几代人以前达成的，当时的出生率较高，人的寿命没有那么长，经济增长较为强劲，融资方便。到了20世纪后期，瑞典、芬兰等斯堪的纳维亚半岛国家居民寿命增长，福利政策的浩大支出使得国家财政遇到很大困难。[3]

---

[1] 〔美〕查尔斯·蒂利著，魏洪钟译：《强制、资本和欧洲国家（公元990—1992年）》，上海人民出版社2012年版，第146页，表4.2。
[2] 〔美〕阿伦·利普哈特著，陈崎译：《民主的模式：36个国家的政府形式和政府绩效》，上海人民出版社2017年版，第242页。
[3] 〔美〕弗朗西斯·福山著，毛俊杰译：《政治秩序与政治衰败：从工业革命到民主全球化》，广西师范大学出版社2015年版，第446页。

第十六章　资本主义国家的经济职能

第一节　英国的国有化和私有化

英国的国有化企业大多是资本含量很高的企业。1977年，国有化企业的劳动力占全国劳动力的7.6%，产值占国内生产总值的12.7%。第二次世界大战以后，英国政府除控制钢铁工业以外，1967年建立了不列颠全国石油公司，1977年将宇航和造船公司国有化。此外，国家企业部还出面接管了罗斯罗伊斯公司、阿尔富瑞赫伯特公司、费兰迪公司、不列颠莱蓝德公司。这些国有企业可以分作两类：一类属于关键部门，如提供能源、交通运输，另一类是不允许解散的由残疾人组成的企业。[1]

1961年英国政府发布了题为《国有化工业的财政和经济义务》的白皮书。这份报告书中陈述，政府最终有义务去观察这些工业如何在经济上有效地加以管理。文件称，尽管这些工业部门具有国家的和非经济方面的义务，但这些部门也应当盈利和有适当的资金储备。随

---

[1] Sidney Polland, *The Development of the British Economy, 1914-1990*, Edward Arnold, 1992, pp.262-263.

后，电力局、煤气局和煤炭局都拟定了各自的资产目标。[1]

英国国有化工业的资金投入在1961—1965年间年均资本需求为16.9亿英镑，全部净投入为21.1亿英镑。1966—1970年间，年均资本需求为34.8亿英镑，全部净投入为31.9亿英镑。1971—1975年间，年均资本需求为53.6亿英镑，全部净投入为73.7亿英镑。1967年，英国政府对这些企业的价格和投资制定了指标，但是这些部门的经营不成功。在1960—1975年间，9个主要的企业中，尽管煤气、电力、航空和电信部门的增长势头比国有化之前要快，但是有4个企业产值下降，有7个企业雇员减少。它们的困境在某种程度上是由于降价造成的。这些企业提出的得到更多的资金和补助金的要求使政府管理部门感到困难。1976年货币收紧，政府加紧了控制，例如在1977—1978年间要求英国钢铁公司自寻财路，以后发布的两份白皮书加紧对国有企业的控制，提出了利润上缴率的要求。

把政府成长作为研究对象，在推动英国采取私有化政策方面起了推波助澜的作用。理论家们提出两个看法：一是失去统治政党控制的公共开支在增大；二是政府提供商品和服务的机构设施无效率。英国私有化的推行和保守党的意识形态与策略直接相关。1974年，保守党在大选中败北后，保守党领袖采取了通过抨击工党发展国有经济的政策来争取选民的策略。[2] 1979年5月，保守党上台执政。保守党政府开始实行该党在作为反对党活动时期，由基斯·凯瑟琳和保守党中央政策研究部制定的纤细计划。保守党政府认为：第一，以前工党

---

[1] Sidney Polland, *The Development of the British Economy, 1914-1990*, Edward Arnold, 1992, p.263.

[2] Nicolas Zahariadis, *Markets, States and Public Policy, Privatization in Britain and France*, Ann Arbor, The University of Michigan Press, 1995, pp.17-23.

执政时期整体的经济政策存在着一些根本性的错误，使英国在战争开始之前的经济空前衰落；第二，需要纠正的主要错误是对于短期问题做出重复的惊恐的反应，现在需要做出中期的战略考虑；第三，英国经济问题不是通过发展内需就可以解决的，而是要从供应方面寻找解决方法。保守党认为，解决英国经济问题的主要方法是要把英国经济的发展退后一些，缩小政府的活动范围，取消一切对于银行业、国际金融和劳动力市场的限制，削弱国有化部门，对国有化的工业部门实行私有化，削减政府的开支，这样可以降低赤字。政府的作用要限定在提供健康的货币、坚持纯粹的货币主义政策，工厂应当从工会的控制下解放出来。[1]

英国国家石油公司的私有化是保守党私有化政策的一个例子。1950年北海油田被发现后，1976年创建了英国国家石油公司。1974年7月，新选出的工党政府宣布建立国家所有的石油企业，政府希望该石油公司的盈利达到20亿至30亿英镑。保守党从一开始就反对把大宗资金投入北海油田，反对建立国家石油公司。1979年，保守党政府上台后，改变了政府对国家石油公司的政策。1982年，保守党政府在议会通过法案，将英国国家石油公司分解，将其业务划给新成立的不列颠石油公司，而且将51%的股票上市出售，政府不再对该公司拥有控制权。此后，英国国家石油公司成为购销北海石油的贸易公司。由于国际油价大跌，英国国家石油公司亏损巨大。1985年3月，英国政府正式撤销英国国家石油公司。[2]

---

[1] Sidney Polland, *The Development of the British Economy, 1914-1990*, Edward Arnold, 1992, p.377.

[2] Nicolas Zahariadis, *Markets, States and Public Policy, Privatization in Britain and France*, Ann Arbor, The University of Michigan Press, 1995, pp.69-79.

电信业的私有化是另一个例子。英国1961年的邮电法授权邮政大臣有效地经营电信业务。当时电信业是一个半自治的部门,资金缺乏。由于那个阶段邮政大臣对邮政公司的计划和管理不善,招致很多批评。1969年,邮政法令最终把邮政公司从政府代理机构转变为国有企业。20世纪70年代,英国公众对邮政和电信业的价格上涨普遍不满,于是政治家提出对邮电业进行改革的主张。1979年,保守党上台执政后,将邮电公司分成邮政公司和电信公司,建立了英国电信公司。1981年,英国通过了政府提出的电信法,除了授权出售国有的有线和无线电信公司,还将电信业务和邮政业务分离。1981年,英国成立了由有线和无线电信公司控股的水星通信公司。水星通信公司的成立,打破了英国电信公司对电信业的垄断地位,对后者的经营提出了挑战。1983年,英国政府规定,只允许英国电信公司和水星通信公司经营固定网络和基本的电信业务。英国电信产业形成了"双寡头垄断"的格局。1984年,英国政府对电信业实行了私有化政策,对英国电信公司实行了私有化,将其51%的股份出售。1991年,英国政府颁布了题为《竞争与选择:20世纪90年代的电信政策》的白皮书,终止了"双寡头"政策,推行了一系列旨在鼓励竞争、提高效率和为顾客提供多样化优质服务的措施,对电信业实行了有步骤地放松管制,从此英国电信业完全开放。①

第二节 法国国家和经济

第一次世界大战爆发后,法国是西线战场这个主要战场的所在

---

① Nicolas Zahariadis, *Markets, States and Public Policy, Privatization in Britain and France*, Ann Arbor, The University of Michigan Press, 1995, pp. 80-83.

地。法国在进入帝国主义阶段后，在西方资本主义世界中经济状况较差，工业无法满足战争的需要。法国的钢铁工业的生产能力只有德国的三分之一，化学工业无法生产制造炸药必不可少的原料氨和硝酸。由于大战爆发后前线需要人力，法国把63%的男性工人征召入伍，使得工业部门劳动力缺乏的现象非常严重，74%的产煤区、81%的生铁产区、63%的钢产区、55%的锻件产区、6%的食糖产区和25%的机械工程产品产区成为工业瘫痪区。大战期间，法国物资短缺，财政不平衡问题也越来越严重，到1917年春季，经济比例完全失调了。法国设立了一些部门与雇主合作，如1914年10月成立的专门负责化学产品的部门等，但这些部门的任务不够明确，有的只是承担收集情报的任务，有的具有咨询权，有的有决策和管理权。在1916年，政府和雇主合作，设立了一些附属于政府部门的工业家的联合体。到1918年，这些联合体已成为重要的经济部门。1918年年底，这类部门和委员会一共有291个，其中18个属国防部管辖战争的需要，一些企业界的首脑人物成为准工业部门的行政首领。1914年，法国重工业雇主联合会的秘书长皮诺成为非正式的军需部长，当时唯有他能够提供有价值的关于工业情况的报告，如工业家承担任务的情况。皮诺仿佛成为一个高级文职官员，他根据严格的规定垄断了集中原料的购买和分配权，使每项交易都按照一定的价格来进行。这是由自由主义企业家承担政府官员职责的典型例子。

　　第一次世界大战期间，法国军事部门的大部分投资是通过政府支持的有计划地自筹资金解决的。军需工业投资的增长可以从战争期间相关部门税收的增加推断出来。从1914年8月到1915年2月，税收为24亿法郎，1916年为42亿法郎，1917年为53亿法郎，1918年为54亿法郎。战争使得早在19世纪就已经出现的国家干涉经济的倾向得到了发展。但是，还不能说在第一次世界大战时期，法国国家大规模干涉经济已构成国家与经济关系的主导倾向。这个时期，法国国家干涉的措施尚属在战争特殊条件下的权宜政策。

战争给法国的经济和财政带来极其不利的影响。到1916年，法国已经完全无法弥补对外贸易方面的赤字。整个战争期间，法国的总赤字达到641亿法郎。在大战结束时，法国的外债达到100亿法郎。它的整个贸易体系都依靠美国的贷款。第一次世界大战给法国经济造成了很大的困境。1919年，法国债台高筑，出口无法抵销进口。这一年，法国失去协约国的信贷支持，外汇市场上法郎汇率猛跌。1920年、1923年至1924年发生了经济危机，1926年又发生了货币危机。

1929年，大危机给法国带来影响的时间较晚，但持续的时间较长。1931年年底，经济危机在法国出现了。1929年，法国有6500家企业公开宣布破产，1935年，破产企业数达到13370家。危机期间有670家银行破产。大危机以前法国失业人口不多，1932年猛增至26万人，1935年达到42.6万人。法国农产品在市场上的价格猛跌。直到1938年最后几个月，法国才出现经济复苏的迹象。

法国在19世纪只有很少的国有部门，它们主要是兵工厂、烟草火柴厂和邮政局。第一次世界大战结束后，法国成立了几家享有特权的银行。国家信贷银行成立于1919年，全国农业信贷银行成立于1920年。这两家银行在1930年以后在法国银行界具有举足轻重的地位。储蓄信贷银行作为国家的银行部门，在1835年以后一直负责经营储蓄存款和支持政府的公债。

全国制氮工业局在1925年成立，1930年因为公司的私人投资者缺乏热情，由国家买下了公司35%的股份。1932年，法国经济衰退使国有化的步伐加快，政府向各个将要破产的公司发放贷款。法国政府购买了法国航空公司 25% 的股票，还购买了大西洋轮船总公司的股票。1931 年 9 月，法国政府给予全国商业银行 20 亿法郎的贷款，最终使得该银行有能力还清债务并履行它的职能。

1937 年的铁路国有化开启了法国的国有化。1937 年 11 月，在危机的压力下，全国铁路公司的负责人勒内·梅埃尔同法国政府就公司的铁路实行国有化问题进行了谈判。当时政府已拥有该公司 51% 的股票，但这家公司的经营仍不受政府控制。

在 20 世纪 20 年代到 30 年代大萧条的影响下，在法国，有组织资本主义观念逐渐取代了传统的经济自由主义原则。在知识分子、工业管理者和公务员中，越来越多的人主张政府干预经济和根据"专家治国论"来对付危机。

1945 年到 1946 年，法国制定了一系列国有化的法律。全国抵抗委员会在其纲领中规定，"大型国有化生产资料归国家所有"。戴高乐在 1945 年 3 月 2 日的演说中强调，国家的任务是把主要能源（煤、电、油）的供给和主要运输工具（铁路、轮船、飞机）都归国家自己利用。政府希望"结束久已成为人民负担的各种利益集合与联合在一起的大企业"，以满足公共利益。

在第二次世界大战期间，法国政府采取了加强以经济控制为特征的战时经济政策。这些政策包括对外贸控制、规定禁止进口和出口的物品、严格控制货币兑换以防止通货膨胀。政府还采取了国家指导生产的一系列措施，控制劳动力流动，建立控制进口机器分配的一系列组织。由政府决定哪些企业应当得到优先照顾，根据战争的需要在工业家之间分配原料和精确的中间产品。1940 年，比舍隆成立了"组织委员会"，该组织对商业企业享有广泛的权力，甚至还掌握了官方的强制性手段，它的任务是执行中央分配局的指示。1945 年，实际发挥作用的委员会有 231 个，掌管着 18 万家企业，当时提出了以政府和经济寡头合作为基本思路的管理国民经济的办法。这种构想极大地影响了战后法国国家的经济政策。但是，当时的经济体制是双重的，一方面是配给经济，另一方面是黑市，体制混乱。

法国在第二次世界大战时期只是在少数国有企业和几家混合制企业实行了国有制。战争带来了重大的政治变化，使得国有制企业大规模地发展起来，并为法国人士广泛地接受。国有化得到战后法国最有影响的政治家戴高乐的赞成。在法国，国有化纲领不是狭隘的政党政治的产物，而被称为是"民族的工作"，是一个"抵抗和反对私人垄断的联盟"。法国国有化纲领涉及的范围与英国的国有化有所不同，它涉及了更多的部门。但是在法国的银行业和保险业中，又给国有制和私有制的竞争留下了空间。

此后，戴高乐政府继承了过去的政策，提出国家应当组织和指导经济，刺激经济发展，同时缓解社会关系的紧张。1944 年 12 月，政府通过了第一个重要的国有化法令，把煤矿业列入国有化部门。几个月后，国家对煤气和电业的几乎所有主要的企业实现了国有化。1945 年 2 月，政府将法兰西银行剩余的股份收归国有。与此同时，金融部门重组，四家最大的储蓄银行收归国有，大部分保险业收归国有。最后，若干单个的大企业，如雷纳公司、化学和宇航公司收归国有。这样，国有制企业成为法国经济重建的关键部门。第二次世界大战以后，那种具有强烈的国家干涉主义和为人们广泛接受的国家所有制倾向的政策模式，一直持续到密特朗总统执政时期，即 1982 年国有化纲领的提出。

1945 年以后，"统制经济"被法国作为经济政策的基本方向。它采取了三种形式：第一种形式是一系列重要的工业部门全部或是部分国有化。第二种形式是继续战时保护新价格和数量控制的措施。此后，价格在相当大程度上得到放松。第三种形式是实施"法国计划"。法国一些人士提出，要保证经济稳定、全部就业和有效生产，就需要有国家计划。当时国家计划的思想已经深入到一些进步雇主、政府顾问和工会会员中。法国先后制定了一系列的计划，使国家在指导投资中行使支配性的影响。法国计划和社会主义国家的计划经济不同，前者具有灵活性，它的作用是指导生产而不是控制生产。

1945年1月，雷诺工厂实行了国有化，罗纳诺默公司也实行了国有化，后来将它改组为全国飞机发动机研制公司。1946年制定的宪法宣布："所有一切已经具有和将要具有为全民服务，或事实上具有或将要具有垄断性质财富的企业，必须全部成为全社会的财产。"此外，1946年4月—5月，电力和煤气的生产和供应实现了国有化。1946年，煤矿实现了国有化，煤气和电力部门也实现了国有化。随后，国家投入大量资金实施煤矿现代化，在莱茵河和罗纳河上建造水力发电厂。

国有化的第二个大的部门是银行业和保险业。1936年，法兰西银行实行了部分国有化，接受国家全面管理。1945年2月到1946年4月，大多数大型储蓄银行和34家保险公司实现了国有化。此外，海运公司改组为一卡混合公司，法国航空公司、飞机发动机制造厂和雷诺汽车公司实行了国有化。

如果按照会计学的分类方法，把国家拥有30%以上资本的企业通称为国有企业的话，那么法国国有企业的分支机构在1967年为256家，在1972年为527家。这个时期，国有企业和私营企业都在加快发展。

第二次世界大战以后，法国政府加紧了对经济领域的干预。法国政府的干预主要表现在三项措施上：第一项措施是对价格加以干涉。

法国政府在1945年制定了几项备忘录,授权政府强行控制工商业企业的价格,这些备忘录从来没有被废除过。1948年,勒内·梅埃尔指定的自有化政策毫无成果,于是在1952年再次实行严格的价格控制。1953年,德斯坦制定了稳定化计划,对价格的控制达到了高潮,当时制定了严格的条例;1957年,进行了第二次控制价格的尝试。第二项措施是对货币和信贷加以控制,推行预算政策,主要是控制短期资本外逸。从1971年起,法兰西银行以浮动汇率代替固定汇率,并在1972年年初取消了最高贴现率的限制。1967年,法国采取了无报酬的强制准备金制度,从1973年起扩大到银行和其他金融机构可获得的信贷。这项措施成为控制信贷的有力手段。其间,在1963年3月到1965年6月,以及1968年1月至1970年11月,政府在数量上对扩大银行信贷实行强制性限制,并采取"信用紧缩"政策。第三项措施是从50年代初开始,法国政府把公共投资作为调整和控制经济形势的手段。1954年至1955年,埃德加·福尔政府把财政开支作为推动经济发展的资金,之后在1959—1960年和1962年也采取了类似的措施。1969年,法国设立了用于发展经济的基金。1974年,在极其严重的困难形势下,法国采取巨额预算计划,通过公共投资来达到恢复经济的目标。[①]

战后法国通货膨胀严重。从20世纪60年代初期开始,戴高乐、蓬皮杜和德斯坦为保卫法郎进行干预,推行经济调整政策。为了减少资本供应,德斯坦在1963年9月提出稳定计划,发行20亿法郎的债券,推行信用紧缩政策和尽量鼓励储蓄,制定了一个庞大的计划以

---

① 〔法〕弗朗索瓦·卡龙著,吴良健、方廷钰译:《现代法国经济史》,商务印书馆1991年版,第275—277页。

"重新形成法国的信贷结构"。在鼓励进口用现代方式进行销售的同时,重新实行物价冻结政策,并把这一政策一直推行到1966年。这些措施使物价下降,经济活动变得平稳了。1967年,法国政府采取了恢复经济的措施,并在1968年制定了恢复投资的全面计划。1968年,德姆维尔政府采取了为中小企业提供信贷方便的措施,并限制税收、严格控制物价,但这项政策没有取得成功。德斯坦在物价飞涨的情况下,于1974年6月实行稳定计划,使用财政手段来调节经济,政府负责缩减投资或使投资更具有选择性,以避免通货膨胀。在1974年出现经济下滑后,政府采取预算措施、货币措施和加强物价控制等措施来复苏经济。

法国在因时而异采取经济调整政策的同时,从20世纪50年代开始加强对经济的计划性,政府先后提出了七个"法国计划"。

第二次世界大战以后,法国制定和实施了一系列计划。第一个计划(1947—1950年)是让·莫内制定的。第二次世界大战期间,莫内曾在美国领导法国的采购工作。莫内计划的目标是使工业和农业产量超过1929年的25%,并显著地提高生活水平。他的办法是发展和更新一些基础部门,如煤、电、钢铁、水泥、运输,克服制约经济发展的瓶颈。法国投资于装备现代化的基金来自美国的援助。在第一个计划的前两年,物价水平高涨。1946—1948年批发价格上涨了5倍,达到相当于1938年价格的20倍。从20世纪50年代时开始,大量直接控制的措施解除了,法国计划的实施不再依靠强制性措施来进行。[1]

第二个计划(1952—1957年)是集中力量促进科学和技术的发

---

[1] Vera Lutz, "The French 'Morale'", in Jossleyn Hennessy, Vera Lutz and Giuseppe Scimone, *Economic "Miracles"*, Andre Dentsch, 1964, p.81.

展，提高工业生产专业化程度，扩大职业训练和拓展农产品的销路，保证充分就业和经济加速增长，使工业年增长 6%。它把计划作为指导经济的手段，还制定了住房建造计划。

鉴于在第二个计划实施时财政赤字达到每年 6.5 亿美元，同时考虑到当时共同市场已经建立的新情况，法国政府制定了第三个计划（1958—1961 年），其任务是恢复国际收支平衡、提高生产率，使法国能够进入共同市场；为年轻人提供职业训练和教育。计划预计能使全国生产量比 1975 年增加 20%。

第四个计划（1962—1965 年）涉及改善老人、低工资收入者和农民的生活，以及落后地区的发展。该计划提出四项主要目标：总产值年增长率达到 5.5%，总增长率达到 24%；稳定国际收支；增加包括住房在内的几种公共投资的比例；通过适当的干预促进地区的发展。

第五个计划（1966—1970 年）规定年增长率为 5%。这一计划没有对各个经济部门分配确切的指标，但在收入方面提出了新的要求，制定了收入增长与生产发展和平衡的原则。它具体的规定包括，在法国西部实行工业化，那里的工业就业率要达到 35%—40%；公共财政支出计划中的投资优先给学校、医院、电信、城市规划。这个计划的重点放在社会发展和一些区域的发展上。[①]

在第五个计划实施的过程中，加速集中化是法国政府促进企业国际竞争力的一个重要的措施。政府试图通过加快组织和发展以法国资本为基础的具有国际地位的集团，来加强法国经济的竞争能力。具体措施是把原来分散的企业从技术上、商业上和财政上集中起来，形

---

① 克洛德·福朗：《1920—1970 年的法国》，载〔意〕奇波拉主编，李子英等译：《欧洲经济史》第六卷上册，商务印书馆 1991 年版，第 73—74 页。

成一些大的集团。法国政府采取了一系列刺激的措施。早在 1955 年，政府就颁布了提供各种贷款和额外津贴的法令。1965 年 7 月 2 日的立法规定，合并的企业可以享受特别的税收减免待遇。[1]

在实施第六个计划（1970—1975 年）的过程中，法国政府表现出明显的"专家治国"的倾向。提出和指导实行"法国计划"的机构是"计划官员署"。这一机构最初规模很小，但是到了第六个计划开始之前，它邀请了大批顾问人员参加，建立了包括三个咨询委员会在内的机构。其中第一个机构是计划跨部门委员会，它由总理、财政部长和其他与计划活动有关的部长组成，它的职责是"按照准备执行计划"。第二个机构是计划高级委员会，它由三类人士组成，即前政府部门和官员的代表、向政府和利益集团咨询后推选的代表、由总理和财政部长提名的独立个人。[2] 到第六个计划期间，它扩展到 100 多个委员会，机关工作人员超过了 4000 人。

在第七个计划（1976—1980 年）实施过程中，法国成立了发展、就业和筹资委员会，外贸委员会，社会不平等委员会和城乡规划委员会共四个委员会。各委员会审议的事务与政府和其他行政部门处理的事务是一致的。[3] 在第七个计划开始前，法国修改了科技政策，科技事务局制定了一项"全面面向工业的政策"，确认科学的发展一定要服从社会和国家的需要，尤其要服从当时工业政策的需要。为了使科研工作尽量带有"生产的性质"，重点放在使用而不是基础研究

---

[1] 〔法〕弗朗索瓦·卡龙著，吴良健、方廷钰译：《现代法国经济史》，商务印书馆 1991 年版，第 265 页。

[2] Nicolas Zahariadis, *Markets, States and Public Policy, Privatization in Britain and France*, Ann Arbor, The University of Michigan Press, 1995, p.119.

[3] 〔法〕弗朗索瓦·卡龙著，吴良健、方廷钰译：《现代法国经济史》，商务印书馆 1991 年版，第 286 页。

上，国家的科研经费大大增加。1958年，科研经费在国家预算中占2.46%，1967年占6.22%，1969年占5.2%。1969年，在77亿法郎的科研总经费中，国家支出部分占到88%。[1]

"法国计划"的实施缩短了投资周期，根据计划确定的投资规模甚大。"法国计划"在全国实施，起到减少经济发展不稳定的作用。调查表明，大部分法国工业企业都了解法国计划的发展目标，某些大企业已经把自己的运营决策与"法国计划"联系起来。有调查说，将近一半的雇佣5000人以上的企业的决策受到"法国计划"的影响。几乎每家企业在发展中都考虑到未来的管理经营问题。[2] 前后相继的"法国计划"在某种程度上起到了国家对经济发展的规划、引导和间接控制的作用，具有与国有化雷同的政治趋势。

1972年，法国社会党、法国共产党和左翼激进派签署了一项《共同纲领》，提出了国有化的计划。《共同纲领》写道："为了摧毁大资本的支配地位，确立与大资本家实行不同的经济和社会政策，政府将逐渐把现今控制在占统治地位的资本主义集团手中的最重要的生产资料和金融设施转变为集体所有。"而根据1982年工业部长官署的表述，"基本变革的本质是扩大公有部分，以利用国有公司的经济框架实行国际竞争"。[3]

1981年12月8日，法国国民议会通过了《国有化法规》。1982年

---

[1] 〔法〕弗朗索瓦·卡龙著，吴良健、方廷钰译：《现代法国经济史》，商务印书馆1991年版，第301、303页。

[2] 〔法〕弗朗索瓦·卡龙著，吴良健、方廷钰译：《现代法国经济史》，商务印书馆1991年版，第287页。

[3] W. Rand Smith, "Nationalizations for What? Capitalist Power and Public Enterprise in Mitterrant's France", *Politics & Society*, 18, No.1(1990), pp.78-81.

2月11日，密特朗政府颁布了《国有化法令》，决定在工业、金融等领域对大型私人企业实行国有化。这批实行国有化的企业包括：五个大的国际集团（汤姆森-勃兰特公司、电力设备公司［CGE］、贝西奈-犹齐纳-库尔曼集团、圣戈班桥穆松公司和基本化学公司）、两个负债的钢铁公司（于斯诺公司和马特拉公司）、三个完全或部分被外国跨国公司控制的工业集团（甜心牛IC卡公司、电话建设总公司、鲁塞尔-于克拉弗公司）等。这次国有化大大提高了国有经济在法国经济中的比重。[①] 密特朗政府希望通过实行国有化，帮助法国克服失业和通货膨胀危机。但是，在社会党执政一年后，法国的国有化措施只取得了一些短期成果，激进措施超过了社会能接受的程度。于是，在1982年7月通过的《计划改革方案》，提出了新的指导思想，即既要保证国家对经济的指导作用和计划目标的实现，又要放松对企业的监督，尊重和扩大企业的自主权。

经过20世纪80年代的国有化浪潮，到80年代末，法国工业各部门中国有企业已占到相当的比例。邮政业为100%，电信业为100%，电力业为100%，煤炭业为100%，铁路业为100%，航空业为75%，汽车业为50%，钢铁工业为75%，造船工业中没有国有化企业。与美国、日本、德国、意大利、英国和加拿大这几个经合组织国家相比，法国国有化的范围最广。1986年以后，新上台的总理希拉克否定了国有化政策，实施了把先前的国有企业私有化的政策。根据1986年的纲领出售了65家国有企业，其中包括9个工业集团、38家银行、13家保险公司、4家金融公司和1家电视台。在对上述65

[①] W. Rand Smith, "Nationalizations for What? Capitalist Power and Public Enterprise in Mitterrant's France", *Politics & Society*, 18, No.1(1990).

家公司私有化的过程中,其中29家私有化的公司涉及了大约50万名雇员。法国一共对1454家企业(包括附属的公司)实行了私有化。1993年,爱德华·巴拉迪尔总理宣布了新的私有化纲领。实行私有化的企业包括列入希拉克私有化名单而尚未私有化的12个大的国有企业,加上9家先前没有准备出售的公司,[①] 其中包括埃多夫·阿奎坦公司(卖得32亿法郎)、巴黎银行(卖得136亿法郎)、圣戈班集团(卖得82亿法郎)、阿尔萨斯兴业银行(卖得7亿法郎)、法国商业信贷银行(卖得43亿法郎)、法国燃气苏伊士集团(卖得155亿法郎)、法国电视一台(卖得43亿法郎)、法国巴黎银行(卖得279亿法郎)、基本化学公司(卖得43亿法郎)等。[②]

第三节　其他国家的国有化

对于其他资本主义国家的国有化程度,在这里做一简单介绍。

德国国有化的百分比,在邮政业中是100%,在电信业中是100%,在电力部门中是75%,在天然气工业中是50%,在石油企业中是25%,在煤炭企业中是50%,在铁路部门中是100%,在航空公司中是100%,在汽车制造业中是25%,在造船企业中是25%。

意大利国有化的百分比,在邮政业中是100%,在电信业中是100%,在电力部门中是75%,在天然气工业中是100%,在石油企业中是100%,在煤炭企业中是100%,在铁路部门中是100%,在航空

[①] Nicolas Zahariadis, *Markets, States and Public Policy, Privatization in Britain and France*, Ann Arbor, The University of Michigan Press, 1995, p. 117.

[②] Nicolas Zahariadis, *Markets, States and Public Policy, Privatization in Britain and France*, Ann Arbor, The University of Michigan Press, 1995, p. 118, Table 5.1.

公司中是 75%，在汽车制造业中是 75%。

英国国有化的百分比，在邮政业中是 100%，在电力部门中是 100%，在天然气工业中是 25%，在石油企业中是 25%，在煤炭企业中是 50%，在铁路部门中是 100%，在汽车钢铁业中是 75%，在造船业中是 25%。

美国国有化的百分比较低，在邮政业中是 91%，在电力部门中是 25%，在铁路部门中是 25%。

日本国有化的百分比也较低，在邮政业中是 100%，在电信业中是 33%，在铁路业中是 25%。

加拿大国有化的比例不高，在邮政业中是 100%，在电信业中是 25%，在电力部门中是 100%，在铁路部门中是 75%，在航空公司中是 75%。[1]

---

[1] Nicolas Zahariadis, *Markets, States and Public Policy, Privatization in Britain and France*, Ann Arbor, The University of Michigan Press, 1995, p.12, Table 1.1.

第十七章　战后挑战资本主义制度的力量

到了 20 世纪，随着资本主义的发展，西方社会结构发生了重大的变化[1]，中产阶级兴起，产业工人的革命精神衰退，马克思在 19 世纪中叶建立的阶级斗争和阶级冲突的理论框架已经不足以解释 20 世纪以来的社会现实和社会冲突的形式了，必须根据马克思以后的历史发展的事实对马克思的模式作相应的修改。20 世纪下半叶，在发达资本主义条件下的社会冲突自然是"来自社会下层的压力"。它不仅有有组织的劳工运动，而且出现了被称为"新社会运动"的力量。后者包括学生运动、妇女运动、黑人运动等基于性、民族和种族划分、性别的选择、环境保护和裁军展开的运动和斗争，此外还有神学解放运动。这些运动与过去几十年中很有限的有组织的劳工运动相比，显得格外激进，富于创新精神和挑战性。[2] 它们统称为新社会运动。新社会运动围绕着这些问题把群众组织起来，在事实上形成了对资本主义社会的冲击。这些运动的绝大部分是由资产阶级和小资产阶级领导的，而他们的主要支持者也不是工人阶级。但不管它们的阶级构成是

---

[1] 参见沈汉：《西方社会结构的演变——从中古到 20 世纪》，珠海出版社 1998 年版，第 256—364 页，第四编"当代资本主义社会结构"。

[2] Ralph Miliband, *Divided Societies: Class Struggle in Contemporary Capitalism*, Oxford, Clarendon Press, 1989, pp. 17, 95.

如何混杂，新社会运动具有共同的特点，即它们与资本主义社会现行的权力结构、目前的政治决策及一般的思维模式相对立，可以被称为具有不同政见者的使命。他们的运动构成了资本主义社会中来自下层的压力，因为它们为居民中受剥削压迫的那部分人说话，为少数人的事业说话。密里本德指出："这种来自下层的压力的许多方面与阶级斗争密切相关，而且是真正属于阶级斗争的一部分。"[①] 波尔塔和卡安妮在《社会运动和欧洲化》（2009年）中认为，这些运动导致社会动员以及新的公共空间，他们成为增强欧洲民主性的潜在力量。[②]

第一节　学生运动

20世纪60年代，在欧美主要资本主义国家爆发了此起彼伏的学生运动，其规模之大、范围之广，在历史上前所未闻，形成了第二次世界大战结束后左翼运动的高峰。这次学生运动对资本主义文化和教育制度、帝国主义的侵略战争政策、资本主义的制度进行了尖锐的批判，震动了西方社会。

60年代学生运动的起因，在不同的西方国家中各不相同。在美国、英国和联邦德国，学生运动的爆发与政治关系密切；而法国"五月风暴"则源于学生青年的道德和文化反叛，导致大学生不满情绪爆发的直接原因，是学校当局对男女学生宿舍实行严格的分离。法国教育部和学校颁布严格禁止男女学生自由进出对方寝室的条规，废除这

[①] Ralph Miliband, *Divided Societies: Class Struggle in Contemporary Capitalism*, Oxford, Clarendon Press, 1989, pp.96-97.

[②] 刘颖：《新世纪以来西方新社会运动研究》，人民出版社2018年版，第16—17、7页。

一条规，成为"五月风暴"掀起前三年学生斗争的直接目标。1965年秋季，在巴黎最大的学生宿舍区安东尼区，1700名学生强力阻止在女生宿舍前建造看门人的传达室，在三个月中示威不断。1967年春季，在楠泰尔学院又发生了男生为进入女生宿舍而引起的骚动，学校召来了消防队和警察。由于这场冲突，一名督导被解雇。1968年2月，圣瓦伦丁节，学生为争取在男女生宿舍之间自由走动而发动的骚动在法国全国爆发。随后，教育部长佩雷菲特重申禁令，这成为学生的不满发展为与政府对抗的原因之一。法国学生从反对限制男女学生交往的大学当局开始，进而把斗争矛头对准整个教育制度和资产阶级国家。

性解放是当时西方青年学生反对传统道德规范束缚、争取个性解放的一种文化反抗的口号。1965年8月，在美国学生运动高潮中，"性自由联盟"曾在加州大学校园内组织了裸体示威游行。在法国"五月风暴"中，学生曾表示："我越谈恋爱，我就越要造反，因而我也越要谈恋爱。"但是，性解放决非60年代学生运动全部或主要的文化批判内容。参加学生运动的青年学生，把骚动不安的青春欲求、性解放、道德反叛与政治要求混杂在一起，奏出了动荡时代的合奏曲。对资本主义教育制度的批判，从运动一开始就是法国学生运动的一个重要内容。不过，对教育制度进而对社会制度批判的内容立即在运动中压倒了性解放的要求，成为"五月风暴"的基调。

检索一下"五月风暴"前后的历史时间表，不难看出学生运动在5月以前已经迅速深化——从教育批判发展到对社会的政治批判。

1967年11月20日，法国索邦大学学生委员会发布的第一号传单，要求教师"不要讲那些无价值的东西，不要柏格森式的叽里咕噜，不要那些驯猴似的考试"。传单最后说："我们明白，没有一场革命,实现这些目标显然是不可能的。"①

1968年3月,"法国学生全国联盟"的出版物《法兰西学生》增刊撰文说:"如果我们要使社会教育体制避免完全崩溃的话,推翻现存的结构是极其必要的。"②1968年3月22日,社会学系学生发表的题为《社会学家为什么这样?》的文章,将社会学存在的问题归结为社会学家充当了资产阶级社会的工具。文章说:"社会学的兴起日渐为通过理性化的实践以服务于资产阶级社会要求的目标所束缚。""有组织的资本主义的实践导致了巨大的矛盾","我们的社会学家在充当一只'看门狗'的同时,也会使他自己为拼凑社会学的'理论'做出些贡献。"③

在不止一个西方国家中,60年代学生运动的爆发有着重要的外部因素,即在不同程度上受到第三世界反对帝国主义、资本主义、新老殖民主义的民族解放运动和革命运动的影响。在个别国家,第三世界民族解放运动对发达资本主义国家的影响甚至成为诱发大规模学生运动的主要原因。这是60年代西方学生运动与19世纪群众运动和革命运动的一个重要不同之处。

第三世界的民族解放运动和革命武装斗争在"冷战"的格局下使得美国政府和其他西方资本主义国家极度恐慌。帝国主义国家的政策向右急转,美国政府对东南亚的革命运动和民族解放运动采取大规模

---

① Alain Schnapp, Pierre Vidal-Naque.eds., *The French Student Uprising, Nov.1967-June 1968*, Boston, Beacon Press, 1970, pp. 102-103.
② Alain Schnapp, Pierre Vidal-Naque.eds., *The French Student Uprising, Nov.1967-June 1968*, Boston, Beacon Press, 1970, p. 112.
③ Alain Schnapp, Pierre Vidal-Naque.eds., *The French Student Uprising, Nov.1967-June 1968*, Boston, Beacon Press, 1970, pp. 121-122.

武装干涉的政策。正如马尔库塞评述的:"西方世界达到了一个新的发展阶段。今天,为了保护资本主义制度,需要把内部的反革命与外部的反革命都组织起来。反革命最极端的表现形式就是继续施行纳粹政权的暴行。在印度支那、印度尼西亚、刚果、尼日利亚、巴基斯坦以及苏丹,进行了可怕的屠杀,这场屠杀或是针对所有称为'共产主义'的东西,或者针对所有反对为帝国主义国家效劳的政府的活动。"美国的镇压和战争政策,则对第三世界的民族解放运动和革命斗争起了同样的作用,它激起了本国学生青年对美国政府反动政策的不满。在美国、英国和联邦德国,反对美国政府侵略印度支那的战争政策,反对在大学校园里招募军官和士兵及培训后备军官,反对大学的科研与军事工业相结合,以及反对美国以外其他国家政府支持美军进行越战的政策,成为这些国家大规模学生运动的重要原因。反对罗得西亚种族主义,是60年代英国伦敦政治经济学院学生运动的一个动因。70年代初,美国侵略柬埔寨,则激起了美国学生反叛运动最后的高潮。第三世界革命运动和民族解放运动对西方学生运动起了促进作用。

60年代西方学生运动是一次发生在资本主义世界体系和资本主义全球化形成时期的运动。在资本主义世界体系形成的历史条件下,西方发达资本主义国家国内政治生活已不仅仅受到本国政治、社会冲突的影响,同时,发生在第三世界的革命浪潮也反转过来冲击着西方帝国主义国家,赋予这些国家的左翼力量和学生青年批判和反对资本主义和帝国主义的灵感、激情和力量。这是19世纪旧式革命运动中从未具有过的新特点。在全球化时代,资本主义制度的力量毋庸置疑是相当强大的,发达资本主义国家的社会相对稳定,资本主义制度的困境和矛盾往往在其边缘地带即在与第三世界国家的关系上暴露和反映出来。新的反资本主义的力量和运动，往往会从边缘地带滋生发展起来，阶级冲突和社会冲突在全球范围内展开。60年代西方学生运动的这一特征前瞻性地预示了这一点。

学生运动的参加者大多是中产阶级或中产阶级下层的子女，他们在大学期间一般是较优秀的学生。美国加州大学伯克利分校古典文学系主任约瑟夫·方廷罗斯曾有如下评述："自由言论运动的领袖代表了新一代学子……他们都是好学生，他们严肃，有奉献精神，负责任，有献身民主的观念。"有人对1964年12月初美国一次静坐示威中被捕的自由言论运动参加者做过分析，结论是，他们中绝大多数是高出一般水准的学生。被捕的本科生中有47%均分在3分（即B级）以上，有71%的被捕研究生均分在3.5分（即在B级与A级之间）以上。根据1964年11月在社会学系教授罗伯特·萨默斯监督下进行的调查，在被采访的学生中，在均分达到B级或更高级别的人中，45%是支持自由言论运动的，只有10%反对自由言论运动。而在B级或以下级别的学生中，有1/3反对自由言论运动，只有15%的学生支持自由言论运动。[1]

从整个学生团体来说，其成员的社会来源是纷杂的，绝大多数学生不是来自工人阶级家庭。法国共产党曾对法国学生团体的构成做过阶级分析，结论如下：领工资的农业工人子女占0.6%；农场主的子女占5.6%；文职人员的子女占0.9%；蓝领工人的子女占6.4%；白领工人的子女占7.9%；工业和商业部门总经理的子女占17.7%；中层经理人员的子女占17.8%；自由职业者和上层经理的子女占28.5%；无职

---

[1] Arthur Marwick, *The Sixties*, Oxford University Press, 1998.

业但拥有财产的人士的子女占7.6%；出身于其他家庭的学生占7.6%。[1]

学生运动在最初阶段，它的要求并没有超过中产阶级运动的范畴。巴黎索邦大学的占领者在《对权力的想象》一文中表述说："资产阶级革命是司法革命；无产阶级革命是经济革命；我们的革命是社会和文化革命，其目的是使人能实现自我。"[2] 在美国，于1964年9月在加州大学伯克利分校开展的自由言论运动，其要求没有超出资产阶级民主、自由的范畴。美国60年代学生运动最重要的组织"争取民主社会学生组织"，它在1960年创立时和在1962年提出的《休伦港声明》中，将其目标限于人道主义、个人主义和参与民主制。然而，到1968年秋季以后，这个组织提出要"成为一个革命的青年运动"，并于1968年12月分裂出了"气象员"派。此时，它提出把与世界范围内的解放力量团结一致，"创立一个革命群众运动"作为其目标，[3] 向"左倾"政治方向迅速转变。

从整体上来看，60年代美国、法国、联邦德国和英国学生运动在使用的话语和实际活动中，具有"左倾"政治化的鲜明特征。

在60年代西方各国，马克思、马尔库塞和毛泽东被称为"三M"，成为西方学生运动参加者的革命偶像。影响学生运动并在学生运动中极为活跃的还有各种左翼和极"左"的政治组织、信奉极端革命论的"第四国际"的托洛茨基派。到了学生运动后期，美国和联邦德国的学生运动在资本主义国家的压力和打击下，学生骨干中的革命盲动策

---

[1] Morris Dickstein, *Gates of Eden: American Culture in the Sixties*, Basic Book Publishers, New York, 1977.

[2] H. Draper, *Berkeley: The New Student Revolt*, New York, 1965.

[3] Richard Johnson, *The French Communist Party versus the Students: Revolutionary Politics in May-June 1968*, Yale University Press, 1972.

略占据上风，成立了极"左"的派别组织，甚至采取了不恰当的密谋暗杀和爆炸等消极反抗策略，使之严重脱离群众，组织内部也发生分裂并遭到破坏。

学生运动开始后的"左倾"政治化可以从学生组织依据阶级理论对学生与工人阶级结合问题的陈述中窥见。"法国学生全国联盟"发布的一份文件指出，与现存大学对抗以及与现政权对抗是不可分割的。文件强调了"学生斗争与工人斗争相联系"的目标。文件指出："只有当工人自身进行斗争时，现政权才可能垮台。这就是说，变革社会的主要力量是工人阶级，工人应该掌握自己的命运，从现在起就应在所有企业中向雇主的权力展开攻击。"[1] 学生组织在其文件中，反复提出要与工人运动结合并改造自身思想的问题。

在美国，"争取民主社会学生组织"在1968年秋季提出要"决定它对工人阶级的方向"，"在校园内外都要扩展到新的民众中去，并把'争取民主社会学生组织'组织成一个革命的青年运动"。[2] 从"争取民主社会学生组织"中分裂出来的革命派别"气象员"认为，要在国内开辟一条反帝战线，包括在需要时进行武装斗争，来表明与世界范围内的"解放力量"团结一致。声明最后宣布，必须创建一个以城市的白人、青年人的武装力量为基础的，"具有处于秘密状态的自力更生的骨干组织"、"集中化组织的'革命党'"。1969年9月的芝加哥大会以后，"气象员"开始实行全国行动计划，宣布要"把战争引向国内"。《新左派短简》将这个口号印在刊物的封面上。[3] 1970年，《新左派短简》发表的题为《下一次是大火》的文章，甚至提出了"我们的计划

---

[1] G. and D. Cohn Bendit, *Obsolete Communism: The Left Wing Alternative*, London, 1969.
[2] 许明龙选译：《1968年法国五月风暴资料选》，《世界史研究动态》1984年第5期。
[3] Harold Jacobs, *Weatherman,* Ramparts Press, 1970.

是通过一场社会主义革命完全重组美国"的极"左"的口号。[1]

在联邦德国，学生运动活动家鲁迪·杜切克在1968年年初提出了"穿透整个制度的长征"的策略口号。他认为，学生运动在未来应采取的做法，是"加深在社会不同层次（高级中学、假期培训学院、大学、著名的工业部门，等等）……业已存在的矛盾……以此分裂代议制制度整体的各部分和分支，并把他们争取过来转入革命者阵营"。"颠覆性地利用复杂的国家——社会机器中可能有的矛盾，以此在一个长期的过程中摧毁它"。[2] 在联邦德国，学生运动参加者先后建立了"革命细胞组织""红军党团""六二运动"，进行了大量小规模的恐怖活动。

20世纪60年代，西方学生运动极端的"左"倾政治化，表明这个运动已部分超出了传统的中产阶级知识分子运动的性质。然而，极"左"的冒险主义策略，又反映了青年学生面对强大的资本主义制度时的不成熟和无奈。

西方学生运动标志着"二战"结束后西方左翼政治力量发展的巅峰。它的余波持续到70年代最初几年，而后便急剧地衰落和瓦解了。此后，便是保守主义的泛滥和苏联、东欧社会主义国家的解体。60年代以后，在西方兴起的"新社会运动"，无论在规模和锋芒上都无法与60年代学生运动相比。

第二节　女权运动

女权运动的前身在19世纪就已开始了。"女权主义"这一术语在

---

[1] Kirpatrick Sale, *SDS*, New York, Vintage Books, 1974.
[2] Ronald Fraser, *1968: A Student Generation in Revolt*, London, Chatto and Windus, 1968.

19世纪80年代首次出现在英文中，它旨在支持男女平等的法律和政治权利。那以后，这个词的含义处于演变中，各派对它有不同的解释。

美国在1890年2月建立了全美妇女选举权协会。20世纪60年代，美国民权运动开展，黑人妇女积极参加了这一运动。有学者认为，在1964年以前的民权运动中，黑人女性参与者比男性还要多。它的基本要求是强调两性之间分工的自然性并消除男女同工不同酬的现象，要求在两性社会关系中忽略把两性差别看作女性依附于男性的基础的观点，要求本领域对公众开放。

从20世纪初到20世纪60年代，世界上经历了两次世界大战，殖民制度瓦解，女权主义在这个大动荡的时期也风起云涌。这个时期，第二代女权主义分道扬镳成为以凯特·米丽特、凯瑟琳·麦金农等人为代表的"激进主义女权主义"，以朱丽叶·米切尔为代表的"马克思主义/社会主义女权主义"和以贝蒂·佛里丹等人为代表的"自由主义女权主义"。马克思主义/社会主义女权主义主要是从经济和阶级斗争方面要求妇女和男性的平等，要求妇女在物质上的地位。而"激进主义女权主义"和"自由主义女权主义"却是在"性"方面诉求女性的"解放"。她们挑战的是整个男性社会，挑战"性阶级"体制。美国的凯特·米丽特在她的《性政治学》（1970年）一书中第一次引入"父权制"的概念，她认为妇女受压迫的根源是"父权制"。她们将女性和男性完全对立起来：男人是敌人，女人是朋友；男人暴躁，女人温柔；男人是迫害者，女人是被迫害者；男人是压迫者，女人是被压迫者；男人是战争贩子，女人是和平主义者；男人是胜利者，女人是失败者；男人是个人中心主义者，女人是关系取向者；等等。这种简单的二分法，受到以后的后现代女权主义的批判。不过，这一时期的女权主义，尤其是激进和自由主义女权主义对"性解放"的诉求,对一批女权主义作家产生很大影响。弗吉利亚·伍尔芙和莱莘等人的作品虽然有后现代的痕迹,可是基本上是这一时期女权主义在文学上的代表,代表人物还有杜拉斯和米兰·昆德拉。

1963年8月,数十万示威者在华盛顿纪念碑前聆听金和其他黑人领袖的演讲时,黑人女权先驱和"民权教母"多萝西·海特便站在马丁·路德·金的旁边,仅一臂之遥。在讲台上,作为这次活动重要组织者的海特却没有发言,她的沉默,意味深长。

妇女在民权运动中的地位不可小视。有学者做过一番统计,在1964年以前的民权运动中,黑人女性参与者要比男性多。在30—50岁的年龄段,黑人女性参与者的人数是男性的三到四倍,她们为民权活动家提供各种支持。一名民权人士写道:"总是有一位'妈妈'在场。""她通常是社区中争强好胜的女人,语言坦率、善解人意,情愿赴汤蹈火。""她白天摘一整天棉花,傍晚又给几十人准备美餐,然后就在前面的门廊坐到半夜,怀里横摆着一支短枪,用以保护在她家住宿的宣传队。"除了洗衣做饭,她们在诸多民权活动中也都是主要参与者和组织者,是运动的脊梁。

当时的美国,妇女对社会关系比较重视,南方黑人女性有着虔诚的宗教信仰,拥有发达的宗教组织体系。因此,长期从事社区和教堂工作的黑人妇女就为民权运动提供了重要组织基础和活动平台。在当时的群众游行、不合作运动以及动员选民等民权斗争活动中,黑人妇女都是主要参与者。

多萝西·海特当时是全国黑人妇女协会的主席,她在一开始就参与了"民权领袖联合委员会"的讨论与协商工作,是6位主要男性领袖之外的第7人,被称为美国"国家宝藏"。当她要求在游行中体现出女性的参与和女性的诉求时,"民权领袖联合委员会"中存在着男性沙文主义。历来只要有女性在座,她就要被支使着去端茶倒水、作记录。

"华盛顿进军"之后,许多妇女开始对民权运动表示失望。海特在一次采访中说,民权斗争也是大家的斗争,她不介意谁站在前排。话虽如此,民权运动中更多的是女基层战士,如罗莎·帕克斯,而不是像海特那样的领导者。民权运动内部的男女不平等,也让她们感觉到自己是二等公民,并产生幻灭感。民权运动中的这种内在矛盾,正是它在20世纪60年代末失去动力导致衰败的原因之一。

女权运动的第三阶段,即后现代女权主义运动,演变为学术界知识分子的思想运动。

1968年,国际妇女运动产生了两个分支,即"女权革命运动"和"精神分析与政治组织"。女权革命运动成为美国妇女运动的方向。这个分支在理论上认为女人和男人没有什么区别,而精神分析与政治组织则是法国妇女运动的活动方向,它认为女人是独特的群体。

1968年3月8日国际妇女节,巴黎的"精神分析与政治组织"的成员在市内游行,高举"打倒女权主义"的标语。这个运动反对"女权主义"这一标语,但支持妇女运动。"精神分析与政治组织"是当时妇女运动的文化中心,她们创办了《妇女周刊》。通常认为,1968年的巴黎游行,是女权主义向后女权主义过渡的标志性事件。

"妇女解放运动"的发起人是安托瓦内特·福克,她是欧洲议会的议员。60年代曾同拉康研究精神分析,1970年在巴黎第八大学开设讲座。她是《妇女周刊》的创办者之一。

女权革命运动的代言人是莫妮克·卫提,她是美国亚利桑那大学的法语和意大利语教授。她同克里斯汀·德尔菲、西蒙娜·德·波伏娃一同创办了《女权主义问题》杂志。卫提关心的是社会性别差异的生理根源。1970年成立的女权革命运动小组（FR），反对"精神分析与政治组织"，她们借鉴美国模式反对弗洛伊德的精神分析学，要求平等，主张独立。西蒙娜·德·波伏娃在1968年成为女权主义者并成为女权革命运动小组的成员，她著有《第二性》（1948年），这是女权主义的重要著作之一。她说："一个人并非生来就为女人，而是变成为女人。"女权革命运动小组反对生理决定论，即女人臣服于男性标准的观点。

  后现代女权主义开始于20世纪60—80年代，它的产生大概和两个因素有关，一个因素是由于60年代的"性解放"和将男女对立起来的女权思想带来了家庭破裂、单亲母亲、问题儿童和艾滋病流行等问题，于是人们反思：社会值不值得为性解放和女权主义付出那么大的代价？另一个因素是，80年代以后，越来越多的女人进入了政府、企业、学校和传媒的领导岗位，后现代的女权应运而生。如果说第二代的"现代女权主义"重实践，则第三代的"后现代女权主义"更重视超出女性范围的哲学思考，社会主义和性自由的色彩更浓厚。

  法国后女权主义者露丝·伊瑞格瑞写了《他者女人的反射镜》（1974年），她批评拉康的精神分析学派，指出精神分析是父权制的，它并没有认识到它的话语和其他东西一样也是由历史和文化决定的。1970年，朱丽叶·米切尔写了开创性的著作《心理分析和女权主义》一书，她认为弗洛伊德的精神分析学为女权主义提供了一个视角，以此来透视男权意识是怎样被男人和女人双方内在化的，同时还为女性主义者提供了一种不依赖于生理上性差异的理解。[1]

---

[1] 〔英〕索菲亚·孚卡、瑞·怀特著，王丽译：《后女权主义》，文化艺术出版社2003年版，第68页。

第三节 绿党

20世纪60年代初，美国学者R.卡姆的《寂静的春天》出版，向人类敲响了生态危机的警钟。人口爆炸、土地沙化、资源枯竭、能源危机、环境污染使人类陷入了生存的困境。1972年，一个由科学家组成的非政府组织罗马俱乐部发表了研究报告《增长的极限》，向人类报告了能源和环境问题对人类社会与延续的终极制约，极大地影响了各国的经济生产方式、社会生产模式乃至政治发展内涵。1972年，第一次联合国环境大会召开，在世界各地产生了巨大的反响。

60年代末，欧洲逐渐形成了一支绿色运动的队伍，它以环境保护、反核、可持续能源等作为政治诉求，同时在体制内和体制外作抗争或进行改革。绿色运动最先在斯堪的纳维亚半岛的挪威、瑞典、芬兰以及联邦德国发展，在其初期常常有相当激烈的街头抗争与国际性的干预活动。1970年4月22日，美国2000万各阶层人士参加了盛大的环保游行，在街头和校园游行、集会、演讲和宣传。它的影响日渐扩展到美国国界以外。

70年代初，环境保护运动和学生运动相交错，建立了"自然之友""峰峦俱乐部""绿色和平组织""世界卫士""布伦特兰委员会"等非政府组织，推动了市民的绿色政治运动。

此后，呼吁保护环境的非政府组织发展成为绿党。绿党一贯主张非核化、非军事化，坚决反对使用核能。绿党的活动是从反核运动开始的，提出了"生态优先"、非暴力、基层民主、反核原则等政治主张，开展环境保护活动。

80年代初期，一场以市民为主体的绿色运动在西方国家兴起。在广泛的群众运动的基础上，建立了绿色政治组织——绿党。它作为一种政治力量在全球崛起，对全球环境保护运动起了积极的推动作用。世界上最早成立的绿党是1972年成立的新西兰价值党，以后在澳大利亚、北美、非洲都成立了绿党。1973年，欧洲出现了第一个绿党——英国人民党。1979年，德国环保主义者组成了德国绿党。时任德国外长的菲舍尔是德国绿党的党员。

全球的绿党的特征是提倡生态的永继生存和社会正义。这使得绿党与传统的资本主义派别和社会主义派别大不相同。绿党是由社会运动的行动者组成，他们是一个政治上的弱势群体或是少数族群。绿党提出的四个基本主张是：生态可以延续、草根民主、社会正义和世界和平。现在全球已有超过70个绿党组织。在非洲和拉丁美洲建立了绿党的组织联盟。欧洲绿党联合会在1993年成立。1999年，绿党在欧洲议会的626个席位中占了47席。在欧洲17个国家的议会中，绿党议员达到206名。在欧盟最初的15个国家中，有12个国家的政府中有绿党成员。

绿党根据生态和谐原则，奉行非暴力原则，它反对充满暴力行为和压迫剥削的现存社会。绿党认为，由国家、制度充当主角所实行的暴力是一种结构性暴力，它是国家和政府强加于社会和个人的压迫和剥削制度。其中最集中的暴力行为是军事上的黩武主义、对妇女的歧视和压迫以及对第三世界国家和人民的剥削。绿党广泛开展世界和平运动、反对部署核武器运动和要求裁军运动。它主张首先在欧洲实现和平，建设一个没有集团对抗的和非军事区的欧洲。他们提出应由德国首先销毁核武器，并单方面裁军，实行独一无二的社会防御政策。绿党在反对结构性暴力的斗争中，反对对妇女的压迫是一个重要的组成部分。他们认为，在现代社会中，妇女是一个最大的受压迫受剥削的群体，因此，保护妇女权利成为绿党向国家制度暴力发起的最猛烈的进攻。他们提出了大量女权主义的立法、同工同酬、教育平等、财产继承、孩子养育以及关于流产权利的要求。

绿党认为，世界秩序充满的结构性暴力和事实上的不平等、不公正，基本上还是殖民地的遗产。发达国家利用他们在各方面的优势，残酷剥削和掠夺第三世界，是造成发展中国家贫困的主要原因。为此，绿党提出给第三世界以援助，为他们提供一个自力更生、调整经济、谋求发展的机会，减少发展中国家对发达国家的依赖，力求建立一种平等互利、友好合作的伙伴关系。

绿党倡导基层民主的原则，主张人民必须更加直接地控制社会、生态、经济和政治力量之间复杂的相互作用。绿党认为，传统的政党政治已和大资本的利益集合在一起，大资本集团通过游说、贿赂、馈赠等各种手段，控制了国家和各级政府的决策，权力日益集中在少数人手中，各政党的上层决策者由于官僚化和等级化的组织结构，已与下层党员和群众相脱离，失去了社会责任感，无法再代表下层群众的利益和愿望，他们对现存的社会问题和生态问题负有不可推卸的责任。因此，绿党把基层民主的原则贯彻在组织结构中，通过大民主参与的方式吸收更多的民众支持。例如德国绿党在1983年制定的联合纲领中明确地表述："我们决定建立一种新型的党的结构，以不可分割的基层民主和分散化概念为基础的党的结构。"绿党这种基层参与性的组织机构，其目的就是扩大基层的权力，防止形成权力机构与个人垄断。这种基层授权制是绿党与传统政党的最大区别，它的决策过程不是自上而下的，而是自下而上的，基层拥有实际决策权，而上级机构只是办事机构。绿党实行干部的轮换和任期制，绿党认为，任期过长会使信息和权力集中，这些与基层的理想相抵触，希特勒时代已经说明了其危险性。绿党从中央到地方都实行集体领导。为防止任何权力垄断现象的出现，绿党规定一人不得身兼数职，实行领导职务轮换制，对党内职务的确定和重新当选均有严格规定。党内事务实行男女平等参与。欧洲绿党奉行直接民主，经常站在被压迫者和穷人一边。有人把绿党称为"新马克思主义者"或"后马克思主义者"。

在英国，绿党开展了核裁军运动。这是一个倡导单方面进行核裁军的英国反核运动。该运动也倡导并开展国际核裁军运动，并通过协议加强国际武器控制，如著名的核不扩散条约。它反对任何可能导致使用核武器、生物武器和化学武器的军事行动，并反对在英国境内修建核电站。核裁军运动形成于1957年，在此后半个世纪，该运动一直处于英国诸多和平运动的前列。自1958年以来，该运动组织了"奥尔德玛斯顿游行"。游行在复活节周末从伦敦特拉法加广场开始至伯克郡奥尔德玛斯顿村附近的一个原子武器研究机构为止。组织的领导者为选举产生的主席。

第四节　解放神学运动

解放神学是一个相当复杂的运动，它于20世纪60年代在拉丁美洲兴起。作为一种思潮，它源于20世纪50年代仍处于殖民地时期的非洲。当时宗主国为了巩固他们在殖民地的利益和控制，不惜用战争手段屠杀、粉碎起来争取独立的人民。非洲人争取解放的背景是非常单纯的，不管是通过武装革命、非暴力的方式或谈判，都是要从统治者手中解放出来，争取自由独立。当解放运动兴起，殖民地的宗主国就面临着失去对殖民地的控制的理论依据。尽管权力转移仍有一段时间，但承认殖民地人民有独立国家的权利的观念，却已经被宗主国接受。因此，非洲国家争取独立的过程比较简单。

但是当这种思想传播到拉丁美洲及其他第三世界国家时，情况就较为复杂了。解放神学的体系也较为多元化且内容丰富。比如，拉丁美洲及其他第三世界国家解放和争取的目标，除了政治的自主权，更重要的是经济上不再处于依赖地位。宗主国从殖民地得来的廉价的原材料，被宗主国用来制造昂贵的制成品，随后在这些殖民地销售，殖民地在经济上永远无法独立。殖民地人民除了在经济上日益增大的贫富差距，人民的贫穷和无望的精神状态成为他们文化的深层结构。引发60年代广泛的神学解放运动浪潮的，便是针对这种有形的和无形的殖民主义观念的神学反省。它源自以信仰天主教为主的拉丁美洲，从受压迫的穷人的角度来解释基督教的信仰。

解放神学是1968年世界性革命运动的一部分，其主要的回应对象是马克思主义。1959年爆发了古巴革命，它向人们表明，拉丁美洲可以有像古巴那样的另一种生活。1968年，罗马教皇诺望二十三世宣布成立"梵蒂冈第二届大公会议"筹备委员会。1968年8月，在哥伦比亚麦德林召开了为落实"梵蒂冈第二届大公会议"精神的"拉丁美洲主教会议"，它宣告了解放神学的确立。会议痛斥了在拉丁美洲无视广大人民群众生命及其基本需求的现实的"罪的境况"，指责导致大规模贫穷的不义的社会制度是"体系化的暴力"，号召人民为正义而斗争。[①] 1971年，古铁雷斯出版了标志着解放神学正式诞生的《解放神学》一书，指出"解放史与拯救史乃同一个历史"。解放神学进行斗争的焦点是拯救"被钉在十字架上的人民"。伊格纳西奥·埃雅库里亚认为，"我们的时代的基本问题是贫穷问题。这个问题的根

---

① 叶健辉：《托邦：拉丁美洲解放神学研究初步》，中央编译出版社2015年版，第60—61页。

源是'钱财的文明'或'资本的文明'"。这是解放神学提出的基础教会理论。[1] 伊格纳西奥·埃雅库里亚指出,"暴力史诠释着强加的不义",暴力是"权力的滥用"。这种不义"用强力剥夺人的人格权利,组织人以自己的判断而安排自己的生活"。权力滥用有三种最严重的形式,一种是"试图使不义的政治、社会秩序永久化的司法",另一种是"形形色色的刑讯逼供",还有一种是"在人民中形成一种坏良心的宣传谎言"。为应对这种境况,革命暴力在某种境况下是无可避免的。[2] 伊格纳西奥·埃雅库里亚指出,贫穷的问题"涉及的不单单是社会或政治问题,它关系到天主的拯救意志,关系到天主之国在人间的建立"。穷人已经起来为改变不义的钱财文明而斗争,这可以被视为一场"圣战",这是已经临近的天主之国的新讯号。[3]

解放神学对1968年革命持高度肯定的立场。巴西主教卡马拉说,教会必须向阿奎纳对待亚里士多德那样来对待马克思。[4] 在1968年召开的麦德林主教会议,宣告了解放神学的诞生。本来在大学教书的哥伦比亚神父卡米洛托雷斯加入了游击队。乌拉圭神夫胡安-卡洛斯萨法罗尼退出耶稣会成为"工人神父"。神学融入穷人的解放运动之中。

解放神学家陷入的问题则是:"在非正义的世界里。公义的神在什么地方呢?"顾特莱分析说:"解放神学的起点是委身于穷人,一

---

[1] 叶健辉:《托邦:拉丁美洲解放神学研究初步》,中央编译出版社2015年版,第110、115页。

[2] 叶健辉:《托邦:拉丁美洲解放神学研究初步》,中央编译出版社2015年版,第118—119页。

[3] 叶健辉:《托邦:拉丁美洲解放神学研究初步》,中央编译出版社2015年版,第118—119页。

[4] 叶健辉:《托邦:拉丁美洲解放神学研究初步》,中央编译出版社2015年版,第259页。

种'非人',它的概念源于受害者。"巴西的天主教神父莱奥纳尔多和博夫说,这是一种化学反应:信仰+压迫=解放神学。1970年以后,解放神学从拉丁美洲扩散到其他地方。美国由詹姆士·龚等人倡导的黑人神学,关心的是种族压迫;南非反对种族隔离政策的黑人神学,寻求政治上的平等权利;饱受战争蹂躏的北爱尔兰人,也有他们自己的解放神学。在剥削和压迫下发出的神学呼声渐渐受到社会的重视和关注。

解放神学反思了第三世界基督教国家多年在统治下经历的贫穷、被剥削和被压迫状况。解放神学家认为,这是违反神的旨意的。这种神学观念具有基督教良知的道德使命感。顾特莱说:"我们站在穷人一边,不是因为他们是对的,只是因为他们是贫穷的。基督教徒应当怎样回应呢?我们若让这种令人愤慨的情况继续下去,就是有罪的。"乌拉圭天主教神父薛君度说:"不要忘记我们是生活在一个基督教的国度,同时也是生活在一个最非人的地方。"

有些类型的解放神学可以追溯到欧洲的政治神学和莫特曼的希望神学。默茨认为,必须正视信仰在政治层面的意义,而教会则是社会良心的一种建制。莫特曼强调,末世论与希望的政治特性都能在历史中发挥出解放的功能。这些言论与顾特莱的观点很相似。潘霍华则呼吁人要重新界定宗教,并且拒绝把教会与世界分割的二元论。因为欧洲对神学的讨论太宽泛,他们的反省都是抽象的理论,过于中性,忽略了悲惨和不义的现实,只是从纯教义建设来说话。拉丁美洲的圣职人员则继续为穷人说话。

梵蒂冈第二次会议(1962—1965年)愿意重新检视世界的社会经济状况,它表示教会不需重新评价昔日教会认为有罪的社会主义和共产主义。在1968年拉丁美洲麦德林主教会议上,他们重新研究了共产主义和社会主义的意义。然而，梵蒂冈与解放神学的冲突不断。1986年，梵蒂冈发布了题为《基督教自由与解放的指引》的文件，这份文件承认了集中形式的解放神学，表明教会与穷人站在同一阵线的决心。它还表示，在某种压迫的环境下，要恢复社会正义，可能需要诉诸武力；它认为教会关心公共利益的原则，较之关心个人财富更重要。在梵蒂冈这种姿态背后，支持传统教会教导的倾向已与解放神学的倾向同时存在。解放神学认为经济体系是压迫的主要原因，而阶级斗争则是这种压迫的战场。但近年来，解放神学家对共产主义的依赖似乎在减弱。墨西哥学者米兰达分析说："我们全是站在马克思的肩膀上。"但是对于马克思主义在解放神学中扮演什么角色，解放神学家有不同的看法。薛君度认为，解放神学在大学中产生，开始时属于中等阶级的学说。到了20世纪70年代，它慢慢变成了一般人的思想，其主要的特征是，由穷人和一般人组成的基层的教会团体建立和发展起来。

解放神学家的取向是解放受压迫的人。神学必须采取"自下而上的观点"作为出发点，以被拒者和受压迫者的苦难作为反省的教材，这是为穷人服务的神学工作；而穷人不是福音怜悯的对象，而是新人类的工程师。他们是塑造者而非受塑造的人。索布里诺说："要明白基督教的真理与行为，穷人是真实的神学源头。"

解放神学关注的实际上是现实的社会状况。解放神学家指出，教会的使命乃是由历史及历史性的挣扎、解放界定的；任何神学模式置于"现在"之外，都是不真实的。在过去，神学一直与哲学的问题纠缠不清：怎样在一个改变中的世界相信一个人是神？现在神学必须回答由社会、政治和经济分析提出来的问题：怎样在一个压榨穷人又把他们从人性赶到边缘的社会中相信神？

在方法论上，解放神学家提出，神学要身体力行。顾特莱对这个问题回答说，要把神看成"对历史上实际行动的批判反省"。实际行动先行一步，神学属于第二个阶段。第一阶段的实际行动中，我们委身于社会的更新，是为了与受压迫的穷人一起更新。实际行动不仅是理论以外的经验，也是有原则的实践。"实际行动"一词来源于马克思，是来自马克思思想的一种社会分析，它描述的是行动和反省的双向自由，是一种改变世界的辩证活动，它属于知识的先设条件。人不仅借此了解世界，也借此去改变世界；人有着借助实际行动来改造社会和历史的命运。但是，解放神学未能付诸运动实践，没有真正取得成功。

第十八章　国家权力的膨胀和全球化时代的国家

第一节　国家权力的膨胀

在国家形态发展的不同时期,国家制度发展的历史路辙并非一致。经过从封建社会中期到近代后期近一千年的漫长途程,西方国家设置的必要的职能到 19 世纪末已趋于完善。进入 20 世纪,西方资本主义社会深刻的内在矛盾已经不再是通过机构建设能够解决的了。各国垄断资产阶级为了解决资本主义国家深刻的内部矛盾,转而通过调节国家功能来寻找出路。所以,现代时期国家功能有很大发展。西方国家权力经过了一个相当长时间的历史发展后,到了 20 世纪已经和过去有很大的不同,国家权力大大地加强了。[1]

艾伦·沃尔夫写道:"如果和绝对君主制的路易十四时期相比较,戴高乐的政府具有更大的权力,它决定着包括所有人的日常生活。"[2]政府的权力在 20 世纪有极大的增长。迈克尔·曼指出,国家权力的极大发展是在西方资本主义社会实施普选权后 40 年来的重要的新现

---

[1] 〔美〕艾伦·沃尔夫著,沈汉等译:《合法性的限度》,商务印书馆 2005 年版,第 99 页。

[2] Alan Wolfe, *The Limits of Legitimacy, Political Contradictions of Contemporary Capitalism*, New York, Free Press, 1977, pp. 257-258.

象。国家这样一种中央集权化的制度,通过其社会经济职能的扩大,随着国家对社会生活等方面的干涉和调节职能的实施,国家权力作为一种作用于国家和社会赖以生存下部基础的控制权,由于对社会具有履行各种责任的权力得到很大的发展,它渗透进市民社会的能力迅速增强。国家可以征收收入税和财产税,可以搜集一切政治、社会和经济的情报,可以控制经济,甚至以年金、家庭补助的形式直接向居民提供生存条件。20 世纪中叶,对国家的恐惧感在西方知识分子中流露出来。艺术史家贝伦森(1865—1959 年)在去世之前不久说:"上帝才知道我是否害怕原子弹把世界摧毁,但是至少有一件事我同样担忧,那就是国家对整个人类的侵犯。"福柯写道:"这就是一种国家恐惧症的最纯粹、最清晰的表达。"[1]

国家是由一系列特殊的机构构成的。国家制度的第一个结构要素是政府,政府实际上是国家本身。政府以国家的名义说话,并对国家的行动负全部责任。政府以国家的名义说话,并被正式赋予代表国家的权力。但这一事实并不意味着政府已经在极大程度上控制了国家的权力。

国家制度的第二个结构要素是行政机构。它包含了各种各样的机构,有的与内阁部门有关,或者或多或少地拥有自主权,如公共团体、中央银行、管理委员会等。这些存在于发达资本主义社会的行政机构和官僚机构的领导人与政府和社会有密切关系,对于决定国家的作用也是十分关键的。[2] 行政机构的官员听命于政府。卡尔·曼海

---

[1] 〔法〕米歇尔·福柯著,莫伟民、莫伟译:《生命政治的诞生》,上海人民出版社 2018 年版,第 95—96 页。

[2] 〔英〕拉尔夫·密里本德著,沈汉等译:《资本主义社会的国家》,商务印书馆 1997 年版,第 55 页。

姆说:"所有官僚思想的基本倾向是把所有的政治问题转变为行政问题。"[1]但行政过程也就是政治过程的一部分。行政机构的高级文官和其他国家行政官员拥有权力。文官支持着国家机器的运行。当政权虚弱,内阁倒台时,文官常常在政策制定中起主导作用,但却不让人们察觉到它们在行使国家的权力。[2]

  国家制度的第三个结构要素是军队,同时还有国家的保安和警察力量这些准军事组织。它们共同构成了国家的强力部门。它们在宪法上独立于政治执行机构。从绝对主义王权到第一次世界大战,是西方国家军事组织发展的主要时期。各国服役的人数,西班牙1500年为20000人,1600年为200000人,1700年为50000人,1850年为154000人,1980年为342000人。法国1500年为18000人,1600年为80000人,1700年为400000人,1850年为430000人,1980年为495000人。英格兰和威尔士1500年为25000人,1600年为30000人,1700年为292000人,1850年为201000人,1980年为320000人。荷兰1600年为20000人,1700年为100000人,1850年为30000人,1980年为115000人。瑞典1600年为15000人,1700年为100000人,1850年为63000人,1980年为68000人。俄罗斯1600年为35000人,1700年为170000人,1850年为850000人,1980年(苏联时期)为3663000人。[3]

  资本主义国家中维持这些机器极为耗费财力。军事开支占国家预

---

[1] Karl Manhamm, *Ideology and Utopia*, 1952, p.105.
[2] 〔英〕拉尔夫·密里本德著,沈汉等译:《资本主义社会的国家》,商务印书馆1997年版,第55—56页。
[3] 〔美〕查尔斯·蒂利著,魏洪钟译:《强制、资本和欧洲国家(公元990—1992年)》,上海人民出版社2012年版,表4.4。

算的比例，奥地利在 1925 年为 7.7%，1970 年为 4.9%；法国在 1850 年为 27.4%，1875 年为 23.2%，1900 年为 37.7%，1925 年为 27.8%，1950 年为 20.7%，1970 年为 17.9%；英国在 1875 年为 37.8%，1900 年为 74.2%，1925 年为 19.1%，1950 年为 24.6%，1970 年为 14.7%；荷兰在 1875 年为 34%，1900 年为 26.4%，1925 年为 15.1%，1950 年为 18.3%，1970 年为 11.3%；丹麦在 1900 年为 28.9%，1925 年为 14.2%，1950 年为 15.6%，1970 年为 7.4%；德国在 1900 年为 22.9%，1925 年为 4.0%，1950 年为 13.5%，1970 年为 6.4%。[1]

国家制度的第四个结构要素是司法机构。西方各国没有在宪法上正式规定司法机构有满足政府意图的职责。它通过保护所有权来保护政府。它还有责任保护公民免受政治执行机构和它的代理人的侵害。在国家与社会成员的冲突中，司法机构作为后者权力和自由的捍卫者来行动。但是，在任何情况下，司法都是国家体制的一个主要的部分。[2]

国家制度的第五个结构要素是发达资本主义国家的代议制机关的活动围绕着政府进行。它们在宪法和权力中是独立的机构，代议制机构和政府之间不只是起一种相互批评和阻碍的作用，需要议会对国家的立法和重要政策起支撑作用。所以，政府和议会之间既有冲突又有合作。

上述这些组织对国家都有不同程度的影响。

现代资本主义社会的国家权力的加强是以一整套发展起来的机制为基础的。如果说在一般情况下是市民社会决定国家的性质，那么也

---

[1] 〔美〕查尔斯·蒂利著，魏洪钟译：《强制、资本和欧洲国家（公元 990—1992 年）》，上海人民出版社 2012 年版，表 3.2。
[2] 〔英〕拉尔夫·密里本德著，沈汉等译：《资本主义社会的国家》，商务印书馆 1997 年版，第 57 页。

可以说，国家发展到今天，由于它的权力的膨胀，它不仅是资本的工具，同时也成为一个相对自主的实体。甚至在某种程度上可以说，它已经成为资产阶级市民社会存在的条件。

第一，在当代西方所有资本主义国家中，国家已经接管并承担了维持劳动力和保持它的再生产能力的一切功能。戴伊就里根任总统时期美国的政府权力指出，政府为老年、病死、无依无靠、伤残以及失业者提供保障；为老年人和穷人提供医疗照顾；为小学、中学、本科生和研究生提供各级教育；提供警察和防火措施；提供卫生设施和污水处理服务；为医学、科学和技术研究提供经费；管理邮政事业；进行太空探索活动；为穷人提供住房和适当的食物；制定职业训练和劳力安排规划；净化空气和水；重建中心城市；保证充分的就业和稳定的货币供应；调整商业活动和劳资关系；消灭种族和性别歧视；等等。政府的职权已经是无所不及。[①]

第二，资本主义国家在它赤裸裸的强有力的镇压职能之外，又加强了它的社会监视和社会控制职能。[②] 这使得国家在资本原始积累过程中的活动更加有效率，并且看起来显得"合理化"。

第三，国家的功能变得日益集中化。在每个西方国家中，国家机构的所有分支，从教育、警察到地方经济社会政策的实施，国家的中央活动和地方活动加强了结合和一致性。而在这个过程中，资产阶级政党的活动和权力有所削弱。它们把自己的权力交给了行政机构。这样就给资产阶级政治生活带来了许多危机，导致了传统的

---

① 〔美〕托马斯·戴伊著，张维等译：《谁掌管美国——里根时代》，世界知识出版社 1985 年版，第 81 页。
② 提出国家具有监视和控制职能的首先是法国哲学家福柯，他在 20 世纪 70 年代出版了《监视与惩罚》一书。

议会民主制被削弱,同时导致了不满和反抗者采取"直接行动"的形式,并且这种形式有所增长。在一些城市中出现了反对资本主义统治的恐怖活动。

第四,现代资本主义社会发展起了国家对经济生活的直接干涉。国家对经济的干预从凯恩斯主义倡导的长期经济管理转变为国家通过国债、补助金的形式和组织国家资本主义企业的形式进行直接的经济干涉。

第五,在资本国际化和保持民族国家的经济能力之间产生了日益增加的矛盾。尽管一国范围内的民族资本仍有很大的发展,但国际劳动分工造成的边缘国家对于中心地区资本主义国家在政治经济上的依赖性,以及随着管理工业、财政和政治关系的超民族的制度结构的发展,使得在大多数资本主义国家中,特别是在帝国中,国家的资本积累能力出现了问题。[1]

"二战"以后,"美国拥有了空前强大的经济和军事实力,准备成为世界真正的霸主。到处都可以找到统治者精心谋划的体现自己利益的世界秩序的痕迹"[2]。

国家权力在当代资本主义国家中的发展,给西方国家权力关系也带来了新的特征。到了现当代,西方资本主义国家中权力中心的变异现象更加突出了。立法权逐渐成为行政权的奴婢。密里本德指出:"发达资本主义国家的立法议会现在在决策过程中起次要的作用。尽管现在在表面上或者说在宪法上还是称赞它具有反映'人民愿望'的重要的责任,但是政府日渐要求使自己免于受到议会实际的压

---

[1] Richard Scase, ed., *The State in Western Europe*, London, 1980, pp. 16-18.
[2] 〔美〕诺姆·乔姆斯基著,汤大华译:《遏制民主》,商务印书馆2013年版,第415页。

力。""尽管立法仍然在一定程度起作用,但主要的利益集团现在倾向于认为在推行他们意图时立法议会是一种从属的机构。"[1]

现代资本主义国家的权力结构,各国有其个性特征。内特尔指出,由于各国不同的政治发展道路,各国的国家的政治文化概念有很大的差异。欧洲大陆国家把统治权归于中央行政机构;英国把统治权归于议会的政党;而美国公民不承认有任何作为统治者的有形的个体,相反,把统治权归于法律和立法机构。卡雷尔森和普鲁耶特持类似的观点,他们说美国是一个用立法和诉讼治理的国家,政治不过是把社会和经济利益转变为法律。[2]

考茨基在 1902 年时说:"资本主义阶级统治着但并不治理国家。"他随后补充说,"它自己满足于统治着政府"。马克斯·韦伯曾断言,工业家既没有时间也没有特别的能力投身于政治生活。[3]熊彼特在《资本主义、社会主义与民主》中则写道,工业家和商人完全没有任何神秘的魔法使其赖以统治人,一个在商业机关非常机敏的人却往往根本无法在它之外,无论是在讲坛上还是在更衣室中嘲笑别人是笨蛋。[4]上述意见都低估了实业家进入国家体制的情况。

1889—1949 年的美国,事实上实业家是最大的职业集团。实业家在这个时期的内阁成员中所占的比例相当高,60% 以上的内阁成员是这种或那种实业家。英国在 1886—1950 年间,有将近三分之一的内阁成员是实业家,其中包括 3 位内阁首相,即邦纳·劳、鲍德温

---

[1] Ralph Miliband, *The State in Capitalist Society*, London, 1969, p.165.
[2] Evans, P., P. Rueschemeyer, and T. Skocpol, eds., *Bring the State Back in*, Cambridge U.P., 1986, p.22.
[3] Reinhard Bendix, *Max Web, a Portrait of Intellectual*, 1960, p.436.
[4] Ralph Miliband, *The State in Capitalist Society*, London, Weidenfeld and Nicolson, 1969, pp.55-56.

和张伯伦。在1951—1964年，英国保守党内阁中也有相当数量的实业界人士。

在法国，无论是在"法国计划"的设计还是实施中，都是实业界人士在起作用，其中尤其是大实业家占据了占压倒优势的地位。20世纪50年代"法国计划"的制定过程中，高级政府文官和大企业的高级经理之间进行了自愿的合作。在财政部门和信贷部门以及国有化部门中，出现了企业家占据统治地位的现象。一些人认为企业家并不直接加入政府和行政机构的看法并不符合事实。

但是，直到现在为止，实业家只不过构成了整个资本主义国家政治精英集团的一个非常小的部分。要说发达资本主义国家中的经济界的精英构成了资本主义社会的"统治阶级"，并不是十分准确的。资本主义的经济精英并没有取得这样一种独占的统治地位。[1] 资本主义国家的实业家没有能在国家统治集团中独占统治地位，还需要从这个阶级的心态上来寻找原因。一般来说，实业家更熟悉也更热心于经济和金融事务，他们对于完全投身于政坛、无休止地参与对政治和政策失误的争论较少兴趣，他们宁愿让一些人代替他们去决定政策。

在几乎所有资本主义国家中，政治上的统治集团大部分来源于社会地位处于上等和中等地位的阶级。这种现象不仅见之于资本主义国家中的行政、军事、司法界的高级官员这些完全不依赖普选产生的官员集团，也发生在那些经过政治竞争或选举产生的集团中。达兰多夫教授指出，在大多数欧洲国家，中产阶级是补充权力精英集团的社会来源和社会基础。

---

[1] Ralph Miliband, *The State in Capitalist Society*, London, Weidenfeld and Nicolson, 1969, p.59.

资产阶级知识分子在国家体系中那些选举产生的官员中占主导地位的现象，与资本主义社会的等级制文化和教育制度直接有关。出生于上等阶级和中等阶级家庭的儿童可以在教育和训练的机会和条件上超过其他家庭的儿童。不平等的受教育机会使前者有较多的成员能够进入国家文官队伍。因为文官制度规定文官将从接受过良好高等教育的人中选择。在法国，取得最高层行政官职的途径是毕业于国家行政学院。研究表明，每71个出身于社会地位特别受人尊敬的家庭的大学生中，有56个成功地通过了国家行政学院的入学考试；而每22个顺利取胜的文官候选人中，便有10人属于这个阶层。法国军职和司法职位的担任者也有同样的情况。这种情况不仅发生在法国，同样也发生在英国。

后"冷战"时期国际体系存在着惊人的不平衡。经济秩序则由美国、日本和由德国牵头的欧盟构成三极。美国是唯一有意愿和能力在全球范围展现强力的国家，它受到的苏联的制约影响越来越小。但是，美国不再享有经济上的优势。随着苏联的解体和苏联社会主义体制的结束，美国成为军事实力最强大的国家。[①]

资本主义国家的运行时而带有赤裸裸的暴力的倾向，时而又在温情脉脉的面纱掩盖下进行。由于当今世界资本主义国家的权能是在资本主义经济的迅速发展、国民财富的持续增长、人民群众生活水平的逐步提高和自由主义文化的背景下实施的，这就造成了它具有欺骗性和隐蔽性，时常被不熟悉它的人们尤其是经济落后于资本主义国家的第三世界国家的观察者加以颂扬。

---

① 〔美〕诺姆·乔姆斯基著，汤大华译：《遏制民主》，商务印书馆2013年版，第4、6页。

奥菲分析说，当代资本主义的政治机构使控制、压迫机制自动行事。"在资本主义社会组织并不严密的早期，控制和压迫机制仍要求居主导地位的个人组织按照其意愿展开行动。今天的情况则完全不同。政治机构运作的方式以及保持其稳定的内在条件使这些机制自动行事。确切地说，这些机构的职能仍是相同的：规范利益的多元体制从达成共识的过程中剔除那些既有普遍本质，而且不与任何特权阶层相联系的要求，那些对利用资本和劳动力资源没有任何功能意义、因而不能解决冲突的要求，以及那些不能无条件遵守审慎谈判的适用原则从而超越特定历史体系代表的乌托邦理想的要求。"[1]

何种力量是促进国家制度和权力发展的主要因素，学界有不同的看法，奥托·欣策在《军事组织与国家》一文中指出："把阶级冲突考虑为历史的唯一驱动力，这是片面的、夸大其词的，因此也是错误的。国家之间的冲突远为重要得多，来自外部的压力比内部结构总是更能产生一种决定性的影响。"[2] 他认为资本主义国家之间的争夺和国际关系的紧张是导致国家权力和制度膨胀的主要因素。

第二节　国家权力在全球的扩张

1. 美苏核军备竞赛

"二战"结束后，美苏陷入冷战。1945 年，美国向日本投了两颗

---

[1] 克劳斯·奥菲：《政治权利和阶级结构：对晚期资本主义社会的分析》，转引自〔美〕艾伦·沃尔夫著，沈汉等译：《合法性的限度》，商务印书馆 2005 年版，第 443 页。

[2] Otto Hintze, "Power Politics and Government Organization", in F. Gilbert, ed., *Historical Essays of Otto Hintze*, N. Y., Oxford U.P., 1975, pp. 178-215.

原子弹。斯大林下令要用最短的时间造出原子弹，于是苏联科学家在1949年将原子弹制造了出来。美国在1948年研制出了洲际轰炸机，它是战略核力量的重要组成部分，是大量核武器的主要运载工具。美国又在1952年研发出热核炸弹。热核炸弹为900万吨当量级核弹，相当于900万吨TNT炸药，可产生600倍于1945年在日本广岛投下的原子弹的威力。面对美国的这一举措，苏联于1953年也研制出了热核炸弹。苏联在1957年率先研制出了洲际弹道导弹和人造卫星。洲际弹道导弹射程大于8000千米，用于攻击敌国领土上的重要军事、政治和经济目标，而人造卫星则用于抢占太空。美国随即在1958年也研制出了洲际弹道导弹和人造卫星。以后短短几年，美苏研制出了多种新装备。例如：美国1959年、苏联1962年制造出照相侦察卫星；美国1960年、苏联1968年制造出潜艇发射的弹道导弹；美国1966年、苏联1968年制造出多弹头导弹；苏联1968年、美国1972年制造出反弹道导弹；美国1970年、苏联1975年制造出多弹头分导式导弹；美国1982年、苏联1984年制造出远程巡航导弹。美苏的军事军备竞赛的速度、规模惊人。

1961年1月，肯尼迪进入白宫后，情报部门估计当时苏联只有50枚洲际导弹。1961年3月，肯尼迪在国情咨文中决定将"北极星"潜艇由6艘增至9艘，后又增至41艘，潜艇所载导弹数量从96枚增至656枚。民兵洲际导弹的数量由300枚增至600枚，1961年进一步增至1200枚，并将15分钟预警的B-52轰炸机的数量增加50%。1961年4月，美国拥有各类战略核武器3012件，到1964年增至5007件，增加了66%。1962年，美国拥有各类核武器27387件，而苏联只有3322件。在战略核武器运载方面，1962年，美国有洲际导弹294枚，潜艇发射的弹道导弹144枚，远程轰炸机630架；而苏联只拥有洲际导弹 56 枚,潜艇发射的弹道导弹 24 枚,远程轰炸机 159 架。美国拥有各种战略核弹头 5000 枚,而苏联只拥有 300 枚。此外,美国在各大洋部署了 20 艘航空母舰。美国政府还制定了旨在彻底摧毁苏联的核战计划。如果在 1963 年爆发美苏全面战争,战略空军的全部力量将对苏联、中国和东欧发动进攻。战略轰炸机将携带 3423 件核武器,对中苏集团的 1077 个军事、工业与城市目标发动进攻,摧毁中苏集团的战略核能力、重要的军事与政府部门,同时打击其重要的政治和工业中心,美国参谋长联席会议估计,苏联、东欧和中国的 3.6 亿—4.25 亿人口将被消灭。

赫鲁晓夫在 1960 年最高苏维埃主席团会议上提出,要用核武器威慑美国,使其不敢发动战争。他计划发展战略火箭部队,使苏联的核弹头的数量从 400 枚增至 1961 年的 2450 枚,并在 1961—1962 年间进行了 112 次核试验。苏联在核武器领域与美国展开激烈竞争,但在核军备竞赛中苏联处于劣势。[①]

2. 越南战争

1945 年胡志明领导的越南独立联盟(越南共产党)从法国殖民统治下宣布独立,于 1945 年 9 月 2 日在河内建立了"越南民主共和国"。1954 年 5 月 7 日,法国军队在奠边府宣告投降。1955 年 10 月 26 日,吴廷艳成立越南共和国。1955—1960 年,艾森豪威尔政府在南越扶植吴廷艳担任总理,建立亲美政权。在美国的支持下,吴廷艳集团发动"控共""灭共"战役,屠杀越南共产党。1959 年,越南共

---

① 赵学力、陈红:《肯尼迪、赫鲁晓夫与美苏核军备竞赛》,载《南开学报》(哲学社会科学版)2013 年第 5 期。

产党中央委员会决定武装推翻越南共和国。1960年12月，越南南方民族解放阵线成立。1963年下半年起，越南南方民族解放阵线的作战急剧加强。截止到1964年，美国特种部队共建立了18个民间游击自卫队监视营地，到1965年的时候，共装备了近2万名民间游击自卫队武装人员。1964年年底，越南北方军队进入南方作战。1964年年初，南越形势的恶化使美国制订轰炸北越的方案。这一方案包括军事和政治两方面。军事方面的计划工作由太平洋美军总司令部承担。到4月下旬，计划已拟订完毕，代号"37-64行动计划"，并获参谋长联席会议批准。1964年7月30日夜间，"北部湾事件"发生。8月4日下午，美国国家安全委员会会议，决定立即对越南北方发动"报复性轰炸"。这是美国对越南北方第一次公开的武装进攻。10月，约翰逊命令支援南越对越南北方实施海上攻击行动。

此前，在1962年夏天，应越方要求，中国领导人决定向越南无偿提供可装备230个营的武器装备。1963年，越南提出了中越两军协同作战的要求。1964年"北部湾事件"后，中国于1965年春决定向北越派遣铁道兵、工程兵、高射炮兵等部队。1965年4月，越方向中方正式提出派遣支援部队赴越南北方的请求。1967年，苏联向越南民主共和国提供军事装备（高射武器、地对空导弹设施、小型战舰、高级雷达探测系统及战斗机和轰炸机），派驻大量军事专家，并直接参加了部分军事行动。

1965年3月8日，3500名美国海军陆战队员在越南岘港登陆，越南战争正式爆发。6月，美国军队开始直接同越南人民军作战。1965年3月至1968年11月，美国空军共出动153784架次的飞机轰炸北越，海军和海军陆战队也出动了飞机152399架次。受美国政府邀请，韩国、日本、联邦德国、菲律宾、澳大利亚、新西兰、泰国等国以及中国台湾，直接或间接介入越南战争。1968年1月底，越南人民军和南方民族解放武装力量发动新春攻势，在南越大范围内对美军设施实行总攻，向西贡等64个大中城市、省会及军事基地展开猛烈进攻。3月，约翰逊政府被迫宣布部分停止对越南北方的轰炸。5月，越美巴黎谈判开始。11月，美国宣布完全停止对越南北方的轰炸。至此，"局部战争"结束。

1969—1973年，美国政府实行战争越南化政策，扩充并重新装备南越军队以及加大对越南北方的轰炸力度，宣布从南越逐步撤出美国部队。1972年3月，武元甲发动了更大规模的袭击。尼克松下令美国B-52战略轰炸机对越南民主共和国进行全面轰炸，驻越美军在越南北方的海防港布雷，实施港口封锁。越南民主共和国的袭击以失败告终，损失超过10万人，迫使越南民主共和国回到谈判桌前。1972年4月1日，尼克松政府进一步加大对越南北方的军事压力。从5月8日到10月23日，美国共向北越发动了41500架次的空袭。

1969年到1973年，美越双方间断进行了巴黎和谈。1973年1月27日，巴黎会议四方正式签署了《关于在越南结束战争、恢复和平的协定》。美国国防军全部撤出越南。越南北方分批释放美国战俘。美军从南越撤出后，1975年4月30日，南越总统杨文明宣布投降，越南战争结束。1976年1月2日，越南民主共和国统一了越南。

3. 阿富汗战争

阿富汗位于中亚南部，是苏联南下印度洋的必经之地。1978年4月28日，阿富汗亲苏的人民民主党主席塔拉基发动政变，推翻不听从苏联的达乌德总统。苏联各种"专家""顾问"进入阿富汗，控制了阿富汗的政府和军队。不久，人民民主党内部因争权夺利分裂成以卡尔迈勒为首的"旗帜派"和以塔拉基为首的"人民派"。1979年9月，亲美派副总理阿明杀死了塔拉基，夺取政权，自任总理。苏联为了确保阿富汗有一个稳定的亲苏政权，12月27日，派空降兵占领了喀布尔的广播电台以及政府所在地，处决了阿明。28日凌晨，苏联中亚的一家电台用"阿富汗电台"的名义播放了"政变成功"的消息，并向苏联发出"迫切请求""援助"的声明。与此同时，苏联地面部队大举入侵，一周之内占领了主要城市和交通线，同时把卡尔迈勒扶植上台作为傀儡。苏联对阿富汗实行全面军事占领。阿富汗人民对苏联入侵进行抗击。苏联陷入了持久的消耗战。到1987年，苏军伤亡达5万人，耗资400多亿美元，苏联不得不表示用政治方法来解决阿富汗问题。1988年4月14日，在日内瓦签署了关于政治解决阿富汗问题的协议，5月15日，开始撤军。1989年2月15日，侵略阿富汗的苏军全部撤出。

4. 两伊战争及海湾战争、伊拉克战争

1979年7月16日，萨达姆·侯赛因就任总统，成为伊拉克复兴社会党和国家的领导人。萨达姆执政后，一直试图扮演阿拉伯国家的领袖。当时伊朗正爆发伊斯兰革命。1980年9月22日，在两伊边境发生一系列冲突事件之后，萨达姆发动了两伊战争。1988年8月20日，两伊正式停火，战争结束。长达8年的两伊战争使伊拉克经济受到重大打击，对石油出口的倚赖加深。1990年8月2日，伊拉克指责科威特蓄意降低油价，对外宣布"科威特为伊拉克的一个省"，入侵科威特。联合国安理会开始对伊拉克实施经济制裁。从此，伊拉克在国际上被孤立。1991年1月17日，美国领导的多国部队发动海湾战争，开始对伊拉克和被占领的科威特进行代号为"沙漠风暴行动"的大规

模空袭。空袭在2月28日结束,萨达姆决定伊拉克部队停止入侵科威特。这场战役引起全球多国对伊拉克制裁。

美国历来认为自己在中东有着十分重要的战略利益。2002年夏,美国国防部向布什总统和国会提交的《国防报告》中,将中东列入美国重点保护的关键地区之一。"9·11"恐怖袭击事件发生后,美国总统布什把铲除中东的原教旨主义温床、遏制恐怖主义威胁作为自己在中东追求的又一个战略目标;向恐怖主义宣战,并将伊拉克等多个国家列入"邪恶轴心国"。

美国等国对伊拉克开战的主要理由是认为萨达姆政权拥有大规模杀伤性武器、伊拉克政府践踏人权。据美国国防部长唐纳德·亨利·拉姆斯菲尔德表示,这场战争的主要目的铲除萨达姆独裁政权,帮助伊拉克人民建立一个自由、民主的政权,搜寻并销毁隐藏在伊拉克境内的大规模杀伤性武器,剿灭恐怖分子结束独裁统治,提供人道主义援助,保护伊拉克的石油及其他天然资源。

伊拉克战争实质上是一场美国借反恐之机,以伊拉克拒绝交出子虚乌有的生化武器为借口,清除反美政权的战争。

2002年10月15日,萨达姆在总统选举中以100%得票率当选。美国指控他使用武力镇压政治持不同意见者与竞选对手,暗中支持恐怖分子,并指责伊拉克拥有违禁武器。2003年2月2日,萨达姆否认伊拉克有违禁武器,否认与基地组织有任何关系。3月15日,伊拉克开始备战,全国分为4个军区。英美军队为主的联合部队在2003年3月20日对伊拉克发动军事行动。美国政府宣称有49个国家支持该军事行动,但真正参战的只有美国、英国、澳大利亚和波兰4国。伊拉克战争是一场有争议的战争,它没有得到联合国安理会的授权。

2003年3月20日，美国发动对伊拉克的战争，美军开始实施"斩首行动"；4月9日，美军占领了巴格达，伊拉克的政权被摧毁。12月13日伊拉克时间晚上8时，萨达姆在家乡提克里特被捕。2006年12月30日，伊拉克时间早上6点多，萨达姆在巴格达北部的秘密地点被处绞刑。

到2010年8月美国战斗部队撤出伊拉克为止，伊拉克战争历时7年多，美方最终没有找到所谓大规模杀伤性武器。2011年2月15日，当年向美国及德国透露伊拉克藏有大规模杀伤性武器的伊拉克变节者首次承认一切均为谎言。美英联军推翻了萨达姆政府后，2011年12月18日，美军全部撤出。

5. 科索沃战争

科索沃战争是一场由科索沃的民族矛盾直接引发的战争。1980年，南斯拉夫领导人铁托去世后，以独立为目标的科索沃民族运动逐步兴起，并得到阿尔巴尼亚的支持。1989年，科索沃塞尔维亚族和阿尔巴尼亚族紧张关系升级，塞尔维亚领导人米洛舍维奇派军队和警察进入科索沃恢复社会秩序，并取消科索沃自治省的地位，激起了阿尔巴尼亚族的对抗情绪。后者自行组织公民投票，宣布科索沃为共和国。1991年，南斯拉夫社会主义联邦共和国解体，波斯尼亚和黑塞哥维那、斯洛文尼亚、克罗地亚、马其顿宣布独立。塞尔维亚和黑山组成南斯拉夫联盟共和国。1992年，阿尔巴尼亚族的民族主义运动选出共和国总统，形成了与塞尔维亚族政权并立的另一个政权。1996年，阿尔巴尼亚族激进分子成立了"科索沃解放军"，开始了使用暴力手段的分离运动。米洛舍维奇为首的南联盟和塞尔维亚当局派军队和警察进驻科索沃。90年代冷战结束后，世界各种力量重组，西方国家企图在干涉中获取军事优势，以美国为首的北约开始介入科索沃危机。北约和南联盟的矛盾上升为主要矛盾。从1999年3月24日到6月10日。北约19个成员国中的13国直接参战，其余6国提供后勤支援。战争中北约共部署了1153架飞机和47艘战舰（含3艘航母舰）。南斯拉夫政府军和科索沃解放军展开战斗。在这场高科技战争中，双方力量完全失衡，南联盟军力处于弱势。1999年2月，联合国安理会发表声明，敦促科索沃冲突各方参加和平谈判。1999年3月18日，阿尔巴尼亚族代表在和平协议上签字，而塞尔维亚方面拒绝签字。1999年春季，北约对南联盟实施了大规模空袭。1999年6月2日，南联盟总统米洛舍维奇接受了由俄罗斯特使、芬兰总统和美国副国务卿共同制定的和平协议。协议规定科索沃未来的地位由联合国安理会决定。科索沃战争以塞尔维亚人的失败告终。在科索沃战争中，不难看出这场以美国为首的西方国家对原社会主义国家南斯拉夫的战争具有昔日冷战的性质。

第三节　全球化时代的国家

早在14世纪最初十数年间，意大利文艺复兴思想家但丁写作了《论世界帝国》一书[①]。他在书中说，需要世界和平，而实现世界和平就必须建立一个统一的君主国家。理想中的世界帝国应当由具备祖先那种优良品德的罗马人执掌政权。诚然，但丁提出"世界帝国"的概念时，根本不存在建立这样一个跨地区和国家的世界国界的经济和政治基础。它的理论不过是缥缈的空中楼阁，没有人认为它有变成现实

---

① 〔意〕但丁著，朱虹译：《论世界帝国》，商务印书馆2015年版。

的可能性。然而，在几个世纪以后，全球国家却成为一个现实的严肃问题摆到人类面前。

20世纪初，考茨基在1914—1917年间提出了"超帝国主义"理论。他认为，从纯粹的经济观点来看，可以把卡特尔政策应用到对外政策上，形成一个超帝国主义阶段。卡特尔本来是垄断的一种形式，即生产同类商品的资本主义企业为了获得高额利润，避免互相竞争而订立协定，以划分销售市场，确定商品产量，规定商品售价的组织。在这里，考茨基把卡特尔政策用于国际关系，即各国的垄断资本家联合起来，共同控制世界，一同剥削劳动人民。这个即将到来的"超帝国主义"阶段将是一个全世界的帝国主义国家彼此联合、消灭战争的新时期，将是一个实行了国际联合的金融资本共同剥削世界的新时期。考茨基为他的"超帝国主义"理论提出了种种论据，如，当时英、美、德保护关税制削弱了，使法、德的资本输出减少了；几年来法、德金融资本集团的国际联系日益加强。所以，"从纯粹经济的观点看来，资本主义不是不可能再经历一个新的阶段，也就是把卡特尔政策应用于对外政策上的超帝国主义阶段"[①]。"每一个大国的帝国主义者都认为自己不得不同一个或几个其他大国的帝国主义者达成协议，同他们结成联盟"。"现在的战争绝不是不可能以这样的方式结束，即两个阵营的为首大国的帝国主义对世界的分割和剥削达成协议。的确，我们甚至必须顾及这样的可能性：世界会亲眼看待一场叫我们害羞的戏，即帝国主义者的国际比社会党的国际更早地生效。"[②]

---

① 《帝国主义》，载〔奥〕卡尔·考茨基：《考茨基文选》，王学东编，人民出版社2008年版，第310页。
② 《帝国主义战争》，载〔奥〕卡尔·考茨基：《考茨基文选》，王学文译，人民出版社2008年版，第321—322页。

他期待帝国主义世界大战使人们接受战争的惨痛教训，愿意以联合代替战争，从而使超帝国主义发展起来，在资本主义范围形成一个全世界的垄断组织，即超帝国主义。考茨基提出了一个帝国主义联合进行国际活动的新模式。考茨基认为，帝国主义能够彼此达成协议，建立一个世界范围内的财政资本联盟，共同剥削世界，从而进入一个"超帝国主义"阶段。在这个阶段，帝国主义不再发动战争，世界和平有希望实现。

"二战"以后出现了跨国资本主义倾向。资本主义需要政治生活和经济生活都国际化。但是，提出跨国界国家不是一种让越来越多的人加入资本主义世界秩序深思熟虑的办法，而是统治阶级精英无力建立使其既可获取利润又可以进行政治控制的格局的结果。[1]

国际资本主义总是试图按照他们自己的意愿创立国际体系，以与他们的利益相适应。跨国公司势必会插手东道国的政治事务。[2] 联合国跨国中心指出，西方发达国家的跨国公司在东道国内作为经济活动者的重要性必然对这些国家的政治制度和机构产生某些影响。有的跨国公司与当地的非法组织勾结，对企业和社会产生了恶劣的影响。一些跨国公司代表本国利益，公开地或隐蔽地干涉东道国的内政，因此声名狼藉。[3]

全球化具有两重性。国际的自由化和日益增长的世界整合使得资

---

[1] 〔美〕艾伦·沃尔夫著，沈汉等译：《合法性的限度》，商务印书馆 2005 年版，第 352 页。

[2] Raymond Vernon, *Storm Over the Multinationals: The Real Issues*, Harvard U.P., 1977, pp. 12, 13.

[3] 联合国跨国公司中心编，南开大学经济研究所美国经济研究室、对外经济联络部国际经济合作研究所合译：《再论世界发展中国家的跨国公司》，商务印书馆 1982 年版，第 103 页。

本的全球流动成本降低,并从而给强大的经济行为者——尤其是银行和大型股份公司——提供了加强了的讨价还价的权力。[①]但是,从世界体系向全球化发展的过程,本质上是资本主义制度的发展和扩张过程。在这种不平等的发展中,通过把第三世界国家裹挟进世界经济体系,固然带动了这些国家经济的较快发展。但是,它在政治上是资本主义制度对发展中国家的扩张和控制,全球化过程威胁着不发达国家的主权和民族国家制度,发展着政治的不平衡和不平等。

当代政治国际化的征兆,首先见之于西方国家团块的出现。这是一种暴力的权力组织的结合。它把大量在立法上限定的国家和国家间组织整合在一起。这种跨国家权力中心是冷战时期的核心国家的派生物,但它在许多方面具有21世纪的特征。复杂的国家联盟作为一种暴力组织,可以看作一种新型的国家类型。跨国家权力中心有几个特点。其最重要的特点是,西方国家与其他中心相比,它的功能是单一的军事国家权力中心。这个集团的核心国家是美国、英国和法国。这个集团在第二次世界大战中有过一些整合,以后在反对苏联的冷战中这个集团成熟了。

北大西洋公约组织(简称"北约")是国际军事同盟组织,根据《北大西洋公约》的规定于1949年成立。最初签字国为美国、加拿大、英国、法国、比利时、荷兰、卢森堡、丹麦、挪威、冰岛、葡萄牙和意大利,后又有土耳其、希腊、联邦德国和西班牙等国加入,现拥有31个成员国。最高权力机构为北大西洋理事会。

欧洲经济共同体又称"西欧共同市场",是欧洲一些国家建立的经济联盟,1958年1月1日正式建立。最初参加者有法国、联邦德

[①] 〔美〕塞缪尔·鲍尔斯著,韩本法译:《民主和资本主义》,商务印书馆2003年版,第5页。

国、意大利、荷兰、比利时、卢森堡6国。以后英国、爱尔兰、丹麦、希腊、西班牙和葡萄牙相继加入（2021年1月，英国正式脱离欧盟）。1967年与欧洲煤钢共同体和欧洲原子能共同体合并为欧洲共同体。欧洲经济共同体的宗旨是促进欧洲的经济和政治的一体化。1991年12月，欧洲共同体马斯特里赫特首脑会议通过《欧洲联盟条约》(《马斯特里赫特条约》)，1993年11月1日，该条约正式生效，欧盟正式诞生。

苏联和华沙条约组织解体后，北约势力东扩。一些原华约国家和成为独立国家的原苏联的加盟共和国纷纷加入北约。1993年3月，北约首先将捷克、匈牙利和波兰吸纳为会员。2004年3月，斯洛伐克、保加利亚、罗马尼亚、斯洛文尼亚以及波罗的海沿岸国家爱沙尼亚、拉脱维亚和立陶宛等7国，成为北约组织的正式成员国。该组织的成员国由先前的19个增加到26个。2008年4月，布加勒斯特峰会同意克罗地亚和阿尔巴尼亚加入北约，成员国达到28个。北约东扩是冷战后国际政治军事领域中的重大事件，势必会对北约自身及各成员国的发展产生重大影响，同时也将对全球安全格局尤其是欧洲安全格局产生深远的影响。

欧洲自由贸易联盟又称"七国集团"，由英国、瑞士、丹麦、挪威、瑞典、奥地利和葡萄牙七国组成，1960年1月在斯德哥尔摩建立。以后又有列支敦士登、芬兰、冰岛相继加入，英国、丹麦、葡萄牙退出而加入欧洲共同体。

以上的政治组织或联盟都是以美国为中心建立的。它在冷战的环境里，以反对苏联为首的社会主义阵营为政治目标。

华沙条约组织，简称"华约"，是以苏联为首的与北大西洋公约组织抗衡的军事联盟。1955年，由苏联、阿尔巴尼亚（1968年9月退出华约)、保加利亚、波兰、捷克斯洛伐克、罗马尼亚、匈牙利、民主德国等8国组成。它设立武装部队联合司令部和欧洲协商委员会等机构。在冷战的背景下，华约国家和北约国家一度形成了政治和军事的对峙。在90年代初东欧剧变后，华沙条约组织在1991年7月1日正式解散。

欧洲以外一些独立国家也先后建立了的跨国家的地区性的政治联盟。

"阿拉伯国家联盟"是阿拉伯国家的地区性组织，1945年3月，由埃及、叙利亚、约旦、伊拉克、沙特阿拉伯、黎巴嫩、也门7个创始国在开罗成立。此外，又有阿尔及利亚、阿联酋、阿曼、巴勒斯坦、巴林、吉布提、卡塔尔、科威特、利比亚、毛里塔尼亚、摩洛哥、苏丹、索马里、突尼斯等国参加。到1991年，它共有21个成员国，现有22个成员国。它的宗旨是密切成员国之间的合作关系，协调彼此间的政治活动，全面考虑阿拉伯国家的事务和利益。自1964年起不定期举行阿拉伯国家首脑会议。

"非洲统一组织"是非洲独立国家组成的区域性国际组织。为了保卫独立成果，加强非洲大陆团结与统一以战胜共同的敌人而建立的全非政治组织。它由埃塞俄比亚国王海尔塞拉西一世倡议，1963年5月成立。截止到1991年年底，它有51个成员国。最高机构为国家和政府首脑会议，每年召开一次，讨论成员国共同关心的问题，以协调总政策。1999年非洲联盟成立，2002年非洲联盟正式取代非洲统一组织。

"中美洲国家组织"是中美洲国家的区域性组织，1951年成立，参加的有哥斯达黎加、洪都拉斯、尼加拉瓜、萨尔瓦多和危地马拉。1962年7月，上述五国成立了经济一体化的中美洲共同市场。1965年

7月，危地马拉、洪都拉斯、尼加拉瓜和萨尔瓦多4国成立了由防务委员会调配的中美洲共同部队。

"美洲国家组织"是美国与拉丁美洲国家组成的区域性国际组织。它的前身是1890年建立的"美洲共和国国际联盟"。1910年改名为"美洲共和国联盟"。1948年改为"美洲国家组织"。长期以来，美国操纵和控制了该组织。20世纪70年代以后，拉美各国要求改革美洲国家组织，美国对该组织的控制能力开始削弱。

目前国家领域的统治能力由于资本全球化、国际管理机构的扩散和人员在全球范围惊人的流动造成的变动而被削弱了。目前资本主义的发展似乎不仅对目前的国家形式是一种挑战，而且对国家领域化的、政治的和军事的主权实施的可能性提出了质疑。这并不是说民族国家已经消失，而是说国家的统治权遭遇到严重的挑战。对于民族国家的主权提出挑战的是四种力量：第一，战争的威胁；第二，资本主义的全球化；第三，民族统一性的断裂；第四，大型传媒网络的出现。[1]

不少学者开始关注国家国际化的问题。吉登斯提出了民族国家体系会成为一种自逆的运作体系，监督恐怕不再限于彼此独立的国家的内部关系，它会变为国家之间正常关系的条件。如果监督发展到一定时候，它会导致国家之间的关系的广泛的绥靖，然后有效的分离的权力中心就会合并起来。如果这种倾向得到逻辑的发展，一个权力中心就会形成，分离的国家权力中心就会结成一个单一的国家。[2]

---

[1] Walter C. Opello, Jr., and Stephen J. Rosow, *The Nation-State and Global Order*, Lynns Rienner Publishers, 2004, p. 245.

[2] Martin Shaw, *Theory of the Global State: Globality as Unfinished Revolution*, Cambridge U.P., p. 184.

对于全球国家的趋势，一种乐观主义的观点认为："世界国家不会像民族国家那样大规模地运作。它发生在完全不同的条件下——不是起源于领土的竞争和统治阶级的不安定，而是联合起来努力去控制环境技术发展的结果，……它代表着国家观念的一个新阶段。它超出了在民族领域上对合法化暴力的垄断配置。"[1] 这是一种过于乐观的见解，它只有部分的真实性。阿尔布罗认为，"在全球时代，国家会扩散，越过民族国家的边界，渗透进并在普通人的日常生活中出现"。但他就这种现象谨慎地说："世界国家的存在在当下还是一种可能而非现实"。[2]

面对当代国家和国际政治的发展变化出现的新情况，当代学者和政治家对未来国家形式的发展提出了不同的判断。中心问题是国家发展是保持民族国家的现行框架还是建立超国家。一个美国学者指出，在整个人类历史上，强大的民族总是试图按照他们自己的口味创立国际经济体系，以与他们的利益相适应。跨国公司势必会插手东道国的政治事务。[3] 查尔斯·蒂利指出：一种逆流"来势凶猛：国家的强有力的竞争对手出现——国家集团如北约、欧洲经济共同体、欧洲自由贸易共同体、非法贵重商品（如毒品和武器）贸易商的全球网络、财经组织如庞大的国际石油公司——都对国家主权提出了挑战。1992年，欧洲经济共同体将在很大程度上消除贸易壁垒，以致大大地限制成员国在货币、价格和就业方面采取独立政策的能力。这些迹象表明，正如我们所知，国家不会永远存在，可能很快就会失去其难

---

[1] M. Albrow, *The Global Age*, Cambridge, Polity, 1996, p.173.

[2] M. Albrow, *The Global Age*, Cambridge, Polity, 1996, pp.172-173.

[3] Raymond Vernon, *Storm over the Multinationals: The Real Issues*, Harvard U.P., 1977, pp.12,13.

以置信的霸权。"①

当今世界国际化和全球化的趋势和重要性不可否认，但民族国家仍有其存在的合理性。波朗查斯断言民族不会消失，而且会在阶级斗争和国际经济关系的调节方面发挥重要作用。波朗查斯强调，国家是民族国家。他在对超帝国主义的批判中认为，国际资产阶级拥有有效的政治霸权是错误的说法。但是权力可以让国际资本重新安排，国家则为它们提供了资本积累所需的框架。像 G7 和欧盟这样的国际化政府性的组织，它们拥有的只是国际化的外壳，骨子里的权力仍然掌握在民族国家手中，主权仍以疆界为限。至今，参加国仍然保留着各自的国内政策。②

在经济全球化正在世界范围内向前推进，但经济不平等和经济活动的侵略性不容忽视的背景下，在帝国主义国家仍然在世界范围内具有强大的力量和扩张意图的时候，在发达国家和发展中国家的经济和社会发展水平存在很大区别的时候，在世界上存在不同性质的国家制度和政治及意识形态严重对立的时候，在美国为首的资本主义国家不断进行扩军和武力炫耀的时候，很难不把全球化的国家理论与建立超级大国的势力和帝国主义政治联系在一起。在核武器作为一种威慑和灭绝性的攻击力量在世界政治中起着不可低估的作用的时候，民族国家和国家主权不能不是现实的对抗世界霸权主义力量的有效的机制，也是维持世界和平的重要权力结构。

全球化时期，国际政治史的一个突出问题是国家主权和大国维持

---

① 〔美〕查尔斯·蒂利著，魏洪钟译：《强制、资本和欧洲国家（公元 990—1992 年）》，上海人民出版社 2012 年版，第 5 页。
② 〔美〕史丹利·阿若诺威兹、彼得·布拉提斯著，李中译：《逝去的范式——反思国家理论》，吉林人民出版社 2011 年版，第 229—231 页。

"世界秩序"的活动发生了冲突。结果是出现了国家主权的危机。国家主权在当今社会是不容置疑的。在理论上否认国家主权,将会使国际政治秩序出现大国霸凌的现象,而这种情况对人类和平和国际关系的公正化是非常危险的。在当今国际政治中,维护国家主权,对维护国际公正和反对大国霸权有重要意义。

资本主义国家制度建立几百年以来,在运作中从政治理性发展到社会理性,发展了资本主义民主制,以合法化的方式进行统治,加之资本主义社会的生产力自 20 世纪以来不断增长,积累了巨额的财富,这个庞然大物在深刻的国内政治社会矛盾和国际冲突中至今仍然较为稳固地存在。资本主义国家制度及其运作形式是值得认真研究的对象。

参考书目

一、中文

〔德〕马克思、恩格斯:《马克思恩格斯全集》,人民出版社2002年版。

〔德〕马克思、恩格斯:《马克思恩格斯选集》,人民出版社1972年版。

〔俄〕列宁:《列宁全集》,人民出版社1986年版。

朱福惠、邵自红、胡蜻、王建学主编:《世界各国宪法文本汇编》,厦门大学出版社2013年版。

法学教材编辑部《外国法制史》编写组:《外国法制史资料选集》,北京大学出版社1982年版。

施展主编:《法国革命时期法政文献选编》,王新连等编译,清华大学出版社2016年版。

黄卉主编:《德国魏玛时期国家法政文献选编》,清华大学出版社2016年版。

郭春生主编:《俄国19、20世纪之交法政文献选编》,清华大学出版社2016年版。

柯岚、毕竞悦主编:《美国建国时期法政文献选编》,清华大学出版社2016年版。

〔法〕马克·布洛赫:《封建主义》,张绪山等译,商务印书馆2004年版。

〔意〕但丁:《论世界帝国》,朱虹译,商务印书馆1985年版。

〔意〕圭恰迪尼:《意大利史》,辛岩译,广西师范大学出版社2014年版。

〔意〕雅各布·布克哈特:《意大利文艺复兴时期的文化》,何新译,马香雪校,商务印书馆1979年版。

〔美〕保罗·斯特拉森:《美第奇家族:欧洲最强大家族缔造权力与财富的故事》,林凌、刘聪慧、程旭译,机械工业出版社2016年版。

〔英〕克里斯托弗·达根:《剑桥意大利史》,邵嘉骏、沈慧慧译,王军校,新星出版社2017年版。

〔德〕奥托·冯·俾斯麦:《思考与回忆》,山西大学外语系翻译组译,陆世澄校,东方出版社1985年版。

〔以色列〕S. N. 艾森斯塔得:《帝国的政治体系》,阎步克译,贵州人民出版社1992年版。

〔美〕简·伯班克·弗雷德里克·库珀:《世界帝国史》,柴彬译,商务印书馆

2017年版。

〔美〕科佩尔·S. 平森：《德国近现代史》，范德一译，商务印书馆1987年版。

〔法〕让·博丹著，〔美〕朱利安·H. 富兰克林编：《主权论》李卫海、钱俊文译，北京大学出版社2008年版。

〔荷〕格劳秀斯著，〔美〕弗朗西斯·W. 凯尔西等英译：《战争与和平法》，马呈元、谭睿译，中国政法大学出版社2017年版。

〔澳〕斯蒂芬·巴克勒：《自然法和财产理论：从格劳秀斯到休谟》，周清林译，法律出版社2014年版。

〔荷兰〕斯宾诺莎：《神学政治论》，温锡增译，商务印书馆1963年版。

〔荷兰〕斯宾诺莎：《伦理学》，贺麟译，商务印书馆1983年版。

〔荷兰〕斯宾诺莎：《政治论》，谭鑫田、傅有德、黄启祥译，广西师范大学出版社2016年版。

〔德〕塞缪尔·普芬道夫：《人和公民的自然法义务》，鞠成伟译，商务印书馆2014年版。

〔德〕塞缪尔·冯·普芬道夫：《自然法与国际法》（第一、二卷），贺国强、刘瑛译，北京大学出版社2012年版。

〔英〕艾弗尔·詹宁斯：《英国议会》，蓬勃译，商务印书馆1959年版。

〔法〕孟德斯鸠：《法的精神》，载北京大学西方哲学史编写组编《十八世纪法国哲学》，商务印书馆1983年版。

〔法〕卢梭：《社会契约论》，载北京大学西方哲学史编写组编《十八世纪法国哲学》，商务印书馆1983年版。

〔法〕卢梭：《论人类不平等的社会起源》，载北京大学西方哲学史编写组编《十八世纪法国哲学》，商务印书馆1983年版。

〔美〕汉密尔顿、杰伊、麦迪逊：《联邦党人文集》，程逢如、在汉、舒逊译，商务印书馆2009年版。

〔美〕约瑟夫·斯托里：《美国宪法评注》，毛国权译，上海三联书店2006年版。

〔美〕安东尼·刘易斯：《言论的边界：美国宪法第一修正案简史》，徐爽译，法律出版社2016年版。

〔法〕瑟诺博斯：《法国史》，沈炼之译，商务印书馆1972年版。

〔法〕斯塔尔夫人：《法国大革命》，李筱希译，吉林出版集团有限责任公司2015年版。

〔法〕托克维尔：《旧制度与大革命》，冯棠译，桂裕芳、张芝联校，商务印书馆1992年版。

〔法〕阿尔贝·索布尔：《法国大革命史》，马胜利、高毅、王庭荣译，张芝联校，北京师范大学出版社2015年版。

〔法〕弗朗索瓦·傅勒：《思考法国大革命》，孟平译，生活·读书·新知三联书店2005年版。

〔英〕鲍桑葵：《关于国家的哲学理论》，汪淑钧译，商务印书馆1996年版。

〔德〕威廉·冯·洪堡：《论国家的作用》，林荣远、冯兴元译，中国社会科学出版社1998年版。

〔法〕邦雅曼·贡斯当：《论社会制度与政治》，石磊编译，中国商业出版社2017年版。

〔德〕恩斯特·卡西尔：《国家的神话》，范进、杨君游、柯锦华译，华夏出版社1990年版。

〔德〕黑格尔：《法哲学原理》，范扬、张企泰译，商务印书馆1961年版。

中共中央马克思、恩格斯、列宁、斯大林著作编译局国际工运史研究室编：《卢森堡文选》，人民出版社1984年版。

〔奥〕卡尔·考茨基：《考茨基文选》，王学东编，人民出版社2008年版。

郑异凡编：《托洛茨基读本》，中央编译出版社2008年版。

〔苏联〕列夫·托洛茨基：《俄国革命史》，丁笃本译，商务印书馆2018年版。

〔苏联〕托洛茨基：《被背叛的革命——苏联的现状及其前途》，三联书店资料室1963年版。

〔苏联〕尼古拉·伊·布哈林：《布哈林文选》，郑异凡编，人民出版社2014年版。

〔意〕安东尼·葛兰西：《狱中札记》，葆煦译，人民出版社1983年版。

〔意〕安东尼·葛兰西：《狱中书简》，田时纲译，吉林出版集团有限责任公司2014年版。

〔意〕加塔诺·莫斯卡：《统治阶级》，贾鹤鹏译，译林出版社2012年版。

〔意〕V.帕累托：《普通社会学纲要》，田时纲译，社会科学文献出版社2016年版。

〔德〕马克斯·韦伯：《经济和社会》，林荣远译，商务印书馆1997年版。

〔英〕比瑟姆：《马克斯·韦伯与现代政治理论》，浙江人民出版社1989年版。

〔美〕戴维·伊斯顿：《政治体系——政治学状况研究》，马清槐译，商务印书馆1993年版。

〔德〕沃尔夫冈·J.蒙森：《马克斯·韦伯与德国政治：1890—1920》，阎克文译，中信出版集团2016年版。

〔奥〕凯尔森：《法与国家的一般理论》，沈宗灵译，商务印书馆2014年版。

〔英〕弗里德里希·奥古斯特·冯·哈耶克：《通往奴役之路》，王明毅等译，中国社会科学出版社1997年版。

〔英〕卡尔·波普尔：《开放社会及其敌人》，陆衡、郑一明等译，中国社会科学出版社1999年版。

〔德〕路德维希·冯·米瑟斯：《自由与繁荣的国度》，韩光明等译，中国社会科学出版社1995年版。

〔希腊〕尼科斯·波朗查斯：《政治权力与社会阶级》，中国社会科学出版社1982年版。

〔英〕拉尔夫·密利本德：《马克思主义与政治学》，黄子都译，商务印书馆1984年版。

〔英〕拉尔夫·密利本德：《英国的资本主义民主制》，博铨等译，商务印书馆1988年版。

〔英〕拉尔夫·密利本德：《资本主义社会的国家》，沈汉等译，商务印书馆1998年版。

〔英〕佩里·安德森：《绝对主义国家的

系谱》，刘北成、龚晓庄译，上海人民出版社2001年版。

〔美〕本尼迪克特·安德森：《想象的共同体：民族主义的起源与散布》，上海人民出版社2011年版。

〔法〕阿尔都塞：《哲学与政治》，陈越译，吉林人民出版社2010年版。

〔法〕萨特：《辩证理性批判》，林骧华、徐和瑾、陈伟丰译，安徽文艺出版社1988年版。

〔德〕诺贝特·埃利亚斯：《文明的进程》，王佩莉译，生活·读书·新知三联书店1998年版。

〔美〕约瑟夫·斯特雷耶：《现代国家的起源》，华佳等译，格致出版社2011年版。

〔美〕贾恩弗兰科·波奇：《近代国家的发展——社会学导论》，沈汉译，商务印书馆1997年版。

〔美〕艾伦·沃尔夫：《合法性的限度》，沈汉等译，商务印书馆2005年版。

〔法〕路易·阿尔都塞、艾蒂安·巴里巴尔：《阅读资本论》，李其庆、冯文光译，中央编译出版社2001年版。

〔法〕雅克·德里达：《马克思的幽灵：债务国家、哀悼活动和新国际》，中国人民大学出版社2008年版。

〔法〕乔治·索雷尔：《论暴力》，乐启良译，上海人民出版社2005年版。

〔法〕邦雅曼·贡斯当：《古代人和近代人的自由》，阎克文、刘满堂译，商务印书馆1999年版。

〔美〕巴林顿·摩尔：《民主和专制的社会起源》，拓夫等译，华夏出版社1987年版。

〔美〕塞缪尔·P.亨廷顿：《变化社会中的政治秩序》，王冠华等译，生活·读书·新知三联书店1989年版。

〔德〕格奥尔格·耶里内克：《〈人权与公民权利宣言〉：现代宪法史论》，李锦辉译，商务印书馆2012年版。

〔美〕约翰·罗尔斯：《正义论》，何怀宏等译，中国社会科学出版社2009年版。

〔美〕迈克尔·曼：《社会权利的来源》，第一卷，刘北成、李少军译；第二卷，陈海宏等译；第三卷，郭台辉等译；第四卷，郭忠华等译，上海人民出版社2007年版、2015年版。

〔美〕迈克尔·曼：《民主的阴暗面：解释种族清洗》，严春松译，中央编译出版社2015年版。

〔德〕尤尔根·哈贝马斯：《合法化危机》，刘北成、曹卫东译，上海人民出版社2000年版。

〔法〕让-马克·夸克：《合法性与政治》，佟心平、王远飞译，中央编译出版社2002年版。

〔德〕卡尔·施密特：《宪法学说》，刘小枫编，刘锋译，上海人民出版社2016年版。

〔德〕卡尔·施密特：《合法性与正当性》，冯克利、李秋零、朱雁冰译，上海人民出版社2015年版。

〔法〕亨利·列斐伏尔：《马克思的社会学》，谢永康、毛林林译，北京师范大学出版社2013年版。

〔德〕克劳斯·奥菲：《福利国家的矛盾》，郭忠华等译，吉林人民出版社2011年版。

〔法〕雷蒙·阿隆：《阶级斗争：工业社会十八讲》，译林出版社2003年版。

〔英〕安东尼·吉登斯：《民族—国家与暴力》，胡宗泽等译，生活·读书·新知三联书店1998年版。

〔美〕查尔斯·蒂利：《信任与统治》，胡位钧译，上海人民出版社2010年版。

〔美〕查尔斯·蒂利：《集体暴力的政治》，谢岳译，上海人民出版社2011年版。

〔美〕查尔斯·蒂利：《强制、资本和欧洲国家（公元990—1992年）》，魏洪钟译，上海人民出版社2012年版。

〔美〕查尔斯·蒂利：《民主》，魏洪钟译，上海人民出版社2009年版。

〔美〕诺姆·乔姆斯基：《遏制民主》，汤大华译，商务印书馆2013年版。

〔美〕阿伦·利普哈特：《民主的模式：36个国家的政府和政府绩效》，陈崎译，上海人民出版社2017年版。

〔美〕卡罗尔·佩特曼：《参与和民主理论》，陈尧译，上海人民出版社2012年版。

〔美〕杰克·斯奈德：《从投票到暴力：民主化和民族主义冲突》，吴强译，中央编译出版社2018年版。

〔美〕彼得·埃文斯、迪特里希·鲁施迈耶、西达·斯考克波：《找回国家》，方立雄、黄宜瑞、黄琪यानन译，生活·读书·新知三联书店2009年版。

〔美〕西达·斯考切波：《国家与社会革命：对法国、俄国和中国的比较分析》，何俊志、王学东译，上海人民出版社2015年版。

〔美〕罗纳德·H.奇尔科特：《比较政治学理论——新范式的探索》，高铦、潘世强译，社会科学文献出版社1998年版。

〔美〕汉娜·阿伦特：《极权主义的起源》，林骧华译，生活·读书·新知三联书店2008年版。

〔美〕汉娜·阿伦特：《共和的危机》，郑辟瑞译，上海人民出版社2013年版。

〔英〕J. H. 伯恩斯主编：《剑桥中世纪政治思想史》，郭正东等译，生活·读书·新知三联书店2009年版。

〔美〕沃格林：《中世纪晚期》，段保良译，华东师范大学出版社2009年版。

〔美〕塞缪尔·鲍尔斯、赫伯特·金蒂斯、韩永法：《民主和资本主义》，商务印书馆2003年版。

〔英〕尼古拉斯·菲利普斯、昆廷·斯金纳主编：《近代英国的政治话语》，华东师范大学出版社2005年版。

〔英〕昆廷·斯金纳、博斯特拉思主编：《国家与公民：历史·理论·展望》，彭利平译，华东师范大学出版社2005年版。

〔英〕J. G. A.波考克：《古代宪政和封建法：英格兰17世纪历史思想研究》，翟小波译，译林出版社2014年版。

〔英〕J. G. A.波考克：《马基雅维利时刻：佛罗伦萨的政治思想和大西洋共和主义传统》，冯克利、傅乾译，译林出版社2013年版。

〔美〕托马斯·埃特曼：《利维坦的诞生：中世纪及现代早期欧洲的国家与政权建设》，郭台辉译，上海人民出版社2016年版。

〔英〕特伦斯·鲍尔、J. G. A. 波考克主编：《概念变迁与美国宪法》，谈丽译，华东师范大学出版社2010年版。

〔德〕弗朗茨·维亚克尔：《近代私法史：以德意志的发展为观察重点》，陈爱娥、黄建辉译，上海三联书店2006年版。

〔德〕米歇尔·斯托莱斯：《德国公法史：国家法学说和行政学，1800—1914》，雷勇译，法律出版社2007年版。

〔德〕格奥尔格·耶利内克：《宪法修改与宪法变迁论》，柳建龙译，法律出版社2012年版。

〔俄〕瓦·奥·克柳切夫斯基：《俄国史教程》，刘祖熙等译，商务印书馆2003年版。

〔俄〕瓦·奥·克柳切夫斯基：《俄国各阶层史》，徐昌翰译，商务印书馆1990年版。

〔法〕弗朗索瓦·基佐：《欧洲代议制政府的历史起源》，张津清、袁淑娟译，复旦大学出版社2008年版。

〔英〕C. H. 麦基文：《宪政古今》，翟小波译，贵州人民出版社2004年版。

〔英〕丹·琼斯：《空王冠·玫瑰战争与都铎王朝的崛起》，陆大鹏译，社会科学文献出版社2018年版。

〔英〕休·希顿-沃森：《民族与国家：对民族起源和民族主义政治的探讨》，吴洪亮、黄群译，中央民族大学出版社2009年版。

〔美〕迈克尔·佩里：《权利的新生：美国宪法中的人权》，徐爽、王本存译，商务印书馆2016年版。

〔美〕托马斯·戴伊：《谁掌管美国——里根时代》，张伟、吴继淦、刘觉涛译，世界知识出版社1985年版。

〔美〕威廉·多姆霍夫：《当今谁统治美国——八十年代的看法》，沈泽芬、邓须弥译，中国对外翻译公司1985年版。

〔美〕威廉·多姆霍夫：《谁统治美国：权力、政治和社会变迁》，吕鹏、闻翔译，译林出版社2009年版。

〔美〕诺姆·乔姆斯基：《失败的国家：滥用权力和践踏民主》，白璐译，上海译文出版社2009年版。

〔美〕戴维·哈伯斯塔姆：《媒介与权势：谁掌管美国》，尹向泽等译，国际文化出版公司2006年版。

〔美〕迈克尔·曼：《民主的阴暗面：解释种族清洗》，严春松译，中央编译出版社2015年版。

〔美〕爱德华·S. 赫尔曼、诺姆·乔姆斯基：《制造共识：大众传媒的政治经济学》，邵洪松译，北京大学出版社2011年版。

〔美〕安娜·玛丽·史密斯：《拉克劳与墨菲：激进民主想象》，付琼译，江苏人民出版社2011年版。

李银河主编：《妇女：最漫长的革命》，生活·读书·新知三联书店1997年版。

〔美〕贝尔·胡克斯：《激情的政治：人

人都能读懂的女权主义》，沈睿译，金城出版社 2008 年版。

〔英〕索菲亚·孚卡、瑞·怀特：《后女权主义》，王丽译，文化艺术出版社 2003 年版。

叶健辉：《托邦：拉丁美洲解放神学研究初步》，中央编译出版社 2015 年版。

刘颖：《新世纪以来西方新社会运动研究》，人民出版社 2018 年版。

〔美〕约翰·朱迪斯：《民粹主义大爆炸：经济大衰退如何改变美国和欧洲政治》，马霖译，中信出版社 2018 年版。

〔法〕马克·布洛赫：《国王神迹：英法王权所谓超自然研究》，张绪山译，商务印书馆 2018 年版。

〔法〕伊波利特·泰勒：《现代法国的起源：旧制度》，黄艳红译，吉林出版集团公司 2014 年版。

〔美〕威廉·里奇·牛顿：《大门背后：18 世纪凡尔赛宫廷生活与权力舞台》，曹帅译，北京联合出版公司 2018 年版。

〔法〕勒庞：《法国大革命》，青闰译，天津社会科学出版社 2016 年版。

〔法〕雅克·夏普萨尔、阿兰·朗斯洛：《1940 年以来的法国政治生活》，上海译文出版社 1981 年版。

〔法〕皮埃尔·罗桑瓦龙：《公民的加冕礼：法国普选史》，吕一民译，上海人民出版社 2005 年版。

〔法〕皮埃尔·罗桑瓦龙：《法兰西政治模式：1789 年至今公民社会与雅各宾主义的对立》，高振华译，沈菲、梁爽校，生活·读书·新知三联书店 2012 年版。

〔法〕乔治·勒费弗尔：《法国大革命的降临》，上海格致出版社 2010 年版。

〔法〕罗杰·夏蒂埃：《法国大革命的文化起源》，洪庆明译，译林出版社 2015 年版。

〔法〕弗朗索瓦·博雷拉：《今日法国政党》，复旦大学国际政治系译，上海人民出版社 1977 年版。

〔英〕约翰·贝尔：《法国法律文化》，康家昕、周青阳、李鹿野译，清华大学出版社 2012 年版。

〔美〕大卫·科泽：《仪式、政治与权力》，王海洲译，江苏人民出版社 2015 年版。

〔美〕菲利普·T. 霍夫曼、凯瑟琳·诺伯格编：《财政危机、自由和代议制政府（1450—1789）》，储建国译，格致出版社、上海人民出版社 2008 年版。

〔美〕詹姆士·B. 柯林斯：《君主专制政体下的财政极限：17 世纪上半叶法国的直接税制》，沈国华译，上海财经大学出版社 2016 年版。

〔英〕理查德·邦尼：《欧洲财政国家的兴起：1200—1815 年》，沈国华译，上海财经大学出版社 2016 年版。

〔美〕戴维·斯塔萨维奇：《信贷立国：疆域、权力与欧洲政体的发展》，席天扬、欧恺译，格致出版社 2016 年版。

〔英〕威廉·多伊尔：《捐官制度——十八世纪法国的卖官鬻爵》，高毅、高煜译，中国方正出版社 2017 年版。

〔德〕米歇尔·斯托莱斯：《德国公法

史》，雷鸣译，法律出版社2008年版。

〔德〕伯阳：《德国公法导论》，北京大学出版社2008年版。

〔德〕卡尔·迪特里希·埃隆德曼等：《德意志史》，商务印书馆1986年版。

〔德〕弗里茨·斯特恩：《金与铁：百思买、布莱希罗德与德意志帝国的建立》，王晨译，四川人民出版社2018年版。

〔德〕弗·梅林：《德国社会民主党史》，青载繁译，生活·读书·新知三联书店1973年版。

〔德〕乌尔夫·迪克迈尔等：《德意志史》，孟重捷等译，商务印书馆2018年版。

〔英〕玛丽·富布卢克：《剑桥德国史》，高旖嬉译，李雪涛校，新星出版社2017年版。

〔英〕玛丽·弗尔布鲁克：《德国史：1918—2009年》，卿文辉译，张润校，上海人民出版社2011年版。

〔英〕保罗·利科尔：《战争、枪炮与选票》，吴强译，南京大学出版社2018年版。

〔美〕利昂·D.爱泼斯坦：《西方民主国家的政党》，何文辉译，商务印书馆2014年版。

〔美〕伊曼纽尔·克雷克、威廉·切斯特尔·乔丹编：《腐败史》，邱涛等译，刘北城、李亚丽审校，中国方正出版社2016年版。

〔意〕安格鲁·帕尼比昂科：《政党：组织与权力》，周建勇译，上海人民出版社2013年版。

〔法〕米歇尔·福柯：《生命政治的诞生》，莫伟民、赵伟译，上海人民出版社2018年版。

〔美〕林恩：《新垄断资本主义》，徐剑译，东方出版社2013年版。

〔美〕B.盖伊·彼得斯：《政治科学中的制度理论："新制度主义"》，王向民、段红伟译，上海人民出版社2011年版。

钱学森、许国志、王寿云：《组织管理的技术——系统工程》，载《文汇报》1978年7月27日。

〔美〕汉斯·摩根索，肯尼斯·汤普森、戴维·克林顿修订：《国家间政治：权力斗争与和平》，徐昕等译，北京大学出版社2005年版。

〔美〕理查德·拉克曼：《国家和权力》，郦菁、张昕译，上海人民出版社2013年版。

〔美〕乔尔·S.米格代尔：《社会中的国家——国家与社会如何相互改变与相互构成》，李杨等译，江苏人民出版社2013年版。

〔苏联〕阿尔托尔汉诺夫：《权力学》，张开等译，新华出版社1980年版。

〔美〕布鲁斯·阿克曼：《别了，孟德斯鸠：新分权理论与实践》，聂鑫译，中国政法大学出版社2016年版。

〔美〕亚当·普热沃尔斯基：《资本主义与社会民主》，丁韶斌译，中国人民大学出版社2012年版。

〔美〕凯马尔·H.卡尔帕特编：《当代中东的政治和社会思想》，陈和丰等译，中国社会科学出版社1992年版。

〔美〕卡尔·A.魏特夫:《东方专制主义:对于极权力量的比较研究》,徐式谷、奚瑞森、邹如山译,邹如山校订,中国社会科学出版社1989年版。

〔美〕塞缪尔·亨廷顿:《文明的冲突与世界秩序的重建》,周琪等译,新华出版社1999年版。

〔美〕弗朗西斯·福山:《政治秩序的起源:从前人类时代到法国大革命》,毛俊杰译,广西师范大学出版社2014年版。

〔美〕弗朗西斯·福山:《政治秩序与政治衰败:从工业革命到民主全球化》,毛俊杰译,广西师范大学出版社2015年版。

〔美〕弗朗西斯·福山:《大断裂:人类本性与社会秩序的重建》,唐磊译,广西师范大学出版社2016年版。

〔美〕布莱恩·唐宁:《军事革命与政治变革:近代早期欧洲的民主与专制之起源》,赵信敏译,复旦大学出版社2015年版。

〔美〕约翰·伊肯伯里:《自由主义利维坦:美利坚世界秩序的起源、危机和转型》,赵明昊译,上海人民出版社2013年版。

〔英〕阿兰·瑞安:《论政治》,林华译,中信出版集团2016年版。

〔美〕肯尼迪:《大国的兴衰:1500—2000年经济变革和军事冲突》,王保存译,求实出版社1988年版。

〔美〕简·伯班克、弗里德里希·库珀:《世界帝国史:权力与差异政治》,柴彬译,商务印书馆2017年版。

〔美〕克里斯多夫·皮尔逊:《论现代国家》,刘国兵译,中国社会科学出版社2017年版。

〔南斯拉夫〕德热拉斯:《新阶级:共产主义制度的分析》,陈逸译,世界知识出版社1963年版。

〔英〕尚塔尔·墨菲:《论政治的本性》,周凡译,江苏人民出版社2016年版。

〔德〕汉斯·J.沃尔夫、奥托·巴霍夫、罗尔夫·施托贝尔:《行政法》,高家伟译,商务印书馆2014年版。

〔法〕朱利安·班达:《知识分子的背叛》,佘碧平译,上海人民出版社2015年版。

钱端升:《法国的政府》,北京大学出版社2009年版。

钱端升:《德国的政府》,北京大学出版社2009年版。

李道揆:《美国政府和美国政治》,商务印书馆1999年版。

张千帆:《美国联邦宪法》,法律出版社2011年版。

刘颖:《新世纪以来西方新社会运动研究》,人民出版社2018年版。

沈汉:《资产阶级自由民主观念的起源问题》,载《世界历史》1987年第4期。

沈汉、刘新成:《英国议会政治史》,南京大学出版社1991年版。

沈汉:《专制主义时期的国家形态》,载《现代文明的起源与演进》,南京大学出版社1991年版。

沈汉:《法国专制主义时期国家机构的变革》,载《史学月刊》1992年第5期。

沈汉:《当代西方学术界对国家史和国家

理论的研究》，载《世界史研究动态》1993 年第 5 期。

沈汉、王建娥：《欧洲从封建社会向资本主义社会过渡研究——形态学的考察》，南京大学出版社 1993 年版。

沈汉：《西方社会结构的演变——从中古到 20 世纪》，珠海出版社 1998 年版。

沈汉：《英国宪章运动》，甘肃人民出版社 1997 年版。

沈汉、黄凤祝：《反叛的一代——20 世纪 60 年代西方学生运动》，甘肃人民出版社 2002 年版。

沈汉：《资本主义史》，人民出版社 2009、2015 年版。

沈汉：《中西近代思想形成的比较研究——结构发生学的考察》，人民出版社 2016 年版。

二、西文

Parliaments, Estates & Representation.
《议会、等级会议和代表制》

Abraham. David, *The Collapse of the Weimar Republic, Political Economy and Crisis.* Princeton U.P., 1986.
亚伯拉罕《魏玛共和国的崩溃》

Alfonso, Isabel, Hugh Kennedy, and Julio Escalona, eds., *Building Legitimacy: Political Discurses and Forms of Legimacy in Medieval Societies.* Leidenn, Brill, 2004.
阿尔方索和埃斯卡罗纳《建造合法性》

Allen, C. G., ed., *Rulers and Governments of the World.* London & New York, Bowker, 3 Vols.
阿兰《世界的统治者和政府》

Anderson, Eugene. N., and Pauliner R., *Political Institution and Social Change in Continental Europe in the Nineteenth Century.* California U.P., 1967.
安德森《19 世纪大陆欧洲的政治制度和社会变革》

Anderson, James, *The Rise of Modern State.* Sussex, 1986.
安德森《近代国家的兴起》

Andreski, Stanislaw, *Military Organization and Society.* Routledge, 1954.
安德雷斯基《军事组织和社会》

Anisirmov, E.V., *The Reforms of Peter the Great: Progress through Coercion in Russia.* M. E. Sharpe, 1993.
阿尼西莫夫《彼得大帝的改革》

Armstrong, J. A., *The European Administrative Elite.* Princeton U.P., 1973.
阿姆斯特朗《欧洲的行政精英》

Ashley, M., *Financial and Commercial Policies under the Cromwellian Protectorate.* London, 1972.
阿希利《克伦威尔护国公治下的财政和商业政策》

Aylmer, Gerald E., *The King's Servants: the Civil Service of Charle I, 1625-1642.* London, Routledge & Kagan Paul, 1973.
埃尔默《国王的仆役》

Aylmer, Gerald E., *The State's Servants: the Civil Service of the English Republic, 1649-1660.* London, Routledge & Kagan

Paul, 1981.

埃尔默《国家的仆役》

Aylmer, Gerald E., *The Crown's Servants: Government and Civil Service under Charles II, 1660-1685.* Oxford U.P., 2002.

埃尔默《王室的仆役》

Baldwin, John W., *The Government of Philip Augustus: Foundations of French Royal Power in Middle Ages.* Berkeley, 1986.

鲍德温《菲利普·奥古斯汀的政府》

Barker, Ernest, *The Development of Public Services in Western Europe 1660-1930.* Hamden, Conn., 1966.

巴克尔《欧洲文官制度的发展》

Barraclough, G., *The Origins of Modern Germany.* Oxford, 1972.

巴勒克拉夫《近代德国的起源》

Baumgold, Deborah, *Contract Theory in Historial Context: Essays on Grotius, Hobbes, and Locke.* Brill, 2010.

鲍姆戈德《契约理论的历史内涵》

Beetham, David, *Max Weber and the Theory of Modern Politics.* 1985.

比瑟姆《马克斯·韦伯和现代政治理论》

Beetham, David, *Democracy and Human Rights.* Polity Press. 1999.

比瑟姆《民主和人权》

Bell, David A., *Lawyers and Citizens: The Making of A Political Elite in Old Regime France.* Oxford U.P., 1994.

贝尔《律师和市民》

Bendix, Reinhard, *Kings or People: Power and the the Mandate to Rule.* University of California Press, 1978.

本迪克斯《国王还是人民》

Blackburn, David and Geoff Eley, *The Peculicarities of German History: Bourgeois Society and Politics in Nineteenth Century Germany.* Oxford U.P., 1984.

布莱克本《德国历史的特殊性》

Blockman, Willens Pieter, *A History of Power in Europe: People, Market and States.* Antwerp, 1997.

布罗克曼《欧洲权力史》

Blockman, Wim, and Nicolette Mout, eds., *The World of Emperor Charles V, 1500-1558.* Amsterdan, 2004.

布罗克曼和莫特《查理五世的世界帝国》

Blockman, Wins Pieter, Andre Holenstein, Jon Mathieu and Daniel Schlappi, *Empowering Interactions, Political Cultures and the Emergence of the State in Europe 1300-1900.* Ashgate, 2009.

布罗克曼等《授权的相互影响，政治文化和欧洲国家的发生》

Bonney, Richard, *Political Chang in France under Richelieu and Mazaran, 1624-1661,* Oxford U.P., 1976.

邦尼《黎塞留和马扎然治下法国的政治变革》

Braun, R., "Taxation, Sociopolitical Structure and the State Building: Great Britain and Brandenburg Prussia." in Charles Tilly, ed., *The Formation of National State in Western Europe.* University of Princeton

Press, 1975.

布劳恩《大不列颠和勃兰登堡-普鲁士的赋税：政治社会结构和国家建筑》

Brauneder, Wilhelm, "History of the Structure of General Administration in Austria." in Federal Chancellery, ed., *Public Administration in Austria*. Wien, 1992.

布劳内德尔《奥地利中央政府结构史》

Brewer, John, *The Sinaws of Power: War Money and the English State, 1688-1783*. London, 1989.

布鲁尔《丑恶的权力：1688—1783年的战争、货币和英国国家》

Brewer, John, and Eckhart Hellmuth, eds., *Rethinking Leviathan: the Eighteenth-Century State in Britain and Germany*. Oxford U.P., 2004.

布鲁尔和赫尔穆特《对利维坦的再思考：18世纪英国和德国国家》

Breyfogle, Nicholas B., Abby Schrader, and Willard Sunderland, eds., *Peopling the Russian Periphery*. Routledge, 2007.

Brooke, M., *The Great Reform Acts*. London, Hutchinson University Library, 1973.

布洛克《伟大的改革法》

Bull, Hedley, ed., *The Expansion of International Society*. Oxford U.P., 1984.

布尔《国际社会的扩张》

Bush, M. L., *The European Nobility*. Manchester U.P., 3 Vols.

布什《欧洲贵族》

Cannon, John, *Parliamentary Reform 1640-1832*. Cambridge U.P., 1972.

坎农《1640—1832年议会改革》

Cannon, John, *Aristocratic Century: The Peerage of the Eighteenth Century*. Cambridge U.P., 1984.

坎农《贵族世纪：18世纪贵族》

Caplan, Jane, *Government Without Administration: State and Civil Service in Weimar and Nazy Germany*. Oxford U.P., 1988.

卡普兰《没有行政机构的政府：魏玛和纳粹时期德国国家和文官》

Carlyle, R. W., and A. J., *A History of Medieval Political Theory in the West*, 6 Vols.

卡莱尔《中世纪政治思想史》

Carlyle, Thomas, *History of Friedrich Prussia: Call Frederick the Great*. London, 1858-1868, 8 Vols.

卡莱尔《普鲁士腓德烈大帝的历史》

Carnoy, Martin, *The State and Political Theory*. New Jersey, Princeton U.P., 1984.

卡诺努瓦《国家和政治理论》

Carsten, F. L., *The Origins of Prussia*. Clarendon Press, 1954.

卡斯腾《普鲁士的兴起》

Carsten, F. L., *Princes and Parliaments in Germany from 15th to 18th Century*. Oxford, Clarendon Press, 1958.

卡斯腾《15到18世纪德意志王公和议会》

Carsten, F. L., *A History of the Prussian Junkers*. Scolar Press, 1989.

卡斯腾《普鲁士容克史》

Chabod, Frederico, *Machiavelli and the Renaissance*. Harper Torch Books, 1958.

查波德《马基雅维里和文艺复兴》

Chambers, David, *The Imperial Age of Venice, 1380-1580*. London, Thames and Hundson, 1970.

钱伯斯《威尼斯的帝国时代》

Chambers, David, and Brian Pullan, eds., *Venice: A Documentary History, 1450-1630*. Blackwell. 1993.

钱伯斯和普兰《威尼斯文献史》

Chandler, Palph Clark, *A Centennial History of the American Administrative State*. Free Press, 1987.

钱德勒《一个世纪美国的行政国家史》

Cheyette, Fredric L., ed., *Lordship and Community in Medieval Europe*. New York, 1968.

切耶特《中世纪欧洲的领主权和团体》

Church, Clive H., *Revolution and Red Tape: The French Ministerial Bureaucracy 1870-1850*. Oxford Clarendon Press, 1981.

丘奇《革命和文牍作风》

Church, W. F., *Constitutional Thought in Sixteenth Century France*. Cambridge U.P., 1941.

丘奇《16世纪宪政思想》

Cohen, Jean L., *Gobalization and Sovereignty: Rethinking Legality and Constitutionlism*. Cambridge U.P., 2012.

科恩《全球化和国家主权：重新考虑合法性和宪政》

Cohen, Ronald, and John Middleton, eds., *Comparative Political Systems: Studies in the Politics of Pre-industrial Societies*. University of Texas Press, 1967.

科恩《前工业社会政治制度研究》

Cohen, Ronald, and Judith Toland, *State Formation and Political Legitimacy: Political Anthropology*, Volume VI. New Brunswick and Oxford, Transaction Books, 1988.

科恩和托兰《国家形成和政治合法性》

Collins, I., *Napoleon and His Parliaments, 1800-1815*. London, 1979.

柯林斯《拿破仑和他的议会》

Collins, Irene, *Government and Society in France 1814-1848*. Edward Arnold, 1970.

柯林斯《法国的政府和社会》

Corni, Gustavo, *Hitler and the Peasants: Agrarian Policy of the Third Reich, 1930-1939*. New York. Berg, 1990.

考尼《希特勒和他的农民土地政策》

Corringan, Paul, ed., *Capitalism, State Formation and Marxist Theory*. London, 1980.

科林根《资本主义和国家形成》

Corringan, Paul, and Derek Sayer, *The Great Arch: English State Formation as Cultural Revolution*. Basil Blackwell, 1985.

科林根和赛耶《巨大的苍穹：作为文化革命的英国国家形成》

Crummey, R. C., *The Formation of Muscovy, 1304-1603*. London, 1983.

克鲁梅《莫斯科公国的形成》

Dickson, P. G. M., *Finance and Government under Maria Theresia 1740-1780*. Oxford, Clarendon Press, 1987, 2 Vols.

迪克森《玛丽亚特雷萨统治下的财政和

政府》

Dippel, Horst, ed., *Constitutions of the World from the Late 18th Century to the Middle of the Nineteenth Century: Sources on the Rise of Modern Constitutionalism.* Muenchen, 2005.
Http://www.modernConstitutions.de

vol. 1: Constitutional Documents of the United Kingdom 1782-1835, ed. by H.T. Dickinson.(001228624)

vol. 2: Constitutional Documents of Austria, Hungary and Liechtenstein 1791-1849, ed. by Lise Reiter, Augres Cieger, Paul Vogt. (0001228616)

vol. 3: German Constitutional Documents 1806-1849

vol. 4: Constitutional Projects of Russia 1799-1825 By Oleg Subbotin. 2007.

vol. 5: Polish Constitutional Documents 1790-1848

vol. 6: Constitutional Documents of Denmark, Norway and Sweden 1809-1849

vol. 8: Constitutional Documents of Switzerland 1791-1865, part III

迪派尔主编《从18世纪后期到19世纪中期世界宪政：近代宪政主义兴起的资料》

Dorwart, R. A., *The Administrative Reform of Frederick William I of Prussia.* Harvard U.P., 1953.

多华特《普鲁士威廉一世的行政改革》

Dukes, Paul, *The Making of Russian Absolutism, 1613-1801.* Routledge, 2014.

杜克斯《俄罗斯绝对主义的形成》

Dwyer, Philip G., ed., *The Rise of Prussia 1700-1830.* Longman, 2000.

德怀尔《普鲁士的兴起》

Dyson, Kenneth H.F., *The State Formation in Western Europe: A Study of An Idea and Institution.* Martin Robertson, 1983, 310p.(000296340)

戴森《西欧国家的形成》

Ehrmann, H.W., *Constitutional Democracy: Essays in Comparative Politics. A Festcrifts in Honour of Henrt Ehrmann.* Westview Press, 1983, 516p.(000316511)

埃尔曼《宪政民主》

Edinger, Lewis Toachime, *West German Politics.* N.Y., 1986.

埃丁格《西德政治》

Elazar, Dahlia S., *The Making of Fascism: Class, State, and Counter-Revolution, Italy 1919-1922.* Praeger, 2011.

伊拉札《法西斯主义的形成》

Elias, Nobert, *The Civilizing Process.* Oxford, Basic Blackwell, 1985, 2 Vols.

埃里亚斯《文明的进程》

Elton, G.R., *The Tudor Revolution in Government.* Cambridge U.P., 1979.

埃尔顿《都铎政府革命》

Elton, G.R., *Policy and Police: The Enforcement of the Reformation in the Age of Thomas Cromwell.* Cambridge U.P., 1972.

埃尔顿《政策和警察》

Evans, Richard J., ed. *Society and Politics in Wilhelmine Germany.* Routledge,

2015(1928), 305p.
埃文斯《魏玛德国的社会和政治》
Evans, Peter, P. Rueschemeyer, and T. Skocpol, "On the Road toward are Adequate Understanding of the State." in Evans, Peter, P. Rueschemeyer, and T. Skocpol, eds., *Bring the State Back in.* Cambridge U.P., 1986.
埃文斯等《寻求更合适的理解国家的方式》
Evans, Peter, P. Rueschemeyer, and T. Skocpol, eds., *Bring the State Back in.* Cambridge U.P., 1986.
伊文思等《国家追根溯源》
Eyck, Frank, *Religion and Politics in German History: from Beginning to French Revolution.* N.Y., St. Martin Press, 1998.
艾克《德国历史上的宗教和政治》
Fell, A. London, *Origins of Legislative Sovereignty and the Legislative State.* Knningstein, 1983-2010, 7 Vols.
费尔《立法主权和立法国家的起源》7卷
Ferguson, A., *An Essay on the History of Civil Society, 1767.* Edinburgh U P., 1966.
弗格森《论市民社会的历史》
Field, Daniel, The End of Selfdom. *Nobility and Bureaucracy in Russia, 1855-1861.* London, 1976.
菲尔德《农奴制的结束：俄国的贵族和官僚》
Finer, H., *The Theory and Practice of Modern Government.* London, 1932, 2 Vols.
芬纳《现代政府的理论和实践》
Finer, Herman, *The Major Government of Modern Europe.* 1960.
芬纳《大陆欧洲主要国家的政府》
Finer, S. E., *Comparative Government.* Penguin Books, 1970.
芬纳《比较政府》
Finer, S. E., *The History of Government.* Oxford U.P., 3 Vols. 1997, 1999. Vol. I. Ancient Monarchies and Empires; Vol. II. The Intermediate Ages. Vol. III. Empires, Monarchies and the Modern States.
芬纳《统治史》
Firth, C. H., and R. S. Rait, eds., *Acts and Ordinance of the Interregnum, 1642-1660.* London, 1911, 3 vols.
费尔斯和雷特《王位中断时期的法令》
Fitzmauring, Andrew, *Sovereignty, Property and Empire, 1500-2000.* Cambridge U.P., 2014.
费兹默林《统治权、财产和帝国》
Fominaya, Cristian Flesher, and Laurence Cox, *Understanding European Movements; New Social Movernments, Global Justies Struggle, Anti-austerity Protest.* New Routledge, 2013.
福明娜雅和考克斯《理解欧洲运动》
Ford, F. L., Robe and Sword, *the Regrouping of the French Aristocracy After Louis XIV.* Harvard U.P., 1953. Indiana U.P., 1997.
福特《路易十四以后法国贵族的重组》
Fortescue, William, *The Third Republic in France, 1870-1940, Conflicts and Continuities.* Routledge, 2000.
福蒂斯鸠《法兰西第三共和国》

Franklin, Julian H., *Jean Bodin and the Sixteenth-Century Revolution in the Methodology of Law and History*. Columbia U.P., 1963.

富兰克林《博丹和16世纪法学和史学方法论的革命》

Friedrich, Karin, *Brandenburg-Prussia, 1466-1806. The Rise of a Composite State*. Palgrave Macmillan, 2012.

弗里德里希《1466—1806年的勃兰登堡-普鲁士》

Galbraith, John K., *The New Industrial State*. London, 1968.

加尔布雷思《新工业国》

Gamberini, Andrea, and Isabella Lazzarina, eds. *The Italian Renaissance State*. Cambridge U.P., 2012.

加姆布里尼和拉杂里拉《意大利文艺复兴国家》

Gardiner, S. R., ed. *Cnstitutional Documents of Puritan Revolution 1625-1660*. Oxford, Clarendon Press, 1906.

加狄纳《清教徒革命的宪政文件》

Gilbert, Felix, ed., *The Historical Essays of Otto Hintze*. New York. Oxford U.P, 1975.

吉尔伯特《奥托·亨策的历史论文》

Ginsburg, Norman, *Class, Capital and Social Policy*. Macmillan, 1979.

金斯伯格《阶级、资本和社会政策》

Goldstein, Joshua S., *Long Circle: Prosperity and War in the Modern Age*. Yale U.P., 1988.

戈德斯坦《近代时期的繁荣和战争周期》

Gouth, Hugh, *The Newspaper Press in the French Revolution*. London, Routledge, 2016.

戈斯《法国大革命时期的报刊》

Grekov, B., *Kiev Rus. Moscow*, 1959.

格列科夫《基辅罗斯》

Guenee, B., *States and Rulers in Later Mediéval Europe*. Oxford U.P., 1985.

盖内《中世纪后期的国家和统治者》

Gunn, J.T., *Early Tudor Government 1481-1558*. Macmillan, 1995.(000460475)

冈恩《早期都铎政府》

Guttsman, W.L., *The British Political Elite*. London, 1963.

古兹曼《英国的政治精英》

Hall, John A., *Power and Liberty*. Oxford, Blackwell, 1985.

霍尔《权利和自由》

Hall, John A., *State in History*. Blackwell, 1986.

霍尔《历史上的国家》

Hallam, Henry, *View of the State of Europe During the Middle Ages*. London, 1818, 2 Vols.

哈莱姆《欧洲中世纪国家观念》

Hamburg, G.M., *Politics of the Russia Nobility 1881-1905*. New Jersey, 1984.

汉伯格《俄国贵族政治》

Hamerow, Theodore S., *Restoration, Revolution, Reaction: Economic and Politics in Germany, 1815-1871*. Princeton U.P., 1972.

哈梅洛《复辟、革命和反动》

Hansen, Mogens Herman, ed., *A Comparitive Study of the Thirty City-State Culture.* Copenhagen, 2000.
汉森《30个城邦国家比较研究》
Harding, Alan, *Medieval Law and the Fundatons of the State.* Oxford U.P., 2002.
哈丁《中世纪法律和国家基础》
Harding, R. R., *Anatomy of Power Elite: The Provincial Governors of Early Modern France.* Yale U.P., 1978.
哈丁《权力精英解剖》
Hatton, Richard, *Louis XIV and Absolutism.* Ohio State University Press, 1976.
哈顿《路易十四和绝对主义》
Hayden, J. Michael, *France and the Estates General of 1614.* Cambridge U.P..
海登《法国1614年的三级会议》
Heckscher, Eli F., *Mercantilism.* London, 1935, 2 vols.
赫克希尔《重商主义》
Henderson, W.O., *The State and the Industrial Revolution in Prussia 1740-1870.* Liverpool U. P., 1958.
亨德森《普鲁士的国家和工业革命》
Herian, Mitchell N., *Governing the State and the Nation: the Intergovernment Policy Influence of the National Government Association.* Cambria Press, 2011.
赫林《治理国家和民族》
Hill, Christopher, *Puritism and Revolution.* Secker and Warburg, 1958.
希尔《清教和革命》
Hilton, Rodney, ed., *The Transition from Feudalism to Capitalism.* London, New Left Books, 1982.
希尔顿《从封建主义向资本主义过渡》
Hirst, Derek, *The Representatives of People?* Cambridge U. P., 1975.
赫斯特《人民的代表？》
Holborn, H., *A History of Modern Germany, 1648-1840.* New York, 1964, 2 Vols.
霍尔本《近代德国史》
Holton, R., *The Transition from Feudalism to Capitalism.* London, Macmillan, 1984.
霍尔顿《从封建主义向资本主义过渡》
Hosking, Geoffrey A., *The Ruissian Constitutional Experiement, Government and Duma, 1907-1914.* Cambridge U.P., 1973.
霍斯金《俄国的宪政经验》
Hubstach, W., *Frederick the Great: Absolutism and Administration.* Londoin, 1975.
胡巴奇《腓德烈大帝的绝对主义和行政》
Hubstach, W., *Studies in Medieval and Modern German History.* Macmillan, 1985.
胡巴奇《中世纪和近代德国研究》
Hughes, E., *Studies in Administration and Finance 1558-1825.* Manchester U. P., 1934.
休斯《行政和财政研究》
Huntington, Samuel P., *The Soldier and State: the Theory and Politics of Civil-military Resolutions.* 1967.
亨廷顿《军人和国家》
Jacob, Frank, and Gilmar Visoni Alonzo, *The Military Revolution in Early Modern Europe. A Revision.* Palgrave Macmillan, 2016.

雅各布《近代早期欧洲的军事革命》
Jessop, Bob, *The Capitalist State*. Oxford U.P., 1982.
杰索普《资本主义国家》
Jones, Chhris, *State Social Work and the Working Class*. Macmillan, 1983.
琼斯《国家的社会工作和工人阶级》
Jones, Philip J., *The Italian City-State*. Oxford. Clarendon Press, 1997.
琼斯《意大利城邦国家》
Judd, G. P., *Members of Parliament 1734-1832*. 1955.
贾德《1734—1832年的议员》
Keeler, M.F., *The Long Parliament 1640-1641*. Philadelphia, 1954.
基勒《1640—1641年的长期议会》
Kenyon, J. P., *Stuart Constitution: Document and Commentary*. Canbridge U.P., 1988.
凯尼恩《斯图亚特宪政》
Kidron, Michael, *Western Capitalism Since the War*. London, 1968.
基德隆《战后西方资本主义》
Kienan, V.G., "State and Nation in Western Europe." in *Past and Present*. 31.
基尔南《西欧国家和民族》
Kirshner, Julius, ed., *The Origins of the State in Italy 1300-1600*. University of Chicago Press, 1995.
科士纳《意大利国家的起源》
Kohn, A., and A.Wolfe, eds., *Feminism and Materialism*. London, 1978.
科恩和沃尔夫《女权主义和唯物主义》
Koenigsberger, H. R., Monarchies, *State Generals and Parliaments: The Netherlands in the Fifteenth and Sixteenth Century*. Cambridge U.P., 2001.
柯宁斯伯格《15世纪尼德兰的君主制、等级会议和议会》
LeDonne, John P., *Absolutism and Ruling Class. The Formation of the Russian Political Order 1700-1825*. Oxford U.P., 1991.
勒多恩《绝对主义和统治阶级：俄国政治等级的形成》
Lefort, Claude, *The Political Form of Modern Society: Bureaucracy, Democracy, Totalityarianism*. Edited and Introduced by John B. Thompson. Polity Press, 1986.
勒福《现代社会的政治形式》
Lefort, Claude, *Democracy and Political Theory*. translated by David Macey. Polity Press, 1988.
勒福《民主和政治理论》
Lefort, Claude, *Complications: Communism and the Dilemmas of Democracy*. Translated, with an Introduction, by Julian Bourg. NewYork, Columbia University Press, 2007.
勒福《复杂性：共产主义和民主的困境》
Lefort, Claude, *Machiavelli in the Making*. Northwestern University Press, 2012.
勒福《马基雅维里的形成》
Lubenow, William C., *The Politics of Government Growth: Early Victorian Attitude Toward State Intervantion, 1833-1848*. David & Charles, 1971.
卢贝洛《政府成长的政治：早期维多利

亚国家干涉的发展》

Mackay, Ruth, *The Limits of Royal Authority: Resistance and Obedience in Seventeenth-Century Castile*. Cambridge U.P., 1999.

麦凯《王室绝对主义的限度：17世纪卡斯蒂尔德抵抗和顺从》

Mackintoch, J. P., *The British Cabinet*. London, Methuen, 1968.

麦金托什《英国内阁制》

Maier, Charles S., *Leviathan 2.0: Invention Modern Statehood*. Belknap Press of Harvard University, 2004.

梅尔《利雅坦2.0》

Maitland, F.W., *The Constitutional History of England*. Cambridge U.P., 1909.

梅特兰《英格兰宪政史》

Major, J. Russell, *From Renaissance Monarchy to Absolute Monarchy: French King, Nobels & Estates*. John Hopkins U.P., 1994.

梅杰《从文艺复兴君主制到绝对君主制》

Major, J. Russell, *The Monarchy, the Estates and the Aristocracy in Renaissance France*. Various Press, 1988.

梅杰《文艺复兴法国的君主制、等级会议和贵族》

Manicas, Peter T., *War and Democracy*. Basil Blackwell, 1989.

马尼卡斯《战争和民主》

Mann, Michael, *The Rise and Decline of Nation State*. Oxford.

曼《民族国家的兴衰》

Mann, Michael, *The Facisism*. Cambridge U.P., 2014.

曼《法西斯主义》

Marongiu, Antonio, *Medieval Parliaments: A Comparative Study*. London, 1968.

马若古《中世纪议会》

Martin, Roderick, *The Sociology of Power*. Routledge & Kegan Paul. 1977.

马丁《权力的社会学》

Mayer, A. R., *Parliaments and Estates in Europe to 1789*. London, Thomas and Hudson, 1975.

梅耶尔《欧洲的议会和等级会议》

McNeill, William H., *The Persuit of Power: Technology, Arm Force, and Society Since A.D.1000*. University of Chicago Press, 1982.

麦克尼尔《寻求权力》

Mehring, F., *Absolutism and Revolution in Germany, 1525-1848*. London, 1975.

梅林《德国的绝对主义和革命》

Michels, Robert, *Political Parties: A Sociological Study of the Oligarchical Tendencies of Modern Democracy*. Free Press, 1959.

米歇尔斯《政党》

Miliband, Ralph, *Parliamentary Socialism: A Study in the Politics of Labour*. London, Merlin Press, 1972.

密里本德《议会社会主义》

Miliband, Ralph, *Divided Society: Class Struggle in Contemporary Capitalism*. Oxford, Clarendon Press, 1989.

密里本德《分裂的社会：当代资本主义

的阶级斗争》

Mogens Herman Hensen, ed. *A Comparative Study of Thirty City-State Cultures.* Copenhagen, 2000.

莫根斯《30 个城邦国家的比较研究》

Molho, Anthony, *Florentine Public Finances in Early Renaissance, 1400-1433.* Harvard U.P., 1971.

莫霍《早期文艺复兴佛罗伦萨的公共财政》

Mosse, W. E., *Alexander II and the Modernization of Russia.* I. B. Tauris and Co. Ltd, 1992.

莫斯《亚历山大二世和俄国的现代化》

Mousnier, Roland, *The Institutions of France under the Absolute Monarchy, 1598-1789.* London and Chicago, 1979, Vol. 1, Society and State; Vol. 2, Organs of State.

莫尼埃《绝对君主制下法国的制度》

Myer, A.R., *Parliaments and Estates in Europe to 1789.* London, 1975.

迈尔《欧洲的议会和等级会议》

Nader, Helen, *Liberty in Absolutist Spain: The Habsburg Sale of Towns, 1516-1700.* John Hopkins U.P., 1994.

纳德《绝对主义西班牙的自由》

O'Connor, James, *The Fiscal Crisis of the State.* New York, 1973.

奥康纳《国家的财政危机》

Oestreich, G., *Neostoicism and the Early Modern State.* Cambridge U.P., 1982.

奥斯特赖奇《新斯多葛主义和国家》

Offer, Claus, *Disorginised Capitalism: Contemporary Transformation of Work and Politics.* Oxford U.P., 1985.

奥菲《无组织的资本主义》

Oppenheimer, Franz, *The State: Its History and Development Viewed Sociologically.* New York, Vanguard Press, 1928.

欧莱特《旧世界秩序：主权的种种面目》

Palmer, R., *The Age of Democratic Revolution.* 2 Vols. Princeton, 1959.

帕尔默《民主革命时代》

Plessis, Alain, *The Rise and Fall of the Second Empire 1852-1871.* Cambridge U.P., 1987.

普莱西《第二帝国的兴衰》

Pocock, John G. A., *Three British Revolution, 1641, 1688, 1776.* New Jersey, Princeton U. P., 1980.

波科克《三次英国革命》

Poggi, Gianfranco, *The State: Its Nature, Development and Prospects.* California, 1990.

波奇《论国家》

Pollard, S., *The Genesis of Modern Management.* London, 1965.

波拉德《现代管理的起源》

Price, Roger, *The French Second Empire: An Anthmy of Political Power.* Cambridge U. P., 2001.

普莱斯《法兰西第二帝国》

Punnett, R. M., *British Governmant and Politics.* London, 1971.

普内特《英国政府和政治》

Rabb, T. K., *The Struggle for Stability in Early Modern Europe.* New York, 1975.

拉布《近代早期欧洲争取稳定的斗争》

Raeff, Marc, *The Well-Ordered Police State: Social and Institutional Change Through How in the Germanies and Russia 1600-1800.* Yale U. P., 1983.

里夫《精巧的警察国家》

Raeff, Marc, *Understanding Imperial Russia: State and Society in the Old Regime.* Columbia U.P., 1984.

里夫《理解帝俄》

Raeff, Marc, *Political Ideas and Institutions in Imperial Russia(1689-1917).* Western Press, 1994.

里夫《帝俄的政治观念和制度》

Read, Donard, *English Provinces, 1760-1960: A Study in Influence.* London, Edward Arnold, 1964.

里德《英国的外省》

Reuter, Timothy, *The Medieval Nobility.* North-Holland Publishing Company, 1979.

鲁特《中世纪史贵族》

Reuter, Timothy, ed., *Cambridge Medieval History.* Vol.III. c.900-c.1024. Cambridge U. P., 1999.

鲁特《剑桥中世纪史》

Reuter, Timothy, *Medieval politics and Modern Mentalities.* Cambridge U. P., 2006.

鲁特《中世纪史政治和近代心态》

Rezvani, David A., *Surpassing the Sovereignty State: the Wealth, Self-rule, and Security Advantages of Partially Independent Territories.* Oxford University Press, 2014.

里兹瓦尼《超越主权国家》

Roberts, Clayton, *The Growth of Responsible Government in Stuart England.* Cambridge U. P., 1966.

罗伯兹《斯图亚特英国责任政府的成长》

Robinson, Paul, ed., *The Foucault Reader.* Penguin Books, 1986.

罗宾森《福柯读本》

Root, Hilton L., *Dynamics among Nations: the Evotion of Legitimacy and Development in Modern State.* MIT Press, 2013.

鲁特《来自民族的动力：现代国家中合法性的发展》

Rose, Richard, and Rei Shiratori, eds., *The Welfare State, East and West.* Oxford U.P., 1986.

罗斯和希拉托里《东西方的福利国家》

Rosenberg, H., *Bureaucracy, Aristocracy and Autocracy: The Prussia Experience, 1660-1815.* Cambridge, Mass., 1958.

罗森博格《官僚、贵族和独裁：1660—1815年普鲁士的经验》

Rubinstein, Nicolai, *The Government of Florence under the Medici (1434 to 1494).* Oxford U.P., 1997.

鲁宾斯坦《美第奇统治下佛罗伦萨的政府》

Russell, Conrad, *Parliament and English Politics 1621-1629.* Oxford, Clarendon Press, 1979.

拉塞尔《1621—1629年议会和英国政治》

Runciman, W. G., *A Treatise of Social Theory.* Cambridge U. P., 1983, 3 Vols.

朗西曼《论社会理论》

Saunders, David, *Russia in the Age of Reaction and Reform 1801-1881.* Longman, 1992.

桑德斯《俄国在反动和改革年代》
Scase, Richard, ed., *The State in Western Europe*. London, 1980.
斯凯斯《西欧国家》
Schilling, Heinz, Religion, *Political Culture and the Emergence of Early Modern Society: Essays in German and Dutch History*. E. J. Brill, 1992.
席林《宗教政治文化和近代早期社会的出现》
Scott, Tom, *The City-State in Europe, 1000-1600*. Oxford U. P., 2012.
斯科特《欧洲城邦国家》
Seton-Watson, Hugh, *The Russian Empire 1801-1917*. Oxford, Clarendon Press, 1967.
塞顿-沃森《俄罗斯帝国》
Seyssel, Claude de, *The Monarchy of France*. Yale U.P., 1981.
赛赛尔《法国的君主制》
Sharp, W. R., *The French Civil Service*. 1931.
夏普《法国的文官制度》
Shaw, Martin, *Theory of the Global State: Globality as Unfinished Revolution*. Cambridge U.P., 2000.
肖《全球国家理论》
Shen Han, "Morphology and the Studies of Western State History: A Case of Transition State." in *Ethnohistorische Wege und Lehrjahre eines Philosophen. Festschrift fur Lawrance Krader Zum 75. Geburtstag*, Frankfurt, Peter Lang, 1994.
沈汉《形态学和西欧国家史：一个过渡型国家的个案》

Shennan, J. H., *Government and Society in France, 1461-1661*. London, Allen & Unwin, 1969.
申南《1461—1661年法国的政府和社会》
Shennan, J.H., *The Origins of the Modern European State 1450-1725*. London, Hutchinson, 1974.
申南《1450—1725年近代欧洲国家的起源》
Shennan, J. H., *Liberty and Order in Early Modern Europe: the Subject and the State, 1650-1800*. Longman, 1986.
申南《近代早期欧洲的自由和等级》
Shonfield, Andrew, *Modern Capitalism: The Changing Balance of Public and Private Power*. Oxford U. P., 1965.
熊菲尔德《现代资本主义》
Silva, Mario, *State Legitimacy and Failure in International Law*. Brill Nijholf, 2014.
席尔瓦《国家的合法性及其在国际法中的失败》
Smith, A. G. R., *The Government of Elizabeth England*. London, 1967. Cornell U. P., 1991.
斯密斯《伊丽莎白英格兰的政府》
Sparman, Diana, *Modern Dictatorship*. London, J. Cape, 1939.
斯帕曼《现代专制制度》
Stander, Simon, *Why War: Capitalism and the Nation-state*. New York, 2014.
斯坦德尔《为什么发生战争：资本主义和民族国家》
Stone, Lawrence, *The Crisis of Aristocracy 1558-1641*. Oxford U.P., 1965.
斯通《贵族的危机》

Stone, Lawrence, and Jeanne C. Fawtier, *An Open Elite? England 1540-1880*. Oxford U.P., 1986.

斯通《英国的精英是开放的吗？》

Strong, C. F., *Modern Political Constitutions: an Introduction to the Comparative Study of Their History and Existing Form*. N.Y. Putman, Stone, 1930.

斯特朗《现代政治宪法：对其历史和存在形式的比较研究》

Taylor, A. J., *Laissez-Faire and State Intervantion in Nineteenth Century Britain*. London, 1972.

泰勒《19世纪英国的自由放任和国家干预》

Ten Brink, Tobias, *Global Political Economy and the Modern State System*. Leiden: Brill, 2004.

坦布林克《全球政治经济和现代国家体制》

Thornhill, Chris, *A Sociology of Constitutions and State Legitimacy in Historical-Sociologicl Persspective*. Cambridge U. P., 2011.

桑希尔《宪政社会学，对宪政和国家合法性的历史社会学透视》

Thornhill, Chris, *A Sociology of Transnational Constitution: Social Foundations of Post-national Legal Structure*. Cambridge U. P., 2016.520p.(004394005)

桑希尔《跨国家宪政社会学：后国家立法结构的社会基础》

Tilly, Charles, ed., *The Formation of National States in Western Europe*. Princeton U. P., 1975.

蒂利《西欧民族国家的形成》

Tilly, Charles, "War Making and the State Making as Organized Crime". in Peter B.Evans, Dietrich Rueschemeyer, Theda Skocpol, eds., *Bring the State Back in*. Cambridge U. P., 1985.

蒂利《战争和国家组织化罪行》

Tracy, James D., *The Founding of the Dutch Republic: War Finance, and Politics in Holland*. 1572.

特雷西《荷兰共和国的奠基》

Veall, Donald, *The Popular Movement for Law Reform 1640-1660*. Oxford, Clarendon Press, 1970.

维尔《争取法律改革的民众运动》

Vile, M. J. C., *Constitutionalism and the Separation of Power*. Oxford, Clarendon Press, 1967.

维尔《宪政主义和分权》

Waley, Daniel, *The Italian City-Republics*. London, 1988.

韦利《意大利城市国家》

Walker, Mack, *German Home Towns: Community, State, and General Estate, 1648-1871*. Cornell U. P., 1998.

瓦尔克《德国商业：国家和等级会议》

Weiler, Bjorn, and Simon MacLean, eds., *Representations of Power in Medieval Germany 800-1500*. Brepols, 2006, 2 Vols.

维勒《德国中世纪权力的代表》

William, Penry, *The Tudor Regime*. Oxford, Clarendon Press, 1981.

威廉《都铎政治》

Yaney, George L., *The Systematization of Russian Government: Social Evolution in the Domestic Administration of Imperial Russia,1711-1905*.University of Illinois Press, 1973.
亚尼《俄国政府的体系化》

作者著译作目录

著作：

1.《英国议会政治史》（合著，南京大学出版社1991年版）
2.《欧洲从封建社会向资本主义社会过渡研究——形态学的考察》（合著，南京大学出版社1993年版）
3.《西方国家形态史》（甘肃人民出版社1993年版）
4.《英国宪章运动》（甘肃人民出版社1997年版）
5.《西方社会结构的演变——从中古到20世纪》（珠海出版社1998年版）
6.《反叛的一代——20世纪60年代西方学生运动》（合著，甘肃人民出版社2002年版）
7.《英国土地制度史》（学林出版社2005年版）
8.《资本主义史——从世界体系形成到经济全球化》（主编，学林出版社2008年版）
9.《资本主义史》（第1卷，人民出版社2009年版）
10.《世界史的结构和形式》（自选论文集，生活·读书·新知三联书店2013年版）
11.《资本主义史》（第2卷，人民出版社2015年版）
12.《资本主义史》（第3卷，人民出版社2015年版）

13.《中西近代思想形成的比较研究——结构发生学的考察》（人民出版社 2016 年版）

14.《英国近代知识分子的形成——从府邸宫廷到都市街巷》（商务印书馆待出）

15.《资本主义时代农业经济组织研究》（主撰，上、下册，人民出版社 2001 年版）

16.《非资本主义、半资本主义和资本主义农业：资本主义时代农业经济组织的系谱》（商务印书馆 2022 年版）

17.《资本主义国家制度的兴起》（商务印书馆 2023 年版）

译作：

1.《资本主义社会的国家》（拉尔夫·密里本德著，合译，商务印书馆 1997 年版）

2.《近代国家的发展——社会学导论》（贾恩弗兰科·波齐著，商务印书馆 1997 年版）

3.《共有的习惯》（爱德华·汤普森著，合译，上海人民出版社 2002 年版）

4.《合法性的限度》（艾伦·沃尔夫著，合译，商务印书馆 2005 年版）

5.《宗教与资本主义兴起》（理查德·托尼著，合译，商务印书馆 2017 年版）